U0934242

厦门法学文库

2019年卷

厦门市法学会◎编

图书在版编目(CIP)数据

厦门法学文库.2019年卷/厦门市法学会编.—厦门:厦门大学出版社,2020.12
ISBN 978-7-5615-7992-3

Ⅰ.①厦…　Ⅱ.①厦…　Ⅲ.①法学—文集　Ⅳ.①D90-53

中国版本图书馆CIP数据核字(2020)第237502号

出 版 人　郑文礼
责任编辑　甘世恒

出版发行　厦门大学出版社
社　　址　厦门市软件园二期望海路39号
邮政编码　361008
总　　机　0592-2181111　0592-2181406(传真)
营销中心　0592-2184458　0592-2181365
网　　址　http://www.xmupress.com
邮　　箱　xmup@xmupress.com
印　　刷　厦门集大印刷厂

开本　787 mm×1 092 mm　1/16
印张　23.5
插页　2
字数　572千字
版次　2020年12月第1版
印次　2020年12月第1次印刷
定价　95.00元

厦门大学出版社
微信二维码

厦门大学出版社
微博二维码

目录
contents

法律研究

法治纵横

司法实践

扫黑除恶

智慧政法

社会治理

法律研究

司法改革背景下认罪认罚从宽制度的现实困境及完善路径

李丽萍*

完善认罪认罚从宽制度，是党的十八届四中全会落实宽严相济刑事政策、优化司法资源配置、加强司法公正与提高司法效率的重要改革部署。[①]2016年11月11日，我国最高人民法院、最高人民检察院、公安部、国家安全部、司法部出台了《关于在部分地区开展刑事案件认罪认罚从宽制度试点工作的办法》（以下简称《试点办法》），认罪认罚从宽制度试点工作正式启动。2018年10月26日，新修改的《中华人民共和国刑事诉讼法》（以下简称新《刑事诉讼法》）正式将认罪认罚从宽制度纳入现有的法律体系。

一、认罪认罚从宽制度的内涵及其司法价值与法律体现

（一）认罪认罚从宽制度的内涵

认罪认罚从宽制度中，“认罪”“认罚”是“从宽”的前提，“从宽”是“认罪”“认罚”的结果，三者在认罪认罚从宽制度中缺一不可。

1. 认罪

认罪指的是犯罪嫌疑人、被告人自愿如实供述自己的罪行，对指控的犯罪事实没有异议。[②]犯罪嫌疑人、被告人对其所犯罪行的辩解，不影响认罪的成立。犯罪嫌疑人自立案侦查起，到移送起诉、法院判决前，都可以自愿如实交代自己的罪行。

2. 认罚

认罚指的是犯罪嫌疑人、被告人在认罪后，愿意接受法定的刑事处罚，同意接受刑罚种类和幅度。犯罪行为人如果能够主动退还赃物或者对受害人主动进行赔偿，也是其认罚的一种体现。

3. 从宽

从实体上来讲，从宽指的是对犯罪嫌疑人、被告人予以较宽的刑罚，包括从轻、减轻或免除处罚等。就程序上而言，它包括两个方面：一是简化诉讼程序，适用速裁程序或简易程序等，节约诉讼时间，减少诉累和诉讼成本；二是强制措施方面从宽，如变更或解除强制措施等。

---

* 李丽萍，厦门市集美区人民检察院。

① 陈国庆：《刑事司法指南》，法律出版社2017年版，第2页。

② 庄永廉、张相军、顾永忠等：《检察环节认罪认罚从宽制度的适用与程序完善》，载《人民检察》2016年第9期。

（二）认罪认罚从宽制度的意义

1. 体现宽严相济的刑事政策

宽严相济刑事政策是我国刑事立法、司法的重要原则。现代刑事制度更多地着眼于对犯罪行为人的改造和救赎，使其得以重生，体现出现代司法的宽容性。认罪认罚从宽制度通过从宽处罚的激励作用，让被追诉人自主、自愿地交代犯罪事实，从而获得较为宽松的刑事判决。它不仅体现出对被追诉人合法权益的保护和尊重，也体现出法律对被追诉人的关怀以及当前社会对人权的保护，同时也是我国宽严相济刑事政策的直接体现。

2. 实现司法资源的优化配置

由于司法改革员额制管理等，法官被列入单独职务系列管理，这一方面使得法官愈加精英化、职业化，另一方面也使得具有法官资格、能独立办案的审判人员较改革前更少。同时由于舞弊、替考以及醉驾等行为的入罪，轻罪案件数量不断增加，我国法官人数远远不足以应付当前急剧增长的案件数量，法院审判的公正与效率不断受到质疑。由于司法资源短缺，尽可能地提升刑事案件处理效率成为优化司法资源配置的重要选择，而认罪认罚从宽制度则是达到这一目的首选。为保证将复杂的诉讼程序用来处理重大且复杂的刑事案件，而将更简便的司法程序用来处理绝大多数的轻微刑事案件，必须在刑事案件正式审理前对案件进行分流，从而优化司法资源配置。

3. 探索非对抗性的诉讼格局

据有关部门统计，我国犯罪嫌疑人在审判前做有罪供述的占比大约是 85%，在法院审判过程中，被告人做有罪供述的也超过 90%。[①] 被告人主动交代所犯罪行，对抗性诉讼基础随即消失。随着我国认罪认罚从宽制度的不断完善，传统的对抗式诉讼格局逐渐转变。在实际司法诉讼中，犯罪嫌疑人、被告人和追诉机关并非完全处于对立状态。追诉机关同犯罪嫌疑人就最终量刑进行协商，弱化了案件本身的对抗性，司法机关的诉讼效率也有了提升。同时，对犯罪嫌疑人也达到了从宽处罚的目的，获得了双方共赢的结果。认罪认罚从宽制度能够在极大程度上消除当事双方的对抗关系，也有利于缓解被害方及其家属和犯罪嫌疑人、被告人的冲突。

（三）认罪认罚从宽制度在我国法律上的体现

认罪认罚从宽制度在《中华人民共和国刑法》（以下简称《刑法》）和《中华人民共和国刑事诉讼法》（以下简称《刑事诉讼法》）中都有相应的体现。

1. 认罪认罚从宽制度在我国《刑法》中的体现

我国《刑法》关于认罪认罚从宽制度主要体现在坦白和自首的相关规定中，集中于量刑方面。量刑直接体现出犯罪行为人所犯罪行对被害人、对社会危害的大小。根据量刑的最终结果，可以将量刑划分为从重处罚以及从宽处罚两种类型。犯罪行为人有自首情节的，可以从轻、减轻或者免除处罚。《刑法》第 67 条对自首情节进行了规定[②]，《刑法修

---

① 孙长永:《认罪认罚案件的证明标准》，载《法学研究》2018年第1期。

② 《刑法》第67条:“犯罪以后自动投案，如实供述自己的罪行的，是自首。对于自首的犯罪分子，可以从轻或者减轻处罚。其中，犯罪较轻的，可以免除处罚。被采取强制措施的犯罪嫌疑人、被告人和正在服刑的罪犯，如实供述司法机关还未掌握的本人其他罪行的，以自首论。”

正案（八）》在《刑法》在第67条原有基础上新增了一款，作为第3款[①]，对自首情节做了进一步的规定。坦白从宽就此以法律的形式确定下来。

2. 认罪认罚从宽制度在我国《刑事诉讼法》中的体现

（1）简易程序

我国《刑事诉讼法》第208条对简易程序在基层法院一审案件的适用范围进行了规定。根据《刑事诉讼法》第208条的规定，被告人可自主选择是否简化诉讼程序，这也是对其认罪后从宽处理的表现。[②] 由此，被告人就能够以最为简单、有效的方式，保证自身合法权益，从而避免因审理程序过于烦琐而增加的负累。

（2）刑事速裁程序

刑事速裁程序经过两年的试行，试点工作成效明显，刑事诉讼效率明显提高，认罪认罚从宽制度的优势充分体现。[③] 该程序在我国司法改革背景下展开，很大程度上改变了我国刑事诉讼中简易程序不简的现状。刑事速裁程序对掌握了犯罪证据、犯罪行为有据可查且事实清楚不存在争议的案件，进行审前分流，从而尽早完成案件的审理，减少刑事案件诉讼成本的投入，进而让法院能够集中更多的司法资源到重大复杂的刑事案件审理上，最终实现提升刑事案件诉讼效率的目标。

（3）刑事和解程序

我国《刑事诉讼法》第288条规定：如果被害人愿意和犯罪嫌疑人、被告人进行协商，双方可以就部分案件达成和解。根据这一条规定，案件和解也需要犯罪嫌疑人、被告人的真诚悔罪，但和刑事审判不同的是，和解是当事人或者当事人亲属间的"协议"或"交易"，也就是犯罪嫌疑人、被告人通过主动提供经济赔偿或道歉行为，尽可能地减少被害人经济和精神上的损害，从而获得被害人的谅解，换取司法部门的从宽处理。[④] 就本质来说，和解就是案件当事双方为尽快解决矛盾并结束诉讼而达成和解协议，这是对犯罪嫌疑人可以从宽处理的重要情节。

（4）未成年人附条件不起诉程序

《刑事诉讼法》第282条关于未成年人附条件不起诉程序对"确有悔罪"进行了明确说明，未成年人不起诉的前提是未成年犯罪人确实有悔罪、认罪的行为。未成年人心智不成熟，人生观、世界观、价值观尚未形成，对事物认知程度较低，法制观念也有所缺乏，因此应当对其加强法制教育，让其形成是非观念，这也符合我国《刑事诉讼法》的基本理念。

二、当前认罪认罚从宽制度存在的问题

当下我国认罪认罚从宽制度的构建尚存在缺陷，究其根源，既有制度内容层面的问题，也有现实应用层面的问题。

---

① 《刑法修正案（八）》：八、在刑法第六十七条中增加一款作为第三款："犯罪嫌疑人虽不具有前两款规定的自首情节，但是如实供述自己罪行的，可以从轻处罚；因其如实供述自己罪行，避免特别严重后果发生的，可以减轻处罚。"

② 张建伟：《认罪认罚从宽处理：内涵解读与技术分析》，载《法律适用》2016年第11期。

③ 《最高人民法院、最高人民检察院关于刑事案件速裁程序试点情况的中期报告》，2015年。

④ 游涛：《认罪认罚从宽制度中量刑规范化的全流程实现——以海淀区全流程刑事案件速裁程序试点为研究视角》，载《法律适用》2016年第11期。

（一）制度内容层面的问题

1. 从宽幅度规定不明确

新《刑事诉讼法》和《试点办法》等相关法律规定均未明确说明被追诉人自愿认罪认罚所能从宽处理的界限和幅度。特别是在刑事案件诉讼过程中，一个刑事案件往往涉及几个阶段，而不同阶段适用该制度所对应的从宽处理的幅度也应有所不同。以审判为中心的刑事诉讼制度改革，是整个刑事诉讼活动的关键，但在从宽处理上，只能选择较为简化的程序，从而提升诉讼效率，减少被告人的诉累，“让其不至于在繁重的程序中苦等”。[①]此外，在案件侦查过程中，是否适用以及如何适用该项制度，也应在立法中作出明确的规定。有专家指出，适用该制度在一定程度上有损侦查机关权威，[②]但在笔者看来，这样做不仅能较大程度地减少诉讼成本，也能在相当程度上提升司法亲和力和公信力。

2. 适用范围无明确界定

新《刑事诉讼法》和《试点办法》均未明确界定适用范围，使得学术界产生了较大的分歧。部分学者根据这一条款指出，只要符合前文所述要求，就可适用认罪认罚从宽制度。[③]但有学者将该办法同刑事速裁程序进行对比，指出该制度只适用于刑事速裁程序，也就是基层人民法院在处理三年以下有期徒刑等轻微刑事案件时，在证据相对全面、案情无争议时，可适用该制度。[④]但笔者认为，该制度倘若只适用于三年徒刑以下的轻微刑事案件，则适用范围太小。[⑤]尽管国内法律文件未能就较轻刑事案件进行明确的规定，但学术界一般将三年有期徒刑以下的刑事案件作为轻微刑事案件的基本标准，而符合这一标准的刑事案件数量确实也较多。然而，如果只以这一标准作为适用从宽处罚的标准，则范围又过于狭小，不但不能突出我国认罪认罚从宽处罚的基本理念，也必将影响重大刑事案件的审理效率，更与宽严相济的刑事政策存在抵触。

3. 缺乏被追诉人权利保护的配套制度

认罪认罚从宽制度的构建是基本人权不断得到保障的过程，但如果缺乏必要的法律保障，则被追诉人的基本人权也很难获得切实保障。

首先，在刑事案件侦查过程中，判断犯罪嫌疑人认罪行为是否出于自愿的主要标准是犯罪嫌疑人是否有“不必自证有罪”的基本权利、是否有保持沉默的权利和自由。

其次，在认罪认罚从宽程序中，有很多涉及犯罪嫌疑人、被告人基本权利的内容，若辩护律师不能为其进行有效辩护，就很难保证犯罪嫌疑人、被告人是在清楚从宽制度的情况下自愿认罪认罚。

最后，由于刑事案件庭审前的分流缺乏完善的庭前证据开示制度，案件双方信息交流不对称，甚至可能出现认罪认罚从宽制度被误用、滥用等不当情形。

---

① 樊崇义、李思远：《认罪认罚从宽程序中的三个问题》，载《人民检察》2016年第8期。

② 陈卫东：《认罪认罚从宽制度研究》，载《中国法学》2016年第2期。

③ 解兵、韩艳：《检察环节认罪认罚从宽处理机制的程序构建》，载《中国检察官》2016年第11期。

④ 陈瑞华：《“认罪认罚从宽”改革的理论反思—基于刑事速裁程序运行经验的考察》，载《当代法学》2016年第30期。

⑤ 樊崇义、李思远：《认罪认罚从宽程序中的三个问题》，载《人民检察》2016年第8期。

（二）现实应用层面的问题

1. 被追诉人自愿性缺乏有效保障

我国新《刑事诉讼法》吸收了国外有益经验和做法，增设了不允许采用刑讯逼供以及欺骗、引诱等非法方式收集证据，且不能够强迫任何人自证其罪的规定。这一规定有效确保了犯罪分子认罪认罚的真实性和自愿性。我国《刑事诉讼法》中的简易程序以及刑事速裁程序、和解程序中均有关于认罪的相关条文。然而，对于自愿性的保障却缺乏细则规定。迄今为止，我国关于认罪认罚从宽制度中自愿性的审查标准见于最高人民法院2013年《关于建立健全防范刑事冤假错案工作机制的意见》，但这里的标准仅从客观层面达成了自愿性要求，并未涉及主观层面，无法据此标准察知认罪动机。从本质上来看，认罪认罚从宽制度是犯罪分子以对犯罪事实的供认而换取从宽处罚。实践中却不乏因希望躲避严厉刑事处罚的认罪认罚，更有甚者，“花钱买刑”等情况屡见不鲜，这既不利于我国司法权威性，也容易导致冤假错案的出现。

2. 被害人权益保障力度不足

在包括《试点办法》的多个法律文件[①]中均规定，“要保障被害人的合法权益，维护社会公共利益”，但在实践操作中如何落实则缺乏具体规定，对被害人合法权益的关注仍然不足，并且保护措施也相对不够，对破案人权利保护的措施、手段、力度等远不如对犯罪嫌疑人或被告人的权利保护。在刑事诉讼过程中，被害人作为当事人之一，和刑事案件结果的关系，主要体现在对犯罪行为人的量刑以及经济赔偿上。为了保障自身利益，被害人作为刑事诉讼当事人，当然具有发表意见的权利。

3. 公安机关、司法机关的办案惰性

根据新《刑事诉讼法》和《试点办法》的规定，刑事速裁程序由法官独任审理，一般不进行法庭调查和法庭辩论，直接宣判。该规定虽然简化了诉讼程序，但也可能使部分司法工作人员产生办案惰性。由于犯罪嫌疑人的认罪认罚，有些办案人员不再积极进行案件的调查取证工作，而单纯地依据犯罪嫌疑人、证人的口供和认罪态度，这显然和认罪认罚从宽制度的初衷相违背。

三、认罪认罚从宽制度的完善路径

我国的认罪认罚从宽制度在内容、现实应用层面尚存在不少需要完善之处。作为最早推开试点工作的地区之一，笔者所在的厦门市集美区检察院在福建省首推“321”阶梯式量刑从宽机制（以下简称“‘321’机制”），该工作机制在福建省检察机关刑事案件认罪认罚从宽制度试点工作推进会上得到推广，相关工作做法得到了最高人民法院的肯定，[②]取得了良好的法律效果和社会反响。下文中，笔者结合集美区检察院的工作实践和自身见解，从制度和现实应用两个层面提出建议。

① 除《试点办法》外，中央全面深化改革领导小组《关于认罪认罚从宽制度改革试点方案》（2016年7月22日）、《全国人民代表大会常务委员会〈关于授权最高人民法院、最高人民检察院在部分地区开展刑事案件认罪认罚从宽制度试点工作的决定〉》（2016年9月3日）均有相关规定。

② 2017年12月23日，最高人民法院院长周强代表最高人民法院、最高人民检察院在第十二届全国人民代表大会常务委员会第三十一次会议上作了《关于在部分地区开展刑事案件认罪认罚从宽制度试点工作情况的中期报告》，提到“以认罪认罚从宽321机制为厦门地区代表的阶梯式从宽量刑机制，实体处理上体现宽严相济刑事政策，推动坦白从宽制度化”。

（一）制度内容层面的完善

1. 明确从宽幅度规定——建立“321”机制

如前文所述，从宽制度的启动及适用阶段，应当作为我国从宽制度标准的主要内容，并以此确定从宽的幅度。在我国当前司法实践中，只有“自首”“坦白”的行为人适用从宽处罚的制度，关于“认罪”与“从宽”的规定，散见于相关刑事法律规定中，不易识别。而关于认罪认罚从宽量刑幅度的确定，只有像集美区检察院这类试点单位有自己出台的一些试行规定，且各试点单位的试行标准和试行办法均规定不一。因此，要想保证认罪认罚从宽制度的有效应用，从宽幅度具体化，应当从立法角度进行讨论。从集美区检察院的司法实践经验来看，从宽幅度的设定应该与认罪阶段挂钩，针对不同阶段采取不同的从宽处罚标准，这有利于犯罪嫌疑人、被告人更好地认识到自己认罪认罚后的从宽范围和程度。在案件处理过程中，认罪认罚阶段越早，从宽处理的幅度则相应越大。

根据最高人民法院 2017 年 4 月发布的《关于常见犯罪的量刑指导意见》中关于从宽标准的设定，集美区检察院结合工作实际，持续探索推进认罪认罚从宽工作，试行“321”机制，具体为：在公安阶段减少基准刑的 30%、在审查起诉阶段减少基准刑的 20%、在法庭审理阶段减少基准刑的 10%。同时规定在认罪后翻供的，不得从宽处罚；但其在一审判决之前又能认罪的，以其最后认罪的阶段来考虑从宽的幅度，法院对其从宽处罚的幅度应当从严掌握。“321”这三个数字既对应认罪的三个阶段，也对应从宽量刑的三个幅度；既解决认罪问题，也解决从宽问题。从宽尺度根据认罪环节和程度科学递减，在司法实践中简明易懂，在量刑建议的提出方面也更容易操作。公安机关在对犯罪嫌疑人第一次讯问或采取强制措施后即向犯罪嫌疑人告知“321”从宽幅度，使量刑减让的尺度公开化、透明化，从而达到激励和引导犯罪嫌疑人尽早主动认罪的效果。“321”机制试行以来，该院案件繁简分流，司法效率大为提升，适用认罪认罚从宽制度案件的件数、人数占比约为 70%，适用案件数和比例居全市首位。此外，案件适用范围广泛，涉及危险驾驶、盗窃、故意伤害、贩卖毒品等 26 个罪名。量刑建议采纳率逐年提高，上诉率也大幅降低。这为更好地执行宽严相济、坦白从宽的刑事司法政策，促进罪犯改造回归社会带来了切实效果。

2. 明确界定适用范围

关于从宽处罚的范围，相关法律未予以明确界定，导致司法部门以及学术界长期存在争议。有学者指出，认罪认罚从宽制度只适用于可能判处 3 年以下有期徒刑的案件[①]；另有学者指出，不应对适用范围进行限制，原则上所有案件均可以适用该制度[②]。笔者更加倾向于第二种意见。《试点办法》虽然没有对适用范围进行明确界定，但在第 1 条作出了基础性规定，[③] 并在第 2 条规定了四种除外情形。[④] 新《刑事诉讼法》在第 15 条做了基础

① 李响、李月：《认罪认罚从宽案件的办理实践》，载《中国检察官》2017 年第 22 期。

② 陈国庆主编：《刑事司法指南》，法律出版社 2017 年版，第 3～4 页。

③ 《试点办法》第 1 条规定：“犯罪嫌疑人、被告人自愿如实供述自己的罪行，对指控的犯罪事实没有异议，同意量刑建议，签署具结书的，可以依法从宽处理。”

④ 《试点办法》第 2 条规定：“（一）犯罪嫌疑人、被告人是尚未完全丧失辨认或者控制自己行为能力的精神病人的；（二）未成年犯罪嫌疑人、被告人的法定代理人、辩护人对未成年人认罪认罚有异议的；（三）犯罪嫌疑人、被告人行为不构成犯罪的；（四）其他不宜适用的情形。”

性规定。[①] 笔者认为，只要符合新《刑事诉讼法》第15条规定的案件原则上都可以适用该制度。司法实践中，对于犯罪性质特别恶劣、犯罪手段极其残忍、社会危害极为严重的犯罪分子，其认罪认罚不足以从轻处罚的，应当依法严惩，被排除适用该制度。

3. 构建被追诉人权利保护配套制度

（1）庭前证据开示制度

完善认罪认罚从宽制度，还应当健全庭前证据开示制度。在庭前会议中，双方交换证据，对审理期限、处罚幅度进行商议，有利于促进控辩双方的信息交流，保障犯罪嫌疑人的合法权益，也有利于节约司法资源，提高诉讼效率，促进从宽制度的积极应用。当犯罪嫌疑人了解控方证据后而自愿认罪，可有效提升司法效率。证据开示制度能带来诸多益处，很多国家如美国、英国、日本、意大利等都建立了具有本国特色的证据开示制度。而从我国实际来看，由于缺乏相对完善的证据开示制度，犯罪嫌疑人在信息不对称的情况下，很难合理权衡利弊，理性决定是否认罪。

（2）律师有效辩护制度

当前，律师在我国刑事诉讼过程中的作用越发鲜明，律师的有效辩护，对保障被追诉人的合法权益起着重要作用。在新《刑事诉讼法》和《试点办法》中确定的值班律师制度是完善认罪认罚从宽制度的重要保障。新《刑事诉讼法》将值班律师制度的适用范围扩大到非认罪认罚案件，明确值班律师可"对案件处理提出意见"，相比《试点办法》是一大进步。但遗憾的是，新《刑事诉讼法》取消了《试点办法》中"有效法律帮助"的提法，[②] 对值班律师的定位依然同《试点办法》一样，将其定义为法律帮助者，而非辩护律师。值班律师的功能定位不准导致其无法与检察机关就量刑建议进行协商，且无阅卷权而导致当事双方信息不对称，其作用极其有限。

推行强制辩护或将是认罪认罚从宽制度配套机制的一个发展趋势，目前如北京、广州、杭州、福州等地探索值班律师转任辩护人机制，对可能判处3年以上有期徒刑的认罪认罚案件指派值班律师出庭辩护。但推行强制辩护需由公、检、法、司及政府财政部门等多方协调，各地情况不一，各方意见不同，还是需要有法律文件的统一规定。犯罪嫌疑人、被告人主体资格地位的加强，离不开辩护权的有效行使与保障，"被告人不仅应当获得帮助，还应当获得有效的帮助"已经成为衡量律师刑事辩护有效性的重要指标。[③] 如果辩护律师在刑事辩护过程中只是走走过场，流于形式，那么推行强制辩护也就失去了作用和价值。因此，律师有效辩护制度在实践过程中亟须法律文件的支持，否则无法保证从宽制度的成效。域外诸多国家如德国、日本、俄罗斯为提高认罪认罚的正当性，均设置了强制辩护制度。

① 新《刑事诉讼法》第15条规定："犯罪嫌疑人、被告人自愿如实供述自己的罪行，承认指控的犯罪事实，愿意接受处罚的，可以依法从宽处理。"

② 新《刑事诉讼法》第36条规定："法律援助机构可以在人民法院、看守所等场所派驻值班律师。犯罪嫌疑人、被告人没有委托辩护人，法律援助机构没有指派律师为其提供辩护的，由值班律师为犯罪嫌疑人、被告人提供法律咨询、程序选择建议、申请变更强制措施、对案件处理提出意见等法律帮助。"《试点办法》第5条规定："应当保障犯罪嫌疑人、被告人获得有效法律帮助……犯罪嫌疑人、被告人自愿认罪认罚，没有辩护人的，人民法院、人民检察院、公安机关应当通知值班律师为其提供法律咨询、程序选择、申请变更强制措施等法律帮助。"

③ 艾文、张慧超：《构建中国特色的认罪认罚从宽制度——专访中国政法大学诉讼法学研究院名誉院长、北京师范大学特聘教授樊崇义》，载《人民法治》2017年第1期。

综合国内外司法实践，笔者认为，可将3年有期徒刑作为轻罪与重罪的区分线，可能判处3年有期徒刑以上刑罚的案件为重罪案件，在此类案件中被追诉人没有委托辩护的，一律指派法律援助律师实行强制辩护。此外，应当赋予犯罪嫌疑人、被告人选择权，对未委托辩护人、经询问愿意委托值班律师进行辩护的，则该值班律师作为辩护人提供辩护；不愿意委托值班律师进行辩护的，应当依法另行指派法律援助律师为其提供辩护。这样可赋予值班律师较为灵活的诉讼定位。简言之，一般情况下值班律师为“法律帮助者”，而取得犯罪嫌疑人、被告人认可和委托后，转为“辩护人”提供辩护。[①]

（3）沉默权制度

当前，我国新《刑事诉讼法》明确规定了“未经人民法院依法判决，对任何人都不得确定有罪”，吸收了无罪推定原则的合理因素。[②]而犯罪嫌疑人是否有权就其犯罪行为保持沉默，无须自证其是否有罪，却未有明文规定。所以在司法实践中，由于“坦白从宽”政策的影响，仍有不少刑讯逼供事件的发生。同时，根据新《刑事诉讼法》关于犯罪嫌疑人应当如实供述的要求，很多人认为犯罪嫌疑人在刑事侦查中，应该以积极、主动的姿态，配合公安机关的侦查行为，也就是自证其是否有罪。但这一看法显然违背了我国认罪认罚从宽制度的相关要求，如果犯罪嫌疑人、被告人对司法机关不存在保持沉默的权利，则其认罪认罚的自愿性就无法保证，也就无法保证从宽制度的落实。保持沉默的权利已经成为当前国际人权的重要组成部分，在今后刑事诉讼中设置保持沉默权，保证犯罪嫌疑人不必自证有罪，是非常有必要的。

（二）现实应用层面的完善

1. 加强被追诉人的自愿性保障

保证被追诉人认罪认罚是出于个人自愿，在案件处理效率提升的同时，尽可能地降低案件悔罪率、上诉率等。

（1）程序回转机制的保障

创建被追诉人反悔机制。我国认罪认罚从宽制度建立在被追诉人自愿认罪认罚的基础上，是被追诉人在衡量自身权益得失形势下，自愿放弃无罪辩护、简化诉讼程序从而获得从宽处理的选择。因此，被追诉人应该拥有反悔的权利，也就是法院在正式作出判决前，被追诉人可以撤回自己的认罪供述，此时由检察院提出建议或由法院决定变更及时转为普通程序审理。

（2）上诉权的相对保障

确保被告人最后陈述权以及上诉权。我国的认罪认罚从宽制度能够在相当程度上简化刑事诉讼庭审环节，但犯罪行为人最后陈述权不能简化，这是我国法律赋予被追诉人的最后反悔权利。此外，被追诉人的上诉权也应被保留，如果被告人对法院一审判决表示不满，可以提出上诉。

（3）诉讼各阶段的权利告知

权利告知义务指的是公安司法部门在问讯过程中，应当向被讯问人说明其所享有的基本权利，以及如何行使这些权利。权利告知是保障被追诉人基本权利的最佳手段和方

---

① 卞建林、谢澍：《认罪认罚从宽与台湾地区刑事协商之比较研究》，载《法学杂志》2018年第5期。

② 魏晓娜：《完善认罪认罚从宽制度：中国语境下的关键词展开》，载《法学研究》2016年第38期。

式，而这些方式在《公民权利和政治权利国际公约》等法律文件中，也有明确规定。[①] 在认罪认罚案件中，司法机关必须遵守这一要求和规定，告知犯罪嫌疑人、被告人享有的诉讼权利和认罪认罚的法律规定。被追诉人只有清楚地知道自己的合法权限，以及自愿认罪认罚可能享有的权益，才能作出最合理的选择。

2. 加强被害人权益保障

“被害人与犯罪嫌疑人、被告人在刑事诉讼中关系是对立的，双方诉讼权利的保障构成刑事诉讼中人权保障的基本内容，忽视双方中的任何一方都是片面的，不适当的。”[②] 被害人在刑事诉讼过程中关注的重点，是犯罪嫌疑人最终量刑以及其所能获得的经济赔偿。因此，在适用认罪认罚制度的情形下，对犯罪行为人作出从宽处理的决定，在保证罪责刑相适应的前提下，也要保障被害人的合法权益。

控辩协商是刑事诉讼过程中被害人参与的重点。如果完全剥夺被害人对认罪协商的知情权、参与权和意思表达权，很可能加剧其与犯罪嫌疑人的矛盾，甚至造成对司法机关的质疑和不信任，这就完全背离了认罪认罚从宽制度的初衷。因此，应当允许被害人适当参与到控辩协商的过程中来。在公诉方作为国家利益代表提起刑事诉讼的情况下，被害人的利益诉求中希望被告人获得刑罚惩罚的那部分由国家公诉机关代为表达。

实践中必然存在国家公诉机关与被害人诉求差距甚远的情况。为顺利解决矛盾，保障被害人的合法权益和诉求，一方面，应当重视听取被害人及其代理人的意见；另一方面，将犯罪嫌疑人、被告人是否与被害人达成和解协议或赔偿被害人损失，并取得被害人谅解，视为量刑的重要考虑因素。但是，如果被害人不同意谅解和达成谅解协议，坚决反对检察机关的量刑意见，此时是否赋予被害人否决适用认罪认罚程序的权利，从目前被害人诉讼地位的相对性看，不宜由被害人直接左右刑事诉讼的结果，从而影响认罪认罚从宽程序的启动与终止。[③]

3. 构建权利监督制约机制

（1）构建认罪认罚的真实性审查机制

“不强迫自证其罪”是得到许多国家的认可并发展的一项刑事司法原则，出于保障犯罪嫌疑人合法权益的考虑，避免犯罪嫌疑人在遭受威逼利诱的情形下违心自供，首要的是创建完善的认罪认罚审查机制，对犯罪嫌疑人认罪的自愿性进行全面核查。司法机关应首要审查的是犯罪行为人认罪认罚是否出于个人意愿，其认罪认罚的自愿性、自主性是否受到侵害。法院在开庭审理前，应对有关证据进行全面核对，保证认罪认罚的自愿性、明智性和具结书的合法性、真实性。

（2）完善案件的登记追踪机制

因为刑事速裁程序易于操作，简便快捷，案件审理程序一再简化，特别是在当前案件大量堆积的情况下，部分刑事侦查人员、审判人员在案件审理过程中为了尽快处理完堆积的案件，违规简化刑事诉讼程序，甚至在案件审理过程中“放水”，造成案件审判结果的公正性无法保证。为了避免这些问题的出现，笔者建议完善案件登记制度以及案件

---

① 桂梦美：《刑事诉讼中认罪认罚从宽制度本体描述与理论参照》，载《河南社会科学》2016年第24期。

② 陈光中：《加强司法人权的新篇章》，载《政法论坛》1996年第4期。

③ 孙道萃：《认罪认罚从宽制度中的被害人权益保障机制》，载《南都学坛（人文社会科学学报）》2018年第38期。

追踪制度，以保证能够追踪到案件的每个程序。当前，检察机关的统一业务应用系统和案件流程监控制度，能对在办案件的办理程序是否合法规范进行实时动态的监督防控，有类似于案件登记追踪的部分功能。

（3）公安司法机关的自律和他律

合理地加强自律以及他律规制，对应对办案惰性、确保办案流程的合规性具有重要价值。在自律方面，公安司法机关应严格遵循法律条文的相关规定和制度实施细则，完善内部责任追究机制，正确行使权力。在他律方面，可通过层报程序设置、主动接受外部监督、加强办案程序性信息公开和法律文书网上公开等方面实现权力的有效监督与制约。对于滥用职权等行为，应据其后果的严重性，依法追究刑事责任或予以行政处分，严厉打击此类案件中存在的司法腐败行为。

四、结语

认罪认罚从宽制度的适用为所涉层面较为广泛的系统化工程，不仅有司法理念的更新，也有诉讼结构的调整；不仅有实体法律的完善，也有诉讼程序的改革。该制度的建立，势必会对我国刑事司法体系带来重要影响。但是，以认罪、认罚、从宽处理为核心要素的刑事司法体系的自我完缮之路，从理论、程序上来看，都尚需要一段时日的转变与发展。坚持制度、现实层面的双向完善，是尽早实现我国认罪认罚从宽制度良好运行的有效路径。我院首创的“321”工作机制可操作，易复制，具有推广价值。目前为期两年的认罪认罚从宽制度试点工作已经结束，新《刑事诉讼法》也明确将认罪认罚从宽制度纳入其中。相信随着时间的推移和司法实践的深入，我国的认罪认罚从宽制度必将日益完善。

浅议瑕疵证据制度的完善

陈煜磐 *

瑕疵证据是指在刑事诉讼中，通过轻微违反法律规定的取证程序和方式取得的证据以及证据形式具有轻微违法性的证据。它介于合法证据与非法证据之间，不仅包括轻微违反法定取证程序所取得的证据，还包括证据形式具有轻微违法性质的证据。目前，国内外刑事诉讼法学界和司法界均无明确的“瑕疵证据”的提法，只有一些关于瑕疵证据的习惯用语如“非法证据”、“通过非法手段获得的证据”、“重大违法的证据”（日本）、“污点证据”、“可指出证据不可使用性”（意大利）等表述。

瑕疵证据的特征在于程序不合法，但违法程度较低，具有客观性，属于效力待定的证据。瑕疵证据具有较低的违法性，区别于非法证据的实质性瑕疵。正因为瑕疵证据本身仅是程序性违法，并未侵犯诉讼参与人的基本权利，所以虽然取证程序不符合法律规定，例如证据缺少签名、报告缺少必要的条件等，但一般不会因程序上有瑕疵而严重影响证据内容。而瑕疵证据属于证据的一种，具有证据本身所具有的特性，即客观性——不依主观意志转移，区别于通过非法手段获得的非法证据。瑕疵证据的真实性要高于非法证据。由于瑕疵证据的真实性和客观性一般情况下并不会受到实质性影响，故经过弥补后，瑕疵证据可以转化为合法证据。它的效力有无取决于能否得到补正或者合理解释。

2010 年 5 月 30 日，最高人民法院、最高人民检察院、公安部、国家安全部和司法部联合发布了《关于办理死刑案件审查判断证据若干问题的规定》（以下简称《办理死刑案件证据规定》）和《关于办理刑事案件排除非法证据若干问题的规定》（以下简称《非法证据排除规定》）。结合《中华人民共和国刑事诉讼法》（以下简称《刑事诉讼法》）第 52 条[①]、

* 陈煜磐，厦门大学法学院。

① 《中华人民共和国刑事诉讼法》第52条：“审判人员、检察人员、侦查人员必须依照法定程序，收集能够证实犯罪嫌疑人、被告人有罪或者无罪、犯罪情节轻重的各种证据。严禁刑讯逼供和以威胁、引诱、欺骗以及其他非法方法收集证据，不得强迫任何人证实自己有罪。必须保证一切与案件有关或者了解案情的公民，有客观地充分地提供证据的条件，除特殊情况外，可以吸收他们协助调查。”

第55条至第60条[①]、第171条[②]的相关规定以及法律解释，有专家学者认为：我国已确立了非法证据排除规则，划定了非法证据的范围，同时也对瑕疵证据补正规则予以初步明确。社会广泛关注的念斌案的辩护人张燕生律师曾说，她相信念斌案将创造一个判例：纠正一起错案，不必靠亡者归来或真凶出现，仅靠律师辩护，靠专家对证据的精准分析，就可改判无罪。念斌多次被判处死刑却最终翻案，就是因为投毒方式与被害人中毒的相关证据存在瑕疵。因此，对完善瑕疵证据制度进行理论和实践探索就显得十分必要。

一、理论研究再深入

从法学理论的角度来看，瑕疵证据应当与非法证据相区分。“瑕疵证据”这一说法在中国大陆由来已久，然而至今没有明确的学理解释，甚至“非法证据”这一概念的提出也相对较晚。非法证据和瑕疵证据在概念上有其相似性，两个概念容易混合使用。当前刑事诉讼法学界对于什么是瑕疵证据仍然有不同的说法，对于瑕疵证据和非法证据之间是存在包含关系，还是互相独立，以及两个概念具体的内涵、外延、证据效力、相应的制度完善方法都有不同的意见，因此专家学者应进一步加强理论研究，为司法实践提供理论指导。

除瑕疵证据外，陆而启副教授提出的“无证据”概念，也很值得参考借鉴。陆而启副教授认为，“无证据”概念，[③]具体指无法证明案件事实，或自身不具有真实性、客观性，对案件事实并无帮助的“材料”。如果一个证据自身不具有真实客观的特点，而是故意伪造的、虚假的，或不能用以证明案件事实，无法通过这一证据证明案件前后的联系，那么这些所谓的“证据”在案件中是没有价值的，可以被划归到“无证据”之列。陆而启副

① 《中华人民共和国刑事诉讼法》第55条：“证据确实、充分，应当符合以下条件：（一）定罪量刑的事实都有证据证明；（二）据以定案的证据均经法定程序查证属实；（三）综合全案证据，对所认定事实已排除合理怀疑。”第56条：“采用刑讯逼供等非法方法收集的犯罪嫌疑人、被告人供述和采用暴力、威胁等非法方法收集的证人证言、被害人陈述，应当予以排除。收集物证、书证不符合法定程序，可能严重影响司法公正的，应当予以补正或者作出合理解释；不能补正或者作出合理解释的，对该证据应当予以排除。在侦查、审查起诉、审判时发现有应当排除的证据的，应当依法予以排除，不得作为起诉意见、起诉决定和判决的依据。”第57条：“人民检察院接到报案、控告、举报或者发现侦查人员以非法方法收集证据的，应当进行调查核实。对于确有以非法方法收集证据情形的，应当提出纠正意见；构成犯罪的，依法追究刑事责任。”第58条：“法庭审理过程中，审判人员认为可能存在本法第五十六条规定的以非法方法收集证据情形的，应当对证据收集的合法性进行法庭调查。当事人及其辩护人、诉讼代理人有权申请人民法院对以非法方法收集的证据依法予以排除。申请排除以非法方法收集的证据的，应当提供相关线索或者材料。”第59条：“在对证据收集的合法性进行法庭调查的过程中，人民检察院应当对证据收集的合法性加以证明。现有证据材料不能证明证据收集的合法性的，人民检察院可以提请人民法院通知有关侦查人员或者其他人员出庭说明情况；人民法院可以通知有关侦查人员或者其他人员出庭说明情况。有关侦查人员或者其他人员也可以要求出庭说明情况。经人民法院通知，有关人员应当出庭。”第60条：“对于经过法庭审理，确认或者不能排除存在本法第五十六条规定的以非法方法收集证据情形的，对有关证据应当予以排除。”

② 《中华人民共和国刑事诉讼法》第171条：“人民检察院审查案件的时候，必须查明：……（五）侦查活动是否合法。”

③ “那些不能证明案件事实或者虚假的‘材料’可以称之为对案件事实的‘无证据’。‘无证据’具体表现为证据材料的获取手段违法、不适当，或者更主要表现为其内容不真实、不可靠、与案件事实无关联。”见陆而启：《无证据概念的个案导入：以聂树斌案为例》，载《证据科学》2017年第4期。

教授还提出，“无证据”的具体表现为获取手段违法、不适当，或者更主要表现为其内容不真实、不可靠、与案件事实无关联。当前我国坚持“疑罪从无”的司法原则，引入“无证据”的概念，既有助于在法学层面划定“证据”本身的范围，也有助于全面推行“疑罪从无”原则，维护司法公正。

二、法律规定再完善

无论是《刑事诉讼法》，还是具体的《办理死刑案件证据规定》，都从实质上指出了瑕疵证据的存在，也在一定程度上规定了瑕疵证据的补正程序，并且细化到具体的证据种类如何补正。有些学者据此认为，我国瑕疵证据补正规则就此建立，但相关的具体法律规定仍是一片空白。

从立法角度来看，当前我国对于非法证据已经有了明确的法律解释，通过不同的法律条文和法律解释组成了非法证据体系。而“瑕疵证据”这个说法和称呼，尽管由来已久，且与非法证据一样同属于程序性瑕疵，只是程度、手段以及法律效力上存在差异，但并无明确法律规定。这是当前立法所需要考虑的重点问题。瑕疵证据补正规则建立的前提是首先要界定什么是瑕疵证据。法律并没有给“瑕疵证据”下明确的定义，只是模糊地给出了区别于非法证据的概念，也没有规定任何与补正配套的程序。执法者即便熟悉相关法律，也不知道具体该如何行使自由裁量权，如何审查瑕疵证据，要求谁来承担瑕疵证据的补正责任。瑕疵证据的证明往往需要从多学科多角度进行，甚至要对整个案件有全局性认识。因此，瑕疵证据的发现本身很有可能具有滞后性，而这样的滞后性，轻则降低司法效率，重则带来不可挽回的后果，比如念斌案中对于门把手的鉴定证据，即存在瑕疵，成了对他定罪的关键。

全国人民代表大会及其常务委员会可以提出或审议通过“瑕疵证据”的相关法案，或对“瑕疵证据”进行立法解释，以更加具体的细则界定“瑕疵证据”的范围，将其同之前已经明确的“非法证据”区分开来。比如对《刑事诉讼法》第56条[①]进行补充，明确、细化、区分“非法证据”与“瑕疵证据”；对“可能严重影响司法公正的”证据范围和瑕疵程度进行限定，或进行立法解释；对无法作出补正的“合理解释”进行立法解释，明确具体需要经过什么样的法定程序所得出的“解释”可以认定为合理。

除了对“瑕疵证据”给予明确定义外，立法还应注重考虑瑕疵补正程序。瑕疵补正程序是应该发生于庭前还是庭审中，尚需考虑。从当前我国司法制度来看，我国国情区别于美国，不存在陪审团制度，庭前会议能够发现瑕疵证据的可能性不大，不需要在庭前就把瑕疵证据完全排除，而且实践中也不太可能完全排除。但值得注意的是，瑕疵证据的补正程序比较复杂，必然会使用到一些司法资源，而且一些证据因为时间因素无法补正，或者补正极为困难，会降低审判效率。因此，当瑕疵证据可以补正时，需要通过法定程序进行补正。而如果无法进行瑕疵补正，根据当前相关法律规定，侦查机关需要作出合理解释和说明，且不能够流于形式。因此应立法制定补正程序，以程序正义维护实

① 《刑事诉讼法》第56条：“采用刑讯逼供等非法方法收集的犯罪嫌疑人、被告人供述和采用暴力、威胁等非法方法收集的证人证言、被害人陈述，应当予以排除。收集物证、书证不符合法定程序，可能严重影响司法公正的，应当予以补正或者作出合理解释；不能补正或者作出合理解释的，对该证据应当予以排除。在侦查、审查起诉、审判时发现有应当排除的证据的，应当依法予以排除，不得作为起诉意见、起诉决定和判决的依据。”

体正义。

从司法解释的角度来看，最高人民法院和最高人民检察院可以制定司法解释，出台相关司法政策，发布指导案例，汇编后刊登在《人民法院公报》上，以明确瑕疵证据的具体内涵及范围、证据效力以及瑕疵证据补正程序。指导案例有助于各级司法办案人员学习研究参考，最高人民法院和最高人民检察院要进一步公布不同的指导案例，发挥指导案例相对于司法解释更加灵活及时的优势，更好、更高效地让执法司法人员了解掌握运用瑕疵证据制度。

三、司法执法再加强

从法院的角度来看，在审查案件时，若发现瑕疵证据，应退回检察机关，要求其进行补充侦查；在审判过程中，针对当事人对证据提出的举证质证，若发现相关证据存在瑕疵，应就存在瑕疵的证据要求公诉机关进行补充侦查或作出说明。除此之外，应发挥上下级法院之间的业务指导作用。虽然上下级法院之间是监督与被监督的关系，而非领导关系，审判具有独立性，但根据最高人民法院公布的《关于规范上下级人民法院审判业务关系的若干意见》[①]，上下级法院可以就案件的相关问题，比如瑕疵证据，总结实践经验，交换意见，更好地提升司法效率和司法质量。

从检察院的角度来看，应严格审查公安机关提交的证据，若发现证据存在瑕疵，应退回公安机关，按照法律规定补充侦查或按照法律程序作出合理解释。这里的“合理”不仅指公安机关对证据出现瑕疵的说明符合逻辑，还应当有相应证据支持。比如，当发现公安机关取证程序中犯罪嫌疑人笔录时间不清时，不仅应该要求公安机关说明具体时间，还应该要求公安机关提交能够佐证其说法的证据，以使该瑕疵证据转化为合法证据。

从执法角度来看，要减少瑕疵证据的出现，最重要的是公安机关侦查时应坚持依法取证。公安机关应该出台相应的文件规定，明确各类证据收集取证的工作规范，明确“瑕疵证据”的界定，明确责任分工，明确补正的程序及细节。在取证前，就应当有完整、合法的取证程序规定，以避免瑕疵证据的出现。在移送起诉前，公安机关应严格对相关证据进行审查，如果发现证据存在瑕疵，或被检察院要求对存在瑕疵的证据退回进行补充侦查，公安机关应遵循瑕疵补正程序进行补正，将具有瑕疵的证据转化为合法证据。当证据的瑕疵无法补正，且证据因取证人员主观错误导致灭失或无法取证时，公安机关内部也应有相应规范进行处理。

除此之外，公安机关还应在其内部发布指导性意见。念斌多次被判处死刑却最终改

---

① 最高人民法院于2010年12月28日公布《关于规范上下级人民法院审判业务关系的若干意见》。该意见第1条规定：“最高人民法院监督指导地方各级人民法院和专门人民法院的审判业务工作。上级人民法院监督指导下级人民法院的审判业务工作。监督指导的范围、方式和程序应当符合法律规定。”对指导的具体形式也做了详细规定。第8条规定：“最高人民法院通过审理案件、制定司法解释或者规范性文件、发布指导性案例、召开审判业务会议、组织法官培训等形式，对地方各级人民法院和专门人民法院的审判业务工作进行指导。”第9条规定：“高级人民法院通过审理案件、制定审判业务文件、发布参考性案例、召开审判业务会议、组织法官培训等形式，对辖区内各级人民法院和专门人民法院的审判业务工作进行指导。高级人民法院制定审判业务文件，应当经审判委员会讨论通过。最高人民法院发现高级人民法院制定的审判业务文件与现行法律、司法解释相抵触的，应当责令其纠正。”第10条规定：“中级人民法院通过审理案件、总结审判经验、组织法官培训等形式，对基层人民法院的审判业务工作进行指导。”

判无罪的关键，就在于证据本身的瑕疵，以及可能存在的非法证据。尽管一些证据本身是可以补救的，但刑事案件中，不论是办案人员还是取证人员，或是鉴定人员，都不能把希望寄托在补救层面。因为瑕疵证据一经发现，可能尚有挽回的余地，但基于瑕疵证据所作出的判决，可能发现的时候，就没有挽回的余地了，曾经的“凶手”或许就是被害人了。

公安机关还应该贯彻落实“审判中心主义”原则。“审判中心主义”指的是以刑事审判阶段为整个刑事诉讼的中心，侦查、起诉等审判前程序则被视为审判程序开启的准备阶段。只有在审判阶段，诉讼参与人的合法权益才能得到充分的维护，被告人的刑事责任问题才能得到最终的、权威的确定。过去我国对侦查权的约束往往流于形式，实际上坚持的是“侦查中心主义”，而这一做法不利于保障人权，极易导致侦查机关取证程序不合法。尽管这在一定历史时期内有着稳定社会治安和秩序的积极作用，但在新时期建设法治国家的时代要求下，这一“侦查中心主义”亟待改变。

总之，瑕疵证据介于合法证据与非法证据之间，属于侦查机关未侵犯公民的宪法性基本权利，仅仅是以轻微违法的方式获得的证据材料，若该证据能够补正或能够对该瑕疵证据作出合理解释，那么该证据仍可以被作为证据使用。无论是准确概括瑕疵证据的概念，科学界定“非法证据”“瑕疵证据”，还是引入“无证据”概念，都有利于避免证据瑕疵的出现，提升审判质量效果及司法公信力。要做到这些，理论研究探索还有很长的路要走。立法机关可以通过修改《刑事诉讼法》，或对相关条文作出立法解释，司法机关可通过发布司法解释和指导案例、出台司法政策等措施，明确瑕疵证据的内涵、认定、证据效力和补正程序等，让执法者有法可依。司法执法机关应当严格执法，在侦查、起诉、审判过程中坚持按照法定程序收集、审查、判断相关证据，对瑕疵证据能够补正的进行补正，不能够补正的予以排除，切实做到有法必依、执法必严。以法律手段完善瑕疵证据制度，进一步深化以审判为中心的刑事诉讼制度改革，坚持诉讼以审判为中心、审判以庭审为中心、庭审以证据为中心，努力让人民群众在每一个司法案件中都感受到公平正义。

对“套路贷”犯罪的认定与处理

蒋艺超 *

近几年，一些犯罪分子假借民间借贷之名实施的侵犯财产类违法犯罪活动开始出现并日益猖獗，司法机关在打击此类违法犯罪过程中逐渐形成了“套路贷”这一概括称谓。在部分区域，“套路贷”已逐步发展成为黑恶势力经常采用的犯罪手法，严重侵害广大人民群众的合法权益，严重破坏经济秩序、社会秩序，严重影响人民群众的安全和社会的和谐稳定。面对如此严重的局面，打击“套路贷”刻不容缓。“套路贷”犯罪本身并不是新型犯罪，而是一种涉及多种犯罪的作案方式。由于作案方式具有共同的模式和类型化特征，因此把这一类型的行为统称为一个套路。最高人民法院会同最高人民检察院、公安部、司法部联合制定印发了《关于办理“套路贷”刑事案件若干问题的意见》(法发〔2019〕11号)(以下简称《意见》)，自2019年4月9日起施行。《意见》第1条对于“套路贷”有一个较为明确的定义：“套路贷”，是对以非法占有为目的，假借民间借贷之名，诱使或迫使被害人签订“借贷”或变相“借贷”“抵押”“担保”等相关协议，通过虚增借贷金额、恶意制造违约、肆意认定违约、毁匿还款证据等方式形成虚假债权债务，并借助诉讼、仲裁、公证或者采用暴力、威胁以及其他手段非法占有被害人财物的相关违法犯罪活动的概括性称谓。

一、“套路贷”概念的把握与理解

“套路贷”不是传统的法律概念，而是在办案实践中对行民间借贷之名进而非法占有他人财物的违法犯罪活动的概括性称谓。《意见》明确了“套路贷”的概念，其概念主要包括以下三个方面：

一是主观上具有非法占有他人财物的故意。民间借贷的放贷目的是获取利息收益，借贷双方对于实际借款本金以及利息都有清醒认识，出借人通常希望借款能够按照约定还款付息。而“套路贷”的嫌疑人是以借款为名义，通过各种套路，以胁迫、引诱、欺骗的方式垒高债务，最终达到非法占有被害人借款人的其他财产的目的。考察嫌疑人是否具有非法占有目的，既是为了从主观方面将“套路贷”与民间借贷区分开来，也是为了在具体犯罪中区分此罪与彼罪。

二是制造债权债务的假象，为进一步侵害被害人权益做好准备。犯罪分子处心积虑设计各种套路，以对外宣称低息、无抵押等为诱饵吸引被害人借款，以行业规矩为由诱使被害人签订虚高的借款合同，声称只需按时还款，虚高的借款金额就不用还，并且制造虚假的走账流水，采用肆意认定违约、拒不接受还款等方式刻意制造违约，导致高额债务的产生。对于犯罪分子来说，“借贷”是假，侵犯被害人的财产权利是真，“借贷”仅是一个虚假表象。

* 蒋艺超，湖里区人民检察院。

三是软硬兼施向被害人索取债务。“套路贷”犯罪分子的讨债手段多种多样，即在被害人未及时交付虚高借款合同当中约定的财物时，“套路贷”犯罪分子会借助暴力、威胁以及其他手段或者以诉讼、仲裁、公证向被害人强行“讨债”，以此达到非法占有被害人财物的目的。一旦未拿到意图谋取的高额财物，犯罪分子往往以虚假事实提起诉讼，非法占有被害人财物。

二、打击“套路贷”的困境与难点

（一）罪与非罪认定难

从整体案件定性上看，“套路贷”属于刑民交叉的疑难复杂案件，很容易与“高利贷”等民间借贷案件混杂在一起。犯罪嫌疑人以合法公司外衣为掩盖，与被害人签订借款合同，表面上看均是出于被害人自主意愿的民间借贷行为，各犯罪嫌疑人到案后纷纷喊冤，认为自己从事的是合法民间借贷业务，不是刑事犯罪，认为司法机关不应插手民间纠纷。更有甚者，某些债务人得知中央扫黑除恶专项斗争后，将专业从事高利贷的团伙诬告为“套路贷”的犯罪集团，以此逃避债务的返还。群众举报的“套路贷”案件鱼龙混杂，难以甄别。我院办理的王某某等人诈骗案中，被害人与嫌疑人多次签订利息极高的借款合同，对于高利息，被害人是明知的，且有自主选择的权利，不能排除犯罪嫌疑人主观上为了赚取高额利息的意图，对于该部分事实我院并未予以“套路贷”的认定，而以其他罪名予以认定。

（二）共同犯罪认定难

“套路贷”整个作案过程涉及人员广泛，尤其在有合法公司外壳的情况下，前期寻找借款人员、电话客服、签订合约等工作人员，主观上是否明知自己从事的是违法犯罪行为，影响到其是否构成共同犯罪，对参与个别事实、个别环节的工作人员是否作犯罪分子处理，也有待进一步商榷。例如陈某某等6人诈骗、非法拘禁案中，对于前期门店经理、签约客服等人员，因现有证据不足以证实其明知公司后续以虚假诉讼行为来骗取被害人财产，而无法认定这些人具有共同犯罪故意，因此未对前期从事客服行为的人员采取强制措施。

（三）案件查办难

一是发现难。有的被害人由于长期自身经济拮据、诉讼官司缠身而不敢报警；有的被害人被“套路贷”骗取钱财后自认倒霉；有的被害人贷款缘由难以启齿；有的被害人慑于放贷人的胁迫，不会、不愿、不敢进行报案。二是立案难。“套路贷”犯罪看上去有形式合法的借款协议、资金流水等资料，如果被害人难以提供充分的证据证明，则案件难以刑事立案；而且双方各执一词，令办案人员无法及时判断案件的性质。三是取证难。“套路贷”案件时间跨度长，借款合同、通话记录、聊天记录等重要证据多已灭失，案件细节难以通过客观证据来印证。若关键证据缺失，就无法认定“套路贷”的性质。

三、打击“套路贷”的策略与方法

1. 要从整体上来把握“套路贷”和民间借贷之间的区别与联系，从实质上看“套路贷”犯罪在主观上以非法占有为目的，在客观上行侵财之实。在办理“套路贷”刑事案件时，案件承办人从“套路贷”行为人非法取得他人财产的具体手段、方式，依照每个犯罪的构成要件，来认定具体罪名。若是面对未采用明显的暴力或者威胁手段，主要通过虚构事实、隐瞒真相取得被害人财物的行为，一般以诈骗罪论处。例如，在有的案件中，被告人谎称自己的公司需要“冲业绩”，帮公司签订借贷协议不仅不用还款，还可以获取“好处费”，待被害人落入圈套后，便利用对方法律知识欠缺的弱点以及害怕“惹事”的心理索取所谓的“债务”。由于该案中被告人主要是靠虚构事实、隐瞒真相来实现非法占有，故应以诈骗罪定罪处罚。但在实践中，犯罪分子实施“套路贷”的手段经常变换，还有可能构成敲诈勒索、非法拘禁、虚假诉讼、寻衅滋事、强迫交易、抢劫、绑架等多种犯罪。例如，在实施“套路贷”过程中，主要通过威胁或者要挟的方法非法占有被害人财物的，构成敲诈勒索罪。

2. 应当坚持主客观相一致的原则，对参与“套路贷”上下游犯罪的同伙进行打击。在办案过程中发现，“套路贷”犯罪多为团伙类型犯罪，犯罪分子之间分工日趋专业化，环环相扣，其中负责搜寻潜在客户、协助制作走账流水记录以及向人民法院提起虚假诉讼等的配合、支持、帮助行为对于“套路贷”犯罪顺利实施并最终达成非法占有目的发挥了重要作用。由于该犯罪收益高，围绕“套路贷”的犯罪都形成了职业化犯罪团伙，不仅有所谓“贷款中介”等专门为“套路贷”犯罪分子搜寻业务目标，而且有一些具有专业法律背景或者在放贷行业从业的人员参与其中，这增加了打击“套路贷”犯罪的难度。对于团伙案件，应当坚持宽严相济、分化瓦解原则。按照宽严相济的刑事政策，我们应当严打团伙首要分子及积极参加者，对于参与较少、获利较少、主要实施职务行为的工作人员，例如话务员、客服等，建议不作为犯罪分子处理。

3. 公检法协调配合，精准打击。“套路贷”在实践上认定难，法律上的认识分歧大。但是“套路贷”对人民群众的利益侵害又十分的严重，群众的反应强烈。一是要加大打击力度。公检法三家部门应建立“套路贷”犯罪案件联动机制，统一法律认识：公安及时受案、立案、侦查；检察机关适时介入，引导侦查取证，依法快捕快诉；法院挖掘民事虚假诉讼线索，利用财产刑打击“套路贷”犯罪。三家合力打击“套路贷”犯罪。二是要加强民间借贷行业监管。检察机关应通过检察建议等方式督促金融管理部门、工商部门加强民间借贷公司注册登记审批和日常管理，依法取缔民间借贷行业介绍费、好处费、保证金等“行业规则”，加大对民间借贷虚假宣传行为的治理，建立对“套路贷”行为的风控预警机制。

4. 加大宣传力度，提高群众自我保护意识。一是发挥检察工作职能。检察机关按照“谁执法谁普法”的要求，积极开展释法说理活动。可以联合金融管理部门加大金融知识宣传力度，在社区、校园、企业等重点区域开展防范“套路贷”宣传，使群众了解各类“套路贷”手法，树立风险防范意识，使贷款公司、中介机构树立诚信经营意识。二是发挥案件审理的舆论导向职能。让辖区内有影响力的“套路贷”案件的审理向社会大众开放，并且积极与电视台、网络播放平台以及报纸等宣传媒体合作，让案件的办理过程走进千家万户，避免“套路贷”案件的发生。

捕后轻刑案件实证探析

林 莉*

近几年，捕后轻刑问题一直是法学理论和司法实践关注的重点之一。捕后轻刑案件，是指经人民检察院批准逮捕或决定逮捕后，被判处管制、拘役、缓刑、单处附加刑或者免予刑事处罚的案件。捕后轻刑现象造成了执法过程中的一些困惑，也制约着审查逮捕工作的发展，这说明审查逮捕案件质量有待进一步提高。为深入贯彻落实“少捕慎捕”的刑事政策，在“捕诉合一”办案新模式下，进一步加强对证据的精细化审查，加强引导侦查取证和捕后跟踪监督，切实提高审查逮捕案件质量，本文结合2016—2018年厦门市某区检察院办案实践，对捕后轻刑案件的特点和原因进行分析、总结，探寻对策，以更好地推动审查逮捕工作发展。

一、捕后轻刑案件的现状及特点

据统计，厦门市某区院2016—2018年捕后被判处轻刑的人数为296人（含有期徒刑缓刑），占批捕总人数的14.6%，其中判处有期徒刑缓刑的人数为114人，占判轻刑人数的38.5%；判处拘役的人数为169人，占判轻刑人数的57.1%；判处拘役宣告缓刑的人数为13人，占判轻刑人数的4.4%；判决拘役（含拘役宣告缓刑）5个月以上的人数为130人，占判轻刑总人数的43.9%。

（一）捕后轻刑率变化情况分析

据统计，2016年，厦门市某区院捕后判处拘役（含拘役宣告缓刑）或徒刑缓刑的135人，占捕后判决总人数的17.3%；2017年，捕后判处拘役（含拘役宣告缓刑）或徒刑缓刑的81人，占捕后判决总人数的12.7%；2018年，捕后判处拘役（含拘役宣告缓刑）或徒刑缓刑的80人，占捕后判决总人数的13.7%。具体如表1所示。从数据上来看，厦门市某区院2016—2018年捕后轻刑人数呈下降趋势。通过与厦门市其他区院捕后判轻刑率进行对比，某区院轻刑率大致处于全市平均水平。

表1 2016—2018年某区院轻刑率

年份	逮捕数（人）	轻刑数（人）	轻刑率（%）	拘役数（人）	徒刑缓刑数(人)
2016	869	135	15.5	100	35
2017	680	81	11.9	54	27
2018	620	80	13.0	28	52

* 林莉，厦门市湖里区人民检察院。

（二）捕后判拘役占轻刑案件比例逐年降低

从人数上看，在厦门市某区院 2016 年捕后判决案件中，被判处以轻刑的 135 人，其中徒刑缓刑 35 人 (占总人数的 26%)，拘役 100 人 (占总人数的 74%)；在 2017 年捕后判决案件中，被判处以轻刑的 81 人，其中徒刑缓刑 27 人 (占总人数的 33.3%)，拘役 54 人 (占总人数的 66.7%)；在 2018 年捕后判决已生效案件中，被判处以轻刑的 80 人，其中徒刑缓刑 52 人 (占总人数的 65.0%)，拘役 28 人 (占总人数的 35.0%)。具体如图 1 所示。

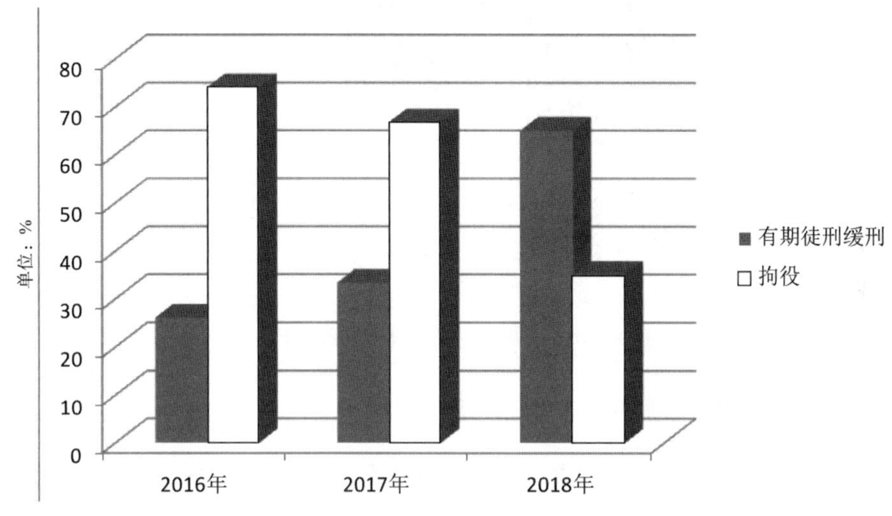

图1　某区院轻刑统计

捕后判处拘役的比例呈逐年下降趋势，截至 2018 年共下降了 39.0%。捕后判拘役的案件，罪名较为常见且相对集中（如盗窃案件分别占三年来捕后拘役案件的 52.0%、38.8%、35.7%），主要是因为盗窃案件法定刑不高，有的难以判处徒刑以上刑罚，判处拘役的较多。因此，建议对盗窃案件设定更为严格的逮捕条件，降低捕后判处拘役比例。

（三）捕后轻刑案件罪名相对集中

从捕后判轻刑案件的类型上看（图 2），盗窃罪、故意伤害罪、开设赌场罪、贩卖毒品罪等罪名捕后判轻刑人数较多，其中盗窃罪 88 人、故意伤害罪 49 人、开设赌场罪 30 人、贩卖毒品罪 27 人，这四类案件人数占判轻刑总人数的 65.5%。《中华人民共和国刑法修正案（八）》将多次盗窃、入户盗窃、携带凶器盗窃、扒窃四种情形纳入盗窃罪范畴，取消了数额限制，使盗窃罪成为逮捕案件中处轻刑最多的犯罪类型之一。

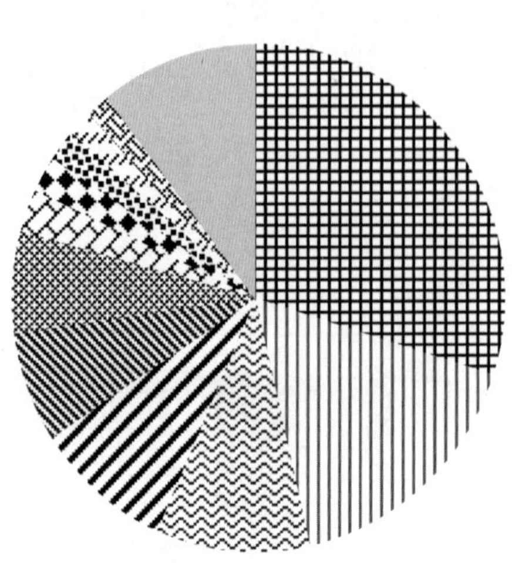

图2 2016—2018年捕后轻刑罪名占比情况

（四）外来人员捕后轻刑率高于本地户籍

厦门外来人口多，相对于本地户籍犯罪嫌疑人，外来犯罪嫌疑人的捕后轻刑率较高。2016—2018 年，本市某区外来犯罪嫌疑人捕后轻刑人数为 271 人，占捕后轻刑总人数的 91.6%；本地户籍犯罪嫌疑人捕后轻刑人数为 25 人，占捕后轻刑总人数的 8.4%。外来人员捕后轻刑比例明显高于本地户籍犯罪人员，外来犯罪嫌疑人捕后轻刑率为 14.2%，而本地户籍犯罪嫌疑人捕后轻刑率为 9.9%。我国刑法规定对于逮捕必要性和社会危险性的审查要件虽然并不包括户籍，但实际上外来犯罪人员逮捕适用比例高于本地户籍犯罪人员。随着司法制度日趋完善及执法理念不断更新，外来人员捕后轻刑率正逐渐下降。

二、原因分析

造成捕后轻刑的原因是多方面的，主要包括逮捕适用证据标准与后续起诉、判决适用标准不同、社会危险性的证明标准和程序尚不完善，以及捕后刑事和解等。

（一）司法理念的偏差

1．“构罪即捕”的观念尚未完全根除

“法治的真谛并非仅仅是人权保护的加强，我们在为被告人人权努力奋斗的同时，也不能忘却公共安全的维护——尽管它经常成为限制公民权利的借口。”① 宽严相济刑事政策标准在实践中难以把握，“重打击、轻保护”“重实体、轻程序”的倾向在一定程度上仍然存在，对逮捕必要性的审查不够细致，导致“可捕可不捕”的“不捕”在实际办案中变成“一捕了之”。

① 程怀：《预防性羁押与索拉那案》，载《人民法院报》2006年6月30日。

2.“外地人即捕”的观念尚未完全根除

不少外来犯罪嫌疑人无固定住所，流窜作案，缺乏有效的监护、帮教条件，对外来人员取保候审可能导致其在起诉阶段、审判阶段无法到案，而公安机关又无足够警力采取监视居住措施。司法实践中，外来犯罪嫌疑人不遵守取保候审规定，在起诉阶段以及审判阶段不能及时到案或再次犯罪的占有一定比例。的确存在不捕后犯罪嫌疑人不能及时到案，后公诉部门或法院决定逮捕的情形。若犯罪嫌疑人不能及时到案或再次犯罪，检察官可能将面临打击犯罪不力的责难。因此，对在本地无固定住所、流窜作案的犯罪嫌疑人，基于保障诉讼顺利进行、防止其外逃或再次犯罪等因素的考虑，办案人员可能会作出批准逮捕的决定，这在办理盗窃类和毒品类犯罪案件中尤为明显。一些外来犯罪嫌疑人社会危害性并不大，但由于其具有较高的流动性且因经济拮据对被害人难以赔偿到位取得谅解，为防止犯罪嫌疑人脱逃，司法机关只能适用逮捕措施，而这在办理故意伤害类犯罪案件中尤为明显。

3. 对信访及翻供、串供风险的考量

司法实践中，在未取得被害人未谅解的情况下，如果不批准逮捕，有的被害人及其家属就会开始信访，寄信访件或到党政司法机关上访，甚至缠访闹访，承办案件的检察官需要不厌其烦地接待与解释，而批捕反而会促进双方达成和解。从信访风险考虑，办案人员倾向于批准逮捕。另外，口供在证据体系中仍有重要地位。检察官在审查逮捕时会考虑犯罪嫌疑人翻供的可能性，对供述不稳定的犯罪嫌疑人可能作出批准逮捕的决定；对共同犯罪尤其是犯罪集团案件，因同案犯在逃或基于下一步侦查的需要，为防止翻供、串供，保证诉讼顺利进行，也可能作出批准逮捕的决定，如开设赌场或毒品类案件。

（二）捕后达成刑事和解

捕后判处轻刑的故意伤害案件绝大部分系捕后和解。部分案件当事人在捕前有限的时间里难以互谅互让，存在敌对情绪，一方不愿意赔偿，另一方也不接受赔偿。部分案件犯罪嫌疑人愿意赔偿并有一定的赔偿能力，但被害人要价过高，把逮捕看成了要挟犯罪嫌疑人多赔钱的工具而拒不接受赔偿，到审判阶段被害人的情绪逐渐稳定，期望值有所降低，与犯罪嫌疑人就较容易达成和解。在审判阶段，法院认为被告人已取得被害人的谅解，因其不致再危害社会而判处其轻刑。尤其是故意伤害、交通肇事类案件，批捕阶段大多数犯罪嫌疑人尚未与被害人就民事赔偿达成一致，考虑到维护社会稳定、照顾被害人情绪等因素，选择适用逮捕措施。

（三）径行逮捕规定的影响

《中华人民共和国刑事诉讼法》第 81 条规定：“对有证据证明有犯罪事实，可能判处十年有期徒刑以上刑罚的，或者有证据证明有犯罪事实，可能判处徒刑以上刑罚，曾经故意犯罪或者身份不明的，应当予以逮捕。”该规定被称为径行逮捕。在司法实践中，曾经故意犯罪的犯罪嫌疑人占有相当大的比例，但这些人不一定均有逮捕的必要性。以某区为例，2016—2018 年逮捕数 2169 人，其中有犯罪前科的 430 人，比例为 19.8%，此间有犯罪前科的捕后轻刑者共 20 人。由于有径行逮捕的规定，司法实践中往往对曾经故意犯罪的一律逮捕，但对于“可能判处有期徒刑以上刑罚”的条件考虑不足。如一些盗窃案件，盗窃的数额小，刚刚达到立案数额，但犯罪嫌疑人有盗窃前科，符合《中华人民共和国刑事诉讼法》第 81 条的径行逮捕规定，检察院因此作出批准逮捕决定，但在审判阶段由于盗窃法定刑较低，法院根据犯罪事实进行量刑，便出现判处轻刑的情形。

（四）逮捕条件与起诉、判决量刑标准的差异

审查逮捕案件考虑的主要因素系是否构成犯罪、是否存在社会危险性，而目前关于社会危险性的评价标准和程序尚不完善。从考虑因素上看，社会危险性的评估对象是一种可能性，犯罪嫌疑人的主观恶性和作用具有现实性——由客观基础（包括是否有前科、是否构成累犯及其他实际行为和作用）加以量化；从目的上看，批捕和审判阶段保障诉讼程序顺利进行和犯罪预防的侧重点明显不同，这些不同使得一些通过社会危险性评估认定予以逮捕的案件，在起诉、审判后处以轻刑。有的案件在审判阶段出现新的影响量刑的证据，如自首或立功，影响了案件的量刑，这也会导致捕后轻刑。比如，近年来打击毒品犯罪专项行动中大量的毒品犯罪报捕案件，由于考虑到毒品犯罪是严重犯罪，具有较大社会危害性，且部分犯罪嫌疑人有吸毒恶习、前科、在本地无固定居所等，在审查逮捕阶段被评估为社会危险性较大，因此予以批捕；但因为情节较轻或有自首、立功量刑情节被判轻刑。

三、对策与建议

（一）树立精品案件意识，提高文书制作水平

依法规范开展讯问犯罪嫌疑人、询问诉讼参与人和听取律师意见工作，有利于案件承办人对犯罪嫌疑人是否有逮捕必要作出客观评价。应规范文书制作，不断提高审查报告、讯（询）问笔录等文书制作的质量，注重文书制作的每个细节，做到主次分清，详略得当。须加强对证据的分类、概括及证明力分析，加强对证据的合法性和客观性审查，加强对事实、证据的综合分析论证。

（二）加快转变执法理念，全面分析量刑情节

要继续加强理念引导和业务培训，促使干警在认真学习、深入研究的基础上，全面掌握逮捕条件，强化打击犯罪与保障人权并重的执法理念，从根本上转变片面强调打击、只注重逮捕的诉讼保障功能、忽视对犯罪嫌疑人合法权利保护的陈旧观念，坚持“少捕慎捕”。加强逮捕必要性审查，全面分析量刑情节，充分考虑有无法定、酌定从轻的量刑情节，完善逮捕必要性的评价标准和证据审查标准，减少承办人的自由裁量权，避免公安机关“提捕即捕”“构罪即捕”的问题。尤其是对于曾经故意犯罪的犯罪嫌疑人，应充分考虑其是否属于“可能判处徒刑以上刑罚的”，应只对“可能判处徒刑以上刑罚的”且有社会危险性的犯罪嫌疑人适用逮捕措施，尽可能减少不必要的羁押。

（三）强化案前审查工作，落实社会危险性证明机制

应落实侦查机关提供社会危险性证明材料的举证责任，进一步细化不同罪名的社会危险性标准，将审查落到实处。要把有无证明“社会危险性”的证据纳入受案条件，要求侦查机关在提请逮捕时，根据犯罪性质、犯罪情节、认罪悔罪态度等，综合评判犯罪嫌疑人的社会危险性。对于可能判处3年以下有期徒刑的犯罪嫌疑人，可以要求公安机关通过考察犯罪嫌疑人品行、征询被害人意见、听取有关单位和人员建议等方法调取犯罪嫌疑人是否有社会危险性的相关证据，曾经故意犯罪、身份不明或违反取保候审规定的材料随卷宗一并移送。

（四）强化教育监管机制，建立逮捕必要性分类评价体系

应探索建立外来人员逮捕必要性分类评价体系，对轻微刑事犯罪、外来犯罪嫌疑人在本市有相对固定工作或住址、符合取保候审条件的，充分听取侦查机关、律师、当事人意见，充分考虑有无社会危险性和逮捕必要性，扩大“无逮捕必要”的适用范围，探索审查逮捕与刑事速裁相衔接的机制，减少对外来人员的羁押。

一方面要加强对外来取保候审人员的监管，强化管控和报告制度，制约犯罪嫌疑人在取保候审期间从事特定活动、进入特定区域或接触特定对象。这可以借鉴域外对社区矫正人员的管理经验，[①]引入实时定位监控手段对外来取保候审人员进行定位监督，根据年龄、犯罪情况等因素对外来取保候审人员的自由进行限制和管理，形成由宽到严的阶梯，及时准确掌握外来取保候审人员状况，提高监管的实时性和有效性，防止脱逃。

另一方面加强对外来流动人员的教育帮扶，健全外来人员法律援助机制，完善刑事和解制度，促进矛盾纠纷化解，建立对外来刑满释放人员的救助帮扶制度，构建和谐、共赢的社会综合治理体系。

（五）加强内外部沟通，促进执法规范统一

要加强与公安机关的沟通协调，对法定刑期不高，明显不可能判处徒刑以上刑罚或刚刚达到刑事立案标准，犯罪情节较轻且具有从犯、胁从犯、自首或立功等法定从轻、减轻处罚情节的案件，可以不必报捕，直接移送起诉。对于可捕可不捕的案件，坚决不捕，并向其说明理由。须认真研究、分析法院对同类案件判决的总体趋势，提升对案件判决的预判力。定期梳理捕后判轻刑案件，从法律运用、个人能力等多角度剖析原因，提升精准批捕能力。应与公安、法院等共同研究总结捕后轻刑案件存在的问题，减少分歧，增加共识，进一步统一执法标准和执法尺度。

总之，捕后轻刑问题的产生既有主观原因，也有客观原因。捕后轻刑率要适当控制，但这种控制必须立足于民众的认知程度、社会的可接纳程度、执法者的素质、现有的执

---

① 武玉红：《电子监控在我国社区矫正管理中的运用与优化》，载《青少年犯罪问题》2013年第3期。美国得克萨斯州给14~24岁的重刑、暴力、高危险罪犯佩戴实时定位监控，掌握犯罪人的行迹，降低在社区犯罪的风险；伊利诺伊州利用实时定位监控设备，令罪犯在白天出外工作或学习，晚上回宿，成功帮助数名矫正人员在矫正期间完成硕士学位。

法环境等。捕后轻刑并不必然意味着适用逮捕措施的失当，既要提高对逮捕条件的理解和把控水平，积极探索降低拘役比例和控制捕后轻刑率的工作经验和做法，也不能一味降低捕后轻刑率而不考虑嫌疑人是否具备诉讼保障条件、不捕是否会引发新的社会矛盾等诸多因素。我们要更为严格地把握逮捕条件，不断完善逮捕必要性审查和社会危险性证明机制，完善强制措施的实施机制，建立健全执法办案风险评估预警机制，以审慎的态度控制捕后轻刑率。

浅谈私募与非法集资犯罪的边界

陈美雅*

私募[①]（private placement）与公募（public offering），是就证券发行方法之差异，以是否向社会不特定公众发行或公开发行证券，界定为公募和私募，或公募证券和私募证券。目前关于非法集资还没有唯一的准法定概念，而且刑法也没有规定非法集资罪的罪名——根据刑法规定，与非法集资有关的罪名有非法吸收公众存款罪、集资诈骗罪等。《关于取缔非法金融机构和非法金融业务活动中有关问题的通知》（银发〔1999〕41号）规定："非法集资"是指单位或者个人未依照法定程序经有关部门批准，以发行股票、债券、彩票、投资基金证券或者其他债权凭证的方式向社会公众筹集资金，并承诺在一定期限内以货币、实物以及其他方式向出资人还本付息或给予回报的行为。因为私募行为与非法集资行为存在类似的特点，故前者很容易触犯后者的边界。如何对两者的边界进行区分，避免前者向后者转化，具有重要的现实意义。

一、私募与非法集资活动边界的模糊性

广义的私募，指非公开募集资金的行为。这种投资形式应当具备一定特征，达到一定标准，并以此区别于"公募"或者非法集资行为。

根据不同的标准，私募有不同的分类。如根据募集资金的用途可分为私募股权基金和私募证券基金；根据募集资金的方式可分为公司式募集、契约式募集、有限合伙式募集等。2011年11月2日，国家发展改革委办公厅出台《关于促进股权投资企业规范发展的通知》（以下简称《通知》），进一步规定："股权投资企业的资本只能以私募方式，向特定的具有风险识别能力和风险承受能力的合格投资者募集，不得通过在媒体（包括各类网站）发布公告、在社区张贴布告、向社会散发传单、向公众发送手机短信或通过举办研讨会、讲座及其他公开或变相公开方式（包括在商业银行、证券公司、信托投资公司等机构的柜台投放招募说明书等），直接或间接向不特定或非合格投资者进行推介。股权投资企业的资本募集人须向投资者充分揭示投资风险及可能的投资损失，不得向投资者承诺确保收回投资本金或获得固定回报。"

目前我国界定"私募"行为的标准比较一致，包括：（1）人数限定；（2）不得定期返息；（3）不得公开募集；（4）单个投资者投资金额不得少于100万元人民币；（5）3名以上高管；（6）工商注册及备案。而非法集资行为，根据《关于取缔非法金融机构和非法金融业务活动中有关问题的通知》的规定，是指单位或者个人未依照法定程序经有关部门批准，以发行股票、债权、彩票、投资基金证券或者其他债权凭证的方式向社会公

* 陈美雅，厦门市翔安区人民检察院。

① 私募（private placement）相对于公募（public offering）而言是指向社会不特定公众发行证券。

众募集资金，并承诺在一定期限内以货币、实物以及其他方式向出资人还本付息或者给予回报的行为。为了惩治非法集资犯罪活动，最高人民法院会同中国银监会等有关单位，研究制定了《关于审理非法集资刑事案件具体应用法律若干问题的解释》（以下简称《解释》）。《解释》第1条规定，非法集资活动应同时具备以下四个条件：（1）未经有关部门依法批准或者借用合法经营的形式吸收资金；（2）通过媒体、推介会、传单、手机短信等途径向社会公开宣传；（3）承诺在一定期限内以货币、实物、股权等方式还本付息或者给付回报；（4）向社会公众即社会不特定对象吸收资金。

从《解释》的规定来看，非法集资行为与私募的主要特征是不相容的。然而在我国，私募的实际运作并不完全规范，非法集资活动屡屡被打造为私募的形象或直接以私募为名，故非法集资活动与私募之间的边界尚很模糊，令公众难以辨识。下文将从资金的募集方式、募集对象、运作方式等几个方面对两者的区别展开探讨。

二、从资金的募集方式进行界分

（一）招募方式的非公开性

一般认为，私募主要通过非公开方式面向少数机构投资者或个人募集，它的销售和赎回都由基金管理人通过私下与投资者协商进行，禁止利用任何大众传媒做广告宣传，禁止一般性广告和公开劝诱。一旦采用任何公开方式，就属于非法集资行为。而关于“非公开方式”到底有哪些，尚无法律作出正面规定。因此，私募中不可避免地存在违法招募行为。同时，“公开性”是非法集资活动的特征之一，非法集资行为人必定要隐蔽这一特征，利用所谓的“非公开”方式，甚至直接以“私募”为名进行招募。因此，私募与非法集资相区别的侧重点在招募方式的“非公开”性上。

私募基金的投资人一般通过以下方式参与私募基金：（1）直接认识基金管理人；（2）依据在上流社会获得的可靠投资消息和间接介绍等；（3）机构投资者的间接投资；（4）投资银行、证券中介公司或投资咨询公司的特别推介；（5）对冲基金研究咨询机构提供的信息；（6）通过其他基金转入。在这六种方式中，前两种方式是面向自然人的，后四种方式面向法人。但是以上这几种方式是从投资者的角度进行归纳的，带有被动性特征，仍然难以解释一个私募基金项目如何能被投资人认识。因此，需要进一步澄清的是，“非公开性”指的是特定的“私募产品（项目）”，对其不得进行公开的宣传，但并不禁止对私募的发起人（如基金公司）、过往业绩、私募基金管理人等进行公开宣传。故私募基金可以通过对基金公司、经理人做广告，参与电视访谈节目、路演等方式，吸引投资人的注意。

值得一提的是路演这种方式。路演本意译自英文的“road show”，是国际上广泛采用的证券发行方式，是券商发行证券前针对机构投资者的推介活动，主要方式是举办推介会。在推介会上，券商与投资人之间进行充分的沟通和交流，促进股票发行。在我国，私募可以采用路演的方式。但无论采用何种方式，招募都应当具备非公开的特征，因而以下两点必须遵守：（1）在宣传过程中只能出现“过往的”私募产品，而禁止出现“准备募集”的资金项目；（2）路演这种方式，并不是我们从字面上理解的在马路上针对过往的不特定公众直接进行的招募，而必须是在特定场所内针对特定的投资人进行推介。这两点也是判定“非公开”的标准。

非法集资人一般会主动募集并采用变相公开的手段。不排除非法集资人会利用一个完全真实的私募基金项目或一个合法的投资公司来达到非法集资的目的，但是其会刻意曲解所采取的募集手段或与私募混淆的手段。例如采用召开宣讲会的方式。因为宣讲会的环境相对封闭，参加人相对固定和有限，非法集资人冠之以路演，解释为“不公开”，与私募的路演推介会混同。非法集资人会刻意宣称“私募是不能公开宣传的”，这更令公众误以为这是符合私募特征的行为。变相公开可以从两个方面进行判断：一是以人传人的方式，这是一种主动的行为方式，而且同样能够达到向社会公众宣传的效果；二是对投资人不加选择、不特定。此时即使是一对一，貌似不公开，实际也是变相公开。

2003 年 1 月，被告人陈某在未实际出资的情况下，注册成立了飓寰公司。后未经有关部门批准，即以飓寰公司名义与客户签订《投资代理项目合同》，约定由飓寰公司为客户代理投资商品期货交易，并承诺一年有 24% 的固定投资收益率。陈某将其中部分钱款投入以其个人名义开设的期货交易账户后，非但未获得预期收益，反而处于连年亏损状态。为向客户支付允诺的高额利息，陈某自 2005 年起，虚构期货交易高盈利的事实，让飓寰公司员工以此继续招揽客户，并与客户签订《投资委托管理合同》，约定客户最多承担 10% 的亏损风险，超过 24% 的投资收益由飓寰公司与客户按比例分成，同时飓寰公司按照客户投资本金 2.5% 的比例收取“居间费”。其后陈某按照虚构的高盈利率与客户结算并返还本金和收益。至 2010 年 11 月，陈某先后与 580 名客户签订投资管理合同 2117 份，涉及资金 4.5 亿余元。其中 3.9 亿余元资金进入陈某控制的 38 个银行账户。经查，陈某投入期货交易的资金有 8000 余万元，用于其经营的飓寰公司等几家公司及其组建的一个车队的资金有 7000 余万元，而将大部分资金约 2.4 亿余元用于返还客户本金、收益，另有部分钱款用于本人购房、购车等个人消费。至案发时，尚有 263 份合同 202 名客户尚未结清资金。此案中，陈某本人及其雇用的业务员均承认公司不做任何广告宣传，一般通过亲戚朋友之间相互介绍的方式拉来客户投资。可见，陈某规避了广告宣传这种公开的方式，而采用了以人传人的变相公开方式，因此属于非法集资活动。

（二）信息披露的非公开性

私募基金的投资方式也具有非公开的特征，即投资过程更具隐蔽性，绝少涉及公开市场的操作。与公募基金相比，私募基金一般无须披露交易细节、详细的投资目标和投资组合等信息。但此时的非公开并不等于保密，而是在披露对象和披露内容上有着严格的限制。

1. 披露对象：投资人和监管机构

私募基金的信息披露与公募基金相比，要求相对宽松，但并非完全免除了信息披露的义务。因为信息披露是两方面的：一是对投资人而言，投资人需要在一定范围内了解到必要的信息；二是对监管当局而言，如果资金量比较大，监管当局需要知情，并预测和控制可能对社会产生的潜在系统性风险。私募基金可以不主动披露，但是在投资人或者监管机构要求时必须披露。披露的时间频次及信息量不必达到公募基金的标准，但每一段时间（半年或者一年）应向投资人公布投资组合和收益、亏损状况等。信息披露不足，反而影响投资人对私募基金的信任。所以合法的私募必须进行特定的信息披露。

2. 披露内容：风险提示

私募基金信息应当披露的最基本的内容是私募基金存在的风险。因为投资必定有风险，而风险直接影响到投资人的投资意愿及收益。合法的私募基金必定要对投资人进行完备的风险提示，比如制作独立的风险提示书等。

在上述案例中，投资人均签有书面的《投资委托管理合同》，有的合同中也出现了“亏损风险”的字样，但是除此之外并无其他更为详尽的风险提示信息，致使有的投资人以为是“风险提示”，认为陈某已经进行了风险的披露。而实际上，陈某在合同中偏重约定收益，淡化风险，以此骗取投资。

三、从资金的募集对象进行界分

（一）合格投资者

合格投资者制度的建立，在一定程度上可以使特定对象募集投资资金的募集与“非法集资”泾渭分明。《解释》中出现了“特定对象”的概念，但未对这一关键概念进行定义。《通知》中虽规定应向合格投资者募集资金，但也未对“合格投资者”进行定义。一般认为，私募基金的对象是少数具有特定资格的投资者。其具备一定的投资经验和知识，拥有较为雄厚的资产及收入，具有一定抵抗风险的能力。因此，判断一名投资人是不是“合格投资者”，需要从投资者主体资格、投资者资产状况、风险识别能力、风险承受能力等几个方面加以界定。

然而，颇具迷惑性的是，有的非法集资人偏偏设立了一定的筛选条件，如只接受投资额100万元以上的投资人或在书面合同中规定了最低出资额。设立了一定的“门槛”并且严格按照门槛要求对达不到资金额的投资者予以拒绝的情形，是否属于私募的“向特定对象募集”呢？一些看法认为这种方式具备了明确的指向性，不属于向公众募集，不能归入非法集资行为；即使存在欺诈行为，也只可能构成合同诈骗等罪名，而不能构成集资诈骗罪。笔者不赞同这一观点，理由有三。一是“投资额”的概念不等于“投资能力”的概念。投资额只反映出一定的资金状况，而不直接反映投资者的资本状况，仅此一项要求不能确保就是合格投资者。二是为避免盲目投资，合格投资者制度是复杂的、系统性的设计，并不只有投资金额这一项限制，至少还包括对投资人的投资经验的检验，除投资资金外同时要求有稳定的年收入，对投资对象、投资风险的认知度。所以仅有出资额限制，不等于就是私募。相反，非法集资人很可能为规避法律，以形式上的投资“门槛”作为伪装，这不仅更具迷惑性，而且吸收资金量可能更大。三是有的非法集资人在明知的情况下，表面上与一名投资人签订书面的协议，而实质上鼓励或安排一名投资人代表多个投资人出资，这违背了私募中的刺破原则，更反映出非法集资人追求资金的主观状态，应当界定为非法集资行为。

（二）选择的程序

合法的私募不但设置了合格投资者的标准，而且也设置了选择合格投资者的程序。如对投资人数的计算方式、对投资者的资格（包括风险识别能力）等都设置了检验制度。

在陈某一案中，绝大部分客户是通过亲戚朋友介绍加入的，也存在公司的经理、财务人员出资成为所谓的“股东”，根本不存在对投资者的任何限制条件。陈某承认“每年初都要和公司的管理人员开会，给他们下达当年的总体目标，主要就是尽量保证一定的客户入金（即客户投资款）和控制客户出金（客户取回资金）”。可见，陈某为了吸收资金，完全突破了私募的种种限制。

四、从资金的运作方式进行界分

私募基金的字面含义已经揭示了其“基金”的性质。基金运作是指通过发售基金份额，将投资者的资金集中起来，由基金管理人管理，进行利益共享、风险共担的集合投资。私募资金存在以下两个显著特征。

（一）管理的外部性

私募基金依据信托原理设立，虽然其运作机制比较自由，但仍不失规范。私募基金的一个特征是外部管理，即发起人、基金管理人（或称托管人）与投资人是分离的，私募基金是独立于三方的财产。设置专门的托管人，是为了降低管理人的道德风险，以确保客户资金、证券等资产不被侵占或挪用。如果私募基金不设立第三方托管人，而是由基金管理人（发起人）兼任，则由于发起人与投资人之间信息不对称，发起人往往可能会滥用职权，危及投资人的权益及资产安全。虽有观点认为应当尊重当事人意思自治，可以选择发起人管理资金的模式，但笔者认为，在我国信用体系不完备、信托体系也不发达的情况下，应当坚持第三方托管的模式。

而非法集资人为直接获取和控制投资人的资金，一般不存在第三方托管。有的非法集资人以自己的名义直接收取和管理资金，由于投资人的防范意识较低，非法集资人甚至不需要作出解释。有的非法集资人用于接收资金的账户虽不是其本人的账户，但实际上都是其直接控制的账户。有的非法集资人虚构资金托管机构，如谎称由境外公司进行基金运作，提供所谓的“中转账户”、境外公司网站等。由于境外信息难以核实，投资者往往被非法集资人的吹嘘或网站内容迷惑，在诱骗下进行投资。

（二）基金管理费的计提

私募的投资性特征及专家理财的特征决定了投资者获得的收益属于投资收益。基金管理费计提有两个特征：一是基金管理人的回报与募集的资本是相分离的，基金管理人不是投资人，不能直接与投资人分享投资收益；二是对管理费的计提实行严格限制。根据国内外的现状，为达到对私募基金管理人的激励约束，一种做法是由基金管理人持有一定的基金份额并严格限制转让，以使其与投资人“风雨同舟”；另一种做法是约定给予其固定百分比的管理费，另外约定一笔业绩报酬作为激励。证监会曾在 2001 年 9 月发文规定基金经理不得计提业绩报酬。在美国，注册的投资顾问从 100 人基金中收取业绩报酬，必须是客户在签订顾问合同的同时缴纳超过 75000 美元，或者客户本身净值超过 150 万美元并且 100 人基金中每一个投资者必须都符合一定的标准，投资顾问才能收取业绩报酬。

基于此，如果约定“无论盈亏，基金管理人都获得投资人盈利的百分之几”，则违反了上述规定。这种约定是在基金管理人与投资人之间直接约定利润分成，实际上是把固定比例的利润作为业绩报酬，属于非法集资行为。

此外，从资金的收益方式来看，私募基金禁止出现承诺保底的约定，否则就是非法集资。私募基金的收益属于投资收益，不同于固定收益。固定收益是投资者按事先规定好的利息率获得的收益，而投资收益不应涉及任何形式的固定回报，否则即非法集资。

认罪认罚从宽制度下的利益博弈：从认罪的功能出发

陆而启　洪文海[*]

一、引言：从审判资源配置到利益博弈

“以审判为中心”的诉讼制度改革凭借着“审判外的功夫”来实现，除了审前程序完善之外，通过“简案快审”也可有效促进“疑案精审”，实现审判资源的优化配置。2016年6月27日发布的《关于推进以审判为中心的刑事诉讼制度改革的意见》第21条要求，推进案件繁简分流，优化司法资源配置。2017年2月17日，最高人民法院发布的《最高人民法院关于全面推进以审判为中心的刑事诉讼制度改革的实施意见》(以下简称《实施意见》)第32条要求，推进认罪认罚从宽制度改革。由此可知，当前的“认罪认罚从宽制度改革”在程序的简化上具有极大的包容性，当然，其中的“认罪”“认罚”既可能是一种需要进行“自愿性和真实性”判断的证据，也可能是一种自主决策的事实基础。

2016年11月16日“两高三部”印发了《关于在部分地区开展刑事案件认罪认罚从宽制度试点工作的办法》(法〔2016〕386号)(以下简称《办法》)，其中第1条规定：“犯罪嫌疑人、被告人自愿如实供述自己的罪行，对指控的犯罪事实没有异议，同意量刑建议，签署具结书的，可以依法从宽处理。”《中华人民共和国刑事诉讼法》(以下简称《刑事诉讼法》)第174条规定，“犯罪嫌疑人认罪认罚，同意量刑建议和程序适用的，应当在辩护人或者值班律师在场的情况下签署具结书”。简单来看，这其中包含了一种协议(具结书)的性质和控辩交换的成分(认罪和从宽)。下文将从规范和现实层面分析，认罪认罚从宽处理分别在程序运行和实体处理上的控辩双方的利益博弈，涉及权利减损——补偿、成本节约——后果激励、自主选择——情境理解等。

二、程序选择的认罪前提

作为“坦白从宽”刑事政策的具体化、制度化，“认罪认罚从宽制度”虽然在我国刑法和刑事诉讼法中已有较为充分的体现，但是，为了解决“案多人少”的问题，合理优化司法资源，繁简分流，拓宽处理方式，以被追诉者认罪认罚为前提构建程序分流机制，在审前程序中应侧重于通过起诉便宜主义强化程序分流功能，在审判程序中则需依据案件轻重、难易程度不同，构建多元化的简易速裁程序。[①]

* 陆而启、洪文海，厦门大学法学院。

① 熊秋红：《认罪认罚从宽的理论审视与制度完善》，载《法学》2016年第10期。

（一）实体认罪和程序选择的二元合意

美国耶鲁大学教授达玛什卡指出，在美国的某些州，检察官和被告可以达成协议——仅仅根据预审笔录中所包含的证据而将案件提交审判；在刑事被告的认罪表示或不拟答辩申明时，被告被认定为放弃了进入审判阶段的权利；被告还可以通过放弃接受陪审团审判的权利来影响法官审判和陪审团审判之间的选择。[①] 他还分析指出，在能动型刑事检控制度中，“你是否有罪？”（“你是否认罪？”）的问题不过是向被告提出的要求他供认犯罪事实的邀请，至于他的供认是否可信，以及根据国家法律，其所供认的事实是否构成犯罪，则应当由法官而不是被告自己来确定。即使被告供认自己“有罪”，程序也必须继续进行下去——不过有可能会采取一种专门为事实发现较为容易的案件保留的不太严苛的形式。[②] 由此可见，在纠纷解决型或者政策实施型的不同国家，被告人的认罪可能会影响对证据调查方式和诉讼程序的选择。

然而，在我国，认罪并不必然带来程序从简的自然结果，被告人对从简程序的选择以认罪甚至认罚为前提。由此可见，简化程序的适用至少要有实体认罪和程序选择上的二重合意。《刑事诉讼法》第50条的规定确立了“不得强迫自证其罪”的原则，但在第120条中尽管附加了“从宽处理”利益因素，仍然要求“犯罪嫌疑人如实供述自己罪行”。虽然口供孤证不立（《刑事诉讼法》第53条第1款），但是获取口供从来都是取证活动的重要内容。2012年最高人民法院《关于适用〈中华人民共和国刑事诉讼法〉的解释》第106条规定，“根据被告人的供述、指认提取到了隐蔽性很强的物证、书证，且被告人的供述与其他证明犯罪事实发生的证据相互印证，并排除串供、逼供、诱供的可能性的，可以认定被告人有罪”。由此可见，“认罪”所反映的事实往往成为定罪依据，口供获取的难易及其中反映的被告人的认罪态度又成为量刑根据。更主要的是，一方面口供给侦查取证带来了便利，提供了必要线索；另一方面合法真实、稳定一致的口供也能节省审查起诉和法庭调查的时间，由此发展出以认罪和自主选择二元合意为主导的多元简易审理格局，这从各种简化程序的适用条件可以看出。

（二）程序递简和权利减损的层级格局

学者魏晓娜简单回顾了我国多元化的刑事程序格局形成和发展。她认为，我国刑事诉讼自1996年以后形成的“普通程序—简易程序”二级“递简”格局，在2014年启动速裁程序试点后，已变为“普通程序—简易程序—速裁程序”的三级“递简”格局，更提出要以审前分流、繁简分化和程序激励三个关键词来展开认罪认罚从宽制度的完善，着力实现三个方面的转变：

第一，立法重心应从审判程序简化延伸至审前分流机制的构建，以实现对进入审判程序的案件总量的控制。

第二，进一步分化审判程序，拉开各程序之间的繁简差距，提高程序针对性。

第三，改进激励机制，除了量刑减让，还应构建与之并行不悖的程序激励机制。尤其应提出对从简易程序中分化出可能判处3年有期徒刑以下刑罚的案件，另外设立协商

① ［美］达玛什卡：《司法和国家权力的多种面孔：比较视野中的法律程序》，郑戈译，中国政法大学出版社2015年版，第129页。

② ［美］达玛什卡：《司法和国家权力的多种面孔：比较视野中的法律程序》，郑戈译，中国政法大学出版社2015年版，第123页。

程序，并对速裁程序则应彻底简易化，改造成原则上不开庭的快速处理程序，从而最终形成“普通程序—简易程序—协商程序—速裁程序”的四级“递简”格局。[①]

其实，这三个关键词都聚焦于“从宽”的把握问题，审前从宽有可能直接分流案件，而在审判中的从宽则主要体现在量刑程序和量刑后果上。回归现实而言，认罪案件的确可能存在层级化的程序从简路径。

1. 根据罪行轻重程度不同适用多元程序机制

从当前的刑事司法实践和刑事案件速裁程序试点和认罪认罚从宽制度试点工作来看，对于认罪认罚案件根据罪行轻重程度分别适用：

（1）刑事速裁程序。根据 2014 年最高人民法院、最高人民检察院、公安部、司法部制定的《关于在部分地区开展刑事案件速裁程序试点工作的办法》（以下简称《办法》）第 1 条的规定，其适用范围主要针对两类案件：一类是“对危险驾驶、交通肇事等犯罪情节较轻、依法可能判处一年以下有期徒刑、拘役、管制的案件”；另一类是“依法单处罚金的案件”。其具体的适用条件有：首先，“案件事实清楚、证据充分”；其次，被告人、犯罪嫌疑人就指控事实、适用法律、量刑建议、程序适用与检察机关形成“合意”。《办法》第 16 条对速裁程序适用范围取消了罪名限制并且扩大至“基层人民法院管辖的可能判处三年有期徒刑以下刑罚的案件”，而新《刑事诉讼法》也作出了同样的规定。

（2）简易程序。2012 年《刑事诉讼法》及新《刑事诉讼法》将简易程序的适用范围扩大至所有基层法院审理的第一审刑事案件，同时进一步明确了简易程序适用的条件，除“案件事实清楚、证据充分”以外，将“被告人承认自己所犯罪行，对指控的犯罪事实没有异议”“被告人对适用简易程序没有异议”，也即实体事实和程序选择两个“合意”作为简易程序适用的前提；当然简易程序的适用还需要人民检察院和人民法院两家同意才可适用。在分解出了简上加简的速裁程序后，《办法》第 18 条将简易程序适用条件设定为“基层人民法院管辖的可能判处三年有期徒刑以上刑罚的案件”。

（3）不起诉或者免予刑事处罚。如 2013 年 4 月 2 日发布的《最高人民法院关于审理盗窃案件具体应用法律若干问题的解释》第 7 条规定，“盗窃公私财物数额较大，行为人认罪、悔罪，退赃、退赔，且具有下列情形之一，情节轻微的，可以不起诉或者免予刑事处罚；必要时，由有关部门予以行政处罚：（1）具有法定从宽处罚情节的；（2）没有参与分赃或者获赃较少且不是主犯的；（3）被害人谅解的；（4）其他情节轻微、危害不大的”。第 8 条规定，“偷拿家庭成员或者近亲属的财物，获得谅解的，一般可不认为是犯罪；追究刑事责任的，应当酌情从宽”。这个司法解释较之于所废止的《关于审理盗窃案件具体应用法律若干问题的解释》（法释〔1998〕4 号）第 6 条第 2 项的相关规定，以“不起诉或者免予刑事处罚”替代了“可不作为犯罪处理”，维护了法院的统一定罪权，更主要的是，把“认罪、悔罪，退赃、退赔”上升为上述“数额较大”的盗窃行为仍可以“不起诉或者免予刑事处罚”的必备项而不是一种可选项。

2. 不同程序的审限压缩程度

为了凸显效率价值，对这些从简程序的案件，一般要求“当庭宣判”，并且根据罪行轻重不同，审理时限在不同程度上受到压缩。新《刑事诉讼法》第 220 条规定，“适用简易程序审理案件，人民法院应当在受理后二十日以内审结；对可能判处的有期徒刑超过三年的，可以延长至一个半月”。而《办法》第 16 条第 2 款规定，“适用速裁程序审理案

① 魏晓娜：《完善认罪认罚从宽制度：中国语境下的关键词展开》，载《法学研究》2016年第4期。

件，人民法院一般应当在十日内审结；对可能判处的有期徒刑超过一年的，可以延长至十五日”。可见，一般而言，可能判处的有期徒刑1年以下的速裁案件审理时限为10日；可能判处1年以上3年以下徒刑的速裁案件的为15日；相应地，可能判处3年以上徒刑的简易程序审理时限也会进一步压缩。

此外，除了认罪案件在审查起诉阶段根据新《刑事诉讼法》第177条第2款可以采取酌定不起诉措施之外，在侦查阶段撤销案件，在审查起诉阶段进行的法律规定外的裁量不起诉，以及在审判阶段进行法定刑以下量刑的情形应分别根据《办法》第9条、第13条第1款以及第22条的规定履行“层报—核准”程序。

（三）认罪条件的特殊情形

英美法系中，认罪天然地带有一定的程序选择的处分效果，在我国则不然，认罪和程序选择是两道工序，既体现了被指控人的自主性，也表现出了对被指控人的秉性的怀疑。《办法》第1条，除了明确了“具结书”的形式化要求，还强调事实合意和量刑合意作为该程序的两个实质条件。其中量刑合意即“同意量刑建议”，也可以说是认罚的主要内容，当然，认罪本身就可能是认罚，认罪和认罚也存在相对分离的可能。

1. 认事（犯罪事实）而不认法（法律适用）

有一种情形，被指控人对犯罪事实没有异议，但是对罪名有异议。一般而言，罪名与处罚相关，根据“罪刑责相适应”的原则，认罪之后在特定的罪名之下就有相应的“量刑起点”和“基准刑”。因此，有学者指出，当被指控人对犯罪事实没有异议，但是对罪名有异议的，因为罪名与处罚相关，这样在被告人不认可罪名的情况下，所谓的《认罪认罚具结书》也就无从签署。但是，这就相应地要求在侦查过程、审查起诉过程中，侦查机关、检察机关应当告知犯罪嫌疑人享有的诉讼权利和认罪认罚可能导致的法律后果（《办法》第8条、第10条），人民法院审理认罪认罚案件，应当告知被告人享有的诉讼权利和认罪认罚可能导致的法律后果（《办法》第15条），应当保障犯罪嫌疑人、被告人获得有效法律帮助（《办法》第5条），听取犯罪嫌疑人及其辩护人或者值班律师的意见（《办法》第8条、第10条）。也就是说，公安司法机关针对被指控者“不认法”的问题，既可以向其主动释明法律规定和法律后果，还可以保证律师能够给其提供及时有效的帮助，最大限度地满足被指控者的合理利益，这也突出了权利告知和获得律师帮助的权利保障的意义。律师帮助有时不仅出于对抗的目的，也可能更有利于被指控人认清形势，而增强合作的自主意愿。值班律师正是对应于被指控人的权利减损和法律知识不足而作出的相应的弥补。需要注意的是，《办法》中值班律师与指派律师虽然都是由法律援助机构安排的，并且都是在没有辩护人时起补充作用，但是值班律师的适用范围更为普遍，场所相对固定（在人民法院、看守所设立的法律援助工作站），职责主要是提供法律咨询、程序选择、申请变更强制措施等法律帮助（《办法》第5条），以及值班律师（或者辩护人）在场见证签署具结书（第10条）。

2. 认罪而“不悔罪”

“自首”，尤其是“走投无路”情形下的“自首”，更突出的含义在于主动到案接受处罚，也不一定是主动“认罚”，甚至还存在被指控者认罪而不悔罪的情形。例如，就“打人”认罪，但是认为被打之人该打，这就动摇了“从宽”的悔罪之心理基础。学者魏晓娜认为，根据2004年3月26日颁布的《最高人民法院关于被告人对行为性质的辩解是否影响自首成立问题的批复》所规定的“被告人对行为性质的辩解不影响自首的成立”，认罪但是对法律适用存在异议的也不影响认罪成立。

“认罚”在某些情形下还需要“承认犯罪事实”之外的特定行为表现。正如《办法》第7条规定，“办理认罪认罚案件，应当听取被害人及其代理人意见，并将犯罪嫌疑人、被告人是否与被害人达成和解协议或者赔偿被害人损失，取得被害人谅解，作为量刑的重要考虑因素”。

另一个需要注意的问题是，惩罚是定罪量刑的后果，而所谓的“认罚”已经先于刑罚结果要求对其接受，这只是被指控人对惩罚处理表示认同和承诺的态度。因为将来的“处罚”本来就不明确，认罪认罚从宽程序适用的前提是，被指控人首先愿意接受犯罪带来的刑事处罚，其次认同检察机关的具有一定优惠幅度的量刑建议。这里的优惠幅度尽管是国家专门机关伸出的橄榄枝，但其还是在法律法规的限度内实施的。

三、定罪量刑的认罪证据

在刑事诉讼中认罪主导了程序选择，认罪要求被告人、犯罪嫌疑人如实供述自己的行为或者承认被指控的犯罪事实，所谓的从宽处理或者量刑问题骤然成为焦点。认罪以“如实供述自己的罪行”为内容，理应包括刑法中的“自首”“坦白”等其他相关情形。[①]一般而言，认罪的内容既包括对犯罪事实的承认，也包括对法律的适用没有异议；其中不同认罪方式主要存在主动、积极与被动、消极上的差别，由此可能带来从宽处理上的差异。对认罪、认罚和积极退赃退赔的被追诉人予以从宽处理，在理论逻辑上主要有两方面的根据：一是客观上，行为人通过事后行为，修补犯罪后果，降低了社会危害性；二是主观上，犯罪人事后的认罪、自愿接受处罚，或者积极退赃退赔的态度和行为，往往表明其已经认识到自己行为的不法性，说明其尚存在法规范意识，并有配合司法机关的意愿，这表明行为人已有悔罪表现，人身危险性不大、再犯可能性较小，不再有通过严厉刑罚实现矫正效果之必要。[②]

我国从《人民法院量刑指导意见(试行)》到2014年最高人民法院发布的《关于常见犯罪的量刑指导意见》(以下简称《量刑指导意见》)再到2017年5月1日起试行的最高人民法院《关于常见犯罪的量刑指导意见(二)(试行)》对量刑规范化进行了持续的探索，其中有关“从宽”幅度的细化规定为我国的认罪认罚从宽制度试点进行了铺垫。2016年11月28日，最高人民检察院副检察长孙谦在江苏省南京市召开的“检察机关刑事案件认罪认罚从宽试点工作部署会议”上讲话指出，“对从宽情节的把握，可以依照刑法、刑诉法和有关司法解释关于自首、坦白、自愿认罪、真诚悔罪、取得谅解、达成和解等法定、酌定从宽情节的规定，依法决定是否从宽、怎么从宽及从宽的幅度。对于减轻、免除处罚，必须于法有据，不具备法定减轻处罚情节的，应当在法定刑幅度以内提出从轻处罚的量刑建议，对其中犯罪情节轻微不需要判处刑罚的，可以依法作出不起诉决定”[③]。

美国于1987年生效的《联邦量刑规则》对联邦体系中的辩诉交易甚至“隐性”的辩诉交易都产生了积极、理性的影响，即使在没有任何协商的情况下，联邦法官也常常会做有罪答辩的被告人处以比被陪审团定罪的被告人轻的量刑。当“被告人明确表示愿意承

① 陈光中、马康：《认罪认罚从宽制度若干重要问题探讨》，载《法学》2016年第8期。

② 魏晓娜：《完善认罪认罚从宽制度：中国语境下的关键词展开》，载《法学研究》2016年第4期。

③ 谢敏：《孙谦：依法有序推进刑案认罪认罚从宽试点工作》，载《检察日报》2016年11月29日。

担其犯罪责任”的时候，该规则致力于通过向该被告人提供减轻两级刑罚（大约相当于减轻20%的处刑）的选择，从而控制辩诉交易。[①] 因此，认罪后的主要问题集中于量刑方面，而认罪本身还制造出一些量刑情节。

（一）认罪让步与“从宽”激励

认罪，这是对过去的犯罪事实的承认；认罚，这只是把自己交付起诉、审判，以及对即将到来的惩罚的服从，而到底如何“从宽”，在专门机关作出决定和判决之前都只是一种尚未确定的意向。由此可见，认罪认罚的谜底就是处理或者量刑的“从宽”问题。从《办法》第1条的规定可知，程序法中的认罪、认罚与从宽之间是逐步递进的关系，犯罪嫌疑人、被告人通过认罪、认罚之后一般会达到令诉讼程序尽快终止这一程序意义上的从宽效果，但就实际结果而言，不一定能真正起到减轻刑罚的效果。[②] 如果退回到侦查程序，侦查人员对犯罪嫌疑人进行“坦白从宽”的权利告知，往往只是对《刑事诉讼法》第118条的自我指示，这样的话，如何“从宽”可能对“如实陈述”义务是一个充饥的画饼。

认罪认罚从宽制度中的“从宽”不仅包括实体处理上的从宽，也包括程序适用上的从宽。学者魏晓娜分析认为，认罪认罚从宽与公诉案件当事人和解有重叠，但旨趣不同。前者旨在以从宽为条件，鼓励犯罪嫌疑人、被告人与公权力机关合作；后者旨在促进犯罪嫌疑人、被告人与被害人和解，进而在一定程度上影响刑事案件的处理。[③] 这也正与学者陈瑞华曾经总结的两种刑事诉讼合作模式相对应，前者属于国家追诉机构与被告人经过协商、妥协而进行的诉讼合作，具有“协商性公力合作”的特征；后者属于被害人与被告人经过协商达成和解协议，是一种“私力合作模式”。[④] 笔者认为，关键点不在于公力合作和私力合作的方式差异，而恰恰在于这两者都转化为某种量刑情节，而具有从宽的效果。其实，前者属于认罪从宽，更多的时候是现有犯罪嫌疑人、被告人的认罪让国家给予被告人的一种“从宽”承诺；后者更多的应该归为认罚从宽，虽然可能表现为接受刑罚处罚或者检察机关的量刑建议，更主要是由于犯罪嫌疑人、被告人积极赔偿、退赃退赔接受民事上的责任承担和惩罚后果而体现出了悔罪态度，以及可能赢得被害人的谅解，从而产生“从宽”处理效果。

“认罪”的从宽效果首先表现为刑法中的“自首”“坦白”等量刑情节、证据形态或者其他相关情形。日本学者城下裕二通过对日本刑事司法观察得出，在接受公开审判的被告人中，有90%以上对全部公诉事实进行了坦白，极高的有罪判决率下特定的量刑结果更为被告人所关注。2005年普通一审案件中认罪案件的比例占91.5%，无罪率0.08%，2005年控诉审理中“量刑不当”为最多的控诉理由，其中被告人提出的为71.5%，检察官提出的为62.8%。[⑤] 由此可见，即使认定了自首和坦白，如何从宽以及从宽到何种程度仍

① ［美］伟恩·R.拉费弗、杰罗德·H.伊斯雷尔、南西·J.金：《刑事诉讼法（下）》，中国政法大学出版社2003年版，第1042页。

② 孔令勇：《论刑事诉讼中的认罪认罚从宽制度——一种针对内在逻辑与完善进路的探讨》，载《安徽大学学报（哲学社会科学版）》2016年第2期。

③ 魏晓娜：《完善认罪认罚从宽制度：中国语境下的关键词展开》，载《法学研究》2016年第4期。

④ 陈瑞华：《司法过程中的对抗与合作——一种新的刑事诉讼模式理论》，载《法学研究》2007年第3期。

⑤ ［日］城下裕二：《量刑理论的现代课题（增补版）》，黎其武、赵珊珊译，法律出版社2016年版，第1、2页及注释。

然是一个被控告人的未名期许，依赖于司法裁判者的自由裁量。

《决定》出台之前，在中国刑事诉讼法学研究会 2016 年年会上，陈光中先生认为，实体从宽是指在依法正常定罪量刑的标准下免予追究刑事责任或者从轻、减轻处罚；程序从宽主要体现在采取较轻的强制措施方面。[①] 或者说，正是因为实体和程序从宽一直建立在高质量的案件事实查明上，防止了同案异判、权钱交易、以宽压服，或者避免诱发疑罪从轻、强迫自证其罪等有违刑事诉讼基本原则的现象，因此程序上从简并无太大的实质意义。且其并非我国刑事审判的突出问题，所谓的“案多人少”恰恰是由法官的庭后作业，即对每一案件都要撰写判决书而重新反复阅卷、摘记笔录之类活动引起的，并不是因为开庭本身引起的。由此，认罪认罚从宽案件中更突出的是实体从宽标准和程序从宽标准这两个问题。程序从宽主要体现在审判之前选择较轻的强制措施种类和期限或者作出撤诉以及不起诉等程序分流方面，实体从宽主要体现为在审判阶段对具体刑罚的裁量上。

（二）认罪情境与量刑梯度

这些认罪从宽的法定性首先体现在相关法律规定的“应当”“可以”“从轻”“减轻”“免除”处罚之中。学者熊秋红梳理了量刑阶段中认罪认罚从宽制度的相关内容，这主要体现在刑法总则以及刑法分则中。[②] 这里笔者将只讨论与认罪有关的自首、坦白以及当庭认罪等量刑情节，刑法所规定的法定情节的不明确之处仍然要由司法裁决者通过自由裁量来弥补。为了防止同案不同判或者司法自由裁量权的滥用，司法机关对量刑规范化进行了有益的探索。在 2010 年试行的基础上，2014 年《量刑指导意见》对于自首、坦白、当庭自愿认罪规定了不同的量刑层级。

1. 法定情节细则化

我国《刑法》总则中关于自首、坦白等量刑情节的规定体现了“认罪”内容：

（1）在自首方面，《刑法》第 67 条规定的一般自首是指犯罪后主动投案并对自身的罪行进行陈述；特别自首（亦称“准自首”“余罪自首”）则指被采取强制措施的犯罪嫌疑人、被告人和正在服刑的罪犯如实供述司法机关还未掌握的本人其他罪行。《刑法》第 67 条第 1 款后段规定对于自首的犯罪分子，可以从轻或者减轻处罚，其中，犯罪较轻的，可以免除处罚。2014 年《量刑指导意见》第 4 条对此做了细化规定，“对于自首情节，综合考虑自首的动机、时间、方式、罪行轻重、如实供述罪行的程度以及悔罪表现等情况，可以减少基准刑的 40% 以下；犯罪较轻的，可以减少基准刑的 40% 以上或者依法免除处罚。恶意利用自首规避法律制裁等不足以从宽处罚的除外”。

（2）在坦白方面，2011 年通过的《刑法修正案（八）》在《刑法》第 67 条中增加第 3 款，规定“犯罪嫌疑人虽不具有前两款规定的自首情节，但是如实陈述自己罪行的，可以从轻处罚；因其如实陈述自己罪行，避免特别严重后果发生的，可以减轻处罚”。该条的主体仅仅被限定为“犯罪嫌疑人”，对坦白的犯罪嫌疑人并非一律从轻、减轻处罚，主要是将坦白与自首相区别，形成一定的梯度。[③]《量刑指导意见》第 6 条规定，“对于坦白情

---

① 对陈光中的采访，见刘金林：《认罪认罚从宽制度仍应坚持常规证明标准》，载《检察日报》2016 年 8 月 25 日。

② 熊秋红：《认罪认罚从宽的理论审视与制度完善》，载《法学》2016 年第 10 期。

③ 黄太云：《刑事立法的理解与适用——刑事立法背景、立法原意深度解读》，中国人民公安大学出版社 2014 年版，第 169~170 页。

节，综合考虑如实供述罪行的阶段、程度、罪行轻重以及悔罪程度等情况，确定从宽的幅度：如实供述自己罪行的，可以减少基准刑的 20% 以内；如实供述司法机关尚未掌握的同种较重罪行的，可以减少基准刑的 10%~30%；因如实供述自己罪行，避免特别严重后果发生的，可以减少基准刑的 30%~50%”。

2. 酌定情节规范化

在当庭认罪方面，进入审判阶段在法庭上被告人的如实坦白，虽然能增加审判者的内心确信，也或许对程序简化有一些好处，但是并不是法定量刑情节。2014 年《量刑指导意见》（以及先前的 2010 年《人民法院量刑指导意见（试行）》）第 7 条规定，“对于当庭自愿认罪的，根据犯罪的性质、罪行的轻重、认罪程度以及悔罪表现等情况，可以减少基准刑的 10% 以下，依法认定自首、坦白的除外”。这种“从宽”的考量主要是因为认罪的被告人放弃了沉默权、反对自我归罪权、质证询问权、无罪辩护权等诸多权利，从而使庭审程序简化，节约了司法资源，提高了司法效率，并且认罪的被告人主观恶性和人身危险性小。①

《办法》第 7 条重申了《刑事诉讼法》所规定的突出加害人“赔偿”或“赔礼”与被害人同意并谅解互动的刑事和解，将其作为“从宽”量刑的重要考虑因素。这种民事认罚的实体从宽效果在《量刑指导意见》中得到进一步具体化和规范化。《量刑指导意见》第 9 条、第 10 条对达成刑事和解协议的、积极赔偿被害人经济损失并取得谅解的、退赔退赃但未取得谅解的、未赔偿但取得谅解等情形，分别规定了 50%、40%、30%、20% 等分层级的量刑折扣。

综上可见，在我国，基于不同的认罪情况有不同的量刑折扣的梯度，如果不考虑有关立功的相关规定，认罪从宽的优惠程度体现出如下顺序：自首＞坦白＞当庭自愿认罪。犯罪嫌疑人、被告人认罪认罚的早晚成为影响量刑折扣高低的重要因素。学者熊秋红指出，犯罪后的态度、认罪的早晚虽并不必然反映出其悔罪的程度以及再犯罪可能性的高低，更主要的是，被指控者越早认罪，越有利于公安司法机关处理案件，越有利于节省司法资源，减轻公安司法机关负担，需要基于刑事政策给予其相应的奖励。②

四、“认罪”证据的审查运用

目前中央政法部门以及学者的主流声音认为，认罪认罚案件的证明标准不可降低。如学者陈卫东教授指出，“我们推行的认罪认罚必须在案件事实清楚证据确实充分的条件下进行，不允许司法机关借认罪认罚之名，让犯罪嫌疑人、被告人承受事实不清证据不足情形下的罪与罚，依此减轻或降低检察机关的证明责任”③。更进一步而言，前述“案件事实清楚，证据充分”④是认罪认罚从宽处理制度的前提条件，而不是经过法庭调查程序后

① 熊选国：《〈人民法院量刑指导意见〉和“两高三部”〈关于规范量刑程序若干问题的意见〉理解与适用》，法律出版社 2010 年版，第 153 页。《人民法院量刑指导意见（试行）》于 2015 年 1 月 19 日已经被《最高人民法院关于实施量刑规范化工作的通知》废止。

② 熊秋红：《认罪认罚从宽的理论审视与制度完善》，载《法学》2016 年第 10 期。

③ 陈卫东：《认罪认罚从宽制度研究》，载《中国法学》2016 年第 2 期。

④ 注意这里的表述与刑事诉讼法对侦查终结、提起公诉和作出有罪判决均要求“案件事实清楚，证据确实、充分”的标准存在差异，笔者揣测可能“确实”是法院查证属实的职责要求，而在认罪认罚从宽处理程序的选择上放宽了要求。

的水落石出。与英美法系控辩协商可能把口头程序转化为书面程序 (transmissio actorum)[①] 一样，我国一直有着所谓的笔录确认程序的传统，可以说，其正与与庭审实质化对举证、质证和认证以及裁判结果形成在法庭的追求相对。在 2012 年《刑事诉讼法》已经恢复了卷宗移送制度的整体大背景下，认罪认罚当然不排斥书面的确认程序，甚至被告人的认罪认罚都被转化为有辩护人或值班律师在场见证的“认罪认罚具结书”。基于孤证不立、口供补强规则，被告人的认罪并不是认定有罪的唯一证据，由此，认罪必然以一定的事实基础为前提，而认罪的自愿性、真实性将成为证明程序审查的重心。

（一）认罪生成的程序正当性

《办法》第 8 条第 1 款和第 10 条第 1 款规定，在侦查过程、审查起诉过程中，公安机关、人民检察院要进行诉讼权利与法律后果的告知以及听取犯罪嫌疑人及其辩护人或者值班律师的意见，这在一定程度上突出了“讯问” 活动的程序正当性。正如前述提及的《办法》第 5 条对律师帮助权的保障，在某种程度上更利于促成认罪，《办法》第 8 条第 2 款规定，“犯罪嫌疑人向看守所工作人员或辩护人、值班律师表示愿意认罪认罚的，有关人员应当及时书面告知办案单位”，为认罪提供了一个意见转达的渠道。“签署具结书” 的辩护人或者值班律师在场制度也是一种程序正当性需要。认罪认罚从宽处理程序的最大特点往往是“口说无凭”，必须白纸黑字地“记录在案并附卷”、“签署具结书” 以及 “起诉意见中写明”“在起诉书中写明” 认罪认罚情况。笔者认为，这种认罪认罚的意见从侦查机关到检察机关再到审判机关的书面累积性的传递，一方面可能含有在正当程序下的固定证据的作用，另一方面却可能因为这种固定证据而使被指控人无力翻供。

这里要注意的是，尽管“孤证不立”，但是认罪很显然降低了证明的难度，减少了对其他证据的收集。在以认罪口供作为线索而搜集到其他的证据时，口供发挥了其辅助作用。但是，认罪口供本身还可能作为定罪的重要一环，常常会使侦查人员过于关注口供而忽视对其他证据的收集和口供的补强，一旦被指控人反悔而推翻口供，可能会造成证据链断裂而时过境迁难以弥补。例如，发生强奸案，犯罪嫌疑人到案认罪后，如果侦查机关过于轻信而图省事忽视收集受伤痕迹、体液等物证证据，一旦现场遭到破坏，就再难收集到原先的证据。这种问题不仅仅存在于我国认罪认罚从宽制度试点案件之中，只不过在其中表现得更为突出。甚至很多时候，检察官之所以有认罪协商的动力，就是以确定的量刑结果来避免因为证据之薄弱而可能存在的败诉风险，这成为检察官解决事实难题的一个隐秘手段。认罪认罚从宽制度下的“从简” 程序所谓“事实清楚” 的适用前提在一些重大的陈年旧案之中有时只是一种障眼法，实际以较轻的量刑折扣来激励被指控人认罪。美国学者约翰·朗本认为，由于刑事司法制度设定过高的程序与证明标准可能引发替代性制度，刑讯逼供制度成为中世纪法定证据制度的必然配备，而辩诉交易制度成立规避当代英美烦琐的对抗性陪审制的重要途径。[②] 就我国而言，认罪认罚从宽处理程序造成口供依赖的强化，但其中的进步是，由刑讯等强制获得口供变为用“从宽处理” 的利益诱取口供。[③]

① 该词的出处参见[美]达玛什卡:《司法和国家权力的多种面孔：比较视野中的法律程序》，郑戈译，中国政法大学出版社 2015 年版，第 129 页。

② [美]约翰·朗本:《刑讯与辩诉交易》，朱奎彬译，载《昆明理工大学学报(社会科学版)》2009 年第 1 期。

③ 张建伟:《认罪认罚从宽处理——内涵解读与技术分析》，载《法律适用》2016 年第 11 期。

（二）认罪证据的自愿、真实和合法性审查

正是基于认罪案件的“书面审”特点，在审判之中简化甚至不进行法庭调查和法庭辩论，由此使得审查重心从法庭调查和法庭辩论转向了对认罪和量刑建议的审查。《办法》第15条规定，“人民法院审理认罪认罚案件，应当告知被告人享有的诉讼权利和认罪认罚可能导致的法律后果，审查认罪认罚的自愿性和认罪认罚具结书内容的真实性、合法性”。有美国学者将口供的获取区分为两种主要情境：第一种情境就是被告人在法庭上作出的口供，这种类型的口供一般是被作为普通的言词证据处理的，法官或陪审团听取这些口供，就如同听取其他任何证人的陈述一样；另一种是在审判前作出的口供，通常是向警察作出的，并且随后被撤回。司法制度在口供和陪审团之间设置了许多障碍物。在口供能够到达陪审团之前，它必须通过自愿(voluntariness)、合法性(legality)和补强性（corroboration）的三重检验。[①] 由此可见，审判前的认罪和审判之中的认罪在前后一致的情况下，尽管可能存在主动“冒名顶替”而有违真实性的情形，但是，基于一定的“量刑优惠”的认罪伏法在真实性上也往往不存在疑问，因而可以成为定罪的根据，但定案并不是只有认罪供述即可，还要有其他证据的补强。

但是，不排除存在认罪的犯罪嫌疑人、被告人又翻供或者反悔的情形。对此，有学者建议参照《美国联邦证据规则》第410条的规定，有关被告人在与检察官进行辩诉交易中答辩不予争执，或答辩有罪后又予撤回，这些答辩的证据不能被用来证明被告人有被诉的犯罪行为，更不能以之追究被告人的刑事责任。同时，也不能用来显示偏见，或将它用做证明被诉刑事犯罪以外的用途。[②] 然而，由于我国不存在“沉默权”规则，并不会针对认罪认罚从宽处理案件中对认罪后的反悔而单独创设一种先前认罪不得作为定案根据的“新制度”。除了非法证据排除情形，先前认罪还是可能在后续程序之中经过合法性、合理性的审查之后作为控诉方的定罪证据使用。由此可见，在我国认罪可能带来被告人秘密不保的后果。从程序而言，《办法》第19条明确了在被告人违背意愿认罪认罚或被告人否认指控的犯罪事实等情形下，应当转为普通程序审理。在程序转换的同时，检察官就顺理成章地可以提出撤回“量刑”上的“从宽”优惠的建议。

此外，还可能发生这样一种比较特殊的情形，被告认罪并被判刑后提出无罪的上诉意见，充分利用上诉不加刑的机会，这样被告人一方面在量刑上得到实惠，另一方面又对认罪作出了反悔。当然，这里可能有被告人想先获得缓刑或者通过拖延而在看守所服完短期刑等各种出于现实利益的考虑，但这本无可厚非。对此，有些地方的检察机关往往及时自卫，提起抗诉，以打破“上诉不加刑”的魔咒，找机会夺回所提供的量刑优惠。

五、结语

认罪认罚从宽处理制度在我国是为在某种程度上解决“案多人少”的司法资源短缺问题，以提高诉讼效率的探索。认罪认罚从宽处理制度是在常常以不认罪为前提的正规审判程序之外的，根据罪行轻重而分别采用多层级的简化审理程序以及可能撤销案件或者不起诉的制度。在我国，表现为可由被指控人直面检察官而形成实体认罪和程序选择

① Larry Laudan, *Truth, Error, and Criminal Law-An Essay in Legal Epistemology*, Cambridge University Press, 2006, pp.172-173.

② 陈界融：《美国联邦证据规则（2004）》译析》，中国人民大学出版社2005年版，第37页。

的双重合意，甚至再加上处罚方式和处罚幅度上的合意，双方以各自的优势作为协议的对价，而作出一定的让步或者弥补自己的劣势。一般而言，犯罪的被指控者掌握着案件的事实信息，并且可能掌握着自身所在的犯罪组织中的一些内幕消息，而国家掌握着依法惩罚犯罪的权力。因此，被指控者可以认罪为代价来换取国家专门机关对案件的快速、宽缓处理，尤其突出体现为获得一定的量刑折扣。而由于被指控者的认罪，一定程度上弥补了检察机关搜集证据的薄弱环节，使其可以通过给予一个相对明确的量刑上的打折的建议而避免败诉风险。国家在追求效率的简化程序之中可能会造成对被告人无罪推定、对其质证辩论等权利上的压缩，因此反过来要强化辩护人或者值班律师的帮助，从而增强被指控者的自主决策能力。被指控者可能受到一定程度量刑优惠的激励，被害人也可能及早获得赔偿或者尽快得到精神抚慰。

认罪认罚从宽制度在一定程度上将作为追诉机关的检察机关降格为一方当事人，似乎是在将国家的利益与个人进行交换，但这是出于实用主义的考量，也对国家提出了信守契约的要求。更主要的是，通过被指控者的自我选择和自愿认罪，体现了程序参与性的要求。当然，在这场相互让步的交易之中，也可能存在反悔或者反复的情形，这就要求重新回归到正常程序了。

刑法中“公共场所当众”情节的认定

刘顺彬 *

《中华人民共和国刑法修正案（九）》规定：“以暴力、胁迫或者其他方法强制猥亵他人或者侮辱妇女的，处五年以下有期徒刑或者拘役。聚众或者在公共场所当众犯前款罪的，或者有其他恶劣情节的，处五年以上有期徒刑。”“公众场所当众”作为强制猥亵罪的加重情节，在司法实践中存在诸多争议。《刑法》中同样的规定还有：第236条第3款第3项规定“在公共场所当众强奸妇女”；刑法第299第2款规定“在公共场合，故意以焚烧、毁损、涂划、玷污、践踏等方式侮辱中华人民共和国国旗、国徽”。公众场所当众如何认定？对公众的界定、场所的界定、当众的界定都存在不同的情形和争议需要甄别。“教室”能否被认为是公共场所？网络空间如何认定公众性？学校多功能厅通常是供多数人使用的场所，但在没有其他人在场时发生猥亵行为如何认定？犯罪嫌疑人，被告人在车站休息室实施猥亵行为，现场虽然没有他人存在，但是有安装摄像仪器又该如何认定？

一、公共场所的界定

（一）公共场所在法律中规定的情形

刑法中涉及公共场所规定的犯罪有三类，危害公共安全犯罪、侵犯人身权利和妨害社会管理秩序罪。在危害公共安全罪方面，《刑法》第130条规定：“非法携带枪支、弹药、管制刀具或者爆炸性、易燃性、放射性、毒害性、腐蚀性物品，进人公共场所或者公共交通工具，危及公共安全。”在侵犯人身权利方面，《刑法》第236条第3款第3项规定“在公共场所当众强奸妇女”，《刑法》第237条第2款规定“聚众或者在公共场所当众猥亵的”。在妨害社会管理秩序罪方面，《刑法》第291条规定：“聚众扰乱车站、码头、民用航空站、商场、公园、影剧院、展览会、运动场或者其他公共场所秩序的”，《刑法》第292条第1款第3项所规定的法定刑加重情节是，“在公共场所或者交通要道聚众斗殴，造成社会秩序严重混乱”。《刑法》第299第2款规定“在公共场合，故意以焚烧、毁损、涂划、玷污、践踏等方式侮辱中华人民共和国国旗、国徽的”。

1987年《中华人民共和国公共场所管理条例》规定，公共场所是提供公众进行工作、学习、经济、文化、社交、娱乐、体育、参观、医疗、卫生、休息、旅游和满足部分生活需求所使用的一切公用场所及其设施的总称。2013年最高人民法院、最高人民检察院《关于办理寻衅滋事刑事案件适用法律若干问题的解释》第5条规定：“在车站、码头、机场、医院、商场、公园、影剧院、展览会、运动场或者其他公共场所起哄闹事，应当根据公共场所的性质、公共活动的重要程度、公共场所的人数、起哄闹事的时间、公共场

* 刘顺彬，厦门市集美区人民检察院。

所受影响的范围与程度等因素，综合判断是否造成公共场所秩序严重混乱。”2013年最高人民法院、最高人民检察院、公安部、司法部于发布的《关于依法惩治性侵害未成年人犯罪的意见》第23条规定：“在校园、游泳馆、儿童游乐场等公共场所对未成年人实施强奸、猥亵犯罪，只要有其他多人在场，不论在场人员是否实际看到，均可以依照刑法第236条第3款、第237条的规定，认定为在公共场所‘当众’强奸妇女，强制猥亵、侮辱妇女，猥亵儿童。”应当注意的是，这些条款并未对公共场所的含义予以明确，而只是对公共场所进行列举。

（二）公共场所的界定

根据《辞海》的解释，公共场所是指公众可以去的地方或者是对公众开放的地方。《现代汉语词典》对公共的解释是：属于社会的，共有公用的。基于词义，通常把一般意义上的“公共场所”解释为，提供公众进行工作、学习、经济、文化、社交、娱乐、体育、参观、医疗、卫生、休息和满足部分生活需求所使用的一切公众场所及其设备的总称。[①] 公共场所应具备三点要求：一是空间的开放性和共享性；二是人员的不特定和高流动性；三是活动的公开性和透明化。“多数人”和“不特定性”是判断公共场所的主要标准，仅有“特定人”存在的场所通常不能认定为公共场所。从应然角度看，在满足人员数量的情况下，场所的“开放性”和人员的“流动性”是公共场所的形式标准，人的“不特定性”是公共场所的实质标准，具备了“开放性”和人员“流动性”也就意味着有资格进入该场所的人的“不特定性”。

场所的公共性，即“对人的要求”。对人的要求又分为直接要求、间接要求。对人的直接要求包括人的流动性、人的不特定性等。对人的间接要求包括出入自由、开放性等。这些因素表面上是对场所的要求，实则是对人的要求。比如：开放性、出入自由、实际是要求场所的人具有流动性、不特定性，排除场所的私人性。所以，场所的开放性是综合性判断的的结果，一般是指不特定人的多数人，但这并非唯一的判断角度和因素，而是仅仅提供了一个最直观的判断角度。具体到不特定性而言，指的是该场所向不特定的人群开放，其人员组成不具有固定性。[②] 在猥亵儿童罪中对于公共场所的认定应该基于目的解释，在公共场所公然实施严重的猥亵行为，考虑到其侵害未成年人性自主权、性羞耻心的行为法益侵害程度更严重，在判断时较其他罪较为宽松。像教室、学校这种场所一般是供老师、学生使用，在一定时间内相对固定，但使用的人员并不是绝对固定的，因而不能就此认为其不是公共场所。

（三）网络空间属性的认定

在信息时代，所有犯罪都可以在网络空间交叉融合，而且它们还可以实现线上和线下的互动、现实空间和网络空间的彼此过渡。网络空间的存在，使得传统犯罪由“现实空间”一个发生平台增加为“现实空间”和“网络空间”两个平台，一个犯罪行为既可以是全部犯罪过程都发生于网络空间，也可以同时跨越网络空间和现实社会两个平台。新的犯罪形态的出现，对法律的规制提出了新的挑战，有必要探讨刑法规制的正确路径。

① 缪树权：《猥亵儿童罪中“公共场所当众”的理解和认定》，载《中国检察官》2015/11B第232期。

② 郭芮、李跃龙：《“公共场所当众实施”情节的认定》，载《中国检察官》2015/11B第232期。

2013年“两高”《关于办理利用信息网络实施诽谤等刑事案件适用法律若干问题的解释》将寻衅滋事罪纳入网络谣言的刑法治理中，界定了网络型寻衅滋事罪，推动传统刑法和罪名体系向网络空间的延伸适用，并对于“公共场所”进行了探索性解释：“网络空间”属于“公共场所”。[①]

网络空间是否属于公共场所，理论界的观点尚不统一。反对者主张网络空间事实上并不同于现实空间，公共场所是不特定公众可以在其中自由出入活动的场地、处所，这里的“自由出入”并不是指言论的自由出入，而是指身体的自由出入。因此，将网络空间解释为公共场所，违背了罪刑法定原则，其中张明楷就指出这是一种典型的类推解释。[②]肯定者认为当下互联网的发达以及高清视频设备的普及，使得视频的播放往往让观众有身临其境之感。围绕文字、图片、影像、音响等信息类的犯罪中，网络空间与公共空间差距不大，在这个背景下，网络空间属于公共场所。[③]信息网络空间具有场所性、公共性和开放性，当前我国所构建的“网络社会”已经十分庞大，高度发达的互联网通信技术使得人们的言行举止可以通过网络工具便捷、高效地完成交互。因此，网络空间在言论、视听等范畴内，与现实的公共场所没有差异。

我国刑法在1997年修订之时，互联网还处于发展初期，远未达到如今的普及程度。如今，信息网络已经走进千家万户，社会民众的生活与网络息息相关。无论是立法者还是普通的社会民众对于公共场所的理解必须结合社会发展状况，如果公共场所的范围继续停留在传统意义上的理解，显然无益于更好地通过刑法手段维护社会秩序。换言之，信息网络空间在当前已经成为人们社会活动的“场所”，具备公共场所的特征，因此刑事立法就应将信息网络空间纳入规制范围。

二、关于当众的认定

（一）法律法规的规定

我国刑法中“当众”一词出现了两次，即刑法第236条“在公共场所当众强奸妇女的”、刑法第237条“在公共场所当众犯前款罪（强制猥亵、侮辱）的”。2013年最高人民法院、最高人民检察院、公安部、司法部发布的《关于依法惩治性侵害未成年人犯罪的意见》第23条规定：“在校园、游泳馆、儿童游乐场等公共场所对未成年人实施强奸、猥亵犯罪，只要有其他多人在场，不论在场人员是否实际看到，均可以依照刑法第236条第3款、第237条的规定，认定为在公共场所‘当众’强奸妇女，强制猥亵、侮辱妇女，猥亵儿童。”

（二）当众的界定

根据《现代汉语词典》，“当众”是指“当着大家：如当众表态、当众宣布结果”。其包含以下两点基本语意特征：公然性和非隐蔽性。对于刑法中涉及的“当众”具体来说：

① 于志刚：《“双层社会”的形成与传统刑法的适用空间——以两高〈网络诽谤解释〉的颁行为背景的思索》，载《法学》2013年第10期。

② 张明楷：《简评近年来的刑事司法解释》，载《清华法学》2014年第1期。

③ 陈家林：《〈刑法修正案（九）〉修正后的强制猥亵、侮辱罪解析》，载《苏州大学学报（哲学社会科学版）》2016年第3期。

（1）“当众”实施猥亵行为是故意进行的，目的就在于当众公然实施以引起大家的注意，给被害人施加更严重的羞辱，并且对可能或必然引起的公愤毫不顾忌，甚至追求公愤；（2）当众实施的猥亵行为具有一定的严重性；（3）猥亵行为被大家发现并引起关注，引起公众的高度的情绪反应，足以使公众产生不满、愤慨。①《关于依法惩治性侵害未成年人犯罪的意见》第 23 条将“当众”解释为“只要有其他多人在场，不论在场人员是否实际看到”，这其实不是对其语义特征的解释，而是将其基本语义特征作为不言自明的前提，将“不论在场人员是否看到”这种不在“当众”的基本语义之内、处于语义边缘地带的情形解释到“当众”之中，这样做的目的在于实现保护未成年人的宗旨，因此不具有普遍适用的意义，不能推而广之，对并非猥亵儿童的强制猥亵行为不能适用或参照适用该规定。

1. 他人存在的实然性

《关于依法惩治性侵害未成年人犯罪的意见》的观点十分明确，在该特定的猥亵犯罪行为实施之时，必须有其他多人在场，而不能是有多人在场的可能性就认定为当众。没有他人在场就不存在他人看到或者可能看到的可能性。换言之，此处的“众”必须是实然的，而不能是一种可能性，即使这种可能性是现实的，而不是抽象的，否则，不符合刑法设立加重情节的初衷。②“当众”的主观性是指行为人或者被害人自身是否知悉行为时被“众”人实际看到，“当众”的客观性是指“众”人客观存在于行为发生时，而不论众人是否现实地看到，也不论行为人或被害人是否知道“众”人实际看到。对于猥亵儿童罪加重情节中的“当众”的判断应该具有客观性，不要求行为人或者被害人知道或者意识到他人的存在，其实质是，有特定人存在是一种客观存在的事实，可以此来推定存在被其他人看到、感觉到的可能。

2. 他人感知的可能性

《关于依法惩治性侵害未成年人犯罪的意见》第 23 条将“当众”解释为“只要有其他多人在场，不论在场人员是否实际看到”，明确了“当众”不以明确他人感知后果为依据，只需存在他人感知的可能即可，将有其他多人在场的客观事实作为实际看到可能性判断的基础性事实，推定存在该其他多人看到、感觉到的现实可能性。③应当指出的是，司法解释的这一立场和规则设定，涉及到加重情节的本质与功能。加重情节一般是根据特定罪行侵犯的基本法益进行扩展，如果对该法益的侵犯超过一定限度，则加重其刑。“当众猥亵儿童”是在公共场所公然实施严重的猥亵行为，考虑到侵害未成年人性自主权、性羞耻心的行为法益侵害程度更严重，在公共场所当众猥亵儿童的行为人的反社会性格更为突出，因此即使猥亵行为未被多人看见，也属于“当众猥亵儿童”。

（三）隔空猥亵儿童中“当众”的认定

猥亵行为范围广泛，形式多样，完全可能在网络空间中进行。由上述可知网络空间本身一般可以被认为是公共场所，《关于依法惩治性侵害未成年人犯罪的意见》中规定“在校园、游泳馆、儿童游乐场园等公共场所对未成年人实施强奸、猥亵犯罪，只要有其他多人在场，不论在场人员是否实际看到，均可以依照《刑法》第 236 条、第 237 条的规定，认定为在公共场所‘当众’强奸妇女，强制猥亵、侮辱妇女，猥亵儿童”，这一规定

① 王政勋：《论猥亵行为违法性程度的判定》，载《法治现代化研究》2018年第4期。

② 武诗敏：《“在公共场所当众强奸”的解释逻辑与未来适用》，载《法学论坛》2014年第3期。

③ 武诗敏：《“在公共场所当众强奸”的解释逻辑与未来适用》，载《法学论坛》2014年第3期。

同样适用于利用网络隔空猥亵儿童的情形。即只要行为人在猥亵儿童的过程中，根据其采用的网络社交工具的特殊性，其猥亵儿童行为所展现的场景，可以同时被网络中的其他用户发现、观看，即存在符合“当众实施”的情形。因此，在网络时空背景下，利用网络实施猥亵儿童行为也存在“在公共场所当众实施”的可能性。但在具体认定上，还要看行为人是否使用了具有对外直播、对外开放功能的网络社交工具，是否在实施猥亵儿童的同时能够被网络上的其他用户所发现。具体而言，要界定行为人所利用的网络社交工具是否具有开放、直播的功能，如是否属于当前网络上五花八门的直播软件等。如果行为人仅仅通过点对点、一对一的视频聊天、文图聊天的方式对儿童实施侵害行为，其他网络用户在技术上很难旁观或发现，因而缺乏公共性和他人存在的实然性，很难理解为“在公共场所当众实施”。同时，也要把握行为人猥亵儿童行为与网络用户可能发现的同时性，即行为人在利用此类直播软件强迫、诱使儿童实施猥亵的同时，网络直播工具应当处于开放状态，且能够被其他网络用户发现，进而参与观看。[①] 如果只是将猥亵过程予以录像拍照，事后再在网上传播的，即使该猥亵行为发生在网络空间中，由于该行为本身发生时并不能为他人所发现，不能认定为是在公共场所强制猥亵，但可能涉嫌制作、传播淫秽物品等犯罪。

三、总结

《关于依法惩治性侵害未成年人犯罪的意见》在本次刑法修订前出台，虽有放宽当众猥亵认定条件以达到应对严重猥亵犯罪行为的政策考虑，但作为司法适用的指导意见，其同样具有适用的边界，要接受罪刑法定与罪刑相适应原则的双向制约。[②] 刑法之所以规定在公共场所当众犯罪加重处罚是基于对人身权利侵害的严重性、对社会公共秩序侵害的扩张性以及行为人主观的恶劣性三方面考虑的。在司法实践的适用中，除了准确理解《关于依法惩治性侵害未成年人犯罪的意见》第23条的规定外，还应当结合罪刑相适应原则，从加重处罚的三个基础性方面进行综合考量。换言之，量刑升格的处罚设定应基于以下三方面：一是人身权利侵害的严重性。具体到猥亵儿童罪侵犯的是性自由权利。但是，如果在公共场所当众猥亵儿童的犯罪行为，便是将被害人身体受辱的事实公之于众，对被害人心理造成了极大的伤害，对其今后学习、生活造成极其严重甚至毁灭性的影响。二是对社会公共秩序侵害的扩张性。如果在公共场合当众猥亵儿童，其侵害的法益势必扩张到对社会公共秩序和公序良俗的负面影响，社会负面影响更大，社会危害性也更大。三是行为人主观的恶劣性。性犯罪一旦从非公开化转变成公开化，不仅社会危害性更大，而且表明行为人不顾在场其他人员可能发现甚至故意为之，显现出无法控制的人身危险性和极为猖狂的主观恶性。[③] 基于以上三点，刑法不得不动用更为严厉的惩罚手段，不得不适用更为严苛的刑罚措施。但是，刑法谦抑性要求司法实践应当结合案情综合分析，考虑基本犯与加重犯在实质社会危害性方面的差别大小，“必须综合考虑猥亵手段、针对的身体部位性象征意义的大小、持续时间长短、对被害人身心伤害大小、对社会风尚的冒犯程度等因素，对刑事处罚的必要性予以实质把握”。

---

① 袁野:《网络隔空猥亵儿童行为的刑法定性》，载《青少年犯罪问题》2019年第4期。

② 赵俊甫:《“猥亵犯罪审判实践中若干争议问题探究——兼论刑法修正案（九）对猥亵犯罪的修改”》，载《法律适用》2016年第7期。

③ 王永兴:《在公共场所当众实施性侵犯罪的认定》，载《人民司法（案例）》2017年26期。

网络诈骗犯罪侦查对策研究

吕玉珠*

近年来，信息技术和信息产业的迅速发展对我国国民经济和社会发展的各个领域都产生了广泛而深远的影响。中国互联网络信息中心（CNNIC）于2017年年初完成的《中国互联网络发展状况统计报告》[①]中分析指出，截止2016年12月，中国网民规模达7.31亿，互联网普及率为53.2%。信息技术、互联网不断发展和普及，即时通信、网络消费占据了人们生活的各个角度。然而，互联网信息技术也是一把“双刃剑”，它在为人们工作、生活提供大量便利的同时，也为犯罪分子提供了新的犯罪手段。2014年，华盛顿战略和国际研究中心（Center for Strategic and International Studies）的一份报告指出，网络犯罪每年对全球经济造成的损失高达4450亿美元，世界几大经济体的损失尤为严重。公安部数据显示，2015年全国公安机关共立案侦查电信诈骗案件59万起，涉及经济损失222亿元。根据普华永道（PWC）全球信息安全统计，2014年全球所有行业检测到的网络攻击共有4280万次，比2013年增长了48%。木马僵尸网络、钓鱼网站等传统网络安全威胁有增无减，分布式拒绝服务（DDOS攻击）、高级持续威胁（APT攻击）等新型网络攻击愈演愈烈。个人的人身安全和财产安全无疑是大家共同关注的焦点问题。国家维护社会稳定，保护人民群众的人身和财产安全十分必要。当网络诈骗犯罪成为社会上热议的话题时，如何对其进行打击、如何维护人民群众的财产安全成为重中之重。

一、网络诈骗概述

（一）概念

“网络诈骗”的单独定义在我国刑法中并没有明文体现。《中华人民共和国刑法》（以下简称《刑法》）第226条规定，“诈骗罪是指以非法占有为目的，用虚构事实或者隐瞒真相的方法，骗取数额较大的公私财物的行为”，法条里没有规定诈骗的具体途径和方法，但是结合其他刑法条文，比如《国刑法》第287条，“利用计算机实施金融诈骗、盗窃、贪污、挪用公款、窃取国家秘密或者其他犯罪的，依照本法有关规定定罪处罚”。据此，司法实务中，网络诈骗通常的定性就是诈骗罪，只是在量刑方面与传统意义上的诈骗犯罪有所不同，处罚更重。网络诈骗实质上就是诈骗罪的一种实施方式，只是它以网络为媒介或工具，利用互联网实施诈骗或者主要犯罪行为发生在互联网上，通过虚构事实或者隐瞒真相达到骗取财物的目的，在犯罪构成上，其与普通的诈骗犯罪并无区别。值得一提的是实践中还有电信诈骗的说法，电信诈骗与互联网诈骗存在许多相似性，比如都

---

* 吕玉珠，厦门市海沧区人民检察院。

① 《中国互联网络发展状况统计报告》，http://www.cqn.com.cn/zgzlb/content/2017-02/28/content_5483506.html，访问日期：2017-02-28。

是属于非接触式的诈骗，都是在线上完成财产转移等。本文所称的网络诈骗拟用广义的说法，即包括电信诈骗和互联网诈骗。因为实践中网络诈骗既使用电信手段也使用网络手段，非要将二者区别并不具有太大意义。笔者认为，网络诈骗可以定义为：以非法占有为目的，利用网络技术实施的，用虚构事实或者隐瞒真相的方法，非接触式骗取数额较大的公私财物的行为。应当注意的是，有些诈骗活动的通信联系等过程虽然也利用互联网，但只要诈骗的客观行为或者主要环节还是通过传统手段进行，那么就不能将它归入网络诈骗的范畴。

（二）特点

1. 从犯罪主体上看

第一，网络诈骗案件犯罪主体的年龄特征比较显著，以年轻人居多，这与电信网络的使用群体密切相关。据统计，截至 2017 年 6 月，我国网民仍以 10~39 岁群体为主，占整体的 72.1%：其中 20~29 岁年龄段的网民占比最高，达 29.7%，10~19 岁、30~39 岁群体占比分别为 19.4%、23.0%。从这个角度看，犯罪主体年轻化也是必然反映。第二，学历构成一般较高。电信网络诈骗不同于传统诈骗，因为涉及内容较广，侵害的对象一般也是具有一定文化程度的人员，而且还要分析研究行业漏洞，有电信网络漏洞才能更好实施诈骗，因此，司法实践中这类犯罪嫌疑人学历一般较高，尤其是网络操作技术能力一般较强。早前的一份德国研究结果表明：在计算机犯罪中，37% 的行为人拥有特别丰富的计算机专业知识，在 21% 的案件中必须具有相当水平的计算机专业知识的人才能实施[①]。第三，以团伙作案居多，且成员之间多为亲友或者雇佣关系。共同犯罪是网络诈骗的显著特点，个人作案虽然也存在，但是比重很小，基本上是以团伙多人作案为主，且团伙成员间的关系一般系亲戚朋友或者是雇佣关系，还存在作案人籍贯或活动区域呈现明显的地域特点的情况，比如海南省儋州市、广西壮族自治区宾阳县等都是网络诈骗犯罪行为高发、手段相对固定的网络诈骗高危地区。

2. 从犯罪手段上看

第一，具有高度隐蔽性。网络是广大的虚拟空间，它一方面方便了人们的生活，但同时也给犯罪活动提供便利条件。网络诈骗不需要具体的犯罪现场，绝大多数行为人与受害人从未见过面，整个过程中双方只要通过手机、电脑交流，银行转账，就能直接完成。而且，犯罪嫌疑人经常虚构身份、匿名联系，其真实身份往往无法得知，其所在的位置也很难被发现。第二，具有高度更新性。网络诈骗手法多样，而且不断更新换代，新型诈骗手法层出不穷，诈骗脚本紧跟时代潮流、社会热点。以福建省厦门市 2014 年以来查办的一审涉台网络诈骗案件为例，有冒充热门电影投资方邀请入股投资的、有冒充公检法诈骗的、有冒充熟人借钱的等等。再以 QQ 诈骗为例，在 2008 年左右的网络诈骗多以通过木马盗窃 QQ 号，要求代为充话费、游戏点卡来实现；2010 年，诈骗手法升级为先加 QQ 好友与对方视频聊天并截取视频，然后发送捆绑木马病毒的文件、图片等给对方盗取对方 QQ 号码、密码，从而登录窃得的 QQ 骗其好友。2013 年左右，QQ 视频诈骗的对象多以留学生家人为主；2014 年，诈骗手法又有变化，变为利用手机拦截木马病毒获取安卓操作系统智能手机的支付权限并在拦截银行短信后实施盗窃或者冒充 QQ、微信好友进行诈骗。第三，具有产业链条化特点。以公安部全国 7 个重点打击治理的地域

① 李文燕：《计算机犯罪研究》，中国方正出版社 2001 年版。

性职业诈骗犯罪地区之一的广西来宾县为例——其系最典型的 QQ 诈骗犯罪集中地。2015 年宾阳县对外诈骗金额达 10 亿元以上，诈骗金额百万元以上的案件有 66 起。① 在诈骗手法上，宾阳县存在着盗号木马、诈骗脚本、作案使用的银行卡、洗钱平台、取款等为网络诈骗嫌疑人服务的紧密的一条龙流程服务，链条产业结构特征明显。第四，团伙分工越来越细，诈骗流程环节出现时间、空间上的分离。网络诈骗犯罪各个环节独立性越来越强，“一对一”的单线联系越来越多，被抓获的犯罪嫌疑人往往处于链条低端的下线，甚至存在互相并不认识的情况。

3. 从犯罪对象看

网络诈骗的犯罪对象具有不特定性。网络诈骗必须是对不特定多数人实施诈骗，而不能仅凭利用了互联网实施诈骗就简单地认为是网络诈骗。网络诈骗之所以不同于传统诈骗，危害性极大，影响面广，是因为它是针对不特定多数人作出的，造成了受害人众多、地域跨度广的后果。而且，随着用网人员的增加，不特定多数人的范围也在不断扩大，并且由于网民分散在各地，社会危害性则更为明显。此外，许多网络诈骗案件中，诈骗分子都清楚受害人的姓名、联系方式，显然电信网络诈骗已经趋向精准化，这就意味着用户信息被大规模泄露②，网络诈骗的受害人也正是因为对方清楚知晓自己的信息而降低了防范警觉，中了诈骗分子的圈套。

二、我国网络诈骗犯罪常见类型分析及法律规制

（一）常见网络诈骗犯罪类型

当前，网络诈骗活动屡禁不止，类型花样不断进化，而且还经常随公众关注点不断变换诈骗手法。常见的网络诈骗类型有中奖诈骗、冒充好友诈骗、积分兑换诈骗、内幕信息(股票、彩票)诈骗、商务邮件诈骗、兼职诈骗、机票改签诈骗、网络交友诈骗等。

1. 冒充好友诈骗

犯罪嫌疑人使用自己的 QQ 在互联网上随意加其他人为好友后，骗取对方信任并把木马病毒打包在一些视频和照片里发给对方，对方一旦点击就会将 QQ 木马植入电脑中，犯罪嫌疑人就可以利用 QQ 木马病毒窃取对方的 QQ 账号、密码，然后通过设置查看该人经常联系的 QQ 好友聊天记录，而后，就可利用盗取的 QQ 号码实施诈骗。近年来，冒充好友诈骗作案手法又从冒充 QQ 好友向微信好友进行延伸。另外，常见的还有冒充熟人、领导等进行诈骗，这种诈骗方式也是针对不特定的人群，在了解相关的被害人信息后，充分利用这些信息让被害人误以为对方就是哪个熟人或是领导，使其受骗。

2. 商务邮件诈骗

这类案件的犯罪嫌疑人多为境外人员，根据司法实践的统计数据看，以尼日利亚籍黑人居多。犯罪嫌疑人一般通过参加交易会或者公开检索等方式，获取具有外贸业务的境内外企业邮箱地址，然后向这些企业邮箱发送带有木马链接的邮件，以此获取这些企业邮箱的密码。通过查看企业邮箱内业务往来邮件，了解邮件被盗方与他人的合作关系

① 李永涛、曹勋：《综合整治电信网络诈骗犯罪的问题思考——以广西来宾县地域性电信网络诈骗犯罪整治为例》，载《中国刑警学院学报》2017 第 3 期。

② 杨晓宁、黄丽娜：《我国大陆地区电信诈骗新特点及侦防对策》，载《云南警官学院学报》2016 第 4 期。

及交易进度，并进一步套查取合同、发票、装箱单等信息。待时机成熟时，犯罪嫌疑人通过注册与被盗邮箱相类似的邮箱，如用阿拉伯数字“1”代替英文字母“l”，用英文字母“o”代替数字“0”等，发送邮件通知付款方，称收款账户已经发生改变，要求付款方将货款汇入其他银行账户中。此类案件中，涉案银行账户多为境外银行账号，侦查难度较大，而且嫌疑人也往往位于境外。

3. 内幕信息（股票、彩票）诈骗

犯罪嫌疑人在互联网上发布广告，谎称能够提供福利彩票、香港六合彩内幕信息、股票内幕等信息，诱使被害人缴纳所谓的会员费、手续费等费用，以此诈骗钱财。这类犯罪案件中，犯罪嫌疑人往往是通过百度优化推广的方式，将自己的诈骗网站推广至百度前几页。被害人多为急于一夜暴富的人，认为只要加入网站成为会员，就可以得到彩票中奖号码或者股票投资等内幕信息；犯罪嫌疑人则利用被害人的心理，多次要求被害人缴费和追加费用。

4. 积分兑换诈骗

犯罪嫌疑人通过向不特定人群发短信的方式，使得被害人手机收到所谓发来的积分兑换现金的短信。比如，我们手机里经常收到来自银行的短信，而这种诈骗短信就是以银行的名义发送的，例如：“尊敬的建行用户，您的账户已满1万积分可兑换5%的现金，请登录建行手机网 www.95533veach.com 兑换，逾期积分清零【建设银行】。”被害人如果按照短信中的要求，登录到指定网址，输入银行账号、身份证号、手机号等信息进行主动转账，那就落入了骗子设计的圈套中，上当受骗。再如，犯罪嫌疑人通过网络勾结“伪基站”发送人，在某一地市某一区域内通过“伪基站”伪装主送号码发送信息。主送号码具有极强的伪装性，甚至直接使用“1008695533”等运营商、银行的特服号码。由于“伪基站”发送的范围有限，信号有效覆盖区域仅为数百米，因此，该种类案件发案呈明显的时间集中、地域集中的特征，往往是某市某几天集中发生数十起同类手法的案件。

5. 中奖诈骗

中奖诈骗犯罪往往紧跟时下最流行的节目，如利用热门的综艺节目的影响力，谎称被害人中奖并说服其上网进行中奖申领。被害人上网与犯罪嫌疑人取得联系后，犯罪嫌疑人就开始分步骤以缴纳税款、手续费等各项名义，要求被害人缴交税费，让被害人汇款到指定账户以便获得奖金。在此类案件中，犯罪嫌疑人通常会制作专门的诈骗网站，并且利用任意显号软件伪造“400电话”，让受害者信以为真，从而上当受骗。

6. 购物退款诈骗

犯罪嫌疑人通过非法渠道购买淘宝、京东、苏宁易购等交易订单信息，窃取受害人信息及订单详情，接着就假冒该订单客服人员打电话或发短信方式给被害人，以订单失效、订单有误需要退还支付款为由，取得被害人的联系方式，向受害人发送所谓的退款网页，诱使被害人在该网页上填写个人信息、银行卡号，以及自己手机上收到的动态密码，或者诱骗被害人直接自行通过自动取款机将银行卡内的资金转入嫌疑人的账户中。

7. 兼职诈骗

该类诈骗案件以QQ等网络通信工具为媒介和联系渠道，以在网上寻求兼职的网民为侵害目标，受害者以在校大学生居多，一些无固定职业、幻想一夜暴富、有充裕时间上网的年轻人也多成为受害者。犯罪嫌疑人通过网络，在知名求职网站上发布大量的网络招工、兼职等诈骗信息，又或者通过“大学生兼职”QQ群并发布信息，常见的如利用58

同城、赶集网等网站发布“淘宝网店代刷信誉”“游戏代练”等信息，以高额佣金为诱饵，后以卡单、无法支付佣金、需要汇款激活为由，诱使受害人汇款，实施网络兼职诈骗犯罪活动。

8. 网络交友诈骗

网络交友诈骗犯罪中，典型的有“征婚相亲”“富婆求子”之类的诈骗案件。“征婚相亲”案件中，犯罪嫌疑人往往抓住被害人心理，将自己包装成境内一线城市或境外精英，然后声称自己虽然事业有成但工作繁忙且尚未成家，希望寻找能够支持其事业、有共同理想的异性结合，且其展示给被害人的照片一般是网上下载的俊男靓女照。待双方有进一步联系后，犯罪嫌疑人便开始以各种借口向被害人骗取财物。“富婆求子”则多以重金为诱饵进行钓鱼式诱骗，抓住受害人急于获利的贪婪心理，以办理同居证、交保险、公证费等种种理由诱骗受害人多次向其汇款或转账。

（二）网络诈骗犯罪的法律规制

近年来，网络诈骗犯罪活动持续高发，其下游关联犯罪也不断蔓延，严重地损害了人民群众财产安全和合法权益，打击和防范网络诈骗工作已经成为中央至各地社会治安综合治理的重点工作之一。目前，我国法律规定中，适用于网络诈骗案件执法办案的主要有《刑法》、《中华人民共和国治安管理处罚法》、《最高人民法院、最高人民检察院关于办理诈骗刑事案件具体应用法律若干问题的解释》（以下简称《诈骗解释》）、《最高人民法院、最高人民检察院、公安部关于办理电信网络诈骗等刑事案件适用法律若干问题的意见》（以下简称《意见》）等。其中，笔者认为于2016年12月19日印发的《意见》（法发〔2016〕32号）作为最新的司法规范性文件，在惩处电信网络诈骗犯罪方面有着十分重要的意义。《意见》以新的犯罪形势为基础，回应社会关切和预防网络诈骗犯罪需要，结合宽严相济刑事政策的具体内容作出的必要调整，其作为专门针对打击电信网络诈骗犯罪的规范性文件，根据《刑法》《中华人民共和国刑事诉讼法》等法律和有关司法解释的规定，结合工作实际，充分考虑到电信网络诈骗犯罪社会危害大小的各种情形，结合预防犯罪的需要，对打击电信网络诈骗犯罪及其关联犯罪的法律适用作出了具体、全面的规定。第一，统一入罪门槛并就低设定。《意见》规定，对电信网络诈骗犯罪不再由各地自行确定诈骗“数额较大”“数额巨大”的标准，而是实行全国统一的数额标准和数额幅度底线标准，即诈骗财物价值3000元以上、3万元以上、50万元以上的，应当分别认定为诈骗“数额较大”“数额巨大”“数额特别巨大”。第二，明确了十种酌定从重处罚情节。《意见》采用明示列举的方式，将《诈骗解释》的相关内容进一步具体化，规定了冒充司法机关等国家机关工作人员实施诈骗的、在境外实施电信网络诈骗的等十种从重处罚情节，为严厉打击电信网络诈骗进一步明确了法律依据。第三，对加重犯采用犯罪数额与情节并行的量刑标准。《意见》在《诈骗解释》有关精神和相应规定的基础上进一步明确了在上一个法定刑幅度内量刑的条件，即电信网络诈骗犯罪数额达到“数额巨大”3万元标准、“数额特别巨大”50万元标准的80%，同时具有前述十种从重处罚情节之一的，就分别认定为诈骗“情节严重”“情节特别严重”。第四，进一步明确未遂犯的量刑标准。网络诈骗犯罪的对象往往都是不特定的多数人，很多情况下侦查机关确实无法或者难以全部查清诈骗数额，最后认定的诈骗数额一般都会小于甚至远小于实际查获的金额。《诈骗解释》规定了对于诈骗数额难以查证的电信诈骗犯罪，可以根据发送诈骗信息、拨打诈骗电话的数量，以诈骗罪（未遂）论处，而《意见》在吸收这一规定的基础上，增加规定可以根据在互联网上发布的诈骗信息的页面浏览量，以诈骗罪（未遂）论处，更符合有效惩治和防范此类犯罪的实际需要。除了上述提到的入罪和量刑标准的细化以外，《意见》对于电信网络诈骗关联犯罪也从严打击，在财产刑和涉案财物的处理方面也较之前更为完善，并在事实认定和讼诉程序上也设定了更为科学合理的规则。比如，《意见》规定，除有证据证明行为人确实不知道的，采取遮蔽、伪装等异常手段取款等五种方式，就可以推定行为人主观是明知的。[①]

三、网络诈骗犯罪的侦查难点

（一）取证难度大，案件定性难

不同于传统的诈骗犯罪，网络诈骗的侦查取证非常复杂，涉及的证据主要为电子数据。犯罪嫌疑人之间以及犯罪嫌疑人与被害人之间在互联网中的各种联系活动通常表现为各种数字化的信息交流，网络交流过程中的所有信息都是通过计算机编码来传递的，并且犯罪嫌疑人往往会进行信息隐匿、数据加密，窜改、伪造、破坏相应的涉案电子数据，这在很大程度上提高了取证难度。同时，网络诈骗犯罪分工越来越细，有专门与被害人直接联系的多角色人员、专门进行洗钱转账的银行账户操作人员、专门进行取款提现的“车手”，环节多、人员杂，相应的取证工作涉及环节复杂，数量多，难度大。该类犯罪行为产生的过程数据与计算机系统及特定的环境联系密切，显现或出示电子数据证据，必须依赖特定的计算机系统和网络环境，电子数据的提取、保全也必须依靠的专门技术机构进行。[②] 此外，个别侦查人员在执法理念上未能不断更新，只重视传统证据、有形证据，对于电子数据的提取意识不强，往往忽视了关键的电子数据。网络诈骗犯罪中产生的信息和痕迹囿于时限、环境等因素很容易被覆盖，最佳的取证时机往往被延误，有的证据甚至出现被销毁、破坏的情形，这就使大量待分析和破解的数据不得不被积压，客观上造成现有证据体系脆弱，取证效率低下。特别是有些电子证据关乎案件能否定罪处罚，如果无法取得，即使当场抓获犯罪嫌疑人，也可能“竹篮打水一场空”，无法对其指控犯罪。

（二）犯罪地跨度大，案件管辖冲突

传统的诈骗犯罪现场一般集中在一个区域，网络诈骗犯罪的非接触性、跨国跨区域性特征显著，所以其地域特征极其复杂，犯罪地难以及时确定。由于网络诈骗的特殊性，给认定何种形式下是犯罪行为地、何种形式下是犯罪结果地，带来了相当大的难度。[③] 这种非接触性诈骗案件的管辖因此出现了真空地带，导致司法实践中出现案件管辖权的冲突，客观上产生了争抢管辖、“踢皮球”推诿等情况，案件无法第一时间侦查，影响了打击该类犯罪的效果。

---

① 蒋惠岭：《网络刑事司法热点问题研究》，人民法院出版社2016年版。

② 王铼、雍晓明：《对利用网络进行诈骗犯罪的侦查取证问题研究》，载《政法学刊》2010第1期。

③ 杨正鸣：《网络犯罪研究》，上海交通大学出版社2014年版。

（三）侦查协作难度大，侦查进度缓慢

网络犯罪本身自带的无域性特征，使得网络诈骗犯罪侦查跨地区、跨省份、跨国界越来越成为常态。从国内协作角度看，通信部门、金融机构、公安机关、网络运营商之间协作不畅，资源无法实现共享，侦查经常受限。而且，网络诈骗犯罪的侦查要求公安机关侦查人员往返于全国各地收集证据，有些案件的办案经费早已超过了案件本身的涉案价值，办案经费紧张与犯罪环节多、办案成本高形成了尖锐矛盾，而被害人也分布于全国各地，公安机关在侦办案件中难以及时获取有效的被害人陈述，更难以确定涉案金额。从国际协作角度看，跨境犯罪案件愈来愈多，但各国法律规定存在差异给国际协助造成障碍。以管辖为例，我国网络诈骗犯罪的侦查权由公安机关行使，而美国则由多个机关行使，在两国间的司法协作上还需要更规范细致的条文。[①] 另外，司法协助也耗时较久，时效上难以保证。从请求协助到收到回复常常要很久，易错过案件最佳侦查时机。

（四）追赃难度大，受害人合法权益难以保障

打击网络诈骗犯罪的目标之一就是最大限度地挽回被害人经济损失，保障其合法利益。网络诈骗的犯罪嫌疑人在成功获取被害人信任转款后，能够迅速通过网上银行规避银行卡转账限额限制程序，将赃款从被害人最初转入金额的账户分散转移至几十个、甚至是上百个下级账户，然后再分次转账进行诈骗款分流，使得赃款在很短的时间内转移到全国各地的其控制的银行账户下。侦查机关想要追踪到被害人的损失金额犹如大海捞针，十分困难。而网络诈骗中从事取款工作的犯罪嫌疑人通常到自动取款机上取走诈骗款，他们经常头戴鸭舌帽，或者带有口罩，使侦查机关对其识别的难度无形中又提高了许多。另外，在已经抓获犯罪嫌疑人的网络诈骗案件中，侦查机关对查获的涉案银行卡依法进行了冻结，但是，这通常仅是冰山一角，由于一些诈骗分子没有落网，冻结的款项中哪些属于被害人的无法查清核实，不能及时返还给被害人，追赃效果一般。

四、网络诈骗犯罪侦查困境的反思及对策建议

（一）网络诈骗犯罪困境的反思

1. 相关法律不够完善

我国《刑法》对诈骗犯罪作出了基本规定，但是随着网络犯罪不断出现新情况，实体法的规定显然需要进一步完善。首先，实体法对网络诈骗行为的定罪问题规定不够完善。例如，与网络诈骗行为相关的罪名有诈骗罪、破坏计算机信息系统罪等，但是《刑法》的规定并不明确，在何种情况下以何种罪名予以定罪更为合适争议颇多，因而在侦查此类案件时，会出现案件定性分歧，侦查也会因为定性不同而方向不同。其次，程序法律规定不够完善。比如，立案方面，在侦查实践中，网络诈骗犯罪小额诈骗众多，涉案金额经常是积少成多。此类案件如果适用一般的个案立案标准，许多个案将无法达到立案标准，也就无法开展进一步的侦查活动。再如，侦查方面，网络诈骗案件的侦查活动中，对涉案 QQ、IP 地址等的追查至关重要，而这些工作需要网络运营商的配合，但是，目前

① 李蕤：《网络犯罪侦查的难点及对策探析》，载《北京人民警察学院学报》2011年第3期。

相关法律缺乏对这些部门配合侦查机关调查取证的规范和要求。又如，证据方面，电子证据是侦查机关能否成功侦破案件的决定性武器之一，但是作为一种较为新型的证据种类，目前其相关的法律法规也不完善，客观上对其作为证据发挥作用限制颇多。

2. 网络安全制度监管不够完善

打击防范网络诈骗是一项复杂工程，需要多部门共同合作，其中监管部门的全面监管对于遏制此类犯罪有重要作用。但实践中，监管存有缺失。如存在网络交叉管理的盲区。对网络享有监管权的部门众多，一些网络交叉管理的具体分工尚不是很明确，就出现了争相管理或者互相扯皮的情况。此外，网络监管的理念陈旧，未能与时俱进，监管的技术水平也相对滞后，无法预防、及时打击网络诈骗犯罪。网络监管力量不足，监管人员的素质也有待提高。同时，网络运营、服务单位自身漏洞多且自律性差。为了追逐高额的利润，一些网络运营、服务单位不顾网络安全，让网络诈骗分子钻了空子，给网民造成了极大的损失。比如，我国在2000年就已经实行储蓄实名制，但部分金融机构工作人员在银行卡开户环节对于证件的审查疏忽大意，造成假证开户、冒名开户等事件频频发生，给诈骗分子通过网络实现多个银行卡账户分流转账提供了可乘之机。[①] 目前，我国大部分的网络运营、服务商普遍只图眼前利益，没有社会责任感和长远的规划，一定程度上阻碍着侦查机关在网络诈骗案件中的侦查活动。

3. 侦查理念较为传统，人员素质参差不齐

传统的摸排措施在侦查网络诈骗犯罪上无法发挥效果，网络诈骗手段更新速度快，在海量的计算机信息面前，传统的侦查手法在很大程度上已经不能满足网络侦查的需要。以网络诈骗平台为例，司法实践中公安机关查获的犯罪嫌疑人绝大多数都是处于诈骗链末端的行为人，如取款人，真正的网络诈骗幕后大老板常常不见踪影，也不可能通过末端行为人得知真正主犯的有效信息。另一方面，从侦查员素质看，有些侦查员经验不足、证据意识不强，难以将涉案电子网络数据及时收集、保护，一旦错失先机，案件侦查很容易陷入僵局。

4. 群众自我保护的防范意识不够

尽管无论是公安机关、检察机关还是审判机关经常进行普法宣传，但网络诈骗案件还是常常发生。一些群众对于网络诈骗缺乏识别能力，被犯罪分子利用其心理弱点诱骗上当，而且，这当中有很大一部分人在上当受骗发生财物损失后自认倒霉，选择不报案或者不及时报案，影响了案件的侦办。

（二）网络诈骗犯罪侦查的对策建议

1. 完善网络诈骗犯罪的立案程序

一直以来，专家、学者不断呼吁完善网络诈骗犯罪的立案程序。首先，可以从降低刑事立案程序的启动条件入手，不断优化立案审查期限。立案审查期限关系着能否及时启动侦查程序，及时挽回被害人的经济损失。笔者认为，网络犯罪不同于一般的传统犯罪，可以适当缩短审查期限以取得侦查先机。涉网犯罪本身侦查的难度就比传统犯罪大，为什么还要再进一步缩短期限呢？在受理涉网犯罪后应当充分考虑到网络的特殊性，第一时间就应当启动取证程序，或者说，只进行基本事实的审查。只要符合一般立案条件即进行立案，将更有利于案件侦破。其次，有必要构建全国统一的网络诈骗数据库。将

① 庄华:《论电信诈骗案件侦查突破口的选择》，载《政法学刊》2010年第6期。

所有网络诈骗案件归入大数据库，实现被害人及相关事实等涉案内容在线可查，一方面节约各地办案成本，另一方面也可提高案件侦破率，保证调查犯罪和启动立案的及时性，有力打击网络诈骗犯罪。再次，应扩大对网络诈骗犯罪的立案监督，如增加监督内容，明确规定监督的相关事项。对一些关键环节如初查环节进行更细化的监督，规范整个立案过程。

2. 重视电子证据取证

电子证据作为网络诈骗犯罪中的关键证据，侦查机关应当充分重视——加强电子证据取证，形成科学的电子证据取证体系。侦查人员应正确区分电子证据与普通证据的差异，培养高效正确的取证意识。根据司法实务，目前电子取证的过程一般分为以下阶段，即准备阶段、收集阶段、审查阶段和提交阶段。其中，最为关键的环节当属收集和审查阶段。

（1）收集电子证据应注意把握的事项。电子证据容易被窜改、破坏，这就要求侦查机关采取必要及时的证据保护措施。第一时间控制住网络犯罪现场，依法运用事先准备的专业仪器设备进行证据保全，务必保持与网络诈骗犯罪有关的所有电子证据的完整性，从整体性进行考量、筛选，留存对案件真实性有重要意义的关键证据，[①] 必要时可以聘请专业的技术人员，依法对其授权，尤其是电子数据被犯罪嫌疑人删除时，需要对相应电子数据进行恢复，保证收集电子证据的完整性。

（2）审查电子证据应重点把握的事项。电子证据的审查是关键环节，应当做到“四个注重”。一是注重审查客观性。二是注重审查关联性，围绕电子证据的证据力、证明力予以展开。三是注重审查合法性。合法性是基础，只有依法取得的方能得到采纳，合法性的任何一个地方出现纰漏都可能使证据成为非法证据而被排除。四是注重审查完整性。只有完整的数据才能够经得住考验，并有效发挥出证据作用。

3. 更新理念，多措并举改进侦查方式

（1）增强合力，推进打击治理工作。全国各地因地制宜，可尝试先以省为单位，推动各级联席办进一步发挥统筹协调职能，定期组织案件会商，分析网络诈骗犯罪形势。实现省内银行业机构信息共享共用，完善省电信网省际出入口诈骗电话防范拦截系统，进一步对关联诈骗电话进行智能预警、预判及全网高效拦截。继续深入开展打击治理网络新型违法犯罪专项行动，推动开展网络清理整治，强化日常监控、预警防护、追踪溯源和技术反制工作。建立并完善反诈骗中心平台，巩固提升实战化效能。由省反诈骗指挥调度中心梳理汇总分析各地各银行业机构查询、冻结、止付权限，引导辖区银行业机构进一步提高涉案资金查控效率，全面下放查控权限、提高反馈实效、增加反馈内容，提高查控效率。

（2）加大追赃力度，及时挽回群众损失。推动加大对网络诈骗违法犯罪嫌疑人财产刑处罚力度，采取先易后难的方式，全面梳理权属明晰、能够准确判定被害人的合法财产，将具备返还条件的已冻结赃款及时依法返还受害人。

（3）开展“一案双查”，确保打击治理工作强劲有力。坚持“一案双查”工作机制，将因参与电信网络新型违法犯罪及其关联犯罪依法受到行政、刑事处罚的人员和单位，纳入个人、企业信用信息基础数据库和黑名单库。鼓励推进银行机构将人脸识别等安全有效的技术手段作为核验开户申请人身份信息的辅助手段，从严加强新用户入网审核和

① 陈一云：《刑事诉讼证据学》，中国人民大学出版社2010年版。

管理，突出抓好网络售卡、社会代理渠道的监管和用户个人信息保护，组织一证多卡用户清理工作，实行防范打击通信信息诈骗工作责任一票否决制。

4. 增强侦查人员素质和全民防骗意识

为了更好地推进网络诈骗犯罪侦查工作，不断提高专业化的网络侦查队伍素质刻不容缓。虽然现阶段我国很多省、市、自治区已经有了反诈骗中心和相应的网络侦查队伍，但面对不断发展的网络诈骗犯罪，仍旧不足。各地侦查队伍建设发展不平衡、侦查人员素质参差不齐，未能很好地应对犯罪侦查。侦查机关应当认识到这一不足，强化网络专业队伍的建设。须加大对办案工作的物质保障，确保办案经费能够支持对网络诈骗犯罪的及时惩治。发动传媒力量进行覆盖式的防骗宣传，引导群众遇事多留神，杜绝骗子引诱。提醒群众加强个人信息保护，对于陌生信息不回复、不点击，涉及钱款问题经核实了解清楚再转账。

五、结语

网络诈骗犯罪近年来迅猛发展，侦查机关对其的打击防范也一直不遗余力，包括我国在内的世界各国都在不断通过努力协作，希望能够最大限度地打击此类犯罪，维护人民群众的合法权益。由于网络诈骗技术性强，内容涉及生活的方方面面，侦查方式也因地区而异，本文不可能分析穷尽，仅为笔者粗浅的观点和见解，希望能让更多的人关心网络诈骗犯罪侦查的发展。

认罪认罚从宽制度中检察机关量刑建议的适用

游风娘　马　东*

2018年10月，在总结认罪认罚从宽制度试点工作经验的基础上，全国人大常委会正式通过了《中华人民共和国刑事诉讼法修正案》（以下简称“新刑诉法”），将认罪认罚从宽这一诉讼理念上升为具有普适性的法律规范，并且将其确立为我国刑事诉讼领域的一项基本制度。认罪认罚从宽制度的确立，在一定程度上改变了传统刑事诉讼活动的主要内容，即从围绕定罪向围绕量刑问题转变，实现“以认罪为中心”到“以认罚为中心”的结构性变革。①被告人自愿认罪，检察机关的量刑建议就成为审查起诉和审判阶段的一个关键点，直接影响着认罪认罚从宽制度的有效展开。因此，新刑诉法对检察机关的量刑建议也作出了新的规定。量刑建议已经成为法定术语和法定职责，检察机关必须在履职中坚持诉罪和求刑的统一，提供完整的诉讼“产品”。②认罪认罚从宽制度改革中，检察机关处于量刑协商的主导地位，面临着量刑建议裁量空间扩大、结果影响力增强等机遇和挑战。③

一、认罪认罚从宽制度中量刑建议的性质和地位

（一）量刑建议是控辩协商的结果

量刑建议是检察机关在审查起诉阶段针对被告人应当判处的刑罚向法院提出的建议，是求刑权的主要内涵之一。量刑建议是检察机关行使公诉权的具体表现，也是检察机关进行法律监督的一项重要措施。我国的量刑建议实践基础扎实，比如，北京市东城区人民检察院于1999年就开始“公诉人当庭发表量刑意见”的试点工作。④随后，不少地方检察院陆续开始量刑建议的探索，并逐步获得最高人民检察院的肯定。2010年9月，最高人民法院、最高人民检察院、公安部、国家安全部、司法部联合签发《关于规范量刑程序若干问题的意见（试行）》，进一步明确了量刑建议的具体工作，其中一个关键点是肯定了确定刑建议的适用。我国量刑建议的产生和发展，与检察权的改革息息相关，是检察机关具体职能演进的一个缩影。随着认罪认罚从宽制度和程序的正式确立，量刑建议也从

---

*　游风娘，厦门市同安区人民检察院；马东，集美大学。

①　马静华、李科：《新刑事诉讼法背景下认罪认罚从宽的程序模式》，载《四川大学学报（哲学社会科学版）》2019年第2期。

②　张国轩：《“认罚从宽”的认定和实现方式》，载《国家检察官学院学报》2018年第5期。

③　吴冬，张东武，吴海伦：《认罪认罚从宽制度改革中量刑建议研究》，载《人民检察》2017年第17期。

④　《检察机关恢复重建40年的40个首次：首次向法院提交量刑建议书》，http://www.spp.gov.cn/spp/zhuanlan/201809/t20180925_393605.shtml，访问日期：2019-08-01。

控方的单方意思表示，转变为控辩协商的结果，其基本特征发生了变化。

认罪认罚从宽制度具有较为明显的“协商性司法”特性。协商性司法在其他国家适用普遍，表现形式多样，如英美国家的辩诉交易制度、德国的处罚令程序、意大利的部分简易程序等。协商性司法在价值理念上改变了刑事诉讼程序的运作机制，从检察机关单方追究犯罪，转变为控辩双方的协商。认罪认罚从宽制度，是协商性司法理念在我国的一项实践转化，认罪认罚从宽制度中的量刑建议也是在合意化的背景下形成的。实行认罪、认罚，犯罪嫌疑人、被告人可以通过与控方的协商来表达自己的意愿，行使自己的诉讼权利。检察机关的量刑建议，也不再是单纯的控诉、求刑，而是需要基于犯罪嫌疑人、被告人的认罪认罚情况，是控辩协商的结果，是控辩双方合意的体现。检察机关是否在量刑建议中给予“从宽”，也由原来的单方决定转变为双方均有影响。这是新刑诉法带来的新程序主义理念，也对检察机关的量刑建议工作提出了新的要求。

（二）量刑建议是法院量刑的基本依据[①]

新刑诉法第201条规定：对于认罪认罚案件，除法律明确规定几种例外情形，人民法院在进行裁判时，一般应当采纳检察机关罪名的指控和量刑建议。这从立法角度明确了在认罪认罚案件中检察机关量刑建议的效力。控辩审三方分立是现代诉讼的一项基本原则，检察机关的主要任务是审查起诉，法院的主要任务是对案件进行具体裁判。新刑诉法对认罪认罚案件的新规定是否突破了这一原则呢？要回答这一问题，首先需要厘清认罪认罚案件处理中法院和检察院的相互关系。由于“认罪认罚”成为“从宽”的依据，更是诉讼程序分流的原因，所以，在认罪认罚从宽中，检察机关是主导，审判是中心，两者之间并无矛盾。一方面，检察机关发挥主导作用的目的，就是为了审判“中心”作用的发挥；另一方面，也只有检察机关发挥好主导作用，审判机关才能进一步体现“中心”地位。[②]因此，明确认罪认罚案件中检察机关量刑建议的法律地位，并不会影响刑事诉讼基本结构的稳定，也不会冲击法院的独立裁判权。相反，会更加有利于法院对认罪认罚案件的准确、快速处理。

二、认罪认罚从宽制度中检察机关量刑建议的目标定位

认罪认罚案件不同于一般案件，犯罪嫌疑人、被告人不再单纯被动地接受法律制裁，而是有权利、有自由选择认罪、认罚，以换取刑事诉讼程序简化和刑事实体量刑从宽。认罪认罚从宽制度不仅能够促进案件及时、高效处理，同时也可以减缓犯罪嫌疑人、被告人的对抗情绪，有利于社会关系的恢复。新刑诉法对检察机关量刑建议地位的提升，既肯定了量刑建议在刑事诉讼程序中的重要价值，同时也给检察机关的审查起诉工作提出了更加严格的要求。因为，检察机关的量刑建议是否公正，直接关系到认罪认罚制度的功能发挥，关系到认罪认罚制度的有效落实。有研究报告指出，截止到2017年11月底，在认罪认罚案件处理中，法院对检察机关的量刑建议采纳率为92.1%。[③]新刑诉法实施后，尚无权威的全国统计数据。但是，量刑建议在认罪认罚从宽制度中的重要意义决

① 卞建林：《认罪认罚从宽制度赋予量刑建议全新内容》，载《检察日报》2019年7月29日。

② 朱孝清：《认罪认罚从宽制度中的“主导”与“中心”》，载《检察日报》2019年6月5日。

③ 参见最高人民法院和最高人民检察院《开展刑事案件认罪认罚从宽制度试点工作情况中期报告》。

定了如何在认罪认罚案件处理中提出适当的量刑建议，是检察机关面临的一个重大课题。本文认为，量刑建议的目标，从实体角度来看应当精准，从程序角度来看应当规范。

（一）实体精准化

从域外实践看，在认罪认罚从宽类似制度中，做到量刑建议精准化是通行做法，也是必然要求。[①] 例如，美国设立了专门的量刑委员会，由审判、检察、刑罚执行等机关代表共同参与制定了联邦量刑指南；荷兰的“北极星指引”计划，提供了几十个全国性的量刑指引。这些指引虽然对法院没有强制约束力，但是由于它的标准化和科学性，80% 多的案件的量刑都遵循了检察机关的量刑建议。由此可见，在认罪认罚案件中，量刑建议的精准化是一个非常值得关注的问题。

量刑建议精准化与认罪认罚制度的推行、落实密切相关。犯罪嫌疑人、被告人自愿认罪、认罚是从宽处罚的基础，也是程序简化的前提。司法实践中，认罪的情况较为容易处理，而认罚的争议则较多。认罚以接受量刑建议为核心。[②] 因此，公正、合法的量刑建议是犯罪嫌疑人积极认罪并且认罚的稳定剂，是认罪认罚从宽制度落实的助推器。量刑建议的精准化，一方面给予犯罪嫌疑人认罚的保障，促进量刑合意的达成；另一方面，也可以规避量刑协商的风险，约束量刑行为，将量刑结果控制在法律允许的范围内，防止权利滥用、恣意量刑。

（二）程序规范化

量刑建议的规范化是对量刑建议产生程序的约束。刑事诉讼领域内，程序公正的价值甚至高于结果公正。对于量刑建议，我们不仅要求量刑结果精准，更要在实现程序上要求规范。否则，量刑建议即使最终被法院采纳，也会导致诉讼程序延长。新刑诉法 201 条第 1 款第 5 项规定，在可能影响公正审判的情形下，人民法院可以不采纳人民检察院指控的罪名和量刑建议。而量刑建议的形成程序不规范，则可能属于程序错误或者瑕疵，影响公正审判，进而影响量刑建议的最终采纳。因此，量刑建议的程序规范化对提高诉讼效率、实现司法公正、维护法律权威都具有重要意义。加之量刑建议本身的精准化尚待研究，量刑建议的形成程序更应当及时完善，以弥补实体之不足。

三、认罪认罚从宽制度中检察机关量刑建议的适用方法探析

（一）提倡确定刑建议

新刑诉法第 176 条第 2 款虽然规定，人民检察院应当就主刑、附加刑、是否适用缓刑等方面提出量刑建议，但却没有明确规定主刑的建议是适用相对确定刑还是绝对确定刑。对此，司法实务主要采两种模式：确定刑模式和量刑区间模式。学界对此也有争议，确定刑模式可以固化犯罪嫌疑人对刑罚的心理预期，促进量刑协议的尽快达成，但有可能影响法院审判，进而影响量刑建议的采纳率；而量刑区间模式虽然给予法院一定的自由裁量幅度空间，但对犯罪嫌疑人和被告人而言，却带来了情绪上的不安感，两者各有

---

① 杨先德：《认罪认罚从宽量刑建议精准化的域外启示》，载《检察日报》2019年7月16日。

② 赵恒：《“认罪认罚从宽”内涵再辨析》，载《法学评论》2019年第4期。

利弊。本文认为应当适用确定刑建议。

幅度刑建议是协商不充分的产物。在认罪认罚从宽制度中，控辩双方关于量刑的协商是关键一环。如果采用幅度刑建议，犯罪嫌疑人对自己可能受到的裁判预期不确定，不利于及早认罪认罚。同时，如果法院裁判超出幅度刑的最低界限，被告人则很有可能就提出上诉，诉讼程序反复，认罪认罚从宽制度提高司法效率的目标就无法实现。

而确定刑建议是认罪认罚从宽制度的必然要求。对犯罪嫌疑人而言，之所以选择认罪，主要是因为"从宽"的激励。而"从宽"是否确定、量刑是否明确，直接影响着犯罪嫌疑人的认罪动力和意愿，更影响着刑事诉讼程序的分流和走向。明确的量刑建议，可以促进犯罪嫌疑人及时签署认罪认罚具结书，可以避免庭审的不确定性。所以，适用确定刑建议，是控辩合意的体现，符合认罪认罚从宽制度的内在精神，有利于该制度的推进适用。从司法实践效果来看，确定刑量刑建议对认罪认罚从宽制度的落实也发挥了明显的积极作用。根据重庆市检察机关的统计，2018 年 11 月至 2019 年 6 月，共适用认罪认罚从宽制度办理案件 14397 件 18242 人，适用率 82.03%（案件），提出确定刑量刑建议 10698 人，占比 67.29%，法院对审结案件采纳率 78.71%。[①]

适用具体刑建议，可以从以下几个方面着手：

第一，探索制定细化的量刑建议标准。以类案分析为基础，对于常见认罪认罚罪名分类制定量刑建议标准，综合考虑各项量刑因素，对照量刑标准，建立量刑标尺，实现基准刑和法定刑的准确过渡。制定量刑建议标准时，检察机关应当秉持公正立场，改变传统的单方追诉观念，全面收集影响量刑的各种因素，综合考量法定情节和酌定情节，确保量刑建议标准精确、完整、可行。

第二，研究、推广量刑智能化改革，充分利用现代科技手段和大数据方法，从已生效案件中总结规律，分析研判，提高量刑建议的准确性。量刑是一项复杂而精确的问题，尽管法学界和计算机学界都对此进行了多年研究，也提出了不同的计算模型，但迄今为止，还尚未有一个可以完全替代法官思维的系统出现。但是，我们不能否认科技的力量，尤其是针对认罪认罚案件，检察机关的量刑建议尽管是法院量刑的重要参考，但毕竟不是最终裁判结果，因此可以大胆运用智能系统，辅助检察机关办案。

第三，严格证明标准，提高证明质量，对认罪认罚案件和普通案件之间不应该存在差异化。[②] 证据裁判原则是刑事诉讼制度的核心原则，在各种类型的案件处理中都应当遵守。认罪认罚案件中审判程序可能简化，但证明标准不能降低。检察机关在提出量刑建议时，应当严格适用证明标准，不能因犯罪嫌疑人认罪而减轻举证责任、降低证据要求。相反，对于涉及认罪认罚的自愿性、从宽的理由等方面的证据，检察机关应当更加关注。只有这样，才能真正使量刑建议确定、精准，提高量刑建议的采纳率。

（二）完善量刑协商程序

认罪认罚从宽制度的法制化，一个直接目的就是节约司法资源，减轻办案负担。但提高效率的前提是保证公正，如何确保认罪认罚从宽制度的公正，是在任何制度改革背景下都必须重视的问题。程序限制是实现公正的一大利器，在认罪认罚案件中，一个公正的量刑建议的提出，也需要程序的保驾护航。所以，应当重视量刑协商的独立的程序

---

① 李建超：《确定刑量刑建议的重庆实践》，载《检察日报》2019年7月29日。

② 汪海燕：《认罪认罚从宽案件证明标准研究》，载《比较法研究》2018年第5期。

性价值，深入研究完善量刑协商程序。具体需要注意以下几个问题：

第一，保障律师依法参与量刑协商程序，保证犯罪嫌疑人、被告人获得律师帮助的权利。新刑诉法确立了值班律师制度，以实现刑事诉讼律师辩护全覆盖。这一重大举措，可以有效提高犯罪嫌疑人认罪认罚的真实性和自愿性。新刑诉法同时规定，人民检察院应当从五个方面听取辩护人或者值班律师的意见；对于犯罪嫌疑人自愿认罪，同意量刑建议和适用程序的，还应当在辩护人或者值班律师在场的情况下签署认罪认罚具结书。由此可见，律师参与是认罪认罚从宽制度落实的重要环节。但有研究指出，律师对量刑建议中“从宽”的影响程度偏低。① 因此，检察机关在提出量刑建议时，也应当重视并积极提供便利条件，切实保障律师能够依法参与量刑协商程序。同时，律师在参与过程中，也应当进一步强化专业水平，为犯罪嫌疑人提供准确、完整的法律帮助，并且协助检察机关对量刑幅度提出建议。

第二，明确量刑协商的具体程序。我国是否存“辩诉协商”目前无定论，但确实有涉及有关职能部门对认罪认罚作出从宽的允诺，以及被追诉之人对这样的允诺是否认可的过程。② 目前，司法实践中，量刑协商程序没有统一、详细的法律规定，导致量刑协商的程序价值不能实现，这对认罪认罚从宽制度的推行带来很多负面影响。各地检察机关在这个问题上进行了不同的有益探索。从总体上看，量刑协商程序应当参照庭审程序进行。例如，必备的程序应包括身份核实、犯罪嫌疑人及其辩护人的量刑答辩、检察机关的量刑建议陈述、双方协商以及协商结果的确认、记录与归档等。需要明确的是，对于犯罪嫌疑人及其辩护人的量刑意见，检察机关如果不予采纳，应当说明理由并记录在案备查，以保证在庭审过程中对认罪认罚自愿性的查明。同时，强化诉判衔接，审判机关如果认为检察机关的量刑建议存在“明显不当”而不予采纳，应当在判决书中阐明理由。

第三，坚持以审判为中心，充分尊重审判机关的意见，与法院建立协商机制，定期对量刑标准进行完善和修订。新刑诉法规定了检察机关量刑建议的法律地位，在一定程度上突破了量刑建议的纯粹程序性特质。为了提高量刑建议的采纳率，保证量刑标准的可行性，检察机关与法院可以尝试建立认罪认罚案件量刑协商机制，通过个案或者类案会商分析，不断修订量刑标准，细化完善不同案件的量刑幅度，逐步实现与法院《量刑指导意见》总体一致的量刑建议，保障量刑协商的效率。目前实践中，多地检察机关都开展了类似工作，总体上取得了较好的效果。

第四，建立量刑建议说理制度，改善量刑协商效果。改变传统量刑建议只量刑不说理的局面，逐步加强法理解释，使量刑建议书言而有据，量刑建议内容更加科学、严谨，具有说服力。说理应当包括以下内容：具体案情、犯罪情节，法律条文规定，法定刑的规定，建议刑的形成依据、标准。通过对量刑建议的释法说理，一方面可以促进犯罪嫌疑人悔过自新、认罪认罚，确保后续不翻供、不上诉；另一方面，可以进一步提高法院的采纳比例，提升量刑建议的实效性。

四、结语

新刑诉法第三次修改了认罪认罚从宽制度，可见国家对该项制度的重视。从最新立

① 周新：《认罪认罚案件中量刑从宽的实践性反思》，载《法学》2019年第6期。

② 王敏远：《认罪认罚从宽制度疑难问题研究》，载《中国法学》2017年第1期。

法情况来看，检察机关在认罪认罚从宽制度中具有显著地位，检察机关从程序和实体两个层面主导着认罪认罚案件。[①] 检察机关的量刑建议也被赋予了更加重要的地位和功能。因此，检察机关应当继续深入探索认罪认罚案件处理中量刑建议的适用问题，更加科学地行使量刑建议权，共同推进认罪认罚从宽制度的落实。

① 曹东:《论检察机关在认罪认罚从宽制度中的主导作用》，载《中国刑事法杂志》2019年第3期。

互联网企业滥用市场支配地位的法律界定及其规制

傅振中　林敏辉 *

引　言

随着科学技术的迅猛发展，我国的互联网迅速的普及开来。根据第 43 次《中国互联网络发展状况统计报告》，截至 2018 年 12 月，我国网民规模已经达到 8.29 亿，互联网普及率达到了 59.6%。① 与此同时，在 2018 年世界市值排名前二十的科技公司中，中国的互联网公司有 9 家上榜，几乎占了一半。② 这些数据足以证明，我国互联网市场越来越庞大。

改革开放 40 年来，我国发生了翻天覆地的变化。党的十四大正式确立了建立社会主义市场经济体制的改革目标。尽管市场经济有高度的自由性、竞争性，但不可否认法律调节对于市场经济的重要性。《中华人民共和国反垄断法》（以下简称《反垄断法》）正是基于这一背景诞生的，它和我国市场经济密不可分。放任市场不管，必将导致寡头企业滥用其垄断地位实施垄断行为，最终阻碍国民经济的发展。放眼当今世界，Google、Facebook 等互联网巨头已经在部分国家和地区因其垄断地位而受到巨额制裁。在中国，基于特殊的国情和一些政策保护，逐渐形成了例如阿里巴巴和腾讯这样的互联网巨头，它们的市值也名列世界前茅。然而，与此同时，互联网巨头以其雄厚的财力不断地吞并一些中小企业和新兴企业，甚至挤压了部分同类型企业的发展空间。“树大招风”，互联网巨头时不时就会有触碰红线、滥用市场支配地位之嫌疑。因此，正确利用法律规制这些独角兽企业的行为，保护我国其他互联网企业能够继续蓬勃发展，鼓励良性竞争，促进市场创新，不仅是人民百姓享受到科技进步成果的保证，更是我国经济继续稳定发展的基础。

一、互联网企业滥用市场支配地位之表现

（一）互联网企业滥用市场支配地位的典型案例

1. 携程搭售风波

2017 年，一篇广为传播的文章称，在携程网预订机票和火车票时，一些“默认”的费用，如各种各样的酒店优惠券、机场贵宾休息室等，常常会被莫名其妙地加上。即使

*　傅振中、林敏辉，福建自晖律师事务所。

①　中国互联网信息中心：《第 43 次中国互联网络发展状况统计报告》，http://www.cac.gov.cn/2019-02/28/c_1124175677.htm，访问日期：2019-03-28。

②　刘镔练《全球互联网巨头 Top20 被这两个国家承包了》，https://wallstreetcn.com/articles/3356861，访问日期：2019-01-15.

消费者知道这些捆绑销售，他们也需要非常小心地搜寻才能找到修改它们的地方[①]。许多消费者因为急于购票，来不及去掉默认的打勾选项，造成在结算时费用增加，支付自己并不愿意的额外费用。

一波未平，一波又起。2019 年 3 月，携程再次陷入“大数据杀熟”的舆论风波。有网友称，在携程订票时，票价显示 17548 元，但当退票后，前后短短几十秒的时间就没有票了。他搜索了一下，又选了一遍，票价变成了 18987 元[②]。

搭售现象在互联网旅游类购票 App 上非常常见。据笔者的体验以及有关报道，“去哪儿”“同程”“艺龙”“途牛”等手机 App 都存在该行为。[③] 我国《民法总则》规定，民事主体从事民事活动，应当遵循自愿原则，按照自己的意思设立、变更、终止民事法律关系。若上述 App 默认勾选了付费的服务，将很有可能被认定为搭售行为。

2019 年 1 月 1 日，《中华人民共和国电子商务法》正式实施，其中第 19 条规定：“电子商务经营者搭售商品或者服务，应当以显著方式提请消费者注意，不得将搭售商品或者服务作为默认同意的选项。”这样就在法律层面否定了搭售行为并作出了一定的规制。同时在该法生效后，上述 App 均开始取消搭售行为。

2. 腾讯封杀同类竞争者

2019 年 1 月 15 日，腾讯公司旗下的社交产品微信在其客户端内对当天发布的三款社交类产品“马桶 MT”“多闪”“聊天宝”进行封杀，屏蔽其所有的分享链接、下载链接和相关资讯，造成研发公司及诸多用户的不满。聊天宝负责人罗永浩认为：“这不只是腾讯和微信的问题，还是中国商业环境的问题，我国反垄断法还有些欠缺”。[④] 短短不到两个月的时间，2019 年 3 月，“聊天宝”应用团队已经解散，“马桶 MT”已经无法下载[⑤]，而多闪 App 则遭到应用宝（腾讯旗下应用商店）的屏蔽。

目前，微信已经成为国民级应用，用户量突破十亿，有极高的用户粘性，在社交领域堪称霸主地位。因此本次的封杀，将直接影响到这些新生产品的传播速度与生长进程。在此前，微信已经因为封杀淘宝、网易云音乐、抖音 App 等分享链接多次被媒体报道指责。甚至有网友感叹，当初微软没有因为 MSN 而封杀 QQ，中国移动没有因为飞信封杀过微信，现在，屠龙的勇士终成为了恶龙。北京大学法学院就这一问题举行了专题讨论会，据参加研讨会的一些专家称，类似的封锁和屏蔽行为属于不公平竞争[⑥]。此次腾讯公司和微信团队的所作所为，是否构成滥用市场支配地位还有待商榷，但是不论怎样，都给中国互联网的发展带来了沉重一击。

---

① 刘一鸣：《携程“搭售陷阱”背后》，http://news.163.com/17/1011/22/D0GH3NEE00018A0R.html.，访问日期：2019-02-23。

② 薛宇飞：《携程回应“大数据杀熟”：是系统 BUG 涉及上百个订单》，http://finance.china.com.cn/consume/20190311/4919629.shtml.，访问日期：2019-03-28。

③ 和讯网：《机票火车票搭售现象依然存在 携程、艺龙都这么干》，http://news.hexun.com/2018-07-21/193526273.html，访问日期：2019-03-28。

④ 新浪科技：《罗永浩谈微信封杀聊天宝：反垄断法还不完善》，http://gd.sina.com.cn/jingji/dt/2019-01-16/detail-ihqhqcis6562311.shtml，访问日期：2019-03-28。

⑤ 界面新闻：《狂欢谢幕：马桶 MT、多闪与聊天宝短暂的 60 天》，https://www.jiemian.com/article/2959326.html，访问日期：2019-03-28。

⑥ 安徽城市之声：《聊天宝团队宣布解散 通信垄断软件有权利屏蔽其他平台么？》，https://www.toutiao.com/i6669570957562085895/，访问日期：2019-03-28。

3. 互联网收购热潮

2016 年 8 月，在中国网约车市场占据最大订单份额的滴滴出行宣布与优步中国合并，引发了社会各界对网约车行业竞争形势的广泛关注。2018 年 11 月，国家市场监督管理总局正在根据《反垄断法》对滴滴与优步的合并进行调查。[①]

2018 年 4 月 2 日，阿里巴巴集团以 95 亿美元对饿了么外卖完成全资收购。[②] 次日，美团宣布收购摩拜单车。[③]

当前，阿里巴巴、腾讯与滴滴等独角兽企业在收购案上被学界质疑并没有遵循经营者集中事先申报的原则。互联网巨头对法律的漠视，执法机构的被动，让《反垄断法》中的规定起不到实质意义的作用。互联网巨头继续蚕食着我国互联网的各个领域，给互联网的新兴企业、中小企业带来了巨大的压力。同时，大量的收购阻碍了技术创新，也不利于我国互联网产业未来的发展。

4. 知网涉嫌滥用市场支配地位

2016 年 1 月，武汉理工大学宣布与知网的续订谈判不成功，原因是涨价过于离谱。[④] 以此为起点，许多高校纷纷开始表态，由于知网收费过高将会暂停续订。2016 年 3 月，北京大学官方网站发布公告称，由于数据库供应商的高价，该网络将被关闭。2018 年 12 月，太原理工大学宣布，出于与其他高校一致的原因，将从 2019 年 1 月 1 日起暂停中国知网系列数据库的访问。[⑤]

2018 年，由于知网设定的“最低充值限额”，一名大学生被迫充值 50 元，以下载一篇价值 7 元的文献。在购买了文献之后，其想退还余额，但被知网拒绝。2019 年 2 月，法院判决“最低充值限额”无效。随后，知网添加了一个自定义充值选项，最小充值金额改为 0.5 元。[⑥]

目前，知网拥有我国最全面的论文、期刊等数据库，在硕博论文库领域的独占地位明显，是本硕博学生写论文的必备工具。在学术论文写作上，与其说是习惯用知网，不如说是不得不用。拥有如此庞大的数据库，知网更应该遵守法律法规，守住道德底线。知网此番涨价以及设置最低充值金额的行为，无疑有滥用市场支配地位之嫌疑，但其是否构成滥用行为，还得取决于相关市场的界定等各方面因素。

（二）互联网企业滥用市场支配地位的界定疑难

市场支配地位，又称“市场控制”地位，是德国《反限制竞争法》和《欧洲共同体条

① 百度百科：《滴滴优步合并案》，https://baike.baidu.com/item/ 滴滴优步合并案 /23156081，访问日期：2019-02-25。

② 新浪科技：《阿里巴巴联合蚂蚁金服 95亿美元全资收购饿了么》，http://tech.sina.com.cn/i/2018-04-02/doc-ifysvmpw2215976.shtml，访问日期：2019-03-30。

③ 网易财经：《美团收购摩拜单车 胡玮炜称不存在所谓“出局”》，http://tech.163.com/18/0404/06/DEHFVSUS00097U7R.html，访问日期：2019-03-30。

④ 新浪教育：《苏州大学生告知网胜诉 知网最低充值已改为0.5元》，http://edu.sina.com.cn/l/2019-02-25/doc-ihsxncvf7588592.shtml，访问日期：2019-02-25。

⑤ 新浪科技：《阿里巴巴联合蚂蚁金服 95亿美元全资收购饿了么》，http://tech.sina.com.cn/i/2018-04-02/doc-ifysvmpw2215976.shtml，访问日期：2019-03-30。

⑥ 新浪科技：《阿里巴巴联合蚂蚁金服 95亿美元全资收购饿了么》，http://tech.sina.com.cn/i/2018-04-02/doc-ifysvmpw2215976.shtml，访问日期：2019-03-30。

约》中使用的概念[①]。市场支配地位在理论上存在着很大的争议，各国法律也表述不一，但目前普遍认为，市场支配地位具有两层含义：其一是经营者在相关市场中处于强势地位；其二是经营者有能力控制价格等交易条件或排除和限制市场竞争。[②]笔者认为，市场支配地位应是一种状态性的概念，是相关经营者在相关市场的一种主导地位和主动权、话语权，是其他经营者进入该市场的阻力。在很多情况下市场支配地位并非一家独大，例如我国移动支付领域，就形成了支付宝与微信支付双寡头的局面。

由于互联网自身的特性——发展极快、变化极大，互联网企业在滥用市场支配地位时就拥有不同于常规企业的新特征，导致在市场支配地位的界定上容易出现许多疑难问题。

1. 互联网企业滥用市场支配地位的新特征

（1）用户锁定效应严重。用户锁定效应，又可以称为用户粘性。用户锁定效应类似又不同于我国《反垄断法》中所规定的市场壁垒，其中，这种效应在一些特殊的领域表现极为明显，如社交领域和即时通信领域。最典型的是上述案例中，腾讯公司拥有微信、QQ两大王牌产品，同时，微信几乎渗透到了中国互联网用户的全部生活当中。目前，微信的用户锁定效应已经形成，想要打破这一情形就很困难。因为社交领域不同于其他领域，用户的使用习惯一旦形成，将很难再转变。一旦产生用户粘性，大量的用户将不会再花费更多的时间和精力去学习使用其他的即时通信产品，因为这将花费巨大的学习成本。此外，即时通信中强大的人脉网不可能随着个别用户的流动而转移，在长期的用户培养下，人脉关系网的移转也显得十分困难。例如，腾讯公司的即时通信产品微信，其起初的大量用户正是从腾讯的另一款产品QQ中逐渐转移过来的。由此可见，其他外部企业要想涉足该领域就显得更加困难了。

（2）滥用行为的难度和成本降低。在互联网上，互联网企业只需在现有产品的基础上添加一些代码，即可添加一个全新功能，而不需要消耗额外的实物资源。[③]例如，携程在其App上搭售，只需通过设置优先级，将这些隐藏的扣费选项设置为默认，就能骗过许多用户的眼睛；同理，在《电子商务法》出台之后，通过代码的修改又能快速做到符合法律规定的效果。腾讯通过旗下的产品布局形成的强大生态闭环，足以控制用户的各种信息流，轻松封杀于己不利信息的流通。同时，互联网产品又不同于其他的实体商品，它们在不断地更新迭代，而用户往往就要被动接受这些更新换代带来的后果。这样，实施滥用市场支配地位的行为就变得成本极低。只要用户有使用该产品的习惯，互联网企业就可以潜移默化地改变用户，达到想要实现的效果。

（3）收购成为常态。近几年来，背靠强大财团，互联网巨头和独角兽开始了收购热潮。互联网巨头，特别是腾讯与阿里巴巴，逐渐瓜分了中国互联网的地盘。许多创新型互联网公司，在产品还处于研发初期时就被巨头竞相收购，导致互联网公司的发展愈发远离多元化而走向单一。

（4）互联网巨头形成生态闭环。互联网公司具有复杂的多边性。随着不断地投资、并购与收购，互联网巨头均形成了自己的生态闭环。阿里巴巴和腾讯各自拥有渗透到各个生活领域的产品和服务，它们在主营业务以外纷纷布局，到目前，在各个领域都拥有了流量巨大的产品。换句话说，互联网巨头们旗下的产品就能满足大量普通互联网用户

① 孟雁北：《反垄断法》，北京大学出版社2011年版，第113页。

② 张穹：《反垄断法理论研究》，中国法制出版社2007年版，第136-137页。

③ 宋锐：《互联网企业滥用市场支配地位问题研究》，哈尔滨商业大学2018年。

的日常需求。例如，支付宝 App 不仅仅具有主营的付款功能，其还拥有诸如聊天、理财、购票、购物、缴费、出行、资讯等一系列附加功能。

2. 我国既有法律制度在界定与规制上出现的困境

截至 2018 年，《反垄断法》已经生效整整 10 年。《反垄断法》给我国市场竞争带来了一定的秩序，其实施过程中也出现过引起社会高度关注的“可口可乐并购汇源事件”“360 诉腾讯案”等。虽然吸收了一些国家和地区有关反垄断法的立法上的优点，但是相较于欧美，由于我国《反垄断法》起步时间较晚，立法上难免有不够完善的地方，有些规定较为笼统模糊。同时，《反垄断法》在我国法律体系中属于较新的法律，在运用和执行上也会产生新的问题。尽管最高人民法院出台了相关司法解释，国务院有关部门也给出了相应的执行细则，但是从“360 诉腾讯案”的审理进程来看，对于“滥用市场支配地位”的认定依旧相当困难。

（1）法律的滞后性凸显。法律本身就具有滞后性，我国《反垄断法》颁布十余年，截至目前还未修改过。我国互联网起步时间较晚，因此，2008 年该法刚颁布之时，我国互联网竞争还并非像今天这样的激烈。如今，随着经济的急速发展和人民生活水平的提高，互联网已经渗透到各个领域。以被称为“互联网反不正当竞争第一案”的 360 诉腾讯案为起点，社会舆论开始越来越关注互联网竞争的问题，同时，国内许多学者也开始探讨我国《反垄断法》的修订问题。但是由于互联网的发展过于迅速，近几年更是产生了大量的法律问题，使得在立法层面上的操作就不断被搁置。目前，我国《反垄断法》的滞后性凸显，亟需关于互联网反垄断层面的界定与规制。首先，由于传统方法受制于法条的规定，应用起来较为死板，而互联网拥有不同于普通产业的新特征，因此，传统认定方法遇到新兴的互联网产业更是难以适配，传统的市场份额推定、相关市场界定不再适应于新兴的互联网企业。其次，我国《反垄断法》规定的处罚数额和处罚机构都已经不再适应当前的发展趋势。我国现行《反垄断法》规定的确定数值的处罚金额，最高仅 50 万元，面对

（2）市场份额推定在互联网领域相形见绌。传统的市场支配地位认定的理论框架主要采取市场行为、市场结构、市场结果三种标准。[①] 我国《反垄断法》第 19 条规定，“有下列情形之一的，可以推定经营者具有市场支配地位：（一）一个经营者在相关市场的市场份额达到二分之一的；（二）两个经营者在相关市场的市场份额合计达到三分之二的；（三）三个经营者在相关市场的市场份额合计达到四分之三的……”这表明，我国目前采用的主要是倾向于市场结构的市场份额推定方法。同时，例如美国、欧盟、日本和德国等国家或地区的反垄断立法或司法均批准认可了市场结构标准。[②] 然而，在互联网的大环境下，市场份额推定的方法是行不通的。前文提到，在互联网领域，用户锁定效应和互联网巨头的生态闭环十分强大，这样，互联网巨头将会占据主要份额，而其他产品的市场份额就不值一提。由此，市场份额认定就会陷入尴尬，巨头的市场份额数值过于庞大，市场份额的指标将会失去参考意义。同时，市场份额认定在互联网上还会遇到无法适用的问题。市场份额认定一开始是针对传统商品市场的实体商品的认定，而互联网产品是全虚拟的，并且大部分是免费的。免费的、虚拟的产品能不能算入市场份额，又是一个界定上的难题。

---

① 邹开亮、刘佳明：《试论大数据企业“市场支配地位”认定规则的困境及重构》，载《郑州师范教育》2017 年第 6 期。

② 叶明：《互联网行业市场支配地位的认定困境及其破解路径》，载《法商研究》2014 年第 31 期。

二、互联网企业滥用市场支配地位之法律界定

（一）法律对于界定滥用市场支配地位的理论基础

在界定和规制企业滥用市场支配地位中，学术界有两大主流的观点流派，分别确立了本身违法原则和合理原则。并且，这两大原则也是我国法院审判时所运用的主要原则。

1. 本身违法原则

本身违法原则其实是一种“事实认定问题”。[①]本身违法原则是一种传统的认定方法，也是我国司法目前所采用最主要的认定原则。它注重的是企业的行为，只要行为违反了法律规定，而不论其产生原因与结果如何，都认定为该行为违法，而不考虑该行为的主观状态。该认定方法类似于刑法学上的“行为无价值论”，以行为的好坏论成败。在司法过程中，适用本身违法原则便捷高效，在认定上能够快速的将行为与法律规定相匹配，从而认定该企业是否具有滥用市场支配地位的行为。但是，本身违法原则也存在着明显的弊端，其囿于法条本身的规定，在认定上并没有将原因与结果纳入考虑范畴，这样容易造成误判，要么过分干预了该行为，要么忽视了该行为的恶性，走向两种极端。

2. 合理原则

合理原则起源于一个经典案例，即1911年“新泽西标准石油公司案”。[②]何为合理本身就是一个判断问题[③]，其更多的适用于对法律没有规定的疑难问题的分析。合理原则是基于本身违法原则的基础之上，同时考察该行为的实施目的和该行为所产生的后果，作出的一种综合判断。它吸收了本身违法原则的优点，并且丰富了认定的标准。在司法表现上，合理原则显得更为谨慎，它要求的是对该行为在价值上的考究。当然，合理原则也存在弊端，由于其严谨的内核，其认定的过程会显得过于烦琐。而且它的可预见性较差，成本较高。所以合理原则是一定范围内适用的。[④]

笔者认为，本身违法原则作为一个传统的认定原则，在长期实践中证明了它的可行性，全盘否定本身违法原则是不符合辩证法原理的。并且，目前我国司法干预较为严重，本身违法原则可以减弱这种干预带来的影响。[⑤]另一方面，本身违法原则的弊端较为明显，在大数据时代，合理原则似乎更加适用于互联网中复杂状况的认定。因此，在互联网垄断案件当中，笔者倾向于以合理原则为主，兼采本身违法原则。适用合理原则更接近于《反垄断法》的初衷。[⑥]在有关互联网企业滥用市场支配地位的法律规定还没有确定下来的情况下，合理原则当然应占据主要地位，不能再一味地套用法条规定，仅仅用市场份额推定法。当然，合理原则也存在弊端，适当考虑本身违法原则作为补充，可以提高司法效能。

---

① 王萍：《反垄断法中滥用市场支配地位的认定》，西南政法大学2015年。

② 李仲斌：《反垄断法的合理原则研究》，厦门大学出版社2005年版，第13页。

③ 弗兰克·V. 马斯切纳，陈宇峰、姜井勇译：《经济学基础》，中国人民大学出版社2017年版，第90页。

④ 陈奕帆：《反垄断法关于滥用市场支配地位中搭售行为的法律分析》，载《法制博览》2017年第6期。

⑤ 张芳蓥：《电子商务企业滥用市场支配地位的反垄断法规制》，西南财经大学2013年。

⑥ 孔文静：《互联网产业滥用市场支配地位行为的认定》，河北经贸大学2014年。

（二）法律对于界定滥用市场支配地位的实践方案

1. 国际上其他国家或地区的实践方案

（1）美国

在美国，因为经济发展的需要，反垄断法的相关法律立法起步较早，因此美国的反垄断法律体系也是目前世界上较为成熟的一套反垄断法律体系。美国的反垄断法主要由三部核心法律组成，其中最著名的是《谢尔曼反托拉斯法》，其被公认为世界反垄断法的里程碑。另外两部分别是《联邦贸易委员会法》和《克莱顿法》。[①] 前述中提到的 1911 年“新泽西标准石油公司案”，在世界范围内影响深远，并且美国法院在此之后也开始结合运用本身违法原则和合理原则，对垄断行为进行综合判定。

美国实行的是典型的“平行式分权”模式。[②] 美国将反垄断立法权与执法权下放至各州，于是，各州与联邦都有不同的反垄断法。各州的立法与联邦立法的精神是一致的，许多州甚至在条款上照搬了《谢尔曼反托拉斯法》。这样的好处是，因为经济发展水平具有地域性，各州可以根据自身的经济发展水平，结合地方的特殊政策，作出更为符合反垄断法立法本意的判断，与此同时，联邦法律又拥有普遍的适用性。在适用的一般原则方面，州法院仍然保持其与联邦反托拉斯政策的一致性。只有当“州政策或州立法发展过程明确表示需要作出改变时，州法院才会作出适当的调整”。[③] 这样，在法院审判时，主要还是适用联邦的法律，但是遇到复杂疑难或者是与本州利益相关的案件时，结合案情进行分析判断，可以考虑采用州立之法。

（2）欧盟

欧盟的反垄断法体系以一系列的法规、条约等文件组成，欧盟没有单独的反不正当竞争法或单独的反垄断法。[④] 在关于违法认定的标准方面，欧盟倾向于适用“行为主义”的原则[⑤]，即不禁止经营者具有市场支配地位这种状态，但是禁止他们实施滥用市场支配地位的行为。这点与我国《反垄断法》相似。

此外，欧盟的反垄断机构——欧盟委员会统一实施反垄断职能，由于欧盟委员会的专业性和权威性，欧盟的反垄断执法就变得极为高效。同时，欧盟反垄断执法还以严厉著称，并且注重对互联网巨头的调查惩罚。近几年来，世界互联网巨头包括微软、谷歌、Facebook 等公司都曾被欧盟调查，并且遭受了巨额罚款。

2. 我国的实践方案

直到 2008 年，我国才拥有了第一部《反垄断法》。我国反垄断法吸收了部分欧美德日以及其他国家或地区在反垄断立法上的优点。但是由于立法时间较晚，我国《反垄断法》在各方面还显得很不完善，法条规定较为笼统，例如前文中所述，对“市场份额推定”的规定就不够清晰，这样，容易造成司法疑难和执法懈怠等不良后果。

---

① 找法网：《美国的反垄断法》，http://china.findlaw.cn/jingjifa/fldf/lunwen/031571293.html，访问日期：2019-02-27。

② 应品广：《反垄断法的纵向实施机制：国际比较与中国选择》，载《竞争政策研究》2015年第3期。

③ Anheuser-Busch,Inc.v.Abrams,71N.Y.2d334-35.

④ 侯德红：《浅析欧盟反垄断法执行及对中国之借鉴》，载《黑龙江省政法管理干部学院学报》2013年第3期。

⑤ 李靖怡：《滥用市场支配地位的法律问题研究》，首都经济贸易大学2015年。

在立法权限问题上，目前，地方还不能够对反垄断进行立法。不过，我国《反垄断法》将执法权限授予了省级的相应机构，通过授权缓解了中央反垄断执法机构在纵向调查时的负担。我国司法在认定原则方面，也采用了与美国类似的本身违法原则与合理原则相结合的方式。

多年来，我国反垄断执法机构包括商务部、国家发展与改革委员会、工商总局，三家大头执法，虽然分工明确，但难免出现权力交叉或是相互推诿的现象。若是执法部门冲突还需协调，反垄断执法效率低，相较于欧美略显乏力，只打苍蝇不打老虎的现象较为严重。2018 年，我国政府机构改革对现行反垄断执法机构的设置进行了较大调整，三家反垄断执法机构合并，统一归属于国家市场监督管理总局。这样，就结束了我国反垄断“三头执法”的局面，《反垄断法》的执法权由一家行使，节省了大量的执法成本。此次的变革能否使我国与欧盟一样在反垄断领域树立权威，有待时间考验。

笔者认为，我国《反垄断法》虽然还很不完善，但是已经对我国的法律发展作出了一定贡献。同时，我国在反垄断执法机构设置上开始效仿欧盟与美国的模式，是进步之举。“360 诉腾讯案”以来，最高法判决一直被认为是互联网反垄断问题界定上的标杆。但是，我国并不是判例法国家，在案件定性上，最好还是有法可依，也就是说，我国的法律亟待修改。

3. 比较与借鉴

在滥用市场支配地位的界定上，我国可以考虑吸收借鉴欧美等国家或地区的实践方案。在立法上，采取和美国相类似的方案，将反垄断立法权限下放到省级，各省根据自身的经济情况再制定相应的地方性法规或政府规章，让反垄断法更加具有可执行性与适用性。在执法上，对标欧盟，在目前反垄断执法机构合并为一家的改革之后，加强执法的严厉性、主动性，维护法律与国家执法机关的权威性。在司法上，继续采用以合理原则为主，兼采本身违法原则，使两者相互补充以减弱本身违法原则的弊端。在互联网案件中，由于既有法律并没有直接的规定，互联网的发展又十分迅速，因此在大部分的情况下，需要运用合理原则进行认定，但是当遇到法律有规定的一些共性问题时，就可以直接采用本身违法原则，以减少认定的困难度。

（三）互联网滥用市场支配地位法律界定的展望

早在 1890 年，美国就制定了第一部反垄断法即《谢尔曼反托拉斯法》。在立法时间上，我国《反垄断法》与美国的《谢尔曼反托拉斯法》相差 100 多年，因此，我们还有很多的经验和做法需要向欧美发达国家和地区借鉴。在符合我国国情的前提下，在适合我国经济环境的前提下，吸收借鉴欧美的优质方案，是未来我国反垄断法立法的大势所趋。

传统理论在互联网时代是依旧适用的。法院在审理互联网企业滥用市场支配地位的案件中，往往由于没有相关法条的规定而适用合理原则判决。因此，在界定上，要求法官更加严密地分析，综合各方面有关互联网特性的因素进行判断。与此同时，互联网方面的立法也应当继续跟进。在互联网企业滥用行为的认定和相关市场的界定上，甚至可以出台有关法规或司法解释，确定具体的认定和界定方法。在执法机构三合一改革后，加强审查与监控，严惩互联网巨头的违法违规行为。在互联网违法成本极低的今天，我们更应该关注如何去控制互联网企业的行为，做到“有法可依、有法必依”。

市场鼓励创新，因此，只有当互联网企业“百家齐放”之时，才会有互联网产品“百家争鸣”之景。国家不应强行介入某家或某些互联网企业的正常运作，而是应当提供强有力的保障，确保市场竞争的公平公正。与此同时，互联网企业的风险也极大。除开被垄断巨头收购的“命运”以外，资金链的断裂往往也十分突然。典型的如曾经一度辉煌，让阿里巴巴与滴滴等互联网巨头竞相争夺收购的“ofo 小黄车”，在经历了短短几个月的经济危机后陷入了“押金门”，遭遇了信誉危机甚至有破产倒闭的风险。

笔者认为，互联网经济应更注重市场创新。互联网企业不同于其他企业，互联网日新月异的更新迭代，对互联网企业提出了巨大的挑战。一方面，互联网创新是互联网企业生存发展的“血液”，互联网产品是用户获取最快、感受最为明显、传播最为迅速的产品。失去了创新力，互联网产品很可能就会在短时间内被淘汰。另一方面，虽然互联网风险也十分巨大，但是正如俗话所说，“压力即为动力”，互联网的风险催生了创新的动力。风险管控还需要国家在宏观政策上的支持，需要执法机构在微观上的指导，但是，这一切的管控都指向市场中的公平竞争，而公平竞争的最终归宿就是源源不断的市场创新。因此，注重互联网企业的竞争创新比加强风险管控来的更为重要。

三、互联网企业滥用市场支配地位之法律规制

孟德斯鸠在《论法的精神》中说道：“一切有权力的人都容易滥用权力，直到有界限的地方为止。”[①] 因此，研究互联网企业的行为，是为了更好地利用法律去规制这些行为。

（一）全面接轨互联网

互联网相关条款的模糊或缺失，是我国现行《反垄断法》的缺陷，也是目前学术界呼声最大的问题之一。当下，互联网巨头用户锁定效应极其严重、生态闭环已经形成，改变用户习惯不仅困难而且烦琐，最好的选择则是正确利用法律规制这些互联网巨头的行为，通过反垄断执法机构监督指导互联网企业的行为。规制并不是强行介入。例如，微信是符合大部分用户使用习惯的应用，而规制并非是要强行打破目前微信一家独大的局面，而是当腾讯公司违反了《反垄断法》上的规定，如屏蔽其他应用的分享链接之时，应依据《反垄断法》要求其停止该不正当竞争行为，还其他应用以生存与传播的空间。

《反垄断法》必须要对互联网企业作出适当的规制。在下一次《反垄断法》的修改上，有两种方式，一种是直接将互联网有关规定列为专门的一章详述，另一种则是增加相关概括性条款，之后依据法律出台相关法规或者是有关司法解释。笔者认为，可以考虑后一种方案即增加关于互联网的概括性条款，为相关法规、司法解释出台作必要准备。专门针对互联网企业滥用行为的立法当然是最有效的方式，但是立法是一件花费大量精力、人力和物力的事情，例如，我国《民法典（草案）》的编纂从提出到完全落实都花费好几年的时间，出台相关的法规或司法解释就显得更为简便高效。

（二）多元界定市场支配地位

传统理论在今天虽然有操作上的意义，但是，在大数据时代，必须以全新的标准代替旧标准。互联网的多种特征让互联网上的因素变得极为复杂，传统的市场支配地位的

① 孟德斯鸠：《论法的精神》，申林译，北京出版集团公司2012年版，第83页。

认定理论、推定理论，以及相关市场的界定理论，在今天操作起来显得过于简单，难以面对目前复杂的互联网经济形势。因此，它们应该随着时代的发展而更新。

正如前述，在互联网上，日新月异、持续更新的互联网产品成为互联网企业滥用市场支配地位的主要工具，市场份额推定已经不再适用于互联网产品。互联网产品具有免费性质，传统的实体商品的认定方法已经不适用于互联网产品。因此，如果能将用户粘性、互联网公司的多边属性，以及用户转换平台之后的学习成本、人脉资源转移的困难程度等特征作为界定市场支配地位的因素，或许对市场支配地位的界定会显得更为符合《反垄断法》的立法本意，在认定时会更加有依据。

考虑引入多因素结合的方式多元界定，是目前的大势所趋，也是解决问题的有效途径。虽然可能在认定上会变得复杂，但这也是目前规制互联网企业的最为有效的一种手段。

（三）加大互联网并购收购审查力度

当前，互联网巨头的生态闭环已经形成，互联网新兴企业的发展空间不断被挤压，面临着被独角兽企业并购或是收购的风险。

2018年，国家市场监督管理总局开展了对滴滴并购Uber中国一案的反垄断调查。我国《反垄断法》第21条规定了经营者集中事先申报的规定，但是，目前很多互联网公司却采取了事后申报甚至没有申报的方式，逃避监管。例如，2016年滴滴并购Uber中国时，商务部就明确表示滴滴公司并未申报。

与此同时，2018年国务院机构改革，将反垄断执法权“三合一”到国家市场监督管理总局身上，这让大家仿佛看到了一道曙光。长期以来，三家执法机构都怠于主动行使执法权，相互推诿、互不认账，这就大大增加了执法的困难度。因此，机构合并有利于实现执法的高效性。目前，互联网迎来了一波并购热潮，大鱼吃小鱼现象逐渐成为了常态，今后，互联网经营者集中的案件还会越来越多。因此，相关执法机构应当加重对未申报者或事后申报者的处罚，防止互联网出现大寡头垄断的局面。

（四）授予地方立法权限

在美国这样的复合制国家，联邦和州都有权限进行反垄断立法。州立之法与联邦立法虽然不相同，但是基本的精神一致。每个国家不同地区的发展不尽相同，经济水平也会呈现出或大或小的差距。反垄断法作为经济法中的重要组成部分，作为市场经济规制的重要手段，也应该呈现出因地制宜的趋势。笔者认为，应当根据每个地区不同的经济发展状况、教育水平、人口数量、地域大小等，确定各个地区不同的处罚金额、处理模式等。

我国《反垄断法》可以通过规定的形式，将反垄断的立法权限赋予地方。虽然区别于复合制国家，我国依旧可以借鉴美国的经验，在与反垄断法不冲突的情况下，授权地方政府制定相应的地方性法规或政府规章。地方可以结合当地实际，根据经济情况、地方特色进行相关立法。这样，地方的反垄断执法机构在处置反垄断案件当中，就可以根据案件发生地的实际情况，作出较为合理的惩罚。

（五）加大互联网违法违规惩戒力度

在互联网这样的虚拟空间上，滥用市场支配地位的难度和成本都较低，这就导致互联网企业经常游走在法律边缘，通过代码修改，作出违法违规的行为；当国家管控、法律规制时，又轻松实现符合法律规定的状态。目前，大量的互联网企业由于我国《反垄断法》的相关规定模糊与缺失，作出了一系列违法违规甚至是触碰道德底线的行为，因此，今后很有必要加大对互联网违法违规行为的惩戒力度。

我国现行《反垄断法》第7章所规定的惩罚力度，相较于欧盟就显得异常薄弱，这也是目前法律滞后的一大表现之一。互联网企业滥用市场支配地位的成本极低，我国的互联网巨头动辄市值千亿美元的巨型公司，惩罚力度不够会导致法律失去权威性，同时也会影响反垄断执法机构的执法工作。2018年，欧盟对谷歌处以43.4亿欧元（约合50亿美元）的天价反垄断罚款，创下了反垄断罚款的最高纪录。[①] 屋漏偏逢连夜雨，2019年3月，谷歌又遭到欧盟14.9亿欧元的罚款。[②] 这是不利于谷歌公司今后发展的，谷歌公司在今后必定会更加小心谨慎、遵守相关规定。因此，应考虑在修订《反垄断法》时调高惩戒力度，以期能够震慑互联网企业，特别是互联网巨头，让《反垄断法》的一系列规定更有意义。

结　语

互联网企业在滥用市场支配地位上具有不同于以往普通企业的新特性，而我国《反垄断法》在互联网上的规定还存在空白，法律的滞后性凸显，处罚较为薄弱。本文受限于笔者个人的知识储备，未能深度结合法经济学的相关理论进行研究。同时，面对互联网的瞬息万变，笔者难免有尚未关注到的互联网新特征的共识性问题。今后的研究应当结合法经济学分析法，在本文的基础上，进一步剖析互联网企业垄断的深层原因。当下，互联网的发展呈现出更为复杂的形式，同时，互联网背后的虚拟经济在国民生产总值中的比重逐渐攀升。能否正确处理好互联网企业与市场经济之间的关系，关系到我国经济未来的走向，这就需要我国法律提供强有力的保障。种种问题的暴露，提醒着我们，未来我国在互联网反垄断领域的任务将更加艰巨，我国《反垄断法》任重而道远。

① chiming:《欧盟对谷歌的罚款，可能是对科技公司全球监管的开始》,https://36kr.com/p/5144001，访问日期：2019-03-31。

② 新浪财经：《谷歌又被欧盟罚款了　这次罚了近15个亿》,https://finance.sina.com.cn/stock/usstock/c/2019-03-20/doc-ihsxncvh4149193.shtml，访问日期：2019-03-31。

生态破坏侵权因果关系推定探析

柯鹭珊 *

一、生态破坏侵权因果关系推定研究的必要性

因果关系推定作为认定侵权的一大难点，也是侵权领域的一大研究重点。侵权行为法上的因果关系，是最困扰法院和学者的问题。[①]在因果关系推定的理论研究中，国内外已经形成了包括盖然性因果关系说、疫学因果关系说、间接反证说等多种学说，并在立法实践及司法实践中发挥了重要作用。[②]但是不难发现，现有的理论学说主要针对的是传统的环境污染侵权领域。

从立法的角度进行分析，2015 年 1 月 1 日开始实施的《中华人民共和国环境保护法》（以下简称《环境保护法》）新增第 64 条，[③]将"破坏生态造成环境损害的"与"污染环境造成损害的"一同纳入《中华人民共和国侵权责任法》（以下简称《侵权责任法》）的调整范围。一方面，这一指引性法律规范明确了生态破坏侵权的法律适用依据，填补了我国生态破坏侵权立法空白；另一方面，由于《侵权责任法》制定时间较早，其现有的条文中并不能找到规制生态破坏侵权的法律条文。生态破坏侵权因果关系推定是作为一般侵权适用一般侵权责任条款还是作为特殊侵权适用特殊侵权责任条款，现有的法律法规中并没有明确规定。

从司法实践角度进行分析，法院在认定环境侵权案件类型时，仍然倾向于将环境侵权认定为环境污染，并在因果关系的认定问题上采用《侵权责任法》第 66 条的规定。[④]在新《环境保护法》实施之前，由于法律上并没有关于生态破坏侵权的明确规定，生态破坏侵权案件的法律适用主要依靠法官的对案件的理解。在新《环境保护法》实施之后，虽然规定了生态破坏侵权这一侵权类型，但是并没有明确其适用一般侵权还是环境污染侵权的规定。司法实践中对于生态破坏侵权案件适用的认定标准不一致，出现了与一般侵权中财产损害纠纷混同或者与环境污染侵权混同的情况。因此，研究生态破坏侵权的因果关系推定对于明确生态破坏侵权的法律适用具有实践上的意义。

* 柯鹭珊，福建省厦门市集美区人民法院。

① John G. Flemin, *The Law of Torts*, 8th ed.The Law Book Company Ltd. 1992, p. 192.

② 许春明：《生态破坏侵权中的因果关系推定研究》，中南大学2014年硕士论文。

③《中华人民共和国环境保护法》第64条。

④《中华人民共和国侵权责任法》第66条。

二、生态破坏侵权因果关系推定的法律规则适用困境

（一）侵权类及综合类法律规定含糊

环境问题涉及的范围越来越广，它不仅包括环境污染问题也包括生态破坏问题。由于环境侵权的特殊性，大部分国家的环境侵权立法中有关环境侵权因果关系的举证责任的规定明显有别于一般侵权的规定。其主要原因可归纳为以下两个方面：一是由于环境侵权在行为上具有复杂性、在损害过程具有渐进性及在损害结果上具有隐蔽性，因此环境侵权因果关系的证明与一般侵权因果关系的证明相比更加困难；① 二是在环境侵权案件中，侵权人往往以企业居多，其具有更容易获得污染物排放状况、危害性等涉及环境污染损害认定的关键性信息的优势。目前，我国有关生态破坏侵权的立法中，《环境保护法》仅仅规定了生态破坏侵权适用《侵权责任法》，而对于生态破坏侵权因果关系推定等责任构成要件并没有作出规定。生态破坏侵权因果关系是适用《侵权责任法》一般侵权责任条款中"谁主张，谁证明"的民事诉讼理论还是特殊侵权责任条款中"污染者应当就法律规定的不承担责任或者减轻责任的情形及其行为与损害结果之间不存在因果关系承担举证责任"这一规定，目前无法给出一个确定的结论。②

（二）对《侵权责任法》第 66 条的理解存在偏差

学界中对我国《侵权责任法》第 66 条是规定了举证责任倒置还是因果关系推定存在不同的看法，但倾向于举证责任倒置的居多。其中更倾向将《侵权责任法》第 66 条是理解为举证责任倒置的王社坤教授从推定机理的角度对其所主张观点进行了充分的论证。王社坤教授先假定 A 为基础事实，B 为推定事实，其认为推定的机理可以用符号的形式表述为：A → B。但是，我国法律法规中的"由加害人就其行为与损害结果之间不存在因果关系承担举证责任"这一规定中所蕴含的推理逻辑的实质是非 B → B，因此举证责任倒置并不能满足推定的形式构成要件。③ 除了学者的观点之外，全国人大法工委民法室、最高人民法院侵权责任法研究小组也倾向于认为《侵权责任法》第 66 条规定的是举证责任倒置。根据全国人大法工委民法室对《侵权责任法》第 66 条规定的内涵的解读，环境侵权中的受害者需要承担的举证责任的内容仅限于加害者有排放事实、受害者自身受到损害这两个方面，而加害者提出的证据必须达到能证明其行为与损害之间不存在因果关系的证明力度，否则需要承担因举证不能而带来的不利法律后果。④ 综上分析，对《侵权责任法》第 66 条的理解倾向为举证责任倒置。

（三）单行法规定欠缺

在我国现行法律法规中，环境侵权责任的单行法主要由涉及海洋、大气、水、固体

---

① 王社坤：《环境侵权因果关系举证责任分配研究——兼论〈侵权责任法〉第66条的理解和适用》，载《河北法学》2011 年第 2 期。

② 马栩生：《环境侵权视野下的因果关系推定》，载《河北法学》2007 年第 2 期。

③ 王社坤：《环境侵权因果关系分配举证责任研究》，载《河北法学》2010 年第 5 期。

④ 全国人大法工委民法室编：《〈中华人民共和国侵权责任法〉条文说明、立法理由和相关规定》，北京大学出版社 2010 年版，第 276-280 页。

废弃物和噪声等污染防治的法律法规及涉及森林、草原、渔业、土地管理、矿产资源、水土保持等自然资源保护的法律法规。[①] 对于生态破坏侵权这一新型侵权，在《环境保护法》只有第64条提到生态破坏侵权的法律规则适用问题。在有关自然生态保护的单行法如《矿产资源法》《森林法》《草原法》《渔业法》等法律法规中，大部分只能看到对于违法行为的行政处罚措施，而对于民事责任的规定较为欠缺，主要表现为以下三种情况：

第一，缺乏生态破坏侵权民事责任的法律规定。根据《宪法》有关规定，除了法律明文规定的属于集体所有的之外，森林、草原等自然资源的所有权归属于国家；个人是可以依法取得自然资源的使用权及经营权的。但是对于涉及破坏自然资源导致的生态破坏侵权损害的，法律法规规定的承担责任的方式主要为接受行政处罚，缺乏民事责任及民事救济的规定。以《森林法》为例，首先根据《森林法》第3条前两款规定了森林资源属于国家或者集体所有，但是个人可以合法从国家或者集体取得使用权及经营权。[②] 再者，《森林法》第3条第3款规定了法律保护森林资源所有者和使用者的合法权益不受侵犯。但是在法律责任中主要是刑事责任和行政责任的规定，缺乏对于侵犯个人林木、林地权益的行为所应承担的民事责任的规定，不利于对依法取得自然资源的使用权及经营权等权利的个人给予救济。正如王灿发教授所说，在环境保护相关法法律法规中，由于民事责任规定的欠缺，许多本应承担民事责任的行为却以行政责任代之，甚至出现了既承担行政责任又承担民事责任的情况。[③]

第二，规定了生态破坏侵权损害的民事责任，但却不够详细。如《矿产资源法》第32条第3款虽然规定了矿产开发者的侵权责任，[④] 但是对于责任的认定成立要件却没有进一步的规定。与此类似的还有《水法》第76条的规定。[⑤]

第三，只涉及污染侵权损害的民事责任的规定，而忽略了生态破坏侵权损害的民事责任的规定。此种情况在有关大气污染、水污染、固体废弃物和噪声等污染防治法律法规中最为常见。在这一类法律法规中，污染是环境侵权最主要的表现形式，但是也不能排除生态破坏情况的出现。例如对于水资源，除了污染之外，还存在水资源破坏行为导致的水资源枯竭现象。纵观《水污染防治法》的条文，其主要规范的是涉及水污染的侵权行为。在法律责任方面，其第87条规定了因果关系推定，[⑥] 但是该规定仍然只适用于水污染侵权，不适用于水生态破坏侵权。《固体废物污染环境防治法》也存在只涉及污染侵权，而忽略了生态破坏侵权这一问题。

生态破坏侵权因果关系推定的法律规则适用的不明确反映出我国现有涉及环境保护的法律法规之间的衔接还不完善。生态破坏侵权因果关系推定的法律规则适用规定的不明确，一方面不利于司法实践中法律适用的统一，无法真正起到法律指导实践的作用，另一方面也不利于对潜在的生态破坏行为形成威慑作用。

---

① 王树义、刘海鸥：《“环境污染责任”的立法特点及配套机制之完善》，载《湘潭大学学报》2011年第3期。

② 《中华人民共和国森林法》第3条。

③ 王灿发：《环境法学教程》，中国政法大学出版社1997年版，第87页。

④ 《中华人民共和国矿产资源法》第32条。

⑤ 《中华人民共和国水法》第76条。

⑥ 《中华人民共和国水污染防治法》第87条。

三、生态破坏侵权因果关系推定法律规则适用的构想

（一）生态破坏侵权适用因果关系推定的价值基础

随着经济的发展所带来的环境污染及生态破坏问题的日益突出，环境问题的处理涉及的经济利益关系愈加广泛跟复杂。我们应该正确认识到，经济发展与环境保护并非对立不相容，只有在兼顾二者的基础上，我们才能更好地实现可持续发展这一目标。因此，在法律制度安排上经济发展与环境保护往往必须进行利益轻重缓急的考量甚至是衡量与取舍。具体到生态破坏侵权领域，一方面，生态破坏侵权往往发生在“不平等”的双方主体之间，侵权人往往是企业，其在经济能力基础以及信息掌握上具有较为明显的优势，而与之相反，被侵权人则多是在经济能力基础及信息的获取能力上明显处于弱势的普通群众。因此，侵权人和被侵权人由于各方面实力明显相差悬殊，所处的实质地位并不平等。另一方面，作为加害人的企业在市场经济中承担了为社会提供就业机会、为人们提供生产生活产品的责任，并推动了社会经济的发展。而且生态破坏侵权的行为中存在一部分因合法行为造成侵权的情况。但是举证责任倒置更倾向于环境保护中心主义的立场，不符合当前社会所强调的经济与环境保护协调发展的理念，其忽略了举证责任倒置可能存在矫枉过正的不足之处。[①] 因此适用生态破坏侵权法律规则应该区分违法行为造成损害后果责任及合法行为造成损害后果责任二者之间的不同之处。在诉讼证明理论法律适用的选择上不仅应考虑到弱势群体的权益保护，同时也应兼顾对侵权人的行为中所附带的创造社会价值的考量。

理论上的诉讼证明理论主要有以下三种：一是“谁主张，谁举证”，二是举证责任倒置，三是因果关系推定。“谁主张，谁举证”这一诉讼证明理论并没有明显的保护任何一方当事人的倾向，因此在我国一般侵权领域中得到了广泛运用。举证责任倒置和因果关系推定作为特殊侵权领域的诉讼证明理论，具有较强的保护受害人的倾向性。因此二者在适用方面较为严格，特别是举证责任倒置只能适用于法律明文规定的特殊侵权领域。

在举证责任倒置这一诉讼证明理论中，主要由侵权人承担侵权行为与损害后果之间不存在因果关系的证明责任，因此在保护被侵权人利益方面力度最大。而因果关系推定中被侵权人需要承担初步的证明责任，即需要对所受损害及侵权行为之间的关联性提供证明。这一做法有效减轻了过度保护被侵权人而产生的矫枉过正的弊端。[②] 通过上文分析，某一侵权类型诉讼证明理论的选择除了应该符合客观需求之外，同时也应兼顾社会利益的考量，符合社会价值、法律价值的判断。一方面，因果关系作为生态破坏侵权认定的重要构成要件之一，是连接行为与损害事实之间的桥梁，是客观存在的。另一方面，因果关系推定从兼顾双方当事人的利益的角度出发，是经过一定社会价值考量之后选择的结果，这使得因果关系推定这一诉讼证明理论具有更为坚实的价值基础。

（二）弥补单行法中对于生态破坏侵权规定的不足之处

针对自然资源保护法单行法如《土地管理法》《水法》《矿产资源法》《森林法》《草原

① 张旭东：《环境侵权因果关系证明责任倒置反思与重构》，载《中国地质大学学报》2015年第6期。

② 刘信平：《侵权法因果关系理论之研究》，法律出版社2008年版，第152—154页。

法》以及《自然保护区条例》等法律法规中存在的只涉及污染侵权责任而忽略了生态破坏侵权责任，或者是重生态破坏侵权行政责任而缺少生态破坏侵权民事责任，或者虽规定了生态破坏侵权的民事责任但不够详细三个问题，应该区别对待。第一，针对只涉及污染侵权责任而忽略了生态破坏侵权责任这一问题，不应否认的是生态破坏侵权与环境污染侵权在侵权行为造成损害这一过程中可能存在路径上的重叠现象。同时，污染环境的行为亦存在进一步引发生态破坏侵权的可能性。作为环境保护的基本法的《环境保护法》已经将生态破坏侵权列入环境侵权范畴，形成了环境污染侵权与生态破坏侵权二元体系，生态破坏侵权得到了重视。因此在完善有关环境保护的单行法律法规方面应加强各单行法与《环境保护法》的衔接，除了规定环境污染侵权责任之外，还应增加生态破坏侵权责任的规定。第二，针对过于重视生态破坏侵权行政责任而缺少生态破坏侵权民事责任这一问题，应该增加生态破坏民事侵权责任的规定。虽然我国《宪法》规定了矿藏、水流、森林、草原等自然资源属于国家所有，但是个人还是可以依法取得一些自然资源的使用权。对于涉及个人可以依法获得使用权的自然资源的合法权益的保护方面，法律法规除了规定有关行政机关对破坏自然资源的行为人予以责令赔偿损失、责令恢复原状等行政处罚措施之外，还应该增加破坏自然资源的民事责任，为取得自然资源使用权的个人提供更为直接的保护。第三，规定了生态破坏侵权的民事责任但不够详细这一问题是前两个问题解决之后需要面对的，这三个问题之间存在层层递进的关系，而第三个问题的解决才是最终的关键所在。针对第三个问题，可以从以下两个途径给予解决：一是在各个单行法中详细规定生态破坏侵权民事责任的主要构成要件及责任的承担方式；二是系纳吕忠梅教授的观点，构建统一的环境侵权责任法体系，详细规定生态破坏侵权责任的构成及责任承担方式。其中第一种途径有利于兼顾不同单行法的特点，能够较好做到根据具体情况具体规定，但是也存在着对于生态破坏侵权这一侵权类型，不同单行法规定之间存在较大区别这一风险。而第二种途径虽然能够统一生态破坏侵权法律规则的适用，但是不利于区分不同类型案件，不利于做到具体问题具体分析。

（三）生态破坏侵权因果关系推定的证明

1. 事实因果关系推定的证明

事实因果关系推定理论适用于侵权领域存在一个显著的特点，即在侵权行为与损害后果等基础事实得到证明的前提下，因果关系推定也不一定能够使用，从而导致因果关系也不能通过推定得到证明。[①] 因而，司法实践中适用事实因果关系推定需要两个前提条件：一是被侵权人对自己所遭受的侵权行为及损害后果等基础事实提供了相关证据证明；二是法官在被侵权人完成举证的基础上发挥其自由裁量权判断是否适用。通过对事实因果关系推定含义的分析，其并没有明显保护任何一方当事人的倾向，较为中立。本文将从证明主体、证明的内容及标准分析生态破坏侵权事实因果关系推定的证明问题。

（1）证明主体。事实因果关系推定的内容主要是根据事物之间的关联性程度作出是否存在因果关系的判断结果。有学者将事物之间的关联性称为“常态关系”。常态关系主要指基础事实与待证事实之间存在的充分条件关系。[②] 生态破坏侵权因果关系推定采用事

① 王社坤：《环境侵权因果关系举证责任分配研究——兼论〈侵权责任法〉第66条的理解与适用》，载《河北法学》2011年第2期。

② 薄晓波：《倒置与推定：对我国环境污染侵权中因果关系证明方法的反思》，载《中国地质大学学报》2014年第6期。

实因果关系推定这一理论时，法官作出事实因果关系推定的前提是被侵权人提供证明基础事实的证据。因此被侵权人需要承担的是因果关系的说服责任，[①] 即被侵权人至少应提出能够证明侵权人的行为与自己所受损害之间存在初步联系的证据。

（2）证明内容。根据上文对生态破坏侵权的原因行为及损害过程的分析可知，生态破坏侵权中的侵权行为主要存在两种形式：一种是直接破坏生态环境要素的行为，其遵循的进程是“开发—生态破坏—损害”；另一种是经由环境污染而导致的生态破坏的行为，其遵循的进程是“开发—排放—媒介污染—损害”。[②] 因此在生态破坏侵权案件因果关系的证明中，被侵权人对于侵权行为的举证责任需要根据案件的具体情况具体分析。在直接破坏生态造成侵权的案件中，被侵权人对侵权行为的证明责任主要是提供证据证明侵权人存在不合理的开发、利用生态或者环境的行为，如盲目开垦荒地、围湖造田、滥伐森林、过度放牧、过度开采等。而对于因环境污染而导致的生态破坏的案件，被侵权人对侵权行为的证明责任主要是提供证据证明侵权人存在过度排放等污染生态或者环境的行为。

在损害结果的证明方面，根据《环境保护法》第 5 条规定的“损害担责”原则实质内涵，要令侵权人承担责任，损害是必不可少的要件。不管是环境污染侵权还是生态破坏侵权，现实客观的损害作为侵权责任构成要件并不存在争议，但是对于“实质妨碍或者实质损失威胁”就存在不同的看法。在环境污染侵权领域，有学者主张环境侵权的损害应该是现实已经存在的损害。例如杨立新教授认为环境侵权中只有存在污染环境的行为致使公共财产或者公民的财产、人身及环境受到损害才能构成侵权。[③] 但是也有学者认为侵权损害不仅包括现实的损害事实，而且还包括潜在的损害威胁。例如邹雄教授认为侵权产生的结果是指侵权人的侵权行为导致的被侵权人的权利或法益的实质损失、实质妨碍或者实质损失威胁的状态。[④] 本文认为，生态破坏侵权中的“损害”不仅包括实质损害，还应该包括“实质性妨碍或者实质性损害威胁”。其中原因有以下两点：第一，我国现有法律法规中并没有将“损害”限于“实质性损害”这一范围。我国《民法通则》中体现侵权内容的第 106 条第 2 款没有使用“损害”一词，也没有将“损害”限定为“实质损害”这一范围；《海洋环境保护法》第 41 条中赔偿损失的前提条件规定是“造成或可能造成海洋环境污染损害的”，其中的“可能造成”一词就包含了损害威胁这一内容；《侵权责任法》第 15 条中将“排除妨碍”“消除危险”作为侵权责任的承担方式，其中蕴含的前提也正是侵权造成的损害中包含损害威胁这一内容。第二，由于生态破坏侵权具有的长期性、隐蔽性、潜伏性，损害后果往往是累积到一定程度后才爆发，其所造成的损害与一般侵权相比更为严重、波及范围更广。由于生态破坏侵权的损害结果存在特殊之处，法律更应该引起重视。将“实质性妨碍或者实质性损害威胁”纳入“损害”要件中，赋予潜在的被侵权人要求潜在侵权人承担排除实质性妨碍或者实质性损害威胁的权利，有利于防范于未然，减少生态破坏侵权现象的发生。

（3）证明标准。生态破坏侵权的发生大部分是经由生态媒介的作用产生，往往是一

① 王社坤：《环境侵权因果关系分配举证责任研究》，载《河北法学》2010 年第 5 期。

② 吕忠梅、张宝：《环境问题的侵权法应对及其限度——以〈侵权责任法〉第 65 条为视角》，载《中南民族大学学报》2011 年第 2 期。

③ 杨立新：《侵权责任法》，法律出版社 2010 年版，第 482 页。

④ 邹雄：《环境侵权法疑难问题研究》，厦门大学出版社 2010 年版，第 70 页。

个长期的、累加的危害后果，具有潜伏性、隐蔽性、长期性等特点。此外，生态破坏侵权往往发生在“不平等”的双方主体之间，这种“不平等”主要体现在经济能力或者信息掌握上的不平等。侵权人往往为企业，受害者往往为普通群众，不可否认的是侵权人在经济能力以及信息掌握上与被侵权人相比更具有明显的优势。因此，在生态破坏侵权事实因果关系中，对被侵权人承担的侵权行为与损害二者之间关联性的证明应该考虑被侵权人所处的弱势地位，采用能够适应生态破坏侵权特殊性要求的证明标准。在有关证明标准的理论学说中，德国学者将民事证明标准划分为四个阶层：第一阶层为1%~25%，即非常不可能；第二阶层为26%~50%，即不太可能；第三阶层为51%~74%，即大致可能；第四阶层为75%~99%，即非常可能。[①] 由于生态破坏侵权的特殊性，在生态破坏侵权事实因果关系的证明中，被侵权人对于侵权行为与损害二者之间关联性的证明只要达到第三阶层为51%~74%，即大致可能即可认定其完成了证明责任。对于第三阶层，有学者将其称为“初级盖然性”，虽然该标准仍不足以排除所有合理怀疑，但足以公平、公正地赞同一方意见而否定另一方的意见。[②] 因此，根据“初级盖然性”标准，生态破坏侵权事实因果关系推定中只要被侵权人提供的证明侵权人实施的侵权行为与损害后果之间关联性的证据能让法官形成二者因果关系存在的可能性比不存在的可能性更大的内心确信时，就可推定因果关系存在。

2. 法律因果关系推定的证明

法律因果关系推定是法官在事实上因果关系推定成立的基础上依据法律规定对侵权行为、损害后果及二者之间存在法律上因果关联的确认。法律因果关系推定是在事实因果关系推定基础上以一定价值取向为导向对责任进行的限制。[③] 法律因果关系推定是对法官的明确要求，其与事实因果关系推定最大的区别是法律因果关系推定排除了法官自由裁量权的使用。基于法律明文规定的法律因果关系推定与事实因果关系推定的结合实现了因果关系推定主观性与客观性的统一。

（1）证明主体。适用法律因果关系推定时，侵权人需在被侵权人完成对侵权行为、损害事实及二者之间的存在因果关联的初步证据之后，承担因果关系不存在的说服责任。[④] 作为侵权类型之一，生态破坏侵权也同样适用这一规则。在生态破坏侵权案件中只要被侵权人提供的证据对侵权行为、损害事实及对侵权行为与损害二者之间关联性的证明达到一定标准之后，侵权人应该承担法律规定的证明因果关系不存在的举证责任。因此，法律因果关系推定的主要证明主体为侵权人。

（2）证明内容及标准。生态破坏侵权适用法律因果推定的证明内容主要是就法律规定的不承担责任，或者减轻责任的情形及其侵权行为与损害之间不存在因果关系承担举证责任。生态破坏侵权往往发生在经济能力或者信息掌握上不平等的双方主体之间，侵权人往往在经济能力以及信息掌握上具有明显优势，且侵权产生的原因更为复杂，可能由违法行为引起，同时也不能排除因合法行为而产生。在生态破坏侵权中，侵权人对法律因果关系的证明标准应高于事实因果关系的证明标准，应达到证明标准中的第四阶层

① 吕忠梅：《环境侵权诉讼证明标准初探》，载《政法论坛》2003年第5期。

② Bryan A. Garner. *Black's Law Dictionary*. 8th ed. West Thomson Business, 2004, P.1220.

③ 胡学军：《环境侵权中的因果关系及其证明问题评析》，载《中国法学》2013年第5期。

④ 吕忠梅：《沟通与协调之途——论公民环境权的民法保护》，中国人民大学出版社2005年版，第316页，转引自王社坤：《环境侵权因果关系分配举证责任研究》，载《河北法学》2010年第5期。

75% 至 99% 的标准，即非常不可能。可以说，法律上因果关系确认了行为人的责任范围，在一定程度上保证了被侵权人获得赔偿的同时而侵权人的责任不过分加重。[①]

四、结论

（一）整个生态破坏侵权因果关系推定构想主要围绕事实因果关系推定及法律因果关系推定两方面展开，二者的结合充分考虑了生态破坏侵权所具有的特殊性，有利于减少双方当事人因举证能力不相当所带来的不合理因素，使得生态破坏侵权案件的审理更加公平公正。

（二）在事实因果关系推定中，被侵权人作为主要证明主体，其需要承担的证明内容包括侵权人的侵权行为、自己所遭受的损害结果及二者之间存在关联性三大方面，其中损害结果不仅包括已经产生的损害也包括实质性妨碍或者实质性损害威胁。在事实因果关系推定中被侵权人所提供证据的证明标准只需达到“初级盖然性”（51%~74%）即可。如果被侵权人提出证据不能证明侵权人的侵权行为是自己所遭受损害的条件，那么法律上的“原因”将无法得到主张。[②]

（三）在法律因果关系推定中，作为证明主体的侵权人应就法律规定的不承担责任或者减轻责任的情形及其行为与损害之间不存在因果关系承担举证责任，证明标准高于事实因果关系的证明标准，应达到证明标准中的第四阶层 75% ～ 99% 的标准，即非常不可能。

① 张新宝、张小义：《英美侵权法中的因果关系——法律传统和法律政策视角下的考察》，载《私法》2013年第1期。

② MARKESINIS, *The German Law of Torts* 4th ed, Hart Publishing, 2002, P.103.

中国传统判例制度与中国特色案例指导制度之关系及其意义

郭　宝　陈芳序*

2010年11月26日，《最高人民法院关于案例指导工作的规定》由最高人民法院发布，主要内容为指导性案例的编选标准、编选程序等相关事项的原则性规定，这也即标志着我国特色的案例指导制度正式建立。随着时代的变化，案例指导制度也在相应地完善与发展。党的十八届四中全会明确要求加强和规范案例指导以统一法律适用标准，最高人民法院更是于2016年设立司法案例研究院并开通“中国司法案例网”。① 也可见案例指导制度愈发提升的重要性，以及进一步改善发展的必要性。而若要案例指导制度更为健康科学的发展，判例制度的本土历史资源是不容忽视的。申言之，中国特色案例指导制度的历史渊源便在于中国传统判例制度。因此，我们今天在讨论中国特色案例指导制度的发展问题时，中国传统判例制度对其的影响和价值是绕不开的，而且占据着十分重要的地位。

一、中国传统法中的判例

我国传统法中虽然存在着大量的成文法律典籍，但在其实际制度的运行过程中，判例发挥了不弱于成文法的作用。其中，先秦时期可以说是以判例法为主的历史时间段，而在自西汉至清末的封建时代，中国法律样式的总体面貌是“混合法”。“混合法”的含义是“成文法”与判例制度相结合。② 故此，我国相关的判例制度，不仅有着悠久的历史渊源，更历经时间和历史的检验。

（一）先秦判例法为主时期

这一时间段大致可以视为我国的奴隶制时期，判例法出现也可以“祖述尧舜”：从舜时的司法官“皋陶造律”的传说中可以推断中国“法生于例”。③ 判例法并不单纯地存在于古老传说，现有出土的有关文物资料也可确实地证明：此一时段的法律主要是以判例法的形式存在。《奏谳书》便是最为典型的例证。《奏谳书》是疑难案例汇编，共收集有春秋至西汉时期的22起“议罪”案例。④ 同时，在现已出土的青铜器铭文上，也可以看到判

*　郭宝，厦门大学法学院。陈芳序，厦门市海沧区人民法院。

①　柳正权，黄雄义：《“形”与“实”的结合：论案例指导制度对传统判例文化的传袭》，载《湖北大学学报（哲学社会科学版）》2017年第6期。

②　武树臣：《中国古代法律样式的理论诠释》，载《中国社会科学》1997年第1期。

③　张晋藩：《中国法律的传统与近代转型》，法律出版社1997年版。

④　汪世荣：《判例在中国传统法中的功能》，载《法学研究》2006年01期。

例的记载，就已解读出的内容来看，判例的记载内容还十分的翔实。

最后，以《左传》为代表的传世文献中，也有不少判例在具体案件中使用的情况。其中，最为典型的便是《左传》中记录的“叔鱼鬻狱案”：当时担任司法官员的叔鱼，因收受一方当事人雍子的贿赂，继而枉法裁判，作出了不利于另一方当事人刑侯的判决，刑侯故此十分激愤，宣判当堂便手刃了叔鱼与雍子。这一案件被呈送到了叔向的面前，叔向根据“昏、墨、贼，杀”认定：凭借私力救济杀人的行为系犯罪，应当判处死刑；若行刑前犯罪人已死亡的，可运用戮尸的惩罚手段等一系列原则。而此一案件及叔向的判决自然成为了可及于后世的判例。另一方面，叔向所依据的“昏、墨、贼，杀”，恰是皋陶通过判例所确立的。两相印证，判例法在这一时期的重要地位可见一斑。

西周可被视为这一时期最为典型的代表，周王朝统治时期基本是继承、运用由先代的大量案例和判决所总结的种种原则来进行管理，搭配自身的贵族宗法体系，使得这种判例法体制得以不断地发展。这样的法律样式被概括为“议事以制，不为刑辟”，即选择适宜的判例来指导审判，而不制定包括何种行为是违法犯罪，又应该承担何种法律责任这两项内容的成文法典。[①] 这样的判例法模式也体现在编纂体例上，法律文献方面均采取的“以刑统例”的模式，刑罚之后所排列的是大量相应的判例而非抽象法律条文。这一影响延及春秋战国时期，当刑书刑鼎问世后，受到了以孔子为代表的当时一批统治阶级的强烈抨击与反对，这也从侧面反映了判例法在当时无法撼动的根基地位。

综合传说、存留文物、传世文献以及具体朝代法律模式这四者而言，先秦时期判例法充当了远胜于成文法的角色，甚至可以说，判例法支配了几乎全部的司法案件。这也进一步说明，我国判例法拥有悠久的历史起源。

（二）汉以后的混合法时期[②]

中国古代的法律形式自秦汉以后形成以律令为主的成文法体系与通过比类形成的各种判例混合的法样式。这种法律样式为判例制度的存在提供了法律形式上的前提。[③] 经过战国以及秦朝大规模的成文法典立法运动后，汉朝吸取“秦历二世而亡”的经验教训，开启了“重法典，轻判例”的新一轮的纠偏运动。汉时便有了约定俗成的判例编辑体例；唐宋时期更是在编辑收录的基础上更进一步，出现针对判例研究的专门著述；延及明朝，又有与《大明律》互为补充的专门判例集《明大诰》《问刑条例》，在官方层面上处于较为受尊崇的地位；直至清朝，律例合编不仅实现了判例援引的便利化，而且是判例发展的新阶段，形成了中国独特的判例法与制定法相互为用、相互促进的法律体系。[④] 因此，自汉以后中国判例法的地位不断提升，并逐渐形成和完善混合法的法律形态。下文就围绕这一阶段判例法的主要特征展开相关论述：

1.“根植于律”的判例存在状况

战国与秦朝开启的成文法典化道路，确立了以律为基本的法律形态。而汉在继承秦律的基础上，又通过引经决狱形成呈多元化状态的法律渊源形态。就历代的法律样态而

① 武树臣：《中国古代法律样式的理论诠释》，载《中国社会科学》1997年第1期。

② 参见汪世荣：《判例与法律发展：中国司法改革研究》，法律出版社2006年版，第60~73页。

③ 胡兴东：《中国古代判例制度形成的法文化语境》，载《人民法院报》2016年7月8日第5版，第1页。

④ 汪世荣：《中国的判例文化传统》，载《法律适用》2017年第2期。

言，汉的律、令、科、比，唐的律、令、格、式，都可以明显地看出，在不断发展变化的法律样式中，贯穿不变的是一种相对稳定的形态：律始终处于基础指导地位，其它法律形式是围绕其展开与进行补充的，即一种“根植于律”的存在状况，判例也不例外。

而这一状况的形成，离不开的便是法典编纂技术的提升与律学的兴起壮大。法典编纂技术的提升使得律自身内容的抽象性和逻辑性得到了稳步提高，还使得其谋篇布局方面体现出价值倾向性，法典魅力倍增，此其“就事论事”的判例远不能及；律学的兴起壮大进一步推动律的自我完善，从理论与原则的高度上对律的内容进行阐述与适用，化解律文内容中可能存在的矛盾，部分替代了判例原有的功能。

从原因到现象结合而观，判例的形成、适用乃至进一步完善，均取决于律，离不开律。①

2.“例以辅律，非以破律”的判例适用目的

汉以后的法律发展过程中，判例适用目的也处于不断演变之中，明朝最终确立“例以辅律，非以破律”② 的适用目的。即使就这整个过程而言，判例也仍是处服务于律的地位。

一方面，判例的适用重在对于律之原则、立法之精神的阐微释幽，针对律文尚未有规定的空白处进行填补与解释，以期达到律典本身臻于完备的理想初衷。而这一做法，又反过来对律文的修改与完善，提供了现有的司法实践之可资借鉴的经验。最为典型的便是董仲舒春秋决狱得以留存至今为数不多的判例，其通过对儒家经典的引用，对案件进行判决，达致对后世产生法律效力的相关原则，譬如“亲亲相隐”“螟蛉之子，视为亲子”等一系列法律原则，乃至后世直接成为律典中白纸黑字的条文规定。

另一方面，中央政府通过行使国家公权力对判例进行权威规定，并根据时情将判例中所确立的某些规则原则纳入正式律典之中，进一步地对律典地位予以维护与提升；通过国家层面的判例编撰，对判例进行合理有效地限制。这一特征充分地体现在中国古代地司法实践中：唐朝的“制敕断罪”，经过皇权认可，便具有法律上的强制力；宋朝则通过“编敕”和“编例”，由立法活动进行较大规模的判例的国家认可与适用；明朝开始律例合编，将判例的法律地位进一步提升，也直接地对判例进行了最为有效的利用与规制。

3.“集类为篇，结事为章”的判例汇编体制

中国判例汇编的历史久远，早在秦汉时期，已经形成了“集类为篇，结事为章”的判例汇编体系。③ 集类为篇之意，是以律典的内容体系为基准，将所有判例成功地纳入律典之内容中，达成律典与判例至少在结构层面的合一，继而解决律与例之矛盾，律与例之结合被例所一体化完美地吸收运用；结事为章之旨，重在对于判例的归类整理，或以判例之性质为标，或以律条之结构为准，总之要以一特定之标准，对判例进行归纳。

清朝传世的《刑案汇览》可作此类的典型例证：通观全文之结构，分为目录、眉批与判决三部分。目录即是以律条结构为标准，对同一标准下的判例进行了高度概括与说明以提炼出总括之目录，目录中所收录的判例中，反面典型案例居多，以司法实践中的真实案例为适用参考；眉批的主要功能是进一步地进行判例检索，在目录所辖之下，还列入相关法条的互见判例以及可资参考的相关资料，较为详尽地完成判例检索的功能；判决自是全书核心，判决重在以一客观的视角，展现判决中谕旨等对判决最终的形成产生

① 汪世荣：《中国古代判例研究》，中国政法大学出版社1997年版，第172页。

② 《明史·刑法一》。

③ 汪世荣：《判例与法律发展：中国司法改革研究》，法律出版社2006年版，第68页。

实质性影响的意见，案件审理与判决过程中存在过的争论与见解，判决发生的时间等众多判决要点。还有为了增强效力，而一并索引的类似判例集合。也是针对某一律之条文，进行实例性的论证、分析以及实际适用。

由此三部分所组成的《刑案汇览》展现出“集类为篇，结事为章”的判例汇编体制的特点，其中固然依旧存在着三者之间逻辑关系不够清晰、分类体系缺乏层次感等不少缺陷。但此类判例汇编的不断涌现，足以体现出判例不仅被适用，而且受到足够的重视这一史实。

二、中国特色案例指导制度与中国传统判例的渊源①

中国特色案例指导制度与现有的判例法制度，并非只是简单的名称的不同而已。判例法制度有两大核心理念：遵循先例和判例就是法，反观中国特色案例指导制度中的指导性案例，并不能作为完全遵循的先例，更重要的是其指导性功能处于辅助的地位。而就其地位而言，更不可能被视为法，成文法典仍是我国判决中最重要的法律依据。简言之，如果要确保一个特定的案例能够成为此后类似案件的裁判准则，必然需要具备一定的标准和经由特殊的程序来认可，这就构成了当前中国的指导性案例制度。② 因此，中国特色案例制度与西方判例法制度有着本质的不同，但另一方面却可以发现其与中国传统判例的适用有着千丝万缕的联系。

（一）制度定位方面

根据上文内容，可明确得出，中国传统的判例制度，尤其是发展历史最为悠长的汉以后的判例法中，例是根植于律的。律即成文法典始终处于主导地位，发挥基础作用。而例本身的目的也就是“例以辅律”，完善和帮助律发挥愈加完备的作用。

这与案例指导制度中的案例何其相像。案例本身并不具备规范性法律文件的性质，而只是某些典型的司法判决案件，其被赋予一定的法律性意义。而这类“案例”也仅起到指导之用，不可以作为判决的依据，甚至不是一种参考。以制定法为主，案例指导为辅，这个“辅”既起到对案件的说明性作用，增强它的说理性，同时也表达了法制统一的理念。③

因此，中国特色案例指导制度与中国传统的判例制度都处于成文制定法之下的辅助地位，是为成文制定法的完善发展而服务的。

（二）方法适用方面

根据中国传统的判例制度判例汇编方式可知，最主要的适用方法就是“比附类推”，比与类可以近似地视为类比推理，而根据不同的标准与时代特征进行划分，又可以具体分为：第一，判例援引，此为最低层次的直接引用，既缺乏对于判例与案件类比和推理的过程，又将判例作为判决依据直接适用。此种情况多见于，案情、案犯等案件重要组

---

① 江国华、赵新磊：《中国特色案例制度与中国法文化的契合性：兼论案例指导制度与中外判例的比较》，载《江汉学术》2018年第3期。

② 沈玮玮：《古今中国判例的演变之道》，载《人民法院报》2018年2月23日第5版，第2页。

③ 刘作翔：《我国为什么要实行案例指导制度？》，载《法律适用》2006年第8期。

成部分高度一致的情况；第二，案情推理，这是比附类推中的标准范式，它是一种将判例抽取出某些抽象原则，再根据判例和案件中相似之处，运用所提取的原则，二者之间建立起逻辑联系，继而帮助裁判者对案件进行裁决；第三，以礼入刑，这可视为最具有中国特色，也是中国传统情理法司法着重体现的一种比附类推的方式。最早可见于上一节中所提及的“春秋决狱”，引用儒家相关经典裁判案件，并就此形成一定判例，影响后世判案。此种形式，在以后朝代，尤其至宋后便不再采用，其中缘由是其中相当一部分判例之原则精神，已经“以礼入刑”，化入律典之中，更多的则是以礼的方式在司法审判中发挥着功用，即成为伦理道德的准绳对司法裁判进行约束与指引。

在现代的案例指导制度中，司法裁判过程中对指导性案例的适用方面相较而言便科学许多，运用归纳、演绎与类比等多种逻辑推理方法，但其中依旧是以类比推理最为常用且重要，虽在整体的方法适用方向上，与中国传统的判例使用具有一致性，但在具体的适用过程上，还是被赋予更多的现代司法意味。司法审判人员在运用类比推理适用指导性案例时，大致可以分为以下三大部分：案件事实与法律关系类比、基本法律事实类比和法律规范基础类比。①

案件事实与法律关系类比是指导性案例适用的第一步，也是关键一步。因为这一类比是指导性案例适用的先决条件，通过案件中最关键的两个属性，来判断指导性案例是否可以在所审判的案件中适用。在基本法律事实类比中，指导性案例的引导功能主要体现在其基本法律事实方面的可借鉴性，也便是将纷繁的案件进行抽象化要件，再在此抽象基础上进行对比类推，寻找到法律判决的依据；在法律规范基础类比中，根据上节所得结论，案例属于对制定法的辅助地位，所以指导性案例适用的基本前提就是制定法出现适用不清，或是法律漏洞的情况。而进行法律规范基础的类比便是在前两种类比的基础上，对指导性案例所依据的裁判原则和精神，有针对性地在所审案件中加以借鉴，既不恣意扩大，也不随意突破。

综合以上两大方面，案例指导制度与中国传统判例制度方法适用上，均一致地选择了类比推理这一大方向，虽然在具体的类比推理内容与方法方面，依然有着较为明显的差异，但依然可以看出这两者之间延传的脉络。

（三）价值取向方面

中国传统的判例制度中始终贯穿德与礼的主线，上文论述中多有提及的“春秋决狱”即是明证：儒家理论的核心即为礼，而有关礼的具体内容中伦理道德秩序又是其尤为重要的组成部分，孟子更是提出了“民为邦本”的原始民本主义思想。而儒家理论与中国传统判例中的道德性与伦理性，又离不开中国传统社会的民生社情：血缘关系是中国传统社会秩序构建的基础，作为社会构成的重要部分——家庭，孕育出中国传统社会的人伦情感。② 因而，中国传统判例制度势必带有倾向人情的价值取向，固然其本质是为了巩固专制皇权的统治，但也不能因此忽视其价值取向方面有限的“人本主义”。存在不少的古代判例辅助律文，通过司法判决的方式来鼓励和弘扬包括仁、孝在内的伦理道德；加之在具体的刑罚适用方面，也一贯秉持审慎慎杀、明德慎罚的原则；在传统司法

① 江国华，赵新磊：《中国特色案例制度与中国法文化的契合性：兼论案例指导制度与中外判例的比较》，载《江汉学术》2018年第3期。

② 孙光妍：《和谐：中国传统法的价值追求》，中国法制出版社2007年版，第48页。

过程中，天理人情国法的情理法司法，更是借由判例得到充分的发展。总结来看，中国传统判例的价值取向是带有“人情味”的，体现出一种在皇权统治下有限的“人本主义”倾向。

而现代的案例指导制度推行的初衷，便是为了裁判统一。在裁判统一追求的背后，是对司法公正的渴求，是期以“同案同判”的方式去彰显法治的公正，进而实现“让每一个公民在司法中都感受到公平与正义”。归根到底，案例指导制度的价值追求就是“一切为了人民，一切从人民出发”，这恰好也是人本主义的价值取向。当然，与中国传统判例制度的人本主义追求相比，我们也要清醒地认识二者间显著的差异，即中国传统判例制度中的人本主义思想是君主专制制度下的人本主义思想，在重公权轻私权、重国家轻个人、重义务轻权利、重宗法尚家族的历史条件下，其积极作用是有限的。① 案例指导制度即是借由自由裁量权规范下的同案同判之路来通往裁判统一、司法公正的以人为本的目的地。

综观而论，中国传统判例制度与中国特色的案例指导制度拥抱“不同的世界”，却有“同一个梦想”。哪怕其价值取向存在高低层次的差异，也足以展现二者之间的一脉相承。

综上所述，不难看出：中国传统判例制度与中国特色的案例指导制度在制度定位、方法适用以及价值取向方面有着千丝万缕的联系，从宏观整体的历史角度观察，二者确实有着不小的渊源。

三、中国传统判例制度对中国特色案例指导制度的意义

中国特色案例指导制度虽然已经得到了足够的重视与发展，但在司法实践中依旧暴露出或多或少的问题，在向西方学习借鉴判例法制度经验的同时，理应将目光向后看，投向与案例指导制度有着万千联结的中国传统判例制度。当然，两者之间间隔百年千年的时光，但中国固有的民族性与国家传统并未被完全抛弃，21 世纪的中国人，与汉人、唐人并非截然不同的两个人种，他们之间依旧存有那一线联系。而中国传统的判例制度足够成为案例指导制度的本土资源和历史资源的宝库，值得不断去发掘其价值。

（一）有利于指导性案例的制度定位

正如前文所述，中国传统的判例向来居于“例以辅律，非以破律”的辅助地位，不能直接以律文式援用来判决。而就案例指导制度而言，也即是指导性案例在使用时，要准确定位其地位：指引性定位。其与英美法系中的判例法是截然不同的，不具有类同成文法的效力。这样的定位，一方面弥补了成文法在司法实践过程中难免会出现的漏洞；另一方面，又对法官的自由裁量权进行了有效的限制，不致会出现法官以案代法的情况。法官在案件裁判中，将指导性案例的制度定位掌握准确，则可以更好地发挥案例指导制度对于审判的指引作用，避免出现干扰司法的局面，继而达到裁判统一的目的。

（二）有利于案例指导制度适用方法的进步

中国传统判例制度是建立在中国传统情理法司法的大环境之中的，所以中国司法会较多地强调“法顺人心”，极为注重裁判的依据，也包括了对判例的确定。中国古代司法

① 张晋藩：《论中国古代司法文化中的人文精神》，载《法商研究》2013 第 2 期。

官员在裁决案件中从法理上入手，以期寻找到与案件事实相匹配的“原始法律”。而在此一过程中所运用的比附类推之类的方法均可视为是一种情理的表达，而远超脱于具体案件本身。譬如，清代的司法适用“三段论”过程，早已不是一个机械的、形式逻辑的简单思考过程，而是一个体现了实质正义要求、富有实质逻辑思考、同时也体现了形式逻辑的综合性的推理过程。[①]

换言之，我国在运用指导性案例的过程中依旧缺乏底层逻辑与深刻信仰，且基本停留于一种有一定参考价值的“术”上面。在运用指导性案例过程中，司法人员应当“取法于古”，不再单纯地机械套用类比推理的方式，而是在符合法定程序的条件下，以司法公正为实质正义的追求，将实质逻辑与形式逻辑有机地结合。诚然，随着现代司法技术的进步，法律更新迭代速度极快，但这并不意味着指导性案例不具有持久的意义。司法公正的这根准绳未变，并且会是永远的追求。据此，在适用指导性案例的过程中，就不能流于形式，要注重于指导性案例的适用确定这一“原始法律”选择的过程，而在具体适用的过程中，要注意其中符合司法公正的原则与精神的部分，在此基础上进行方向的指引与判决。在适用方法上发挥“名”与“实”的双重作用，势必会对裁判统一产生更为积极的影响。

（三）有利于指导性案例的创制、变更及编纂刊布等操作技术的完善[②]

在中国传统的判例制度中具有“集类为篇，结事为章”的成熟编辑体例，已经有意地按照某一特定标准对判例进行归纳整理。而且这一工作官方和民间均有开展，发展到明清时期，国家甚至已经出台有律例合编的法典。这一方面得益于大量的判例存在，有着整理编辑的必要性；另一方面，也是通过这样的方式便利于司法者的使用，利于裁断案件的统一。

我国现有的指导性案例虽说发展未久，体量并未达致巨大，但相关的编纂工作远不如古人，通常是以时间段为界，按批次地公布指导性案例，容易造成司法人员适用的不便以及不必要的疏漏。为实现案例指导制度的长远发展，“师法于古”应尽早地确立编纂刊布等一系列相关的操作技术。诸如以刑法典相关罪名、《民法总则》的民事行为等篇章为索引，将有关的指导性案例根据关联的紧密性排列，既方便司法人员的查阅与适用，也促进指导性案例随着相关法律的兴衰更迭。此外还应注意调动民间学界的力量，让更广大的学者甚至学生们一起参与到案例的编纂过程中，形成百家争鸣，百舸争流的大好形势，从而使得指导性案例的编纂等工作更加严谨、规范以及科学化。

四、余论

如若将中国传统判例制度的时间线拉长至近代，则又有别样的一番风貌与可资借鉴之价值，笔者囿于学识与篇幅有限，仅就清末民初以前的传统判例制度展开论述，其对于中国特色的案例指导制度已大有裨益，二者之间的联系及其意义还大有可讨论之空间。恰如习近平总书记一再强调的：“不忘初心，方得始终。”于案例指导制度亦当如是，寻找

① 陈小洁：《中国传统司法判例情理表达的方式：以〈刑案汇览〉中裁判依据的选取为视》，载《政法论坛》2015年第3期。

② 李相森：《异化与回归：近代中国判例发展演变的轨迹》，载《兰州大学学报》(法学版)2016年第1期。

出中国传统判例制度与其联系，再将千年之历史经验借鉴于21世纪的新时代中国特色案例指导制度中，中国传统判例制度自将在古老的华夏大地再放光彩。理论可能是苍白的、滞后的，但实践充满了活力，因此，案例指导制度的构建将为依法治国的发展提供强大的生命力[①]，而中国传统判例制度就是这生命力的源头活水。

① 武树臣:《“案例指导制度”的历史指导》，载《中国法律》2010年第5期。

法治纵横

监察体制改革背景下的职务犯罪公诉模式刍议

吴雪萤 *

我国监察体制改革是重大的政治体制改革，按照国家机构改革的要求，检察机关职务犯罪侦查职能和机构转隶监察委员会，国家监察体制改革的实质内容之一就是监察委员会承担原有检察机关行使的职务犯罪侦查职能，《中华人民共和国宪法》（以下简称《宪法》）第 127 条规定，"监察机关办理职务违法和职务犯罪案件，应当与审判机关、检察机关、执法部门互相配合，互相制约"。这就必然引起监察机关进行职务犯罪侦查与检察机关审查起诉之间的衔接关系。监察机关办理职务犯罪案件具有发动刑事诉讼的效力，案件进入审查起诉阶段，检察机关将根据《中华人民共和国刑事诉讼法》（以下简称《刑事诉讼法》）的条件和程序进行审查起诉，实现对监察机关职务犯罪侦查的监督制约。在现有的监察体制改革下，检察机关审查职务犯罪案件，实践中如何操作，是否仍然可以完全适用《刑事诉讼法》关于审查起诉方面的规定，监察委与检察机关之间就关于办理职务犯罪案件工作衔接的规范与刑事诉讼法中关于审查起诉的规范有何不同，检察机关在对职务犯罪案件的审查起诉过程中如何更好地发挥法律监督作用，针对监察机关职务犯罪案件移送的审查起诉模式又是什么，本文将对此问题进行初步的研究。

一、当前对监察委移送案件审查起诉的规范与办案情况

（一）目前已经颁布的法律法规

对监察委移送检察机关审查起诉职务犯罪案件的法律法规，目前在全国范围内通行的是已经颁布的《中华人民共和国监察法》（以下简称《检察法》）和国家监察委与最高人民检察院共同出台的《办理职务犯罪案件工作衔接办法》（以下简称《衔接办法》），《监察法》中第 5 章的监察程序对监察机关在职务犯罪案件调查后移送起诉作出规定，明确提出："对涉嫌职务犯罪的，事实清楚，证据确实的，应当连同案卷材料一并移送人民检察院依法审查，提起公诉。"人民检察院经审查后，可以退回补充侦查，也可以自行侦查，可以作出起诉或不起诉的决定，对不起诉的决定，监察机关可以提请复议。《衔接办法》对检察院提前介入、案件移送、审查起诉、补充侦查等方面作出了具体规定，其确定的原则是沟通协商机制，在非法证据排除、作出不起诉决定以及案件退回补充侦查等方面，均要求其与国家监察委进行沟通协商。为贯彻落实《监察法》和《衔接办法》，各地市均有出台相应的规范文件，福建省监察委员与福建省人民检察院也印发了《福建省监察机关与检察机关办理职务犯罪案件衔接办法（试行）》，该法在审查起诉的期限、补充侦查、不起诉决定的批准等方面的规定与《监察法》一致，同时也确立了重大问题的沟通协调机制，与《衔接办法》一致。

* 吴雪萤，厦门市人民检察院。

（二）实践中办案情况

笔者于2018年7月5日登录最高人民法院管理的中国裁判文书网，进入“刑事案件”页面，在高级检索页面“全文检索”栏中输入“监察委移送”，只得到一个检索结果。笔者进入全国检察机关统一业务应用系统，对厦门市在监察委成立后移送审查起诉的案件进行搜索，结果显示目前为止全市共受理了12起案件（其中并案3起，市院受理1起），其中办结的案件数量为5起，5起已办结案件皆适用普通程序进行审查起诉，没有适用认罪认罚或速裁程序进行审理的案件。就审查的结果看，已办结的5起案件，检察机关全部起诉。

二、主要做法与存在问题

（一）目前已确立的审查起诉阶段的沟通协商原则

因目前监察委移送到检察院审查起诉的案件数量不多，无法进行数据上的分类比对分析，但在办理监察委移送的审查起诉案件时，目前实践中通用的做法是检察机关在案件起诉前提前介入，在提前介入阶段阅卷提出需要补充侦查的材料供案件移送检察机关后起诉。其在实践中一以贯彻的就是沟通协商原则。从国家监察委与最高人民检察院出台的《衔接办法》来看，沟通协商主要表现在以下几个方面：

（1）排除非法证据的沟通协商：检察院认为需要监察委对证据收集的合法性作出说明的，由最高人民检察院与国家监察委进行沟通协商；提出排除或不排除非法证据的处理意见，由最高人民检察院与国家监察委进行沟通协商后作出决定。

（2）调查过程中的录音录像随案移送的沟通协商：国家监察委对调查过程的录音、录像不随案移送检察院，最高人民检察院认为需要调取与指控犯罪有关的讯问录音录像，可以沟通协商后调取。

（3）作出不起诉决定，或者改变犯罪性质、罪名的沟通协商：对案件拟做不起诉决定，或者改变犯罪性质、罪名的，应当由最高人民检察院与国家监察会沟通协商。

（4）案件退回补充的沟通协商：移送审查起诉的案件，犯罪事实不清、证据不足的，拟退回补充侦查的，最高人民检察院在作出决定前，应当与国家检察委沟通协商。

（二）《衔接办法》确立的沟通协商原则与刑事诉讼法的冲突

分析《衔接办法》，其确立的对案件在移送审查起诉阶段的沟通协商机制与现行的刑事诉讼法对审查起诉阶段检察机关的职能规定并不相符。依据现行的刑事诉讼法，检察机关对侦查机关移送起诉的案件进行审查，享有对侦查机关移送案件的监督制约权。主要体现在：对案件证据的审查、要求公安机关补充侦查、就证据的合法性要求公安机关进行说明以及可以直接作出不起诉决定或者改变犯罪性质、罪名等，以上均不需要与公安机关进行沟通协商即可作出。因此，目前《衔接办法》所确立的原则属于对现行刑事诉讼法的突破，那么对监察委移送的案件，检察机关的审查起诉是要真正发挥法律监督的作用还是仅仅是走过场？这是在探讨对监察委移送的案件，检察机关要建立怎样的公诉模式时必须思考的问题，也是指导实践行为以及立法规范的前提问题。

（三）制度反思：监察委与检察机关的关系——领导或制约？

实践上的做法需要理论上的支持，监察机构改革是我国重大的政治体制改革，监察机关作为政治机关已经被写入《中华人民共和国宪法修正案（218）》，与人民政府、人民法院、人民检察院形成了"一府两院一委"的国家政治体系，我国《宪法》对检察机关的职能定位是法律监督机关。我国监察体制改革存在如何实现国家监察机关与司法机关的有机衔接以及如何监督和制约监察机关两个难点。① 监察体制改革最根本的特性是将职务犯罪侦查权从检察机关剥离，由监察机关来行使。这就意味着职务犯罪已经不属于刑事诉讼法规定的司法机关侦查案件的范围，职务犯罪的侦查权已经通过《监察法》的规定交由监察机关以调查的方式来行使，这就必然带来了职务犯罪调查区别于侦查机关对刑事犯罪案件的侦查的独特性。那么在案件移送检察机关的过程中，监察委与检察机关之间到底是一种什么样的关系，直接决定了检察机关审查起诉的模式。从《衔接办法》来看，沟通协商机制虽然有利于促进案件移送的顺畅衔接，减少对于案件的争执，但是检察机关案件审查的独立性却受到了挑战，难以真正发挥审查起诉阶段的法律监督作用。根据《监察法》的规定，检察机关对监察机关仍具有制约关系，如人民检察院经审查后认为不符合起诉条件的，有权根据情况决定是否应当将案件退回监察机关补充调查，或者作出不起诉的决定。从《监察法》的规定来看，检察机关对监察机关调查终结后移送起诉的案件进行审查，其职能与现行的《刑事诉讼法》并不相悖，为了维护法治的统一性，使职务犯罪案件与其他刑事案件一样最终走向司法机关的刑事诉讼，接受法院审判，因此在审查起诉阶段仍然需要检察机关发挥法律监督作用进行审查，作出独立的判断。但是在监察体制改革下，职务犯罪调查权又具有其独立的特性，其与一般侦查机关侦查权的区别与共性的探讨又是我们建立与监察体制改革相适应的公诉模式的前提。

三、探讨公诉模式的前提——明确职务犯罪调查权的性质

监察体制改革的影响不仅在于创设新的国家机构和权力，其对现有的法律也带来了冲击，特别是《刑事诉讼法》，势必将面临着修改，如处理监察权和刑事诉讼的关系，必先厘清一个前提性的问题，即在职务犯罪案件中，监察机关的调查权本质是什么？唯有对此有准确的认识，才能合理构建检察权与监察权之间的关系。监察机关对职务犯罪的调查权是为启动司法程序而服务的，其目的在于查明犯罪事实并追究被调查人的刑事责任，监察机关的调查权与公安机关的侦查权一样，本质上是一种"求刑权"。② 这就决定了监察机关对职务犯罪的调查权与侦查机关的侦查权在启动刑事诉讼上具有同一性。从《监察法》的规定，可以看出二者有以下几个方面的一致：

（1）从立案的程序上看，我国《刑事诉讼法》第107条规定，"公安机关和人民检察院发现犯罪事实或者犯罪嫌疑人，应当按照管辖范围，立案侦查"。可见引起刑事立案的实质条件是存在犯罪事实或发现犯罪嫌疑人。《监察法》第37条、第38条规定，对监督对象的问题线索，应当履行审批手续，成立核查组。对监察对象涉嫌职务违法犯罪，需要追究法律责任的，应当按照规定的权限和程序办理立案手续。与侦查机关的立案程序相比，监察机关的立案程序更为严格，但监察机关对职务犯罪立案调查的依据也仍然是

---

① 马怀德：《国家监察体制改革的重要意义和主要任务》，载《国家行政学院学报》2016年第6期。

② 汪海燕：《监察制度与刑事诉讼的衔接》，载《政法论坛》2017年第6期。

存在犯罪事实。《监察法》规定，监察机关经过调查后，没有证据证明存在犯罪事实的，应当撤案，这与《刑事诉讼法》关于犯罪立案调查的规定完全相同。

（2）从具体内容上看，侦查权与调查权具有同质性。[①]《监察法》规定对职务犯罪的调查权包括调查、查封、扣押、查询、冻结、鉴定、勘验检查、技术调查等手段，与《刑事诉讼法》规定的侦查阶段所能采取的措施手段一致。特别是作为侦查手段的“讯问”“搜查”，历来属于侦查机关的专属权力，在《监察法》中也对此予以明确规定。因此《监察法》中对职务犯罪调查的措施虽然也是多元的，但实际上并没有创设新的权力类型。[②]因此，虽然侦查权和调查权分属不同的法律来调整，但从其行使的具体内容上看具有同质性，且从行使的效果上看，都具有引起刑事诉讼的效力。

（3）从对证据的要求和证明标准看，其与《刑事诉讼法》对证据的要求和证明标准也是一致的。《监察法》第33条明确规定：“监察机关依照本法规定收集的物证、书证、证人证言、被调查人供述和辩解、试听资料、电子数据等证据材料，在刑事诉讼中可以作为证据使用。监察机关在收集、固定、审查、运用证据时，应当与刑事审判关于证据的要求和标准相一致。以非法方法收集的证据应当依法予以排除，不得作为案件处置的依据。”这与《刑事诉讼法》中对证据材料的分类以及证据收集的标准和要求是相一致的，因为监察机关收集的证据不仅是认定存在职务犯罪的依据，而且最终是需要在法院的审判阶段由人民检察院举证并通过质证才能作为定罪的依据的。所以监察机关收集的证据不仅要符合《监察法》的规定，还要符合《刑事诉讼法》和司法解释等相关法律的规定，特别是非法证据排除规则的确立，也是刑事诉讼证据排除规则在《监察法》上的运用和延伸。

因此，监察机制改革背景下职务犯罪调查权尽管具有独立性，但是其具有的引起刑事诉讼的“求刑性”以及与侦查权的同质性决定了职务犯罪公诉模式不能脱离现有的刑事诉讼公诉模式而自成体系，而应该在现有的刑事诉讼法框架内做好相应的衔接。

四、建立与监察体制改革相适应的职务犯罪公诉模式

如前所述，监察制度改革下职务犯罪调查权具有“求刑性”，其行使的目的在于启动刑事诉讼，而一旦进入刑事诉讼，必然产生监察机关职务犯罪调查权与刑事诉讼的衔接问题。在《监察法》起草的过程中，《监察法草案》原来只规定监察机关调查终结的案件移送人民检察院起诉，从这条规定来看，检察机关对监察机关移送的案件没有审查起诉权，只能提起公诉。正式颁布的《监察法》第47条明确规定了检察机关对于监察机关在审查起诉方面的制约，可以起诉，也可以不起诉。这说明检察机关对监察机关职务犯罪案件的审查起诉是符合我国刑事诉讼的基本原理的，其仍然要按照《刑事诉讼法》的要求，不因监察体制改革而有所例外。但是，《监察法》是监察机关调查职务犯罪的依据，而人民检察院审查起诉的依据是《刑事诉讼法》，既然监察机关职务犯罪调查存在着与刑事诉讼不完全相同的程序和条件，如留置权的设定使案件移送到检察院后必须经过审查起诉达到刑事审判的标准和要求，那么检察机关要以什么样的标准来审查监察机关移送的职务犯罪案件及在以审判为中心的刑事诉讼制度改革指导思想下如何建立与职务犯罪侦查相适应的公诉模式，都是值得探讨的。

---

① 汪海燕：《监察制度与刑事诉讼的衔接》，载《政法论坛》2017年第6期。

② 陈越峰：《监察措施的合法性研究》，载《环球法律评论》2017年第2期。

（一）以审判为中心的刑事公诉模式概述

党的十八届四中全会提出，“推进以审判为中心的诉讼制度改革，确保侦查、审查起诉的案件事实经得起法律的检验。”推进“以审判为中心”的刑事诉讼制度改革，主要是通过审判制度改革，特别是审判制度、证据制度，来加强审判程序的实质化，并以此约束侦查和起诉行为，在“以审判为中心”的刑事诉讼制度下的公诉模式至少应该涵盖三个方面的内容：

（1）以庭审为中心的证据审查。坚持“以审判为中心”，要求刑事诉讼的各个环节都要围绕审判中的事实认定、法律适用的标准要求进行质控和辩护，对于证据的审核必然要求与庭审相适应，即任何采纳的证据都应经过庭审的认证和质证。因此要加强对证据证明能力的审核，严格依法排除非法证据，改变对侦查案卷的过度依赖，从客观性、关联性、合法性方面进行全面、细致、严格的审查，确保证明案件的证据材料符合证据裁判规则的要求，切实落实“排除合理怀疑”的证明标准，实现对犯罪事实的精准证明。

（2）加强控辩对抗的出庭公诉。“以审判为中心”要求实行庭审实质化，控辩对抗加强，对公诉人的质证能力和当庭应变能力提出了更高的要求，公诉人不仅要充分利用庭前会议、证据开示的机会、整理争点、加强与辩护方的沟通、明确庭审中交叉询问和质证的方向，还应该在庭前做好充分准备，加强当庭讯问询问、示证质证、发表公诉意见和辩论，以及当庭的应变能力，提升公诉质量。

（3）繁简分流的办案模式。现有体制下公诉审查案件时按案件罪行严重程度、被告人认罪与否，案件疑难复杂程度，适用不同的程序审理，包括普通程序、简易程序、速裁程序、认罪认罚程序。简易程序、速裁程序和认罪认罚程序设置的目的在于提高诉讼效率，优化司法资源的配置。因此，对不同的案件要根据具体的情况甄别适用，形成“简案快办”和“繁案精办”的工作模式，真正发挥审查起诉在指控犯罪、维护人权，促进司法公平正义上的作用。

（二）审查起诉对职务犯罪调查的制约

监察体制改革赋予了监察机关对职务犯罪案件独有的调查权，检察机关的侦查权仅限于监察机关移送起诉时认为需要补充核实证据时的补充侦查权。而补充侦查权是公诉部门的职责，因此，司法机关对职务犯罪之刑事追诉只能从人民检察院审查起诉开始，在此之前，职务犯罪的调查机关只能是监察机关。监察机关调查职务犯罪案件时适用的是《监察法》，案件移送审查起诉后检察机关适用的是《刑事诉讼法》，但是在审查过程中仍然需要适用《监察法》的有关程序规定，以保障审查起诉既符合《刑事诉讼法》及相关司法解释，同时符合《监察法》对职务犯罪调查的规定，避免适用法律的冲突。虽然职务犯罪调查权现在已经归属监察机关，但是职务犯罪案件一旦移送到检察机关，检察机关仍然可以通过审查起诉，对监察机关的调查权进行制约。比如说对证据必须达到刑事审判的标准，又如依然存在对非法证据的排除；再有当案件的证据材料达不到起诉条件时，可以作出不起诉的决定；等。但是这种制约仍然是有限的和事后的，如《监察法》规定检察机关决定不起诉时，要经过上一级检察机关的批准，而且必须与监察机关保持沟通。对于监察机关的调查活动人民检察院只能通过事后的审查起诉活动来进行监督制约，而不能提前干涉。因此，虽然监察机关职务犯罪调查权本质上是一种“求刑权”，但是其特有的独立性也决定了在实践中要探索建立与其相适应的刑事公诉模式，以此来保持法律实施的一致性。

（三）建立与监察体制改革相适应的多层次公诉模式

1. 符合庭审要求的证据审核制度

证据审核是刑事诉讼的核心，任何证据都要经过庭审的质证认证并经查证属实才能成为定案的依据。《刑事诉讼法》第 48 条规定，8 种用于证明案件事实的材料属于证据，对证据收集的程序和方法也作出了规定。《监察法》第 33 条规定，监察机关依照本法规定收集的物证、书证、证人证言、被调查人供述和辩解、视听资料、电子数据等证据材料，在刑事诉讼中可以作为证据使用；监察机关在收集、固定、审查、运用证据时，应当与刑事审判关于证据的要求和标准相一致。可见，监察机关在办理职务犯罪案件时，其收集的证据不仅要符合《监察法》的规定，也要符合《刑事诉讼法》和司法解释等相关法律规范的规定。

在证据的审核中，非法证据的排除规则也适用于职务犯罪案件的审查。《监察法》明确规定非法证据不得作为案件处置的依据，其对所指的非法证据虽然没有进行具体的规定，但基本内涵应该与《刑事诉讼法》的规定相一致。在审查起诉中，对非法证据的审查也要符合《刑事诉讼法》的程序和要求，《监察法》没有规定在审查起诉中对非法证据的审查需要监察机关的证明或配合，《衔接办法》要求在排除非法证据时应当由国家检察委和最高人民检察院进行沟通协商后作出决定。按照符合庭审要求的证据审核标准，人民检察院在审查起诉过程中发现可能存在以非法方法收集证据的，应当要求监察机关对证据收集的合法性作出说明或提供相关证明材料，也可以向监察机关调取相关的调查讯问同步录音录像资料，监察机关应当提供，而不能以案件的调查阶段由监察机关独立行使监察权而予以拒绝。

2. 符合刑事诉讼原则的审查起诉裁量

（1）对事实情节罪名的审查。对监察机关移送的案件，检察机关的审查起诉活动是一种实质性的审查，仍然需要对犯罪事实是否成立以及证明犯罪事实成立的证据是否形成了相互印证的证据链进行严格审查。根据《刑事诉讼法》的规定，对侦查机关移送的案件，检察机关在审查起诉的过程中，可以改变定性，也可以不接受侦查机关认定的犯罪情节。而对于监察机关移送审查起诉的案件，在罪名情节问题上检察机关是否可以予以改变？对此《监察法》没有作出明确规定，《衔接办法》规定改变罪名性质的应当进行沟通协商。若按照《刑事诉讼法》的规定，检察机关在审查起诉的过程中是可以改变定性或对情节作出不同认定的，但是考虑到监察机关职务犯罪调查的特殊性，人民检察院如果需要变更罪名或者不同意起诉意见书的犯罪情节认定，可以向监察机关提出书面意见和建议，监察机关与人民检察院意见不一致的，可以向人民检察院提出复议意见，人民检察院应当及时协调并沟通，必要时可向上一级人民检察院请示。①

（2）对结果的审查。在《监察法》起草的过程中，原来只规定监察机关调查终结的案件移送人民检察院起诉，正式实施的《监察法》明确规定，对监察机关移送的案件，人民检察院经审查起诉，可以作出起诉或不起诉的决定，决定是否起诉的标准在于证据情况，犯罪事实清楚、证据确实充分的应当起诉，需要补充核实的，应当退回监察机关补充侦

① 朱福惠，《论检察机关对监察机关职务犯罪调查的制约》，载《法学评论》2018 第 3 期。

查，补充侦查以两次为限，与《刑事诉讼法》要求相一致，但是在作出不起诉决定时，与《刑事诉讼法》要求不一致的不能直接作出，必须经上一级人民检察院批准。类似于之前的职务犯罪批捕权上提一级，体现出对职务犯罪案件审查的谨慎与严格。对于检察机关作出的不起诉决定，监察机关可以复议、复核，这与侦查机关对不起诉决定的处理是一致的。因此，检察机关通过审查起诉活动，制约监察机关对于证据的调查收集，以起诉和不起诉作为具体情况裁量结果，与《刑事诉讼法》对于审查起诉的结果规定相一致。

3. 特定条件的提前介入制度

《刑事诉讼法》第 85 条规定："公安机关要求逮捕犯罪嫌疑人……必要的时候，人民检察院可以派人参加公安机关对于重大案件的讨论。"第 132 条规定："人民检察院审查案件的时候，对公安机关的勘验、检查，认为需要复验、复查时，可以要求公安机关复验、复查，并且可以派检察人员参加。"《人民检察院刑事诉讼规则》第 567 条规定："人民检察院根据需要可以派员参加公安机关对于重大案件的讨论和其他侦查活动，发现违法行为，情节较轻的可以口头纠正，情节较重的应当报请检察长批准后，向公安机关发出纠正违法通知书。"可见在刑事案件侦查阶段，检察机关提前介入公安机关侦查活动，不仅符合《刑事诉讼法》的规定，也是履行法律监督职责的体现。对于监察机关的调查活动，检察机关能否提前介入、在什么情况下介入、介入的权限等，目前《监察法》还没有对此作出规定，《衔接办法》以及福建省监察委和福建省人民检察院共同出台的《办理职务犯罪案件衔接办法》的通知对此有作出规定，对检察机关提前介入的条件、主要职责、工作方式以及监察机关需要配合的工作都作出了具体的规定，比如对被调查人采取留置措施的案件，规定应当在留置期限届满 15 日前，书面商请检察机关提前介入。从该条的规定来看，采取留置措施的案件均应当要求检察机关提前介入，涉及面过广，应该按照《刑事诉讼法》中关于检察机关提前介入侦查活动的规定，以具体案件的需要为介入的条件，一般而言，应该对界定为重大案件的需要提前介入，不需要对所有留置案件都提前介入。提前介入的审查应主要针对案件的事实认定、罪名情节、证据材料以及调查活动等提出建议意见，特别是非法证据的排除，如果发现可能存在排除非法证据的情形，可以要求调看同步录音录像。对于监察机关调查活动中存在的违法情形，也可以提出纠正意见。可见，提前介入制度的设计有利于促进职务犯罪调查活动与检察机关审查起诉活动的衔接。以庭审的标准规范提前对案件情况证据材料进行审核，可以避免案件进入审查起诉后的多次退补、程序反复，对促进职务犯罪案件的顺利起诉具有重要意义。

4. 繁简有别的案件审理模式

现有体制下公诉审查案件时根据案件的不同存在几种程序的适用，包括普通程序、简易程序、速裁程序、认罪认罚程序，我国目前的简易程序体系又包括狭义的简易程序和速裁程序、认罪认罚从宽制度。[①] 在简易程序之外又增加了速裁程序和认罪认罚从宽制度，其目的皆在于提高诉讼效率，优化司法资源的配置。速裁程序与认罪认罚从宽制度、简易程序本身是互相联系的，速裁程序和简易程序，是认罪认罚从宽制度的有机组成部分。根据 2016 年 7 月 22 日中央全面深化改革领导小组审议通过的《关于认罪认罚从宽制度改革试点方案》的规定，对基层法院管辖的可能判处 3 年有期徒刑以下刑罚的案件，刑事被告人认罪认罚的，可以适用速裁程序；对可能判处 3 年有期徒刑以上刑罚的案件，刑事被告人认罪认罚的，可以适用简易程序审判；对于可能判处无期徒刑、死刑的案件、

① 刘传稿：《如何建立健全与多层次诉讼体系相适应的公诉模式》，载《人民检察》2017 年第 1 期。

特别疑难复杂的案件等，即使认罪认罚，也应当适用普通程序。职务犯罪案件的审理，同样会涉及到适用何种程序进行的问题。《监察法》第 31 条、第 32 条规定了监察机关在移送案件时可以提出从宽处罚建议的条件，对于监察机关提出的从宽处罚条件，检察机关在审查起诉时具体适用普通程序、简易程序还是速裁程序，也应根据案件的具体情况来判断。因此，在对职务犯罪案件的审查过程中仍然要树立繁简有别的工作理念，按照简案快办和繁案精办的审理模式，在实践中根据案件的不同情况，区分适用不同的审理程序。在实践中，可以从几个方面来加强多层次诉讼体系的运行：一是加强在调查和审查起诉阶段的沟通协作，如可以建立重大案件的沟通协调机制，对案件定性、犯罪事实认定、案件处理方面等加强沟通协调。二是完善分类机制，如健全案件移送的特殊通道，从移送环节就实现繁简分流，根据案件的具体情况，决定适用不同的审理程序。三是发挥检察官的主体作用，根据案件的繁简设置不同的办案组，促进专业化发展。四是完善相关法律法规，如针对犯罪嫌疑人认罪认罚和认罪不认罚的情形如何区分适用刑罚建议，被告人选择适用简易程序从宽幅度如何体现在量刑建议上等，均通过制定相关的规范性文件予以明确。

互联网金融风险的刑事司法治理

陈　姝*

一、引言

互联网金融是金融行业和互联网技术各自发展的需求，以及金融服务对象的现实期待共同作用下的产物，是金融业和互联网技术相互借力，走向融合而形成的新型金融业务模式。一方面，金融业存在提升客户服务、优化客户体验、丰富产品设计、精准控制风险等行业发展需求；另一方面，互联网技术的发展，也需要更广泛的应用场域，实现规模化运用；传统金融业存在的门槛高、效率低、收费高、覆盖率低、手续繁杂等缺陷，让金融服务对象期待更便捷高效的新型模式。互联网金融应时而生，蕴含着强大生命力。这种新兴金融业务模式改变了民众的支付、理财习惯，其碎片化、及时性、便捷性的特点也更符合在中国企业总数中占比极高的中小微企业的发展需求，中国金融行业从主要由国有金融机构的垄断转变为民间金融资本大量参与，这对中国经济发展的影响不言而喻。2014—2018年，全国两会的政府工作报告连续5年提及互联网金融。截至2018年11月，互联网金融模式中的重头戏P2P网贷行业成交量已达7.92万亿元。① 据毕马威和H2联合发布的《2018年全球金融科技100强榜单》，蚂蚁金服排名第一，京东金融排名第二，陆金所排名第十。② 互联网金融在我国迅速发展的同时，监管的缺失和滞后也带来风险的积聚。在经历了2013—2015年井喷式发展之后，昆明泛亚、e租宝、大大集团、快鹿系、中晋系、善林系等爆雷事件频发，涉案金额超过2000亿元人民币。③ 政府工作报告中关于互联网金融的措辞从“促进互联网金融健康发展”“规模发展互联网金融”转变为强调“对累积风险高度警惕”“健全对互联网金融监管”。同时，自2015年始，《关于促进互联网金融健康发展的指导意见》（以下简称《指导意见》）、《互联网金融风险专项整治工作实施方案》、《网络借贷信息中介机构业务活动管理暂行办法》（以下简称《暂行办法》）、《关于做好P2P网络借贷风险专项整治整改验收工作的通知》、《互联网金融风险专项整治工作实施方案》、《关于开展P2P网络借贷机构合规检查工作的通知》、《P2P网络借贷会员机构自查自纠问题清单》、《互联网金融从业机构反洗钱和反恐怖融资管理办法（试行）》等互联网金融监管政策密集出台。行业监管拉开序幕后，互联网金融行业进入洗牌调整期，2018年底，网贷行业正常运营平台减少至1798家，比上年减少442家，行业成交额环比下降21.19%。④ 正如李克强总理指出，“互联网+”是中国经济转型的重大

* 陈姝，厦门市中级人民法院。

① 数据来源于中国经济网，访问日期：2019年6月2日。

② 参见《网贷天眼2018互联网金融年报》。

③ 数据来源于腾讯安全团队：《2018年互联网金融安全报告》。

④ 数据来源于《网贷天眼2018互联网金融年报》。

契机。互联网技术创新、数字化风险控制推动着金融行业服务水平的提升和服务效率的提高。面对互联网金融行业风险，不能因噎废食，要推进专项整治，做好前瞻性调控和系统性管理。

二、互联网金融风险的社会危害性及刑事司法介入治理之必要

（一）互联网金融风险的叠加危害

金融行业本身就是风险性较强的行业，经济形势变化、宏观金融决策失误、市场利率变动、汇率变化、违规经营、投资者信用丧失等等因素，都可能形成风险，影响金融体系的稳健运行。在金融注入互联网“基因”后，服务对象的迅猛增长，交易范围的极速蔓延，涉众性特征的凸显，使各种潜在风险呈现出系统性、全局性、交织性的特点。技术层面上，移动互联网终端的普及和通信技术的发展，使金融交易的规模呈几何级数增长，在降低准入门槛、去网点化的理念下，金融业务覆盖面和密集度大大提高，对投资者的金融知识储备、风险判断能力和承受能力的要求大大降低，在互联网金融运营主体对高收益、流动性、便捷性的过度渲染下，投资者往往弱化了风险意识而强化了参与意识，增强了风险的系统性和全局性；运行层面上，我国目前对金融业务分业监管、分段监管的模式，难以适应互联网金融跨行业、跨部门的特征及其对投融资链条的重构，导致监管失灵，出现巨大漏洞。[①]2015 年以来，互联网金融领域风险爆发带来的社会危害触目惊心。泛亚集资诈骗涉及 2 万名投资人 400 多亿元资金，e 租宝集资诈骗、非法吸收公众存款涉及资金 380 亿余元，“中晋系”集资诈骗、非法吸收公众存款涉及 2.5 万名投资人近 400 亿元资金。其危害范围之广、程度之深，损害的已不仅是金融体系，甚至可能导致社会经济秩序混乱，危害国家社会稳定甚至政治安全。

（二）刑事司法介入互联网金融风险治理的理论滞碍

谦抑理论是刑法的基本理论。其含义包括在立法上，其他部门法足以调整和保护的法益，不纳入刑法调整范围；在司法上，司法机关对行政机关行使职能的保障和谦让。换言之，刑法具有补充性和后置性的特征，只有某种破坏社会关系的行为之危害性在通过民事、行政法律法规的调整和救济仍无法消解时，才由刑法予以保护。[②] 只有在穷尽非刑罚手段仍不能抑制某种违法行为时，才进行刑罚处理。

互联网金融被视作创新的金融业务模式，其中心词仍是金融。从我国现有犯罪体系来看，金融犯罪属于法定犯或称行政犯，所以具体到互联网金融领域，破坏社会关系的违法行为要纳入刑法规制范围，除了要受补充性、后置性的制约，还要遵循二次违法性的限制，也就是该行为需既构成行政违法又构成刑事违法，行政违法是向刑事违法递进的基础。在这些制约条件下，刑事司法介入互联网金融风险治理的空间十分有限。

---

① 邱灵敏：《互联网金融风险成因及监管对策——由 e 租宝非法集资事件引发的思考》，载《北京政法职业学院学报》2017 年第 3 期。

② 俞小海：《互联网金融风险评估及对刑法适用之影响》，载《贵州警官职业学院学报》2015 年第 1 期。

（三）刑事司法介入互联网金融风险治理的现实需要

对于互联网金融的治理，从目前已有的行业监管政策来看，大多是基于已爆发的风险出台的应激政策，具有滞后性，防范风险的力度不够。从规范的颁布主体来看，大多是央行、银监会、证监会、银保监会、网信办、网贷整治办、互金协会等，规范的效力位阶低，缺乏统一性和权威性。从现有的金融法律法规来看，《证券法》《商业银行法》《银行监督管理法》《支付结算办法》《网上银行业务管理暂行办法》等都没有针对互联网金融爆发出的问题进行修订，条文中仍没有涉及互联网金融的内容。行业规范的滞后和碎片化，相关民事、行政法律法规的缺位，在互联网金融发展的现实需求冲击下尤为明显，对待金融犯罪的传统刑事理念发生了转变，刑罚的后置性和金融犯罪的二次违法性都受到了挑战。最高人民法院《关于非法集资刑事案件性质认定问题的通知》规定，行政部门对非法集资的性质认定，不是非法集资案件进入刑事程序的必经程序。这一规定也为刑罚后置性和对金融犯罪二次违法性的突破提供了依据。

三、互联网金融异化的刑事法律风险及司法治理方式

中国人民银行副行长刘士余在2013年互联网金融论坛上强调，互联网金融绝对不能触碰的两根法律红线，一是非法集资，二是非法吸收公众存款。目前互联网金融格局由互联网化的传统金融机构和运用互联网技术开展金融业务的非金融机构两部分组成。前者主要是传统金融机构的业务开展方式的转变的产物，仍接受既有金融业法律法规、行业规范的规制。后者在现阶段鼓励金融创新和监管滞后、规范不足的矛盾下，极易发生功能异化，使得触犯法律红线的现象层出不穷。这类非金融机构主要包括P2P网贷平台、互联网众筹平台、第三方支付平台和互联网理财平台。

（一）P2P网贷异化的刑事法律风险及司法治理

P2P是点对点的互联网借贷平台，借贷款人均在平台上发布信息，平台居间促使双方达成民间借贷关系。在此过程中，贷款人的资金先进入平台客户资金账户而非直接转入借款人账户。这就给平台经营者提供了归集资金套利的空间。一些P2P网贷平台无视《指导意见》《暂行办法》等规定，僭越其信息中介地位，或以高息为诱饵形成资金池，用后融资金偿还前期债务，拆东补西维持平台运转；或超越信息中介定位，以资金池为借款人提供担保；或虚构借款人信息和投资项目，将投资人资金用于投资经营或肆意挥霍，“爆雷”后携款潜逃。这类异化平台面临触犯非法吸收公众存款罪、非法经营罪、集资诈骗罪等罪名的风险。例如，东方创投早期发布真实的融资标开展互联网借贷业务，法定代表人邓某在发现坏账率过高后将平台转向自融，发布虚假借款信息吸纳投资人出资，用于扩大其实体企业规模和购买物业等，以利润反馈投资人，后资金链断裂。邓某和平台运营总监李某都被判处犯非法吸收公众存款罪。[①] 宜信普惠公司在P2P借贷业务中设计投资人风险保障机制，将部分资金划入风险保障金，用于赔付投资人的损失。这种行为已超出信息中介的业务范围，涉嫌犯非法经营罪。“中宝投资”法定代表人周某利用平台虚构34个借款人，发布虚假抵押标、宝石标，以20%的年化收益为诱饵，公开募集

① 案例来源于中国裁判文书网。

资金后肆意挥霍，周某被判处集资诈骗罪。①

（二）互联网众筹融资异化的刑事法律风险及司法治理

在传统金融体系中，绝大部分个人和企业，尤其是中小微企业很难获得资金支持。互联网众筹为这些资金需求者提供了新的融资渠道，它利用门槛低、投资精准、驱动创业、去中间化等优势迅速发展，涌现出京东众筹、天使汇 AC、蚂蚁达客、36 氪、创投圈、众筹网等互联网众筹平台。截至 2018 年 3 月，仅互联网股权众筹平台就达 310 家，融资总额 319 亿元。②但从目前平台运行情况来看，数量庞大的平台良莠不齐，一些平台或进行逆向操作，在没有明确投资项目的情况下先归集投资人的资金，再通过宣传吸引投资项目或擅自动用第三方托管资金；或明知债权众筹借款人虚设借款项目，以高息为诱饵募集资金仍包装借款人上线；或以非法占有为目的，虚构产品、服务、公益项目，伪造资金流向、隐瞒资金用途募集资金。③这类异化平台面临触犯非法吸收公众存款罪、集资诈骗罪的风险。例如，“聚创金融”以虚构的汽车为众筹标的物，宣称众筹购买车辆后转售赚取差价再根据投资人众筹比例分成，未转售成功按 12% 年利率溢价回购，涉嫌犯非法吸收公众存款罪。④“车融宝”众筹平台创建者王某、高某、吉某以非法占有为目的，以二手车众筹为名，将募集资金用于高利转贷和挥霍，后停止业务、关闭网站，实为披着互联网众筹外衣的集资诈骗。

（三）第三方支付异化的刑事法律风险及司法治理

第三方支付平台以银行提供的资金转移和结算业务为支持，将付款方的资金存入托管账户，按照付款方的指令进行结算，以支付宝为代表的第三方支付平台以其便捷、高效的优势彻底改变了人们的支付习惯，已经成为消费市场主流的支付方式。至 2018 年第三季度，第三方移动支付市场规模已达到 43 万亿元。但一些第三方支付平台违反市场准入制度，未取得支付业务许可证或超出规定范围开展业务，面临触犯非法经营罪的风险。例如，周某等 11 人在未取得央行颁发的支付业务许可证的情况下，通过多家公司对接多家银行和上游支付机构，获取支付通道，推出“云付”“盛树宝”等收款平台开展第三方支付业务，涉嫌犯非法经营罪，此类机构还包括“信掌柜”“吉米钱包”“艾米金服”等。⑤

（四）互联网理财异化的刑事法律风险及司法治理

互联网理财利用金融理财产品销售平台等互联网媒介进行理财活动，在开放、普惠的原则下，借助其门槛低、成本低、流动性高、收益高等优势，得到了迅速发展。至

① 案例来源于最高人民检察院惩防金融犯罪第十批指导性案例。

② 国家互联网金融安全技术专家委员会：《互联网股权众筹平台发展报告》，2018年3月。

③ 沈雪中、吴露萍、王挺：《互联网金融刑事法律风险及防控》，载《人民检察》2017年第9期。

④ 《聚创众筹高管因涉嫌非法吸储被拘留 虚假车成汽车众筹高风险死穴》，载《法治周末》2016年12月8日。

⑤ 国家互联网金融安全技术专家委员会：《云付、信掌柜涉嫌无资质开展第三方支付业务被曝光》，载凤凰财经网，访问日期：2019年6月7日。

2017 年底，余额宝资金总规模已达 1.58 万亿元，用户达 4.74 亿人。[①] 互联网理财畅通了公众的理财渠道，提高了社会闲散资金的利用率，促进了金融发展。但一些互联网理财平台将吸收的投资款贷与他人，或者作为信托基金管理使用；或以非法占用为目的，虚构理财产品，以高回报为诱饵吸纳投资款。这类异化平台面临触犯非法吸收公众存款罪、集资诈骗罪等风险。例如，泛亚公司以稀有金属买卖融资融货的名义，打造的“日金宝”，推行委托交割受托申报业务，向社会公开宣传，承诺最高年收益 13.68% 的回报，吸收资金达 430 亿元，被判处犯非法吸收公众存款罪。[②]

四、刑事司法介入互联网金融风险治理之限度

面对互联网金融的异化，刑事司法介入治理、遏制风险十分必要。但由于目前规制互联网金融的法律法规、行业规范缺失，而金融犯罪又是典型的法定犯，既有的前置法和刑法的红线之间仍存在较大裂隙，大量互联网金融主体在此裂隙中运作游走，是否触碰法律红线，触碰何种法律红线，取决于民事、行政法律法规的完善程度和刑事政策的变化。在民事、行政等前置法还十分不完善的情况下，刑事政策从严，便可能遭受刑法的评价，刑事政策从宽，则反之。因此，值得讨论的是这类互联网金融业务是否应纳入刑法治理范围，即刑事政策的取向问题。

长期以来，我国采取金融抑制的政策，体现为对利率的控制，对银行准入资格的限制和运行的干预，对证券市场的控制和对资本账户流动性的控制等。以互联网金融为代表的金融创新，正是市场主体对金融抑制的反弹。凯恩（J. Kane）的规避型金融创新理论 (circumventive innovation theorem) 和西尔柏（W. L. Silber）的约束诱导金融创新理论（constraint-induced financial innovation theory）认为，金融创新是追求利润最大化的金融个体为消减金融压制采取的“自卫行为”。[③] 在金融抑制政策下，刑法对金融犯罪一直秉承严惩的立场。从对互联网金融异化的刑事司法治理来看，罪名主要集中在非法集资犯罪。对不违反现有监管政策、规范的互联网金融业务，直接套用现有规制非法集资犯罪的刑法规范，直接比照非法集资犯罪的构成要件来判断其出入罪是否合适呢？

如果简单地用犯罪构成理论来判断，很多互联网金融业务都可能触犯刑法。例如，P2P 网贷业务中的信贷资产证券化网贷与债权转让网贷业务，小额贷款机构或担保机构将小额信贷资产、债权和担保产品通过 P2P 平台转让给投资人，这可能涉及非法吸收公众存款。[④] 根据《指导意见》，互联网众筹融资中的股权融资是“通过互联网进行的非公开股权融资或私募股权投资基金募集行为”。根据《公司法》《证券法》《证券投资基金法》等的规定，证券不得向不特定对象发行，向特定对象发行累积不超过 200 人，不得以广告、公开劝诱等方式公开。私募基金管理人不得向社会公众推介，合格投资者累积不得超过 200 人。反观刑法对非法集资犯罪在非法性、公开性、回报性和不特定性的要求，尤其是刑法对“不特定性”的认定，实际上对是资金募集人和投资人之间关系的判断，互联网股权众筹在规避《公司法》《证券法》等民商事法律规定的情况下也极易踩刑法的红线。再

---

① 数据来自余额宝发布的2017年年度报告。

② 《430亿泛亚骗局终判决：主犯单九良仅被判18年》，载《中国基金报》2019年3月22日。

③ 曾筱清著：《金融全球化与金融监管立法研究》，北京大学出版社2005年版，第83—84页。

④ 商玉玺：《抑制环境下互联网金融刑事风险分析》，载《浙江工商大学学报》2016年第2期，第70-71页。

以互联网理财的龙头余额宝为例，余额宝是第三方支付平台支付宝通过互联网代售的天弘基金的产品。支付宝作为支付机构，不具有从事基金销售的资格，如果用非法集资犯罪的构成来比照，支付宝在没有获得许可的情况下向不特定对象共公开宣传并承诺回报，便有入罪的可能。

可见，如果将在金融抑制政策下刑法关于非法集资犯罪的规定直接套用在金融创新背景下互联网金融的出入罪判断上，将导致入罪门槛低，犯罪圈半径大，不利于互联网金融发展。对投资者来说，入罪范围过大也容易抑制投资者的热情，加剧恐慌，一遇风吹草动即爆发集中回赎、挤兑，导致互联网金融主体资金链断裂，震动整个金融体系、信用体系，影响金融创新和金融体系稳健运行。

（一）刑事司法理念的调整

1. 与经济环境的变化保持平衡

经济领域犯罪不同于违背社会伦理和道德基础评价标准的普通犯罪，具有政策环境依附性的特点，随着经济环境的变迁，一些行为出入罪的更替难以避免。有研究者指出，若社会体制机制蕴含的价值落后于社会生活发展展现的新价值取向，从社会发展高度来看，这种落后的体制机制下被视为犯罪的行为可能因引领新价值取向而出罪。[①] 面对金融创新和科技发展，围绕金融犯罪的司法理念应随之变动，以达到更好地调整金融领域社会关系的要求。这一方面要求司法者对相关法律概念作出与经济环境的变化相适应的解释，另一方面要求在具体评价互联网金融领域的某一行为时，要判断是其本身侵犯了刑法所保护的法益，还是因为法律规定落后于经济环境的变化。[②]

2. 秉持谦抑宽和的理念

刑罚的适用是一把“双刃剑”，面对互联网金融风险的巨大社会危害性，不是利刃出鞘越利落越好，而应慎之又慎，以免误斩金融创新之路。司法实践中应恪守刑法谦抑性原则，除了异化的互联网金融业务外，对那些游走在法律红线外的互联网金融业务，尤其是性质不甚明确的业务，应秉持鼓励创新的态度，在解释不明确、出罪入罪两可的情况下，尽量作出罪化处理，减少刑事司法给互联网金融发展带来的阻力。

（二）互联网金融风险入罪标准的调整

1. 关于“非法性”入罪标准的质疑

互联网金融主要涉及的非法集资犯罪，入罪都以非法性为前提。这里的非法性是指违反前置的民事、行政法律规定。在互联网金融领域，相关民事、行政法律规定尚不完善，如何判断某项业务或行为具有非法性？实践中互联网金融业务的开展虽没有前置性法律的规定，但平台成立和业务开展需通过国家相关部门许可，在运作过程中虽可能出现风险，但风险可控，例如第三方支付平台将自有资金和客户资金分置于不同资金账户，交易资金虽与交叉、延迟，但总量均衡，资金性质未发生变化，就不能因为前置法律缺失或存在潜在的风险而判断其“非法”。另外，金融领域专业性极强，厘清业务模式的运作原理、具体过程和性质需要一定的专业知识储备，业务是否非法，需要结合金融专业

① 张杰：《互联网众筹融资模式的刑法风险与规制》，上海社会科学院法学研究所2015年博士学位论文。

② 陈叙言：《互联网众筹的刑事法律风险研究》，载《学习与探索》2017年第9期。

知识和金融法律法规来判断，不能草率认定。

2. 对相关罪名所保护之法益的调整

根据《指导意见》的要求，要坚决打击涉及非法集资等互联网金融犯罪，防范金融风险，维护金融秩序。可见打击犯罪的目的是防范金融风险，维护金融秩序。金融秩序即非法集资犯罪侵害之法益。有学者提出，在金融创新背景下，应对金融秩序进行解构，将其分解为金融管理秩序和金融交易秩序，并在互联网金融语境下将该法益限缩为金融交易秩序。[①] 对此笔者深以为然。在信用体系不完善、金融业监管有待进一步健全的现状下，我国目前仍采取金融抑制政策，刑法介入金融领域风险治理，也着眼于维护金融管理秩序，维护金融垄断地位。但如前文所述，互联网金融的产生是市场主体对金融抑制的“自卫”，是开放、自由的市场经济的产物。金融的核心是交易而非管理，金融秩序本质上也理应是金融交易秩序。在互联网金融领域，刑法如果仍以金融管理秩序为其所保护之法益，就会令触动金融垄断的创新业务被公权力扼杀。因此，刑事司法在介入互联网金融风险治理时，应将破坏金融交易秩序与否作为判断是否入罪的标准，为金融创新发展减少阻力。

（三）具体罪名构成要件的调整

1. 非法吸收公众存款罪构成要件的扩充

在现有法律无法及时修订的情况下，司法者对法律的适用可在一定程度上达到修正立法的效果。刑法设置非法吸收公众存款罪的立法目的是打击间接融资，而很多互联网金融业务是直接融资行为，例如互联网众筹融资。因此在互联网金融领域适用非法吸收公众存款罪时，首先应考虑资金用途因素，避免降低入罪标准，违背立法目的。其次，互联网金融对投资人要求低，大量投资人缺乏投资常识和风险意识，投机心理较重。根据主客观相统一的原则，在判断是否入罪时应对被害人过错加以考虑，以免客观归罪。最后，司法者在判断是否入罪时应考虑行为的社会危害性。互联网金融基于自由市场而生，金融主体更多地基于自由意志和契约精神参与业务活动。因此，即便互联网金融业务开展体现出了一定的社会危害性，也应考虑到自由意志的因素，衡量此社会危害性是否已达到立法设置非法吸收公众存款罪所期望规避的社会危害的程度。

2. 集资诈骗罪“非法占有目的”的认定

最高人民法院《关于审理非法集资刑事案件具体应用法律若干问题的解释》第4条对认定集资诈骗罪具有“非法占有目的”的情形做了列举，但司法实践中，判断互联网金融主体是否构成集资诈骗罪时，往往将正常业务运行失败、资金链断裂无法归还投资款认定为具有非法占有目的，或不考虑互联网金融主体将投资款用于正常业务和个人消费的比例，一旦有资金用于个人消费即认定具有非法占有目的。这样的认定标准会扩大对互联网金融业务的打击面，误伤新兴金融产业，因而需要严格贯彻司法解释，理性认定互联网金融主体行为的主观目的。

---

① 张洪成、黄瑛琦：《我国互联网金融风险入罪标准研究》，载《电子科技大学学报（社科版）》2018年第2期。

五、结语

互联网金融为金融发展注入了新鲜血液，但新生事物也蕴含巨大风险。刑事司法一方面要发挥社会风险治理作用，及时介入，保障社会稳定；另一方面要关照金融创新和发展，以鼓励创新、包容失误的态度对互联网金融进行评价，尊重互联网金融存在和发展的合理性。实现刑事司法适度介入的关键在于完善关于互联网金融的民事、行政立法和相关政策，将互联网金融纳入民事、行政治理框架，在穷尽民事、行政治理手段后，才将互联网金融风险纳入刑事治理范围。这样，才能压制住刑事司法过度介入的冲动，维持互联网金融的蓬勃生机。在目前民事、行政立法尚未健全的情况下，刑事司法应该保持谦抑、宽和和克制，否则在民事、行政立法健全后，可能出现应纳入民事、行政范畴先行调整的行为在先前的判例中被归罪，产生同案不同判的尴尬，也给刑事司法落下阻碍金融创新进程的话柄，受后人诟病。

网络平台法律责任原则及其控制研究

——社会学和经济学视角下共同而有差别的法律责任

吴国贵*

一、网络社会与网络平台

网络社会的“赛博空间”在线生存样态受到以技术性和流动性为核心的网络化逻辑支配，扩大了人民社会互动范围，改变了人们的交往形式，形成网络社会独特的时空观、权力观和人际观：（1）网络社会时空观。在线生存使“身体”可以存在于其他物理时空中。（2）网络社会的权力观。权力分散化，不仅意识形态、政治权力控制者掌握权力，其他组织、普通社会成员也掌握部分权力，如网络信息技术先发者拥有网络空间技术标准和系统设计的权力，后台程序权力垄断着前台程序，政府权力则适时向扁平化发展，重视参与式的新型权力运作模式。（3）网络社会的人际观。网络人际交往从过去的以物质和能量为基础的物理平台转向以网络信息为基础的电子平台，呈现数字化、拟人化的特征趋势，事实上在一定程度上动摇了传统社会交往中所秉持的内心诚挚、言而有信的基本准则。①

截至2018年12月，我国互联网普及率达59.6%，网民规模达8.29亿人；移动终端仅手机网民达8.17亿人，人均周上网时长达27.6小时；网络支付用户规模达6.00亿人，年增长13.0%；网络视频、网络音乐、网络游戏用户规模分别为6.12亿人、5.76亿人、4.84亿人；2018年短视频用户规模迅速崛起达6.48亿人；在线教育用户规模达2.1亿人，年增长29.7%；网约车用户规模为3.32亿人，年增长率达40.9%；网上外卖、互联网理财、网络购物、网络文学用户规模均高速增长，分别达4.06亿人、1.51亿人、6.10亿人、4.3亿人；而即时通信、搜索引擎、网络新闻用户规模分别高达7.92亿人、6.81亿人、6.75亿人。②

“网络平台”（internet platform）亦被称作“网络中介”（internet intermediary），源自互联网与平台经济学的结合，随着信息与通信技术的发展其外延亦不断更迭。广义上网络平台包括网络接入以及路由、内容自动缓存等服务提供者，一般狭义上网络平台仅指为他人提供内容发布、传播、共享等服务的内容型服务者。③网络平台往往构成一个价

* 吴国贵，厦门市同安区人民检察院。

① 郑智航：《网络社会法律治理与技术治理的二元共治》，载《中国法学》2018年第2期。

② 中共中央网络安全和信息化委员会办公室 第43次《中国互联网络发展状况统计报告》，中国互联网络信息中心官网 :http://www.cac.gov.cn，2019年2月28日发布，最后访问日期：2019年6月15日。

③ 查云飞：《德国对网络平台的行政法规制——迈向合规审查之路径》，载《德国研究》2018年第3期 第33卷 总第127期；转引自 Anna-Sophie Hollenders.Mittelbare Verantwortlichkeit Von Intermediare imetz.Baden-baden:Nomos.2012.S33.

值网，价值可以在不同时间和地点、以不同的形式被创造、交互使用、反馈，使得规模效应被放大。[①]2016—2017 年，网络平台企业成为全球经济中最强大、最具创新的网络平台，呈现出数字化信息的快速流动与大规模社会化协作，融合互联网经济与实体经济，平台本身成为经济与社会的新主角，技术驱动[②]的互联网平台成为经济、社会与生活中新的资源配置与组织方式。网络平台的发展已经历从电商平台到行业平台再到现在的平台经济阶段。

当前中国经济增长正处在新旧动能转换时期，又步入创新资源全球化阶段，“互联万 +”“双创”改变了传统的产业链组织方式，正在以平台为核心重组产业生态网络平台经济，其具有以下有六个特征：（1）用户参与的依赖性；（2）信息精确匹配；（3）双边市场、交叉网络外部性[③]；（4）跨界性，随着资源共享范围越来越广、程度越来越深，产业内部的边界越来越模糊，打破原有产业边界，产业通过平台实现跨界融合现象也越来越显著[④]；（5）公开透明、开放共赢观念，从市场信用来看，是以诚信、道德、公平、责任、共赢等为价值理念、依靠法律硬约束和道德软约束共同维护才能有效运转的人性经济或道德经济；（6）身份“双重性”，一方面网络平台是企业，要进行内部治理，要参与市场竞争，另一方面它是市场，需要对平台上的用户的交互进行管理和协调。[⑤]

二、网络平台的典型法律问题

（一）网络平台“面纱揭露”

网络平台实际控制者利用网络社会“赛博空间在线生存样态”的自身拟人化特征，跨域跨界提供产品服务，以网络化、扁平化传播手段，精心构筑宣传、交互过滤机制、价值利益流动引导机制，掩藏不可告人非法目的，致使众多人员基于信赖而参与加入与网络平台实质交互，令涉众型经济违法犯罪活动现象高发、频发。如 2018 年 6 月以来，P2P 网络借贷平台问题频发，截至 2019 年 2 月 17 日公安机关已对 380 余个涉嫌非法集资犯罪的网贷平台立案侦查，据不完全统计，查封、扣押、冻结涉案资产价值约 100 亿，案件欺骗性强、逃匿现象突出，尤其是北京、上海、浙江、广东等地公安机关主动“面纱揭露”，侦破“联璧金融”“理财咖”“礼德财富”等群众反映强烈、社会危害严重

---

① 钟鸿钧：《平台变革》，微信公众号：数字经济与社会，2018年6月13日，最后访问日日期：2019年6月24日。

② 网络平台依赖的技术因素有九个要素，也称作网络平台特性的九宫格，分别为：（1）“技术驱动”——（a）云计算（Cloud）、（b）移动终端（Mobile）、（c）技术表达（App）；（2）“关键环节”——（d）数字化（Digitalization）、（e）连接（Connection）、（f）精确匹配（Match）；（3）“人的需求”——（g）社交化（Social）、（h）赋能（Enabler）、（i）生态（Ecosystem）。参见：钟鸿钧《平台变革》[DB/OL]. 微信公众号：数字经济与社会，2018年6月13日，最后访问日2019年6月24日。

③ 交叉网络外部性，如双边网络外部性意味着加入平台的买家越多，则卖家加入平台的潜在收益也越高，同样已加入平台卖家越多，则买家加入平台的潜在收益也越高。

④ 吕本富：《从平台经济到平台经济学》，搜狐号：阿里研究院，2018年5月30日，来源于《财经问题研究》2018年第5期，最后访问日期：2019年6月24日。

⑤ 陈永伟，叶逸群：《理解平台经济的三个关键点》，微信号：数字经济与社会，2018年4月9日，最后访问日期：2019年6月21日。

的网贷平台。[①]

（二）网络平台“藏污纳垢”

网络的虚拟性也让不法分子产生侥幸心理，网络上可以使用化名、假名，加上受害人基于隐私考虑不曝光、报案，加上有些网络平台重收费、轻管理，对信息的真实性缺乏核实、把关不严，致使不法分子有可乘之机，形成滋生违法犯罪的土壤。如未成年、贫困学生遭遇“百色助学网”性侵陷阱，美团外卖和饿了么平台商家贩卖吸毒工具，百度地图假地址的洗浴类假信息招引嫖客；[②]再如社交网络平台近来又成为新型网络诈骗重灾区，仅2019年1—4月，深圳龙岗区已有47名单身男女在网络婚恋平台被诈骗，损失金额近1200万元，涉及X爱网、世纪XX网、百X网三大知名婚恋交友平台，此类手法被形象地称之为“杀猪盘”，诈骗团伙擅于以感情为突破口，诱导用户脱离平台监管后实施诈骗。[③]再以网络平台微信黑色产业链现象为例，黑产上游为盗号、产号、养号，在黑市上每一个微信号都是明码标价的[④]，被称之为“肉鸡”，价格随着微信平台与黑产之间猫鼠游戏在近两年间稳步动态上扬；黑产下游——涉黄、赌、毒人员不会冒险用自己实名认证和绑定银行卡的微信号实施犯罪，因此对微信账号有着源源不断的需求。2018年3月国内首个集微信恶意注册、群控外挂[⑤]、赌博网络平台于一身的黑产团伙被查获，公司全员只有52人，日流水却有近千万元。[⑥]

（三）网络平台主体之间“滥用优势地位”与恶性竞争

网络平台主体之间的利益纷争导致恶性竞争问题。如“3Q大战”即国内最大的两个客户端软件腾讯与奇虎360之间从2010年9月底开始，以“隐私大战”“滥用市场支配地位”“外挂侵权”“不正当竞争”等为争议焦点的系列纷争，这一纷争历经四年间的网络“斗法”，因“二选一”绑架广大用户为手段被视为非良性竞争的典型案例。[⑦]再如2018年开始“头腾之战”即腾讯系与今日头条系之间矛盾，围绕“数据资产”“用户携带权”“著作权”“不正当竞争”等争议点引起用户、流量利益纷争[⑧]，对战已延伸至社交、电商、视

① 彭景晖：《公安机关已对380余个网贷平台立案侦查：查扣冻结涉案资产约百亿》，载《光明日报》2019年2月18日 第003版。

② 王志贤：《铲除网络平台的犯罪土壤》，载《福建日报》2017年8月19日第003版。

③ 周韵曦，叶海燕：《社交平台成为新型网络在诈骗重灾区》，载《中国妇女报》2019年5月24日第004版。

④ 在一些微信号交易QQ群里，发现较贵的微信个人账号约为300元，而微信商户的账号标价高达7000元。

⑤ 群控，指运用系统自动化控制集成技术，把过个手机操作界面直接映射到电脑显示器，实现一台电脑控制几十台甚至上百台手机的效果；微信群控包括软件和硬件，通过群控系统+各种批量模拟脚本的手段，完成微信批量操作，同时还要做到规避微信产品规则，对抗平台的安全技术策略，让这些微信号进行加好友、加群、发朋友圈等抄作，模拟正常人使用的行为。

⑥ 沈星佑：《网络平台黑色产业链揭秘？挖挂号、群控养号，日流水高达千万元》，微信号：21财闻汇，2018年10月25日，最后访问日期：2019年6月23日。

⑦ 搜狗百科词条《3Q大战》，搜狗百科 http://www.sogou/com，最后访问日期：2019年6月4日。

⑧ 姜斯勇：《头腾大战：API授权机制下亟待解决的核心法律问题》，微信号：明庭律师2019年4月19日，最后访问日期：2019年6月5日。

频、新闻等领域。[①] 还有超级网络平台 [②] 危害方面的问题。超级平台发展进入“强者愈强”的良好状态，势如破竹的财富汇聚效应和不可阻挡的竞争优势，加上强大的社会动员能力和海量数据的汇聚能力，逐渐成为全球民众在网络空间最不可或缺的新型信息基础设施，具备公共性和私有性双重属性，彻底改变了现有网络治理体系和规则，其垄断危害体现在各种合谋、经营者集中和滥用市场支配地位。中国互联网巨头在财务指标上已进入全球榜单前几名，但互联网“开放共享”的核心价值观没有形成，未成为整个社会价值观样板。[③]

（四）网络平台侵权、违约及附随义务违反

网络平台平台侵权、违约及附随义务违反问题包括但不限于以下问题：（1）如网络平台谣言与名誉权保护问题。据《2017 年食品造谣治理报告》显示，微信是食品谣言传播主平台，占比高达 72%，其次是微博，占 21%，经记者调查发现，利用自媒体造谣已呈现公司化运作趋势，形成“以谣生利”产业模式。[④]（2）网络平台知识产权保护问题。2017 年 10 月北京快手科技有限公司认为广州华多网络科技有限公司的“补刀小视频”App 年未经许可擅自播放了其平台 PPAP 短视频，尽管快手后来将视频删除，亦被法院判决侵权成立，成为短视频构成类电影作品的首例案例。[⑤]（3）网络平台违约、虚假宣传、欺诈与歧视问题。如 2018 年 10 月杭州互联网法院对牛某在游戏饰品第三方交易平台上账号被封禁无法取回游戏饰品索赔案裁判认定被告杭州某科技公司构成违约赔偿原告经济损失 26 万元。[⑥] 还有购物网络平台、商家因虚假宣传纠纷涉诉问题、欺诈与歧视以及网约车平台高峰期竞价争议等问题频出。（4）网络平台信息不对称问题。如 2019 年 5 月德云社演员吴鹤诚的家属在众筹平台“水滴筹”上向社会求助，因平台未披露求助人、患者情况、家庭经济情况等相关信息，引发网友们的质疑，还有 2016 年引发众怒的东莞“罗尔事件”中，罗尔将赞赏金 250 万元原路退还给网友。[⑦]（5）技术滥用及“网络、数据安全”问题。如百度搜索早期竞价排名引发“血友吧”“魏则西”事件，及其他滥用技术虚假误导性的恶意竞价搜索排名等问题；随着人工智能、云计算、大数据、物联网等网络技术发展，网络安全不仅仅关系隐私、财产安全，还可能关联人身安全。如 2018 年 8 月浙江绍兴破获“史上最大规模的数据窃取案”受害者包括百度、腾讯、阿里、今日

---

① 杨斌：《头腾大战烧向海外 腾讯10亿夺今日头条“意中人”》网易 http://www.sogou/com.2019年2月13日，最后访问日期：2019年6月6日。

② 互联网实验室在研究中，将汇聚全球十亿级高粘度活跃用户的网络应用服务平台界定为超级网络平台，主要集中在美国和中国，包括美国两大移动操作系统平台苹果和谷歌、社交媒体平台脸书、云计算平台亚马逊已经新兴共享经济平台 Uber 和 Airbnb, 中国的 BAT 以及滴滴出行等共享经济平台。

③ 《汕头大学学报》(人文社会科学版)编辑部：《〈网络垄断与治理系列研讨会之电商平台〉各方意见综述》，载《汕头大学学报（人文社会科学版）》2017 年第9期。

④ 鞠实：《应对新媒体违规乱象，平台主体责任不可少》，人民法治网 http://www.rmfz.org.cn 2018年11月14日，来源于《人民法治》2018年11月，最后访问日期：2019年6月7日。

⑤ 赵春燕：《刷新认知的网络平台侵权案》，载《民主与法制时报》2019年5月5日第003版。

⑥ 赵春燕：《玩家“皮肤”被禁 交易平台赔偿26万》[N].《民主与法制时报》2018年11月4日第006版。

⑦ 谢小丹，李海洋：《求助信息真假难辨公益众筹再惹争议：网络募捐服务平台急需明确法律责任》，载《中国商报法治周刊》2019年5月16日第5版。

头条等国内96家互联网公司，用户数据多达30亿条。[①] 腾讯安全玄武实验室还发现移动App用户点击克隆病毒链接后，账户权限、账号和资金可被克隆盗取，腾讯安全科恩实验室发现恶意第三方可在非物理接触条件下利用安全漏洞显示可实现远程控制车辆。此外，还存在App超范围收集、强制授权、过度索权等个人信息收集安全问题。[②]

此外，还有网络平台自身内部治理不完善问题，有的缺乏有效争议解决机制以及退出有关的“生前遗嘱”机制，如网约车平台早期服务过程中的安全风险分配安排机制缺失。

三、网络平台法律责任设置生成的原则、规律

网络平台法律责任设置生成应以诚信原则为基石，秉持法治、平等、自由和公平、公正、公开理念，在网络平台数据获取、存储及科学技术算法的数据匹配、引导交互实现发展与网络社会公平之间寻找最优化平衡区域，使网络平台承担与其发展水平条件相适应的共同但有差别的责任。

（一）诚实信用原则

诚实信用原则本是市民社会民法的帝王条款，具有高度概括性、包容性和开放性，具有补救法律规则可能出现的漏洞与衡平利益的功能，还从传统的民法域相应扩展到其他法领域，含公法、私法，含实体法和程序法，成为一则普世性的法律原则，并发挥了行为准则功能和审判准则功能、演进法律功能和解释功能。诚如台湾学者史尚宽所述，一切法律关系都应根据他们的具体情况，并按照正义衡平原则来调整，进而实现具体的社会公正，其法律关系内容与实现的方法则应根据当事人间不同情况而有差异。[③] 简而言之，在网络市民社会进行市场经济活动，诚实信用原则要求的是网络平台参与网络平台经济活动中在善意诚信，守信不欺，在不损害他人利益和社会利益的前提下追求自己的利益，并遵循公开透明、开放共赢价值理念。

（二）技术驱动话语权与法律规范话语权的平等开放交流互动原则

网络社会技术的驱动因素，促进社会专业领域分工深度细化，科学技术专业领域形成自己的职业槽，普通人乃至立法者、执法者、司法者往往并不透彻全面深刻地了解，无法对科学技术自身及其运用的社会价值和风险进行评价，致使科学技术及其运用的规范评价话语权弱化，并被掌握在本专业领域相关群体手中，一方面与掌握价值判断人文规范话语权权重较大的立法规范制定者之间产生客观上的话语权分割效果；另一方面，网络社会权力观具有权力分散的特点，不仅意识形态控制者和政治权力控制者掌握着权力，其他的组织、个人和广大普通社会成员也掌握着部分权力，政府则通过知识产权及相关法律来实现网络权力规制，它还必须实现从科层制向扁平化发展，并充分考虑政治家、市场、社会和公民的价值。因此，应重视构建程序性话语共识体系，即网络市民社会价值话语权、技

① 新京报《超30亿条用户数据泄露，BAT无一幸免》，百度资讯 新京报官方账号 http://www.baidu.com，2018年8月22日，最后访问日期：2019年6月3日。

② 李素：《智能网呼唤“全链安防”》，载《人民日报》2018年9月6日第14版。

③ 匿名：《论诚实信用原则》，百度文库共享文档号 http://www.baidu.com,2018年6月29日，最后访问日期：2019年6月15日。

术驱动话语权与法律规范话语权掌握者多方平等开放交流互动平台机制来实现一种新型的权力运作模式，并形成一定共识上的可观察和预测检验的反馈和循环。

（三）承担共同而有差别的责任原则

具有双重身份属性的网络平台受其平台经济发展五大规律作用，在网络平台不同发展阶段的具体情境中，自身内部治理能力、竞争力与平台市场内引导治理能力均需要不断提升，根据朴素的权利义务对等原则，且根据具体网络平台涉及网络经济或跨界内容领域、技术驱动引导交互所可能产生的全领域风险程度，承担与其运营主客观条件相适应但又有差别的责任。

（四）维护技术驱动发展与社会公平相统一原则

网络平台的数据能力和科学算法引导匹配的技术驱动能力成为网络平台重要的生产要素，维护网络平台自身技术驱动发展以高效参与社会经济活动为其根本目的之一，但其技术驱动能力的运用应当以促进社会整体福利的提升并不得触犯社会公平的底线。总之科学技术就是生产力，但运用应该以有利于维护社会公平水平的提升。

（五）防范网络平台的网络安全风险原则

网络平台基于通过数字化符号连接现实物理世界与赛博空间，随着大数据、云计算、5G 通信技术、区块链技术、科学智慧职能化算法、物联网技术等的深度运用，网络平台的安全边界被不断扩展，来自网络空间的安全风险从信息隐私、财产安全，扩展到人身安全，其社会风险因平台而聚合加大，如 2018 年滴滴顺风车司机在线运营过程中奸杀案。[①] 此外还涉及国家网络主权的信息数据安全等领域，所涉及安全在量、质上位于价值序列的高位阶。根据风险与收益相一致原则，对于网络平台经济市场主体承担的网络安全风险防控责任尤为重要，以预防优先为原则，应增强技术和规范层面的事前预防、事中干预、事后管理的防控机制建设。如我国已出台个人信息安全、数据安全、网络安全、信息安全等立法及规范，并对特定领域行业公司企业、国家机关及具有一定经济规模效益以上企业采取强制网络安全等级保护测评制度。

（六）践行网络平台的社会责任理念

网络社会人际呈现除虚拟性、拟人化趋势特征，在事实上动摇了传统社会交往中所秉持的内心诚挚、言而有信的基本准则，机会主义分子总是想方设法将物理世界自然人身份进行隐藏或伪装进行“脱离”，诱发物理现实社会中诸如“百色助学”、大学生刷单网络平台陷阱等侵害特定或不特定群体合法权益的现象。网络平台经济是以诚信、道德、公平、责任、共赢等为价值理念、依靠法律硬约束和道德软约束共同维护才能有效运转的人性经济或道德经济。尤其是超级网络平台事实上掌握着强大的资源和信息引导能力和权力，从中攫取巨额社会经济利益，并会对网络社会产生正面和负面的全域性实际影响，且所担负的法定社会责任往往因为权力散在性、程序成本等话语权资源不对等而往往容易被忽视。因此，网络平台一方面应积极履行社会责任，另一方面在社会责任上的

① 陈伟，石莹：《网络平台安全管理义务的规则反思及其重塑》，载《理论探索》2019 年第 2 期。

付出，也有利于其信誉度的有效提升，亦可转化为其竞争力的相对优势。

四、网络平台法律责任控制思路

（一）鼓励、引导、加强网络平台行业、道德自律与承诺机制建设

由于现实网络社会、传统社会的“宽恕”及法律规则的滞后性规律，对待网络平台经济社会现象，应基于网络社会赛博空间在线生存样态及其独特网络社会三观特点、网民结构现实，以及网络平台数据和科学技术算法匹配驱动的实质，同时基于多方话语权局限性和割裂状态，以维护网络平台经济健康良性发展、有效进行网络社会治理为目标，以前述基本原则为理念，通过鼓励、引导、加强网络平台行业、道德自律与承诺机制建设，促进网络平台主体责任及法律责任的设置和生成，使之符合客观实际。现阶段应鼓励网络平台经营者在其内容服务领域积极组建行业协会，形成相应章程、行业自律、标准公约；应鼓励网络平台与相应监管部门在网络社会及网络平台治理方面签订合作协议，鼓励网络平台企业在维护商家、消费者权益、社会责任等方面作出承诺并积极履行。网络平台对行业道德、自律与承诺的严重违反，在后果上可能会导致相应的法律制裁并承当相应的法律责任。

（二）重视技术治理与法律规范二元治理责任的协同与配合

网络技术的发展促进了一种网络自主空间的生成，并形成了一套以技术编码和自治伦理为主的技术治理方式，其区别于法律治理方式，甚至在某些场合对法律治理方式产生制约。需要运用法律蕴含的价值、原则度技术治理进行有效归化，进而影响拓展法律治理的边界、增加网络社会、网络平台的法律治理手段。从企业社会责任话语共识看，施托雷尔认为，现代多中心主义的治理方式与企业社会责任是一体两面的，要求企业在自愿的基础上调整经营策略，通过企业盈利与社会责任融为一体的方式来拓展短期的盈利目标，利用自身技术优势进行技术治理。① 网络社会的治理越来越承认这种技术治理的“软法”地位，并从企业的社会责任角度证明了这种技术治理的合法性。在我国现阶段坚持强调国家主导前提下引入社会元素，将公共的与私人的、个人的与机构的、市场的与官方的意愿和利益纳入其中，并在国家、市场、社会多中心之间形成均衡治理格局的复合型共治模式：（1）政府、网络运营商和互联网企业应当严格按照法律程序，来确立技术标准和治理方案，并自觉地将标准和方案与法律基本价值进行对照，以确保技术标准与方案同法律要求保持一致；（2）立法部门通过立法程序将运行成熟的技术规范分形式、分领域、分层级、分权限地上升为法律规范；（3）在具体情势变更或发展中完善法律制度，为技术治理的法律归化提供良好的依据和标准。②

（三）以“以网管网”“依法管网”“信用管网”三维进路思维，提升网络社会中网络平台分领域、分形式、多层次法律责任控制综合效果

习近平总书记在网络安全和信息化工作座谈会（即“4· 19讲话”）中指出“办网站的

---

① 杜晓康：《从立法到自律：美国互联网规制的演变之路》，记者网 https://www.jzwcom.com,2016年8月6日，最后访问日期：2019年6月15日。

② 郑智航：《网络社会法律治理与技术治理的二元共治》，载《中国法学》2018年第2期。

不能一味追求点击率，开网店的要防范假冒伪劣，做社交平台的不能成为谣言扩散器，做搜索的不能仅以给钱的多少作为排位的标准”，“(网络平台)企业即要承当经济责任、法律责任，也要承担社会责任、道德责任”。要将经济责任、道德责任及社会责任和法律责任纳入到网络平台责任法规范体系或网络社会法治领域中，窃以为应重视网络社会领域独特的价值三观规律及尊重其由野蛮生长步入规范、稳定发展阶段的实际，以“以网管网”“依法管网”“信用管网”三维进路思维，提升网络社会中网络平台分领域、分形式、多层次的法律责任控制综合效果。

“以网管网”强调技术手段与监管业务的融合，“依法管网”强调网络平台自律道德、规范和他律规范责任的融合，“信用管网”强调网络平台独特属性，就人性经济或道德经济之根本而进行相应信用标识化并与互联网社会生态体系规则深度的融合，坚持三维进路思维旨在形成相应行业自律道德领域、技术伦理领域与民法领域、行政领法域、经济法领域和刑法领域的分领域、分形式、多层次的法律责任控制。

（四）网络平台法律责任有限减免或免除的安全阀

出于网络平台主、客观技术条件和能力发展的过程性，从期待可能性的角度看，网络平台法律责任的承担具有明确性和有限性，在特定情势中则应当予以免除或减轻。如网络平台对其在技术上与事实经验上的不可预见、亦不可期待预防的风险损失，一般不应承担民事经济法律责任，但在其总体受益程度范围内应承担且仅承担，与该风险形成存在实质关联时，公平责任责任原则或道义责任要求的部分补偿性的民事责任；对于可预见的风险，最终责任为对风险作出技术上或者规则上的有效分配或制度管理，作为在此之前临时性规则，若已尽到风险披露和提示义务的，在不违反法律强行规定，亦不违反公平公正原则的前提下，一般应当免除或者部分免除其法律责任，除非其已对此作出过承诺；对于可预见的风险或已暴露的风险，未尽到风险披露和提示义务的，亦未对风险作出技术上或者规则上的有效分配或制度管理，一般则应当承担相应的法律责任；对于属于应主动向有关部门、协会或标准组织报告、报备，同时履行报告义务；对于严重违反安全风险管理义务的，情节严重的还可能承担刑事责任。

环境行政公益诉讼诉前程序实证研究

黄长太　许翠霞　罗晓梅*

引　言

2015年7月1日，十二届全国人大常委会的第十五次会议决定授权最高人民检察院在部分地区开展公益诉讼的试点改革工作，授予部分地区的检察机关提起公益诉讼的权利。经过两年的试点实践，2017年6月27日，全国人大常委会修改《中华人民共和国行政诉讼法》（以下简称《行政诉讼法》），正式授权检察机关负责行政公益诉讼工作。

两年的试点改革实践证明：环境行政公益诉讼在保护生态环境和自然资源方面可以发挥重要的作用，是加强环境保护不可或缺的重要方式，其中诉前程序更是具有举足轻重的地位。本文主要针对诉前程序在环境行政公益诉讼中的实施成效进行实证研究，分析当前环境公益诉讼的诉前程序所存在的实践困境，寻求相应的解决措施，从而为环境行政公益诉讼诉前程序的健康发展和完善提供一定的借鉴。

一、环境行政公益诉讼诉前程序的实施成效

2017年6月30日，在最高人民检察院“全面实施检察机关提起公益诉讼制度”新闻发布会上，通报了截至2017年6月我国检察机关提起公益诉讼案件的相关情况（如图1、图2所示）。[①]

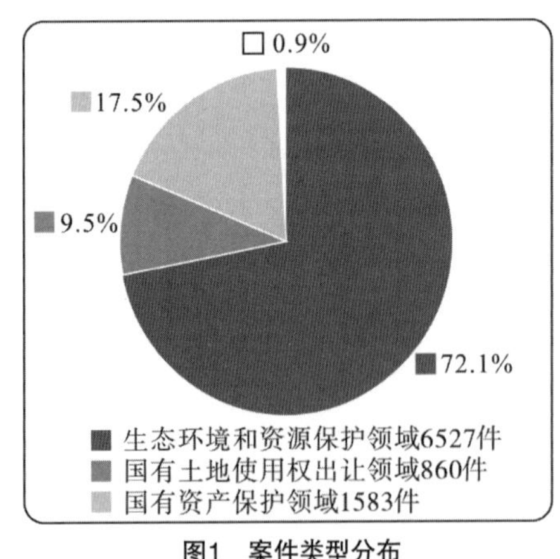

图1　案件类型分布

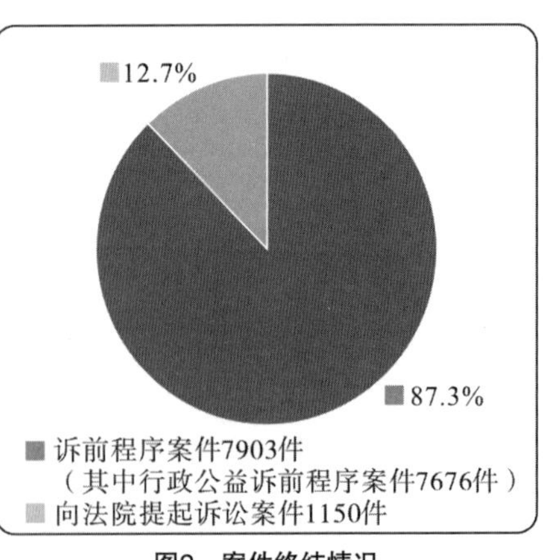

图2　案件终结情况

通过分析相关数据，我们可以看出：在案件类型分布上，公益诉讼所涉案件主要集

*　黄长太，厦门市同安区人民检察院。许翠霞、罗晓梅，集美大学。

① 《最高人民检察院“全面实施检察机关提起公益诉讼制度”新闻发布会》，http://gjwft.jcrb.com/2017/6yue/qmssjcjgtqgyss/，访问日期：2018-07-16。

中在生态环境与资源保护两大领域，占比高达 72.1%；案件审结类型方面，在诉前程序就结案的比例高达 87.3%，只有 12.7% 的案件进入了公益诉讼程序。福建省的改革试点情况亦是如此：自试点以来，办理的 1222 件公益诉讼案件中，1134 件是在诉前程序解决的，占比为 92.7%。[①] 而检察机关全面实施公益诉讼后，有些省份经诉前程序后，行政机关的案件整改率甚至达到了 91.7%，比试点时期明显提高了很多。[②] 可以说，环境行政公益诉讼的实施成效主要反映在其诉前程序上。[③]

行政公益诉讼的“诉前程序”设立的法律依据是新修订的《行政诉讼法》第 25 条第 4 款规定，即“检察机关在提起行政公益诉讼之前，应当向行政机关提出检察建议，督促其依法履行职责，纠正违法行政行为”。它是在遵循司法权与行政权权力分界并保持司法权的谦抑性和尊重行政权的专业性的前提下，实现行政检察的法律监督的方式，重在督促行政机关依法履职。只有当行政机关不履行法定职责时，为维护社会公益，检察机关才可启动诉讼程序进行介入和干预。将诉前程序作为检察机关提起行政公益诉讼必经的前置性程序，这是由 2015 年 7 月最高人民检察院发布的《检察机关提起公益诉讼改革试点方案》（以下简称《试点方案》）、2015 年 12 月发布的《人民检察院提起公益诉讼试点工作实施办法》（以下简称《实施办法》）所确立并延续下来的一项制度。诉前程序的法定性、必经性、特定性，使检察机关在办理任何一起环境行政公益诉讼案件时，若想要提起诉讼，都必定要经过诉前程序这一前置程序，因此，诉前程序也是行政公益诉讼案件的实质性起点。可以说，它起到了协调检察机关和环保执法机构的关系，督促环保执法机构主动纠正违法行为或履行法律职责的作用。“诉前程序的设置，在节约司法资源、尊重行政自制、促进社会和谐方面确有不可替代之功效。”[④] 而试点改革的实践情况也表明，“诉前程序表现出了强大的分流功效”。[⑤]

正因为诉前程序对于行政公益诉讼具有独特的制度价值，2018 年 3 月 2 日最高人民法院和最高人民检察院联合发布的《关于检察公益诉讼案件适用法律若干问题的解释》（以下简称《解释》）第 3 部分第 21 条规定，诉前程序作为检察机关办理环境行政公益诉讼案件的一个前置程序，具有法律上的必经性和特定性。同时《解释》对诉前程序中行政机关的履职期限进一步细化，行政机关依法履行职责的期限，由试点期间的一个月延长至两个月，但出现公益损害继续扩大等紧急情形的，行政机关应当在十五日内书面回复。这里行政机关的履职期限，既是检察机关给予行政机关纠正违法行政行为的期限，也是检察机关结束诉前程序、启动诉讼程序的期限。《解释》延长了行政机关的履职期限，应该说是充分考虑到了生态环境与资源保护工作的自然规律性及自然条件的约束性，能够更好地协调环保执法机构与检察机关的关系，督促环保执法机构更好地依法履职，提高司法效率，节省司法成本。因此本应只起到次要作用的诉前程序，已逐渐成为一种与诉

---

① 张仁平：《福建检察机关四种监督齐发力行政公益诉讼“福建样本”》，http://news.jcrb.com/jxsw/201803/t20180311_1848628.html，访问日期：2018-07-17。

② 徐日丹：《最高检召开新闻发布会通报检察公益诉讼案件办理情况》，载《检察日报》，2018年3月3日。

③ 江必新、梁凤云：《行政诉讼法理论与实务》，北京大学出版社2009 年版，第17页。

④ 应松年：《行政公益诉讼试点亟待解决的几个问题》，载《人民论坛》2015年第24期。

⑤ 薛志远、王敬波：《行政公益诉讼制度的新发展》，载《法律适用》2016年第9期。

讼并重的纠纷解决机制。[①]

二、环境行政公益诉讼诉前程序面临的实践困境

从试点改革到正式实施，诉前程序都在整个环境行政公益诉讼案件办理过程中起到了至关重要的作用，彰显出独特的制度价值。但是从改革试点以来，诉前程序在实务工作中仍存在一些问题亟待研究和解决。

（一）案件启动及履职到位的标准认定复杂

环境行政公益诉讼诉前程序的行政检察监督重点在于行政机关是否履行了法定职责，《解释》第21条将受案范围严格限定于行政机关违法行使职权或者不作为致使环境公益遭受损害的情况。这一规定客观上要求检察机关必须审查行政机关自身的行政行为，而行政行为的履行是否足以发挥环境公益的保障作用，是否能够切实制止环境公益遭受损害，往往又成为是否进一步启动环境行政公益诉讼的判断标准。这里隐含的逻辑前提是：推定行政机关的履职行为能够保护环境公益，只要检察机关督促行政机关依法履职，就可以起到保护环境公益的作用。但是生态环境保护与修复受制于自然规律和自然条件，不仅复杂而且周期长，行政机关依法履职与环境公益修复与保护之间并不必然呈现正向关系。那么就会出现诉前程序中检察机关到底该如何把握对行政行为的审查标准的困惑：是采行为标准还是结果标准？检察机关必须就行政机关是否依法履职进行审查，既要在尊重环保执法机构行政自主权的基础上认定环保执法机构是否构成违法或不作为行为，又要很好地达到监督的效果，督促环保执法机构采取措施切实保护生态环境、维护社会公共利益，这在实践中存在诸多困难。[②]

1. 行政不作为认定困难

从改革试点的案件情况来看，环境行政公益诉讼诉前程序主要针对行政机关不作为。而行政不作为具有消极性、非强制性等特征，在具体认定时需要结合行政机关的法定职责、行政机关法定职责的履行是否具有客观可能性、行政机关是否具有不作为的事实。具体到环境行政公益诉讼案件，所涉行政机关——环保执法机构的法定职责，主要表现为对发现的污染源及时进行处理以防止损害的进一步扩大，同时对造成污染的企业进行跟踪监管并督促其贯彻执行相应的环保补救措施。[③]在这里，环保执法机构更多的是扮演着监督者的角色，其行政职责的履行通常需要依赖于行政相对人的行为配合，加之行政机关履行职责的种类和方式的多样性，各方面的职责义务交织叠加，客观上增加了检察机关认定行政不作为的复杂性。而行政不作为的认定，往往又牵涉到诉前程序与诉讼程序能否有效衔接的问题。实务中，涉及行政不作为认定，主要存在以下问题：

（1）环保执法机构在法定的期限内对检察机关的检察建议作出了回复，但并未实际履行其职责的行为是否属于失职不作为？

（2）环保执法机构实际已履行了其职责，但未在形式上对检察机关作出答复是否属于失职不作为？

---

① 沈开举、邢昕：《检察机关提起行政公益诉讼诉前程序实证研究》，载《行政法学研究》2017年第05期。

② 丁阿婵：《检察机关提起行政公益诉讼制度之思考》，载《法制博览》2018年第5期。

③ 刘辉：《检察机关提起公益诉讼诉前程序研究》，载《中国检察官》2017年第3期。

（3）环保执法机构按照检察建议的要求依法向其管理的相对人作出了相应的行政处罚措施，但没有后续跟进监督，致使行政相对人并未实际作出改变，使损害持续扩大是否属于失职不作为？

（4）环保执法机构为纠正其违法失职行为已经作出了切实的努力，但因其职能的实现需要依靠上级的审批程序或者相对人始终不配合等，造成损害未能实际消除且依然存在，那么，这种情形是否应认定为环保执法机构的失职违法行为？[①]检察机关是否应当进一步启动诉讼程序？换言之，认定行政机关是否依法履职，应当秉持行为标准抑或结果标准？贵州省贞丰县人民检察院诉兴仁县环保局行政不作为案就陷入了这样的困境：[②]兴仁县环保局在收到贵州省贞丰县人民检察院发出的检察建议后，对行政相对人——远程煤矿加强行政监管，采取了日常监督、现场检查、责令停止违法行为等一系列履职行为，对此贞丰县人民检察院及法院均予以肯定。但因远程煤矿所造成的大气、固废、土壤污染等情形依然存在，贞丰县人民检察院进一步提起了环境行政公益诉讼。这个案例中，检察机关所采用的就是结果导向的认定标准。

2. 环保执法机构是否整改到位认定困难

考虑到行政机关具体职责和行政不作为认定的复杂性，实践中，对环保执法机构是否依法履行了监管职责、是否整改到位以及生态环境和资源被破坏的状态是否得到好转等问题的认定，目前尚未形成具体判断标准。[③]检察机关在履行职责过程中发现环保执法机构的违法失职行为时，可以启动诉前程序，发出检察建议，以督促环保执法机构履职。制发检察建议，这一司法行为具有较为广泛的实用性，兼顾了行政机关在行政事务管理方面的专业性，既降低司法诉讼成本，又能达到维护社会公共利益的目的，但是不可忽略的事实是，检察建议并不具备类似法院诉讼判决的强制执行力，很可能造成环保执法机构虚与委蛇，表面上积极回应，实则不付诸行动的现象。加上行政责任主体及行政机关是否整改到位的具体认定标准失之阙如，可能导致诉前程序的制度功效大打折扣。

（二）诉前程序的操作规定及监督机制不明晰

环境行政公益诉讼制度全面施行以来，各地办理环境行政公益诉讼案件的工作程序基本上参照改革试点地区的相关规定，诉前程序的具体操作细则有待进一步明确。此外，作为诉前程序的重要环节——检察建议的制发，缺乏具体明确的操作规范，其配套措施缺失而监督落实机制亦不够健全。

1. 操作规定过于笼统

关于诉前程序的工作流程、检察建议的制作要求，《解释》只做了原则性的规定。而实践中，诉前程序操作规定不明晰，缺少必要的强制性措施，对生态环境和资源破坏的界定标准认识不统一，对诉前程序的启动标准、提出主体、上下级检察机关的关系、具体的流程管理、送达的方式、办案的时限、期间延长标准、环保执法机构是否履职到位的具体认定程序、诉前程序的法律效力及法律文书的样式等都没有具体的法律规定可以遵循。关于检察建议的制发，虽然 2009 年 11 月 13 日最高人民检察院印发实施了《人民

① 胡卫列、田凯：《检察机关提起行政公益诉讼试点情况研究》，载《行政法学研究》2017 年第 2 期。

② 贵州省普安县人民法院行政判决书 [2017] 黔 2323 行初 3 号。

③ 沈开举、邢昕：《检察机关提起行政公益诉讼诉前程序实证研究》，载《行政法学研究》2017 年第 5 期。

检察院检察建议工作规定（试行）》（以下简称《工作规定》），用 11 个条文规定了检察建议的性质，工作原则、对象、标准，以及适用范围、提出检察建议的程序等内容，但对于检察建议的具体操作流程的规定仍显粗糙，不敷实践所需。这些具有可行性的操作程序及流程规范关涉诉前程序独特制度价值能否得以充分彰显。

2. 缺乏相应配套机制

环境行政公益诉讼案件的办理过程中，不可避免地需要对生态环境和资源被破坏的程度进行鉴定，常常涉及化学分析、矿物学、生态学等方面的专业知识，检察机关普遍缺乏这些专业技术知识。[①] 而目前尚无完善的涉及公益损害鉴定、环境损害修复资金管理等方面的专门配套机制[②]，客观上造成检察机关调查核实权的行使，不得不更多依赖于外部技术力量，甚至是被监督者——环保执法机构的协助。加之我国环境行政公益诉讼制度的诉前程序还是一个新事物，各项机制不成熟。对于这样一个新实践，大众尤其是环保执法机构尚未完全接受和真正适应，这无形中增加了检察机关司法权行使的难度。

3. 监督落实机制不健全

目前我国"强行政、弱司法"的权力运行格局仍客观存在，司法机关在很大程度上受到行政机关的限制，检察机关难以真正发挥其监督作用，法律监督容易流于形式。[③] 现有的法律只是笼统地规定检察机关作为法律监督机关，可以向违法失职的行政机关发出检察建议以督促其履职，但检察建议不具有强制执行力，现行法律对于检察机关监督的界限范围、具体内容和方式方法等也界定不清，甚至没有界定，即使是有法可依的监督，由于缺乏监督的具体实施细则，也会导致监督的刚性不足，难以形成确保司法公正、独立所必需的抗干扰内部监督机制。加之目前检察机关人员少、任务重、办案条件差，易顾此失彼，难以为继。特别是随着监察委的建立，反贪局、反渎局转隶、职务犯罪监督权剥离，检察机关自侦权削弱，如何强化检察机关的行政检察监督职能需要进一步研究。这些客观因素不可避免地会对环境行政公益诉讼的实施成效产生影响。

（三）调查取证困难

1. 调查取证权范围规定不明晰

我国法律对于检察机关案件调查取证权的范围规定不明晰，调查核实权的行使界线难以确定。现有法律规定检察机关可以采取调阅、复制行政卷宗、询问相关人员、收集证据、咨询专业人员、委托鉴定、勘验物证、现场等七种调查核实的方式。《实施办法》对检察机关调查核实权的手段进行了严格限定，但对这七种调查取证权行使的范围、程序以及相应的行使界限规定模糊。检察机关的调查取证缺乏程序性保障措施，既没有配套规定强制措施也没有提供相应的救济方式，导致调查核实权不具有刚性的法律强制力。例如，《实施办法》虽然规定了行政机关及其他有关单位和个人应当配合检察机关的调查核实工作。但是如果在行政机关及其他有关单位和个人不予配合的情形下，检察机关是否能采取其他救济性的保障措施？如果没有配套措施予以保障，那么检察机关的调查核实权就可能流于形式。

① 史绪广：《行政公益诉讼运行中的难点》，载《中国检察官》2017 年第 09 期。

② 胡卫列、田凯：《检察机关提起行政公益诉讼试点情况研究》，载《行政法学研究》2017 年第 2 期。

③ 史绪广：《行政公益诉讼运行中的难点》，载《中国检察官》2017 年第 09 期。

2. 检察机关取证能力薄弱

改革试点实践表明，面对环境行政公益诉讼证据的广泛性、专业性等现实要求，检察机关案件办理过程中普遍存在调查取证能力薄弱的问题。[①] 检察机关办理环境行政公益诉讼案件时所运用的调查核实手段单一，大都采取调阅、复制相关行政执法卷宗、询问相关人员等方式进行调查核实，而很少采取委托鉴定、收集证据、视听资料等方式对生态环境和资源的破坏程度进行调查；而勘验物证、现场和咨询相关人员、相关部门或行业协会等调查核实手段，往往施行难度较大。这些都导致检察机关在认定环境被破坏的程度以及损害结果与环保执法机构的行为之间是否存在因果关系等方面存在很多困难，难以满足开展环境行政公益诉讼的证据需要。

3. 环保执法机构不配合

《解释》第 33 条针对检察机关在行政公益诉讼案件中的调查权做了专门规定，但是基于行政公益诉讼案件中，检察机关的"公益诉讼人"的身份设定，以及法律监督权的目的限定，法律规定明确禁止了限制人身自由以及查封、扣押、冻结财产等强制性措施的适用，以确保检察机关行使调查权时保持适当的谦抑性。但是实践中，检察机关的调查核实，难免遭遇环保执法机构的不配合甚至抵触，加之环境行政公益诉讼案件所需要获取的证据复杂多样，专业性又强，一般需要到公共利益损害的现场调查取证，但因基层民行检察人员并不具备行政执法权，要想进入案发地点实地调查，通常需要相关执法人员的带领，而环保执法机构又是案件的直接利害人，必然使检察机关的调查权行使遭遇重重困难。

三、完善环境行政公益诉讼诉前程序之具体路径展开

诉前程序和诉讼程序是环境行政公益诉讼案件的两种不同结案方式。在这一制度架构下，环境行政公益诉讼制度并不以诉讼为目的，公益诉讼只是督促环保执法机构积极主动履职的一种有效手段，其终极目的在于对环保执法机构的行为进行监督制约，最大程度上避免生态环境和生态资源的继续恶化，从而有效维护国家和社会公共利益。[②] 因此，能通过诉前程序解决的问题尽量在诉前程序中解决，这样既及时解决问题，又有效节约了司法资源。只有不断加强诉前程序的司法规范化和专业化水平，才能真正地督促环保执法机构依法行政，从而更好推进生态文明建设、维护国家和社会公共利益。因此，针对前文所述的行政公益诉讼诉前程序实务工作中存在的一些问题，我们需要进一步完善诉前程序的相关机制。

（一）完善案件启动及履职到位的认定机制

诉前程序是所有环境行政公益诉讼案件的必经步骤，只有在检察机关发出检察建议后，环保执法机构仍未依法履行法定职责，生态环境和资源仍然处于受损状态的情形下，检察机关才能依法启动诉讼程序。因此，明晰环保执法机构的履职标准，完善行政机关行政不作为的认定机制，是建立诉前程序与诉讼程序有效衔接的重要环节，也是当前健全诉前程序亟需解决的重要问题。

---

① 王炜:《检察机关提起公益诉讼的理论与实践》，载《中国青年社会科学》2018年第1期。

② 任晟缘:《检察机关提起公益诉讼制度诉前程序研究》，载《法制与社会》2017年第19期。

1. 细化行政不作为的认定机制

就诉前程序的运作机理而言，检察机关应当对行政机关是否依法履职，是否存在违法失职行为进行认定，即诉前程序的审查对象是行政机关的行政行为本身，而对行政行为的评价依据一般是对行政行为作出具体规定的各种法律法规。[①]但是，实践中，环保执法机构因其自身职权的法定性和履职的专业性，在保护生态环境和资源、维护社会公共利益方面比司法机关更具有优势，因此在相关的法律法规对行政机关职责的规定不够具体明确，很难囊括所有行政行为的情形下，环保执法机构往往能为自己不存在违法失职行为找到法律依据。同时，环境行政公益诉讼案件中，环保执法机构通常是监督者，其行政职责的实现一般依赖于行政管理相对人的配合行为，这增加了行政不作为认定的复杂性。因此，我们需要对行政行为不作为的认定标准进行细化规定。一般地，环保执法机构在收到检察建议的法定期间内未能采取行政行为及时制止环境损害发生，生态环境和资源仍然处于被破坏的状态或者处于被破坏的潜在威胁状态的，便属于行政不作为。[②]具体而言，应从以下几个方面进行细化明确：

（1）环保执法机构的履行义务应当是实质性的。环保执法机构实质履行了职责但未对检察机关的检察建议作出答复的情形一般不认定为不作为；但对检察机关的检察建议只做了形式上的书面回复，实际未履行其职责的，则应认定为不作为。

（2）未履行完全的，对其未履行的部分应认定为不作为。仅对行政管理相对人作出处置，但未进行后续的跟进监督，致使行政相对人并未实际作出改变，损害持续扩大的，对其未跟进监督的部分应认定为不作为。

（3）因不可抗力、紧急避险、意外事件或环保执法机构职责以外的原因造成损害未能实际消除的，不应认定不作为。环保执法机构为纠正其违法失职行为已经作出了切实的努力，但因其职能的实现需要依靠上级的审批程序或者相对人始终不配合等原因，造成损害未能实际消除的不应认定为行政不作为。对这一情形的认定，其实涉及到检察机关对行政机关的依法履职行为的审查标准的掌握问题——采取行为标准抑或结果标准？根据现行法律规定，我们可以看到检察机关所遵循的审查标准除了对行政行为的审查之外，实际上还涉及对行政机关的行政行为结果的审查——即行政机关所采取的行政行为是否能够制止环境公益（继续）受损。但是，我们认为，从环境行政公益诉讼诉前程序的制度价值出发，用结果标准来衡量行政机关的行政行为是否达到依法履职，对于行政机关的审查要求过于严苛，过分扩张了检察机关对行政行为的审查范围和强度。如前所述，我们通常假定“行政机关依法履职 = 环境公益不受（继续）损害”，但是这二者之间还存在行政机关上下级审批制度、行政管理相对人的行为、生态修复功能是否丧失等多个变量。秉持结果标准，可能违背了生态环境与资源保护、生态修复的客观规律。对此，我们认为判断行政机关是否依法履职应当坚持行为标准。

总之，只有完善行政职责及环保执法机构行为违法的认定机制，将行政不作为的标准细化到检察机关可操作的程度，有关的检察建议书达到事实证据清楚、建议合理可行的程度[③]，才能真正发挥诉前程序的价值功能。

---

① 高宗祥：《行政公益诉讼制度施行疑难探讨》，载《人民检察》2016年第10期。

② 沈开举、邢昕：《检察机关提起行政公益诉讼诉前程序实证研究》，载《行政法学研究》2017年第5期。

③ 刘辉：《检察机关提起公益诉讼诉前程序研究》，载《中国检察官》2017年第3期。

2. 明晰环保执法机构履职到位的标准

无论是试点改革期间还是正式实施后，诉前程序都在整个环境行政公益诉讼案件的办理过程中发挥了至关重要的作用，充分体现了其制度的优越性，但目前的《解释》中对环保执法机构是否履职到位的判定标准的规定还很模糊，实践中认定环保执法机构是否履职到位以及生态环境是否得到改善还存在很多困难。

根据“法无授权不可为，法有授权必须为”的原则，认定行政不作为及环保执法机构是否履职到位的标准应当明确具体。对于环境行政公益诉讼案件，检察机关发出检察建议后应从“行政管理相对人的违法行为是否已经停止”“生态环境和资源被侵害的状态是否已得到有效遏制”“环保执法机构是否已穷尽一切可能的法律手段”“环保执法机构有无法定理由拒绝履行法定职责的情况”等方面综合考虑环保执法机构是否履职到位。

从司法实践中可知，大部分案件中环保执法机构都能够遵循诉前程序中的规定，在法定期限内书面回复检察机关。但解决环境行政公益诉讼案件中环保执法机构在生态环境和资源保护方面的行政管理不力问题是一项长期工程，并不是环保执法机构的一个书面回复就能真正解决的。在无法定理由的情况下，环保执法机构仅对检察建议作出书面答复，但未能通过其行政行为及时制止损害的发生，国家和社会公共利益仍然处于受到侵害状态或处于受到侵害的潜在威胁状态时，应当认为其并未依法履行其职责[①]。但环境的治理，如恢复植被、修复土壤等本身就是一项长期的工作，要想真正恢复本就需要漫长的时间，只要环保执法机构同行政管理相对人一起制定了切实可行的修复方案，即使还没有真正整改到位，也应尊重行政成熟性原则，认定其依法履行了相应的职责。[②]

（二）细化诉前程序的操作规定及配套监督机制

当前，环境行政公益诉讼诉前程序的操作规定过于笼统、缺乏相应配套措施、监督落实机制不够健全，客观上影响了诉前程序的制度成效。对此，我们认为应当从以下几个路径展开，对其予以进一步完善。

1. 规范检察建议的操作细则

目前，《解释》更多的是从诉讼程序角度来规范行政公益诉讼案件的办理。而对诉前程序即检察建议只用了原则性条款进行规定。考虑到生态环境和资源保护领域的专业性、技术性要求较高，公益损害鉴定、环境损害修复资金管理等专门配套机制缺失、关于诉前程序的规定过于笼统，客观上使得检察建议的制发在实践中面临诸多困难。因此，需要规范检察建议的制发程序和内容，将检察建议的具体操作流程纳入《人民检察院组织法》，以立法的形式规范检察建议的操作细则，提升检察建议的质量，切实破解实践运行中遇到的各种难题，建构科学合理的一整套检察建议运行机制。具体可从以下几个方面加以明确：

（1）检察建议发出前：检察机关在履行职责过程中发现相关的案件线索后，首先需报请检察长批准决定立案，再到案件管理部门登记，决定立案的环境行政公益诉讼案件，应当按规定制作《立案决定书》。其次，在立案后，检察机关应对案件进行证据的调查与

---

① 沈开举、邢昕：《检察机关提起行政公益诉讼诉前程序实证研究》，载《行政法学研究》2017年第5期。

② 徐全兵：《检察机关提起行政公益诉讼的职能定位与制度构建》，载《行政法学研究》2017年第5期。

收集。为了提升调查取证的实效，可以考虑建立生态环境保护的专门侦查机构以及与环保方面专家库的资源共享机制，整合组建生态环境保护的综合执法队伍来协助案件的调查，对环保执法机构的违法失职行为进行专业的取证分析论证，取得相关证据后依法制作审查终结报告，经集体讨论形成处理意见，经民事行政检察部门负责人提出审核意见后报检察长批准，检察长认为必要时还需提请检察委员会讨论决定。①

（2）检察建议发出时：证据收集完毕后，发现环保执法机构确有违法行使职权或不作为的事实的，依法向涉案的环保执法机构提出检察建议，对于同一侵害国家利益和社会公共利益的损害后果，数个行政机关均存在未依法履行职责情形的，可以分别发出检察建议。同一行政机关对同类多个违法事实存在未依法履行职责情形的，可以合并为一案发出检察建议；同类违法事实数量较大时，应当重点监督重大、典型案件。作为诉前程序的检察建议在发出时应载明行政机关违法行使职权或者不作为的事实、构成违法行使职权或者不作为的理由和法律依据以及针对行政机关的违法行为，提出督促其依法正确履行职责的建议的具体内容。

（3）检察建议发出后：检察机关应当建立有效的跟踪回访机制，及时跟踪环保执法机构的整改情况。判断环保执法机构是否切实纠正了自身的违法行为，不仅要看环保执法机构的书面回复内容，更要看环保执法机构的实质整改行动。

（4）增强检察建议的可操作性，既要确保检察建议发布的适当具体，细化到诉前程序的每一环节的每一步骤，保证制发检察建议有法可依，更要逐步完善生态环境和资源保护领域的评估审计及专业鉴定机制，为检察机关办案建立起一整套公益损害鉴定、环境损害修复资金管理等方面的配套机制，为检察机关提供更为经济、便捷、高效的建议和服务，从而给予检察机关更强大的理性力量，但检察机关发布检察建议的时候也要注意避免过于僵化或出现越俎代庖，超越司法权力边界，代替环保执法机构作出决定的现象。②

2. 贯彻落实监督机制建设

诉前程序通过制发检察建议的方式，对破坏生态环境和侵犯社会公益的行为进行救济，与诉讼手段相比更为高效便捷，有利于更好地对诉讼程序案件进行分流。但由于检察建议受限于其性质，不具有法律约束力，如果欠缺有效的监督制约机制予以配套实施的话，可能会造成诉前程序的立法目的旁落，无法发挥应有的制度价值。因此，贯彻落实检察建议的监督功能，与环保执法机构形成良性互动就显得尤为重要。我们可从以下几个方面加强检察建议的监督功能：

（1）建立诉前程序的约谈机制或听证制度。通过面对面的方式进行座谈，阐释检察建议的内容，明确存在的具体问题，指导环保执法机构依法执行检察建议，同时充分利用公众的外部力量，倡导公众积极参与其中，既可以督促环保执法机构准确把握其职责履行情况、更为主动地保护生态环境，实现社会公共利益，又可以加强公众对诉前程序的认可度。对此，细化约谈机制或听证制度需要明确：①约谈或听证的启动条件。检察机关只有在发现环保执法机构确实存在违法行使职权或不作为的情形，国家和社会公共

① 黄学贤：《行政公益诉讼回顾与展望——基于“一决定三解释”及试点期间相关案例和《行政诉讼法》修正案的分析》，载《苏州大学学报（哲学社会科学版）》2018年第2期。

② 胡卫列、迟晓燕：《从试点情况看行政公益诉讼诉前程序》，载《国家检察官学院学报》2017年第2期。

利益仍然处于受到侵害状态或受到侵害的潜在威胁时，才可以依法启动诉前程序的约谈或听证程序。②约谈或听证的告知义务。检察机关决定启动约谈或听证程序后，必须提前告知环保执法机构约谈或听证的时间、地点、与会人员、环保执法机构需要准备的内容等。③约谈或听证的回避情形。检察机关与环保执法机构在约谈或听证的过程中，若约谈或听证参与人员中有与行政相对人构成利害关系的，应依法申请回避，确保约谈或听证过程的公正性。④约谈或听证的具体程序设计。检察机关与环保执法机构的约谈或听证程序应包括介绍约谈或听证的参会人员的身份、约谈或听证的事由和证据说明、案件的进展情况说明以及整改方案的研究和相关利益衡量等几个环节。⑤约谈或听证的备案程序。在约谈或听证程序结束后，检察机关和环保执法机构就讨论结果共同签字盖章并报上级检察机关及环保部门备案。[①]

（2）定期向人大及其常委会报送并向社会公开发布案件进展情况。检察机关通过定期向人大及其常委会报告检察建议的回复与落实情况，指出环保执法机构所存在的问题，这也有利于人大及其常委会采取必要的监督措施。环境行政公益诉讼案件本身事关全体人民的共同利益，公开行政机关回复与落实检查建议的情况，不但可以发挥社会监督的功能，督促环保执法机构切实履职，这也是检务公开的体现。[②]

（3）建立环境行政公益诉讼中检察机关与监察委员会之间的案件衔接机制。当前全面依法治国建设，是法律监督与党内监督的互相支撑，宪法与党章的有效衔接。在全面深化国家监察体制改革的大背景下，监察委员会依法行使的监察权，不是行政监察、反贪反渎、预防腐败职能的简单叠加，而是在党的直接领导下，代表党和国家对所有行使公权力的公职人员进行监督，既调查职务违法行为，又调查职务犯罪行为。在司法实践中，通常是是监察委员会或纪律检查委员在履行职责的过程中发现公职人员的违法行为，经过调查将案件移送检察院提起公诉。相应地，考虑到我国 80% 的公务员以及 90% 的领导干部都是共产党员，倘若检察机关在办理环境行政公益诉讼案件的过程中发现环保执法机构的公职人员拒不执行检察建议，查证属实的，可将有关情况通报、案件材料移送给监察委员会，纪检从监察的角度对涉案人员予以纪律监督。

3. 制定《公益诉讼法》

诉前程序中以发出检察建议的方式鞭策环保执法机构积极履职，是一种比较温和的手段，让环保执法机构在外力的制约下自我整改、主动履职、积极作为。这样一种诉前程序既有利于维护社会公众的利益、避免损害的继续扩大，又能很好地守住解决纠纷的最后一道程序，有效提高司法工作效率，降低诉讼率，维护诉讼作为最刚性手段的权威，从而减轻法院负担、有效节约司法资源和成本，避免滥诉现象的产生。但是，环境行政公益诉讼制度从正式施行以来，很多地方还是依靠试点时期的方案，包括最新出台的《解释》对诉前程序也只有原则性的规定，诉前程序操作规则还很不明晰，相关的立法工作必须提上议程。对此，建议制定专门的《公益诉讼法》[③]，按民事公益诉讼与行政公益诉讼进行分类，系统地对诉前程序的启动标准、提出主体、上下级检察机关的关系、具体的流程管理、送达的方式、办案的时限、期间延长标准、环保执法机构是否履职到位的具

① 李伟：《我国环保行政约谈的制度研究》，甘肃政法学院 2017 年硕士论文。

② 王红建：《行政公益诉讼："做实"诉前程序的六个建议》，http://www.infzm.com/content/126234，访问日期：2018-07-15。

③ 任晟缘：《检察机关提起公益诉讼制度诉前程序研究》，载《法制与社会》2017 年第 19 期。

体认定程序、诉前程序的法律效力及法律文书的样式等加以具体的细化落实，从而切实发挥检察建议的效用。

（三）多元化提升检察机关的调查取证能力

针对检察机关取证能力薄弱等问题，我们可从以下几个方向来提高检察机关的调查取证能力：

1. 赋予一定的强制措施权

环境行政公益诉讼案件以维护国家和社会公共利益为目的，而生态环境、资源一旦受到损害，往往造成严重后果。因此，检察机关在履行职责过程中，应当及时跟进调查取证，而检察机关所掌握的证据材料是否充分，直接关系到诉前程序的能否成立。客观上，生态环境、资源被破坏的事实及生态环境被破坏是否与环保执法机构存在因果关系的证据，通常具有较强的专业性，而且相关证据多由环保执法机构所掌控。检察机关虽然被赋予了一定的调查核实权，由于欠缺强制性手段，难以真正制约环保执法机构。对此，我们认为，虽然在环境行政公益诉讼案件中，检察机关的法律地位被界定为“公益诉讼人”，但是其承担着维护国家、社会公益利益的重要职能，考虑到环境行政公益诉讼案件的复杂性、证据专业性，赋予检察机关适当的强制性调查权，并不违背司法谦抑性原则。例如，可以赋予检察机关除限制人身自由以外的调查核实权，赋予检察机关在必要时采取查封、扣押、冻结财产等强制性措施的权力，方便检察机关多元化行使其调查核实权。同时，针对勘验物证、现场和咨询相关人员等调查手段，应当制定相应的配套机制，强化被调查人的配合义务。建立检察机关的同步录音录像制度，既有利于防止检察机关滥用调查核实权从而损害社会公益，也方便客观真实地记录检察机关的调查核实活动，确保案件的公正性。检察机关只有掌握了环保执法机构违法的证据材料，才能提出有说服力和影响力的检察建议，环保执法机构才会严肃看待检察机关发出的检察建议，才会依照检察建议的要求纠正其违法行为或者依法履职。

2. 加强各方配合协作

环保执法机构因其自身职权的法定性和履职的专业性，在保护生态环境和资源、维护社会公共利益方面本身就比司法机关更具有优势。正如学者所言：“行政机关是政策、技术专家，司法机关是法律专家。”[①] 较之司法权，行政权是更为直接、更具有效率的公共权力，能最有效地提供保护和救济，这些都是立法权和司法权所做不到的。而将诉前程序作为检察机关提起行政公益诉讼的一个独立的、必经的、前置的、法定的程序，既是实行公益诉讼制度国家普遍的经验，而且在我国也有更为深刻之用意，因为行政公益诉讼的目的是“督促执法而非执意与主管机关竞赛”[②]。因此，检察机关在办理环境行政公益诉讼案件过程中应当加强部门之间的配合协作：

（1）建立信息共享及沟通协调平台。检察机关要想对环保执法机构进行有效的监督，就需要充分、及时、准确地掌握环保执法机构的相关执法信息。通过专门的平台实现检察机关与环保执法机构的信息互通互享，可以快速便捷地获得环保执法机构的最新执法

---

① 傅国云：《行政公益诉讼制度的构建》，载《中国检察官》2016年第5期。

② 叶俊荣：《环境政策与法律》，中国政法大学出版社2003年版，第249页。

信息和动态，检察机关可以通过访问专门的信息共享及沟通协调平台，了解环保执法机构的行政行为是否符合法律规定，这有利于检察机关及时充分地掌握行政执法情况，更好地依职权监督环保执法机构的行政执法行为，确保案件得到及时有效的处理。[①]

（2）建立联络员与联席会议机制。由检察机关与环保执法机构共同确定具体的联络人员，并建立一个相对固定的监督联络员网络，负责日常信息沟通和具体案件的协调工作，将信息共享机制落到实处。检察机关与环保执法机构还可以通过定期或不定期地召开联席会议、举办业务座谈，相互学习业务知识、技能，不断总结办案经验，提高执法水平，针对办理案件过程中遇到的重大疑难问题提出具体的解决方案，进一步提高检察机关与环保执法机构沟通协调的效率和水平，确保监督落到实处。[②]

（3）注重寻求协助。检察机关应加强检察机关一体化办案机制建设，采取市级检察院主导、基层检察院配合的方式，加强基层检察院与上级检察院的沟通协调，实现调查资源和手段的上下联动配合，有效统筹整合检察资源，围绕违法行为、因果关系、损害结果相关的证据和案情不断细化取证规则，形成规范化、可操作性的取证方法，提升取证效率。但检察机关在调查取证时，必须保持中立态度，不偏不倚，无论是对环保执法机构不利的证据还是有利的证据均应仔细调查核实。[③] 此外，检察机关可以通过加强宣传，呼吁更多公众积极举报，并给予相应的奖励措施，从而更为全面地收集案件线索和证据。

3. 强化检察人员办案能力

环境行政公益诉讼案件一般比较专业、复杂，如果办案人员不更新自己的知识，就无法准确认定环保执法机构存在违法失职问题，也不能提出有说服力的检察建议。因此，检察机关应加强对检察办案人员的素质与能力的专业培训，增加检察配备、补充人员，探索成立专业性保护机构，建立环境行政公益诉讼专门人才培养的长效机制，[④] 从检察机关内部增强专业方面的取证能力。

随着环境行政公益诉讼制度全面实施，检察机关案多人少的矛盾将日益凸显，基层检察院应当综合运用大数据、卫星遥感等现代科学技术，提高在破坏生态环境、自然资源保护领域的线索发现和调查取证水平，充分利用检察机关和有关部门的专业鉴定系统，有效破解案件调查难、取证难的实务问题。[⑤] 同时只有不断加大对环境行政公益诉讼案件的人力、物力支持，将业务素质较高的工作人员补充到环境行政公益诉讼案件中，强化对基层检察人员的培训频率，才能不断提升基层检察人员的专业素质和办案能力。

四、结论

环境行政公益诉讼制度实施以来，诉前程序作为检察机关办理环境行政公益诉讼案件的必经前置程序，在纠正环保执法机构违法失职行为、保护生态环境、维护国家和社

① 唐张、黄喆：《行政执法与行政检察衔接平台构建》，载《中国检察官》2018年第3期。

② 黄钰：《行政执法与刑事司法衔接机制研究》，载《政府法制研究》2008年第2期。

③ 丁阿婵：《检察机关提起行政公益诉讼制度之思考》，载《法制博览》2018年第05期

④ 高建伟、马晓锐：《检察机关提起公益诉讼诉前程序研究》，载《人民检察》2017年第19期。

⑤ 张雪樵：《 检察公益诉讼的“智慧之门”》，载《检察日报》,2018年4月9日。

会公共利益方面发挥了不可替代的重要作用。通过诉前程序，督促环保执法机构主动履职，从而推动生态文明建设，不仅是检察机关履行行政检察监督职能的重要内容，也是环境行政公益诉讼制度价值的重要体现。但环境行政公益诉讼诉前程序在我国还是一项刚开始实践的新制度，许多配套机制尚不健全，还有不少理论问题需要进一步厘清和辨析，许多细节问题需要在摸索中完善，但是只要坚持在实践中不断发现问题、解决问题，全方位、多元化地完善制度体系，我们一定能够建立起一套适应我国国情的环境行政公益诉讼制度。

论检察行政公益诉讼中的"公益"界定

吴国贵　郑贤宇 *

引　言

《中国共产党十八届四中全会报告》提出探索建立检察机关提起公益诉讼制度，为检察机关提起行政公益诉讼提供了政策性和纲领性的支持。2015 年 7 月 1 日，全国人民代表大会常务委员会发布《关于授权最高人民检察院在部分地区开展公益诉讼试点工作的决定》（以下简称"《授权决定》"），检察机关提起行政公益诉讼进入试点阶段。最高人民检察院和最高人民法院随后分别发布《检察机关提起公益诉讼改革试点方案》（以下简称"《试点方案》"）和《人民法院审理人民检察院提起公益诉讼案件试点工作实施办法》（以下简称"《实施办法》"），明确规定了行政公益诉讼的案件范围、诉讼参加人、诉前程序、诉讼提起要求、诉讼管辖等，力图实现公益诉讼在检察院阶段与法院阶段的衔接。

从现有规范来看，行政公益诉讼具有实验性和审慎性，被寄予了通过一段时期的试点为相关法律的修改完善积累经验的希望。行政公益诉讼的学理探讨要早于此，尽管还相对薄弱。但除了零星的反对声音外，① 行政公益诉讼确立的必要性与可行性已成共识，关键在于如何通过规范解释和制度建构抚平行政公益诉讼与一般的行政诉讼之间的裂痕，诸如行政公益诉讼与行政诉讼目的的契合性问题、检察机关的原告资格问题、检察机关与审判机关、行政机关在行政公益诉讼中的关系问题、行政公益诉讼的范围问题等。② 要想解决这些问题，则需回溯到行政公益诉讼本身，挖掘其产生的原因和最终的目的，即"公益"概念。

一、行政公益诉讼之"公益"概念的既有探讨

"公益"的界定是个永恒的难题，在行政公益诉讼领域，法学界的传统理论主要从两

---

*　吴国贵，厦门市同安区人民检察院。郑贤宇，集美大学。

①　例如章志远教授认为，行政公益诉讼不符合行政诉讼的目的，逾越了行政诉讼检察监督应有的边界，破坏了国家的权力配置格局。参见章志远:《我国不宜建立行政公诉制度》，载《河南省政法管理干部学院学报》2001 年第 3 期；章志远:《行政公益诉讼中的两大认识误区》，载《法学研究》2006 年第 6 期；章志远:《 行政公益诉讼热的冷思考》，载《法学评论》2007 年第 1 期。

②　在《行政诉讼法》修改时，最高人民检察院就已经提出建立行政公益诉讼的建议，但最终因这些理由被否定。全国人民代表大会法律委员会作出的解释反映了对这些问题的担忧，主张还需要"通过在实践中积极探索，抓紧研究相关法理问题，逐步明确公益诉讼的范围、条件、诉求、判决执行方式等，为行政公益诉讼制度的建立积累经验"。参见《全国人民代表大会法律委员会关于〈全国人民代表大会常务委员会关于修改《中华人民共和国行政诉讼法》的决定（草案）〉修改意见的报告》。当然，这也基本上预示了全国人大常委会的行政公益诉讼授权决定。

种路径进行探讨，即实体主义路径和程序主义路径。[①] 前者是一种解构式的探讨，通常将“公益”概念拆解为两个问题：谁之利益与何为利益；后者的主要围绕“公共”概念展开，关注如何形成“公共”，进而确定“公益”。

除关注“公益”本体外，亦有学者运用类型化方式，尤其通过切割“公共”的范围，识别各类“公益”。一种路径是通过与其他类型的利益相区别，讨论“公益”不是什么，通常作为比较对象的是国家利益、政府利益，乃至私人利益[②]；另一种路径则将“公益”类型化为国家利益与社会公共利益（也有称为“社会利益”）[③]，有学者甚至直接将公共利益等同于社会公共利益[④]，又或者否认通过诉讼途径救济诸如国有资产等国家利益的必要性[⑤]，但普遍对于何谓“国家利益”、何谓“社会公共利益”语焉不详。还有学者根据利益主体将“公益”区分为：作为核心的国家利益、作为常态存在形式的不确定多数人的利益、作为特殊存在形式的需特别保护的利益（尤其如弱势群体）。[⑥] 这类区分也只不过揭示了形式意义上的“公益”，尤其是第二类“公益”仍需以实质内容为辅助，才能理解。类型化路径事实上以更多的不确定性概念取代公共利益这一不确定性概念，各种利益类型本身含义存在诸多分歧，无法更为明确、有效地揭示“公益”概念。因而部分学者更青睐通过立法描述具体的“公益”事项，列举行政公益诉讼的范围。[⑦] 多被提及的“公益”事项涉及环境资源保护、弱势群体保护、国有资产保护、国有土地使用权转让、行政垄断问题、财政开支、政府信息公开、公共工程、公共设施等[⑧]，关保英教授又进一步抽象为“行政公益诉讼应当包括人身权益、财产权益、环境权益、发展权益诸范畴”[⑨]。

不论是实体主义路径、程序主义路径还是类型化路径，虽然初步揭示了“公益”概念的基本含义，但并未有效弥补“公益”概念的不确定性。就行政公益诉讼而言，这一层面上的“公益”定义显然不够。

二、检察行政公益诉讼试点文本中的“公益”

作为行政公益诉讼的核心，“公益”概念虽使之不同于一般的行政诉讼，但对“公益”的解读仍然不应脱离其所在的行政法与行政诉讼法语境。“公益”是行政公益诉讼产生的原因和最终目的。最高人民检察院明确指出检察行政公益诉讼的必要性源于：“在国有资

① 关于实体主义路径和程序主义路径的解读，参见郑贤宇、刘玉姿：《论行政公益诉讼中的“公益”概念》，载《社会科学家》2017年第10期。

② 贺海仁编：《公益诉讼的新发展》，中国社会科学出版社2008年版，第6页；田凯：《行政公诉论》，中国检察出版社2009年版，第11页。

③ 颜运秋：《从会共利益到公益诉讼的跨越》，载《行政法论丛》2008年第15卷；伍玉功：《公益诉讼制度研究》，湖南师范大学出版社2006年版，第10页。

④ 贺海仁编：《公益诉讼的新发展》，中国社会科学出版社2008年版，第6页。

⑤ 张卫平：《民事公益诉讼原则的制度化及实施研究》，载《清华法学》2013年第4期。

⑥ 韩波：《公益诉讼制度的力量组合》，载《当代法学》2013年第1期。

⑦ 黄学贤、王太高：《行政公益诉讼研究》，中国政法大学出版社2008年版，第71页。

⑧ 关于能够提起行政公益诉讼的“公益”事项的梳理，可参见何海波：《行政诉讼法》（第二版），法律出版社2016年版，第199页；徐艳群、杨见云、缪建萍：《关于我国建立行政公益诉讼制度的法律思考》，载《江西社会科学》2009年第9期；李湘刚：《论和谐社会语境下中国行政公益诉讼制度的构建》，载《东南学术》2011年第6期。

⑨ 关保英：《行政公益诉讼范畴研究》，载《法律科学》2009年第4期。

产保护、国有土地使用权出让、生态环境和资源保护等领域，一些行政机关违法行使职权或者不作为使国家和社会公共利益受到侵害，由于我国目前保护国家和社会公共利益的法律制度还不十分完备，对此类违法行政行为缺乏有效监督。”[①] 全国人大常委会在《授权决定》中直接指出行政公益诉讼的目的，即“加强对国家利益和社会公共利益的保护。”尽管既有的行政公益诉讼试点文件中并未明确界定“公益”概念，但仍可以从中选取出两个角度加以认识。

第一个角度与学理上讨论的具体描述“公益”事项方式相同，全国人大常委会、最高人民检察院、最高人民法院的规定都对“公益”事项或者说具体行政领域做了列举。各项文件的列举情况如表 1 所示。全国人大常委会授权文件并未区分民事公益诉讼与行政公益诉讼，统而列举。在“公益”事项上，最高人民检察院与最高人民法院具有一致性，尤其是两者均将“食品药品安全”排除出行政公益诉讼的明确列举范畴。实际上，食品药品安全涉及人的一般生存与发展需求，当然属于应当重点保护的公共利益，而且近年来的食品药品安全事件与行政主体的不作为甚至违法作为存在莫大关系，这种有意排除，令人不解。由此带来的问题是，民事公益诉讼之“公益”与行政公益诉讼之“公益”有何不同，这就引出第二个角度。三份试点规定均将“公益”概念类型化为两类，即国家利益和社会公共利益。值得注意的是，全国人大常委会授权文件并未对民事公益诉讼与行政公益诉讼作“公益”类型上的区分，但最高人民检察院和最高人民法院在界定民事公益诉讼范围时，仅提及社会公共利益，在界定行政公益诉讼范围时，同时提及国家利益和社会公共利益。而从“公益”事项的具体列举来看，民事公益诉讼中的“社会公共利益”与行政公益诉讼中的“社会公共利益”也有所不同。问题在于这只是形式上的侧重点不同，还是两类诉讼在案件范围上的本质差异。

表 1　检察行政公益诉讼主要规范一览表

名称	制定主体	“公益”事项或行政领域
《关于授权最高人民检察院在部分地区开展公益诉讼试点工作的决定》	全国人民代表大会常务委员会	生态环境和资源保护、国有资产保护、国有土地使用权出让、食品药品安全等领域
《检察机关提起公益诉讼改革试点方案》	最高人民检察院	生态环境和资源保护、国有资产保护、国有土地使用权出让等领域
《人民法院审理人民检察院提起公益诉讼案件试点工作实施办法》	最高人民法院	生态环境和资源保护、国有资产保护、国有土地使用权出让等领域

根据《试点方案》和《实施办法》的规定，民事公益诉讼之“公益”指的是社会公共利益，这与《环境保护法》《民事诉讼法》的规定相同。结合所列举事项，这里的“社会公共利益”与市民社会的正常秩序和活动息息相关。但就我国而言，国家与社会的界限并不明确，两者也非截然分隔，因而民事公益诉讼实践的范围实际上超出了保护社会公共利益的范畴，尤其如国家以市场方式运作国有资产，检察机关提起的以防止国有资产

① 《最高人民检察院〈关于授权最高人民检察院在部分地区开展公益诉讼改革试点工作的决定（草案）〉的说明》。

流失为目的的民事公益诉讼案件不胜枚举。[①] 行政公益诉讼之“公益”囊括了国家利益和社会公共利益，结合所列举事项，可得出其总体上强调国家本位，与行政主体所承担的行政职责紧密相关。民事公益诉讼与行政公益诉讼的最大差异应在于前者处理的是民事活动中的公共利益损害案件，针对民事主体的违法活动；后者处理的是行政活动中的公共利益损害案件，针对行政主体的违法作为或不作为。庞德曾将公共利益区分为国家作为法人的利益与国家作为社会利益保卫者的利益[②]，表明了公共利益是国家应当保护的利益。试点规定中的社会公共利益无疑可以归为国家作为社会利益保卫者的利益。无论是民事公益诉讼，还是行政公益诉讼，均由国家提供公力救济，尽管前者面向市民社会秩序，后者面向行政职责，但两者在目的上具有一致性，即应当保护值得国家保护的公共利益。“公益”事项列举上的不同，因而可以解释为仅仅是侧重点的差异。

此外，庞德将社会利益分为六类：一般安全方面的社会利益、社会组织安全方面的利益、一般道德方面的社会利益、保护社会资源方面的社会利益、一般进步（经济进步、政治进步、文化进步）方面的社会利益、个人生活方面的社会利益即每个人都能过上符合社会标准的人的生活。[③] 法律规范是国家保护公共利益的主要手段。依照国家对公共利益的界定，尽管这些社会利益都应由法律承认并保护，但现实并非如此。国家作为社会利益保卫者的利益主要指的是那些经由法律承认并保护的利益，或者扩大范围，即值得以法律保护的利益。从另一个角度看，国家并非社会利益的唯一保卫者，伴随着新公共管理以及新公共服务运动的发展，一些社会个体和团体同样承担或者发挥了维护社会利益的功能。因为社会利益的范围具有开放性，随着社会经济的发展，国家作为社会利益保卫者的利益也会不断变迁，“公益”范围的变化，将影响市民社会秩序以及行政职责的范围。

三、检察行政公益诉讼之“公益”范围的限定依据及标准

界定检察行政公益诉讼之“公益”，有形式标准、实质标准之分，形式标准以行政法律秩序的安定性为内容，实质标准以基本权利和国家任务为内容。形式标准与实质标准仅仅初步划定了行政公益诉讼之“公益”轮廓，但并非所有具有“公益”属性的事项都能进入行政公益诉讼程序，还要依赖一定标准以作出筛选。民事诉讼领域提供的筛选机制是诉的利益理论——诉的利益是启动权利主张进入诉讼审判过程的关键，考虑到行政诉

① 例如，河南省2005—2009年提起民事公益诉讼143件，其中86件是为保护国有资产提出的诉讼，即国有资产流失案，占60. 1%，其诉讼请求一般为要求宣告违法或低价转让国有财产的合同无效，追回特定的国有财产。参见徐全兵：《检察机关提起公益诉讼有关问题》，载《国家检察官学院学报》2016年第3期。作者为最高人民检察院民事行政检察厅行政检察处处长。

② 庞德曾经将利益区分为个人利益、公共利益和社会利益，其中公共利益分为两类：“(1)国家作为法人的利益，包括国家人格的完整、行动自由和荣誉；政治上组织起来的社会，作为一个社团对已经取得的并为合作目的而拥有的财产的主张；(2) 国家作为社会利益的保卫者的利益。”详细论述参见张文显：《二十世纪西方法哲学思潮研究》，法律出版社2006年版，第104页。这些列举的“公益”事项都可以归入这两类中，诸如国有资产、国有土地资源等都属于国家作为法人的利益，而环境资源保护、弱势群体保护等都属于国家作为社会利益保卫者的利益。

③ ［美］罗斯科·庞德：《通过法律的社会控制》，沈宗灵译，商务印书馆2008年版，第37-38页。

讼与民事诉讼的亲缘关系[①]，诉的利益理论当然也适用于行政诉讼，不仅诸多学者借鉴民事诉讼中诉的利益理论建构行政诉讼之诉的利益理论，而且诉的利益理论也被广泛用于论证检察机关提起行政公益诉讼的正当性。[②]诉的利益强调通过诉讼程序救济特定利益的必要性和实效性。"必要性"意味着特定利益要想获得救济，除了诉讼外，别无其他途径或者诉讼是最佳途径；"实效性"指的是法院能够通过判决来救济特定利益。以此为依据，可以对行政公益诉讼之"公益"范围作进一步限定——能够进入行政公益诉讼程序的"公益"事项还应当符合重大性和必要性标准。

（一）限定依据：诉的利益理论

回顾历史，诉的利益概念伴随着19世纪确认之诉的产生而产生，但其理论内容却可以追溯至利益法学。利益法学强调法官并不只是法律的适用机器，而是应当通过对各种相关利益的衡量，将其发现的比较重要且有必要作出司法裁判的利益纳入受案范围，作出决断。诉的利益的本质正是通过利益衡量来决定是否给付司法裁判这项公共产品。诉的利益的主体是启动诉讼程序的原告，首先由原告提出其所认为的诉的利益，但是否给予司法裁判则由国家，即作为代表的法院决定。法院所要衡量的利益关系主要包括两个方面：（1）司法资源的合理配置蕴含的国家利益与原告权益救济之间的冲突；（2）原告权益救济的利益与避免被告无端应诉的利益之间的冲突。由此观之，诉的利益概念发挥着限制原告滥用诉权、避免司法资源浪费以及被告无端应诉的消极功能。但从另一个角度看，"利益主体请求救济的实体利益和与此关联的诉讼利益间的关系属于实体法与诉讼法移行领域的问题，通过认可诉讼利益，实体利益也将作为法律保护的利益获得一定的权利性"。[③]诉的利益因此也体现了司法的能动性，发挥着保障合法权益，促进权利生成的积极功能。在民事诉讼中，作为对传统管理权理论的替代，诉的利益近年来越来越多地被作为判断当事人是否正当的标准。[④]管理权理论强调当事人应对请求法院承认和保护的权益享有管理权或处分权，但诉的利益并不要求如此，相较于什么样的利益主体才能够提起诉讼这一问题，其更强调通过诉讼程序救济特定利益的重要意义，从而大大扩大了适格当事人的范围。诉的利益理论同样适用于行政公益诉讼领域，行政公益诉讼关注"公益"，作为"公益"主体的"公共"与此种利益之间仅仅存在抽象的利益关联，并不符合现行《行政诉讼法》所要求的"利害关系"标准，但现在却可以借助诉的利益理论得到正当性证成。

然而，与民事诉讼、一般行政诉讼相比，行政公益诉讼面临着更为复杂的利益衡量。一方面，作为行政公益诉讼的核心，公共利益概念在受益对象和利益主体上具有双重不

---

① 尽管行政诉讼与民事诉讼有很大差异，但两者却有一定的亲缘关系，这主要体现在《行政诉讼法》出台之前，根据《民事诉讼法（试行）》的规定，行政诉讼适用民事诉讼规则；《行政诉讼法》出台之后，最高人民法院通过司法解释规定行政诉讼可以参照民事诉讼法的有关规定。参见刘连泰：《民事诉讼规则在行政诉讼中的运用及其限度》，载《甘肃政法学院学报》2009年第3期。

② 黄学贤：《诉的利益理论与行政公益诉讼》，载《安徽警官职业学院学报》2008年第4期；殷明胜：《行政公益诉讼原告资格的理论基础》，载《甘肃政法学院学报》2007年第6期；王珂瑾．:《行政诉讼中的"诉的利益"》，载《法学论坛》2012年第3期。

③ ［日］谷口安平：《程序的正义与诉讼》，王亚新、刘荣军译，中国政法大学出版社2002年版，第149页。

④ 齐树洁主编：《民事诉讼法》（第八版），厦门大学出版社2014年版，第138页。

确定性，基于形式标准与实质标准判断出的公共利益仍然具有多样性、广泛性、复杂性与动态性。首先，抽象的公共利益可能表现为不同的形态，比如环境保护、弱势群体保护、国有资产保护、信息公开、财政开支等等；其次，这些不同的利益形态之间并非毫无关系，在特定环境下，不同公共利益之间可能发生冲突；最后，公共利益内容深受社会经济环境的影响，不同的社会需求可能导致不同的公共利益判断，而且伴随着国家任务和基本权利的双向扩张，公共利益的范围也不断扩大。除此之外，一方面，公共利益也可能与个人利益一致或者冲突，当两者存在一致性时，通过救济个人利益，也会产生维护公共利益的效果。另一方面，利益衡量的复杂性还源于行政公益诉讼特殊的诉讼结构。行政诉讼的一般结构是行政主体、行政相对人与法院形成的“等腰三角形”结构；但在行政公益诉讼中，这种“等腰三角形”结构由检察机关、行政主体与法院形成。[①] 通常而言，三者作为国家的分支机构，都在不同程度上通过履行不同国家职能代表着公共利益：检察机关通过履行法律监督职能维护公共利益；行政主体通过履行管理执行职责维护公共利益；法院通过公正审判维护公共利益。但三者所维护的公共利益可能相同，也可能不同。从诉的利益理论出发，当三者在行政公益诉讼中相遇时，法院所需要解决的主要是不同公共利益之间的冲突，例如检察机关旨在救济的公共利益、作为被告的行政主体所代表的行政法律秩序的安定性、法院所代表的合理配置司法资源的国家利益以及否定诉的利益可能给公共利益带来的损害等。法院必须根据利益的重要程度，确定相互冲突的利益之间的位阶次序，最终作出是否具有诉的利益的判断。[②]

诉的利益判断依赖法院的自由裁量。尤其在行政公益诉讼中，由于涉及不同公共利益之间的衡量与评价，法院很可能面临正当性质疑。因为公共利益问题本身具有浓厚的政策性，在很多情况下更适合通过民主程序加以解决，而以追求个案正义为目的的法院很可能不适合作为判断者。但公共利益问题所具有的政策属性并不足以排除司法救济的适用，因为通过行政主体实施行政行为来达成的公共利益本身很多时候具有个案性特点。更何况，伴随着行政国家的确立，行政自由裁量权不断扩大，传送带模式逐渐让位于强调正当程序的利益代表模式，在一定程度上扩大了能够进入诉讼程序的利益范围，其中也包括公共利益。[③] 诉的利益理论所发挥的作用就在于维持法院行使职权的正统地位，通过公正审判，既可以发挥维护公共利益的作用，又不至于卷入政治问题，背离司法制度的本质。诉的利益理论虽然主要针对诉讼阶段，但在检察机关可以就哪些公共利益事项提起行政公益诉讼上，也有参考意义。检察机关需要充分考量检察资源及其应对能力，一方面在不同的公共利益事项之间作出选择，另一方面还需要尊重行政法律秩序，尤其是要给行政主体解决公共利益问题留有一定的制度空间。

（二）限定标准：必要性与重要性

在判断诉的利益上，大陆法系通常属于规范出发型，法院依赖实体法的具体规定作

① 尽管有学者质疑行政公益诉讼是否还能维持这种“等腰三角形”结构，但实际上，能否保持的关键在于通过恰当的制度设计合理配置检察机关与行政主体之间的诉讼权利义务，保障其诉讼地位平等，三者权力属性的不同不会从根本上瓦解行政诉讼结构。参见王晓、任文松：《论检察机关的行政公诉制度》，载《社会科学研究》2013年第6期。

② 胡玉鸿：《关于“利益衡量”的几个法理问题》，载《现代法学》2001年第4期。

③ 王兰玉：《行政公益诉讼的重构》，载《政治与法律》2005年第4期。

出判断；英美法系则往往属于事实出发型，法院依据自然正义理念行使裁量权。这实际上涉及诉的利益立法模式的选择问题。但即使在规范出发型模式中，除了具体列举的事项，通常还存在兜底条款，用以包括那些法律上值得保护的利益[①]，其与事实出发型模式都还需要借助更为具体的判断标准。诉的利益强调司法救济的必要性与实效性，实际上正是基于必要性与实效性两项基准来确定法院的受案范围。必要性侧重于实体利益角度，实效性侧重于诉讼功能角度。诉的利益是实体法与诉讼法之间的“架桥”，可以此为依据，借助必要性标准和实效性标准进一步限定或筛选能够进入行政公益诉讼程序的“公益”范围。从实体利益的角度看，就进一步限定行政公益诉讼之“公益”范围而言，必要性标准与实效性标准并非彼此独立，实效性标准的实质在于适当性，可以被必要性标准吸收。因为只有在公共利益问题适合通过诉讼程序解决且诉讼程序能够解决的前提下（实效性），才存在进一步判断其必要性的问题。

必要性标准强调系争公共利益事项需要通过诉讼程序加以救济。影响必要性的因素可能有：（1）运用诉讼程序的适当性或实效性；（2）是否会导致司法资源浪费或者是否存在滥用诉权问题，即效率性；（3）是否已经穷尽其他救济途径，即成熟性。适当性或实效性指的是系争“公益”事项属于可以通过诉讼程序救济的事项，此因素有助于防止法院介入政治问题，维护法院行使职权的正统性。效率性强调应当真正发挥行政公益诉讼的功能，且并非任何公共利益都可以进入行政公益诉讼程序。成熟性涉及检察权与行政权之间的关系。在维护和实现公共利益上，行政主体发挥着主要作用。行政公益诉讼是检察机关行使法律监督职能的途径之一，其通过监督行政活动来维护公共利益，但仍须尊重行政机关在公共利益问题上的首次判断权。也就是说，相对于其他公共利益救济途径，行政公益诉讼一般处于补充地位。[②]

除了必要性标准外，还需要根据重要性标准来限定行政公益诉讼之“公益”范围，即只有那些足够重要的公共利益事项才会被筛选出来，纳入行政公益诉讼的范畴。首先，如前文所述，基于国家行为辅助原则，可以按照公共利益的重要性程度和国家介入程度将公共任务区分为六个等级，只有当公共利益具有重大意义且个人或社会无力为之时，国家才有介入的空间。在行政主体违法行为，未能实现维护和促进公共利益职能的情况下，检察机关可以提起针对行政主体的行政公益诉讼，这种双重保障正体现了彼时公共利益所具有的重要性。当然，在行政实践中，这种公共任务等级划分只不过是框定行政活动范围的理想设计，行政主体很可能逾越不同等级，但从国家任务构成“公益”的部分实质内容来看，这至少说明了只有具有重要意义的公共利益事项才可能进入行政公益诉讼。其次，在行政公益诉讼制度中，“公益”范围通常经过两次限定，一次由检察机关根据自己履行职责中发现的公共利益问题作出筛选，选择能够进入行政公益诉讼的事项；一次由法院根据诉的利益理论作出筛选。公共利益本身的多样性、广泛性、复杂性以及动态性，意味着检察机关基于检察资源和应对能力的局限性，法院基于司法资源的稀缺性，必然要在不同的公共利益之间作出取舍，或者平衡不同公共利益之间的关系，这就需要按照公共利益的重要程度作出排序。最后，在判断某项公共利益的重要性时，需要

---

① 例如我国《行政诉讼法》第12条关于受案范围的规定。

② 王国侠：《行政公益诉讼“入法”要适度》，载《上海政法学院学报（法治论丛）》2014年第1期。

考量的因素通常包括社会主流价值观念和公共政策。[①]有学者将社会主流价值观念分解为宪法直接表示的价值、社会通念以及法律的基本原则三种不同形式，继而可以据此评判特定公共利益的重要性程度。[②]公共政策是一定时空范围内的社会需求在国家层面的直接和集中反映，通常旨在解决与公众利益密切相关的问题，其本身就具有充分的"公益"性质，可以作为判断不同公共利益重要性程度的直接依据。

必要性标准和重要性标准贯穿了行政公益诉讼试点。根据《试点方案》规定，只有当"公民、法人和其他社会组织由于没有直接利害关系，没有也无法提起诉讼的"，检察机关才可以向人民法院提起行政公益诉讼。这意味着，如果个人通过提起行政诉讼，可以达到维护公共利益的效果，那么就没有必要提起行政公益诉讼。事实上，针对《行政诉讼法》的修改，最高人民检察院就曾建议"在行政相对人不确定或者行政相对人不愿意提起诉讼的情况下，可以由人民检察院提起行政公益诉讼"。[③]《试点方案》还将行政公益诉讼的范围主要框定在生态环境和资源保护、国有资产保护、国有土地使用权转让等领域，"重点是对生态环境和资源保护领域的案件提起行政公益诉讼"，体现了重要性标准。原因一方面在于这些公共利益要么与公民基本的生存与发展息息相关，要么与国家据以存在的经济基础密不可分；另一方面在于近年来，在这些领域，行政机关失职、渎职导致公共利益受到损害的事件时有发生，甚至引起大规模的社会冲突。同样也是基于必要性考量，《试点方案》还要求在提起行政公益诉讼之前，检察机关应当先向相关行政机关提出检察建议，督促其纠正违法行为或者依法履行职责。只有当相关行政机关拒不纠正或拒绝履行法定职责时，检察机关才可以提起行政公益诉讼。而且与之相对应，《实施办法》要求检察机关必须提供其已经履行此种诉前程序的证明材料，从而充分尊重了行政权，并保证案件条件成熟。

四、结语："公益"厘定对检察行政公益诉讼制度的影响

从以行政法律秩序的安定性为内容的形式标准到以基本权利和国家任务为内容的实质标准，再到以必要性和重要性为衡量要素的限定标准，三项标准之间递进相关，最终框定能够进入行政公益诉讼的"公益"事项范围。从诉的利益理论出发，只要具备通过司法裁判获得救济的必要性和实效性，"公益"的范围在理论上不限于《试点方案》和《实施办法》所列举的"公益"领域，而现行行政公益诉讼的试点定位也包含了由点及面的意味，"公益"事项范围在未来的行政公益诉讼立法中很可能不限于当下列举。由于诉讼制度属于法律保留的范畴，而且《授权决定》规定，"试点期满后，对于实践证明可行的，应当修改完善有关法律"，这就需要考虑"公益"的立法模式问题。在未来可能的立法中，可以结合以《国有土地上房屋征收与补偿条例》第8条公共利益条款为代表的既有公共利益立法情况，从行政公益诉讼监督行政活动和维护公共利益的制度目的出发，采用具体列举结合兜底条款的模式。

除此之外，作为行政公益诉讼的锁钥，"公益"概念之厘定还会影响具体制度的设计，这可以从《授权决定》《试点方案》《实施办法》的相关规定反观之。例如，行政公

① 王珂瑾.:《行政诉讼中的"诉的利益"》，载《法学论坛》2012年第3期。

② 杨日然:《法理学论文集》，台湾月旦出版社股份有限公司1997年版，第551页。

③ 参见《全国人民代表大会法律委员会关于〈全国人民代表大会常务委员会关于修改《中华人民共和国行政诉讼法》的决定（草案）〉修改意见的报告》。

益诉讼的原告具有法定性，即三者将行政公益诉讼的起诉资格赋予检察机关，检察机关本身居于“公益诉讼人”的地位。究其根本原因，正是公益诉讼的特殊性在于诉讼的提起不是按照直接利害关系人的意愿，而是以抽象的利益关联为依据，行政公益诉讼的原告突破了传统上要求直接利害关系的诉讼资格理论。又如在受案范围上，行政公益诉讼虽然仍可适用《行政诉讼法》以行政行为模式为起点的规定，但还必须对“公益”事项做特别规定，这是因为尽管行政活动的正当性在于其以公共利益为目的，但并非由于行政机关违法行为而受有损害的所有公共利益都需要通过诉讼途径获得救济。更进一步，“公益”范围的限定也有利于防止检察机关滥用公益诉讼人地位，促进行政公益诉讼中检察机关—法院—行政机关诉讼结构的稳定与协调。“公益”概念对行政公益诉讼具体制度设计的影响当然不限于此，还依赖试点工作的实施情况。但必须注意的是，应当在尽可能符合《行政诉讼法》的一般规定的前提下，作出适合于行政公益诉讼的法律修正或完善，因为行政公益诉讼虽然特殊，但其仍然属于行政诉讼。

网络自媒体监管策略研究

王健敏*

网络自媒体是“私人化、平民化、普泛化、自主化的传播者，以现代化、电子化的手段，向不特定的大多数或者特定的单个人传递规范性及非规范性信息的新媒体的总称”，包含微博、微信公众号、移动客户端等众多载体。移动互联网时代，部分网络自媒体在利益的驱使下，夸大甚至捏造新闻事实以追求经济利益，这就导致了网络上虚假信息泛滥。因此，如何完善对网络自媒体的监督和管理机制，具有重要的现实意义。当前需要进一步建立完善的法律制度，明确相关概念，确定虚假信息的定义范围，以及对网络自媒体具有特定管辖权的行政主体。鉴于网络运营商对自媒体的监督不力，行政机关有必要承担相应的监管责任，增强对违法行为的惩治力度。同时，通过法律法规，规范网络平台的管理和共同责任，加强对网络平台自我监督的培训和评估，进一步提高媒体从业人员的行业准入资格。

一、网络自媒体的发展现状

网络自媒体传播有别于由专业媒体机构主导的信息传播，它是由普通大众主导的信息传播活动，将传统的“点到面”的传播转化为“点到点”的对等的传播。同时，它也指为个体提供信息生产、积累、共享，传播内容兼具私密性和公开性的信息传播方式。其显著区别于传统媒体的特点在于：一是主题普遍性。信息技术和数字媒体的飞速发展使公众可以在互联网上进行短距离互动和共享。每个人都可以根据自己的兴趣和爱好创建、发布、传播和接收新闻，网络自媒体有自己的群众基础，为民众提供平台，平等地发表意见，不受时间和空间限制。二是创新性。网络自媒体环境通常是免费的，可以通过自己的编辑，对同一条新闻进行二次创作，以新颖的形式吸引公众。三是时效性。网络自媒体易于发布新闻，方便公众了解和掌握新闻的动态发展，及时发挥作用。四是发布形式多样性。网络技术的发展促进了网络自媒体形成多种多样的类别，如个人主页、微博、微信公众号等，具有较传统媒体更加广泛的目标受众。

按照运营主体来分类，自媒体大致可分成三类：个人、法人单位和官方组织。个人自媒体的信息主要由自发性个体发布，这是目前自媒体中最具活力也最容易出现问题的一类。

二、网络自媒体面临的问题

网络自媒体的出现改变了传统的媒体传播形态。媒体不再是一个“高大上”的专业性机构，而是变成了一个普通民众就可以掌握并参与的信息发布的渠道。这种遍地开花、全民参与的模式给自媒体带来巨大活力的同时，也不可避免地催生了各种问题。

* 王健敏，厦门市翔安区司法局大嶝司法所。

（一）网络自媒体运营商的专业素养参差不一

由于网络自媒体开设的便利性，大多数网络自媒体运营商都是业余记者或公司团队，他们在新闻撰写和信息收集方面不具备专业素质。在登载之前没有进行应有的事实调查，甚至为了迎合受众，在新闻报道中添加个人主观感情。2017年北京市网信办开展自媒体专项清理整治，通报批评了自媒体账号稿件《搬、搬、搬——这五类人都将要搬出北京》，该文完全曲解了“疏解非首都核心功能”政策，对深入推动京津冀协同发展，建设河北雄安新区和北京城市副中心的实际工作产生不良干扰。

（二）较低的准入门槛导致虚假消息泛滥

网络自媒体不同于传统媒体，其新闻采访来源、访谈权限和后续报道的信息量都有限。较低的准入门槛导致了虚假新闻的泛滥，也严重影响了社会舆论和价值观。如2019年影响较大的咪蒙公众号事件，其发布的文章《一个出身寒门的状元之死》疑似因编造故事、刻意煽动泪点引发负面舆论风波。人民日报官微就咪蒙事件发表评论：“咪蒙发道歉信，避实就虚，避重就轻，暴露出一贯的擦边球思维……热衷精神传销，操纵大众情绪，尤为可鄙。”2019年2月21日，咪蒙微博被永久关停，咪蒙正式注销微信公众号“咪蒙”。随后各大内容平台也先后封禁咪蒙旗下相关账号。

（三）侵权与维权问题突出

一些自媒体运营基本不生产原创内容，单纯照搬，包括不说明来源地复制原创内容，或是未经许可擅自改编他人作品进行传播。对于他人作品的使用，一旦通过自媒体，向社会或不特定的人群传播，就可能构成著作权法意义上的使用，进而就会涉及版权问题。即便自媒体不是出于盈利目的侵权，也会引发版权问题。自媒体从业人员来源广泛，受过专业教育的所占比例小，一些侵权行为甚至是在无意识状态下发生的。与此同时，受害人维权的成本却很高。按照“谁主张谁取证”的原则，受害人有义务对侵权行为进行调查取证，但相关电子数据如何提取，如何识别真实性、合法性，都很复杂。一些原创自媒体往往难以承担维权需要的时间、精力与金钱成本。

三、网络自媒体监管和立法状况

网络自媒体已经形成庞大的产业链，但行业规则并不成熟，行业人员缺乏自律。其高速发展的态势和鱼龙混杂的现状，给监管和立法带来了很大的挑战。

（一）对欧美监管模式的简单分析

对于网络自媒体的监督管理，主要是由政府行政机构依法进行，行业自治作为补充。以美国为例，相关法律明确了发布虚假新闻的法律责任。其立法体系包括《电信法》《反垃圾邮件法》《网络安全信息共享法案》，法律渊源范围广，相关行政部门的问责机制也比较齐全。在法律制度不断完善，政府监管不断加强的同时，网络自媒体行业出现了自律组织和行业规范，建立了针对网络自媒体的个人监督，形成了相对成熟的监督和问责制度。德国对网络领域进行了详细研究，作为世界上第一个制定网络成文法的国家，它在法律上确认了“自由开放”原则的合理性，但严格限定网络自媒体的准入门槛。为了提高法律的执行力度，政府行政部门有必要对网络自媒体采取“事后审查”措施，实施新闻发布的层次化管理。违法事实发生后，有关部门依法对其实施行政处罚。

（二）中国在探索网络自媒体监管方面的努力

《互联网信息服务管理办法》第 4 条规定，“未取得许可或者未履行备案手续的，不得从事互联网信息服务”。《互联网新闻信息服务管理规定》第 14 条规定，“互联网新闻信息服务提供者提供互联网新闻信息传播平台服务，应当与在其平台上注册的用户签订协议，明确双方权利义务”。为了防止虚假新闻在网络上的传播，监管部门要求网络自媒体运营商提供真实的身份证明信息和专业资质，信息服务提供者承担网络自媒体在其平台上发布虚假新闻的监督责任。此外，2000 年全国人民代表大会常务委员会《关于保护计算机网络安全的决定》要求有关部门惩罚肇事者在互联网上发起谣言、诽谤、散布和传播有害信息的行为。自 2016 年 3 月 10 日实施《网络出版服务管理规定》以来，媒体行业进一步规范化。该规定第 9 条规定：“除法定代表人和主要负责人外，有适应网络出版服务范围需要的 8 名以上具有国家新闻出版广电总局认可的出版及相关专业技术职业资格的专职编辑出版人员，其中具有中级以上职业资格的人员不得少于 3 名。”这种行业规范行为，给互联网创业公司带来了巨大挑战，也进一步推动了网络平台的专业化。

（三）网络自媒体监管的困境

综合来看，我国已相继出台了一系列政策法规对互联网新闻信息服务行业进行了规范，但仍缺乏针对网络自媒体的完善的法律体系。

1. 立法层次不高，涵盖内容不完整

一是新闻法律体系尚未形成，立法层面过低，各层级规定过多，内容复杂。二是“网络自媒体虚假新闻”的范围和详细准入门槛尚未通过立法确认。三是执法水平不高。除了法律制度不完善之外，有关行政部门缺乏行政监督和处罚机制，也是导致执法效率低下的原因。四是很难确定网络平台运营商的共同责任。通常认为，网络平台应对自媒体承担一定的责任。但是，现行的法律法规对共同责任的规定很少。五是关于如何管理特殊的网络自媒体账户，如个人公共账户和个人微博用户，缺乏相关规定。

2. 行政执法机构模糊，监管范围不明确

一是执法主体不明确。《互联网信息服务管理办法》第 18 条规定：新闻、出版、教育、卫生、工商、公安、国家安全等部门可以对各自的责任范围内的互联网信息内容进行监督管理。该条例赋予了多部门多重管理的执法权，执法主体不明确。二是行政执法的管理范围和惩罚措施尚不清晰。2016 年发布的《网络出版服务管理规定》要求“对用户开设公众账号的，互联网新闻信息服务提供者应当审核其账号信息、服务资质、服务范围等信息，并向所在地省、自治区、直辖市互联网信息办公室分类备案”。这不仅针对私人自媒体，也适用于政府机构发布的微信公众号和微博。 2017 年 5 月 2 日，国家互联网信息办公室发布了新的《互联网新闻信息服务管理规定》，替代并补充了原 2005 年《互联网新闻信息服务管理规定》。但新规定没有提到对网络自媒体的平台监督，未明确表明网络平台或者个人账户是否需要获得审批。网络自媒体的监管主体范围尚无明确规定。同时，对于不符合标准的企业和未取得网络出版许可证的网络平台，没有规定详细的处罚措施和执行机构。三是行政监督和执法不到位。在行政监督过程中，各部门的监督范围在事件发生前阶段不明确，导致有关部门无法及时监督虚假新闻。在事后阶段，网络自媒体发布的虚假新闻在受到行政处罚后仍可能出现在公众视线中，相关行政部门将继续对其进行监督。目前针对网络自媒体的行政处罚仍相对较轻，责任人的责任来源于不合格的业务资格、不符合新闻来源、以及“出版服务网站管理暂行规定”中规定的不完善的备案程序和“在线出版服务管理条例”。此类行政处罚主要包括警告、取消资格、罚款，这些措施在纠正网络自媒体虚假信息方面的努力有限。它并不是一套有明确定义的法律制度，主要是对主要负责人的惩罚，且行政机构的执行效率低下。

四、网络自媒体的监督策略

网络自媒体的快速发展与监管的相对落后之间的矛盾正在凸显，因此需要进一步构建和优化网络自媒体的监管体系，以确保网络自媒体朝着正确的方向发展。

（一）建立完善的法律体系

当前网络自媒体的管理依据多是规章和其他规范性文件，整体立法效力等级偏低。对自媒体加强监管是社会发展的需要，必须通过法律进行规范。

1. 明确法律概念

确定“网络自媒体虚假新闻”“不良舆论影响”等的定义范围，改变以往过于宽泛和笼统的表述。便于监管机构明确界定违法事实，也可让民众可以通过法律条文清晰、准确地了解不当使用自媒体的行为、后果，彰显法律的威严。

2. 明确管理主体

进一步明确多领域中的行政监督职权划分问题，当多个行政部门都具备执法权时，法律应明确规定多部门合作或由主要职责部门承担监督管理责任。同时，还应逐步明确网络平台运营商的共同管理责任。

3. 明确监管范围

既要有效净化网络自媒体良莠不齐的发展现状，又要避免过度监管挫伤公众舆论表达的积极性。应当依托网络信息分级分类，合理划分各监管部门和网络平台的监管范围。

（二）建立严格的行政责任制度

从理顺监管职责、确定工作任务、进行工作评估、开展行政问责四个方面入手。

1. 理顺信息监管部门职能分工

解决职责不清、监管真空等问题。严格确定不同监管部门的执法责任。科学划分事权，按照省、市、县的层级成立网络信息监管工作小组，统筹本区域内网络信息监管工作，实行领导责任制。

2. 明确工作流程和工作责任

将流程和责任落实到具体岗位和个人。提高监管效率和执行力，有效推动监管工作高效、规范运转。避免因岗位职责不清导致办事拖沓、互相推诿、效率低下等问题。

3. 多种评估方式相结合

采用定期评估、不定期评估、第三方评估等多种方式。重点使用第三方评估创新政府管理方式，听取第三方评估汇报。

4. 形成问责法律制度

构建行政过错责任追究制度，明确行政过错责任追究层次，形成行政责任追究机制和全方位的问责网络。对于行政执法主体不明确，监督不力的情形，在事前阶段，行政监督部门和工作人员未履行相关职责的，应当追究责任，提高行政执法部门的效率和积极性；在事后阶段，应加大对网络自媒体的惩治力度，从源头上进行整改，提高违法成本。

（三）建立网络平台共同管理责任机制

应制定网络平台的共同责任法律规定，明确网络平台运营商的共同管理责任，进而明确网络平台和管理部门的责任和权利划分。监管部门应当督促网络平台运营商成立监管部门，建立网络平台自我监督模式，并进行培训和评估，积极推动网络自媒体发布信息的联合审查。

（四）引导树立行业自律公约

推广并完善行业自律规定，号召自媒体在立法、行政管理的基础上，实现行业自律。鼓励行业从业人员积极响应并参与制定行业规范。逐渐提高准入门槛，逐步形成要求具备相应新闻报道资格才可从业的制度。网络自媒体员工需要经过国家组织的相应培训和评估，才能获得国家广播电影电视总局颁发的相应资格证书。

五、总结

随着移动互联网的迅速普及，网络自媒体逐渐成为公众接触新闻的主要渠道。高速发展的态势和全民参与的模式，给监管和立法带来了巨大的挑战。不论是虚假新闻的泛滥，还是负面舆论的传播，都对社会造成了不良影响，也对自媒体行业的发展带来了阻碍。因此，建立更加完善的法律体系、严格的行政责任制度、网络平台共同管理责任机制，引导树立行业自律公约，进而规范网络自媒体行业发展方向，是未来的必然选择。

第三方网络平台法律义务及民事责任研究

程倩如[*]

随着互联网的迅速发展，各类互联网产品正在日益深刻影响着大众的日常生活、工作方式及交往手段。资讯新闻类、生活服务类、电子商务类、社交沟通类等各种网络平台如雨后春笋一般层出不穷，包括新闻门户网站、微博、微信、淘宝、京东、携程、滴滴、摩拜、饿了么、美团等在内的许多平台类网站或 App 给人们的衣食住行提供了方便，中国当代社会显然已经进入所谓的“平台时代”。

然而这些网络平台在给人们提供各种便捷的同时，也出现了各种矛盾和争议。从淘宝售卖违法违禁商品被工商总局警示，到“饿了么”因商家卫生不达标被食品药监部门处罚，再到颇有争议的“快播”案，网络平台的快速发展所带来的安全问题、个人信息保护问题等法律风险层出不穷。在我国现有的法律框架下，应当依据什么样的理论来界定网络平台的法律义务，网络平台违反义务所要承担的责任究竟属于何种性质，这些都直接影响着法律的适用和法院的实际裁判，影响着人们更好地使用和利用网络平台。

一、网络平台的分类和法律性质

（一）定义和分类

网络平台，从字面上理解，是指使用互联网技术在网络上充当传播信息、商品或服务平台的第三方系统，其最主要的特征在于作为一个连接点连接了信息、商品或服务的供给方和需求方。

根据其提供内容的不同，网络平台可以分为网络信息平台和网络服务平台。网络信息平台是通过互联网向公众传播各种新闻等信息内容的主体，如新浪、搜狐、网易等各类综合性门户网站等；网络服务平台则是为公众提供各类商品或服务信息的主体，如微博、微信等社交平台，淘宝、京东等购物平台以及“饿了么”、滴滴等生活平台。事实上，我们日常所说的网络平台大多是指网络服务平台，本文以下所讨论的网络平台亦以网络服务平台为限。

---

* 程倩如，厦门海事法院。

根据国家工商行政管理总局2014年发布的《网络交易管理办法》第22条[①]至第34条关于“第三方交易平台经营者的特别规定”及第35条至第38条关于“其他有关服务经营者的特别规定”，网络服务平台可区分为网络交易平台与其他网络服务平台两类。网络服务平台“为网络商品交易提供第三方交易平台、宣传推广、信用评价、支付结算、物流、快递、网络接入、服务器托管、虚拟空间租用、网站网页设计制作等营利性服务”[②]，其内涵与外延均大于网络交易平台的概念，因为网络服务平台不但包含了网络交易，还包括网络接入和产品服务等其他方面的内容。

网络交易平台经营者，又根据其是否参与实际经营可大致分为两种：一种称之为“搭建式”经营者，即仅为交易者搭建交易平台，自身并不参与商品的实际经营；另一种则系“自营式”经营者，即其不光是交易平台的搭建者，同时也参与部分实际经营，例如天猫和京东分别都有其“自营”的商品在其平台上进行出售。

（二）法律性质

目前理论学界对各类网络平台的法律性质观点不一，主要有“卖方说”“柜台出租方说”“居间人说”等几种。

“卖方说”认为，网络平台是“买卖合同的一方当事人，与登录平台的用户或消费者之间是一种买卖合同关系”。[③]但是，网络平台与传统商业模式下的买卖合同最大的不同在于其具有相对独立的地位，是在平台上存储、传送或者链接来自第三方的内容或者信息，或者是基于互联网专业技术，为第三方用户提供相应的服务的。这样的开放性使得网络服务平台能够迅速集中各个方面的资源为人们提供各种便利，形成双边或多边市场效应。大部分网络平台自身并不直接参与或干预交易过程，若仅将其视为买卖合同的一方当事人，则“忽视了其作为独立的一方主体发挥的中介作用，同时还会加重平台负担的法律责任和运营风险，不利于第三方网络服务平台的长远发展。”[④]

“柜台出租方说”认为，网络平台“扮演着与实体交易中柜台出租者类似的角色”。[⑤]二者的确都为商品交易或服务提供空间并收取相应的费用，且大多不参与到交易当中去。从一部分网络交易平台来看，实际经营者也是在注册成为平台会员、签订同意协议并缴纳一定的费用或租金后才开始在平台上经营。但实际上，有些网络平台对经营者和用户

---

① 《网络交易管理办法》第22条：“第三方交易平台经营者应当是经工商行政管理部门登记注册并领取营业执照的企业法人。前款所称第三方交易平台，是指在网络商品交易活动中为交易双方或者多方提供网页空间、虚拟经营场所、交易规则、交易撮合、信息发布等服务，供交易双方或者多方独立开展交易活动的信息网络系统。”第35条：“为网络商品交易提供网络接入、服务器托管、虚拟空间租用、网站网页设计制作等服务的有关服务经营者，应当要求申请者提供经营资格证明和个人真实身份信息，签订服务合同，依法记录其上网信息。申请者营业执照或者个人真实身份信息等信息记录备份保存时间自服务合同终止或者履行完毕之日起不少于两年。”

② 《网络交易管理办法》第3条：“……本办法所称有关服务，是指为网络商品交易提供第三方交易平台、宣传推广、信用评价、支付结算、物流、快递、网络接入、服务器托管、虚拟空间租用、网站网页设计制作等营利性服务。”

③ 韩洪金：《网络交易平台提供商的法律地位》，载《当代法学》2009年第23期。

④ 杨立新、韩煦：《网络交易平台提供者的法律地位与民事责任》，载《江汉论坛》2014年第5期。

⑤ 刘德良：《论网站在网络交易中的地位和责任：从一起网络交易纠纷案说起》，载《中国电子商务法律网》2015年1月。

是完全免费的，下载注册成为会员之后即能够进行使用或交易，与商场柜台必须收取租金费用并签订租赁合同是完全不同的。而且，互联网具有无限拓展的特性，平台上的用户数量能够随着时间的推移不断扩大，与商场柜台有限的空间具有本质上的区别。

“居间人说”认为，网络平台“作为居间人为双方提供订立合同的机会，起到了居间媒介的作用”①。但该观点没有反映出网络平台的特征，网络平台为交易双方提供了一个供沟通磋商的中间渠道，或者在收集和组织信息、商品或服务后、通过网络向公众进行传播，这与主动寻求、报告缔约机会并且积极斡旋，尽可能促进成交的居间合同法律关系并不相同。

作为一种新兴事物，网络平台在现代社会创新不断，其法律性质并不能一概而论，应当根据其在现实中的运营情况，区分平台类型后再进行分析和判断。对于既提供平台、同时又参与到部分经营当中去的“自营式”平台来说，其就同时兼具了第三方媒介和商品服务经营者这两种身份。而对于不参与交易的网络平台，我们就不能将其视为买卖合同或居间合同的当事方，该类型的平台实际上只是一种为交易方或消费方提供虚拟空间来进行商品买卖、信息交换的第三方媒介。

以目前最为典型的网络服务平台的三种模式 B2B、B2C、C2C 为例。在 B2B、B2C 模式下，平台的法律性质就接近于特殊的柜台出租方，像阿里巴巴这种 B2B 平台要求进驻其平台的商家必须是经工商登记注册的企业或个体经营户，进驻时还需要缴纳相应的入场费用。而像淘宝网这种 C2C 平台的法律性质则更类似于服务提供者，这类平台主要基于与登录平台的经营者或消费者之间的网络服务合同，为他们提供技术服务、审查准入和费用收取等，其准入标准较之 B2B、B2C 平台就要宽松许多。

二、网络服务平台的法律义务

（一）理论学说

早期的网络平台多以实现网络自由为主要目的，同时兼顾网络需求，较少对平台进行限制。但当平台上出现侵权或违法行为时，直接追究侵权人则相对困难，通过设置平台的义务使得平台得以协助约束侵权或违法行为才是一种更为理性的做法。

上个世纪 90 年代早期，为了遏制当时在互联网上不断出现的诽谤信息、儿童色情信息以及侵犯著作权行为，美国开始对网络平台进行义务限制。1998 年，美国颁布的《千禧年数字版权法》（DMCA）首次提出“避风港”规则，指当网络平台履行了其相应义务之后，就能够像船舶进入避风港一样安全，不会受到非法打击，“提供搜索或者链接服务的网络服务提供者可以进入避风港受到庇护”。② 其核心观点是，当著作权人发现网络平台中出现侵害自身权利的信息时，可向网络平台服务商提出要求删除的通知，网络平台服务商在接到通知之后应当立即删除侵权信息以免除自身责任，否则将与侵权人共同承担连带责任。鉴于该规则在解决著作权人与网络平台经营者之间在侵权责任分配上具有重要作用，可以较好地平衡各方当事人的合法权益，符合网络平台的发展规律，因此，

① 高富平：《网络对社会的挑战与立法政策选择》，载《电子商务立法研究报告》，2004 年。

② 史学清：《网络搜索服务商的免责条件和归责原则—解读〈信息网络传播权保护条例〉第 23 条》，载《中国律师》2009 年第 5 期。

“避风港”规则的适用范围被不断扩大，最后被运用至几乎所有的网络服务平台领域。我国的《侵权责任法》和《电子商务法》也借鉴了该规则，如《侵权责任法》第36条关于电商平台服务商需要承担侵权责任三种主要情形[①]和《电子商务法》第38条关于网络平台服务商需承担责任的情形[②]。

需要特别说明的是，“避风港”规则存在例外，即“红旗标准”。“当一项侵权行为如同红旗一样醒目之时，网络平台服务商就不能以没有接到受害人通知删除为由而主张免责。”[③]也就是说，在侵权行为极为明显且严重、已经达到所谓的“红旗标准”之时，受害人可以在未向平台服务商发出要求删除通知之前，即径直起诉平台服务商要求其承担侵权责任。

（二）法律义务

网络平台的法律义务目前主要来自我国现行的一些法律和行政法规，如《侵权责任法》《著作权法》《电子商务法》《网络交易管理办法》《网络安全法》《电信和互联网用户个人信息保护规定》《第三方电子商务交易平台服务规范》等。具体来说，包括以下几个方面的内容：

1. 监管义务

首先是管理并审查用户信息的义务，包括身份信息、相关资质或其他可能需要的相关许可等。根据《网络安全法》第24条的规定，包括网络平台在内的网络服务商应当要求用户提供真实身份信息，对其所需要的资质或行政许可作出必要审核，即必须按照某种注意义务的标准进行审查。其次是及时监管和更新用户信息的义务，在运营过程中，网络平台应当保持对用户信息和商户资质的实时监管，及时更新和修改过时或虚假的信息。比如2000年《欧盟电子商务指令》中规定，平台“在知晓非法活动后，必须迅速删除、阻止他人访问非法信息才能免责”。[④]上述规定即是“避风港”规则在网络平台义务中的实际体现。

2. 安全义务

一是提供安全防范措施，体现在保护用户信息、保障交易环境等。《网络安全法》第44条明确规定，“任何个人和组织不得窃取或者以其他非法方式获取个人信息，不得非法出售或者非法向他人提供个人信息。”也就是说，网络平台有义务保证商家或用户提供给平台的信息的完整性和保密性，且只能在用户同意的前提下或者在法律允许的范围内

---

① 《侵权责任法》第36条：“网络用户、网络服务提供者利用网络侵害他人民事权益的，应当承担侵权责任。网络用户利用网络服务实施侵权行为的，被侵权人有权通知网络服务提供者采取删除、屏蔽、断开链接等必要措施。网络服务提供者接到通知后未及时采取必要措施的，对损害的扩大部分与该网络用户承担连带责任。网络服务提供者知道网络用户利用其网络服务侵害他人民事权益，未采取必要措施的，与该网络用户承担连带责任。”

② 《电子商务法》第38条：“电子商务平台经营者知道或者应当知道平台内经营者销售的商品或者提供的服务不符合保障人身、财产安全的要求，或者有其他侵害消费者合法权益行为，未采取必要措施的，依法与该平台内经营者承担连带责任。对关系消费者生命健康的商品或者服务，电子商务平台经营者对平台内经营者的资质资格未尽到审核义务，或者对消费者未尽到安全保障义务，造成消费者损害的，依法承担相应的责任。”

③ 赵明：《论“避风港”规则的适用条件》，载《长春理工大学学报》2012年第5期。

④ 蒋志培：《网络与电子商务法（修订本）》，清华大学出版社2002年版。

收集并使用用户信息。在日常运营过程中，平台应当采取技术措施或其他手段，对平台上的行为进行监控，及时发现侵权甚至违法行为，创造良好安全的交易规则和交易环境，提高平台安全系数，切实保证平台上商家和用户的合法权益，尽量降低各方因置身平台而遭受风险或损失的可能性。

二是做好应急性防范工作，体现在当平台出现侵权甚至违法行为时，应当及时采取措施予以制止和举报。如《全国人大常委会关于加强网络信息保护的决定》第 5 条规定，“网络服务提供者对违法发送或者传输信息的，负有及时停止传输该信息，并向有关部门举报的责任”。《网络安全法》第 47 条也规定了包括网络平台在内的网络服务商的安全保障义务。[①]

3. 协助义务

包括向有权机关报告或提供相关信息、为受害方提供必要支持和帮助等。一方面，在国家有权机关特别是负有侦查犯罪职责的公安机关要求获取侵权或违法行为人的相关数据或信息内容时，网络平台应当予以积极配合。另一方面，网络平台还应当为遭受侵权行为的平台用户提供适当的帮助，如我国《侵权责任法》第 36 条和《全国人大常委会关于加强网络信息保护的决定》第 8 条[②]都充分体现了网络平台的协助义务。

三、网络平台的民事责任

民事责任，是指民事主体违反民事法律义务时所应当承担的不利法律后果。[③]从民事责任的类型来看，网络平台的民事责任大致上可以分为违约责任和侵权责任两种。违约责任以违约行为为前提，侵权责任成立则以侵权行为的存在为基础，前者适用无过错归责原则，后者则适用过错、公平、严格责任等归责规则。两大责任类型在诸多方面都有着较大的区别，需要分别进行分析探讨。

（一）网络平台的违约责任

以网络平台为基础订立的合同关系与传统的合同关系相比通常较为复杂，发生违约行为时首先需要界定各方的权利义务。通常来说，网络平台上的法律行为存在两种合同关系：一是平台用户或者平台商家与平台之间的网络服务合同关系，二是平台用户与平台商家之间的商品买卖合同关系。

首先是平台用户或平台商家与平台之间的服务合同关系。平台为用户或商家提供的是信息、商品或者技术等通过互联网才能进行的服务，平台大多并不参与到用户与商家之间的买卖合同关系中去，平台是否有违约行为应当根据平台是否遵守了其与用户或商家之间的服务协议来判断。如果平台仅作为双方交易的服务提供商、为双方提供了真实有效的信息，则其实际上并未违反其与用户或商家之间的服务合同，若因为用户或商家

① 《网络安全法》第47条：“网络运营者应当加强对其用户发布的信息的管理，发现法律、行政法规禁止发布或者传输的信息的，应当立即停止传输该信息，采取消除等处置措施，防止信息扩散，保存有关记录，并向有关主管部门报告。”

② 《全国人民代表大会常务委员会关于加强网络信息保护的决定》第8条：“公民发现泄露个人身份、散布个人隐私等侵害其合法权益的网络信息，或者受到商业性电子信息侵扰的，有权要求网络服务提供者删除有关信息或者采取其他必要措施予以制止。”

③ 杨立新：《民法总则》，法律出版社2013年版。

自身原因导致买卖合同无法订立，则平台并不需要为此承担违约责任，而只需将已经支付至平台的款项原路返还即可。但如果平台没有按照服务协议的要求为用户或商家提供其所需的信息、商品或技术等互联网服务，则应当承担相应的违约责任。

其次是平台用户与平台商家之间的商品买卖合同关系，二者与线下进行的普通商品买卖关系的唯一区别在于进行交易的途径是互联网，因此违约行为大多数时候也与线下合同的违约行为相近。因此，根据合同的相对性原则，用户通常不能要求平台承担违约责任，只有当平台在明知或应知的情形下未采取有效措施导致损失扩大，才需要就扩大的损失部分承担连带侵权责任。

（二）网络平台的侵权责任

侵权行为是主体承担侵权责任的基础，网络平台作为特殊的互联网服务提供者，对发生在平台上的侵权行为应当根据具体情况具体分析，再来确定应当承担的责任类型。

1. 侵犯平台用户权益行为

（1）未尽审查义务。在食品、药品或交通等与公众利益相关的行业，如果网络平台对商户的准入资质、经营资格、行政许可等未尽审慎审查义务，平台用户的人身或财产安全就可能受到侵害。例如近期连续出现的网约车乘客受伤害事件，网约车平台作为一种新型的交通方式，平台经营方作为车辆和乘客双方的组织者、主导者和调度者，若对车辆或驾驶人的资格和信用审查流于形式，安全措施和安全机制不完善，这种原本提供了方便快捷的网络共享服务平台就可能演变为存在致命缺陷的定时炸弹，发生各种侵权事件。

（2）信息不完整或虚假。网络平台通过互联网进行操作，许多环节都是虚拟行为，无论是商家还是用户都极少进行直接接触，因此无法完全掌握对方的所有信息，也不能自行判断信息是否属实。平台上的商品或服务可能存在信息不完整甚至是虚假的情况，比如商家蓄意夸大产品功效、售卖假冒伪劣商品、消费者拒不支付款项等等，由此导致的各类纠纷也是屡见不鲜。

2. 侵犯知识产权行为

（1）侵害著作权

在网络平台上最常见的侵犯著作权行为就是在诸如微博、微信公众号、贴吧等公开平台上未注明作者或出处，非法复制、转载或传播他人的作品，使得访问平台的所有个体均能够随意获取他人的作品。但由于平台涉嫌侵犯著作权的作品均是由平台用户等第三方主动上传，平台仅为这些侵权材料的使用和传播提供了空间、媒介或其他便捷，且大多数也未加以改动，故这类型侵权行为大多属于间接侵权。

不过有学者认为，在著作权领域，“应当以网络平台是否有过错作为归责要件，以及行为本身是否受到平台控制来区分直接侵权与间接侵权”。[①] 然而我国目前的《著作权法》及其他相关民事法律并未将无过错原则作为侵犯著作权的归责标准，《侵权责任法》中更是明确规定了无过错原则仅适用于如产品责任、环境污染、高度危险等几种情形。《最高人民法院关于审理侵害信息网络传播权民事纠纷案件适用法律若干问题的规定》第3条、

① 王迁：《信息网络传播权保护条例中“避风港”规则的效力》，载《法学》2010年第6期。

第 4 条[①] 指出，“提供信息内容的行为”中的信息内容是由谁主动自愿地将其置于网络系统之中是判断平台是否属于侵权行为的标准之一。

（2）侵害专利权

网络服务平台上常见的侵权专利权的行为主要体现在充斥着各种“山寨”产品等仿制商品。与侵害著作权行为类似，网络平台大多不单独直接销售商品获利，仅提供第三方平台供各方交易，但因网络平台负有审查义务，即必须对商品的来源和合法性进行严格管理，如果平台未尽审查义务或明知有制假售价行为的存在却未采取有效措施的，就可能构成对专利权的共同侵权行为。

（3）侵害商标权

《商标法》第 57 条列举了侵害商标权的几种行为，其中第 6 款关于故意为他人侵害商标权提供便利的，[②] 即属于大部分网络平台上出现的商标权侵权行为类型。也就是说，如果平台知道或者应当知道有侵害商标权的行为存在，对此却不予采取任何措施，则可能构成间接侵权，需承担相应责任。

3. 侵权责任认定

关于网络平台民事侵权责任的立法，我国同美国一样最早体现在著作权领域，即采用了“避风港”规则。随后，《侵权责任法》对网络服务提供者的侵权责任一般规则、《消费者权益保护法》对网络平台在消费者权益保护领域的民事责任等均作出了相关规定。《网络安全法》《电子商务法》的先后施行和《专利法》《商标法》的修订，也都对网络平台民事责任的具体规则进行了规定。

根据立法和实践，目前网络平台的侵权责任大多根据其过错程度进行认定，包括连带责任、补充责任和按份责任等。

（1）连带责任

网络平台在接到被侵权人通知后，没有及时采取必要或有效措施，对损害的扩大部分与侵权人承担连带责任。也就是说，网络平台承担连带责任需要满足两个条件：一是客观条件，即平台对侵权行为未采取必要或有效的措施防止其扩大；二是主观条件，即平台对侵权行为的存在是明知或者应知却放任其存在，所谓“明知”是指“实际知道”，是事实认定，所谓“应知”是“推定知道”，是法律推定。例如《最高人民法院关于审理利用信息网络侵害人身权益民事纠纷案件适用法律若干问题的规定》第 9 条就列举了关于

---

① 《最高人民法院关于审理侵害信息网络传播权民事纠纷案件适用法律若干问题的规定》第3条：“网络用户、网络服务提供者未经许可，通过信息网络提供权利人享有信息网络传播权的作品、表演、录音录像制品，除法律、行政法规另有规定外，人民法院应当认定其构成侵害信息网络传播权行为。通过上传到网络服务器、设置共享文件或者利用文件分享软件等方式，将作品、表演、录音录像制品置于信息网络中，使公众能够在个人选定的时间和地点以下载、浏览或者其他方式获得的，人民法院应当认定其实施了前款规定的提供行为。”第4条：“有证据证明网络服务提供者与他人以分工合作等方式共同提供作品、表演、录音录像制品，构成共同侵权行为的，人民法院应当判令其承担连带责任。网络服务提供者能够证明其仅提供自动接入、自动传输、信息存储空间、搜索、链接、文件分享技术等网络服务，主张其不构成共同侵权行为的，人民法院应予支持。”

② 《商标法》第57条：“有下列行为之一的，均属侵犯注册商标专用权：……（六）故意为侵犯他人商标专用权行为提供便利条件，帮助他人实施侵犯商标专用权行为的；……。”

认定是否属于“知道”的多条判断因素。[①]

网络平台若想援引“避风港”规则规避责任，尤其需要了解其例外原则即“红旗原则”的适用标准。如前文所述，“红旗原则”是指“当一项侵权行为如同红旗一样醒目之时，网络平台服务商就不能以没有接到受害人通知删除为由而主张免责。”在这种情况下，网络平台就不能以其不知道侵权事实的存在来规避自身责任，即便被侵权人未主张权利，也可以由此推定平台知道侵权事实的存在，如果其未采取必要措施则需要承担连带侵权责任。

有学者认为，网络平台承担的侵权责任属于附条件的不真正连带责任，即侵权行为的实施者是直接侵权人，网络平台系间接侵权人，承担的是附条件的不真正连带责任，在其对外承担完全部责任后，平台可以向直接侵权人再进行追偿。[②]我国目前的《消费者权益保护法》第44条[③]便是这种不真正连带责任的体现。

应该说，由于网络平台拥有的技术实力和特殊的运营模式所产生的规制能力，能较为便捷地发现并识别不良信息和违规用户。要求平台对外承担连带侵权责任，可以从源头上激励平台采取各种更加有效的措施，间接防止侵权行为的发生，从而保护平台上各方的合法利益。

（2）补充责任

补充责任从理论上来说属于不真正连带责任的特殊情况。[④]但与连带责任义务人对外应当承担全部责任不同，补充责任义务人有明确的主次之分，直接侵权人所要承担的侵权责任是首要的，间接侵权人承担的责任是从属的。也就是说，被侵权人向间接侵权人主张的是补充责任而非全部责任。对于网络平台来说，比较典型的需要承担补充责任的就是未履行安全义务而导致平台上出现侵权行为。以网约车服务平台为例，当网约车在载客行驶过程中发生交通事故或其他人身、财产、暴力事件，致乘客或第三人权益受损，根据网约车平台所需承担的安全保障义务，在肇事方承担主要责任之外，网约车平台应当就此承担相应的补充责任。

（3）免责条款

目前我国理论界和实务界大多认为，网络平台承担责任的免责条件为“避风港”规则

① 《最高人民法院关于审理利用信息网络侵害人身权益民事纠纷案件适用法律若干问题的规定》第9条：“人民法院依据侵权责任法第三十六条第三款认定网络服务提供者是否‘知道’，应当综合考虑下列因素：（一）网络服务提供者是否以人工或者自动方式对侵权网络信息以推荐、排名、选择、编辑、整理、修改等方式作出处理；（二）网络服务提供者应当具备的管理信息的能力，以及所提供服务的性质、方式及其引发侵权的可能性大小；（三）该网络信息侵害人身权益的类型及明显程度；（四）该网络信息的社会影响程度或者一定时间内的浏览量；（五）网络服务提供者采取预防侵权措施的技术可能性及其是否采取了相应的合理措施；（六）网络服务提供者是否针对同一网络用户的重复侵权行为或者同一侵权信息采取了相应的合理措施；（七）与本案相关的其他因素。”

② 杨立新：《网络平台提供者的附条件不真正连带责任与部分连带责任》，载《法律科学》2015年第1期。

③ 《消费者权益保护法》第44条：“消费者通过网络交易平台购买商品或者接受服务，其合法权益受到损害的，可以向销售者或者服务者要求赔偿。网络交易平台提供者不能提供销售者或者服务者的真实名称、地址和有效联系方式的，消费者也可以向网络交易平台提供者要求赔偿；网络交易平台提供者作出更有利于消费者的承诺的，应当履行承诺。网络交易平台提供者赔偿后，有权向销售者或者服务者追偿。”

④ 杨立新：《侵权责任法》，法律出版社2011年版。

中的“通知—删除”规则，即如果平台本身实际并不知道侵权事实就无须承担侵权责任，但如果知道了侵权事实或者收到了有关侵权的通知就失去了免责事由，除非立即采取行动移除被指控的侵权材料。比较典型的就是《侵权责任法》第36条的规定，虽然该规定目前还不够完整。此外,《信息网络传播权保护条例》第15条到第17条[①]也是“通知—删除”规则的典型体现。

四、结语

我国现行法律和行政法规为网络平台设置了多项严格的义务，对网络平台的责任规范和责任认定正在不断完善。但是相关的配套规定和保障措施目前依然较为缺失，无法全面而准确地对网络平台的各项义务和责任进行规制。

应当说，随着互联网的持续高速发展，未来网络平台的有效治理需要依靠多方力量，包括政府立法者、网络平台自身、各行业协会及互联网用户等在内，众多主体都应当参与到对网络平台义务和责任的治理研究之中去。网络平台的义务和责任需要社会共治，才能更好地让这一新兴事物发挥其利益最大化。

① 《信息网络传播权保护条例》第15条：“网络服务提供者接到权利人的通知书后，应当立即删除涉嫌侵权的作品、表演、录音录像制品，或者断开与涉嫌侵权的作品、表演、录音录像制品的链接，并同时将通知书转送提供作品、表演、录音录像制品的服务对象；服务对象网络地址不明、无法转送的，应当将通知书的内容同时在信息网络上公告。”第16条：“服务对象接到网络服务提供者转送的通知书后，认为其提供的作品、表演、录音录像制品未侵犯他人权利的，可以向网络服务提供者提交书面说明，要求恢复被删除的作品、表演、录音录像制品，或者恢复与被断开的作品、表演、录音录像制品的链接。书面说明应当包含下列内容：(一）服务对象的姓名（名称)、联系方式和地址；(二）要求恢复的作品、表演、录音录像制品的名称和网络地址；(三）不构成侵权的初步证明材料。服务对象应当对书面说明的真实性负责。”第17条：“网络服务提供者接到服务对象的书面说明后，应当立即恢复被删除的作品、表演、录音录像制品，或者可以恢复与被断开的作品、表演、录音录像制品的链接，同时将服务对象的书面说明转送权利人。权利人不得再通知网络服务提供者删除该作品、表演、录音录像制品，或者断开与该作品、表演、录音录像制品的链接。”

法治语境下“僵尸企业”司法规制研究

林晓翔 *

近年来，我国经济运行进入新常态，“去产能”和“调结构”成为当下经济工作的主要着力点，总体经济面临着优化结构、转换增长动能等众多严峻挑战，亟需科学合理且高效的资源配置，以满足高质量的发展需求。但在此过程中，“僵尸企业”问题逐渐浮现，僵尸企业之僵化，体现在其不产生实际效益，企业本身已经失去盈利的活力，却在政府和银行的庇护下占有土地、资本、劳动力等资源要素，很大程度上妨碍了新技术、新产业等新动能的成长。中国经济从高速增长转型进入低增长的时期正是僵尸企业悄悄僵化的时期。巴菲特曾说：“只有在退潮时，才能看出来谁没有穿泳裤。”当前，中国经济整体下行，企业改革和金融体系改革举步维艰，潜在的局部性和系统性金融风险逐渐积累，僵尸企业的大量出现，严重阻碍了经济结构调整和产业转型升级。近两年来，僵尸企业清除战火热打响，早期对于僵尸企业的清除，主要从政府、银行、企业三个角度出发，但近几年实践中，破产重整、强制清算等司法处置方式为僵尸企业的清除提供了新的思路。

一、辨识：僵尸企业的成因及识别

（一）识别僵尸企业是解决问题的基础

识别企业是否已经僵化，是否还具有继续经营的价值和恢复经营的希望，不仅仅是一个法律判断问题，更是一个商业判断问题。尤其对于僵尸企业而言，其形成原因十分复杂，涉及经营者管理水平、政策调整乃至市场环境变化等众多因素。

当前，最为大众所熟知并被广泛使用的僵尸企业定义是由美国经济学者 Peter Coy 提出的，其认为僵尸企业是指那些无望恢复生气，但由于获得放贷者或政府的支持而免于倒闭的负债企业。①2015 年 12 月 9 日，在国务院召开的常务会议上首次对僵尸企业提出了具体的清理标准，即要对持续亏损 3 年以上且不符合结构调整方向的企业采取资产重组、资产转让、关闭破产等方式予以“出清”。② 在这一清理标准中中我国官方首次对僵尸企业作出定义，即一家企业连续三年利润为负，则可能被识别为僵尸企业。由此可知，僵尸企业存在以下几个重要特征：（1）盈利能力差，多年为零利润或负利润；（2）企业净资产低，融资风险高；（3）主要通过外部输血维持经营。

---

* 林晓翔，厦门市思明区人民法院。

① Peter Coy, *America's new menace: "Zombie" debtors*, Business Week, 2009.

② 《国务院清理“僵尸企业”亏损三年以上央企“出清”》，中国政府网，http://www.gov.cn/zhengce/2015-12/10/content_5022115.htm，访问日期：2015-12-10。

（二）僵尸企业产生的原因及消极影响

要解决僵尸企业向何处去的问题，就需先探讨僵尸企业缘何而来。僵尸企业的产生至少存在以下几方面原因：

第一，政企合谋。这是当前僵尸企业产生的最大原因，当前中国作为一个转型经济体，企业的发展和资源配置都处于政治体制的影响之下，我国的产业政策带着极强的行政指导色彩。被政府扶持的企业虽能在短时间内跨越式发展，成为推动地方经济发展的重要力量，但过度的行政干预导致了市场自治的失衡，许多企业存在不顾实际市场容量和收益，竞相片面做大，兼并本该被淘汰的落后产能，从而导致产能过剩，社会资源浪费的问题，故我国的僵尸企业大多出现在如钢铁、水泥、电解铝等产能严重过剩的行业。同时，这类企业多为地方的纳税大户，地方政府担忧僵尸企业破产带来的“瀑布效应”，不得不对僵尸企业给予继续支持，以掩盖所产生的问题。由此，即使政府认识到继续支持僵尸企业可能带来的危害，但仍然会维持和固化这种状态。①且不断给濒临破产的僵尸企业进行各种形式的“输血”，或者给非僵尸企业施加就业压力和产量扩张压力，再通过补贴和贷款来维持其局面。维持这样的僵尸企业直接有助于地方政府的面子、政绩，却造成了资源流向劣处，某些生产效率高、经营状况好的企业难以获得资源，严重影响经济活力。

第二，外部需求减少的冲击。自 2008 年全球金融危机后，中国经济遭遇了大规模的外部需求冲击，出口额大幅度回落，外部需求不足导致出口依赖型企业在短时间内受到巨大的冲击，订单不足、产品滞销、资金周转困难等问题导致许多原本发展良好的企业纷纷陷入困境，甚至沦为僵尸企业。新旧动能转化时期，经济高速发展不但带来了收入的大幅度增长，也提高了运营成本，许多传统产业的企业失去了竞争力，如若未及时退出就会成为僵尸企业。

第三，银行的信贷政策歧视导致金融服务供给不平衡。在法治化程度相对较低的市场环境下，地方政府会对银行的信贷决策进行干预，而地方政府的介入会导致银行信贷资源配置的无效率和银行坏帐的产生。②大量的信贷资金被配置到生产效率低下的国有企业，已成为中国市场主体生力军的民营企业却一直存在融资难的困境。这种“双标”的做法，培植了一大批国有僵尸企业的同时又杀死了市场中真正具有经济活力的民营企业，得不偿失。此外，僵尸企业的存续，导致银行不得不向其持续提供续贷，对银行利益也造成长期性、腐蚀性的损害。

二、反思：僵尸企业司法处置中的运作困境

优胜劣汰是市场经济的常态，僵尸企业在长期亏损、负债率高、经营低效的状态下能在市场中存续，从法治角度看，体现了市场退出法律制度的失灵。僵尸企业的处置是一项复杂的系统工程，不同于政府和银行主要在预防僵尸企业方面发挥的作用，重整、和解与清算的司法程序是僵尸企业得以平稳退出市场的最终途径。面对新的司法需求，僵尸企业的司法处置在实践中存在以下疑难问题：

① 鲍世赞、蔡瑞林：《僵尸企业成本外部化及其市场失灵纠正》，载《改革》2016年第9期。

② 余明桂、潘红波：《政府干预、法治、金融发展与国有企业银行贷款》，《金融研究》2008年第9期。

第一，行政越位干预，阻碍司法处置。因僵尸企业能够为地方政府带来税收，提高GDP以及保障就业，减少社会不稳定因素，僵尸企业甚至关系到地方官员晋升，故从自身利益考量，地方政府可能会动用行政手段干预司法裁判权，阻碍司法处置进程的推进。在企业破产程序中，一直存在相关司法机关、政府部门与法院在破产工作中的协调困难问题，长期未能得到有效解决。①

第二，破产程序启动难。一方面，根据《企业破产法》的规定，破产程序的启动必须要由债权人或企业法人主动提出，法院无权主动采取破产程序，因此法院在僵尸企业的破产程序中，扮演的其实是一个较为被动的角色，只能等待接收申请。尤其值得注意的是，潜在的僵尸企业及其债权人往往因政府提供的支持和银行提供的续贷等原因而不愿启动破产程序。另一方面，破产启动需要经费，而僵尸企业之所以会进入破产程序，已然是认定自己资不抵债，没有财产再运营下去，那么其破产启动费用无处可来。从目前实践来看，破产启动费主要由地方财政部门划拨专项资金予以垫付，因地方财政划拨资金有限，基于此垫付制度能够顺利进入破产程序的案件少之又少。

第三，破产财产处置困难。一是债权难追回，僵尸企业大多存在管理混乱、账目不清、原始凭证遗失或根本没有凭证、债务人记载不详等情况，导致大量债权无法追收。且司法实践中，债务人往往通过拒收法律文书、提出管辖权异议等手段拖延诉讼和执行，使得通过诉讼途径追收债权周期长、耗费大、受偿低；二是资产变现不易，部分僵尸企业厂房位置偏僻，设备陈旧老化，财产价值低，无人问津，甚至其价值不足以支付变现所需的公告、拍卖等费用。少部分僵尸企业名下虽有房产，但因土地系国家划拨，房地权属不一致，造成地上附属物难以处置；三是僵尸企业与关联企业之间非法利益输送，转移优质资产，导致可变现资产所剩无几。

第四，破产程序冗长制约破产法的有效实施。目前司法实践中，破产案件的审理周期普遍较长，大多数破产案件仍适用普通破产审理程序，法院未能针对案件繁简进行程序分流，导致司法处置程序效率较低，极不利于快速清除市场中的僵尸企业，也不利于保障债权人的合法利益。

第五，企业退出市场的税务工商注销问题。破产案件在审理结束之后，企业需进行税务注销及工商注销，根据税务相关规定，办理税务登记核销手续是工商注销的前置程序，企业需先进行税务登记核销之后才可完成主体的注销手段②。但实践中，由于僵尸企业常常拖欠高额税款及滞纳金，因而无法从税务机关依法取得清税证明，进而难以顺利办理注销程序。

三、完善：针对僵尸企业的司法处置之应对

（一）推进“执转破”工作，拓宽破产启动路径

针对僵尸企业破产程序启动难的问题，借助“执转破”程序拓宽破产启动路径极为必

① 王欣新：《僵尸企业治理与破产法的实施》，载《人民司法》2016年第2期。

② 《税收征收管理法》第16条：“从事生产、经营的纳税人，税务登记内容发生变化的，自工商行政管理机关办理变更登记之日起三十日内或者在向工商行政管理机关申请办理注销登记之前，持有关证件向税务机关申报办理变更或者注销税务登记。”

要。“执转破工作是贯彻中央供给侧结构性改革部署，推动建立和完善市场主体救治和退出机制的需要，是完善司法工作机制，从制度上打通解决部分执行难问题‘最后一公里’的需要。”[①] 执行法院在发现企业可能资不抵债且执行案件积压的情况下，可发挥主观能动性，积极引导当事人申请启动破产程序。而法院在主动引导执转破过程中，需要正确行使建议权、释明权，可通过召开听证会等活动，促使当事人正确认识执转破的长期好处，及早征得被执行人或者申请执行人的同意，转入破产程序。

（二）建立破产费用保障机制

对于企业无法支付破产启动费用且相关部门也不愿垫付的情况，建立专项财政保障制度是最行之有效的解决方式。尤其针对无产可破的企业，由国家财政出资建立破产专项财政资金保障机制，保障管理人的合法合理报酬和为维持破产程序运行所必须的费用的支付，可使无产可破的僵尸企业的破产程序和市场退出能够规范、顺利地完成。与专项财政资金的花费相较，将僵尸企业清除出市场所带来的经济活力和经济收益显然更加可观。

（三）加快破产案件审理繁简分流

构建破产案件的简易审机制，可以有效应对大量僵尸企业造成破产案件极速扩容的司法现状。在不损害利害关系人实体权利和程序权利的前提下，应充分考量破产企业的经营、财产状况、社会影响、所涉法律关系等，通过缩短程序时间、简化流程等方式加快审理进程。对于疑难复杂案件，应突出“繁案精审”，强调严格依法规范审理程序，加强在重大稳定隐患、破产衍生诉讼、破产重整等方面的制度设计。

（四）加强府院联动机制建设

清理僵尸企业涉及多方面的工作，操作实施难度极大，遗留问题多，真实情况难以查清，如若各方面工作没有稳定顺畅衔接，则容易导致矛盾的产生，故必须加强行政执法与司法程序的协同联动机制，明确执法部门的破产程序协同义务，建立府院联席会议制度，进行信息沟通与政策研究，并可以就僵尸企业处理司法进程中的重大疑难问题予以及时协调，进一步提高工作效率。

（五）打造专业化审判团队

专业化是抓好破产审判工作的关键环节，相比一般的民商事案件，破产案件审理对于法官的能力、综合素质、专业素养等有着更高的要求。因此建立专业破产审判队伍，有助于提高僵尸企业破产案件审理的集中性、专业性与高效性，从而提高僵尸企业治理的司法效能。

---

① 杜万华：《在全国法院执转破工作视频会议上的讲话》。

四、结语

僵尸企业的产生是各方面综合作用的结果，在清理僵尸企业的同时，应当充分考虑如何才能使法律正确、有效地引导和规范相关主体的行为，防止新的僵尸企业再度出现。处置僵尸企业要遵循市场经济原则，遵守《企业破产法》等相关法律法规。要对僵尸企业进行科学综合的判断，看其是否还存在救活的可能，如果有，则应采取相应措施激活资源，发挥其本来价值；但若其已经“病入膏肓”，则应依法退出市场。

生态检察工作问题研究

——浅论生态环境保护中检察机关之对策措施

张继斌[*]

良好的生态环境是人类社会存续和发展的重要前提。中央十八届五中全会提出“五大发展”理念，强调要坚持绿色发展，坚持可持续发展和保护环境的基本国策，再次将生态环境资源保护提升到了新的高度。作为法律监督机关，检察机关在打击破坏环境资源犯罪、促进执法机关依法行政、服务和保障生态文明建设上担负着重要的职责，应当有所作为。

一、检察机关在生态环境资源保护的职能

检察机关行使国家检察权，承担直接侦查、批准逮捕、提起公诉、犯罪预防等具体检察职能。生态检察作为特殊的工作对象，以往其职能往往由分散于检察机关的各职能部门行使，当前最高人民检察院内设机构改革中，已把相关生态检察的工作整合于第八检察厅，省级以下的部门调整正在进行，将更有利于提升工作效果。涉及生态检察的职能有：

（一）负责生态资源刑事案件的审查逮捕和起诉

履行破坏环境资源犯罪的审查逮捕、审查起诉职能，出庭支持公诉，强化对土地、林业、矿产、水源、空气等自然资源以及珍贵动植物资源的司法保护；通过对生态环境刑事案件适时介入、引导取证，实行相应的特殊办理机制，与相关职能部门协作配合，严厉惩治破坏生态环境资源的刑事犯罪。

（二）开展生态环境领域的职务犯罪预防

结合执法办案，开展生态环境领域职务犯罪预防，运用类案分析、预防调查、检察建议等手段，帮助案发单位、行业及主管机关堵塞漏洞，完善管理机制，从源头上预防和减少职务犯罪的发生；开展生态环境领域建设重大工程项目的专项预防，促进工程进展高效、有序、廉洁实施。

（三）对破坏生态环境案件进行诉讼监督

加强对该类案件的立案监督，切实防止和纠正有案不立、立而不侦、降格处理等违法问题；加强侦查活动监督，重点监督纠正查办犯罪中侦查违法行为；加强对行政机关行政执法活动的监督，规范执法行为，防止有案不移、以罚代刑等行为；加强审判和刑

---

* 张继斌，厦门市集美区人民检察院。

事执行监督，强化对判决结果的审查，依法提出抗诉或者再审建议。

（四）开展环境公益诉讼工作

当个人、法人或者其他社会组织存在违法行为或不作为，使生态环境资源遭受损害或者即将受到侵害时，为维护公共利益，代表国家提起公益诉讼，在环境民事公益诉讼中支持起诉，保护生态环境资源和国家公共利益不受非法侵害。

二、破坏环境资源犯罪的特点

当前生态环境保护压力很大，党中央从顶层设计的高度对生态文明建设作出了一系列总体部署，例如从首次以中央名义对地方进行环保督查可以看出，高层对环境保护工作是极为重视的。《刑法》第6节第6章规定了破坏环境资源保护罪共八个罪名，其作为特殊的类罪，具有本身的特点。环境资源犯罪一般具有以下特征：

（一）案发时间的滞后性

与一般的刑事案件侵害行为发生时，即可发现危害后果不同，生态环境资源犯罪，例如污染环境、毁坏林木案件的发展是一个渐进的过程，其危害后果在短时间内可能反映得并不显著，案发时已经产生了较大的危害后果，且随着时间的向后推移，证据丢失的可能性增大时，证明因果关系将更加的困难。同时，破坏环境资源犯罪导致的后果一旦发生，无法恢复或者短时内很难恢复，具有较大的社会危害性。

（二）犯罪行为的隐蔽性

破坏案件资源犯罪的发案周期长，影响显现慢，且存在多种原因作用导致结果的情况，发现较为困难。同时地方保护主义、经济利益驱动等因素，使得此类案件更难查办，容易衍生职务犯罪。破坏环境资源犯罪首先违反的行政法律法规，环境违法的查办和前期认定往往需要环境行政执法部门先期介入，具有行政从属性，案件的办理涉及“两法衔接”机制，实践中存在有案不移、有案不立的现象，检察机关发现案件线索渠道有限。

（三）法律适用和执法的复杂性

从现有法律层面，生态环境执法的特点可以总结为：法律规定“软”、权力“虚”；手段“弱”、执行周期长、程序复杂、可操作性不强等。生态环境犯罪涉及广泛，既可能是个人行为，也可能是公司、企业的经营所致，认定犯罪必须依靠专业的环保知识，非专业化人员较难对损害事实作出专业的认定，因此往往需要专业的司法鉴定机构进行鉴定，但由于鉴定关键证据有缺陷，或者鉴定适用规定不够完善，容易出现鉴定结果依据不足的情况。同时破坏环境资源犯罪具有一定的滞后性，也给证据保存、鉴定工作带来困难。

三、生态检察工作中面临的问题

破坏环境资源犯罪的特点决定了生态检察工作必然面临种种挑战，检察机关在生态文明建设中依然面临许多困境，需要进一步发挥其作用，主要表现在：

（一）打击犯罪力度不够

为数不少的破坏环境的犯罪行为，由于相关原因最终没能进入刑事诉讼环节，仅仅停留在行政处罚层面，或者即便进入检察环节并提起公诉，但判处轻刑多，实刑少，重刑更少。例如某省，受理涉嫌破坏环境资源罪的案件连续三年大幅上升，但判决结果均呈轻刑化，以前年为例，该类案件256件352人，其中判免予刑事处罚、管制、缓刑、单处罚金案件158件206人，占判决62%和59%，判处拘役、三年以下有期徒刑案件82件116人，占判决32%和33%，判处轻刑并不代表罪行的社会危害性小，很大程度系取证、法律适用或打击机制存在问题。破坏环境资源犯罪背后的的渎职犯罪，甚至与犯罪分子相互勾结的犯罪，因为其隐蔽性难以及时得到惩治，违法犯罪成本偏低，特殊预防效果不显著。处于前位的行政执法机关，也面临着执法体制层面和执法能力层面的问题，如执法主体横向分散，多部门管理；纵向分离，上下衔接不畅；地方分割，追求利益各自为阵；执法主体法律地位不明确，行政执法单位本身也存在任务重、装备差、经费少、人员少、素质参差不齐等问题。

（二）两法衔接渠道不畅

该类案件主要来源于行政执法机关的主动移送，但客观上有案难移的现象始终存在。行政执法与刑事司法分属不同领域，执法要求不同，证据标准互异，“两法衔接”面临着应当衔接但不畅的问题。由于专业储备、对证据标准的把握不一，行政执法机关和公安机关与检察机关往往不能界定统一的案件移送标准。如污染环境案件、非法采矿案件等，依据的法律法规数量多且种类繁杂，专业性强，有时执法人员受自身专业能力影响，难以界定罪与非罪的界限，实践中不乏应予定罪的，被行政机关认为不构成犯罪而未移送的案件。公安机关接收行政执法机关案件后，未按照规定期限作出审查，久拖不立、久拖不决的问题也较为突出。职务犯罪线索主要来源于重大事故的发生以及新闻媒体的报道，大多数渎职犯罪线索难以进入检察机关的视线。在执法机制层面，责任追究机制不健全、部门联动协调机制不完善，都会影响案件的顺畅办理。

（三）检察监督不到位

由于检察权的特殊属性，不具有实体性、终局性，由此带来监督效力不强，效果不佳的问题，检察机关的监督能力也略显不足，“两法衔接”工作长期难以满足现实需要。具体到各部门法中，并未直接规定检察机关监督移送的权力，当前侦查监督部门监督行政执法机关移送涉嫌犯罪案件，理论上系检察机关为适应司法改革需要而对立案监督职能的一种延伸，属于工作创新。在立法层面，检察机关在“两法衔接”中的地位和权责不明晰，监督手段有限，导致监督力度不足。行政执法层面涉及部门多，法律法规多，检察机关由于复合型专业力量的缺乏，在面对新类型案件中，往往准备不足、事倍功半。与公众的热切期盼相比，检察机关在环境保护中作用不明显，力量也略显单薄，面临现实中存在的众多环境违法行为，不愿监督、不敢监督和不善监督的问题也确实存在于部分检察机关内部。

（四）生态环境恢复性司法不健全

恢复性司法着眼于修补犯罪行为给被害人以及社会带来的伤害和破坏，最终目标是弥补犯罪后果，修复已损害的社会关系，实现惩治犯罪与保护生态环境的目的。虽然我国对恢复性司法没有立法上的明确规定，但在相关法律和司法解释中能够找到有关适用依据。如林业案件中，《森林法》规定："盗伐森林或者其他林木的，依法赔偿损失；由林业主管部门责令补植盗伐株数十倍的林木；滥伐森林或者其他林木的，由林业主管部门责令补植滥伐株数五倍的林木。"另外《民法通则》规定，"损坏国家、集体或他人财产的，应当恢复原状或者折价赔偿。"但补植复绿并不是《刑法》明文规定的刑罚。在实际工作中，部分地方相关意见进行细化，但法律位阶层级低，也会带来自行"立法"、规定是否有效、各地标准不统一等问题。同时，犯罪嫌疑人、被告人的修复生态环境的责任承担方式单一，例如毁坏多少树木就补种多少树木，造成多少鱼类死亡就补偿对价鱼苗，而生态环境犯罪破坏程度大、造成损失多、原有生态恢复难的问题未得到根本解决。

四、完善生态监察工作的有关建议

（一）统一执法尺度，坚持打防并举

在中央高度重视生态文明建设的大背景下，检察机关应积极主动作为，在严厉打击破坏环境资源刑事犯罪活动的基础上，进一步推进执法活动的统一性和规范性。以检察机关为牵头单位，召集公安机关、法院以及环保、农林、水务、海洋等行政执法单位开展多方调研、举办联席会议，统一司法实践中有争议的法律适用，形成具有可操作性的执行性文件，避免打击空位、弱化以及同案不同罚现象的发生。在打击的同时，进一步延伸检察职能，加强宣传提高群众环保法制意识，通过以案释法，使得群众认识犯罪危害，提高群众的生态环保意识，鼓励群众参与保护生态环境，揭发破坏环境资源保护犯罪，引导举报职务犯罪。积极协助行政执法机关开展职务犯罪预防工作，结合日常办案，针对苗头性问题和关键环节，提出检察建议，帮助建章立制，堵塞漏洞，推动生态环境保护工作从事后治理向事前保护转变。

（二）理顺内部机制，培养专业办案人才

实行生态检察工作专业化，办案人才的专门化。目前法院已有设立环保资源审判庭的探索，检察机关也有在部分省份设立林业检察或生态资源检察的有益做法。地方检察机关可以根据当地生态环境保护形势和案件特点，适时设立专门机构和队伍，逐步推行破坏环境资源案件刑事办案、民事行政检察监督、犯罪预防和检察宣传多职能合一归口办理，走专门化道路。尽快培养专业化办案人才，对破坏生态环境刑事案件优先办理、快速办理、适时介入、引导取证，案件少的院有专人办理，案件多的可以由专业办案组办理，增强打击犯罪的实效和震慑力。理顺内部工作机制，实行检察工作一体化，既要内设部门一体化，也要上下级一体化，用好上下级、各内部的职能作用。如侦监的提前介入引导侦查、自侦部门的打击职务犯罪、控申的举报渠道、上级机关的指导支持等，形成整个检察机关查办生态环境犯罪的高压合力，避免仅成为某一部门的事或各自为阵。

（三）完善"两法衔接"机制，强化检察监督

党的十八届四中全会明确指出"健全行政执法和刑事司法衔接""坚决克服有案不移、

有案难移、以罚代刑现象”。虽然中办、各地机关就衔接机制出台了一些规定、办法，但总体位阶较低，效力不足，从根本上制约了“两法衔接”工作的开展，需要由全国人大或常委会从立法层面进行立法，在法律上确立“两法衔接”机制，从立法上明确检察机关在“两法衔接”机制中的地位和职责，明确各方主体权责，建立健全信息共享、案情通报、案件移送等制度，设计好司改路径，赋予检察机关相对独立的对行政执法活动的监督权。强化对行政违法行为监督机制，关注行政执法和环境司法的权力交叉地带，促进工作无缝衔接，避免互相推诿，通过开展督促履职、督促起诉、支持起诉等工作，纠正行政执法机关生态环保工作中行政不作为、行政乱作为等违法犯罪问题。

（四）建立健全恢复性司法治理机制

把握好经济发展与环境保护之间的关系，坚持生态优先，打防护相结合，将生态恢复理念运用于生态环境司法实践中。健全恢复性司法的法律体系，鉴于目前恢复性司法各地探索，做法不一的现状，逐步从法律、法规、地方立法等不同层面不断完善法律体系，完善恢复性司法的运行程序，规范恢复性司法的运行机制，明确适用的对象、形式、阶段，明确监督体系。在适用的形式上，例如盗伐、毁坏林木，实践中要求犯罪嫌疑人修复的主要方式是恢复原状，例如补种树木，司法手段比较单一，但在一些补种或者原状恢复不具可操作的性特殊情况下，犯罪嫌疑人还可以易地补植、义务担任护林员管护林木、给付货币代为补植、亲友代为补种树木、自行清除违法种植作物等多种方式弥补犯罪行为对生态环境造成的破坏，同时应探索在被审判时或者罪犯在服役过程中的其他补偿方式。

涉众型经济犯罪中被害人权益保护问题研究

谢冬旭　林旭菁 *

涉众型经济犯罪并非严格意义上的法律概念，而是公安机关从“维稳”的角度出发，对具有某些特定特征的犯罪类别进行归纳，提出的一个业务概念，或者说政策概念。2006年11月，公安部召开新闻发布会，通报严厉打击和防范涉众型经济犯罪的相关情况，首次提出并定义涉众型经济犯罪，即指“涉及众多的受害人，特别涉及众多不特定受害群体的经济犯罪。主要包括非法吸收公众存款、集资诈骗、传销、非法销售未上市公司股票等经济犯罪活动。另外，在证券犯罪、合同诈骗犯罪、假币犯罪、农村经济犯罪活动中也有类似涉众因素存在”[①]。涉众型经济犯罪的认定难点主要集中于：一是实体方面，即是否构成犯罪的认定；二是程序方面，即民刑交叉背景下诉讼过程的漫长化。[②]其与传统犯罪的显著区别在于，涉众型经济犯罪不仅在实体认定和程序衔接上带来许多新的挑战，更重要的是，因其涉众性，无论是公安司法机关，还是政府机关，都面临来自被害人的极大压力。一方面，被害人的诉求需要得到保障，此为维权的应有之义和最终归属；另一方面，维权手段的多样化与不可预见性，又加剧了公安司法机关和政府机关的“维稳”压力。如何维持二者之间的平衡关系，是兼顾社会效果与法律效果的必然要求，也是摆在我们面前的难题。

一、涉众型经济犯罪的被害人特征

在涉众型经济犯罪中，作为维权主体和“维稳”对象的被害人[③]群体，无论是从量还是质的维度上，均与普通刑事案件有别。具体表现为以下几个方面：

（一）被害人数量庞大，组织成分复杂

涉众型经济犯罪的被害人群体最显著的特点之一就是数量庞大，规模往往从数十人至上万人不等。在被害人的构成成分上，又有两个分类的角度，一是从职业和年龄结构上看，卷入涉众型经济犯罪的人员既有普通的工薪阶层，也有下岗待业者，既有正当盛年的，也有退休养老的，这些人员往往发财心切，且在一些案件中，犯罪行为通常披着

*　谢冬旭、林旭菁，厦门市翔安区人民检察院。

①《公安部召开涉众型经济犯罪新闻发布会》，http://news.163.com/special/0001237T/1123jingjifanzui.html，2018年4月25日访问。

② 聂慧苹：《涉众型经济犯罪司法疑难问题探析》，载《上海政法学院学报（法治论丛）》2013年第28卷第4期。

③ 如下文所述，关于涉众型经济犯罪中何为“被害人”，在一定程度上，存在以偏概全的弊端，如在办理非法吸收公众存款案件中，投资人或被吸存人是被害人还是证人，各地有异，但因该表述在理论和实务界中均具有较高的认可度和通用性，本文仍沿用“被害人”的提法。

当地政府支持的外衣，有著名人士和政府官员站台，隐蔽性较强，迷惑性较大，此类投资人辨别能力差，而极易成为单纯的受害者；二是从组织上看，有些被害人已经成为涉众型经济犯罪的既得利益者，有些则是单纯的被害人，前者往往容易成为犯罪的“后备力量”，其要求保障的积极性，较之单纯的被害人，可能更容易引发集体性事件，因而也成为“维稳”的主要压力之一。①

（二）被害人损失严重，承受能力较低

涉众型经济犯罪作为典型的数额犯，其趋利性导致案发时涉案数额往往极为巨大。如“亿霖”非法经营案的涉案金额达人民币16.8亿元，“黄金期货”非法经营案的涉案金额更是高达人民币771亿元。②“e租宝”非法吸收公众存款案的涉案金额也逾500亿元。在涉案金额居高不下的背景下，与之相对应的却是追赃挽损的步伐显得尤为迟缓，大多数案件都面临损失基本付诸东流，难以挽回的局面。这种情况又进一步加剧被害人的损失程度，对于许多投资人来说，可能最终导致倾家荡产、血本无归，从而又进一步激发其维权信访的动力，形成一种恶性循环。③

（三）被害人地位模糊，实践操作各异

如本文开篇所述，涉众型经济犯罪并非严格意义上的刑法概念，具有更强的政策导向性，且因该类型犯罪的被害人成分复杂，许多“被害人”在投资初期，甚至获取了巨额利益，只是最后因资金链断裂，无法收回剩余投资而被侦查机关纳入“被害人”范畴。但是身份的确定将直接影响到其享有的诉讼权利和义务的范围。具体而言，如果将其界定为被害人，则意味着其享有申请阅卷、提起抗诉申请、参与法庭调查和法庭辩论等实体及程序权利，从而给办案机关增加极大的办案成本和压力，故而能否直接“一刀切”地将所有资金受到损失的群体等同于《刑事诉讼法》规定的“被害人”呢？

首先，现有的立法和司法解释并未给出明确的答复，“两高一部”于2014年3月发布的《关于办理非法集资刑事案件适用法律若干问题的意见》，将投资人表述为“集资参与人”，实际上仍然是做了模糊处理，绕过了争议焦点，转而以服务实践、方便实务操作为导向④。其次，学术界对此也众说纷纭，以较为典型的非法吸收公众存款罪为例，有学者就认为存款人不应具有被害人地位，否则会凭借该地位继续参与其他非法吸存活动⑤。再次，还有观点认为应当根据投资人是否主观明知对方行为是否具有非法性，来进一步判断属于被害人还是证人，但该观点在实践中恐难具有可操作性。⑥最后，在司法实践中，各地也呈现出多种差异，甚至在一个地级市下都存在不同的认定标准，既有将其列

① 任怡、张巍：《涉众型经济犯罪引发的涉稳事件处置研究》，载《山西警官高等专科学校学报》2014年第3期。

② 卢希、吴春妹、马迎辉：《北京检察机关办理涉众型经济犯罪案件调查》，载《人民检察》2012年第18期。

③ 任怡：《“维稳”视角下涉众型经济犯罪整体性防控研究》，载《政法学刊》2015年第1期。

④ 北京市人民检察院非法集资犯罪问题研究课题组：《涉众型非法集资犯罪的司法认定》，载《国家检察官学院学报》2016年第3期。

⑤ 张珩：《非法吸收公众存款罪的难点问题》，载《中国刑事法评论》2012年第12期。

⑥ 重庆市大足区人民检察院课题组：《论“涉众型”经济犯罪被害人经济权利救济的困境及出路》，载《法学论坛》2012年第6期。

为被害人的，亦有列为证人的。[①] 据笔者了解，厦门地区有部分检察干警将其表述为“被害人”，而在起诉书中则表述为证人。

二、涉众型经济犯罪维权与“维稳”的现实困境

涉众型经济犯罪被害人群体规模庞大，损失惨重，其自身的法律定位又模糊，上述因素交织在一起，往往会汇聚发酵，引发以“维权”为主要诉求的群体性事件。而对于公安司法机关及政府机关而言，合理应对、妥善处置该类事件的需求，又演变为“维稳”的行动和压力[②]，二者相辅相成，密不可分，但从司法实践来看，都不约而同陷入了各自的困境之中。

（一）维权困境

1. 信息公开有限，投诉无门

司法实践中，许多涉众型经济犯罪案件从案发之日起，相关信息如案件进展情况、追赃挽损情况等重要的信息均处于密闭状态，作为最直接的利益相关者，一方面被害人不知道向谁了解案情，另一方面办案机关一定程度上存在重视证据收集，轻视被害人权利告知和保障的问题，如未主动通报案情，亦缺乏和被害人的沟通，甚至含糊其辞。在此情况下，被害人难免猜测其中有无猫腻，加上对自己的损失能否得到挽回的担心，就极有可能转而寻求其他解决方式，上访闹访等影响社会稳定的事件一触即发。

2. 追赃手段单一，损失难挽

涉众型经济犯罪的犯罪所得通常情况下都会被犯罪分子用于非理性的投资、维持犯罪模式的存续（如典型的以后手投资人的钱款支付前手投资人的收益）、掩盖犯罪事实等用途上，因而至案发时，基本已被挥霍一空或予以隐匿，侦查机关难以及时有效地进行查封、扣押。案件在进入司法程序后，公检法三家对涉案财物的线索收集、保管不主动、不规范，不严谨，也在很大程度上加剧了追赃难度。[③] 与此同时，侦查机关的财产保全的权力也受到限制，对于与案件无关的财产无法进行查封、扣押，而该财产却可以用于赔偿被害人损失，进一步加剧了追赃挽损与被害人权益保障和权利救济的失衡状态。[④] 据了解，涉众型经济犯罪的追赃挽损率不足涉案金额的10%，有些案件还出现因被害人数量无法确定，导致所缴赃款无法及时发放的问题。[⑤]

3. 刑民关系交叉，纷争不断

由于涉众型经济犯罪发生在市场经济领域，投资人最初是以市场经济的参与者身份

---

① 巩传红：《涉众型经济犯罪受害人法律地位界定问题研究》，载《山东商业职业技术学院学报》2017年第2期。

② 有关机关的“维稳”压力实际上不仅来自于被害人群体，还包括谣言的传播以及有关监管部门的乱作为、不作为的渎职行为，本文仅从被害人视角出发讨论“维稳”困境和解决之道。详见王晓东：《论涉众型经济犯罪案件中的“维稳”》，载《山东警察学院学报》2017年第3期。

③ 张洪亮、罗登亮：《保障受害人权益维护社会公正之机制完善：以涉众型经济犯罪案件为研究对象》，载《四川行政学院学报》2017年第6期。

④ 王若思：《涉众型经济犯罪被害人民事权益保护研究》，载《长春大学学报》2017年第9期。

⑤ 郑利群、何继清：《公诉环节办理涉众型经济犯罪案件的相关思考：以某检察院办理的16个典型案例为视角》，载《犯罪研究》2010年第5期。

加入其中的，而许多犯罪分子为了掩盖其非法目的，往往会将吸收的资金用于部分合法的民商事经营活动中。案发后，公检法机关要通过抽丝剥茧，逐一将非法所得与合法收入区分开来，并非易事，且整个取证、分析、判断过程较为漫长，涉众型经济犯罪的诉讼过程也因此显得拖沓冗长，但被害人的救济时机可能在这一过程中已经错失。进入审判程序以后，传统的“先刑后民”的思路又进一步加剧了被害人权益保护的困境。具言之，首先，被害人需要等到法院厘定各被告人的罪责，区分并确定犯罪数额，才能从中按比例分配，但如上文所述，这一个过程不仅漫长，而且充满不确定性；其次，被害人另行提起民事诉讼赔偿一方面往往无法得到法院的判决支持，另一方面同样面临执行难的老问题，造成所谓的“二次伤害”。[①] 如此纷争之下，被害人的权益保障也就有流于形式、有陷入“法律白条”之嫌。

（二）“维稳”困境

1. 介入时间滞后，易引发各方不满情绪

涉众型经济犯罪案发的导火索主要是资金链断裂，在这种情况下，投资人无法收回款项，进而报案，寻求公安司法机关的帮助。此时，无论是作为侦查主体的公安机关，还是有权提前介入、引导侦查的检察机关，再介入案件的侦办之中，均已显示出明显的滞后性，涉案的相关赃款赃物有很大一部分均被挥霍殆尽，难以追回，被害人的失望情绪随之陡增。同时，由于该类案件本身具有规模大、证据多、取证难、跨区域等特点，在实体认定和程序适用上均存在较大的分歧和争议，侦查、审查的过程都更为艰难烦琐，公安司法机关又必须腾出一部分精力用于“维稳”以应对被害人一方的信访申诉活动[②]，故而侦查、审查的力量就尤为捉襟见肘，效果也未必有被害人设想的那么理想，反倒极易引发不满情绪，从而使得本就难以负担的“维稳”重任雪上加霜。

2. 信息源不对称，易产生误解激化矛盾

信息的公开不仅涉及维权，同样涉及“维稳”。知情权在涉众型经济犯罪中的作用和地位尽管极为重要，但又因为人员庞杂，知情权反倒难以得到有效保障和落实。对于被害人而言，及时有效的信息相当于一个“风向标”、一颗“定心丸”，有利于其作出决策；对于公安司法机关而言，及时通报、沟通案情不仅有利于案件进展，更有利于化解矛盾，消除误会。然而，从司法实践来看，却有不少办案机关基于“稳定压倒一切”的“维稳”思路，认为信息透露越详细，民众的诉求就会越强烈，更容易引发信访等风险，故而采取含糊处理的方式来应对被害人的咨询诉求。同时，将工作重心放在证据的收集、固定上也一定程度上弱化了对信息通报工作的重视，使其沦为“派生职责”。[③] 在此情况下，被害人难免失去对办案机关的信任，转而寻求非理性的解决途径，从而进一步加剧了“维稳”的压力。

3. “维稳”思路僵化，易导致信访不信法

在我国，各级公安司法机关及政府机关都在不同程度上担负着当地的“维稳”任务。

① 李辰：《涉众型经济犯罪案件中的被害人权益救济》，载《人民检察》2013年第15期。

② 刘晶晶：《“维稳”视角下涉众型经济犯罪案件办理的几点思考》，载《课程教育研究》2013年7月中旬刊。

③ 王晓东：《论涉众型经济犯罪案件中的维权：以与“维稳”的衡平为视角》，载《法学论坛》2017年9月，第5期。

涉众型经济犯罪波及范围十分广泛，一旦引发涉稳状况，常需要调动各方力量，积极配合，妥善应对。然而，有些地方政府和公安司法机关长期以来存在着“稳定压倒一切”的“维稳”思路，堵而不疏。在处置事态时陷入两种极端的做法[①]，其结果依然是事与愿违：一是一味地退让迁就，对被害人的各种诉求无条件同意，力求大事化小、小事化了，不料却使被害人得寸进尺，甚至提出更多的无理请求；二是动用强力，试图压制被害人的信访行为，既不给被害人一个明确的答复，也不为被害人指出具体的救济途径，单纯追求社会治安的暂时稳定，治标不治本，反而容易激发更严重的事件，典型的如湖南吉首事件。

三、化解维权与“维稳”现实困境的路径选择

如上文分析，涉众型经济犯罪下的维权诉求与“维稳”压力始终处于相互交织、此消彼长的状态之中。权利的保障需要稳定的秩序，稳定的秩序最终归宿也是公民权益的最大化。然而司法实践中，却普遍存在着“维稳维权化”和“维权维稳化”的错位倾向[②]，其根源仍应归咎于“维稳”与维权局面陷入的困境之中。如何让二者归位，实现法律效果和社会效果的统一，可尝试从以下几个路径进行探索。

（一）以信息为主导，建立健全预警机制

涉众型经济犯罪的办理对于信息的要求更为严苛和迫切。这里的信息包含两层应有之义：一是对于风险经营模式的信息掌握。从现有的案件来看，案发时往往损失已经造成且难以挽回，公安司法机关只能被动地就案办案，疲于应付。为了改变这种局面，应该建立健全预警机制，由当地党委牵头，组织协调工商、银行、公安、检法等各职能部门，建立联动机制，形成打击合力，整合各方信息，及时掌握市场经济活动中的各类风险行为，从而实现有效预防、及早提醒、适时管控的目的，避免投资人损失，从源头上防止涉众型经济犯罪的发生，实现由“亡羊补牢式”向“未雨绸缪式”的转变。[③]二是涉案信息的主动、及时公开。涉众型经济犯罪案发后，各地被害人均会聚集到案发地，提出诉求，应该改变以往的应对方式，建立有效的告知程序，确保案件信息能够为被害人所知，消除误会、化解矛盾，在“维稳”的同时也实现维权，从而能将更多的精力投入到案件的侦办中。需要注意的是，在此过程中，还要建立相应的舆情引导机制，防止只注重单纯的信息披露，而忽视舆论对被害人群体的误导。

（二）以追赃为重点，打击犯罪与维护权益并行

涉众型经济犯罪的被害人的最大诉求无一例外都是尽可能地挽回损失，从这个意义上讲，维权就是“维稳”。公安司法机关应以此为出发点，在重视收集案件本身的证据的同时，也应该注重从多渠道、多手段，包括发动被害人积极提供犯罪嫌疑人的财产线索，最大限度地追缴赃款赃物，并采取相应的保全措施。在刑事政策的运用上，则可以将退

① 谌艳青：《涉众型经济犯罪影响下的公安“维稳”工作》，载《法学论丛》第491期。

② 李强彬、吝娜：《维权与“维稳”：何以错位如何归位》，载《理论探讨》2017年第1期。

③ 刘晶晶：《“维稳”视角下涉众型经济犯罪案件办理的几点思考》，载《课程教育研究》2013年7月中旬刊。

赃作为量刑的重要考量因素，以此促使犯罪嫌疑人、被告人及其家属积极退赃，有效提高被害人的可发还的救济数额。

（三）以创新为突破，兼顾实体公平与程序效率

涉众型经济犯罪办理过程的漫长是其有别于其他普通刑事犯罪的特征，也是导致被害人维权和公安司法机关“维稳”陷入困境的重要原因。一方面是权利义务的告知。因涉及人员众多，在案件办理期限内，告知程序烦琐复杂，且重复率高，虽然规范得到了保障，但是又牺牲了效率，为此，可以借鉴民事案件审理中的公告方式，统一告知，在公告期限内，由被害人自行到办案机关登记。[①] 另一方面是“先刑后民”的办案模式。概而言之，无论是刑事当先，抑或民事当先，其最终目的都是为了使犯罪分子得到法律的惩处，被害人的合法权益得到最大限度的保障。因此，可以视具体案件情况，分别采取“先刑后民”“先民后刑”或者“民刑并行”的方式，以应对该类案件民刑交叉所带来的困扰，从而既确保案件的实体公平，又有效地提高诉讼效率，实现二者的平衡，也最终促成“维稳”与维权这对矛盾体的平衡。

① 郑溶：《涉众型经济犯罪案件中被害群体合法权益的保护》，载《湖北警官学院学报》2012年第5期。

论生态损害的法律救济

张琼文 *

引　言

生态环境危害行为造成生态环境（即生物之间以及生物与环境之间存在着相互关系的系统）遭受的损害称为生态损害，近年颁布与修订的法律文件反映出立法机关已逐渐将生态损害区别于传统的环境损害，无论是环保部于2014年发布的《环境损害鉴定评估推荐方法（第Ⅱ版）》（以下简称“第Ⅱ版方法”）还是国务院于2017年底发布的《生态环境损害赔偿制度改革方案》（以下简称“改革方案”）都明确将环境污染与生态破坏并列。准确界定生态损害是对其进行有针对性救济的前提，本文所使用的生态损害概念建立在如下内涵上，即人为活动已造成或可能造成的生态系统的任何组成部分或者其任何多个部分相互作用而构成的整体的物理、化学、生物性能的退化。生态损害作为一种新型损害形态，在我国生态问题的范围越来越广，程度越来越深的背景之下，对完整且行而有效的法律救济体系提出了更高的要求。

一、构建独立的生态损害法律救济体系之必要性与可行性

（一）构建独立的生态损害法律救济体系之必要性

1. 生态损害与传统环境污染损害之间具有显著差异

传统环境污染损害是环境污染行为所造成的权利主体的人身权益与财产权益遭受的直接或间接的损害。一方面，引起传统环境污染的污染行为主要是从外向内的异物输入，例如超过一定标准排放、倾倒或处理固体废物、废液或废气、发出噪声、危险品泄漏等①，这些都是将与环境不相容的物质或多余的能量挤入原有的自然状态对环境进行破坏的行为，其依循的是“致害行为—环境媒介—个体权益”这样的致害路径。另一方面，传统环境污染的客体是受害者具体的人身权益与财产权益，这些权益不仅仅存在于《环境法》中，更广泛地存在于具有明显私益性的《民法》等其他法律中，在法律上大部分都获得了直接确认，对其范围确定与价值量化多有立法文件为依据，同时人身权益与财产权益鲜少有交叉融合之处，对于二者的分辨较为简单，且由于财产权益本身所具有的价值性等，受到损害的人身权益与财产权益的衡量标准所涉及到的相关因素较少而不至过于复杂。

而生态损害则是生态破坏行为所造成的生态系统本身所遭受的整体性的侵害。一方面，

*　张琼文，厦门大学法学院。

①　窦海阳：《环境侵权类型的重构》，载《中国法学》2017年第4期。

生态破坏行为主要是由内向外的异物输出，例如大规模开矿造成土地塌陷、地下水位下降、采砂行为造成浅滩对波浪的阻挡作用下降从而引起大范围的海岸侵蚀等，这些都是对生态环境进行过度索取，将生态平衡中所原有的构架分解的行为，其依循的是“致害行为—生态本身—公共利益”的致害路径。另一方面，生态损害所影响的是生态系统内的生产者、消费者和分解者通过能量循环等活动所形成的整体，生态损害所涉及的生态利益具有不可分割的性质，其范畴确定与定量往往较为模糊与困难，不同国家对此有不同的标准。

2. 传统环境污染侵权法律无法解决生态损害中的特殊问题

传统环境污染侵权法建立在私益受到侵害的基础之上，在环境污染侵权的情形下，民事主体多能诉诸环境污染侵权责任而获得救济。现行的《侵权责任法》第 8 章中以四条法条对环境污染责任进行了简明规定，包括环境污染中的举证责任分配、无过错责任等，其围绕的受侵害权益是民事法律所确认的具体人身权益与财产权益。而对于生态损害应涉及的具有公益性的环境权，无论是在民事立法上还是学理讨论中对其性质都未有定论。此外，生态损害所牵扯到的受损生态利益不可分割且类型多样，例如生物资源的多样性、水资源的清洁性等，传统环境污染侵权法律对这些非依赖于民事主体而存在的利益缺少适用空间。因此，对于生态损害问题的处理需要有一套建立在生态损害理论基础之上的独立法律救济机制来应对。

（二）构建独立的生态损害法律救济体系之可行性

生态损害属于有别于传统环境污染的新型损害形态，自党的十八届三中全会明确提出大力加强生态文明建设以来，针对生态损害赔偿、生态环境强制保险等不同方面的探索不断推进，相关的试点工作陆续展开，大体上形成了包括环境公益诉讼、行政协商、生态损害强制责任保险等制度在内的初步构架，这些探索与尝试都为生态损害法律救济制度的构建与完善提供了宝贵的经验与参考。

我国以往对于生态损害的救济很大程度上依靠于传统环境行政管理的方式实现，《改革方案》规定了行政机关针对生态损害问题向赔偿义务人索赔（包括协商、诉讼等）的权利，在传统的以行政处罚手段为主的环境行政管理之外引入了行政协商制度，填补了我国长久以来在生态损害相关的行政制度方面的缺失。随着《最高人民法院关于审理环境民事公益诉讼案件适用法律问题的解释》（以下简称“环境公益诉讼司法解释”）以及《改革方案》等法律文件的相继颁行，对于生态损害寻求司法救济的主体范围扩展到检察院、政府等部门，目前在我国形成了行政与司法并举的救济模式。在司法区划与行政区划适当分离的探索过程中基本上形成了三种模式，即：根据生态环境的自然属性实行跨区域管辖；采取集中管辖方式实行跨区域管辖；采取协议方式实行跨区域管辖，[①]一定程度上适应了环境要素的流动性与整体性特点，在实践中取得了良好的效果。2015 年《生态环境损害赔偿制度改革试点方案》（以下简称《试点方案》）颁行以来，包括吉林、山东、江苏、湖南、重庆、贵州与云南在内的七个省市已率先开展生态环境损害赔偿制度改革试点工作[②]，并已取得了试点成果，为生态损害赔偿制度的完善提供了丰富的实践经验。这

① 曹红军、李强：《关于完善我国跨行政区划法院管辖制度的思考》，载《西华大学学报（哲学社会科学版》2017 第 4 期。

② 参见中共中央办公厅、国务院办公厅《关于在部分省份开展生态环境损害赔偿制度改革试点的报告》，2016 年 8 月。

些都为完善生态损害法律救济展现了初步的制度框架与图景，为生态损害法律救济制度体系的完善提供了理论与实践依据，从而使其具备了较高的可行性。

二、生态损害的法律救济面临的困境

（一）生态损害法律救济制度体系缺少全方面立法规范

在当前探索生态损害赔偿制度建设的过程中，其所涉及的赔偿权利人、适用范围、责任承担方式等内容主要仍由灵活性较强的政策进行调整，[①]试点实践中所取得的成果也尚未上升为具有合法性的立法规范。单纯地依靠方针政策难以全面规范生态损害赔偿制度中的各方面要素，也无法使得生态损害赔偿得到稳固落实。此外，大多数法律将环境污染与生态破坏进行分列，但对与生态损害相关的环境民事公益诉讼缺少界限明晰的诉讼适用制度，立法对于建立独立的生态损害诉讼制度仍态度模糊，甚至可能直接以环境污染诉讼进行代替，使得对于生态损害案件的实际救济缺乏针对性。

另外，目前我国对于生态环境损害基金制度的规范主要散见于各单行法规，如《基金会管理条例》《污染源治理专项基金有偿使用暂行办法》等，缺乏架构完整、内容系统的法律规范。并且，基金组织的资金收入来源渠道较为狭窄，基金组织内部的监督机制也存在着漏洞，当前我国已在船舶油污损害赔偿基金管理领域设立了基金管理委员会，而在其他类型生态环境损害方面尚缺少强有力的监管措施。

（二）生态损害法律救济体系内部各具体法律救济制度发展不平衡，并且相互之间缺乏有效机制进行衔接

《改革方案》明确了各地人民法院及最高人民法院完善赔偿诉讼规则的任务，但并未解决生态环境损害赔偿制度与环境公益诉讼衔接的问题，而是将其留待“最高人民法院商有关部门根据实际情况制定指导意见予以明确”。同时，生态损害环境赔偿制度作为一种不同于环境行政法律制度和现有民事法律制度的针对受损生态环境本身的救济制度，我国现行法律体系在对其索赔权限、途径、程序等方面的规定上仍旧存在一定缺失。[②]而这一问题实际上与缺乏立法规制的问题是相互关联的。一方面生态环境损害赔偿制度的司法实践需要由立法提供行为依据并进行规范，另一方面最高人民法院需要以司法实践中的客观经验为基础来制定相应的指导意见。而这两方面目前都存在着不足，需要更进一步的改进与探索。

另外，《试点方案》所确立的行政协商制度是在生态损害问题的处理方面具有试验性的一步探索。对于行政协商制度的规定暂时都停留在较为粗略的层面，缺乏明确的制度规制。随着《环境保护法》《民事诉讼法》等法律文件的修改以及相关规定的颁行，行政处理与司法救济之间存在的冲突与竞合情形增多，其间的衔接困境也在逐步加剧。在学术界，对于行政协商的定性也还存在着广泛的争议。在司法救济模式适用更频繁的情况下，初具框架但是性质含混的行政协商制度还较为弱势，其与司法救济之间的衔接规范

① 张梓太、吴惟予：《我国生态环境损害赔偿立法研究》，载《环境保护》2018第5期。

② 汪劲：《论生态环境损害赔偿诉讼与关联诉讼衔接规则的建立——以德司达公司案和生态环境损害赔偿相关判例为鉴》，载《环境保护》2018第5期。

更需要进一步进行完善。

（三）具体的法律救济制度在实践中所受约束因素较多，难以取得明显成效

根据《中国环境资源审判（2016—2017）》和《中国环境司法发展报告（2015—2017）》，有关环境资源案件数量逐年上升，但是环境公益诉讼在其中占比非常少，在全国分布范围表现为东部多，西部少，经济发达地区多而经济落后地区少，环境公益诉讼的地域之间的数目差异性较大。对于检察机关作为原告提起的环境公益诉讼与社会组织作为原告提起的环境公益诉讼，法院对前者的诉讼请求支持率要明显高于后者。可见，现实中环境公益诉讼的实践仍旧受着经济、政治等方面因素的限制。同时，虽然环境审判案例指导制度已初步实现了类型化，并且对原告的起诉资格予以重点关注，但是缺乏一定的代表性及相对统一和具有普适性的认定规则。此外，生态损害类诉讼案件对于社会组织作为原告的资格要求较为严苛，对于社会组织来说，现阶段国内能够满足立法规定的两个条件并且具备充足资金、较高法律专业水平的公益社会组织较少，而公益社会组织之间也缺乏完整的信息交流的机制。

我国于2007年开始实行以任意保险为主的生态环境责任保险制度模式，而这种基于双方自愿而形成保险合同关系的方式在实践中难以得到广泛适用，因为大部分排污企业并不会主动积极投保，同时保险企业的所承担的风险往往较大，理赔率一般处于较低水平。[①] 2013年，我国开始环境污染强制责任保险试点改革工作，但是实践中污染企业投保积极性不高、保险公司承保能力低、政府部门支持力度较弱等问题仍然没有得到改善，使得环境污染强制责任保险制度陷入了困境。

三、生态损害法律救济制度的完善

（一）推进生态环境损害赔偿制度系统立法，健全生态损害赔偿金制度

对生态环境损害赔偿制度进行法律化确认，建立相应的法律制度。第一，制定单独的生态环境损害赔偿法[②]，将生态环境损害赔偿制度从《环境保护法》、《侵权责任法》以及《民事诉讼法》中的散落规定中独立出来并进行整合，形成生态损害责任承担专有的实体规则与程序规则；第二，将不同的生态损害案件进行分类，对同一类型的生态损害案件适用统一的诉讼管辖制度、索赔及磋商规则和证据适用规则，同时根据生态损害的特性以及损害的类型，着重于对其归责原则与责任形式的规则确立；第三，通过立法建立高效的资金保障机制，将生态损害赔偿制度与环境责任保险制度、损害填补基金制度等进行结合；第四，对于生态损害的社会组织索赔应建立包括管辖制度、公益诉讼参加人制度、证据收集制度等在内的程序性机制。

对于生态损害赔偿金，建立第三方监管模式，委托第三方机构例如临时委员会等对资金的使用进行管理和监督，对此可以参考贵州清镇人民法院生态保护法庭与中国生物多样性保护与绿色发展基金会合作的模式。或者在环境保护部门内部为生态损害赔偿金设立资金专户并由该部门进行资金管理，并且应同时完善相应的资金审核程序制度，对

① 彭中遥：《环境污染强制责任保险的法律制度危机及应对》，载《当代经济管理》2018第40期。
② 张梓太、吴惟予：《我国生态环境损害赔偿立法研究》，载《环境保护》2018第5期。

费用的支取制定公开和严格的申请程序，另外加强建设对于生态损害赔偿金流动的监督，其中既包括司法监督也包括社会监督。

（二）从举证责任、管辖及诉讼原告资格方面完善环境公益诉讼制度

针对生态损害案件的特征确定相配套的举证责任承担制度。根据生态损害的致害原因、致害过程、行为方式和损害形态等因素将其进行分类，建立完善的生态损害分类制度，从而根据其各自的性质确定相适应的举证责任承担规则。例如，对于显明型生态损害，比方说短时间内的大规模的生物入侵，适用一般举证责任规则原则，即“谁主张，谁举证”，因为这一类生态损害容易发觉，取证较容易，且危害一般在短时内即会爆发。潜伏型生态损害或渐变型生态损害，由原告方对损害事实进行举证证明，这是因为这一类生态损害具有时间长、不易发现等特征，从诉讼便宜和公平正义以及激励社会公众环保意识的角度来看，更适宜举证责任倒置。

进一步完善司法区划与行政区划适当分离的环境案件管辖制度，同时应注重生态损害分布的地域性与生态诉讼管辖制度的适应。在实践中不断积累相关经验，根据全国生态功能区划、重点生态功能区等一系列环境治理中重要元素的规定，对生态损害案件进行适时跟进与调整，发挥司法的能动性，更好地契合案件的生态属性，同时发挥环境资源审判庭和指定专门法庭在其中的先行作用。① 综合考量不同地域生态损害分布、严重程度以及各地法院的差异，从合理及有效地使用司法资源的目的出发，确定相应的司法管辖规则。针对实践中生态损害严重地区环境公益诉讼案件较少的情况，应当根据个案适当地调整有关专门法院的管辖范围，保证这些地区的案件得到高效与科学的审理。

（三）健全针对于生态损害的强制责任保险制度以及基金制度，促进生态损害法律社会化救济制度多元化发展

制定专门的生态损害强制责任保险法，或者在《保险法》中开设专章对其进行规定，明确生态损害强制责任保险的投保人范围，将环境高风险企业纳入其中。另外，对于具有不同承保风险的不同生态损害适用不同的保险费率，同时保险费率的确定还应当考虑投保企业的风险评估指数以及历史污染记录，依照企业环境风险的变化实行差别浮动费率。② 完善与生态损害强制责任保险制度相配套的机制，例如对某类型生态环境损害风险进行实时动态监测，并建立全国范围内信息共享的数据平台，为保险公司设计保险产品以及确定合理的费率提供数据支撑。

借鉴美国的“超级基金法”，结合我国国情，制定关于生态损害赔偿基金的专门的单行法规进行规定，明确基金管理机构中各机关的职能，同时也应将美国在此方面的不足作为前车之鉴，合理划分好组织内部权力；拓宽资金来源渠道，例如将司法机关依法对生态损害行为处以的罚款和罚金划入一部分进入基金账户、通过基金资金进行短期投资运营取得的收入、彩票收入以及社会捐赠的款项也可以作为资金来源；通过法律确定基金支出的范围，例如应急计划、实验室研究等，并对基金的支出进行严格监测，完善基

---

① 吕忠梅、焦艳鹏：《中国环境司法的基本形态、当前样态与未来发展》，载《环境保护》2017第18期。

② 李萱、沈晓悦、原庆丹：《我国环境污染强制责任保险试点改革思考与建议》，载《环境保护》2016第44期。

金申请制度。

（四）明确行政机关与司法机关在生态损害问题处理中的各自职责，处理好行政与司法的衔接

适用行政规制优先于司法监督的顺序，并且在行政权的适用中更多地使用不同于传统环境行政规制方式的行政协商模式，提高对于生态损害案件的处理灵活程度、效率以及专业性水平，发挥行政机关对于生态损害相较于司法机关更为优越的事实认定能力。[①]行政机关自身也需要建立相应的生态监督管理规则，加强环境执法的力度。

明确行政与司法在生态损害问题处理过程中的递进关系。生态损害发生后，行政机关应迅速作出应对，维护生态环境公共利益，通过立法确定具体的环境行政法律责任，并进行相对应的正当行政程序建立，避免公权力对侵害者的私益进行侵犯。同时还应对环境行政公益诉讼制度进行完善，将环境执法信息公开、行政复议等制度适用于其中，并将环境刑事诉讼于环境民事诉讼中所获取的证据等材料适用于环境行政公益诉讼之中，促进司法效率的提高。而司法机关则需要发挥对行政机关的监督与纠正作用，作为后置性程序对行政权的行使过程中的合理性、正当性等进行监督，防范行政机关的规制俘虏。

四、结语

环境保护法以预防为主为基本原则之一，然而救济手段在任何法律中都必不可少。生态损害的法律救济制度体系需要不断地完善，在这一过程中固然有许多方面需要调整，然而立法机关、司法机关、行政机关也应提高对于生态损害救济的专业化和精细化程度，从而使制度的调整与实践得到统一，使环境保护的理念更加深入人心。

① 韩英夫、黄锡生：《生态损害行政协商与司法救济的衔接困境与出路》，载《中国地质大学学报（社会科学版）》2018第1期。

大数据交易中法律风险控制研究

孙洪良　张哲畅[*]

引　言

互联网技术的深入开发不仅使我们的人际关系扩展突破了传统的物理空间的限制，而且也在改变着企业的发展方式和经营模式，网络世界交往中所产生的各种数据也得到广泛地利用，其商业价值得到了国家的认可和接受。实际上，互联网行业已然成为众多城市新的经济增长动力，大数据对于新兴的创业型公司而言尤为重要。但是，现在对大数据的交易保护缺少充分的认识，尤其是大数据交易主体已经突破了市域的限制，其交易风险已然超出单一城市政府所能把控的范围。

一、大数据交易的法律风险类型

现有的大数据交易所自落地以来多次完成了大数据交易的业务，但是我国尚未在法律层面实现大数据交易的规范化，以至于其在立法上的指引和司法上的预测性存在不足，导致企业参与大数据交易仍然面临着一定的法律风险。

（一）大数据交易立法规制的欠缺

众所周知，我国暂时缺少直接规制大数据交易行为的法律，以至于企业在参与大数据交易时大多是以大数据交易平台自身的规则作为标准。贵阳大数据交易所通过《贵阳大数据交易所702公约》和《数据确权暂行管理办法》为本交易所的会员在交易环节中各环节提供了操作规范；中关村树海大数据交易平台则发布了首个行业规范，规定了三个方面的交易市场行为和规范了三种数据交易模式。此外，如哈尔滨大数据交易中心、武汉东湖大数据交易中心等更多采用的是带有磋商性质的、适用于大数据定制化服务的具体规则。可以说，每个大数据交易平台提供的产品各不相同，意味着企业在面对不同的大数据需求时，根据交易平台的不同而需要遵守不同的交易规则，无法有效集中地控制风险。

事实上，我国对于大数据交易的规制很大程度上是依赖于《全国人民代表大会常务委员会关于加强网络信息保护的决定》、《电信和互联网用户个人信息保护规定》、《中华人民共和国网络安全法》和《规范互联网信息服务市场秩序若干规定》等法律规范，这些法律规范对于大数据交易而言起到间接的规范作用，更多是倾向于通过个人信息数据的收集、使用和保护等以维护互联网市场秩序。总体而言，由于个人信息数据是大数据形成的重要基础，同时大数据产业在本质上是互联网行业、电信行业在技术的加持下细分出来的行业领域，因而现有的法律法规能对规制企业的大数据交易起到一定的作用。然而，

* 孙洪良、张哲畅，福建旭丰律师事务所。

正是由于大数据是互联网技术深入发展的结果，对于企业而言看似只要在交易中遵循上述法规即可实现大数据的有效交易，但实际上却面临着大数据交易状态的不确定性和权利救济的真空状态。

（二）司法审判立场的不确定性

我国在大数据交易上的立法空白使得现行法律无法直接回应大数据纠纷双方的法律诉求，但并不意味着司法力量可以拒绝提供司法救济。尤其是当大数据纠纷诉诸法院时，法院面临审判立场的选择。在“淘宝（中国）软件有限公司（以下简称“淘宝”）诉安徽美景信息科技有限公司（以下简称美景公司）不正当竞争纠纷案”中，淘宝认为自身对“生意参谋”的数据具有竞争性法定权益，一审法院认为经过大量智力劳动投入的数据产品已然不同于原始状态下的网络数据，同时互联网行业的发展方式也逐渐依赖于网络大数据的开发和市场化的应用，基于以上两点，一审法院认定淘宝对自身产品的大数据具有财产性权益，但是其同时也根据“物权法定”的原则否认了网络运营者对网络大数据具有所有权。在“北京淘友天下技术有限公司等与北京微梦创科网络技术有限公司不正当竞争纠纷案”中，北京知识产权法院认为数据是新治理和新经济的关键，已然在信息时代成为重要的资源、竞争力和生产力，网络平台方可以就此主张自身具有相关的权利。而在“上海汉涛（大众点评网）诉爱帮不正当竞争案”中，一审法院和二审法院均认为爱帮自身在未付出任何劳动、成本或贡献的前提下，对“大众点评网”的数据利用超出了合理的范围，该行为事实上已经具有“搭便车”和“不劳而获”的性质。

在以上三个案件中，我们可以发现我国司法力量在处理大数据纠纷时面临着缺少直接规制大数据产品纠纷的法律规范却又不得不作出裁判的困境。实际上，法院在判断大数据纠纷时大都未对大数据的权益归属问题展开讨论，也未对大数据的法律属性进一步地研究，更多的是通过《反不正当竞争法》的迂回路线将案件的纠纷落脚于大数据企业在互联网经济下的盈利途径，因而参与大数据交易的企业将面临着法院无法准确地判断交易中的法律问题和作出公正的裁判的风险。

（三）小结：现实法律风险阻碍大数据交易的发展

综上所言，一方面我国当前不仅缺少对企业参与大数据交易提供的法律支撑，大数据交易平台现有的交易规则又互有差异，无法为企业的交易行为提供有效的指引。另一方面，法院作为权利保障的最后防线，在审理大数据纠纷案件时仅仅认可了大数据的经济效益而未能对大数据的法律性质作出生效裁判，难以对交易行为提供有效的预期。尽管有学者认为激活《反不正当竞争法》第 2 条是当前法院处理大数据案件、救济被侵权企业的大势所趋[①]，但大数据产品的多样性使得纠纷复杂程度不同，反不正当竞争法并不能完全满足大数据交易的各方利益诉求。

二、大数据交易法律风险的理论分析

正如前文所言，立法规制的欠缺和司法审判立场的不确定性使得企业在交易大数据时面临较大的法律风险，并且无法获得较为准确的判断标准，这对于交易企业而言无疑

① 龙卫球：《再论企业数据保护的财产权化路径》，载《东方法学》2018年第3期。

是新的负担。因此，深入分析企业大数据交易中法律风险的理论根源，有利于消除交易双方的法律分歧。

（一）大数据法律属性的争议

由于大数据的来源多元，形成方式多样，适用范围广泛，我国对于“大数据”法律属性一直未能形成较为统一的意见。纵观当前对于“大数据”法律属性的研究，大致可以分为人格权理论、财产权益理论和知识产权理论。

1. 人格权理论

人格权理论认为，大量数据本身带有具有明显的身份性质，当这些数据大量汇集成为大数据时，公民的个人信息将集中显现。因而，有学者认为大数据既属于网络信息的媒介，同时兼具信息本体功能，对于涉及公民个人信息的大数据而言，它具有较强人格权属性。① 同时，更有学者指出，某些企业的数据财产权利是建立在用户的人格权益之上的，在这一情形下人格权利在法律体系中的位阶比财产权利更高，应当先实现人格权利的充分保护再实现大数据的财产权。② 我国目前对于大数据的保护便集中体现了数据人格属性的特征。现行法律语境下，国家要求网路服务提供者及其他企事业单位应当在收集信息数据时征求用户意见，并根据约定的适用目的、方式和范围收集相关信息；严格要求必须对用户的个人信息予以保密，保护其不被泄露、篡改和滥用;《刑法》第253条之一更是明确禁止公民信息数据被用于非法的交易。

2. 财产权理论

财产权理论认为大数据因可以适用于交易当中而明显具有财产的价值和属性。有学者指出大数据是信息财产权客体，是数据控制人的数据资产，具有非物质性、可复制性和不可绝对交割性等基本特质。③ 也有学者指出，数据财产权的法律观念、交易习惯和交易机制已经普遍存在于大数据产业和数据资源商业交易之中，是一种新型的财产权。④ 在实践上，各大数据交易平台都倾向于认可大数据的商业价值。北京树海大数据交易平台的交易对象是原始或经处理后的数字化信息，包括但不限于个人、企事业单位、社会团体等各类主体所持有或拥有的各类数据；贵阳大数据交易中心也提出了平台交易的对象为“数据清洗建模分析的数据结构”。可以说，数据的财产属性在交易市场中已经获得认可和接受。不过，也有学者较为明确地指出大数据并不具有财产属性，认为数据本身不具备独立的经济价值，需要通过载体、代码等诸多要素才能发挥自身的作用，并且担忧过分强调大数据财产属性影响了对人格权的应有保护。⑤

3. 知识产权理论

知识产权理论认为在知识产权法域内，大数据是具有财产价值的排他性权利及其产

---

① 杨永凯:《互联网大数据的法律治理研究——以大数据的财产属性为中心》，载《石河子大学学报（哲学社会科学版）》2018年第2期。

② 杨永凯:《企业大数据财产权利的归属及交易规制》，载《石河子大学学报（哲学社会科学版）》2019年第1期。

③ 王玉林、高富平:《大数据的财产属性研究》，载《图书与情报》2016年第1期。

④ 董斌:《数据财产权的理论分析和法律框架》，载《重庆邮电大学学报（社会科学版）》2019年第1期。

⑤ 梅夏英:《数据的法律属性及其民法定位》，载《中国社会科学》2016年第9期。

生的一系列的法律关系。[①] 因此，有学者指出大数据在经过一定处理手段后能够将可识别个人身份的因素去除，同时形成具有创造性价值的智力成果，应当将此类数据信息作为独立的客体，以避免传统知识产权框架下的法律保护困境；[②] 也有学者认为大数据是由不特定的网络群体在网络中所遗留信息的汇编而形成的，具有汇编作品的属性。[③] 当然，知识产权理论在法院的审判实践中曾经获得一定的认可和适用。在“上海汉涛（大众点评网）诉爱帮著作侵权案”中一审法院认可大众点评网运营所依赖的数据具有汇编作品的特点，原告方因此享有著作权。尽管这一认定在二审法院中被以事实认定错误为由予以撤销，但也表明了大众点评网平台与网友均享有网站上相关数据的权益。

4. 小结：理论争议分歧明显

大数据的法律属性直接关系到企业对交易对象的确定，影响大数据交易合同的基本性质，并且是大数据作为客体参加法律关系、为法律规范所调整的前提。目前我国关于个人信息数据保护的立法、大数据的交易实践以及法院的个案裁判从不同角度体现了各方对于大数据法律属性不一致的判断标准和基本立场——易言之，考虑到大数据的种类多样、用途广泛等特点，上述学说理论在一定程度上反映了不同方面的保护诉求。事实上，理论争议的明显分歧也造就了企业参与大数据交易时的迷茫和无奈，寻求法律控制风险的需求更加强烈。

（二）多元化的大数据交易保护路径

对大数据法律属性的争议其实在未来一段时间还将持续，而大数据交易却有着希望法律提供指引和保障的迫切需求，因而不同的大数据法律属性导致了多元化的保护路径选择。

在人格权理论下，个人信息的敏感性和隐私性成为大数据交易的基本底线。根据《民法总则》第 111 条规定和第 127 条之规定，自然人的个人信息受到法律的保护，其获取和使用必须合法，禁止非法途径传播个人信息，并对个人数据和网络虚拟财产加强保护。《网络安全法》第 40 条至第 44 条规定，任何组织和个人均不得窃取或是以非法途径获得个人信息，个人信息的获得和使用应当合法合规；禁止非法的个人信息买卖，并应当采取有效措施保证个人信息的安全、防止泄露。可以理解的是，我国现行立法中的个人信息保护提供的是一种反向保护——通过规定若干禁止性的强制性法律规范，列明了禁止用于交易的大数据范围，而大数据交易的内容只要不涉及尚未脱敏的个人信息数据，并不违反其他相关法律规定即为有效。

正如有的学者所指出，在大数据时代数据流通和交易极其频繁，逐步发展为社会的基础资源，因而需要通过构建数据财产制度以保障数据财产的价值。[④] 财产权理论下的大数据交易保护路径似乎更具有现实性。一方面，将大数据财产权化可以将大数据纳入到物权法体系下加以规制。一直以来，物权法下对于“物”的定义主要是倾向于有体物，但可以为人所感知的即为物，而不一定是有体物。在大数据交易前，双方可以互相确认交

① 宋青霞：《大数据时代人类“零隐私”？——知识产权法域内的私权博弈》，载《广西社会科学》2017 年第 3 期。

② 何隽：《大数据知识产权保护与立法：挑战与应对》，载《中国发明与专利》2018 年第 3 期。

③ 涂燕辉：《大数据的法律确权研究》，载《佛山科学技术学院学报（社会科学版）》2016 年第 5 期。

④ 齐爱明、盘佳：《数据权、数据主权的确立与大数据保护的基本原则》，载《苏州大学学报（哲学社会科学版）》2015 年第 1 期。

易标的物的权属问题，避免大数据归属不清所造成的交易状态不确定。可以说，将大数据视为财产权的客体实际上是对企业继续开发大数据技术和挖掘新的大数据内容的一种激励。另一方面，大数据财产权化有利于交易合同性质的判断。当大数据因具备使用价值而满足人民需求时，其财产性特质已然毋庸置疑，在这一情形下大数据交易与普通商品交易之间并没有存在明显的差异，大数据交易的合同明显具有买卖合同的实质，因而可以将这一交易行为纳入《合同法》的规制范围。

而对于知识产权理论的学者而言，尽管我国《著作权法》在立法之时无法预测到大数据的出现，但是我们不赋予大数据开发者相应的权益，那么诸如恣意复制、盗取窃用与"搭便车"等行为就会泛滥成灾，大数据产业的潜力会受到限制，其创新发展也会受到阻碍。[①] 正如学者王广震教授所提到的，大数据的知识产权化是财产权利不断演进和选择的结果。[②] 知识产权理论在某种程度上与财产权理论上有所重合，因而其在保护交易上也有着激励数据生产者、数据收集者和数据继受者积极参与大数据交易的价值取向。其实，知识产权理论对大数据保护的侧重点更多体现在将企业技术开发与利用、整理与挖掘而获得的大数据视为知识产权的客体，以开放换取保护，以实现数据的社会共享。大数据的知识产权化将进一步拓宽了大数据交易的方式，利用授权使用等方式确保了大数据交易的平稳和高效利用，从而不再局限于所有权转移的方式，也避免了所有权转移交付时间的确定和交付风险的分配等难题。

（三）小结：法律风险无法有效解决

综上所述，看似对于大数据交易的保护呈现多元化的局面，但是由于大数据法律属性的不明确，导致了企业在参与大数据交易时无法较为准确地预判交易中的法律风险。此外，大数据的更新变化较快，即便是确认了的大数据的法律属性，也有可能被新类型的大数据所突破。因此，单一的保护路径并不能使得大数据交易中的法律风险获得有效的防控。

三、大数据交易法律风险控制的内部选择：《合同法》路径

事实上，在法律没有直接规定的前提下，大数据交易可以通过《合同法》的路径实现交易的规范和权利的保护，原因在于大数据交易本质上是一种商事行为，只要在双方在达成合约时表达的意思真实有效且遵守法律法规即可。即使出现纠纷，合同也能为交易可能出现的纠纷提供证据和为法官裁决提供必要之依据。

（一）大数据性质的阶段性识别

对于大数据交易而言，企业首先需要明确交易的对象，而大数据的产生包含了数据的生产、收集、储存、整理、挖掘、使用等多个流程，因此企业对交易对象的识别呈现阶段性的特征。

在大数据产生的初级阶段，数据从生产者一方产出，由数据收集者在生产者的同意

---

① 郭雁：《大数据的发展需要强化知识产权的保护》，载《福州党校学报》2018年第6期。

② 王广震：《大数据的法律性质探析——以知识产权法为研究进路》，载《重庆邮电大学学报（社会科学版）》2017年第4期。

下，根据约定的方式、范围和使用途径予以收集和储存——数据开始从个体走向集合并形成了大数据的雏形。尽管我们承认数据信息是一种重要的社会资源，同时又兼具人格利益与经济利益双重价值，[①] 企业并不能将携带有个人信息的数据作为产品买卖、授权或是作为服务的内容提供。企业与数据生产者之间的合同并非是信息或是数据的交易合同，而是企业基于提供某种产品或服务对个人信息的必要收集与储存。即使企业与数据生产者之间存在某种特殊的交易合同，完全可能因为涉及的数据包含着法律法规所禁止的个人敏感信息而无效。

在大数据产生的中间阶段，个体数据已汇集成数量巨大的数据集合，企业开始对数据进行储存、整理和挖掘——在这一阶段里，大数据的作用和功能开始突显，初步具有交换的价值和意义，可以进入市场产生一定的交易。而到了大数据产生的最终阶段，经过深入整理、挖掘的大数据更加具有商业价值，成为企业参与市场竞争、获得竞争优势的必备要素。事实上，在大数据处理阶段需要对数据进行必要的脱敏处理，否则含有敏感信息的大数据交易合同必然因违法强制性法律、行政法规而无效。因此，交易已经完成脱敏处理的大数据，其法律性质依然尚未有定论，交易双方完全可以根据协商阶段的真实合意，对交易的大数据作出合约上的定义——可以定义为大数据出售方的企业资产，可以定义为以大数据为内容的汇编作品，也可以定义为交易一方所提供的技术服务内容。法律的滞后性与大数据的日新月异之间有着不可调和的矛盾，根据大数据的特征判断其法律性质其实存在较大的难度，但是根据法律的规定将大数据进行必要的调整以使其符合法律规定的构成要件却具有可行性。因此，所谓的合同上的定义，并非是以个人意志代替法律裁断大数据的属性，实质是交易双方确认交易标的的一种形式，是根据现实需要和法律规范调整了大数据的内容和形式并在合同中予以确认的形式。即使大数据交易双方在日后发生争议，法院可以依据合同的合约性以约定的定义为判断的依据，避免法院在审理时对大数据法律属性的不同解释，有利于企业控制大数据定义不明所产生的法律风险。

可以说，明确交易的标的是合同的主要条款，在交易过程中约定标的物属于何种属性，实际上是以合同形式明确标的物的具体形态。对大数据的法律属性按照不同阶段作出不同的识别，一方面有利于避免合同因违反强制性法律、行政法规而无效，另一方面有利于实现《合同法》“鼓励交易”之精神，以及通过合同形式固定交易双方对于大数据的理解和认识。

（二）交易合同的性质确定

企业参与大数据交易时通过合同的形式合法地确定了交易对象的法律属性之后，交易合同的法律性质同样能够获得相应的确认，大数据的权益归属也能够得到明确。

当参与交易的企业约定所交易的大数据是具有交换价值的商品时，大数据交易合同其实是买卖合同的具体表现。在这一类合同中，交易双方均需要根据具体情况约定商品的具体内容，协商确定商品的实际价值，确认交付的时间、地点、期限、顺序费用等等。合同履行具体事项的确定有利于在发生争议时法院将其作为买卖合同予以裁判，增强了交易双方对交易合同风险的控制。此时的大数据是一种数据资产，本质上属于数据控制

① 方印、魏维:《数据信息权利的物权法保护研究》，载《西部法学评论》2018年第3期。

享有的与数据有关的一切权益的总和[①]，大数据的交易是企业资产交易的表现形式。

当参与交易的企业约定所交易的大数据是一方所提供服务的内容时，大数据交易合同其实是技术服务合同的具体表现。这一类合同中并不涉及大数据所有权的移转问题，而是涉及技术提供方所提供的服务是否能够满足合约另一方服务购买的需求，而提供技术的方式可以是授权购买服务方访问平台的大数据，或是给予购买服务方在合理期限拥有某项大数据的使用权限等等，法院在审理此类案件时可以依据技术服务合同的规定予以裁决。其实，我国国务院发布的《国务院关于促进云计算创新发展培育信息产业新业态的意见》明确指出了大数据对社会进步、经济发展的服务作用，因此对于很多企业而言，他们所需要的不一定是大数据的所有权——毕竟大数据的保护和维护需要较高的成本——他们需要的是大数据所带来的经济效益，而以技术服务合同定性大数据交易合同，恰好能满足这一部分的需求。

（三）交易合同的合法性审查

无论大数据交易合同被认定为买卖合同还是为服务合同相关法律所规制，合同的合法性审查是必不可少的环节。在《合同法》第52条所列举的合同无效五种情形中，其中企业在交易中最难实现法律风险控制的是交易合同违反法律、行政法规的强制性规定。现行规范个人信息保护的法律规定，仅有《网络安全法》第41至44条和《刑法》第253条之一属于《合同法》第52条中“法律、行政法规”之规定，其他的相关规定是难以纳入法律这一位阶的。由于大数据交易合同在形式上并非是严格的买卖合同或是服务合同，合同的效力性审查需要依赖更为细致的、贴近大数据交易市场的行为规范，而具体的认定标准却往往规定在部门规章、行业自律规范当中。因此，对于大数据交易双方而言，交易合同的合法性有可能成为对交易行为有效、稳定的影响因素，在发生纠纷时无法判明法院是否会以“违反社会公共利益”为由替代《合同法》第52条第（5）项之规定。

（四）小结：合同法路径具有可行性

其实，大数据交易由于是在互联网环境下所达成的交易，往往无法充分实现法律规制的效力和权利保护的效果，并且交易的风险已然超越单一城市的掌握范围。大数据交易的合同化有利于将大数据交易通过合同的形式固定下来，使得其权利义务的划分和交易纠纷的解决被纳入现有的《合同法》体系中，无疑是为法院提供了有效的裁判依据，也在无形中为单一城市对大数据的把控提供了必要的途径。

四、大数据交易法律风险控制的外部环境：宽容原则的适用

任何规范和制度的安排内在地存在符合生活的逻辑，不仅法律规制的对象应当是现实存在的，而且其规制的结果也应当能为生活所接受。[②]其实，由于人们认识的有限性和社会生活的丰富性之间存在不可避免的矛盾和冲突，法律规定的内容存在与社会生活是不相符的，这便需要在维护社会秩序的前提下对一些社会生活现象存有一定的宽容性。大数据产业从诞生至今时间尚短，大数据交易也是近几年才逐渐被提上了日程，当前大

① 王玉林、高富平：《大数据的财产属性研究》，载《图书与情报》2016年第1期。

② 郑智航：《互惠、宽容与法律的生活立场》，载《社会科学动态》2017年第6期。

数据的积极作用正处于主导地位，但我们不可否认的是大数据的消极作用未来也可能逐渐显现。适用法律的宽容原则是为了有效地抑制国家立法与司法的能动性，避免因为国家政策的急剧转变导致大数据产业的大规模调整，从而使大数据交易处于不稳定的状态。

其实，大数据产业诞生时间的短暂使得我们很难判断其优缺得失，也许我国在立法上尚未直接规制大数据产业本身是一种宽容性的选择。任何一部法律的制定必然有其确定的立法目的和所要保护的制度利益，并且与社会状况紧密相连。[①] 规制大数据产业的法律制度没有在未妥当衡量各方利益之前贸然出台，事实上是意在通过宽容原则将大数据产业的规范化交由市场来决定，而这也从侧面反映出利用以意思自治为核心的《合同法》保护大数据交易的路径选择，是在国家立法空白和司法被动的情形下对大数据交易规制的良好补充。

五、结语

当今，大数据产业蓬勃发展、方兴未艾，大数据交易对于法律保障的需求与日俱增。当前由于对大数据的法律属性尚未明确，相应的保护大数据交易的方法侧重点各不相同，但是都不可避免地只规制了大数据交易的一个侧面。因此，将大数据交易中交易标的的性质、保护和救济途径由当事双方通过合意的方式纳入《合同法》当中，无疑是对法律规制不足的有效补充，也有助于解决大数据交易超越单一城市掌握范围的尴尬境地。同时，大数据产业作为新兴产业，其交易合同的合法化过程中同样需要较为宽松的外部法律环境，因而宽容原则的适用将有利于大数据交易的进一步发展。也许，拥有地方立法权的城市还应积极发挥其在本区域内立法的主导性，为大数据交易的法律保障提供更多的思路和典范。

① 梁上上:《制度利益衡量的逻辑》，载《中国法学》2012年第4期。

司法实践

论行政诉讼在法治政府建设中的指引与规范作用

——以X市J区法院的93件行政败诉案件为分析样本[①]

蓝水凤[*]

2013年11月12日，党的十八届三中全会通过《中共中央关于全面深化改革若干重大问题的决定》，“建设法治中国”被正式写入该决定。从国家治理的宏观角度来看，行政与司法共同促进治理转型与对公法秩序的维护，二者均是依法治国的重要组成部分；但从法治国家建设过程中的职能细分来看，行政与司法有着不同的定位与功能，行政机关侧重于社会治理，以“建设职能科学、权责法定、执法严明、公开公正、廉洁高效、守法诚信的法治政府”[②]为目标。最高人民法院在如何推进法治政府建设这一问题上，提出要围绕推进法治政府建设，改革完善行政审判工作机制，依法保护行政相对人合法权益，推动行政争议实质性化解，监督和支持行政机关依法行政，促进行政执法规范化、法制化，服务和保障“放管服”改革。[③]

本文选取X市J区法院[④]93起行政败诉案件，结合行政审判工作实践，就如何实现依法行政与行政诉讼的无缝衔接，对作为下游“产业链”的司法审查对上游“产业链”的行政社会治理发挥反馈、辐射、引导、规范作用进行论述。

一、现状：行政败诉案件的司法分析

（一）案件概况

2015年5月1日至2019年5月30日，J区法院累计裁判生效的行政诉讼案件为637件（见图1），其中裁定结案368件，判决结案269件，判决行政机关败诉的案件为68件，判决败诉率为25.2%；从被告主体看，涉及公安的13件（市公安局作为复议共同被告的3件），涉及街镇一级政府的20件，涉及城管16件（与街道作为共同被告的3件），市场监督管理局5件，国土与房产管理局6件，卫计局2件，交通运输局6件，建设局1件，社保中心1件，村委会1件。非诉行政审查案件累计生效案件为592件，裁定不准

---

* 蓝水凤，厦门市集美区人民法院。

① 这93份败诉裁判为2015年5月1日《中华人民共和国行政诉讼法》施行至2019年5月30日J区法院裁判并已生效的案件，其中68件为诉讼判决案件，25件为非诉行政审查中裁定不准予执行的案件。

② 《中共中央关于全面推进依法治国若干重大问题的决定》，2014年10月23日中国共产党第十八届中央委员会第四次全体会议通过。

③ 《最高人民法院关于深化人民法院司法体制综合配套的意见：人民法院第五个五年改革纲要（2019—2023）》，最高人民法院2019年2月27日发布。

④ J区法院为X市行政案件相对集中管辖法院，负责审理X市除J区外其余几区的一审行政案件的审理。

予执行 25 件，占 4.2%，其中因缺乏事实根据被裁定不予执行的 4 件，因缺乏法律法规根据被裁定不准予执行的 3 件，因违反法定程序被裁定不准予执行 17 件。

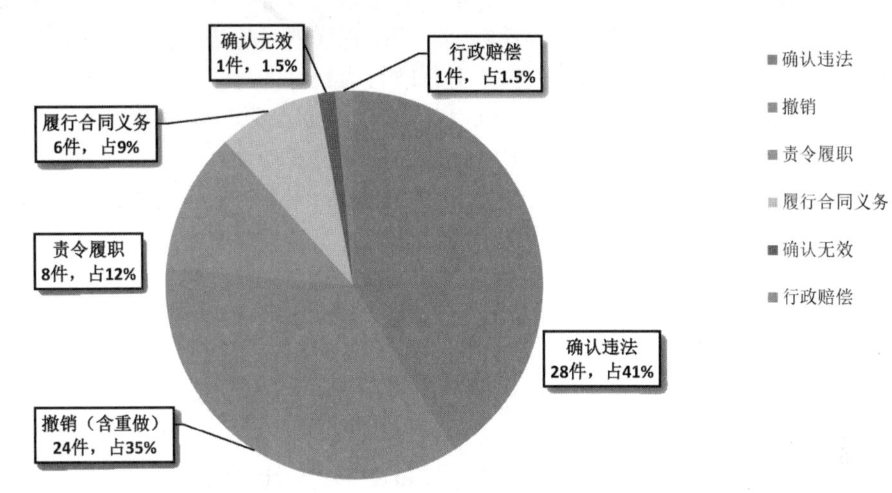

图1　J区法院行政败诉案件判决类型统计

（二）缘何败诉：行政败诉案件的原因剖析

1. 缺乏职权依据

“法无授权不可为”是公权力行使的基本原则，即公权力的行使必须经过法律的授权，以保障权力在法律框架内运行，缺乏法律授权的行政行为，与法治政府建设中“权责法定”的目标相悖，如在原告胡某诉被告某区建设局提前安置审批案中，被告不具备提前安置的法定职权，仅根据地方政府的规范性文件对原告不予提前安置，故依法被判决确认行为无效。在涉及强制拆除的案件中，根据《土地管理法》《城乡规划法》《行政强制法》等法律规定，街镇一级人民政府不具有作出强制拆除行政决定并直接实施强制拆除行为的法定职权，故街镇人民政府作为强制拆除的主体所实施的强制拆除行为，因缺乏职权依据，也被依法判决确认违法。

2. 认定事实不清，证据不足

《行政诉讼法》第 34 条规定，被告对作出的行政行为负有举证责任，应当提供作出该行政行为的证据和所依据的规范性文件。行政执法过程中应准确认定事实并收集相应证据，如违法时间、违法地点、违法行为、违法事实，以及行政相对人是否具有从轻、减轻、从重等情节。如在原告某公司不服被告某区安全生产监督管理局行政处罚案中，针对原告公司的事故车辆安全技术指标是否符合安全标准的问题，被告提交的鉴定报告结论显示事故车辆的灯光系、转向系、制动系均符合《机动车运行安全技术条件》（GB7258—2012）中的规定要求，但被告却根据鉴定书正文分析部分所描述的车辆轮胎存在一定程度的磨损，进而认定原告的事故车辆安全技术指标不符合安全标准，该处罚决定因事实认定错误而被依法撤销。

3. 违反法定程序

68 件诉讼败诉案件中，因程序违法而败诉的诉讼案件有 37 件，占比 54%，25 件非诉审查案件中因程序违法不准予执行的案件占比也达到68%。因程序违法而导致败诉的可分为两种情形，其一是构成程序重大违法导致行政行为被撤销，如送达程序不合法、未保障当事人程序性权利等。在原告卓某丽、万某里诉被告某区卫计局社会抚养费征收一案中，被告因未充分听取原告的陈述申辩，构成程序严重违法，该征收决定被依法判决撤销。其二是构成程序轻微违法，但不对行政行为最终的合法性产生实质影响，行政行为的效力保留，不予撤销，仅判决确认程序违法，如在原告林某诉被告X市公安局某区分局、X市公安局治安行政处罚案中，被告X市公安局某区分局立案受理的时间为2016年4月，相关调查证据均形成于2016年，至2017年5月才作出处罚决定书，已明显超期。因办案超期对处罚决定最终的实体处理结果不产生影响，尚不足以撤销被诉行政处罚行为，故被依法判决确认程序违法。被告X市公安局的复议决定认定原行政处罚决定程序不当，行政复议决定被依法撤销。

4. 适用法律错误

有的行政机关引用法律条款过于笼统，有的因粗心大意导致适用法律错误，有的适用已经废止的法律法规规定，有的是对案件定性错误，导致引用法律错误。如在非法占地案件中，违法行为人可能因农改居而从农村村民转变为社区居民，此时对其非法占用土地的行为不应再适用《中华人民共和国土地管理法》第76条，而应当适用针对非农村村民的第77条。有的行政机关在法律法规存在修订的情形下，未能准确引用，如在某区城市管理局申请强制执行陈某非法占地一案中，根据《立法法》第93条，“法律、行政法规、地方性法规、自治条例和单行条例、规章不溯及既往，但为了更好地保护公民、法人和其他组织的权利和利益而作的特别规定除外”，对违法建筑的实体认定应当适用建设行为发生时的法律、法规。某区城市管理局认定陈某于1995年6月建设案涉建筑物，应当适用建设时生效的法律、法规，也即1988年修正后的《土地管理法》。而1988年修正后的《土地管理法》条文仅57条，该城市管理局以修正后的《土地管理法》第77条第1款对陈某于1995年的建设行为进行处罚，属适用法律错误，该案依法被裁定不准予执行。

5. 履职不及时、不全面

实践中，部分行政机关在工作中将实体处理与程序处理混同，对于当事人提出的履职申请，经初步审查认为在实体处理上难以支持的，径行不予收件，缺乏依据。部分行政机关未在法定期限内履行法定职责，如原告某物业公司诉被告某公安分局要求履行治安管理法定职责一案中，原告向派出所报案并申请履职，但被告未依《公安机关办理行政案件程序规定》受理原告报案，原告起诉要求被告受理案件并出具受案回执有事实和法律依据。此外，涉及政府信息公开履职案件中，行政机关存在不予答复、超期答复、不规范答复、选择性答复等情形，如在原告康某诉被告X市国土资源与房产管理局某分局政府信息公开一案中，原告所申请事项属于被告职权范畴，原告虽向被告上级部门也提出申请并已获答复，但不因此当然完全免除对被告的答复义务。而在郭某华诉被告某区发展和改革局、某区人民政府信息公开一案中，原告申请以纸质方式获取信息，该区发改局却通过电子邮件的方式进行答复，答复形式不符合当事人的要求，最终导致败诉。

二、追根溯源：败诉案件折射出的共性问题

（一）行政程序违法现象突出

1. 行政效率与程序规范的价值冲突

对93个案件的分析数据显示，因程序违法导致败诉及被裁定不准予执行的案件，累计占比高达58%。行政执法程序是为了实现“把权力关进笼子”，用正当程序之锁保障行政法治。而从社会治理角度来看，行政效率也是行政机关所需考量的重要因素。在价值追求上，程序规范与行政执法效率二者之间存在天然冲突（见图2），所以必须在程序与效率之寻求最佳的平衡点，在行政程序中对效率进行一定限制是一种相对合理的进路选择。在程序违法的案件中，涉及征地拆迁的强制拆除行为尤为典型。部分行政机关在征拆工作推进过程中，一味地追求项目进度，在商谈未果的情况下，未按法定程序依法申请行政裁决，而径行实施强制拆除，以牺牲程序为代价换取行政效率，虽然短期内实现了行政目标，但损害了相对人合法利益，违背程序正义的最低要求，易引发长期信访及造成不稳定因素，从长远来看，此种做法更是严重损害了政府的法治形象与公信力。

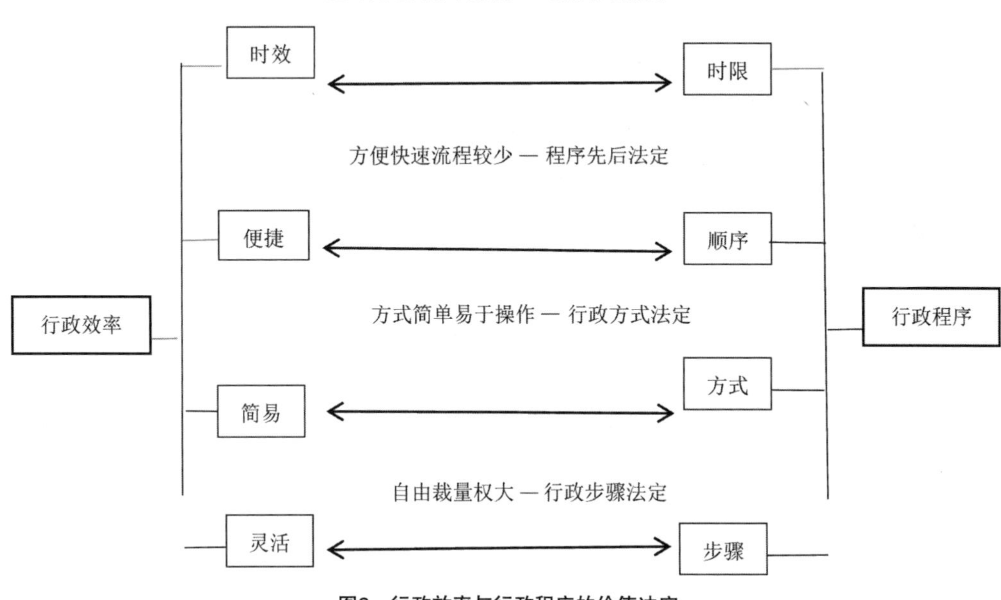

图2 行政效率与行政程序的价值冲突

2.《行政程序法》的失位

相较于行政复议、行政诉讼的事后监督而言，《行政程序法》对于行政权力行使过程进行监督的缺失，使得行政机关在作出一些行政行为时在程序上处于“无法可依”的真空状态。第二次世界大战以后，美国、英国、奥地利、联邦德国、日本、捷克等国家陆续制定了行政程序法，行政程序法的重要性已为越来越多的国家所认可，并成为各国行政立法的重要趋势之一。当前，虽然《行政许可法》《行政处罚法》《行政强制法》对于实践中最为普遍的几类行政管理行为作出相应的程序规定，但是相较于行政行为的多种多样而言，前述几部法律仍然难以满足当前行政管理的需求，仍有相当数量的行政行为缺乏

直接的程序规定，与之对应地，人民法院司法审查过程中对程序问题的法律适用规则与审查标准相对缺失。

（二）复议解决纠纷作用不显著

1. 复议机关作为共同被告的实践效果并不明显

从68件诉讼败诉案件来看，复议机关作为共同被告因维持原行政行为而被一并撤销决定的共5件。《行政诉讼法》及相关司法解释规定，行政复议机关在法定情形下应作为行政诉讼的共同被告。立法的本意应是通过法律规定强化复议机关的审慎和责任意识，强化复议机关的职能作用。因为相较于行政诉讼，行政复议具有专业性强、程序简化、效率高、经济等优势，行政复议与行政诉讼的理想状态是行政复议能充分有效地发挥作用，化解部分行政争议，进而成为解决行政纠纷的主要渠道。[①] 但由于《行政复议法》的先天不足，如将内部行政行为与部分抽象行政行为排除在外，导致对一些共性问题的审查缺失，而失去了第一时间及时纠正错误决策的重要途径；审理方式上又以书面审查为原则、听证审理为例外，不利于在复议阶段查明事实，故即便《行政诉讼法》作出了共同被告的制度设计，但从实践效果来看，仍有待行政复议制度进一步向“准司法”方向迈进。

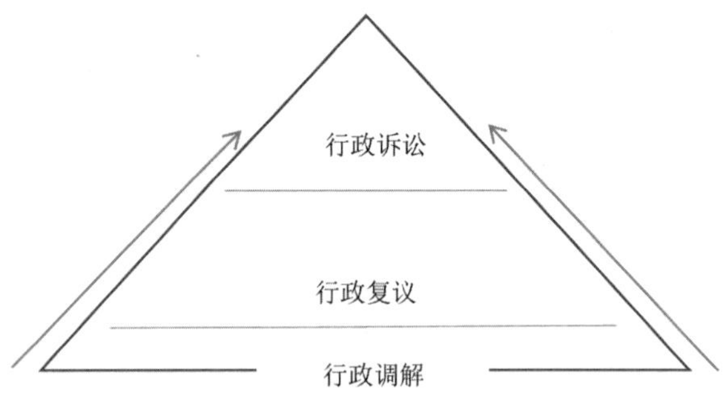

图3 行政争议理想的纠纷解决模式

2. 复议机关主动审查缺乏内在动力

行政复议人员一般为行政机关的法制部门人员，专职复议人员较少，而主动审查往往更加耗时耗力，从趋利角度出发，就容易出现尽可能维持原行政行为的情形。“我国目前的行政复议机构是隶属于各级人民政府和行政职能部门的内部机构，其人员配备和职权行使不具有独立性，这导致行政复议机构难以公正地进行行政复议裁决。”[②] 究其根本，在于复议制度本身的定位是行政机关内部监督机制，而非相对人权利救济机制。行政机关上下级部门之间一般都具有较为密切业务指导关系，在层级监督的模式下，复议机关无异于自己做自己的法官，既当“裁判员”又当“运动员”，其后果是行政复议远未实现其社会减压阀和解纷职能，很多可以通过行政复议程序解决的案件越来越多地涌入信访领域，导致近年来信访案件的数量激增[③]。

① 孔繁华：《行政复议对行政诉讼的影响分析》，载《江苏行政学院学报》2013年第5期。

② 罗豪才主编：《现代行政法制的发展趋势》，法律出版社2004年版，第371页。

③ 王青斌：《论我国行政复议委员会制度之完善》，载《行政法学研究》2013年第2期。

（三）行政赔偿制度威慑力不足

1. 行政赔偿制度对行政机关约束力不足

从是否赔偿的角度来看，行政机关因程序违法而产生的成本较低，以征地强拆案件为例，“根据行政法的基本原理，行政机关基于合法行政行为造成他人损失产生的是补偿责任，反之因违法实施行政行为造成他人损害产生的是赔偿责任。行政赔偿是国家赔偿的一种形式。《国家赔偿法》上述‘直接损失’的范围，除包括被诉建筑物重置成本损失外，还应当包括再审申请人应享有的农房拆迁安置补偿权益以及对动产造成的直接损失等。”[①] 站在行政机关的立场，行政机关已绕过程序快速实现行政目标，其在放弃程序正义之时可预见的法律后果仅仅是法院的一份败诉判决，在追求效率的前提下，部分行政机关在作出行为之时就已经做好了得到司法负面评价的准备，即便法院判决补偿，其也并未因此而需承担其于补偿之外的其他赔偿责任。行政赔偿的砝码过轻，使得决策者的天平更容易倾向快速实现行政目的一侧。

2.《国家赔偿法》的局限

在行政赔偿方面，首先是赔偿标准偏低，无法等额、充分地对受害人进行赔偿，基本还停留在保障公民最低生活和生存所需的初级阶段，仍然属于十分有限的抚慰性质的补偿。《国家赔偿法》第 2 条第 1 款规定，国家机关和国家机关工作人员行使职权，有本法规定的侵犯公民、法人和其他组织合法权益的情形，造成损害的，受害人有依照本法取得国家赔偿的权利。根据前述规定，行政机关承担行政赔偿责任，需同时满足以下要件：侵权行为主体、执行职务行为、损害事实、合法权益受损、因果关系。在举证责任上原则上采取的是“谁主张、谁举证”的规制，即便在行政行为违法的前提下，赔偿申请人在举证上也存在较大困难。在 J 法院的生效行政案件中，行政赔偿案件 44 件，其中判决行政机关赔偿仅 1 件。尤其是涉及强制拆除的案件，涉及房屋等重大利益，在行政赔偿无法获赔的情况下，导致矛盾尖锐突出，容易引发信访以及不稳定因素，应引起有关部门的高度重视。

三、行政诉讼：全程全方位，打出司法组合拳

司法作为法治体系建设的下游工程，是维护社会正义的最后一道防线，亦是国家治理体系的保障性工程[②]。如果说立案登记是人民法院个案审判的起点，裁判文书则是人民法院个案审判活动的终点，但从能动司法的角度来看，无论是立案登记还是作出裁判都可以是人民法院能动司法的起点。

（一）个案审理：诉讼协调双轨并进，规范行政执法

1. 行政争议诉源化解

立案登记制下，行政案件受案数大幅上升。一方面，在立案阶段征询当事人意见，对于具有协调化解意愿的，经当事人同意后暂缓立案后由人民法院在立案前协调行政机关与原告就行政争议进行调解；另一方面，对于不符合起诉条件的案件，做好立案阶段的说理释法工作，对于裁定不予立案的案件，告知原告相应的救济路径，疏导矛盾纠纷。

---

① 最高人民法院:（2018）最高法行再163号行政赔偿判决书。

② 喻中 :《作为国家治理体系的法治体系》，载《法学论坛》2014 年第 2 期。

从心理学上的“预防针”效应来看，事前诸葛胜过事后诸葛。在做好立案前端释明工作的前提下，即便案件立案后经行政庭审理裁定驳回起诉，当事人的情绪也能在一定程度上得到缓和。

2. 协调化解覆盖全程

有观点认为，国家与社会结构变迁引发的社会冲突与“维稳”压力的加剧，导致行政诉讼模式从一种理想化的对峙形象，逐步演化为一种权宜性的协调合作模式[①]。笔者认为，关于行政诉讼模式应区分开来看，在个案审判层面也即对特定行政行为的审查来看，人民法院居中裁判，此乃诉讼的对抗性，也即对峙；而在个案判断之外，就实质化解行政争议、规范行政机关执法等方面是协调合作的，这种协调合作并非是权宜性质，而是人民法院在法治国家建设过程中所应有的主动担当。行政诉讼中，有相当比例的行政案件以原告撤诉结案[②]。撤诉有多种，但实践中往往是因为行政机关认识到自己的行政行为违法，对原行为作出纠正或者与原告达成和解，那么，原告基于诉讼目的已经达到而撤诉[③]。

3. 裁判文书加强说理释法

在行政法发展史上，无论是普通法的发源地英国，还是行政法的“母国”法国，法院的判例都是行政法的主要渊源[④]。以我国台湾地区为例，为了克服成文法的局限性，台湾除了在立法上采取弹性条款外，还构建了司法院（立法机关）的法律解释制度和“最高法院”的判例制度，判例对各级法院均有约束力。[⑤]我国作为成文法国家，判例并非行政法的渊源，但行政诉讼法律规范相对笼统，伴随着新类型案件的多发频发，而人民法院又不能拒绝裁判，此种情形下，人民法院的司法判例事实上具有隐性的指导作用，中国裁判文书网为此提供了最为丰富、全面的平台。尽管判例并不具有普遍的约束力，但是人民法院可以通过加强裁判文书的说理释法，将司法理念、司法智慧实实在在地予以呈现。

（二）个案之外：主动延伸司法服务，指引依法行政

1. 发挥司法建议[⑥]的柔性功能

司法建议具有弥补行政判决的不足，间接维护当事人正当权益的作用，同时也能指出行政执法疏漏，敦促行政机关完善制度以避免类似争议的发生。根据《行政诉讼法》（1989年）第65条第3款之规定，行政诉讼中的司法建议制度最初仅是作为一项敦促行政机关履行生效裁判的执行措施而存在[⑦]。2007年，最高人民法院发布的《关于进一步加强司法建议工作为构建社会主义和谐社会提供司法服务的通知》，标志着司法建议制度在审判活动中日益得到重视并获得广泛运用。针对司法建议制度的功能扩张，有观点认为，从长期来看，法院的司法建议应当废止，法院对外发出的唯一具有司法权威的文书只能

① 卢超：《行政诉讼司法建议制度的功能衍化》，载《法学研究》，2015年第3期。

② 数据显示，J区法院2015年5月1日—2019年5月30日，行政诉讼调解、撤诉的案件共281件，调解、撤诉率累计为为44%。

③ 肖军，张亮，叶必丰：《法治政府的司法指数研究》，载《行政法学研究》2019年第1期。

④ 余凌云：《法院如何发展行政法》，载《中国社会科学》2008年第1期。

⑤ 杨鹏慧：《论对我国台湾地区判例制度的借鉴》，载《政治与法律》2000年第2期。

⑥ 以J区法院为例，近年行政审判工作累计发送司法建议6份，均得到行政机关的反馈落实。

⑦《行政诉讼法》（1989年）第65条第3款规定，“行政机关拒绝履行判决、裁定的，第一审人民法院可以采取……向该行政机关的上一级行政机关或者监察、人事机关提出司法建议。接受司法建议的机关，根据有关规定进行处理，并将处理情况告知人民法院”。

是裁判文书。[①] 也有观点认为，“司法建议或许可以成为在国家权力体系中处于相对弱势的法院，争取社会治理过程中的更多话语权，并防止边缘化的手段”。[②] 从实际效果来看，司法建议对个案之外的共性问题，以柔性方式在判决之外提供了一条人民法院参与社会治理的重要话语路径。

2. 发布行政审判白皮书[③]

2009 年初，最高人民法院下发了《关于在全国法院开展行政审判“白皮书”活动的通知》。2016 年 7 月 28 日，最高人民法院下发《关于行政诉讼应诉若干问题的通知》(法〔2016〕260 号)，规定人民法院可以通过白皮书形式，及时就本地区行政机关出庭应诉工作和依法行政考核指标的实施情况、运行成效等问题向行政机关作出反馈、评价。近年来，各地各级法院纷纷出庭行政审判白皮书，就行政案件司法审查中所发现的问题集中梳理，指出问题，防控风险。行政审判白皮书提供了一种基于法治理性的权力间对话机制，实现了司法与行政的互信商谈。[④] 作为裁判之外的非正式机制，审判白皮书的推行，诠释了纠纷解决所具有的“化解和消除冲突”“实现合法权益和保证法定义务的履行”“法律或统治秩序的尊严与权威得以恢复”“避免或减少同类冲突的重复出现”的时代内涵。[⑤]

四、行政机关：全员全覆盖，借力司法促法治

“行政机关是法律的产儿”。[⑥] 建设法治国家是建设法治政府的前提，建设法治政府是建设法治国家的关键。[⑦] 当前，我国正处于社会转型期，社会经济结构、文化形态、价值观念的更新，既给法治政府的建设带来了挑战，同时也要求法治政府建设过程中借力司法，充分吸收司法智慧成果。

（一）个案应诉：深度参与行政审判，实质化解争议

1. 发挥庭审实质作用

实践中，存在一些行政机关怕当被告的情形。《行政诉讼法》出台以后，行政首长需出庭应诉，[⑧] 以实现“告官能见官”，但行政首长虽然出庭，也普遍存在“出庭不出声”的情况。行政机关负责人出庭应诉可以及时掌握本机关行政执法中存在的问题，增强行政机关依法行政的观念，有利于矛盾协调，实质性化解行政争议。建议行政首长以身作则，履行法定义务。行政机关可在应诉时提前确定出庭应诉负责人，相关部门亦可建立起行政首长出庭应诉的考评机制。

---

① 徐昕：《司法建议制度的改革与建议型司法的转型》，载《学习与探索》2012 年第 2 期。

② 刘思萱、李友根：《社会管理创新为何需要司法建议制度—基于司法建议案例的实证研究》，载《法学家》2012 年第 6 期。

③ J 区法院自 2014 年，已经连续 5 年发布行政审判白皮书，并获得各级部门主要领导的批示。

④ 章志远：《我国行政审判白皮书研究》，载《行政法学研究》2018 年第 4 期。

⑤ 顾培东：《社会冲突与诉讼机制》，法律出版社 2004 年版，第 27 页。

⑥ [美]伯纳德·施瓦茨：《行政法》，徐炳译，群众出版社 1986 年版，第 141 页。

⑦ 姜明安：《论法治国家、法治政府、法治社会建设的相互关系》，载《法学杂志》2013 年第 6 期。

⑧ 以 J 区法院为例，开庭案件行政首长出庭应诉率 2017 年为 41%，2018 年为 45%。

2. 借力行政诉讼平台

如前文所述，在行政诉讼司法实践中，相当比例的行政争议经由协调化解后以原告撤诉结案。行政争议能够得以实质化解，需要行政与司法的共同合力。正所谓“搭建平台好唱戏”，在人民法院充分支持行政机关协调化解，并提供平台的前提下，行政机关作为“主角”，应在不损害国家、集体、第三人利益的情况下，积极参与，充分借力司法平台，妥善处理行政争议。行政机关可积极组织一线执法人员参加行政案件的庭审旁听观摩，通过审理一案达到教育一片的效果，借力诉讼平台提升执法水平。

3. 释放个案辐射作用

个案反映出的问题有可能就是执法过程中存在的共性问题。在撤销判决作出后，行政机关应当尊重判决的效力，不仅不得在将来重复同一违法行为，还应按照判决的意旨，重新考虑原案，消除与法院判决相矛盾的违法状态。[①] 复议机关可以主动搜集其具有复议管辖权的行政机关的败诉案例，以便于可以在第一时间了解到败诉理由，对于敦促行政机关及时纠错，同时指导以后类似复议案件的审理，充分发挥复议机关的指导和监督原行为行政机关的职能。

（二）受之以“渔”：汲取司法审判智慧，建设法治政府

1. 集体修正共性问题

首先，针对个案审判中反映出的普遍性问题，可以采用内部情况通报的方式，由法制部门进行专项的业务指导，从而使个案所反映出的司法评价能够源于个案而超越个案，这种规范效应不仅能在此后的行政执法过程中反复适用，还能在特定的事项与领域内形成一种相对稳定的执法秩序。其次，行政机关在法治教育培训时可以引入败诉案例，通过案例教学，生动又直接地反映执法存在的问题与应予改进的方向。再次，在法治学习考试内容设置上，以更灵活的方式进行考查，而不是局限于传统单一的法律条文考察。此外，需要特别指出的是，当前在行政机关内部，有大量的编外辅助人员，在法治教育培训时，应将这部分人员列入培训对象，因为，对于行政相对人来说，其在与行政机关交流互动的过程中，并不会因编制的有无而对行为效力进行区分。

2. 合理设置考核指标

马怀德教授曾提出“法治 GDP”的概念，指出“如果在我们现行的经济指标、社会指标、人文指标和环境指标等基础之上再增加一个法治指标，姑且称之为法治 GDP，那么，各级政府和官员就不会唯经济指标马首是瞻，而必须顾及包括法治在内的其他指标，推行法治才能够成为各级官员的理性选择。”[②] 其中首要的问题是，如何合理确定考核标准。2019 年 5 月，司法部发布《关于开展法治政府建设示范创建活动的意见》，该意见将行政机关负责人出庭率、行政诉讼败诉率、生效判决履行情况、司法建议办复率等列入考核指标。该意见体现了政府对行政诉讼司法评价的重视，但也存在标准仍较为笼统等问题，如未对败诉案件违法程度进行区分，以无效行政行为与程序轻微违法为例，均属于败诉案件，但是在违法程度上，后者远远小于前者。建议将是否属于重复相同事由的败诉、违法程度等情形列入考核。

① 王贵松：《行政诉讼判决对行政机关的拘束力》，载《清华法学》2017 年第 4 期。

② 马怀德：《“法治 GDP”：新政绩观的一个支点》，载《中国信息报》2008 年 2 月 22 日第 006 版。

3. 改革配套行政机制

一方面，完善政府法律顾问及决策制度。选聘优秀的律师、法律专家、法律工作者参与地方政府的行政过程，发挥其专业和独立的判断优势，在决策、管理、服务等环节保障行政行为的合法性合理性，预防和控制权力滥用或失控。《重大行政决策程序暂行条例》将于2019年9月1日起实施，应严格落实条例精神，确保决策制度科学、程序正当、过程公开、责任明确。另一方面，构建纠错及问责机制，鼓励行政机关在诉讼过程中或判决生效后主动纠错。因行政机关在面对行政诉讼败诉进行自我纠错的行为目前尚无程序可循，建议制定科学合理的纠错程序。同时，落实错案责任追究制度，针对败诉案件具体情况进行分析，区分违法情形及主观过错程度，对于执法人员及相关负责人根据行政机关人事管理的规定作出相应处理。

五、结语

2017年5月3日，习近平总书记在中国政法大学考察时强调，“全面依法治国是坚持和发展中国特色社会主义的本质要求和重要保障，事关我们党执政兴国，事关人民幸福安康，事关党和国家事业发展”。回首法治进程，法治建设方针从“有法可依、有法必依、执法必严、违法必究”升级为“科学立法、严格执法、公正司法、全民守法”，与之同时我们所面临的是更加复杂的社会矛盾和社会治理局面。唯有司法与行政信息共享、交融协作、共同发展，法治中国梦才能早日实现。

捕诉一体办案工作机制的实践与思考

——以厦门市集美区检察院捕诉一体实践为例

陈清山　陈丽娟*

在全面深化司法改革的背景下，如何有效整合和科学配置司法职权，从而提高指控犯罪、法律监督的质效，是新时代检察工作的重要课题之一。作为检察改革举措的捕诉一体，是对之前检察理念的审视和工作流程进行了调整，适应中国特色社会主义的检察制度。本文以笔者所在的基层检察院近一年以来捕诉一体工作实践为例，从理论和实践层面，就检察机关捕诉一体工作机制进行探析，以期对深入推进该项机制有所裨益。

一、捕诉一体工作机制改革的理论基础和现实考量

（一）捕诉一体的理论基础

1. 不同阶段捕诉的分或合本质不同

自我国检察机关恢复重建以来，捕诉关系经历了从合到分、从分到合的过程。1978年，检察机关在改革开放中得以恢复，当时检察机关的一部分人从公安机关分流出来，批捕仍适用在公安的做法，起诉重于批捕，因此由刑事检察部门统一承担。1998年，因此前反贪污受贿局成立，检察机关具有立案侦查、批准逮捕和提起公诉职权，为实现内部制约，检察机关陆续将批捕和公诉业务分设两个机构。2018年，国家监察体制改革，反贪、反渎、预防部门转隶到监察委员会，这也失去了当年捕诉分设的主要理由。在全面权衡利弊的情况下，最高人民检察院将捕诉分离改为捕诉一体，在全国检察机关推开。① 捕诉一体和一开始的捕诉合一具有本质的不同，捕诉一体是新时代检察机关发展趋势的选择。

2. 捕诉一体顺应司法责任制改革和以审判为中心诉讼制度改革的要求

捕诉一体，指的是对同一刑事案件，由同一检察官办理，全程负责审查逮捕、侦查监督、审查起诉、诉讼监督等检察环节的各项工作，与“谁办案、谁负责”“谁决定、谁负责”的司法责任制相契合。检察官从批捕到公诉整个环节对案件负责，能够倒逼检察官更加认真负责地办理案件。在捕诉一体的办案机制下，检察官能够直接感受到审判的标准和要求，更趋于按照庭审裁判的要求和标准及时引导侦查，实现法律事实与客观事实高度统一的以审判为中心的制度性目标。②

---

*　陈清山、陈丽娟，厦门市集美区人民检察院。

①　刘生荣：《推进捕诉合一，深化检察改革》，载《人民检察》2018年第21期。

②　李乐平：《捕诉合一的优势与实践价值》，载《人民检察》2018年第18期。

（二）捕诉一体的现实考量

1. 捕诉分与合属于检察机关内部职能分工、履职方式的范畴

检察履职方式是指检察履职所采取的方法和形式，捕诉分合显然属于“方法”或“形式”的范畴。[①] 捕诉分合涉及内设机构如何设置的问题，对外的诉讼法效力并无二致，不因捕与诉的分合而产生诉讼法效力上的差异。从检察系统层面看，捕诉两权集中于检察机关同一主体中，即客观存在的捕诉一体；检察长和检察委员会层面，即决定环节的捕诉一体。从设置的部门看，如未成年人案件检察部门实行“捕诉监防”一体化工作模式，也是客观存在着捕诉一体的模式的体现。

2. 捕诉一体能够避免捕诉分离的弊端

采取何种捕诉模式也应依据实际的司法实践进行选择，从功用主义角度考量，值得适用的是通过科学程序设置能实现正面效果最大化的机制。在捕诉分离的司法实践中，一方面司法效率有待提高。司法效率表现为司法资源投入与法律效果产出之间的比例关系，当以少量的资源消耗解决较多的司法纠纷，可以认为司法效率较高。[②] 捕诉分设造成检察机关内部两个部门在业务上的分割，审查起诉阶段不了解侦查及审查逮捕的情况下，重新对证据进行全面审查，特别是在检力资源紧张办案人员缺乏的情况下，一定程度上造成重复劳动，增加了工作量和质量成本。另一方面，在审查逮捕阶段，检察官客观上集中于案件定性和逮捕必要性分析，在批捕的情况下，因审查起诉阶段由不同人员办理，主观上存在缺乏精细引导以调动侦查机关取证积极性。在案件批捕后移送审查起诉前，侦查监督在一定程度上处于真空状态，可能导致部分证据、甚至涉及定罪量刑的证据在后期调取困难。实行捕诉一体模式避免了检察资源的重复投入，同时削弱了批捕权与起诉权顺承推进的实践阻力，形成捕诉合力，有利于与侦查人员在工作上相互配合和理解，有利于检察官审前主导地位的建立，形成新型“大控方”格局。

二、集美区院探索开展捕诉一体办案机制工作情况及主要成效

集美区院近二年平均每年受理批捕案件 600 余件，员额检察官办案单元每年办理 140 余件；平均受理审查起诉案件 1300 余件，员额检察官办案单元每年办理 200 余件。国家监察体制改革后，该院政法编制仅为 61 人，有限的办案力量分散在各个部门；刑检部门的办案人员存在经常加班加点，捕诉分离模式一定程度上存在重复工作等情形。在这种情况下，为有效整合检察资源，该院积极贯彻落实新时期检察工作新理念，积极落实最高人民检察院张军检察长提出“一类事项原则上由一个部门统筹、一件事原则上由一个部门负责”的工作要求，进一步整合资源，优化职能配置。该院于 2018 年 9 月开展捕诉一体办案工作机制，通过一年以来的实践，干警综合业务能力得到提升，案件质效亦得到提高，产生“1+1 ＞ 2”的合力。

（一）理念引领，“三明确”实行一体化模式

一是明确办案组，优化配置。整合力量，在原有科室不变的前提下，将具有公诉经

① 李乐平：《捕诉合一的优势与实践价值》，载《人民检察》2018年第18期。

② 唐益亮：《隐忧与出路：检察院“捕诉合一”模式的思考》，西南政法大学科研项创新项目（项目编号：2017XZXS-059）之阶段性研究成果。

验的 2 名检察官助理与侦监科检察官交叉搭建，形成侦监科 4 个办案单元与公诉科 6 个办案单元，其中设立未成年人检察、刑事执行检察和职务犯罪检察 3 个专业化办案组，每个办案单元由 1 名检察官、检察官助理和文员组成。二是明确分案，随机为主指定为辅。分管副检察长参与统一业务系统随机分案办理案件，刑检部门 10 个检察官办案单元按照“谁批捕谁起诉”的办案模式。在过渡期间，已受理的案件，仍然按照之前模式办理。新受理案件，如无特殊情况，由一名检察官全程负责同一起案件审查逮捕、审查起诉、侦查监督、审判监督等各项工作。普通案件由统一业务系统按照 1 ∶ 1 轮案自动分配给各办案单元，指定专门办案单元或成立办案组办理涉黑涉恶、新型非法经营犯罪等案件 4 件 38 人。三是明确权限、规范运行。建立检察长、检察官、检察官助理办案权限清单，落实“谁办案谁负责，谁决定谁负责”，普通案件由检察官从捕到诉全程负责，对重大、疑难、复杂的案件通过提交检察官联席会议讨论或三级审查办理。“捕诉一体”后，共召开检察官联席会 19 次，讨论重大疑难复杂以及拟作绝对、存疑不捕、不诉等决定的案件 26 件，开展公开审查 6 次。

（二）主动作为，“三着力”保障捕诉一体有序运行

一是着力提升专业素养与技能，突破适应“梗阻点”。基于审查逮捕、审查起诉案件标准和办案节奏不同，在启动前侦监科、公诉科员额检察官办案单元通过一对一互相学习，安排观摩庭审，熟悉庭审流程，提升出庭水平，确保检察官、检察官助理既适应批捕的快节奏，又适应起诉精准性要求。二是着力严格捕诉尺度，抓实质量“着眼点”。对捕诉标准严格按照法定要求和长期经验总结出的好做法，运用检调对接、风险评估等把握不捕、不起诉，注重保障犯罪嫌疑人及被害人的权益，五年来未发生一起作出不捕、不起诉决定后当事人申诉控告的案件。三是着力良性互动监督，构筑共赢“联接点”。对内制定监督工作日志，每月汇总评价，促承办人提高监督主动性。对外加强与公安、法院沟通交流，完善同公安机关的重大敏感案件提前介入、及时通报等制度，与区法院就盗窃、危险驾驶等类案统一执法尺度。

（三）有序推进，理顺捕诉关系实现“三提升”

一是整合两项审查，提升办案效率。按照两种审查工作的程序和标准，将审查逮捕工作向后延伸，审查起诉工作向前延伸，督促公安机关及时取证。提前介入 11 件 63 人，制发《逮捕案件继续侦查取证意见书》255 份，捕后诉前的侦查取证效率明显提高，大幅缩短办案期限，退补率下降 6.9%，防止羁押期限与实际判决期间之间的“倒挂”现象出现。二是繁简分流，提升认罪认罚适用率。实行简案快办、繁案精办、类案专办模式，审查逮捕阶段对不认罪案件及时寻找证据突破口，对认罪案件积极促成和解，为审查起诉阶段适用认罪认罚制度打下基础，适用认罪认罚制度案件 769 件 867 人，占同期受理案件数的 74%，同比上升 2%。运用认罪认罚办理省院挂牌督办的被告人吕某某等 20 人恶势力犯罪集团案，取得良好案件效果。三是动态监督，提升办案质量。加强与案件管理、监察部门的衔接监督，案件管理部门“线上”推进案件流程监控常态化，定期通报督促整改，“线下”完善评查机制，推进专项案件质量评查实效化。严把审查逮捕第一道关口，捕后轻刑率下降 61.9%。宽严相济，对犯罪嫌疑人与被害人达成赔偿谅解的轻微刑事案件作出相对不起诉 7 件 10 人，在审查起诉环节通过羁押必要性审查由逮捕转为取保候

审的 46 人，取得了较好的法律效果与社会效果。

三、捕诉一体机制下办案需注意的几个问题及完善建议

（一）在实行初期对队伍办案适应能力的挑战

捕诉一体对检察官的业务素质、办案效率、时间管理等方面均提出了更高的要求。在捕诉一体试行初期，由于审查逮捕和审查起诉的标准和办案时限存在差异，而侦监、公诉干警长期分别习惯于审查逮捕、审查起诉两种模式，在日常忙于办案工作的实际中，同时需要学习新的办案模式，也需要平衡不同案件不同阶段的轻重缓急。因此，在实行初期，检察官在办理案件中承担更多的办案压力。由于原侦监部门干警欠缺精细化审查起诉和出庭公诉经验等问题，对侦监部门干警的挑战更大。

笔者认为，队伍的适应能力和业务素质与案件质量密切相关，需要持续加强队伍业务建设。一是在实行捕诉一体前，分别安排资深的侦监、公诉检察官，为刑事检察部门人员讲解审查逮捕和审查起诉办案流程、审查逮捕意见书、审查报告、起诉书等法律文书的撰写、出庭公诉要点和方法、统一业务系统填入注意事项等一系列具体的工作思路和方法，提高适应能力。二是在实行过程中，可通过专题交流、互帮互学、观摩庭审等方式，如定期开展常见罪名的类案经验分享交流，不定期通过案件讨论，提高证据审查和分析能力。三是持续加强教育培训力度，建立不同类别、不同岗位的素能标准体系，区分检察官和检察官助理培训内容，以专业化、职业化为方向，优化检察教育培训。同时，还需不断加强党风廉政建设，强化检察人员的政治自觉和责任担当的意识。

（二）捕诉一体后的案件质量把控问题

有观点认为，捕诉一体改革会弱化审查起诉对已批捕案件的制约，内部监督弱化，容易造成冤假错案，犯罪嫌疑人很可能失去通过程序再次获得救济的机会。[①] 也有观点认为，捕诉分离易陷入“谁来监督监督者”的无尽循环，过多的内部监督设计不仅不利于加强内部监督，反而会因监督泛化而弱化监督。从党和国家机构改革原理看，对结构职能需要整合，对内部的监督管理同样需要整合。[②]

案件质量无小事，笔者认为，如何进一步提高案件质量需进一步探索。一是加强内部监督制约，通过案件管理部门的案件评查、刑事执行检察部门羁押必要性审查、针对有争议、重大疑难等案件召开检察官联席会议、纪检部门日常监督等多重方式强化内部监督制约，构建内部全方位监督体系。特别是加强案件管理部门的动态和全方位监督，以案件流程监控对办案过程进行动态监督，以案件质量评查对已办结案件进行全面评查，包括对案件的事实认定、法律适用、程序适用、法律文书制作、涉案财物的处理、办案风险评估等多方面进行评查监督。完善及时通报和定期报告制度，将评查结果纳入业绩考核评价体系，以此形成正向激励效果。二是完善案件办案的决策方式，分层次设置内部监督制约机制。建立明确的权力清单，比如对不批捕、不起诉、改变定性等情形、扫

① 谢小剑：《检察机关“捕诉合一”改革质疑》，2016年度江西省高校人文社会科学重点研究基地招标项目（项目批准号：JD16039）阶段性研究成果。

② 史玉平：《捕诉合一工作的必要性》，载《中国检察官》2018年第11期。

黑除恶、职务犯罪等案件，提交三级审查或检察委员会作出决定，检察官应遵守程序规范。三是主动接受外部监督，完善公开、透明、及时、便民司法信息公开机制，提高起诉书、不起诉决定书等信息公开的及时性。完善案件公开审查机制，对重大、复杂或有较大影响的案件，召开由侦查机关人员、犯罪嫌疑人、辩护律师、被害人等人参加的公开审查会议，邀请人大代表、政协委员等人员参加，推进检察环节司法民主和检务公开。四是防止重大疑难案件碎片化办理。因审查逮捕和审查起诉的办案周期不同，正常会优先办理办案期限只有七天的审查逮捕案件，这样可能无法保证有完整的时间来办理公诉案件，特别重大疑难案件。对此，可针对不同业务的模式和工作量合理配备检察官，在检察官办理重大复杂案件时在轮案比例上予以调整，确保其有足够的时间和精力办案。目前，笔者所在区院对涉黑涉恶案件指定专人办理，因案件涉及的体量大，在办理过程中，应适当减少检察官批捕案件轮案，以保证更多精力投入到专案中，保证案件质效。

（三）捕诉一体侦查监督问题

我国宪法明确检察机关是国家的法律监督机关，捕诉一体后，检察官在审查逮捕阶段即考虑到审查起诉、庭审环节情况，大幅提高引导侦查的效率，但应避免人为提高审查逮捕标准；同时也要防止因注重批捕、起诉而忽视监督工作，防止监督不当。

笔者认为，一是要平衡“惩罚犯罪”与“保障人权”双重价值目标，避免捕诉标准异化。捕诉一体下相关考核制度设计，可能会对捕诉职能履行质效的提升造成一定影响。现行检察工作考核机制如“捕后轻刑率”一定程度上可能会导致提高逮捕措施适用率。[①] 我国《刑事诉讼法》对审查逮捕、审查起诉的标准进行了明确的规定，捕后轻刑应针对具体案件有所区分，如捕后当事人赔偿谅解后被判处缓刑、违反取保候审规定等特殊情形应排除在考核范围内。二是要进一步提高检察官监督的主动性。在办案过程中拟定每案一份案件情况表或监督工作日志，记录侦查、审判监督过程中存在的问题，做到在办案中实现全面监督；定期由部门统一汇总分析，开展专项监督活动。完善检察官考核评价体系和全面落实司法责任制，防止检察官只重视办理批捕和起诉案件而忽视全面履职。三是要坚持侦诉分离，保证监督的正当性。捕诉一体后，从提前介入、审查逮捕到审查起诉环节，便于检察官了解案件来龙去脉，有效强化侦查监督在不同环节的针对性和有效性，但应秉持合理引导和建议供继续侦查的理念，以免影响侦查机关独立行使侦查权。

---

① 张静、张志强：《实行“捕诉合一”应解决的几个问题》，载《检察调研与指导》2018年第5辑。

对打击与治理网络侵犯公民个人信息犯罪的思考

欧晓毅 *

当前，互联网发展所催生的大数据日渐重塑人们的生活方式，大数据在给人们带来诸多便利的同时，也使得个人信息更加容易被获取和滥用，通过互联网非法获取、买卖公民个人信息的现象日益严重，公民的个人信息仿佛裸露在大数据时代之中，成为“公开的秘密”，变成随行就市的“商品”，由此导致的网络诈骗、敲诈勒索等犯罪屡禁不止，个人信息被侵犯的现象已引起广大人民群众的极大反感。公安机关作为维护社会稳定和保障人民群众安居乐业的主力军，必须依法严厉整治网络侵犯公民个人信息乱象，切实保护公民个人信息安全。笔者结合工作实际，通过分析网络侵犯公民个人信息犯罪现状特征、打击难点，提出打击和治理对策。

一、网络侵犯公民个人信息犯罪现状特征

（一）侵害方式具有隐蔽性、多样性

1. 隐蔽性强

互联网中，公民通过网络办公、娱乐、社交、购物等，其个人信息、行为、轨迹都以数据的形式被记录存储，只要信息存在于网络中，犯罪人便能通过技术手段获取并买卖，具有典型的隐秘特征，被害人往往对窃取行为不得而知。而公安机关等相关主管部门往往只能在犯罪行为发生后才能被动地采取侦查措施，无法在事前及时发现并预防犯罪行为。因此，侵害行为的隐蔽性导致大量犯罪隐患。

2. 途径多样化

黑客手段获取、相关行业内部人员泄露、互联网平台传播等方式成为公民个人信息泄露的主要途径。以我市为例，2017 年至今，我市公安机关共侦破网络侵犯公民个人信息案件 51 起，其中，通过黑客手段获取公民信息的案件 2 起，占 3.92%；内部人员通过工作之便获取公民信息的案件 7 起，占 13.73%；通过网络社交平台获取公民信息的案件 42 起，占 82.35%。

（二）涉案信息包罗万象，数据体量巨大

1. 种类繁多，涉及领域广

从身份证号码、手机号码、住址等，到涉及隐私的通话记录、网络账号密码、银行卡账号密码、购物记录、活动轨迹等，被泄露信息涉及公民个人生活的方方面面，涉及领域包括金融、电信、教育、医疗、房产、快递等部门及行业。例如，我市 2017 年侦破

---

* 欧晓毅，厦门市公安局。

的“6.14 侵犯公民个人信息案”，从犯罪嫌疑人电子设备中查获的公民个人信息中涵盖了我市 2000 余个小区的业主信息，清晰记录了业主的姓名、联系电话、购房地址、面积等。

2. 数据海量化

大数据时代，个人信息都是以数据包、数据库的方式存在，侵犯的内容往往是众多公民某一类信息，涉及的公民信息量大，非法所得多几乎成为网络侵犯公民个人信息案件的“必备事实”。2017 年我市公安机关开展打击整治网络侵犯公民个人信息犯罪专项行动以来，查获的公民个人信息近 2 亿条。

（三）买卖信息链条化，侵害后果严重化

1. 上下游犯罪紧密勾连

公民个人信息的经济价值日益显现，下游犯罪分子对公民个人信息的需求，不断助推侵犯公民个人信息犯罪的发展，形成“源头—中间商—非法使用人”的犯罪产业链条。例如，今年我市公安机关侦破的“巫金强、张流燕特大侵犯公民信息案”，犯罪嫌疑人巫金强、张流燕通过互联网勾连上家（“源头”）和下家（“非法使用人”），犯罪链条涉及上下游人员达 28 名，遍布全国十几个省市，而短短半年时间，犯罪嫌疑人巫金强、张流燕通过贩卖公民个人信息就获利 40 余万元。

2. 信息泄露导致严重的犯罪后果

侵害公民个人信息犯罪是多种下游犯罪的源头，往往会衍生出电信网络诈骗、敲诈勒索、非法拘禁等各类犯罪，极有可能直接导致公民财产重大损失，甚至危害公民人身安全。例如，震惊全国的山东徐玉玉被诈骗致死案，犯罪分子就是非法侵入山东省考试招生信息网站窃取考生信息转售牟利，以发放贫困生助学金为由诈骗考生徐玉玉后致其死亡，公民个人信息的泄露是该案发生的重要原因之一。

二、打击网络侵犯公民个人信息犯罪的在执法实践中的难点、问题

（一）追根溯源难

首先，互联网的虚拟属性以及网络侵犯公民个人信息作案隐蔽性，使得公安机关很难在第一时间发现犯罪活动。其次，公民信息在网上被层层转卖，中间可能经过好几道、几十道、甚至几百道手，追查源头十分困难。

（二）调查取证难

首先，此类犯罪分子警惕性高、反侦察意识强，使用专机、专网、专号作案，且定期更换，一不注意侦查线索就会中断。其次，此类犯罪均在互联网上进行，交易各方彼此身份虚拟，没有具体的受害人、事主，使用传统的侦查办案方法难以收集相关证据。

（三）证据固定难

电子数据是网络侵犯公民信息案件侦办中的重要证据，但是电子数据极其容易遭到破坏，一旦出现抓捕失误、打草惊蛇或因前期侦查不充分而导致电子证据被犯罪分子破

坏或销毁，则会给后期移送起诉造成困难。

（四）全链条打击难

首先，网络侵犯公民个人信息犯罪以互联网为载体，犯罪覆盖地域大、涉案人员多、涉及范围广、中间环节多、利益链条长，办案需投入的人力、精力、物力多，办案成本高，侦查部门往往只能集中精力打掉其中几个环节。其次，一些办案单位对网络侵犯公民个人信息案件的证据收集往往是浅尝辄止，深挖力度不足，存在就案办案的思想。

（五）认定标准问题

2017 年 6 月 1 日实施的《最高人民法院、最高人民检察院关于办理侵犯公民个人信息刑事案件适用法律若干问题的解释》，对“公民个人信息”的概念进行了准确界定，这有利于进一步准确打击侵犯公民个人信息的犯罪。但在办案实践中，网络侵犯公民个人信息属于新型犯罪，各地都没有成熟的案例可循，公检法部门普遍都是摸着石头过河，存在执法标准不统一、事实认定主观性强等问题。

三、公安机关打击网络侵犯公民个人信息犯罪的对策

（一）强化情报导侦，主动获取案件线索来源

网络侵犯公民个人信息犯罪无特定侵害对象，且发生在虚拟的网络空间，隐蔽性极高，公安机关要充分运用公安大数据资源，有效发挥情报分析、组合研判等多重优势，根据侵犯公民个人信息犯罪的特点，增强对此类犯罪的动态管控能力，主动在网络环境中发现、深挖案件线索，以精确的情报线索为牵引，实现精准打击。2018 年 5 月 23 日起，我市集中开展严厉打击整治侵犯公民个人信息违法犯罪专项行动，我市警方通过强化网络数据分析研判，精准打掉了 5 个违法犯罪团伙，抓获犯罪嫌疑人 26 名。

（二）强化分析扩线，拓展案件侦查途径

一是从衍生犯罪入手，“顺藤摸瓜”。侵犯公民个人信息犯罪是网络诈骗、敲诈勒索的上游犯罪，为犯罪分子实施犯罪提供精准的信息基础。因此，可以从下游案件入手，追查为实施其他犯罪提供条件的公民个人信息来源。

二是从“内鬼”入手，顺线侦查。内部人员通过工作之便获取、出售、提供公民信息，属于信息源头，侦查员可以顺线侦查，从“内鬼”入手，带动打击更多的案件。

三是从嫌疑人资金流入手。网络侵犯公民个人信息案件中，资金的往来必不可少，且资金往来记录总是客观存在。侦查员可以从嫌疑人的资金链的上下家入手进行调查，扩大打击犯罪的效果。

（三）强化合成作战，强力打击犯罪行为

网络侵犯公民个人信息犯罪具有跨地域性、中间环节多等特点，传统的侦查方式和侦查手段已无法有效打击该类违法犯罪活动。因此在侦查此类案件时，需要顶层统一指挥，多地域、多部门、多警种协同配合、并肩作战，步调一致地对犯罪的各个环节开展

有效打击。同时，在案件侦查过程中，要主动邀请检察院、法院提前介入，在案件的定性、办案程序、适用法律和证据标准等方面给予适时指导，以准确、有效地打击违法犯罪行为，坚决有力地维护公民个人信息安全和人民群众合法权益。

（四）强化调查取证，及时获取电子证据

打击网络侵犯公民个人信息犯罪的核心之一是电子证据的提取固定，这是成功起诉的关键，是对嫌疑人非法买卖或持有的公民信息数量的认定。因此，案件侦办过程中，要紧紧围绕数据和取证这两个环节，运用远程勘验、网络密搜密取或者公开调取等方式，对犯罪分子存储、交付的公民个人信息数据进行证据固定。抓捕时要制定周密的抓捕计划，防止犯罪分子破坏相关电子设备、毁灭电子证据，避免出现人已到案，但证据灭失的情况。

四、网络侵犯公民个人信息的社会综合治理

整治网络侵犯公民个人信息行为是一项复杂工程，需要多管齐下，齐头并进，综合治理。

（一）加强掌握公民个人信息的行业的管理

监管部门要明确相关组织、机构和个人的收集、存储和使用公民信息的法律权限、职责定位，规范信息存储的硬件配置、技术要求、安全标准。相关组织、机构要对内部人员实行严格的管理，完善安全管理制度，发现违法违规泄露公民信息的内部人员时要主动向公安机关报案。

（二）建立协同治理合作机制

网络是一个整体，需要各职能部门联合联动、有效衔接，强化整体治理。建议建立由信息产业部门牵头，工商、公安、文化、宣传等相关政府职能部门参加的联动工作机制，共同保护个人信息安全，共同治理非法获取公民个人信息的违法犯罪行为，规范信息产业的市场秩序，形成多主体、多元化的合作性整体治理格局。

（三）强化相关行业的社会责任

在工作中我们发现，一些行业对网络上售卖公民数据信息的违法行为采取放任态度，如电信部门对手机实名制落实不到位，大量黑卡仍在外流，银行为完成业绩对办卡人的真实身份没有严格审核，网络服务商对接入服务的相关网站内容审核不到位，这都直接或间接地导致了侵犯公民个人信息犯罪的猖獗。金融、保险、电信、互联网等相关行业要与监管部门紧密协作，严格落实行业规范，严格落实各项制度，为治理网络侵犯公民个人信息建言献策；发挥行业优势，及时发现、提供违法犯罪线索；简化内部流程，最大限度地为开展侦查打击提供技术支持、证据支撑。

（四）加强保护公民个人信息立法工作

目前我国对于公民个人信息保护的规定，都零散地规定于《中华人民共和国宪法》

《中华人民共和国刑法》等法律和各行各业的规章制度中，而早在2003年开始起草的《中华人民共和国个人信息保护法》至今仍未出台。本人希望《个人信息保护法》能够尽快出台，建立起自上而下的完整的法律体系，进一步明确公民个人信息的收集限制、使用限制、数据质量、安全标准及法律责任。

破解送达难，助力厦门法治营商环境建设

——关于简化自贸区商事主体涉案送达问题的若干思考

李 隽*

“送达难”是各地法院都未能彻底解决的一个技术难题。由于我国现行《中华人民共和国民事诉讼法》对送达的规定不完善，有的当事人为了规避诉讼风险，逃避法律责任，采取不提供自己准确地址、拒收等方式阻挠法律文书的送达，造成直接送达不到、委托送达效率低、邮寄送达被退件、留置送达不规范、转交送达不及时以及送达方式间转换混乱等诸多问题，致使诉讼程序不能有效推进，不仅严重影响了审判效率，还严重浪费了司法资源。自贸区商事审判同样遇到了上述问题。鉴于自贸区的特殊性，本文拟对自贸区商事主体的涉案文书送达做一些探索，以问题为导向，力求寻得解决送达难问题的突破口，以期发挥自贸区先行先试的功效，最终为顶层设计服务，为整个法律文书送达机制的完善提供有益参考。

一、立剑式：自贸区商事主体涉诉案件送达难现状及问题剖析

（一）自贸区商事主体涉诉案件送达难现状

虽然最高法院出台了《关于以法院专递方式邮寄送达民事诉讼文书的若干规定》，该规定在原有《民事诉讼法》的基础上，细化了送达的操作规则，还提出“诉讼地址确认书”概念，并在司法实践中推行了“法律文书送达地址确认书”制度，在一定程度上缓解了送达难的问题。但是，送达难问题并未根除，送达难已经由一个客观难题，演变成为法院甚至是法律与“不良”当事人之间斗智斗勇的主观对抗问题。在全国各地普遍存在的法律文书送达难问题，在自贸区同样存在，甚至在某些方面更为严重。厦门自贸片区成立3年多来，受理各类涉自贸区案件数千件，其中超过三分之一的案件因地址不明、拒收等原因送达不到，导致案件延期审理。在商事案件的审判实践中，法院常常要对原告在起诉状或证据中提供的各种地址，包括公司登记地址、营业地址、法定代表人居住地址、合同约定地址等地址进行送达，少则3个，多则7个。在此过程中，法院还须制做了大量法律文书、复印大量的诉讼资料，不断重复各种法律程序，送达周期长且耗费了大量人力物力。根据上述地址成功送达的比率并不高。当事人提供地址不对、下落不明、逃避送达、基层组织不配合等，已经成为送达中司空见惯的现象。

笔者认为，要解决送达难问题，必须针对不同主体，寻求制约共同体，形成合力，形成不同的倒逼机制，抑或从源头上解决问题。

* 李隽，厦门市同安区人民法院。

（二）自贸区商事主体送达难问题剖析

剖析自贸区商事主体送达难问题之因，除前文提及的当事人主观原因外，客观因素方面最为主要的是公司注册地址与实际经营地址不一致。

1. 公司注册地址与实际经营地址不一致的缘由

综观厦门自贸片区，存在不少公司注册地址与实际经营地址不一致的现象。我国《公司法》规定公司应以其主要办事机构所在地为住所。此外，《公司登记管理条例》还明确要求经公司登记机关登记的公司住所只能有一个。公司的住所应当在其公司登记机关辖区内。根据上述规定，公司必须在其登记注册的住所地址从事经营活动。但事实上，很多公司出于经营成本或税收政策的考虑，公司注册地和实际经营地往往不一致。公司注册在自贸区内，出于各种原因或便利，自贸区管委会可以为其提供全套的公司注册、年检、税务申报缴纳等全套服务，省去了很多日常开支，但是公司业务又不适合在自贸区内经营，于是又选择在其他地方从事经营活动。这种安排虽然解决了企业经营与政府管理上的问题，但却隐藏着巨大的法律隐患和风险。

2. 关于公司注册地址与实际经营地址的行政法律禁制

《国家工商行政管理局对企业在住所外设点从事经营活动有关问题的答复》（工商企字〔2000〕第203号）第1条："依据《公司登记管理条例》和《企业法人登记管理条例》以及国家工商行政管理局《关于企业增设经营场所是否要登记管理有关问题的答复》（工商企字〔2000〕第103号）等企业登记管理有关规定，经工商行政管理机关登记注册的企业法人的住所只能有一个，企业在其住所以外地域用其自有或租、借的固定的场所设点从事经营活动，应当根据其企业类型，办理相关的登记注册。"第2条："依照《公司法》和《公司登记管理条例》设立的公司在住所以外的场所从事经营活动，应当向该场所所在地公司登记机关申请办理设立分公司登记。对未经核准登记注册，擅自设点从事经营活动的，应按《公司登记管理若干问题的规定》（国家工商行政管理局令第83号）第32条进行查处。"

《国家工商行政管理局关于企业增设经营场所是否要登记管理有关问题的答复》也明确，根据《企业法人登记管理条例》和《公司登记管理条例》的规定，无论是依据《企业登记管理条例》登记注册的企业法人，还是依据《公司登记管理条例》登记注册的公司，住所均只能有一个。依据《企业登记管理条例》登记注册的企业法人设立或变更经营场所均应到登记机关办理登记，经营场所没有数量限制；《公司登记管理条例》未规定"经营场所"为登记事项，公司在住所之外设立的经营场所应按分公司进行登记。

3. 公司注册地和实际经营地不一致存在的诉讼法律风险

由于相关规定并不"严苛"，导致不少公司钻空子，只考虑注册的便利，不考虑注册地与实际经营地不一致的法律风险。一是根据《民事诉讼法》第22条的规定，如果企业涉及诉讼事项，对企业法人提起的诉讼，由公司住所地法院管辖，而法院的文书也将送达住所地址，企业如果因为经营地址变更而未收到法院送达的诉讼材料，失去出庭辩护机会，经由法庭缺席判决可能要承担败诉风险。二是根据《合同法》第62条的规定，在债务履行上，如果履行地点不明确的债务，给付货币的，在接受方的所在地履行，其他标的在履行义务一方的所在地履行，上述所在地即为公司住所，即注册登记地，如果注册登记地和经营地不一致，可能导致债务履行困难。

从上述分析不难看出，市场监督（工商行政）管理与诉讼法律之间未能有效衔接，其中的空白容易被当事人利用来规避法律。

（三）商事主体直接送达住所地的法律依据

商事主体，异于自然人的特殊主体，基于登记注册、信息报备等行政管理的需要，相对稳定性成为商事主体的主要特点之一。因此，住所地是商事主体成立的核心要件之一。一般认为，住所地是商事主体视为所在的场所，即法律关系中心所处的地方。住所地制度的意义在于，通过法律固定住所的技术，使法律关系、法律事实在空间问题上作稳定、简化处理，商事主体的相关商事行为均以住所为原点而展开。

对于公司（商事主体）住所地的确定，《民法通则》和《公司法》都有相应规定。《民法通则》第 39 条规定，法人以它的主要办事机构所在地为住所。《公司法》第 10 条规定，公司以其主要办事机构所在地为住所。而根据《公司登记管理条例》第 12 条的规定，公司的住所应当在其公司登记机关辖区内，因此，公司的住所是公司注册地。同时，《公司法》还规定，公司住所是公司章程的必要记载事项，也是公司设立的必要条件。上述法律规定，既是对住所在法律层对公司（商事主体）之重要性的确定，更是为住所作为涉诉法律文书的直接送达处所提供了法律依据。

二、破剑式：规范自贸区商事主体登记制度

笔者认为，自贸区商事主体送达难的问题，可以从自贸区商事主体登记制度入手，与市场监督（工商管理）管理部门形成合力，通过工商登记制度的完善，形成严苛的倒逼机制，推动市场监督（工商管理）与法院送达两个难题“一揽子”解决。当然，将法院与市场监督部门联合起来，形成合力，并非一蹴而就的易事。此中，既要考虑法院和市场监督管理部门相互不越界，也要考虑市场监督管理部门行政行为的可诉性，避免舆论将法院与市场监督管理部门合力推进商事主体登记制度的规范，作为影响行政诉讼司法公正的借口。据此，法院与市场监督管理部门的“合作”，必须考虑合法性、合理性和可行性。

（一）有法可依——特区立法可为破解送达难架桥修路

庆幸的是，厦门是经济特区，拥有特区立法权限，且立法已经先行了一步，为打造本文将要论述的“倒逼机制”赢得了先手，营造了契机。2013 年 12 月 27 日，厦门市第十四届人民代表大会常务委员会第十四次会议通过了《厦门经济特区商事登记条例》，该条例自 2014 年 1 月 1 日起施行。随后，2013 年 12 月 30 日，厦门市人民政府办公厅及时下发了《关于印发厦门市商事主体登记备案办法的通知》和《关于印发厦门市商事主体经营场所备案及监管若干规定的通知》。

《厦门经济特区商事登记条例》第 17 条第 2 款规定：“商事主体的住所为法律文书送达地址。同一地址可以作为多家商事主体的住所。经营场所与住所不一致的，在同一商事登记机关管辖范围内，申请人应当向商事登记机关备案；不在同一商事登记机关管辖范围内，申请人应当向有管辖权的商事登记机关申请分支机构登记。”且不论是立法有前瞻性，还是巧合，终究有了立法的支持和保障，法院与市场监督管理部门的联手不再是难题。

（二）破解之策——商事登记行政立法与司法举措的有效衔接

规范商事主体的登记，虽是行政行为，但却能与司法诉讼有效衔接，助力司法。司法亦当积极回应行政立法，二者相得益彰。

首先，自贸区商事主体的营业执照上“住所”栏填写有效地址之后还应加注“本地址为本商事主体的法律文书送达地址”。在商事主体办理营业执照登记手续时予以告知，并在领取营业执照时予以明示，以此推定商事主体成立时已经知悉该法律风险。上述在“住所”栏加注相关法律风险信息，应作为设立自贸区商事主体的一种规范行为。这是基础，也是必须。

其次，建议完善商事主体登记事项。建议每个商事主体必须报备两个以上的联系地址。一个为商事主体的住所，另一个可以是经营场所，也可以是法定代表人住所。同时规定，凡变更必报备。考虑到法定代表人的住所属于个人隐私，因此可以不在营业执照等对外公示的平台（载体）上公告（公示），但必须报备登记于工商管理部门。若执法部门需要，可出函查询，并以登记地址送达。上述地址，均作为有效法律文书送达地址。邮寄送达后，视为送达。除住所地之外，商事主体还应向市场监督管理部门报备邮箱（网络邮箱）、QQ、微信等联络方式备案。对未按要求如实申报备案的商事主体，依据《厦门经济特区商事登记条例》第六章第 37 条之规定“……商事主体应当备案而未备案的，应当变更登记或者备案而未变更登记或者备案的，由商事登记机关责令限期改正；逾期未改正的，对自然人处以五千元罚款，对法人或者其他组织处以二万元罚款”和第 39 条规定“……商事主体未如实公示年度报告的，由商事登记机关对自然人处以五千元以上二万元以下罚款，对法人或者其他组织处以二万元以上十万元以下罚款；情节严重的，对自然人处以二万元以上十万元以下罚款，对法人或者其他组织处以十万元以上三十万元以下罚款”予以处罚。

最后，在完善上述登记备案要素后，应明确规定：（1）商事主体登记备案的上述三个地址，均为司法送达的有效地址，有效投寄或邮件发送后 15 工作日，视为送达。（2）不论是否本人签收，有效寄往该地址即视为送达，不必再经报纸公告程序。（3）登记备案的网络邮箱地址，作为互联网法定送达地址。（4）在对以上市场监督管理部门登记备案的地址进行送达，即视为有效送达，具体流程包括：对住所的送达，在退件后，可选择经营场所或法定代表人住址送达，同时对互联网上的法定地址及商事主体企业的企业邮箱进行送达；有效投寄或发出邮件后 15 个工作日，视为送达完成，无须报纸公告。

（三）立法保障——厦门经济特区商事登记条例之完善

笔者撰写本文之用意，在于规范送达，简化送达。厦门特区立法对商事主体的送达问题已有相关规定，但缺乏司法机关的对应举措，而功效不大。笔者建议厦门市人大常委会修订《厦门经济特区商事登记条例》，同时建议最高法院会同市场监督部门继续出台相应的法律文书送达规定，将工商登记制度的完备融进司法送达规定中，形成倒逼机制，支持法院解决送达难问题，相关规定可以先行在自贸区范围内试行。此种融合和衔接，既可以推动司法机关精简送达程序、提高效率，又可以通过倒逼机制推动工商登记制度的完善和落实，继而促使商事主体更加注重诚信，推动自贸区营商环境的优化和发展。

三、创剑式：关于完善自贸区商事主体涉案送达机制的构想

法治软环境是自贸区的核心竞争力，而司法的作用尤为重要。司法不仅有评判、惩戒的作用，还有规范和引导的功效。完善自贸区商事主体涉案送达机制，虽然仅是万千工作之一，但其意义深远，对于促进自贸区符合法治化、国际化、市场化要求的跨境投资和贸易规则体系的率先建立，护航自贸区改革“试验田”建设，有着不一般的深意。

自贸区有着敢为天下先的本质属性和发展意愿，因此，自贸区商事主体涉案送达机制也就具备了先行先试的基础和条件。为此，笔者关于商事主体涉案送达机制之建议，亦有三部曲之分，拟始于自贸区，再扩展到特区试行，最后向全国铺开。要较彻底地解决自贸区商事主体送达难问题，除了倒逼制度的构建，还可以从诉讼法律层面做进一步突破。

一是放宽对送达地点的限制。为了适应经济社会快速发展的需要，不应再对自贸区商事主体的送达地址作狭义的理解，综合前文所述，除法人的注册登记地址和营业场所可作为送达地址外，还应扩大至法定代表人或控股股东的居所、工作场所等与生活、工作相关的地址。同时规定，接上述地址依序送达超过三个的，视为送达。

二是适当扩大签收人的范围。对于商事主体（包括法人和其他组织）的送达，除了法定代表人、其他组织的负责人以及负责收件的人签收外，可以由办公地点的其他有辨别能力的职员或雇员签收。还可以在征得商事主体租住地的所有权人（房主）同意的前提下，由他们代收。同时制作送达通知张贴在受送达人的住所地，告知受送达人文书已经送交的情况、文书的性质、文书所交之人的有关情况以及送达的法律效果等，并在送达回证中记明。

三是简化留置送达的条件。借鉴国外行之有效的送达方法，考虑将留置送达简易化。如《法国民事诉讼法典》第656条规定：“如没有任何人可以或愿意接收文书的副本，经执达员查询受送达人的地址准确，并在送达文书上记明查询事宜后，已进行的送达视为向住所或居所送达。”结合我国实际，只要受送达人无理拒绝接收的，送达人员应当向当事人讲明情况，在送达回证上记明详细经过，通过拍摄送达现场的照片、录音录像资料作为证据，将文书留置在应送达场所即可视为送达。因为留置送达是以拒收为条件的，受送达人不可能不知道有送达的事实，根本没必要邀请其他见证人到场见证，因此可以取消要求法院送达人员必须邀请“有关基层组织或者所在单位的代表到场见证”的规定。此外，可以通过立法明确有关基层组织或者单位法定的见证义务及相应的法律责任。如明确法院可要求基层组织或市场监督管理部门的派出机构（工商所）或商事主体法定代表人住所地公安派出所代收，其代收后于一定期限转交给被送达人。对不转交或拖延不转交的基层组织，由立法授权法院对其直接责任人采取司法强制措施，以保证司法的严肃性和送达的有效性。相关配套立法可以规定由工商所或公安派出所代收的，代收后10个工作日视为送达。

四是简化公告送达程序。众所周知，公告送达的规定较为模糊，公告时间较长，公告的载体单一，具有较大的局限性，不利于审判程序的推进。建议对自贸区商事主体涉诉案件的公告送达程序予以简化。首先是缩限公告送达的平台。因自贸区面积不大，信息传递较为迅速，因此公告送达可以在法院公告栏、受送达人住所地张贴公告为主。对确有必要的，可根据当事人的申请，在受送达人注册登记地或经营场所的地（市）级公

开发行的报纸上公告送达[①]。其次，缩短公告送达的时间。现有公告送达的规定，设置了较长的周期，严重影响了诉讼进程的顺利推进。综观其他国家，如日本《民事诉讼法》第112条规定："公告送达，自根据本法前条规定开始告示之日起两周即产生效力。"在信息爆炸的今天，公告时间过长对提升送达效果并无多大用处，能否有效送达不在于时间长短，而在于送达方式是否合适到位。只要送达方式合理、到位，就能有效送达，并可以有效提高诉讼的效率。建议对自贸区案件商事主体的公告送达，规定为"自将公告或通知书张贴之日起，或登载当地市级报纸之日起，经20日发生法律效力。"

五是增加"诉讼+公证"的送达方式。即在法院全程指导、公证部门全程见证下，实行专业分组、辖区划片、集约上门、统一装备、运用LBS（基于位置的服务）地图技术集中调度人、车等送达资源，并探索适合电话、邮寄、现场、公告等多样化送达方式的工作方法。目前，厦门中级法院、思明区法院、翔安区法院已对该送达方式进行了有益的探索，并得到中央、省市领导的赞许。通过公证的方式，将送达全过程记录在案。

六是增设"送达令"制度作为送达的辅助手段。可借鉴香港等地做法，引进当事人送达的便利机制，设立"送达令制度"。一般而言，在诉讼参与人中，最了解被告的应属原告。因此，建议增设"当事人申请，法院准予，并颁发送达令，授权当事人可向对方送达法律文书的权利"，以有效节约诉讼时间和节省司法资源。当然，申请送达产生的费用，由申请方自理。

四、结语

世界银行集团公布的《世界银行营商报告（2015）》将"执行合同：司法效率如何支撑合同自由"作为年度报告的特别主题进行披露，强调高效的司法在塑造良好营商环境中的重要促进作用。中央全面依法治国委员会第二次会议亦强调，法治是最好的营商环境。当下，依法、高效、便捷地审理涉自贸区案件，已然成为人民法院应对新时代发展、提供司法保障的应有之义。而确立科学合理的送达机制，对于保证程序公正和提升诉讼效率更是有着基础性的重要意义。因此，笔者在文末呼吁，给予民事诉讼送达程序更多的关注，给予自贸区商事主体的法律文书送达机制创新更多的包容。笔者亦希望通过自贸区民事送达机制的创新，为整个民事诉讼送达程序的不断完善添砖助力。

① 此处设计为不再规定在《人民法院报》上刊登公告。

法官庭审打断之共识与规则建构策论

——基于以审判为中心的刑事庭审实质化改革视角

付 臻 冯元元*

引 言

十八届四中全会报告提出要“推进以审判为中心的刑事诉讼制度改革”，人民法院第五个五年改革纲要也进一步指出要“深化以审判为中心的刑事诉讼制度改革，确保庭审发挥实质性作用”。从长远看，这是一场事关司法方式改进、职权配置优化乃至诉讼程序重构的革命性变革，[2] 在这场历史变革中，庭审实质化改革无疑是一个极其重要的拐点，也是“以审判为中心”改革得以实现的核心要义。然而，当前我国刑事庭审虚化，“走过场”现象严重，法庭作为“多方对话场域”异化为“单方场域”，庭审实质化改革作为控辩审三方命题最终无法由三家共同作答。实现庭审实质化改革是一项复杂的系统性工程，宏观的司法体制、中观的诉讼制度和微观的审判主体等都是重要的影响因素。[3] 其中审判主体方面，一个突出问题即是具有三方共识的庭审打断规则长期缺位，法官庭审打断行为缺乏有效规制，失当的庭审打断行为屡见不鲜，由此引起法庭冲突频发、“辩审”关系紧张、诉讼地位失衡、诉讼风险加剧等一系列矛盾，极大影响了司法公信力提升与司法权威树立，影响了整个司法环境的公正性。其实，失当庭审打断行为的核心问题是共识与规则缺失问题。法官作为庭审活动的指挥者、驾驭者、裁判者，需要有行使庭审打断权的基础，即一个经由三方达成共识并周知的庭审打断规则，从而使庭审打断不再是单方的、随意的、失当的行为。遗憾的是，当前我国学界对于庭审实质化改革的“拦路虎”——失当的庭审打断问题的研究几近无人问津。本文见微知著，旨在设计出一套为庭审各方所认可的较为完善的庭审打断规则并指导实践，以规制审判主体的庭审打断行为为出发点，构建庭审实质化改革背景下庭审打断之共识。

一、法官庭审打断缺失共识与规则之现状检视

庭审打断是对庭审话语权的分配。为确保庭审高效顺畅进行，法官必须控制庭审节奏、维持法庭秩序、适时理性行权。然而，现实中庭审打断权的行使缺乏必要规制，法官群体对如何打断莫衷一是，失当的庭审打断行为广泛存在，总体上处于无序状态。

---

* 付臻，厦门市海沧区人民法院。冯元元，厦门市中级人民法院。

① 沈德咏：《论以审判为中心的诉讼制度改革》，载《中国法学》2015年第3期。

② 汪海燕：《论刑事庭审实质化》，载《中国社会科学》2015年第2期。

（一）失当庭审打断之样态

1. 打断权被滥用

在当前庭审虚化普遍存在的司法环境下，不少法官主观上认为被告人、辩护人、证人的发言“没必要说”或“说得不好”，客观行为则表现为“不让说话”、“不让说全”和“无心倾听”，在庭审中频繁、随意行使打断权。从部分调研结果来看[①]，在庭审调查环节，绝大多数律师都曾有过被禁止或变相禁止发问、发问中途被法官打断的情形，发问时间、范围、内容等也都受到极大限制；在法庭辩论环节，绝大多数律师也都曾被法官制止发言、限制发言时间、次数、内容等，主要理由包括要求庭后提交书面辩护词、与案件无关、重复、发言时间长、语言不够简洁、引述证据内容等。打断方式方面，有的法官缺乏规则意识，行使打断权时不提示、不释明理由，或是打断时使用简单粗暴的命令式语言，并伴有大声敲击法台、提高音量、情绪不耐烦、较夸张的肢体语言等行为，导致被打断者出现内心质疑、情绪抵触、言语拒绝、行为抗争等表现。

2. 缺乏统一规范

目前我国关于法官庭审打断权行使的直接规定主要见于 2010 年修订的《法官行为规范》，但相关规定过于笼统，操作性不强，其他相关法律规定又都是关于当事人辩论权和律师辩护权的保障问题，立法现状显然无法达到有效规制失当庭审打断的目的。司法实践中，法官群体对庭审打断权的行使问题众说纷纭，无法形成控辩审三方统一认可的庭审打断规则体系。

3. 权利救济困难

失当的庭审打断是审判权的失控，必然会损害其他权利的行使，比如被告人（辩护人）的辩护权、证人的作证权甚至公诉人的法律监督权在法庭之上得不到充分保障和尊重，在法庭之外又得不到有效救济。作者以“法官打断”作为关键词在中国裁判文书网进行检索，共得到裁判文书 82 篇，随机抽取其中十份发现，这些以“主审法官在庭审中打断本人（或代理人）的陈述，剥夺辩论权”为由提起的二审、再审、审判监督案件，法院经查明事实，无一例外均作出了“庭审并未剥夺当事人（或代理人）的辩论权，并不存在严重违反法定程序”的认定。[②] 也就是说，现实中法官纯粹的庭审打断行为在法律认定上很难直接与剥夺辩论权划上等号。此外，实践中也鲜有法官因为失当的庭审打断被给予相应处理或是造成案件被发回重审、改判或被评定为质量瑕疵案件的情况。

（二）失当庭审打断之负面效应

1. 庭审虚化加剧

当前刑事庭审虚化主要体现在举证、质证、认证和裁判四个方面，即庭审证据调查“书面化”、法庭辩论“无效化”、法官心证形成“庭外化”与裁判文书“格式化”。庭审打断权的长期失当行使导致辩护律师不愿进行庭前准备、不愿充分辩护，公诉人照稿宣读、

① 《安徽省律师刑事辩护“新三难”调查报告》，载王亚林刑事辩护网，http://www.ahxb.cn/c/1/2014-12-16/738.html。

② 详见〔2018〕甘民申 411 号、〔2018〕甘民申 358 号、〔2018〕赣 08 民申 82 号、〔2017〕辽 03 民终 1498 号、〔2016〕京 02 民终 11056 号、〔2015〕运中民终字第 1937 号、〔2015〕浙丽民申字第 44 号、〔2015〕岳中民一终字第 499 号、〔2014〕苏审三民申字第 0376 号、〔2014〕高民申字第 04731 号裁判文书。

无心倾听，庭审各方作为“理性人”不再选择进行实质性对抗，最终庭审虚化问题进一步加剧，证据裁判规则无法全面贯彻，实体正义实现受阻，冤假错案产生，庭审实质化改革初衷落空。

2. 辩审冲突升级

周强院长曾指出，“没有良性的法官与律师关系，要实现司法公平正义几乎是不可能的”。法庭的设置本就是用于处理分歧，诉辩审之间存在不同意见十分正常，问题的关键不在于分歧的产生，而是为什么产生分歧以及如何解决分歧。[①] 实践中由失当的庭审打断等程序瑕疵行为所引发的庭审“死磕”和“把律师赶出法庭”现象，是辩审矛盾升级的真实写照。律师发问动辄以“与本案无关”或”重复性问题”为由被制止，发表质证和辩护意见被视为”纠缠细枝末节”而被打断，这不仅是律师人格尊严与职业尊荣感的严重受挫，是对律师辩护权的侵犯，更反映出法官的恣意和司法的专横。

表 1　近年来媒体报道“法官把律师赶出法庭”事件

时间	事件	后果
2009 年 7 月 10 日	云南省玉溪市澄江县法院民庭法官由于程序性问题与开庭律师发生争执，指令法警将其带出法庭并用手铐铐在法院篮球架上 40 分钟	院长出面向被铐律师道歉
2011 年 9 月 20 日	广西北海中院一起刑案开庭中，因法官不同意追加当事人引发争执，两名律师被要求退庭	此举引发其他律师不满并集体退庭
2012 年 1 月 9 日	贵州省贵阳市小河法院刑事庭审中因程序性问题，十几名律师遭口头警告、训诫，3 名律师被驱逐出法庭	激烈的矛盾冲突使庭审被迫休庭，几个月后小河法院再度开庭，庭审反复持续四十余天
2013 年 5 月 21 日	广西北海市银海法院刑事法官因律师不服从法庭指挥，以扰乱法庭秩序为由将其逐出法庭，两律师法院外绝食抗议	经过沟通，律师在微博上称暂时中止抗议
2019 年 2 月 14 日	银川中院刑庭法官认为开庭律师多次重复发表意见，阻滞辩论程序，经多次提醒、制止、警告仍拒不遵守法庭规则，遂指令法警将其带出法庭	银川中院发布情况通报，称其法官的行为是依据《法庭规则》作出，并无不妥

3. 社会风险增大

失当的庭审打断所表现出的司法不公正会影响社会公众对司法程序的认可，对法官职业道德水准、裁判结果公正性与司法环境公正性的评价，还会影响其对裁判结果的内心接受程度和实际履行情况。这种对司法公正性的质疑会进一步发展为极端的非理性行为，如哄闹、冲击法庭，威胁、辱骂、诽谤甚至殴打司法人员；或是继续撬动新的司法程序及信访等非司法程序；或是利用全媒体时代舆论“集散场、发酵池、放大器”的效应，以煽动性语言引导公众将矛头指向法院（法官），将司法公信力推向风口浪尖。[②]

① 葛洪义：《一步之遥：面朝共同体的我国法律职业》，载《法学》2016年第5期。

② 2019年5月7日，广东高院刑庭法官在庭审中三次打断律师发言并称其“水平太差”，庭审视频被上传至互联网引发社会热议。事后，广东高院称已依据《法官行为规范》对涉事法官进行诫勉，并责成有关部门认真整改。

（三）失当庭审打断之原因剖析

1. 审判观念的偏差

“重实体，轻程序”是我国刑事诉讼的长期传统，也是造成刑事庭审虚化的问题根源。法官群体过于功利或实用主义的选择使刑事庭审这一极度需要程序与形式的场域成为审判犯罪的“橡皮图章”，法官往往以追求公平正义之名忽略庭审打断权的行使这类“细枝末节”的程序性问题，甚至将何时打断、如何打断理解为法官个人审判风格，导致打断权的行使呈现无序、失当样态。

2. 诉讼构造的偏离

为达到争议解决目的的三方机构是法院的基本社会逻辑。[①]“三方结构”的功能是以“对抗与判定”的方式解决当事人之间的争讼[②]，其核心要素是避免偏私和听取意见。庭审实质化改革要求下的诉讼构造即是这样一个“控辩平等对抗，法官居中裁判”的“三方结构”。但长期以来我国刑事庭审偏向“侦查—起诉—审判”的“流水线”模式，公检法三家“分工有余、配合过度、制约不足”，控辩双方对抗能力相差悬殊，庭审中律师角色被长期弱化、律师发言经常被无端打断、辩护意见无法被充分听取，被告人的权益更加难以得到全面有效保障。“以审判为中心”是对“分工负责、互相配合、互相制约”原则的创新和发展[③]，庭审实质化改革的成功，更重要的是审视和调整固有的司法结构，不拘泥于技术层面的关注而破解体制结构问题困局。[④]

3. 裁判规则的偏向

“以审判为中心”指的是“以证据裁判规则为中心”，绝不是“以卷宗为中心”。在现代法治国家，诉讼的中心环节是庭审，而证据是庭审的核心问题，庭审实质化改革的要旨即法官对证据的审查和对案件事实的认定主要是通过法庭调查来完成，而不是通过对案卷的审查来完成，现代刑事证据裁判规则在“以案卷笔录为中心”的审判方式下难以获得存在基础。[⑤]只有深刻理解了这一命题，法官才会充分听取质证意见，审慎行使打断权，避免庭审虚化、走过场。

4. 考评标准的偏好

法院“案多人少”矛盾突出，反映出司法总需求和总供给的严重失衡。正当的案件与“不当的案件”（虚化的、滥用的甚至是违法的司法需求）交织，审判辅助力量短时期难以配置到位，每个法官背负着一整套以结案率为核心的业绩考评系统和一系列与审理时间有关的“硬核”指标，常常超负荷从事着高强度的体力、脑力劳动，履职举步维艰。此外，受到硬件水平制约，很多法院法庭数量紧张，庭审的“拖堂”就会连锁影响后续案件开庭。在种种压力之下，尽快开庭、尽快结案成为每个法官最大的心声，也成为庭审中频繁行使打断权的最原始动因。

---

① ［美］马丁·夏皮罗：《法院：比较法上和政治学上的分析》，张生等译，中国政法大学出版社2005年版，第2页。

② 龙宗智：《司法的逻辑》，载《中国法律评论》2018年第4期（总第22期）。

③ 樊崇义：《“以审判为中心”与“分工负责、互相配合、互相制约”关系论》，载《法学杂志》2015年第11期。

④ 左卫民：《地方法院庭审实质化改革实证研究》，载《中国社会科学》2018年第6期。

⑤ 陈瑞华：《案卷笔录中心主义——对中国刑事审判方式的重新考察》，载《法学研究》2006年第4期。

二、庭审打断权之共识规则提出的价值理念与运行机理

正如哈耶克所言，法治的基本点十分清楚，即留给执掌强制权力的执行机构的行动自由，应当减少到最低限度。[①]庭审打断权的行使也正是如此。

（一）庭审打断权的价值理念

庭审实质化改革的最终目的就是要将刑事案件的审理回归到庭审中来，突出庭审中心功能，将案件事实认定、法律适用、定罪量刑等问题都在庭审中解决，防止冤假错案的发生。这就必须充分保障被告人的刑事诉讼权利及其辩护人的辩护权有效行使，否则庭审实质化将流于形式。当然，保障诉权并非允许被告人及其辩护人在法庭任意而为。在法庭之上，庭审的推进由法官主导，这是其权力也是责任，庭审打断权即是法官行使诉讼指挥权的形式之一。

庭审打断权的行使必须以实现庭审实质化为目的，以证据裁判规则为基本原则，必须符合特定的条件和场景、遵守特定的规则，以诉讼参与各方及社会公众所能认同和接受的方式进行，从而发挥其诉讼指引、驾驭指挥的功能，突出庭审的地位和作用，使整个庭审过程和诉讼各方回归理性，将诉讼风险和社会风险降至最低，促进刑事诉讼制度改革目标实现。当前庭审打断权行使的首要问题是要形成共识和确立一个为庭审各方所认可并周知的统一规则。

（二）庭审打断权的运行机理

1. 庭前准备阶段

庭前会议的核心定位在于“准备”，通过对回避、确定证人出庭名单等程序性事项的解决以及对案件争议焦点的归纳整理，促进庭审实现集中、实质化审理。庭前准备程序一般不涉及打断问题，但充分的庭前准备可以减少很多不必要的打断，既包括诉辩双方对程序性事项的争议，也包括法官因对案件基本情况及争点不了解而通过频繁的庭审打断来梳理思路、厘清案情、明晰争点。

2. 法庭调查阶段

发现真实是刑事庭审的首要目的，法庭调查阶段被认为是发现真实的最佳时机。证据是刑事庭审的核心，也是刑事诉讼的精髓所在，庭审实质化改革要求坚持以证据裁判规则为基本原则，要求“质证在法庭、事实查明在法庭”，法庭打断也应以有利于对证据开展的调查行为与程序为出发点，这个过程也就是法官辩明争点、查明事实、形成心证的过程。

证人不出庭现象是当前庭审虚化的一个重要表征[②]，违反的是直接言词原则。完善证人出庭作证制度首先要提升证人出庭率，其次要实现证人出庭的实质化，实现从“审卷”到“审人”的转变，真正促使法官心证在庭审中形成。为实现证人充分有效作证，证人出庭环节的庭审打断权体现为对举证方和质证方的发问限制权和对证人的询问介入权。发问限制权是对可能影响陈述或者证言客观真实的不当发问进行制止，这里不当发问包括了诱导性发问、询问无关问题、重复性发问、发问用语不当、对证人进行人身攻击、威

---

① ［美］哈耶克：《通往奴役之路》，王明毅、冯兴元等译，中国社会科学出版社1997年版，第73-74页。

② 何家弘：《刑事庭审虚化的实证研究》，载《法学家》2011年第6期。

胁、泄露个人隐私等，其中判断诱导性询问的技术难度较大。而询问介入权是当证人因客观能力或主观意愿无法满足打断意图时，为推进庭审，由法官进行补充询问的权力。询问介入需以查清事实为必要，避免带来误导与偏见。交叉询问程序体现了控辩双方的对质权，被英美法系奉为“有史以来为发现真实所发明的最伟大的利器”。在此环节中容易出现针对不同主体的交互式打断现象，法官行权难度较大。(如图 1)

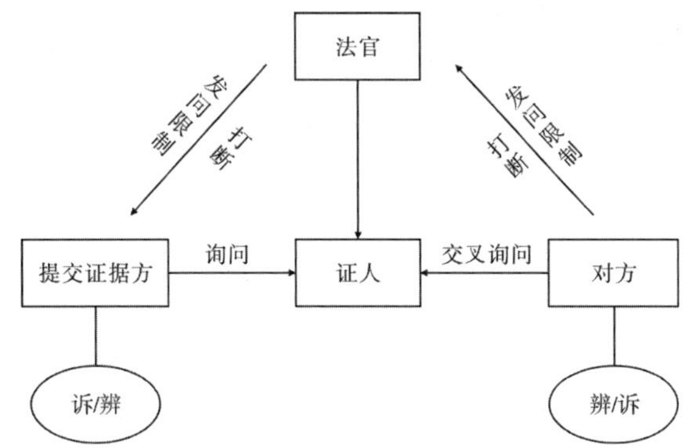

图1　证人出庭作证环节庭审打断示意图

3. 法庭辩论阶段

法庭辩论是发现案件疑点、解决争议、查明事实的重要环节，是观点交锋最集中的体现。“理想的辩论情境”①并不存在，为提高庭审效率，法官应先行确定辩论规则，包括发言时长、发言顺序及焦点问题，再组织进行法庭辩论，并针对双方出现的违反程序、主题偏离及失当言辞等行为行使庭审打断权。第一轮辩论结束后，法官可以在征求控辩双方意见后开启第二轮辩论，并重新归纳调整争议焦点。一般第三轮辩论的启动由法官依职权决定是否进行，如认为双方已经充分阐明意见，则可以终止辩论程序。(如图 2)

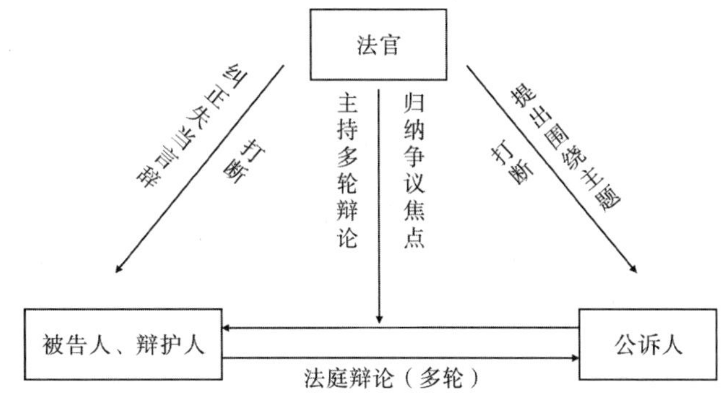

图2　法庭辩论环节庭审打断示意图

三、庭审打断权之法律共同体共识规则构建对策建议

任何权利的行使都有其边界。正如德沃金所言，“自由裁量权，恰如面包圈中间的那

① 所谓“理想的辩论情境”，是指任何人可以在免于干扰和强制的条件下参与辩论，只有这样，才能够使参与者获得平等机会去真诚表达自己的主张和理由。[德]阿列克西：《法律论证理论》，舒国滢译，中国法制出版社2002版，第128–172页。

个洞，如果没有周围一圈的限制，它只是一片空白，本身就不会存在”。[①]因此，法官庭审打断权也必须接受必要的规制。

（一）庭审打断权的启动

1. 依申请的庭审打断

庭审打断权的启动，既可以依申请，也可以依职权。在当事人申请打断的情况下，法官首先要听取申请理由，如果理由充分，可以决定行使打断权；反之可驳回申请，由发言方继续发言。申请打断发言的另一种表现是准许发言，它与打断发言是硬币的两面，通过向法官申请准许己方发言而达到打断对方发言之目的。

2. 依职权的庭审打断

在庭审中，公诉人不当询问、证人不当作证、辩护人不当发问或辩护、被告人不当陈述或辩论等都是法官进行庭审打断的前提条件，依职权的打断更直接地反映出法官的审判观念和驾驭庭审的能力。现实中法官行使打断权应以必要为前提，以有利于实现庭审实质化为目的，不应机械行权。

表2　庭审打断分类表

类型	场景描述	干预手段	干预目的	表述举例	注意事项
程序打断类	当事人打断既定程序，无理由地插话发言；法庭辩论过程中，法官认为需要恢复法庭调查等	打断、重申庭审程序	控制庭审进程，维护庭审规则，提高庭审效率	“这些请等到……阶段再说”“现在恢复法庭调查”	为降低发言者无端猜疑，避免冲突发生，此时打断应释明理由，要求发言者按照法庭审理程序进行发言
情感发挥阻止类	发言者在陈述中带入过多个人情绪，反应过激	提示、打断、休庭	阻止过度的情感释放影响审理效果	“请待情绪平复再作陈述”	对庭审中略带情绪化的语言，在对方未提出异议的情况下，法官可以适当包容。一旦出现侮辱性或攻击性的语言，应在第一时间予以制止
重复终止类	发言者对同一内容反复陈述，法官认为已经清晰全面了解的	提醒、打断	使庭审更加紧凑高效	“法庭已经充分了解你所陈述的观点并已记录，接下来请……”	当事人反复强调自认为很重要的信息，故打断时态度要坚决，但措辞要礼貌；判断是否是重复陈述是难点，法官应避免过于急躁、草率作出判断
偏题干预类	发言者陈述内容与当前会话主题或范围不相符	引导、打断	将会话拉回争议焦点，始终围绕争点主线展开庭审	“请围绕争议焦点发表意见”	判断有无关联是难点，很大程度上依赖于争议焦点的归纳，还可询问发言人所陈述内容与本案的关系
不当发问打断类	包括诱导性发问、无关询问、重复性询问、询问用语不当、对证人进行人身攻击或指责等	提醒、打断	防止不当发问、影响事实查明、举证质证失衡	“请注意不应对证人进行此方式的发问”	区别诱导性询问的技术难度较大，一般依申请进行；判断时，法官可询问异议方理由再决定。法官介入询问环节应当严谨，不当询问会损害控辩双方的质证权利，带来误导与偏见

① ［美］德沃金：《认真对待权利》，吴玉章、信春鹰译，中国大百科全书出版社1998年版，第51页。

续表

类型	场景描述	干预手段	干预目的	表述举例	注意事项
要求归纳补充类	发言者的陈述毫无逻辑、主次不分、层次不清或遗漏重要情节要点	打断、提问或帮助归纳	在更短的时间内获得更多有价值的信息，提高庭审效率，查明案件事实	“请简明概括你的观点”“请补充陈述……”“也就是说……，是不是？”	可以对重要内容进行补充提问，帮助归纳时应在征询发言人意见后在庭审笔录中给予记录固定
否定打断类	言论损害国家、社会、集体的利益或者他人的合法权利的；发言人对司法工作人员、其他诉讼参与人进行侮辱、诽谤、诬陷的；不服从法庭指挥等违反法律、司法解释禁止性规定的其他情形	打断、批评教育、警告、训诫、责令退出法庭、强制带离法庭、罚款、拘留等	维护庭审秩序	“请立即停止发言”	应遵循“最小侵害原则”，采取措施的顺序一般应是警告、训诫、责令退出法庭、拒不离开则强制带离法庭。驱逐出庭决定的作出应经过合议庭一致同意，宣布驱逐出庭决定时应说明事实理由以及不服该决定的监督和救济方式。驱逐出庭后，法官可暂时休庭，在庭外对其教育、训诫，经教育表示悔改并签署遵守法庭纪律保证书后，法官可行使令其重返法庭的自由裁量权。
语言表达调整类	当发言者的语速、语调、音量等已经严重影响其他诉讼参与人听取意见或进行庭审记录时	纠正、打断	使庭审顺畅进行	“请放慢语速/提高音量发言”	

（二）庭审打断权的行使（见图3）

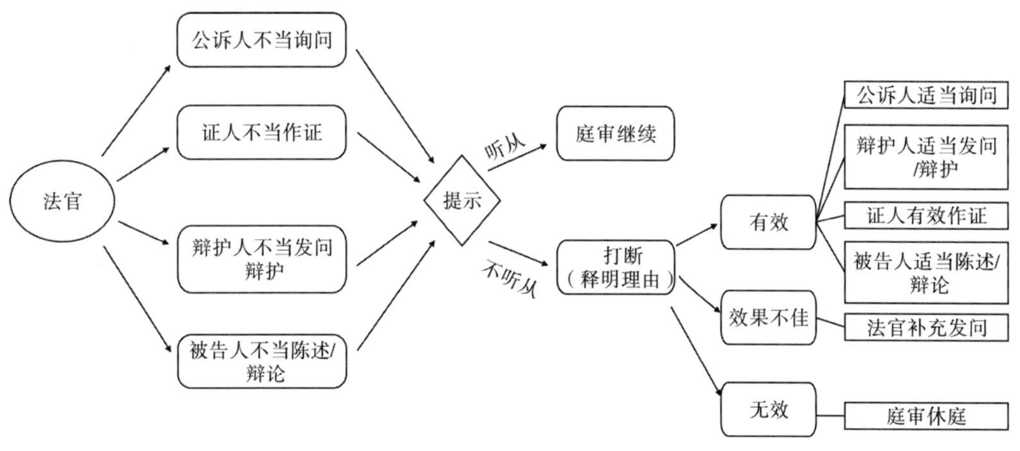

图3 法庭庭审打断流程示意图

1. 提示与释明

提示是内含司法温度和司法尊重的重要表征，是表现司法公正的重要环节。打断的最终目的不是为了打断，而是为查清事实、正确适用法律、实现庭审实质化，故提示应作为庭审打断的前置条件。提示并非即刻剥夺发言者的发言机会，而是提醒、允许发言者按照既定的庭审规则继续发言。若被打断者听从提示，则庭审继续进行；若被打断者不听从提示，则法官可以行使打断权。提示应采用口头方式进行。庭审打断的同时应行使释明权，释明打断理由可以避免无端猜疑、争取理解，从而降低矛盾风险。

2. 选择打断方式是司法经验与司法智慧的集中体现

实践中庭审打断有诸多具体方式，包括：（1）直接打断与间接打断。前者针对的是发言者，后者采用更加迂回的方式，如通过询问另一方有何不同意见或主动帮助发言方总结归纳观点，从而达到打断目的。（2）积极的打断与消极的打断。前者通过言语进行，后者包括对发言方故意不理睬、不回应、无眼神交互。相对于前者，后者是一种低对抗性的打断策略。（3）应对性打断和预防性打断。前者是对不当语言的反制、对失序行为的纠正，先有不当行为后有打断行为；而后者是一种先示、阻断和预防，如明确表示"下面的部分不用细讲"，此时需要法官具有预设的能力和习惯。（4）一次性打断和连续性打断。后者是指因打断效果不理想，需要法官连续多次打断，这在庭审中也很常见，相较前者它更容易引发对抗，也更需要庭审艺术。在矛盾冲突较为激烈时，较之于连续性打断，休庭无疑是最好的打断策略。

3. 通过规范准确得体的庭审语言进行打断

庭审活动全面展示着法官和司法环境的公正形象，表现司法公正的关键是如何使用语言艺术、程序关怀和表达尊重。在庭审中，法官进行提示、打断时不得出现歧视性言辞，不得带有倾向性和个人情绪；打断可以采用口头方式，必要时也可以采用敲击法槌的方式；使用法槌打断时，应当先敲击法槌，后对庭审进程作出指令；被打断方在听到槌声后，应当立即停止发言和违反法庭规则的行为，仍继续其行为的，法官可依照有关规定予以处理。[①] 当然，司法礼仪绝不仅仅是一种司法程式性的要求，更重要的是一种认知和态度，法官应当平等对待所有诉讼参与人，把纠纷的解决引导在一个文明、相互尊重、可信的场所中进行。[②]

4. 法官发问是打断权行使效果不佳时的重要补充

打断权有效行使的结果，是公诉人回归适当询问、证人回归有效作证、辩护人回归适当发问或辩护、被告人回归适当陈述或辩论。若打断权行使效果不佳，被打断方因诉讼能力未能充分理解或是无法满足打断意图，则由法官对重要内容进行补充发问，引导发言方作出有效回答，形成心证。法官发问应尽量采用短句，一问一答，言简意赅。若打断无效，则法官有权宣布休庭。

5. 法官应充分预判打断后果

庭审打断后，被打断方若出现过激的非理性行为，根据目前法律规定，法官处理此类问题的"工具箱"包括警告、训诫、责令退出法庭、指令法警强制带离法庭等措施。[③] 法官应遵循"最小侵害原则"，依程度不同作出相应决定。采取驱逐出庭措施后，法官可暂时休庭，在庭外对其训诫，经教育表示悔改的，可令其重返法庭。针对个别律师违规

① 根据《人民法院法槌使用规定（试行）》第3条、第5条、第6条规定。

② 蒋惠岭：《遵守司法礼仪的义务遵守司法礼仪的义务——司法职业道德基本准则之六》，载《法律适用》2001年第7期。

③ 根据《中华人民共和国人民法院法庭规则》第19条、《中华人民共和国民事诉讼法》第110条、《中华人民共和国律师法》第49条、《最高人民法院关于适用〈中华人民共和国刑事诉讼法〉的解释》第249条至第253条之规定。

发难、无理“闹庭”的现象，应采取一事一议、就事论事的态度，不应轻易扩大为对整个律师群体的偏见。①

（三）失当庭审打断下的权利救济

“没有救济就没有权利。”法庭是决定利益归属的关键场所，法官的一言一行都可能放大某种效应，法官应尽可能引导其理性救济。被打断者如认为打断行为导致其辩论权被实质上剥夺，可以要求：（1）当庭向法官提出异议，如不被准许，则可申请将发言被打断情况记录在庭审笔录中，或在庭审笔录签字时写明何处发言被打断；（2）复制庭审录音录像留存证据；（3）庭后向所在法院提出申诉。经调查认为存在失当庭审打断行为的，法官可以申请复议一次，未提出复议或经过复议维持结论的，由所在法院相关部门按规定办理；（4）因庭审打断行为导致案件裁判错误，符合法律规定情形的，有权申请启动相应审判程序予以纠错。

（四）完善配套制度

探索将检察官、律师群体引入庭审评查机制，制定可操作性强的庭审评查计分标准，“推优”与瑕疵、不合格评定并举，促进庭审评查实质化；转变裁判文书制作理念，从过去基本着眼于案卷到“以庭审为中心”，注重分析庭审调查内容和辩护意见的裁判分析说理方式，体现其对案件审理思路的规范指引；与检察机关、律师群体建立定期会商通报机制，共推庭审实质化改革进程；通过庭审过程、裁判文书内容乃至庭审打断规则的全公开，倒逼庭审各方更加谨慎认真对待权利，同时减少民众对庭审打断等司法行为的误读，引导舆论向客观、理性方向发展。

结语

任何一种人类活动都不会按预设的剧本进行。哪怕哈耶克所主张的“人之行为但非人之设计的社会自生秩序”也经常失灵，需要有一种力量进行适当介入干预。毫无疑问，法庭正是这样一个干预社会活动的主要场域。先前的经验告诉我们，这种干预过程无疑是激烈的对抗过程。人类社会发展到今天，这种来自法庭的干预方式已经演变为更为文明的方式和规则，也就是我们所说的庭审实质化——以庭审为中心的诉讼制度架构。庭审实质化改革要求法官不仅是中立沉默的裁判者，更要成为主导驾驭庭审的引领者。“在程序法领域，我们迎接时代挑战的最好方式，就是力图平衡当事人个人主动性与法官适当程度控制之间的关系。”② 各方在法庭上争夺话语权、阐述自己行为的正当性无可指责，此时法官必须作为庭审这个赛场的裁判员，在法庭规则的框架之内有效引导比赛顺利进行，恰当分配各方的话语表达机会。在这个过程中，打断可谓是紧握在法官手中一个有力的指挥棒。

打断启动于法官，指向法庭所有的诉讼参与人。打断并非是信马由缰，也不是临时起意，打断本身也需要规制。只有在科学的设计和规制下的打断才能真正发挥其引领、

---

① 沈德咏：《我们应该如何防范冤假错案》，载《人民法院报》2013年5月6日，第2版。

② ［意］莫诺·卡佩莱蒂：《当事人基本程序保障权与未来的民事诉讼》，法律出版社2000年版，第137页。

驾驭庭审的功能。打断并非只是为了打断，它拉起了一道安全的阀门，确保一切庭审活动在合法的基础上精准集中，避免流于散漫、随意、失衡、无序，甚至违法。打断并非只为了打断，它是在以法官的智慧引导整个庭审进程，最终实现证据裁判、刑事诉讼的法治进步。只有当法官真正明了庭审对于整个诉讼活动的核心意义和规范打断行为的必要时，庭审实质化的终极追求才有可能实现。如是，则当法官敲响那震撼人心的法槌时，庭审打断才是一种建构在规则之上的、由法官理性行使的、不容置疑的权力。

检察机关重大案件提前介入机制思考

陈玉玲*

一、检察机关“提前介入”概述

（一）“提前介入”概念界定

所谓的“提前介入”是指检察机关提前介入公安机关的案件侦查工作。对于公安机关立案进行侦查的刑事案件，在公安机关的商请之下或者检察机关认为必要时，可以派员提前对公安机关所办理的案件介入侦查，对公安机关在收集案件证据以及适用法律等问题提出相应意见，与此同时履行对公安机关的法律监督职责。① 我国立法上对于检察机关提前介入侦查的规定，主要见于我国《刑事诉讼法》第 66 条 ② 以及《人民检察院刑事诉讼规则》第 383 条 ③，上述相关法律对重大案件提前介入机制的主体、前提做了大致规定。

（二）提前介入理论依据

检察院提前介入公安机关案件侦查的实质是在“以审判为中心”前提下对侦查行为的一种引导和监督活动，检察机关根据自身的优势可以引导和监督侦查活动以符合审判规律和裁判规则的要求。检察机关对侦查机关侦查的案件提前介入不是无源之水，无本之木。该权力的行使既有法律的概括性规定，也有着相应的理论基础。

根据《宪法》规定，检察机关是我国的法律监督机关，即按照《宪法》的规定检察机关拥有法律监督权力。而从《刑事诉讼法》及其他现行法律、法规和司法实践来看，检察机关的职权包括逮捕权、起诉权、侦查监督权、引导取证权等等，根据《立法法》规定的一切法律、法规的制定都不得与宪法及上位法相抵触原则可以看出，无论是《刑事诉讼法》的规定，还是其他法律、法规规定的检察机关对公安机关侦查监督、引导侦查取证等权力都是与《宪法》规定的法律监督权不相互抵触的，换言之，检察机关的法律监督权是包含侦查监督权、引导取证权等检察权的。虽然法律没有确规定检察机关对公安机关的同步引导取证和监督权，但这并不意味着检察机关不可以对公安机关的刑事侦查活动

---

* 陈玉玲，厦门市集美区人民检察院。

① 《六项举措强化提前介入侦查工作》，中华人民共和国最高人民检察院网站，http:www.spp.gov.cn.

② 《刑事诉讼法》第66条：公安机关要求逮捕犯罪嫌疑人的时候，应当写出提前批准逮捕决定书，连同案卷材料、证据，一并移送同级人民检察院审查批准逮捕。必要的时候，人民检察院可以派人参加公安机关对重大案件的讨论。

③ 《人民检察院刑事诉讼规则》第383条：人民检察院根据需要，可以派员参加公安机关对重大案件的讨论和其他侦查活动，发现违法情况，应当及时通知纠正。

提前介入，进行同步监督和引导取证。

笔者认为，检察机关法律监督的宪法职权决定了其从整体把握和维护公共利益的职能，检察机关专业素质的特点决定了其必须维护法制的统一性，对执法机关的执法活动进行全面法律监督，方可实现整体性把握和维护公共利益。如此，作为主要依据《刑事诉讼法》进行立案、侦查活动的公安机关刑事执法活动，检察机关不可能也不应该只可以事后审查的方式对其进行法律监督，对其事前、事中的侦查活动却不可进行同步法律监督，如此，阶段性、选择性的法律监督不符合《宪法》赋予检察机关维护法制统一性，进行法律监督的立法本意。据上所述，笔者认为根据《宪法》的规定，检察机关的法律监督权应涵盖侦查机关刑事侦查执法活动的全程，并且这种法律监督的权力既包括对侦查机关执行实体法结果的法律监督，也应包括对其取证过程的程序合法性进行全过程的法律监督。据此笔者认为，检察机关在审查逮捕、起诉公安机关提请移送案件阶段拥有的侦查监督及引导取证权同样可以适用于公安机关移送刑事案件前的立案、侦查等刑事执法活动中。为此，笔者认为，无论是从检察机关实现法律监督职能实践出发，还是从立法赋予检察机关维护法制统一的法律监督职权的本意出发，法律监督权作为检察机关提前介入侦查活动从而实现引导取证和侦查监督目的的权力来源具有相应的理论基础。

（三）提前介入的功能

1. 保证案件质量提高诉讼效益

目前我国对于检察机关、公安机关、以及审判机关的刑事诉讼相关规定或多或少均体现着“相互分工配合、相互制约”原则和理念。公安机关对于刑事案件证据要求因其工作重点与检察机关不同，因此在证据标准方面存在着理解不一、标准不一的情形，导致在司法实践中，公安机关将案件报请批准逮捕或者移送起诉，由于证据不符合检察机关批准逮捕、提起公诉的标准，为此检察机关在审捕、审查起诉阶段需要再次指导侦查机关收集、固定、补充案件的情况经常出现，这将导致检察机关与公安机关双方工作量的增加。如果案件关键性证据存在时效性，公安机关在侦查初期未及时收集固定，将会影响案件相关事实的认定。因此，检察机关提前介入案件，引导公安机关侦查取证，有利于在公安机关案件侦查时期能够接收到检察机关关于案件证据的标准意见，并以之作为参考，保证公安机关在报捕或者移送起诉前侦查过程中所收集到的证据能够符合检察机关批捕、审查起诉以及审判的需要，保证案件质量，从而降低诉讼成本并全面提高诉讼的效率。

2. 履行侦查监督职责保障人权

我国宪法规定，检察机关是我国的法律监督机关，对公安机关在案件中侦查行为合法性进行审查是检察机关的重要职责之一。检察机关是唯一的法律监督机关，如果不能充分履行对公安机关侦查活动进行法律监督的职责，那么将会导致侦查阶段彻底成为片面的追诉程序，这对保护公民的基本权利来说是一场灾难。因此，应当将提前介入的核心放在对公安机关侦查活动的监督上，检察机关通过参加到案件的侦查当中，参与对犯罪嫌疑人讯问以及对证人的询问等取证活动中去，能够直接监督公安机关按照法律规定的程序开展侦查活动，并且能够及时发现并对违法活动进行纠正。[①]“冤假错案”问题一直是近几年来社会广泛关注的问题，而造成“冤假错案”的根本原因在于侦查机关在案件侦查过程中，侦查行为的不合法和作为法律监督部门的检察机关，对公安机关违法的侦查

① 谭冰涛：《试论侦查监督的改革与完善》，载《政法学刊》1998 年第 1 期。

取证行为未施以行之有效的侦查监督。因此，检察机关提前介入案件侦查，在引导公安机关侦查取证的同时监督公安机关侦查行为，保护当事人合法权益，避免公安机关侦查权的滥用，对公安机关违法侦查行为进行纠正，防止冤假错案的发生。

二、检察机关“提前介入”机制所面临的困境

（一）提前介入导致检察机关侦查监督弱化的疑虑

检察机关提前介入公安机关案件侦查，在案件中对公安机关的侦查取证工作进行引导。有学者认为，检察机关提前介入的行为，事实上已经直接参与了公安机关的案件侦查，这将会造成“球员兼裁判”的情况，即检察机关既是监督者也是参与者的情况的发生。实践证明，检察机关提前介入到公安机关正在侦办的案件当中，其实就是参加了案件的侦查活动，检察机关对是否采信公安机关所收集到的证据、对于案件的实体处理等提出意见，在今后案件侦办方向以及取证方向等内容上对公安机关进行引导，其本质上就是检警联合办理案件。[①] 检察机关提前介入案件，可能造成侦查监督的弱化。检察机关理应作为案件客观的监督者，却因提前介入案件侦查，而与公安机关同一阵线。这也导致检察机关在提前介入案件的过程中，与公安机关一起注重收集对证明本案犯罪嫌疑人构罪的证据以及案件事实而严重忽略了能够证实本案犯罪嫌疑人无罪、罪轻的证据，这将对犯罪嫌疑人的基本权益造成严重影响。此外，检察人员提前介入案件后，将对整个案件存在先入为主的判断。公安机关移送给侦查后移送给检察院的证据材料均是按照检察机关要求的标准收集的，因此在案件的审查批准逮捕阶段及审查起诉阶段中，承办检察官前期对案件的理解会影响到其对案件判断的客观性，他们会与公安机关形成相似的看法，且可能放松对案件证据取证的合法性进行审查。这些情况将会对检察机关行使侦查监督职能产生不利影响，使检察机关独立的检察职能遭到干扰，从而导致检察机关的法律监督职能难以有效发挥。

（二）检察机关提前介入案件范围的争议

我国 1979 年《刑事诉讼法》中第一次规定了提前介入机制，之后《刑事诉讼法》历经几次修改，相关配套法律法规的出台，均未对提前介入机制有详细的规定，目前法律仅仅规定“必要的时候，人民检察院可以派员参加公安机关的对重大案件的谈论”。然而对于“必要时候”，以及“重大案件”如何界定，理论界莫衷一是。有学者认为，检察机关提前介入的案件范围应该界定在刑法所规定的重大的恶性犯罪上，如故意杀人、抢劫、强奸等较为重大的案件；有学者则认为提前介入的范围应该限定于犯罪嫌疑人存在被判处十年以上有期徒刑可能性的案件；有学者认为提前介入案件应该以案件的复杂程度加以区分，提前介入案件的范围应当界定在案件疑难复杂，取证难度大这一标准上。目前我国法律并未给予确定，司法实践中，造成公安机关还是检察机关在适用上的困惑。此外。由于提前介入案件范围的不明确，导致提前介入机制遭到滥用，实践中可能存在突破提前介入制度中所规定的“必要时候”的界限的情形。公安机关主动邀请检察机关介入案件侦查，在某些时候可能向检察机关试探案件是否能够报捕、是否能够符合起诉标准

① 李国妍：《检察机关提前介入公安机关侦查活动应慎重》，国家高级检察官论坛，2009年。

的目的性，且通过商请检察机关提前介入，往往在很大程度上能够让检察机关分担公安机关的办案压力。检察机关提前介入案件侦查过于频繁，将会导致在案件中检察机关法律监督角色的失位，造成检察机关检察权与侦查权的混同。

（三）检察机关提前介入方式的不确定

检察机关应该采取什么样的方式提前介入公安机关的案件侦查活动，在司法实践中存有争议。从检察机关提前介入公安机关案件侦查的主动性来看，有检察机关主动要求介入侦查以及公安机关商请检察机关介入侦查两种方式。从检察机关提前介入案件侦查后的具体操作方式看，有的检察机关选择以提前审查案卷材料、参与阅卷及案件讨论方式介入；有的则以规范或强化侦查过程中的证据收集和完善证据提出书面引导意见或建议。[①] 检察机关应采取何种方式提前介入，目前没有统一标准，故司法实践对于提前介入的方式存在理解上的困惑和操作上的混乱。此外，对于检察机关提前介入尺度的把握也存在争议。实践中，检察机关在提前介入中如何把握尺度也是困扰执法者的问题。所谓的“引导不领导、引导不越位、监督要到位”[②] 也仅仅是在大方向上对检察机关提前介入案件侦查的原则性指导，对于检察机关提前介入案件侦查的具体操作规则目前仍然欠缺。根据法律规定，公安机关是刑事案件侦查的主角，检察机关是监督机关，检察机关在提前介入案件侦查中系参与者而非主导者，故在实践中，检察机关应该扮演好参与者的角色而非越俎代庖。然而，如果检察机关在提前介入案件侦查中，过于谨慎小心，则无法发挥检察机关在提前介入案件中的作用，导致提前介入机制流于形式。综上所述，作为一名普通的检察人员，在没有具体操作规则指导下，在司法实践中要把握好提前介入的尺度存在很大困难。

三、完善检察机关提前介入机制的建议

（一）明确检察机关提前介入重大案件的范围

由于我国目前的相关法律法规并未明确检察机关提前介入的案件侦查的范围，导致在司法实践中，检察机关提前介入案件侦查存在很大选择空间，带有一定程度的主观性和随意性。然而，如何明确检察机关提前介入案件侦查的范围是困扰立法者的一个问题。提前介入范围的确定必须符合司法实践的需要，如果范围过于宽泛，则可能导致检察机关提前介入案件侦查的泛滥，如果范围过于狭窄，则将会使提前介入制度无法发挥作用。笔者认为，检察机关提前介入重大案件的范围应该界定于以下几类：

1. 犯罪嫌疑人可能被判处死刑的案件

若刑事案件中，犯罪嫌疑人所涉嫌犯罪行为可能被判处死刑，则检察机关必须提前介入案件侦查。众所周知，死刑剥夺犯人的生命权，是我国刑法规定的最为严厉的刑罚。我国《刑法》《刑事诉讼法》对死刑案件有着比起其他案件更为严格详细的规定，死刑案件需要所有执法者都谨慎对待。死刑案件如若造成冤假错案，将会造成极其严重的后果。我国近几年来不断浮现的冤假错案，归根到底在是侦查机关未按法规定办案，而检察机关

① 天津北辰区人民检察院课题组：《检察机关“提前介入”问题研究》，载《河北法学》2009年第3期。

② 熊正：《提前介入侦查需把握好时机及程序》，载《检察日报》，2007年6月28日。

也未尽法律监督义务造成的。因此，若犯罪嫌疑人可能被判处死刑，则检察机关必须提前介入案件侦查，引导公安机关侦查取证，对公安机关侦查取证行为进行严格监督，充分发挥检察机关的侦查监督职能，从而保护犯罪嫌疑人的基本人权。对于犯罪嫌疑人涉及的罪名可能被判处死刑的案件，检察院必须派人介入公安机关的侦查。

2. 疑难、复杂案件

所谓疑难、复杂的案件，笔者认为应当以下列几个标准来进行界定。首先是涉案人数众多的案件，即案件的犯罪嫌疑人或者是受害人人数众多的案件；其次涉案金额较大的案件；再次是造成严重的社会影响的案件，例如造成重大舆情的案件、危及公共安全造成社会恐慌的恐怖攻击等案件。此类疑难、复杂之重大案件，涉及人数众多，社会影响大，涉案金额高，导致案件的侦查取证困难，公安机关在侦查过程中工作量巨大，可能还需要承受极大的社会舆论压力，在案件侦办的过程中很容易出现取证瑕疵和违法情形。因此，检察机关提前介入上述疑难、复杂之重大案件，引导公安机关侦查取证，有利于公安机关案件的侦破以及侦查行为的规范。

3. 犯罪嫌疑人或者其律师对公安机关侦查行为违法向检察机关进行检举时，检察机关应当提前介入侦查

为了更好地维护犯罪嫌疑人的基本权利以及保障司法的公正性，发挥检察机关的侦查监督功能。若犯罪嫌疑人及其律师向检察机关检举公安机关存在侦查违法行为时，检察机关应当及时提前介入，审查公安机关的侦查行为是否违法，对公安机关所收集的证据进行审查，若发现确实有违法取证的行为，则检察机关必须对非法证据进行排除，并对公安机关违法取证的行为进行纠正，建议侦查人员所在单位追究办案人员的相关责任，从而及时维护保障犯罪嫌疑人或相关当事人之合法权益。

（二）完善检察机关提前介入重大案件的程序

1. 建立检察机关提前介入前置程序

检察机关认为有必要时可以主动介入案件侦查，也可以在公安机关的邀请下提前介入。然而并非所有的案件都需要检察机关提前介入。因此，应当确立提前介入重大案件的标准，建立检察机关提前介入的前置程序，统一对公安机关商请提前介入的所谓“重大”案件进行审查，检察机关对不符合提前介入案件标准的案件不予受理，防止提前介入的滥用。

2. 在提前介入制度中引入回避制度

检察机关提前介入案件，对公安机关侦查取证行为进行引导，公安机关对于案件相关证据的收集工作、案件的侦办方向均在检察人员的引导之下完成和确定，参与提前介入的检察人员已经事先了解案情，难免会对案件产生先入为主的看法。公安机关将案件报请批准逮捕或者移送审查起诉时，如若检察机关的承办人系与提前介入同一检察人员，其提前介入的工作将会影响其对于案件的判断，使其无法站在客观的角度审查案件，导致案件可能存在的违法侦查、关键证据缺失等问题被忽略。我国《刑事诉讼法》规定了回避制度，就是为了解决“任何人都不能当自己案件的法官”的问题。在提前介入中存在的类似问题，笔者认为，可以在提前介入中引入回避制度，规定参与提前介入案件侦查的检察人员，在日后案件报请批准逮捕以及移送审查起诉时进行回避，不得参与审查批准逮捕以及审查起诉该案件的工作，以确保案件办理的公正性、客观性。

3. 制定的规范工作流程

检察机关提前介入公安机关案件侦查时，应该针对提前介入的案件制作介入文书，将案件的案情、介入案件的具体行为、将提前介入中发现的公安机关的违法行为等情况详实地记录，并及时归档。检察机关的案件管理部门、控告申诉部门以及派驻纪检监察等职能部门要畅通控告、举报、申诉的相关渠道，建立起提前介入信息相应反馈机制。若检察人员出现提前介入不及时、提起提前介入时泄漏侦查信息或者有妨碍侦查等行为，要严肃追究检察人员的相应责任。①

① 吴杨泽：《论检察机关的提前介入机制》，《重庆理工大学学报（社会科学版）》2017年第31卷第2期。

重塑、融合、建制：司法改革视野下法院诉讼服务体系与公共法律服务体系的承接

王玉静*

中国正处于社会转型时期，大量复杂的矛盾纠纷集中涌入法院，人民法院肩负着化解矛盾、维护稳定、促进和谐、保障经济社会又好又快发展的重要职责。① 为缓解“立案难”推出的立案登记制在一定程度上保障了当事人的诉权，但也使立案庭必须进行功能重塑，也对法院推进现代化诉讼服务体系的建设提出新的要求。《最高人民法院关于深化人民法院司法体制综合配套改革的意见——人民法院第五个五年改革纲要（2019—2023）》提出总体目标：把满足人民群众不断增长的司法需求作为人民法院工作基本导向，加强诉讼服务体系建设，深化多元化纠纷解决机制改革，推动把非诉讼纠纷解决机制挺在前面，完善司法救助和涉诉信访制度，努力实现司法更加亲民、诉讼更加便民、改革更加惠民，构建以人民为中心的诉讼服务制度体系。② 以人民为中心的诉讼服务制度体系的建立，只有与同时在建的公共法律服务体系相融合，建立互相支撑、互为补充的机制，才能满足人民群众日益增长的多元司法需求，让人民群众有更多的获得感、安全感、幸福感。

一、重塑：立案登记背景下立案庭的职能定位与功能整合

十八届四中全会出台的《关于全面推进依法治国若干重大问题的决定》中要求：“改革法院案件受理制度，变立案审查制为立案登记制。对人民法院依法应该受理的案件，做到有案必立、有诉必理，保障当事人诉权。”为落实这一重要决策精神，2015年4月，中央全面深化改革领导小组审议通过《立案登记制改革意见》，随后最高人民法院也发布《登记立案若干问题的规定》，开始实行立案登记制。在此背景下，立案庭的功能亟需重构，有学者提出，立案庭的审查过滤功能及纠纷解决功能应当弱化，强化案件分流功能及诉讼服务功能应当强化。③ 为此，各地法院纷纷推进诉讼服务体系，整合诉讼服务功能。

（一）弱化审查过滤功能

《立案登记若干规定》第2条规定：“对符合法律规定的起诉、自诉，人民法院应当当场予以登记立案。”在这一背景下，立案庭在实行立案登记制度之前所具有的立案审查功

* 王玉静，福建省厦门市集美区人民法院。

① 李少平：《对人民法院诉讼服务机制的理性思考》. 载《人民司法》2009年第5期。

② 《最高人民法院关于印发〈最高人民法院关于深化人民法院司法体制综合配套改革的意见—人民法院第五个五年改革纲要（2019－2023）〉的通知》，https://www.chinacourt.org/law/detail/2019/02/id/149860.shtml，访问日期：2019-06-05。

③ 张嘉军：《立案登记背景下立案庭的定位及其未来走向》，载《中国法学》2018年第4期。

能被逐步放松，立案庭的审查过滤功能开始弱化。采用立案登记制，当事人起诉时，只要具备诉状格式符合法定要求、出示有效身份证件、交纳诉讼费用等登记要件，即可启动诉讼程序。也就是说，实行立案登记制，将起诉要件和诉讼要件进行区分，对符合起诉要件的案件先登记立案，案件进入庭审阶段再审查诉讼要件。①

（二）强化诉讼服务功能

现实中，在弱化立案审查的同时，立案庭着重为当事人提供诉前及讼后服务，多数法院建立了诉讼服务中心，将有关对当事人服务的职能进行整合，推动服务功能转型，由立案服务转向诉讼全程服务。最高人民法院于2014年发布《最高人民法院关于全面推进人民法院诉讼服务中心建设的指导意见》②明确诉讼服务中心的总体建设目标：通过建设诉讼服务大厅、诉讼服务网、12368诉讼服务热线，构建人民法院面向社会的多渠道、一站式、综合性诉讼服务中心，方便当事人受尊重地集中办理除庭审之外的其他诉讼事务，构建开放、动态、透明、便民的阳光司法机制，深化司法公开，扩大司法民主，努力实现司法为民公正司法，提升司法公信力。在该份文件指引下，各地区纷纷推出建立诉讼服务体系的新举措，如福建省高级人民法院发布《福建省高级人民法院关于深入开展精准服务便捷服务品质服务　全面推进全省法院现代化诉讼服务体系建设的意见》③，北京二中院打造新时代"系统化、标准化、智能化、社会化、精细化"便民诉讼服务新体系④，上海市一中院出台《深入推进"互联网+"诉讼服务建设的实施意见》以着力构建"三位一体"诉讼服务新体系⑤，等等。新的诉讼服务体系的建立都着重强化诉讼服务功能。其中，面向人民群众提供的主要功能包括：诉讼引导、法律宣传；登记立案、先行调解；受理申请、材料收转；查询咨询、联系法官；文书送达、判后答疑；信访接待、投诉建议⑥。可见，现行诉讼服务体系具有如下特征：

1. 以满足人民群众不断增长的司法需求为目标和主线

随着司法为民理念特别是科学发展观的提出，人民法院开始重新审视诉讼服务的功能和作用。从一定意义上来讲，法院作为一种公共服务机构，应当为广大公众提供优质、方便、快捷的诉讼服务⑦。作为人民法院审判执行工作第一环节的诉讼服务中心，影响着当事人对法院的第一印象，只有以保障人民群众权益为出发点和落脚点，才能更好地满

---

① 石春雷：《立案登记制改革：理论基础、运行困境与路径优化》，载《重庆大学学报（社会科学版）》，2018年第24卷第5期。

② 法发〔2014〕23号，http://www.court.gov.cn/fabu-xiangqing-13612.html，访问日期：2019-06-04。

③ 陈镇：《福建推进现代化诉讼服务体系建设》，https://www.chinacourt.org/index.php/article/detail/2018/08/id/3459168.shtml，访问日期：2019-06-04。

④ 刘吟秋：《北京二中院：总是给群众"最好的"》，https://www.chinacourt.org/article/detail/2019/03/id/3791639.shtml，访问日期：2019-06-05。

⑤ 石春雷：《立案登记制改革：理论基础、运行困境与路径优化》，载《重庆大学学报（社会科学版）》，2018年第24卷第5期。

⑥ 李少平：《对人民法院诉讼服务机制的理性思考》. 载《人民司法》2009年第5期。

⑦ 上海法院：《一中院出台〈深入推进"互联网+"诉讼服务建设的实施意见〉着力构建"三位一体"诉讼服务新体系》，http://shfy.chinacourt.gov.cn/article/detail/2015/12/id/1776178.shtml，2019-06-05。

足人民群众日益增长的多元司法需求。

2. 注重诉讼服务的延伸

现在诉讼服务中心所提供的诉讼服务并不仅仅局限于立案阶段，而是延伸至诉前、诉后，通过这种机制畅通人民群众走进法院的“最先一公里”，打通司法服务人民群众的“最后一公里”。其中，诉前提供的服务可能包括诉讼引导、诉讼辅导、诉讼风险提示评估、法律咨询、司法救助、案件分流、多元化解、各种便民服务等；诉后提供的服务可能包括诉讼费缴退、判后答疑、信访接待等；诉讼中亦可以为当事人提供案件查询、材料收转、联系法官、司法救助等各项服务。可见，诉讼服务功能已经从诉前贯穿至整个诉讼，延伸至诉后，诉讼服务中心的职能已经实现了由立案向立案与服务兼顾的转变。

3. 提供诉讼服务的形式不断多样

随着科学技术的不断发展进步，诉讼服务中心不断为当事人提供更多诉讼服务途径选择，积极为当事人提供网上诉讼服务，积极运用电话、手机移动终端为当事人提供诉讼服务，综合运用大数据深度应用为当事人提供诉讼风险分析、类案检索推送等各项服务。服务形式的提供不断跟随着科技的进步而创新，不断提升诉讼服务的便利化水平。

二、融合：诉讼服务体系与公共法律服务体系的整合

日趋完善的现代公共法律服务体系使法律咨询触手可及，但仍然存在一些制约民众获取法律服务的因素。司法作为最后一道防线，同时为了确保中立、公正的形象，往往要求法官做到公正无私、不偏不倚，这使得法官难以做到为双方当事人提供全方位的法律服务。只有诉讼服务体系与公共法律服务体系互为补充，互为支撑，才能最大限度满足人民群众日益增长的需求。

（一）现代化诉讼服务体系作为公共法律服务体系的补充

习近平总书记在中央全面依法治国委员会第一次全体会议上指出：要加快建设覆盖城乡、便捷高效、均等普惠的现代公共法律服务体系，统筹研究律师、公证、法律援助、司法鉴定、调解、仲裁等工作改革方案，让人民群众切实感受到法律服务更加便捷。司法部公共法律服务管理局负责人表示，从总体上看，由司法行政机关主导、社会各部门参与，以公共法律服务实体、热线、网络三大平台为载体，由律师事务所、公证处、法律援助中心、司法鉴定中心、仲裁委员会、人民调解委员会等法律服务机构组成、覆盖城乡的公共法律服务体系已经初步形成，为推进全面依法治国、维护社会公平争议、促进经济社会发展、保障人民安居乐业作出了积极贡献。[①] 但公共法律服务体系的构建和推进需要以司法公信力的提升为保障，诉讼服务体系能够为公共法律服务体系作出补充。

公共法律服务需要多部门联动推进，政府机关依法行政、司法行政机关统筹社会力量依法提供优质法律服务，通过公共法律服务使行政机关、民众乃至整个社会形成法治观念，预防和诊治潜在的违法行为，从而提升整个社会的法治水平。传统观念下民众有纠纷便通过诉讼的方式解决，在诉讼前及诉讼整个流程中提供良好的诉讼服务，能使诉讼服务体系作为公共法律服务的一种补充形式，更能够让群众切实感受到实实在在的获

① 张晓娜：《三大平台服务群众触手可及 我国初步形成覆盖城乡的公共法律服务体系》，载《民主与法制时报》，2019年2月21日第1版。

得感、幸福感、安全感。

（二）公共法律服务体系为现代化诉讼服务体系提供强有力的支撑

尽管现在将诉讼服务集中至诉讼服务中心或者立案庭，但仍然难以做到针对案件实际情况为当事人个人提供实体问题上的法律指导。许多问题可以通过公共法律服务体系实现，诸如：

1. 通过法律援助及律师服务，为当事人提供有针对性的法律服务

人民法院的法律援助更多体现在减缓免交诉讼费用上，但是难以为当事人提供实体法律问题的指导，难以保证法官公正、独立的形象。而现行法律援助中心已经聚集了一批法律援助律师，他们能够为当事人提供针对个体、个案的法律分析，提供更切合实际的诉讼风险提示，帮助当事人解决实际法律问题。诉讼过程中，若当事人缺乏法律知识储备，通过公共法律服务体系为其提供律师服务，可以使当事人的法律流程得以顺利进行，亦可使法院始终保持中立的地位，确保案件审判顺利进行。

2. 通过先行调解机制为当事人创设更优路径选择

2012 年修订的《民事诉讼法》规定了先行调解制度，“当事人起诉到人民法院的民事纠纷，适宜调解的，先行调解，但当事人拒绝调解的除外”。2016 年最高人民法院颁布的《关于人民法院进一步深化多元化纠纷解决机制改革的意见》中指出：“有条件的基层人民法院对家事纠纷、相邻纠纷、小额债务、消费者权益保护、交通事故、医疗纠纷、物业管理等适宜调解的纠纷，在征求当事人意愿的基础上引导当事人在登记立案前由特邀调解组织或者特邀调解员先行调解。”先行调解机制的建立恰恰是充分运用公共法律服务体系的相关资源进行的。对于法律关系简单、适宜调解的案件，通过先行调解机制进行调解，可充分利用其他部门的职能与优势，不仅可以促使当事人更快更好地解决纠纷，也能够节约司法资源，更好地保障当事人的合法权益。

3. 通过公共法律服务体系构建推进法治进程

法院的诉讼服务体系在提供对象上有一定的局限性，只能面向来访法院的当事人群体，对全民的法治理念的培育有一定的局限性。而公共法律服务体系的建立，可以在全社会传播法治理念，公开法律规范，培育崇法的精神，做到全员干预、全民参与、全社会参与，只有这样，社会治理才能更容易步入法治化治理的良性轨道。

三、建制：全面统筹诉讼服务体系与公共法律服务体系

立案登记制改革从保障当事人诉权的视角出发，将大量纠纷引入法院，而司法的有限性又决定了法院不可能解决所有纠纷。这样一来，诉权保障与司法有限性之间就不可避地会产生一定的冲突，冲击法院的正常审判活动。如果不妥善处理，不仅难以发挥法院化解矛盾、定分止争的功能，还会影响社会稳定，损害司法权威。[①] 在诉讼服务法律体系与公共法律服务体系相融合的基础上，建立一定的机制，为民众提供普适性的公共法律服务，尽可能地化解矛盾纠纷，才能更好地发挥诉讼服务与公共法律服务的功效。

① 石春雷：《立案登记制改革：理论基础、运行困境与路径优化》，载《重庆大学学报》（社会科学版），2018年第24卷第5期。

（一）推广设立法律援助中心驻点法院工作室

公共法律服务体系建立伊始，比较注重的是对弱势群体的援助，自1996年司法部成立法律援助中心后，地方各级司法行政机关都开始自行设立法援中心，逐步形成了中央、省、市、县四级的分布格局。囿于法院自身提供实体法律服务的局限性，由法律援助中心在法院设立驻点工作室的方式，可以在很大程度上解决这一问题，可以确定法律援助中心驻点工作室为当事人提供如下工作职责：

（1）为当事人提供尽可能的法律指导，确保所有人打得起官司。法律援助中心所提供的律师服务可以是实体上的，也可以是程序上的，可以根据当事人个体的需要为其提供尽可能的法律服务。

（2）方便确有需要的当事人寻求法律援助。若当事人在诉讼过程中提出法律援助需求，可以令其到法律援助中心驻点工作室寻求法律援助，由法律援助律师通过相应程序审核其条件，并根据实际需要提供相应的法律援助服务。确保弱势群体亦可打得起官司，确保每一个群众都能在诉讼中感受到公平正义。

（二）建立先行调解制度

建立先行调解制度，既可以满足人民群众多元的解纷需求，也可以节省有限的司法资源，同时对于衔接诉讼服务体系与公共法律服务体系的功能意义重大。笔者认为，应当尽可能地规范先行调解机制的启动、先行调解制度所适用的案件范围以及该机制与诉讼的对接机制，如此才能最大程度地实现诉讼服务体系与公共法律服务体系的有效衔接。

1. 先行调解的启动

学界对于何时适宜作为先行调解的启动时间存在一定的争议。有学者认为“先行调解”是立案登记前以及立案登记后不久的调解[①]，但是也有学者认为，先行调解是立案登记前直至开庭审理前的调解[②]。但是笔者认为，本文中所指的司法实践中的先行调解制度应当发生在起诉后，立案前的阶段，即当事人已将诉状及证据材料递交至立案庭，但是尚未正式办理立案手续之时。此时，启动先行调解程序才最具意义。

2. 明确需经先行调解的案件范围

2016年最高人民法院颁布的《关于人民法院进一步深化多元化纠纷解决机制改革的意见》第27条所探索建立的调解前置程序的案件范围包括：家事纠纷、相邻关系、小额债务、消费者权益保护、交通事故、医疗纠纷、物业管理等适宜调解的纠纷。但是，其仍然是建立在“征求当事人意愿”的基础上。笔者认为，对于家事纠纷、相邻纠纷这两类具有很强人身关系与地缘关系的案件，应当先行调解[③]，先行调解不成后再进入诉讼程序。此种做法可借鉴的为日本家事审判中的调停前置程序，日本《家事审判法》第18条规定，对于本法前条规定可进行调停的案件，如果有人提起诉讼，必须事先向家庭法院申请调停。如未申请调停而提起前款案件的诉讼时，法院应当将案件交付家庭法院进行

---

① 中国法制出版社编：《中华人民共和国民事诉讼法》，2015年版，第71页。

② 全国人大常委会法制工作委员会民法室编：《中华人民共和国民事诉讼法条文说明、立法理由及相关规定》，北京大学出版社2012年版，第203页。

③ 赵蕾：《先行调解案件的类型化研究》，载《法律适用》2016年第10期。

调停。[①] 此外，对于经过当事人合意进入先行调解程序的，笔者认为均可充分利用公共法律服务体系中的各类调解组织，既能使当事人的纠纷得以解决，也能缓解司法资源的有限性。

3. 从事先行调解的主体不宜统一规定

先行调解制度系由法院立案庭根据案件的实际情况委托公共法律服务体系中的调解组织、个人等对案件进行调解的制度，各地基层法院开展诉调对接工作机制的程度不一，所委托的具体机构及组织也不甚明确。笔者认为，此时不宜统一强行确定能够履行先行调解职责的主体。司法实践中，可由各位法官在委托中审核履行该职责的调解主体的相关资质，同时最后的调解结果若需赋予其法律效力，则可由法官予以司法确认，或者出具相应调解书。

（三）联动推进公共法律服务体系的完善

诉讼服务体系的局限性在于其所针对的对象有限，未能走进法院的当事人难以了解现有的诉讼服务。但是诉讼服务的相关内容并不必然仅在法院内展示，事实上，诉讼服务的相关内容可以依托在公共法律服务体系中向更广维度的民众展示。比如，由法院对于调解组织、调解个人调解好的内容进行司法确认或出具调解书，可以赋予该份协议以法律效力；根据法院相关判决所研发的类案推送程序，可以在公共法律服务体系框架中向民众展示；法院发布的典型案例，对于调解组织、调解员对相关纠纷进行调解具有重要的指导意义；等等。但是，这些制度的落实，需要诉讼法律服务体系与公共法律服务体系之间联动推进。只有通过全方位的统筹、宽口径的融合、多部门的联动、深层次的改革、厚基础的培育和高科技的创新，才能保证公共法律服务工作的部署和基层治理经验有机融合，实现精准滴灌、精细耕耘、精深落实，使基层社会治理迸发出无尽的活力，让法律的精神与温情如汩汩清泉流淌在老百姓的心田。[②]

结语

诉讼法律服务体系与公共法律服务体系殊途同归，均是为了满足人民群众日益增长的司法需求。只有建立相应的机制，使两者各司其职，互相融合推进，才能真正使老百姓在具体的案件处理中感受到公平正义，让人民群众的获得感、幸福感、安全感来得更实在。

---

① 贡凤:《立案登记制下对先行调解适用范围的思考》，载《绥化学院学报》,2017年9月第37卷第9期。

② 杨凯:《公共法律服务：化解基层矛盾的一剂良方》，载《检查日报》,2019年2月23日，第003版。

房地产领域重大风险的司法化解与防控机制研究

——以 2018 年厦门中院民五庭受理案件为研究样本

林加仁 *

一、引言

近几年，厦门房地产业发展迅速，城镇面貌变化日新月异，房地产征迁、商品房买卖领域矛盾纠纷也时有发生，特别是近几年因征地拆迁、延迟交房、房屋租赁问题等引发的矛盾纠纷和群体性事件不断出现，损害了人民大众的切身利益，也在一定程度上阻碍了经济发展，影响社会的稳定与和谐。

二、矛盾纠纷特点及原因分析

（一）商品房预售 / 销售合同纠纷的风险特点分析

2018 年厦门中院民五庭共新收商品房预售合同纠纷 355 件，商品房销售合同纠纷 209 件，两类纠纷占新收案件数的 35.0%，逾三成。该两类纠纷一直是该庭近三年收结案数量之首，呈现如下特点：（1）涉案事实举证难。该类案件大多存在逾期交房或逾期收房问题，开发商可以提交交房通知等证据用于证明已尽到通知交房义务，但购房者主张开发商拒绝交房时却存在举证困难，购房者很难证明自己多次向开放商主张交房但被拒绝的事实，即便有通话录音作为证据，也容易因开发商否认接电话的工作人员身份或否认通话录音真实性导致法院采信困难。还有一些事实涉及行政部门对法规、政策等的解读或具体管理规定等，如开发商主张商用写字楼不能安装燃气管道，这涉及规划局、建设局、燃气公司等单位的具体管理行为，当事人较难举证证明，而这些事实又不宜直接用当事人举证不能来认定，增加了法院的调查成本。（2）交付条件认定难。目前商品房销售中使用的《商品房买卖合同》系统一格式的范本合同，其中第 8 条规定了相同的三个交付条件：施工、监理、消防等“五方”验收合格；给排水、用电、管道燃气等设施达到设计要求条件；小区内部道路、绿化等公共配套建筑、基础设施按规划设计要求建设完成。实践中，当购房者与开发商对于商品房是否符合交付条件存在争议时，认定的困难在于：主体工程经过“五方”验收后，室内精装修部分是否需要重新进行“五方”验收；是否“达到设计要求条件”和“按规划设计要求建设完成”的标准如何确定等。对于上述问题，目前各级法院、不同法官仍存在认定标准上的不统一。（3）业主“抱团”调处难。商品房销售合同在履行过程中发生的纠纷通常会涉及一大批购房者的利益，购房者往往会自发组成业主维权联盟向开发商主张权利，所以此类案件常以系列案的形式出现。对

* 林加仁，厦门市中级人民法院。

于诉讼而言，个案的审理结果可能影响到其他购房者的行为选择，产生群体效应，引起广泛的社会影响。在案件审理过程中，购房者往往对裁判结果有较高的心理预期，在调解过程中也会提出较高的诉求，并要求开发商给涉案业主相同的调解方案，而开发商基于利益的考量，希望逐个私下调解，对批量调解不愿配合，增加了法院调解工作的难度。（4）情绪对立沟通难。房产对普通老百姓而言是重要的不动产，商品房买卖出现纠纷，购房者通常情绪较为激动，与开发商的矛盾容易激化。因开发商在商品房销售合同纠纷中属于强势的一方，许多购房者甚至担心法院会袒护开发商而对法院的公信力产生怀疑，增加了当事人双方与法院间的交流成本，影响了案件审结的效率。

该类案件多发的主要原因为：一是经济下行期间，实体经济不景气，缺少投资渠道，大部分人投资房地产，引发房地产买卖热潮，纠纷也相应增加；二是开发商对商品房开发时间预估不足，管理上也不完善，导致无法按时交房；三是一些地方特别是岛外的市政配套设施不完善，燃气管道、道路交通、污水处理等设施不健全，导致开发商无法按销售合同规定的条件交房。

（二）房屋租赁合同纠纷的风险特点分析

2018年厦门中院民五庭共受理房屋租赁合同纠纷217件，占新收案件数的13.5%。该类纠纷一直是该庭审理工作的难点，案件呈现如下问题：（1）多数案件为涉营业性房屋租赁合同纠纷。涉案标的多为市区繁华商业地段、商业经营区旺铺。诉求多为出租人要求承租人或次承租人在房屋期满后腾空交回房屋。（2）出现承租人宁愿承担违约责任的现象。因房租急剧上升，按现有市场房租租房比承租人承担违约责任成本低，故承租人败诉仍选择上诉拖延时间，延长占房时间。（3）多次转租现象突出。承租方擅自将房屋转租给第三人，甚至经数次转租，转租期限超过承租人剩余租赁期限。（4）房屋租赁中介公司违规中介。中介公司不如实向客户告知抵押信息，违规代理出租房屋，违规参与出租“群租”房等。（5）群体性特征明显。承租人相互观望，心存侥幸，不愿主动达成协议或自动履行义务。通过设置微信、QQ群等相互联络，抗拒判决，动辄以群体上访相要挟。

该类案件多发的原因有：（1）延付或拒付租金租金是营业性房屋租赁合同纠纷的主要原因。承租人由于受经营理念、经营环境等多方面因素影响，导致经营不善而被迫歇业、停业，或因房屋存在权利瑕疵，影响承租人使用经营，承租人拒绝按照合同约定缴纳租金，成为引发此类纠纷的主要原因。（2）擅自转租引发赔偿纠纷。受利益驱动，承租人未经出租人同意擅自转租，有的甚至多次转租，造成租赁物的损坏。（3）不正当使用房屋引发纠纷时有发生。未经出租人同意，承租人擅自对房屋进行装修，破坏房屋结构，影响房屋使用寿命，侵犯出租人利益，引发纠纷。（4）因未形成商家承诺的商品规模效应引发新类型租赁合同纠纷。商家在招商时作出公开承诺，但在实际运作中由于招商不成功或其他因素影响，规模效应无法形成，影响已入场经营的租户，引发纠纷。

（三）房屋买卖合同纠纷的风险特点分析

2018年厦门中院民五庭共新收房屋买卖合同纠纷244件，该类纠纷占新收案件数的15.1%。案件呈现如下特点：（1）案件受房屋交易市场影响较大。受地理位置影响，岛内房屋交易市场较为活跃，房屋价值高，增值较大，牵涉的利益也较大，案件数量占比较高。如 2016—2017 年两年，涉厦门岛内房屋案件占 72.4%，其中思明区房屋案件占比达 57.6%，而岛外案件占比不到三成。（2）受理案件中卖方违约情形居多。2016—2018 年受理的此类案件中，逾 70% 的案件为出卖人拒绝履行买卖合同引发纠纷。根源在于房价上涨过快，在房屋产权变更登记前，房价上涨的幅度已经高于合同约定的定金、违约金标准，出卖人考虑到违约成本较低而拒不配合办理房产过户或将房屋另卖他人。（3）买卖合同中各种法律关系叠加。房屋买卖合同中隐含的民间借贷、担保、债务抵偿，甚至不当财产的隐匿、银行套贷等各种法律关系均在案件的审理中体现，导致案件审理难度不断加大。房产中介从业人员持证比例仅约 37%，部分中介市场的不规范也容易引发矛盾。（4）案件调撤率低上诉率高。因房价上涨幅度高，涉及的经济利益大，调解难度也随之提升。2016—2018 年来，该类纠纷调解撤诉方式结案率仅占 21.2%。审理中，因房价大幅上涨，绝大多数出卖人主张房屋买卖合同无效并愿意退还定金及购房款，买受人则大多要求继续履行合同，双方分歧较大，难以调解。在一审宣判后，有 48.4% 的案件当事人选择上诉。

该类案件多发的主要原因为：一是各种限购政策新政陆续出台，不符合在厦门购房条件的当事人基于多种原因签订购房合同，在合同不能履行后引发纠纷；二是中介机构急于促成交易取得报酬，对出卖方的签约人是否取得产权人授权、房屋上有无他项权利、房龄等未严格审查，就盲目地对当事人进行许诺，而买房人基于对中介的信任放松对房源的实际情况进行审查；三是当事人对合同约定、法定解除条件的认识不一，对是否达到合同解除条件、违约金标准等问题争议很大。

（四）侵害集体经济组织成员权益纠纷的风险特点分析

2018 年厦门中院民五庭共新收侵害集体经济组织成员权益纠纷 29 件，该类纠纷多涉及农村民众日常生活，案件呈现如下问题：（1）数量多，反映出随着农村经济建设发展，征地拆迁日益增多及村民法治意识增强，地方宗族、外来人口、外嫁女等各方利益冲突加剧；（2）案件调撤率低，但服判息诉率高，反映出当事人对法院判决的接受度较高；（3）收案数量逐年下降，反映出司法审判的示范效应逐渐彰显，当事人能够参照既往判例有效化解纠纷；（4）新类型案件不断出现，出现首例变性人因户籍登记性别的变更遭受区别对待的案例。

三、风险的司法化解与防控对策

（一）充分发挥司法职能作用，主动作为，全面推进，努力打造房地产审判新高地

社会主义市场经济本质上是法治经济。市场和法治是现代文明的两大基石。要立足审判职能，运用法治思维和法治方式，坚持法治先行，强调立法、执法、司法和守法四位一体，注重保障市场主体的合法权益，实现规则公平、机会公平、权利公平。要坚定信心和决心，发扬攻坚克难、敢于担当的精神，主动作为、积极作为，努力打造房地产审判新高地。

要着力加强产权司法保护，夯实市场发展的制度基础。有效的产权保护是良好营商环境的最重要制度基础。要认真贯彻《中共中央、国务院关于完善产权保护制度依法保护产权的意见》和《最高人民法院关于充分发挥审判职能作用切实加强产权保护的意见》，

按照依法、平等、全面的原则，公正办理各类产权保护案件，全面强化产权保护，激发和保护企业家精神，增强人民群众的财产财富安全感。

要坚持房地产审判四原则。一是坚持保障民生利益和促进经济发展相并重。人民法院审理房地产案件要始终坚持平等保护的原则，既要充分关注人民群众的合法权益，也要切实维护房地产企业的合法权益，努力寻找双方利益的共同点和平衡点，维护经济平稳较快发展的大局。要正确区分正常的商业风险与客观情势发生难以预料变化所带来的不同法律后果，合理分配各方利益。二是坚持促进市场交易与规范市场行为相兼顾。人民法院审理房地产案件要严格依照《民法总则》《合同法》的规定确认合同的效力，坚持不轻易否定合同效力的原则。要依法把握无效合同和合同解除的认定标准，正确区分违反房地产法律、行政法规中强制性法律规定的不同法律后果。同时，强化司法裁判的规范职能，通过依法打击妨碍房地产市场平稳健康发展的各种违法行为，抑制妨碍房地产调控政策效能的消极因素。三是坚持执行法律与贯彻政策相统一。人民法院审理房地产案件既要严格执行法律、行政法规、地方性法规和司法解释，也要准确把握中央和我省、市房地产调控政策的出台背景和具体规定，将政策精神与法律规定融会贯通，把政策要求依法贯彻落实到房地产纠纷案件的审判工作中。四是坚持诚实信用原则。人民法院审理房地产案件要强化当事人的诚信守约意识，在法律规定与合同约定的范围内看待及分配市场风险。通过稳定的合同关系提高市场行为的可预见性和合同利益的确定性、可信赖性，避免使司法裁判成为当事人违反诚信避险趋利的途径和手段。

（二）加强房地产审判制度建设，统一裁判尺度，规范法律适用

所谓司法，意即适用法律。人民法院依法行使审判职能，就是正确适用法律来审理具体案件。长期以来，备受关注的一个热点就是“同案不同判”的问题。“同案”，也就是纠纷性质相同、基本案情相似、法律责任相当的案件；“不同判”，说明法院在适用法律上存在不统一的情况。若任由“同案不同判”问题的长期存在，其危害后果不言而喻。房地产案件因其涉案标的大、牵涉范围广，适用法律的统一性尤为重要。

目前，在房地产案件审理质量方面，存在的诸如举证责任分配不当，案件事实不清，适用法律错误等等疏失，除了与部分审判工作人员作风不严谨、业务素质不高有关外，还与办案规范化程度不高，没有掌握缜密科学的思维方法，审理工作较为粗疏有着很大关系。

民事案件的审理须以具体的民事权利为核心，以民事权利的法律基础为基点，确定权利的构成要件，从法定构成要件出发，确定当事人举证责任，正确适用法律，依法作出裁判。在适用法律方面，要对法律解释和漏洞补充遵循的规则进行说明，适用普通程序审理案件的裁判文书，应当将质证、认证的过程和理由，查明的事实符合特定权利构成要件的情况，适用法律规定以及法律解释、漏洞补充、价值补充的过程和理由予以公开，使其他人能够对作出裁判的整个过程有一个清晰的了解，这也在客观上促使民事法官提高自己裁判说理的能力。同时对当事人诉讼请求的固定、举证责任的分配以及法院必要的释明等诉讼环节一一加以规范和统一，以清晰地界定各诉讼参与方的权利义务，以促进诉讼的顺利进行。

（三）创新司法便民利民举措，努力满足市场主体的多元化司法需求

创新司法便民利民举措，提升市场主体的诉讼便利化，是法院司法为民的重要方面。要深入推进分调裁等机制在司法实践中的深度应用，以提升司法服务保障营商环境的层级水平。要不断拓展司法公开的广度和深度，着力构建完善开放、动态、透明、便民的阳光司法机制，让正义“看得见、摸得着、可衡量”。要坚持“把困难留给自己、把方便留给群众”“让数据多跑路、让群众少跑路”的理念，以建设“数据法院”“智慧法院”为载体，进一步深化诉讼服务改革，打造完善的司法智能服务系统，实现“全天候、全方位、零距离、无障碍”的目标，满足市场主体的多元诉讼需求。

（四）延伸司法职能，推动社会法治环境的整体改善

全市法院要立足司法职能，加强审判白皮书、司法建设等工作，积极建言献策，助力提升政府运用法治思维和法治方式治理经济的水平。要推动社会信用诚信体系建设，完善守信联合激励和失信联合惩戒制度，推进企业家自觉诚信守法、依法依规生产经营。要充分发挥司法裁判对社会规则的规范和引导作用，通过司法裁判、法制宣传，传播法治正能量，营造遵法学法守法用法的社会环境，增强市场主体法治意识，切实提高市场主体的风险防范能力。

（五）坚定不移推进高素质法院队伍建设，为司法服务保障营商环境提供支撑

要始终把政治建设摆在首位，牢固树立“四个意识”，增强“四个自信”，始终在思想上政治上行动上同以习近平同志为核心的党中央保持高度一致。要坚持以人民为中心的发展思想，认真抓好作风建设，深入践行党的群众路线，增进同人民群众的感情，增强群众工作能力，不断满足人民群众日益增长的多元司法需求。要加快高素质法院队伍建设，按照习近平总书记提出的增强“八个本领”的要求，完善高素质审判人才的发现、培养和使用机制，大力推进法院队伍正规化、专业化、职业化建设，提升队伍的整体素质。要坚持全面从严治党、从严治院，持之以恒抓好司法廉洁建设，严格执行中央“八项规定”和各项纪律规定，对违法违纪行为“零容忍”，努力打造一支忠诚、干净、有担当的法院队伍。

地方法律援助服务的质量改进研究

曾艺欢 *

一、法律援助服务质量的影响因素

服务质量是法律援助服务质量的核心，直接反映了法律援助工作成效，关系到受援人是否获得平等的法律保护，更维系着国家的司法公正和社会的和谐稳定。我国法律援助服务虽然起步较晚，但发展速度“势如破竹”。由此，法律援助案件质量问题日渐受到各方关注。然而，法律援助工作在实际操作过程中暴露出许多问题，如资金投入不足、机构和职能定位不明确、案件质量评估体系不健全：受援人满意度也亟待提高，直接影响了办案质量的提升。近年来，厦门市法律援助中心更加注重提升法律援助服务质量，不断探索法律援助办案质量改进的有效途径。但是，实践中，提升服务质量的探索仍在“摸着石头过河”，其中某些影响因素制约着法律援助服务质量的提升。

（一）有形性因素：人才配备参差不齐

据统计，各地法律援助机构中，具有法学教育背景或者具有法律职业资格证的人才配备差异较大。以厦门市为例，厦门市中心共有 18 名工作人员，其中具有法学教育背景的有 12 人，拥有法律职业资格证的 10 人；6 个区中心工作人员 8~10 名不等，其中基本上都只有 2~3 名拥有法律职业资格证，个别区甚至为 0 人。由于法律援助服务主要包括法律咨询、文书代写、受理指派、案件办理等方面，服务的提供者需要具备法学背景和执业经验。因此，应吸纳和培养法律专业人才，提供改进法律援助服务质量的人才保障。

（二）可靠性因素：机构和职能定位不明确

全国法律援助机构由司法部部级、省级、市（地）级和县（区）级共四级组织结构组成。法律援助机构分为法律援助服务的管理机构和法律援助服务的提供机构。2019 年 3 月底，根据国家机构改革的统一部署，法律援助服务的管理和监督职能划归司法行政部门内设的公共法律服务管理局（处）；各级法律援助中心专注于组织律师提供法律援助服务。从制度的层面上，看似明确界定了机构工作职能，但由于目前还缺少业务精湛的监管队伍、明确具体的服务规范和科学可行的质量评估体系，法律援助服务全面推行实施的难度较大，难以做到全国统一。

（三）价值性因素：供需矛盾突出

随着法治建设的发展和国民法律意识的提升，我国司法诉讼总量和法律援助需求不

* 曾艺欢，厦门市法律援助中心。

断增加。在存量方面，我国法律援助需求存量巨大且增长迅速，近十年来，全国办理的法律援助案件由 16 万件增长至 124 万余件，年均增长率为 20.1%。在增量方面，2015 年出台的《关于完善法律援助制度的意见》明确未来发展的主要目标是“不断扩大法律援助范围”，可预见法律援助的潜在需求将会进一步集中释放。另外，人民群众对法律援助服务的质量要求也逐年提高。实际上，由于财政经费投入有限，服务提供主体单一，现有的法律援助服务无法满足人民群众日益增长的法律援助数量和质量的需求。我国法律援助的供需矛盾始终存在，短期内更加突出，最终容易导致案件质量良莠不齐。

（四）响应性因素：社会监督缺失、社会满意度不高

社会监督不到位是影响法律援助服务质量改进的重要因素。一方面，受援人往往会基于感恩心理而不敢监督援助律师的办案情况，甚至意识不到获得法律援助服务是其作为公民的基本权利；另一方面，社会公众普遍基于“一分钱一分货”的观念，对法律援助案件办理质量并不抱有太大希望，因此也缺乏监督的内在动力。根据国家统计局 2012 年的一项调查表明，城乡居民不满意，不愿意选择法律援助的比例仍然占到 6.6%，而农村居民的这一比例更是高达 15.3%。另外，2009 年华东政法大学大学生社会法律援助中心以南京市法律援助情况作为课题进行调研，在随机调查中，当受访者被问及“符合条件是否会申请法律援助”时，只有 35.1% 的受访者表示会申请法律援助，自己想办法解决的有 17.0%，表示“借钱也要找最好的律师”的有 17.6%，向媒体求助的有 15.4%，甚至有 14.9% 的受访者表示会自认倒霉，什么也不做。可见，受援人对法律援助服务质量的满意度并不高，社会公众也不大认可法律援助服务质量，甚至有所排斥，这不得不令人深思。

二、提升法律援助服务质量面临的困难和问题

（一）历史条件欠缺：人力缺乏、流失和失衡

一是社会专职律师办案意愿不强。社会专职律师数量不足，出现供求失衡的局面。法律援助服务律师的综合素质参差不齐，也缺乏主动参与法律援助工作的积极性。律师执业的市场化和逐利性决定了他们以办理有偿服务的案件为重点，这与法律援助的公益性产生了根本的矛盾。

二是法律援助律师流失的现象时有发生，主要原因在于个人发展空间有限、工资福利待遇不高。随着经济的发展和由于社会价值的多元化，地方法律援助机构中的法律援助律师辞职现象并不鲜见。值得一提的是，2019 年 6 月起施行的《公务员职务与职级并行规定》（参照公务员法管理的人员参照适用）首推的职务与职级并行制度，将工资福利待遇与工作年限挂钩，有力缓解了发展空间受限的状况。

（二）社会认知偏差：机构运行存在行政化思维

现实中，政府和社会对法律援助服务关乎的重点更多的在于提供与否、覆盖面多大、建立的工作站有多少以及“硬件”设施配备是否齐全，而对于“软件”——办案质量的高低相对关注较少。这种情况在一定程度上导致法律援助案件审查“重形式轻实质”，对服务质量的监督措施主要集中在事后监管，即对案件档案的审查，只要案件承办律师能完

整提供案件卷宗等材料，法律援助机构就可以将案件归档，并根据《办案补贴管理办法》发放相应的办案补贴。

（三）顶层设计缺失：法律援助工作尚未立法

现有的《法律援助条例》偏向原则性和概括性，许多现实问题无法解决，亟须制定《法律援助法》予以规制。作为一项司法制度，由于立法缺失，法律援助工作尚停留在依靠行政法规约束阶段，加之各地条例办法内容不尽相同，根本无力对提供法律援助服务的人员进行充分、有效的监督。

三、地方法律援助服务质量改进的对策建议

新时代背景下，面对法律援助服务中出现的新情况和新挑战，法律援助机构应及时加以改革和优化。笔者从服务设施、制度体系、价值理念和社会评价等四个方面论述，提出关于法律援助服务质量改进的思考。

（一）进一步优化服务设施

高质量的法律援助服务以现代化的基础设施和高素质的服务提供者为前提，为法律援助服务质量的改进提供组织支持和人才保障。

1. 明确机构和职能定位

第一，落实法律援助的国家主体责任。从法律法规的角度明确提供法律援助服务的责任主体为国家而非政府。在国家治理现代化背景之下，需要依靠国家的力量调动司法系统、编办、财政局、工青妇等单位和团体及公益基金会等联合作用。第二，建议将各级法律援助中心的职能界定为制定政策及监管援助行为，而不再亲自执行援助服务，以避免“既当运动员又当裁判员”的不公正、不合理的尴尬局面，从根本上加大对服务质量的监督力度。

2. 加强法律援助队伍建设，建立法律援助律师录用制度

加强法律援助律师资源库建设，探索法律援助队伍专业化和职业化发展模式。具体来说，一是组建律师志愿者资源库。建立刑事、民事和行政等专业服务团队，对重大、疑难、复杂案件进行集体讨论、全程跟踪、重点督办，确保办案水平和质量。二是建立法律援助律师录用制度。通过法律援助立法，确立法律援助律师录用制度。法律援助律师配备行政编制，履行案件质量监督和管理职能，国家保障其个人发展空间和工资福利待遇，实现法律援助律师队伍稳定化、专业化、职业化发展。

（二）进一步健全制度体系

健全的法律和制度体系为法律援助服务质量改进提供规范性指引，“以程序公正确保实体公正”，确保法律援助服务在正确的轨道上运行。

1. 加快法律援助立法进程

立法部门和司法部门应当统一认识，适当借鉴世界各国的先进经验，深刻总结历年工作实践，完善法律援助制度。一是细化法律援助对象的标准和范围，确保“应援优援”。明确规定法律援助的机构设置、服务标准、质量管理等，确保机构层次清晰，体系完备，

职能法定，运行有序。重点明确监督的主体、对象、内容和方式。二是完善法律援助监管机制，定期向社会公布、接受监督，实现援务公开化和透明化。三是健全法律援助服务质量监控机制，从法律的高度保障法律援助的服务质量和有效性。

2. 完善服务律师管理制度

“法律援助律师”与“(社会)专职律师”是办理法律援助案件的主要力量，规范管理法律援助服务律师成为必然。一是引入专职律师办案的“合同制”准入机制。笔者认为，应“以组织的力量来约束个人行为”，即只有通过法律援助机构质量考核的律师事务所，并与之签订“政府购买服务”合同的律师事务所，才有资格提供法律援助服务。二是建立办案律师激励机制和惩戒机制，包括健全奖励制度、落实惩罚制度等措施。

3. 细化法律援助工作规范

首先，优化案件指派规则，探索建立办案难度评估制度。在实践中，可适当借鉴“庭长分案制”，根据案件类别、律师专长和办案难度分类分级各类案件，拟订候选律师名单，再根据律师个人时间安排，最终确定案件指派结果。其次，建立更加科学的案件补贴制度。实行办案补贴差额给付制，根据办案内容和律师资质来付费。其中，办案必要支出和劳务报酬分开支付，必要支出(如通信费、交通费等)采取实报实销制，劳务报酬根据案件难度和办案质量分级确定；另外，对业务精湛的优秀律师，适当提高补贴标准。最后，强化绩效评估的有效性。制定分类等级的评价标准，根据不同的案件类型和办案阶段来设置不同的服务评价标准；建立详细、可操作的评估程序，组织业务精湛的律师、法官、检察官等进行“同行评估”等。

(三)进一步强化价值理念

为实现“应援尽援、应援优援”的目标，缓解供需不平衡的现象，法律援助的发展理念和服务模式亟待改革和优化。

1. 加强相关部门的重视程度和配合力度

法律援助案件的办理需要公安机关、法院、检察院和仲裁院等相关部门的配合，法律援助事业的健康发展离不开财政局、编办等部门的支持。各级党委政府应健全法律援助相关部门的工作配合机制(如：联席会议制度、信息通报制度、协调议事制度)、着重完善法律援助和法院诉讼费用减免政策的衔接机制，以制度化的形式为法律援助办案提供应有的工作便利。宣传部门和社会媒体应加大宣传力度，提高法律援助的社会影响力，为法律援助工作的顺利开展营造良好的社会氛围。通过各部门的工作对接和配合，法律援助工作能更加顺畅地无缝衔接，真正落实服务和保障民生。

2. 增强律师事务所在质量保障中的参与度

通过引入法律援助“政府购买服务”的竞争机制，实施律所的签约制合同管理，既能激励律师事务所主动监管专职律师的服务质量，以维护自身的社会评价和声誉，又能充分发挥律师事务所在服务质量监管中的专业性优势和重大、疑难案件中的集体讨论“智囊团”作用。律师事务所的办案质量监督也能在一定程度上弥补法律援助机构监督的漏洞。比如，律所可根据律师的擅长领域、时间安排等实际情况，合理指派案件，也能经常性督促律师即时、高质、高效办案，并将办理情况有效反馈至法律援助机构。

3. 共建多元化的法律援助服务提供主体模式

司法行政部门作为法律援助机构的主管部门，要努力构建“政府主导、社会力量广泛参与”的法律援助事业大格局。首先，明确责任主体，厘清责任归属，从政府责任向国家责任转变。作为“政府责任”则法律位格偏低，法律援助应由国家统一立法，由政府作为法律的执行者具体负责其实施和监管。其次，实现法律援助以市场为主导的多元供给。为了满足法律援助数量增长、质量提升的需求，应建立以市场化为主导、行政化为保障、社会化为补充的法律援助多元协同的供给模式，最终实现“给群众触手可及的正义”之目标。最后，探索法律援助的市场化运作。需进一步推动“合同招投标”“政府购买服务”等公共服务市场化的方式在法律援助领域的应用，缩小法律援助办案补贴与市场价格之间的差距，使律师获得办理援助案件的内在激励，辅以行业协会或其他第三方的质量监督机制。

（四）进一步提升社会评价

社会反馈和监督形成法律援助服务质量的倒逼机制，促使法律援助服务质量不断改进。

1. 内部监管

目前，各地市在司法部法律援助中心的指导下，因地制宜探索出了多种措施监督服务行为，但仍需进一步完善和落实。一是尽快实现线上流程同步监管。法律援助机构在推进信息化建设过程中，应规定办案律师尽快会见当事人、调查取证、参与开庭辩论等环节，并将办理流程实时录入于信息网络，法律援助质量监督员对办案流程进行同步监管，并对工作进度、服务质量和结果同步考核。二是确立重大、疑难、复杂案件集体讨论制度。应扎实落实集体讨论制度，对个别案情复杂的案件，法援中心和承办律师应当进行充分商讨，最大限度维护受援人的权益诉求。另外，可充分利用同行智慧和力量，加强法律援助机构和律师事务所、法院、检察院的工作交流和配合，商议案件办理意见。三是切实落实案件庭审旁听制度。笔者认为，由于庭审旁听需要较强的知识背景和办案经验，应当有法律援助机构工作人员和律师同行共同参与；必要时，针对案情复杂和社会影响力较大的案件，同步开展质量监督（采取现场旁听庭审或观看庭审视频等方式），以便及时掌握案件审理和进展情况。

2. 加强以受援人为主的社会监督

一是提高社会知晓率。当今受援人对于无偿的法律服务，普遍存在着“感恩心理”，不敢也想不到行使其固有的监督权力。因此，法律援助机构应当加大宣传力度，使受援人认识到国家有义务为困难群众提供法律服务、获得无偿法律服务是弱势群体或特殊案件当事人本应享有的权利。只有基于以上概念，才能树立起受援人的监督意识。二是通过信息化建设加强援务公开工作。在网站、公众号、法律援助机构公示栏中，公开告知受援人在法律援助过程的权利（如监督权、投诉权等）和义务（配合律师进行调查取证等）、实时公布和更新办案进展情况，随时接受受援人和社会公众的监督，倒逼办案律师以负责任的态度办理法律援助案件。三是畅通受援人的意见表达和投诉渠道。根据相关规定，法律援助机构应依法为受援人提供多种投诉渠道（如投诉信箱、网站投诉等），建立受援人投诉查处机制，以负责任的态度处理受援人的投诉，基于查证属实的情况对案件承办律师予以惩罚或要求退出。

夫妻间被扶养人生活费问题研究

蒋雅婷 *

第三方调解由于高效公正便民的独特优势，已日趋成为化解医疗纠纷的一种重要途径。但在调解医疗纠纷的过程中，调解组专家时常遇到一个棘手的问题是，当患者死亡或致残导致劳动能力丧失，而配偶尚存时，作为家属能否主张夫妻间的被扶养人生活费？对于这个问题，医患双方的立场自然对立，司法实践中也曾出现过不同判例，居中调解的律师也常常秉持不同观点，导致个案对此问题的调解指向不同。比如笔者所在的厦门市医疗纠纷调解中心，作为市级的第三方调解机构，承担着市属市管的 24 家三甲医院医疗纠纷的调解任务，极易遇到患者死亡或致残的案件。在 2011—2018 年间，患者死亡的案件数为 270 件，占调解案件总数 39.5%，这些数据尚且不包括患者致残而丧失劳动能力的案件数，因此，实践中需要判断夫妻间被扶养人生活费能否得到支持的情况出现概率其实很高。而不同个案的调解组成员对此问题通常无法达成统一认识，这将导致不同个案对该索赔项目诉求支持与否不同，长期以往将不利于“依法调解”这一基调理念的贯彻落实，因此有必要对此问题作深入的研究探讨。

法院对此问题的过往判例中，也存在两种不同观点。第一种观点认为，夫妻间不主张被扶养人生活费。持该观点的人士认为，《婚姻法》中规定的夫妻间的扶养义务主要是生活中的相互扶持与扶助，特别是精神上的扶助，强调的是婚姻家庭的稳定，与人身损害赔偿中的扶养人与被扶养人之间的经济依据不同。再者，根据《最高人民法院关于审理人身损害赔偿案件适用法律若干问题的解释》第 28 条第 2 款之规定，除了未成年人，成年近亲属要成为“被扶养人”，需“丧失劳动能力又无其他生活来源”。通常情况下，患者去世或致残，并不能直接认定其配偶没有劳动能力且失去生活来源，只要配偶仍有劳动能力或有其他生活来源，就不能支持夫妻间的被扶养人生活费。即使患者之配偶在患者去世或致残时不幸已丧失劳动能力且无其他生活来源，但不可忽视的客观事实是，夫妻间通常收入混同，如存世的一方已无力依赖夫妻共同财产维持日常生活，通常情况下也不依赖去世或致残的患者，而大多来自子女或其他近亲属的支持，若在患者生前或致残前其配偶尚且不依赖其提供生活来源，医疗纠纷发生后患者配偶却向相对人主张被扶养人生活费，未免有失公允。

第二种观点认为，夫妻间的被扶养人生活费应当得到支持。《婚姻法》第 20 条规定：“夫妻有相互扶养的义务。一方不履行扶养义务时，需要扶养的一方，有要求对方付给扶养费的权利”。根据这一立法精神，夫妻间的扶助义务不仅体现在精神层面上，更多的是生活中的相互扶持。《最高人民法院关于审理人身损害赔偿案件适用法律若干问题的解释》第 28 条规定的被扶养人生活费旨在赔偿被扶养人因扶养人死亡或致残丧失劳动能力导致其失去原本可以得到的扶养费，该法条并未明确规定配偶可以作为“被扶养人”，但

* 蒋雅婷，厦门市法律援助中心。

是《婚姻法》第 20 条与之并不冲突。被扶养人生活费实质上是被扶养人预期收益减少的一种消极损失，当患者去世或致残时，其劳动能力丧失将导致双方本应享有的共同收入减损，进而影响另一方本应享有的生活费用，故夫妻一方能够成为另一方的被扶养人。至于患者去世或致残时，其配偶已丧失劳动能力且无其他生活来源，此时主张被扶养人生活费更是有法有据。

笔者认为以上两种观点都不够全面，具有片面性，对于夫妻间能否主张被扶养人生活费问题要根据个案情况不同，做到具体问题具体分析。但我们可以剖析出其中的判定标准，保证在调解过程中对此类问题达成统一认识，实现同情形同标准调解。对于夫妻间被扶养人生活费，需要注意以下几个方面：

一、夫或妻可以成为主张被扶养人生活费的适格主体

被扶养人生活费是指，当加害人非法侵害受害人的生命权、身体权、健康权致使其丧失劳动能力时，由受害人扶养的第三人因此丧失生活来源而请求加害人或其他赔偿义务人予以赔偿的费用[①]。那么首先需要判断的是，夫或妻能否落入被扶养人的范畴。在 2010 年 7 月 1 日《侵权责任法》实施前，我国医疗损害责任纠纷案件适用法律方面有二元论和一元论两种观点。持二元论观点的学者认为，应当区分不同情况，分别适用《医疗事故处理条例》与《民法通则》及相关司法解释。至于区分的标准，也有不同意见，主要包括是否构成医疗事故或者区分责任构成的不同两种观点。持一元论观点的学者认为，医疗纠纷审判中的法律适用应当统一。但对于应该统一适用《医疗事故处理条例》还是《民法通则》及其司法解释，也有不同的意见。由于《民法通则》第 119 条只是作出赔偿项目包括“死者生前扶养的人必要的生活费”的规定，无具体定义及计算标准，故而实践中在适用《民法通则》的情况下，还会援引最高人民法院《关于审理人身损害赔偿案件适用法律若干问题的解释》对该赔偿项目的具体规定。因此可以看出，无论持二元论还是一元论观点，在《侵权责任法》实施前被扶养人生活费的法律依据主要来自于《医疗事故处理条例》或最高人民法院《关于审理人身损害赔偿案件适用法律若干问题的解释》。而《侵权责任法》颁布实施后，其第 16 条关于赔偿项目的规定，与《最高人民法院关于审理人身损害赔偿案件适用法律若干问题的解释》第 17 条关于赔偿项目的规定相比较而言，《侵权责任法》从法律条文的表述上，取消了被扶养人生活费的赔偿项目。但对于被扶养人生活费是完全取消，还是只是取消被扶养人生活费独立的赔偿项目，而将被扶养人生活费的数额计入残疾或死亡赔偿金相加计算，《侵权责任法》并无明确规定。而《最高人民法院关于适用《中华人民共和国侵权责任法》若干问题的通知》第 4 条则规定：“人民法院适用侵权责任法审理民事纠纷案件，如受害人有被扶养人的，应当依据《最高人民法院关于审理人身损害赔偿案件适用法律若干问题的解释》第二十八条的规定，将被扶养人生活费计入残疾赔偿金或死亡赔偿金。”从此解释本意来看，只是不再将被扶养人生活费作为独立的赔偿项目，而将被扶养人生活费应赔偿的数额，按照最高院人身损害赔偿的司法解释的计算，加入残疾或死亡赔偿金的赔偿项目，而非取消被扶养人生活费的赔偿数额。

因此，从上述分析推理得出，《侵权责任法》颁布前后，被扶养人生活费所指向的法

① 唐柏树：《人身损害赔偿纠纷》，法律出版社 2010 年版，第 153 页。

律依据均是《医疗事故处理条例》或最高院《关于审理人身损害赔偿案件适用法律若干问题的解释》。《医疗事故处理条例》第 50 条第 8 款规定："被扶养人生活费以死者生前或者残疾者丧失劳动能力前实际扶养且没有劳动能力的人为限。"最高人民法院《关于审理人身损害赔偿案件适用法律若干问题的解释》第 28 条第 2 款规定："被扶养人是指受害人依法应当承担扶养义务的未成年人或者丧失劳动能力又无其他生活来源的成年近亲属。"从文义解释来看，这两项规定均未将夫或妻排除出被扶养人范畴。总体而言，被扶养人包括受害人根据法律规定负有义务承担扶养义务的人，成立的基本条件是"直接受害人与被扶养人之间原存在亲权或亲属权这种基本身份权，并且存在扶养、扶养，赡养权利义务关系的派生身份权"[①]。《婚姻法》第 20 条规定,"夫妻有相互扶养的义务"，很明显，夫妻之间存在相互扶养权利义务关系的派生身份权，因而夫或妻可以成为被扶养人的适格主体。

二、作为被扶养人的夫或妻应丧失劳动能力又无其他生活来源

被扶养人要想被扶养人生活费的主张得到支持，按照司法解释的规定，除了未成年人，成年人需要证明自己丧失劳动能力且无其他生活来源。首先，关于丧失劳动能力的判断有个 60 周岁的年龄界限。根据《老年人权益保护法》的相关规定，受害人年满 60 周岁的成年近亲属应当被认为丧失劳动能力，确定为受害人的被扶养人，有权主张被扶养人生活费。但是如遇夫或妻一方不满 60 周岁的情形，笔者认为这时对于劳动能力是否丧失的判断应当严格以劳动能力鉴定委员会出具的劳动能力鉴定意见为标准，其他诸如街道或居委会的证明都不应被采信，因为它们不具有鉴定当事人是否丧失劳动能力的主体资格和能力资质。在夫或妻一方不满 60 周岁的情形下，只有执行相对较为严格的劳动能力丧失证明标准，才能实现被扶养人与侵权责任人——医疗机构之间权利之衡平。其次，在判断夫或妻一方有无其他生活来源时，可以根据"谁主张谁举证"之原则，由诉求主张方提供相应证据。实践中常见的情形是夫或妻一方有较为稳定的劳动收入或劳务收入，或已享受养老保险待遇，这些情形都不应认定为无其他生活来源。需要注意的是，判断有无生活来源的标准，应是夫或妻一方无合法、无稳定、不能维持当地居民平均生活水平的收入，并不是传统意义上的无他人帮助、供养。最后，笔者认为夫或妻一方丧失劳动能力与无其他生活来源，二者是并列要件，而非选择要件。虽然学术界不断有学者提出二者应为选择关系，只要满足其中一个要件就可以主张相关诉求，以更好保护受害人与被扶养人的权益，但最高院《关于审理人身损害赔偿案件适用法律若干问题的解释》第 28 条第 2 款关于被扶养人中成年近亲属的定义规定是"丧失劳动能力又无其他生活来源"，用的是"又"字，而非"或"字，从文义解释来看，丧失劳动能力与无其他生活来源应是并列关系。学术界的观点毕竟是学者个人思想的体现，与成文法条的规范性不可同日而语，那么在法律尚未更新迭代之前，依法调解仍是基调，在实践中还是应该坚持夫或妻一方同时满足丧失劳动能力与无其他生活来源的要件。

三、受害人生前或致残前须有扶养被扶养人的能力

被扶养人的概念之所以能成立，一个基本的条件就是"被扶养"，即这些人都是依靠

① 杨立新：《人身损害赔偿司法解释释义》，人民出版社2004年版，第327页。

受害人因人身损害死亡或致残前扶养的，被扶养人生活费是为维持他们的生活所需要的费用，换言之，受害人在生前或致残前要有扶养他人的能力，起码要有相应的劳动能力。若受害人生前或致残前没有扶养被扶养人的能力，被扶养人也从不依赖受害人维系基本生活，在受害人因非法侵害丧失劳动能力后却主张被扶养人生活费，可能构成不当得利，若支持这一诉求未免有失公允。与交通事故纠纷不同，医疗纠纷中的患者有较大概率在因病死亡或致残时年龄都已较大，其生前或致残前是否有扶养能力需以诉求主张方提供的证据进行合理判断，比如提供受害人生前或致残前的劳动关系证明或劳务关系证明等。这点在调解医疗纠纷的过程中，调解组成员需慎重把握。

四、受害人需因侵权而丧失劳动能力

被扶养人生活费赔偿问题是建立在受害人收入减少的基础之上的，因此受害人丧失劳动能力的程度，是评价受害人收入减少程度和计算被扶养人生活费的标准与参数。换言之，若受害人的合法权益虽因医疗侵权行为受到损害，但劳动能力没有丧失，其在身体恢复健康后仍能以自身能力维持侵权行为发生前的收入水平，或者劳动能力的丧失是暂时的、一过性的，此阶段的损失可以由误工费、护理费等有效弥补，那么被扶养人生活费的诉求就不应得到支持，仅可主张其他合法赔偿项目。关于如何判定受害人丧失劳动能力，需要区分不同情形。若受害人死亡，劳动能力自然就无从谈起，在其他要件符合的情况下被扶养人可以主张被扶养人生活费。若受害人未死亡，而自认伤残，是否丧失劳动能力应以伤残等级评定或劳动能力丧失程度鉴定为依据。一般来说，伤残等级分为1~10级，应按照伤残等级的严重程度来确定受害人劳动能力的丧失程度，但判决对此问题的也不能过于机械地依照伤残鉴定予以处理，还应当根据受害人受伤的整体情况及伤情对收入的影响大小综合处理。

综上所述，在医疗纠纷调解过程中，夫妻间可以主张被扶养人生活费，但需满足以下三个要件：作为被扶养人的夫或妻应丧失劳动能力又无其他生活来源、受害人生前或致残前须有扶养被扶养人的能力、受害人需因侵权而丧失劳动能力，这三个要件不是选择性条件，而是充分必要要件。只有三者都具备时，才建议支持夫妻间的被扶养人生活费诉求。

足额担保型贷款不构成骗取贷款罪

杨毅东 *

一、问题的提出

我国《刑法》第 175 条之一规定："以欺骗手段取得银行或者其他金融机构贷款、票据承兑、信用证、保函等，给银行或者其他金融机构造成重大损失或者有其他严重情节的，处三年以下有期徒刑或者拘役，并处或者单处罚金。"据此，成立骗取贷款罪除了要求贷款人"以欺骗手段取得银行或者其他金融机构贷款、票据承兑、信用证、保函"外，还要求出现一定的后果，包括两种情形：一是"给银行或者其他金融机构造成重大损失"，二是"有其他严重情节的"。实践中，存在这样一种情况：贷款人以欺骗手段取得银行或者其他金融机构贷款，但他人为该笔贷款提供了足额担保；贷款到期后，贷款人无力偿还该笔贷款，银行便以行使抵押权收回了贷款（为论述方便，以下将此简称为"足额担保型贷款"）。对于该种情形，既有人认为，贷款人不构成骗取贷款罪①，也有人指出，该种情形属于造成重大损失型骗取贷款罪②，还有人提出，该种情形属于其他严重情节型骗取贷款罪③。这凸显了刑法理论和司法实践对足额担保型贷款是否属于骗取贷款罪的巨大争议。

《关于公安机关管辖的刑事案件立案追诉标准的规定二》（以下简称《立案标准》）第 27 条对骗取贷款罪的追诉标准有如下规定："以欺骗手段取得银行或者其他金融机构贷款、票据、承兑、信用证、保函等，涉嫌下列情形之一的，应予立案追诉：（一）以欺骗手段取得贷款、票据、承兑、信用证、保函等，数额在 100 万元以上的；（二）以欺骗手段取得贷款、票据、承兑、信用证、保函等，给银行或者其他金融机构造成直接经济损失在 20 万元以上的；（三）虽未达到上述数额标准，但多次以欺骗手段取得贷款、票据、承兑、信用证、保函等的；（四）其他给银行或者其他金融机构造成重大损失或者有其他严重情节的情形。"要判断足额担保型贷款是否构成骗取贷款罪，只要判断足额担保型贷款是否满足《立案标准》的要求，如果满足要求，就构成骗取贷款罪，如果不满足要求，则不能认定为骗取贷款罪。另外需要说明的是，《立案标准》中第（三）项是在不考虑数额的前提下，对多次实施第（一）、（二）项行为的规定。本文以下的探讨，均以贷款数额超过（一）、（二）项要求为前提，因此，不存在适用第（三）项的可能，以下仅对抵押型贷款是否满足《立案标准》第（一）、（二）、（四）项的要求逐一进行分析。

---

* 杨毅东，厦门市湖里区人民检察院。

① 周光权：《刑法各论》（第三版），中国人民大学出版社，第 256 页。

② 参见安徽省马鞍山市雨山区人民法院《（2014）雨刑初字第 00217 号刑事判决书》。

③ 张明楷：《骗取贷款罪的构造》，载《清华法学》2019 年第 5 期。

二、骗取贷款罪的法益

在探讨上述问题时，有必要先对骗取贷款罪侵犯的法益进行分析。刑法的根本目的是为了保护法益，法益具有限定构成要件内容的功能，只有侵犯了特定的保护法益的行为才能被认定为特定的犯罪，否则将会违反罪刑法定原则。因此，明确骗取贷款罪的保护法益对于认定贷款人是否构成骗取贷款罪意义重大。对于骗取贷款罪的法益，主要有三种观点。

第一种观点认为，骗取贷款罪侵犯的法益是贷款秩序，“该说将骗取贷款罪的保护法益界定为金融管理秩序、交易秩序或者国家的金融管理制度，强调从宏观层面对金融安全予以保护”①。第二种观点认为，骗取贷款罪侵犯的法益是银行等金融机构的信贷资金安全。② 第三种观点认为，骗取贷款罪侵犯的法益包括金融机构的财产和贷款秩序，“与违法发放贷款罪一样，骗取贷款罪侵犯的法益并非只是金融机构的财产，而应包括贷款秩序，贷款秩序中就包括了不得以严重的欺骗手段取得金融机构贷款的内容”③。

本文认为，贷款秩序不是骗取贷款罪所侵犯的法益。首先，设立贷款秩序的最终目的就是为了保障金融机构的资金安全，贷款秩序只是表象，资金安全才是实质，既然如此，不如直接承认资金安全才是骗取贷款罪所侵犯的法益。无效概念的增加不仅无助于犯罪构成要件的明确，相反只会增加司法认定的混乱。其次，刑法保护的法益应当尽量具体，这样才能方便司法人员进行实务操作。刑法解释应当尽量避免使用类似于“秩序”等抽象而又空泛的概念，以防止将仅具有细微贷款瑕疵的行为纳入刑罚处罚范围，避免刑事处罚的扩大化，这是刑法谦抑性的根本要求。再次，认定是否侵犯贷款秩序取决于国家金融秩序的规定，而国家金融秩序的规定具有易变性，以贷款秩序为保护法益会导致刑法随着国家金融秩序规定的变化而变化，这不利于刑法稳定。最后，由于对国家金融秩序规定理解的不同，不同金融机构要求的贷款流程也不尽相同，这就会造成同样的行为，在此金融机构不违反贷款秩序，在彼金融机构却违反了贷款秩序的情况，这既会造成认定的混乱，更会带来处理上的不公。

因此，本文认为，骗取贷款罪侵犯的法益仅是金融机构的资金安全，不包括贷款秩序，骗取贷款是侵害金融机构资金安全的行为。需要强调的是，本文所称的侵害金融机构资金安全，既包括行为对金融机构资金的实际侵害，也包括行为对金融机构资金造成的危险。简而言之，骗取贷款罪是实害犯和危险犯的结合。《立案标准》中的第（二）项是对实害犯追诉标准的规定，第（一）、（四）项则是对危险犯追诉标准的规定。

三、足额担保型贷款不属于重大损失

首先应当明确的是，根据法条及《立案标准》的表述，担保人的损失并不属于骗取贷款罪中的重大损失，骗取贷款罪中的重大损失，仅指银行等金融机构的损失。

---

① 张弘：《骗取贷款罪的适用标准探析》，载《上海法学研究》集刊（2019年第5卷 总第5卷），第261页。

② 周光权：《刑法各论》（第三版），中国人民大学出版社，第255页。

③ 张明楷：《骗取贷款罪的构造》，载《清华法学》2019年第5期。

有观点认为，在足额担保型贷款中，贷款人无力偿贷款时，其行为已经给银行造成了直接经济损失，银行行使抵押权只是银行为了弥补经济损失，将经济损失转嫁到担保人身上，而这恰恰证明了银行存在经济损失，担保人的代偿行为是骗取贷款罪既遂后的他人行为，与贷款人无关，不影响对贷款人的刑事评价。[①] 因此，在足额担保型贷款中，如果贷款人无力偿还金额达到《立案标准》第（二）项的标准，就属于给银行或者金融机构造成重大损失，构成骗取贷款罪。本文不赞同上述观点，本文认为，足额担保型贷款中，银行等金融机构不存在损失，不能适用《立案标准》第（二）项的规定。

首先，如前所述，骗取贷款罪侵害的法益是银行的资金安全，既然贷款人提供了足额担保，就意味着并不会造成银行资金的损失或者造成银行资金损失的危险很低，本罪的保护法益并不会受到侵害。其次，担保合同从属于贷款合同，其目的是为了保障贷款债权的实现，担保其实是贷款人和银行之间就偿还债务的一种约定，无论贷款人是以现金方式偿还贷款还是担保人代为偿还贷款，都属于偿还贷款的一种方式，都应当视为贷款人履行了还款义务。最后，金钱属于种类物，这意味着贷款人或者担保人无论以什么方式偿还了贷款，都不应当认为银行存在损失，将足额担保型贷款认定为骗取贷款罪，实际上将金钱认定为特定物，忽视了金钱种类物的特性，会造成处罚上的不公。例如，甲、乙伪造了同样的资料分别向银行申请贷款，甲未提供担保，乙则提供B作为担保，后甲、乙均无力偿还贷款，贷款到期后，A主动替甲偿还了贷款，此时肯定不能认为银行存在损失，因此不能追究甲的刑事责任。但在B履行了担保义务，代乙偿还贷款时，却又认为银行存在损失，只不过是银行将损失转嫁到B身上，进而以骗取贷款罪追究乙的刑事责任。与甲相比，乙提供了担保，无疑更能保障银行资金的安全，此时不追究未提供担保的甲的责任，却追究提供了担保的乙的责任，显失公平。

四、足额担保型贷款不属于其他严重情节

（一）足额担保型贷款并未给银行信贷资金造成危险

如前所述，骗取贷款罪是实害犯和危险犯的结合，《立案标准》第（一）项是对危险犯的规定，那么，能否认为足额担保型贷款虽然未给银行等金融机构造成实际损害，但却使金融机构的信贷资金处于危险之中，进而将其认定为骗取贷款罪呢？

危险犯可以分为具体的危险犯和抽象的危险犯。具体危险犯中的危险，是指在司法上以行为当时的具体情况为根据认定的行为具有发生侵害结果的紧迫危险，在具体危险犯中，没有造成实害仅是一种偶然。抽象危险犯中的危险，不需要司法上的具体判断，只需要以一般社会生活经验为依据，认为行为具有发生侵害结果的危险即可。[②] 如果认为《立案标准》第（一）项中是对具体危险犯的规定，则由于贷款人提供了担保，在贷款当时并不具有发生侵害信贷资金的紧迫危险，因此足额担保型贷款不构成骗取贷款罪。反

---

① 李小文《骗取他人担保以获取贷款无非法占有目的也构成犯罪》，载《检察日报》2015年7月5日。

② 张明楷：《刑法学》（第五版），法律出版社，第167页。

之，如果认为《立案标准》第（一）项中的危险是对抽象危险犯的规定，由于采用欺骗手段骗取贷款，一般都会对贷款的回收产生风险，因此足额担保型贷款构成骗取贷款罪。

本文认为，《立案标准》第（一）项中是对具体危险犯的规定，足额担保型贷款不构成骗取贷款罪。从实践中看，银行更愿意给作为市场经济主体的国有企业或者国有控股企业发放贷款，无法提供担保的民营企业或个体工商户很难从金融机构中获得资金支持，即使能够提供担保，银行业基于自身管理的需要设计了烦琐的贷款手续和苛刻的贷款条件，也使民营企业或个体工商户不得不采用一定欺骗手段获取贷款。将提供足额担保的贷款全部认定为骗取贷款罪，无疑会扩大打击面，也在一定程度上阻碍了信贷和民营经济的发展。[①]

（二）担保人的损失不属于其他严重情节

还有观点认为，足额担保型贷款虽然没有给银行等金融机构造成损失，但给担保人造成了损失，该损失属于《立案标准》中第（四）项其他严重情节的情形，因此贷款人仍然成立骗取贷款罪。[②] 本文并不赞同该观点。

在足额担保型贷款中，担保人的担保可以分为两类，第一类是担保人明知贷款人以欺骗手段取得银行或者其他金融机构贷款，却仍然为其提供担保。在此种情形中，担保人已经意识到贷款人的欺骗行为，当然也能认识到贷款存在的风险，此时却仍然愿意为其提供担保，这实际上是对自己承担贷款人贷款赔付风险的承诺。根据被害人承诺的法理，被害人有权对自己的财产法益作出承诺，贷款人得被害人承诺给被害人造成的财产损失不违法，此时贷款人不构成犯罪。第二类是担保人不知道贷款人以欺骗手段取得银行或者其他金融机构贷款，贷款人采用欺骗手段使担保人为贷款人的贷款提供担保，此时贷款人可能构成合同诈骗罪，但由于担保条款的存在，担保人仍然必须赔付银行等金融机构的损失，银行等金融机构的信贷资金并不会受到侵害，贷款人不构成骗取贷款罪。因此，无论担保人是否知道贷款人以欺骗手段取得银行或者其他金融机构贷款，贷款人均不构成骗取贷款罪。

五、结语

金融安全是一个国家安全战略的重要组成部分，虚假陈述型的金融欺诈行为已经严重危及我国的金融安全。骗取贷款罪正是在这样的背景下出台的，立法者设立骗取贷款罪的初衷既是为了完善我国的罪名体系[③]，更是为了有效防范金融风险。但这并不意味着虚假陈述型的贷款行为一律构成骗取贷款罪。某种行为是否构成骗取贷款罪，还要从该行为是否侵犯了骗取贷款罪的保护法益、该行为是否会引发金融风险进行考虑。

实践过程中，有些司法机关不当扩大了骗取贷款罪的认定范围，将足额担保型贷款也认定为骗取贷款罪。这一方面，固然是司法机关没有从实质上把握该罪的构成要件，

① 陈洪兵：《骗取贷款罪的准确适用探究》，载《湖南大学学报（社会科学版）》2015年第5期。

② 参见福建省福安市人民法院《(2014)安刑初字第344号刑事判决书》。

③ 参见全国人大常委会法制工作委员会刑法室编《中华人民共和国刑法条文说明、立法理由及相关规定》，北京大学出版社，第3、18页。

只是机械、形式解释《刑法》法条的现实反映；另一方面，也凸显了司法机关对防范金融风险的片面理解。诚然，金融机构资金的危险会引发金融风险，但一味追求金融机构资金的安全性，甚至人为限制资金的有效流通，造成自由市场上资金流动性的不足，同样会引发金融风险。司法机关在办理经济案件过程中，应当从实质解释的角度出发，清晰、全面地认识到金融风险的多样性，既要保证金融机构资金的安全，又要使资金得到必要的流通，满足市场的需求。只有这样用两条腿走路，防范金融风险的目标才能最终实现。

扫黑除恶

立足我市扫黑除恶实践　构建“打财断血”长效机制

厦门市扫黑办、厦门市法学会课题组 *

随着扫黑除恶专项斗争的推进，有效铲除黑恶势力犯罪的经济基础，渐渐成为当前扫黑除恶专项斗争的重点和难点，实践中界定涉黑恶财产性质和权属的难度，甚至大于认定黑恶犯罪本身。2019年4月，全国扫黑办首次举行新闻发布会，公开发布了最高法、最高检关于办理扫黑除恶案件的四个意见，其中《关于办理黑恶势力刑事案件中财产处置若干问题的意见》（以下简称为《意见》），对涉黑恶财产处置进行了规范。如何结合办案实务，有效建立打击和摧毁黑恶势力犯罪经济基础的长效工作机制，真正做到“打财断血”，是当前扫黑除恶专项斗争中必须考虑和解决的重要问题，具有很强的迫切性。

一、摧毁黑恶势力犯罪经济基础的必要性

经济基础作为黑恶势力赖以生存和发展的物质基础，直接决定着组织的活动能力。因此，摧毁有组织犯罪集团的经济基础具有其必要性。

一是从价值和功效上看，扫黑除恶必须要从黑恶势力的经济基础出发，毁其根基，灭其利益才是根本。不坚决地对黑恶势力予以“打财断血”、断其根基，黑恶势力随时会卷土重来，危害广大人民群众的利益，影响国家长治久安。

二是从刑法的惩罚与预防功能的角度来看，有组织犯罪集团作为追求经济利益的有组织结构的集团，其行为决策必然是趋利避害的。有组织犯罪集团以暴力或其他威胁手段获取资金为依托所从事的企业经营、政治交易等又以合法化的资金反哺，铲除经济基础即打破“犯罪所得—洗钱—再犯罪”的循环链条，从而真正地摧毁黑社会生存根基与再生希望。

三是从既往专项斗争的经验来看，过去在“打财断血”上存在缺陷。主要问题包括：（1）侦查意识上的认知不到位，对财产处置重视程度不够，导致打击不力；（2）涉案财产处置手段缺乏；（3）司法惩治上过于保守；（4）立法层面尚不完善。

二、摧毁黑恶势力经济的相关法律和实务问题

（一）黑恶势力涉案财产的概念和范围

在司法实务中涉案财物、涉案款物的措辞存在“涉案财物”“违法所得”“涉案财产”

---

* 课题组成员：吴少鹰（厦门市法学会），郑金变、陈志荣（厦门市扫黑办），庄学忠、沈伟（市中级法院），范艳利（厦门市检察院），詹茂华（厦门市公安局），邱永忠（厦门市税务局），陈欣铭（厦门银保监局），王文城（厦门市住房局），李有森（厦门市市场监管局），苏晨（厦门市金融监管局），吴贵森（集美大学法学院），江雅雯（福建天衡律师事务所）。

总执笔：范艳利　陈志荣。

等用语，内涵和外延有所区别。涉案财产是我国2012年《刑事诉讼法》中出现的一个新名词，但黑恶犯罪的涉案财产有关解释和相关规定直到“两高两部”的《关于办理黑恶刑事案件中财产处置若干问题的意见》出台才得以明确。笔者认为，应从广义上界定刑事涉案财产的概念，即在刑事诉讼中与犯罪事实相关的、具有财产属性并依法可以采取强制措施予以追缴的各种财物的总称，对于刑事涉案财产的认定应当坚持一个较为宽泛的标准。黑恶势力涉案财产的具体范围主要应当包括违法所得、犯罪工具、违禁品、合法财产四类。

（二）黑恶势力财产的处置原则

铲除黑恶势力经济基础要坚持政策层面的彻底性、执法层面上的全面性和司法层面的关联性三个原则，具体如下：

一是政策层面的彻底性原则，指要彻底摧毁黑社会性质组织的经济基础，防止其死灰复燃。二是执法层面的全面性原则，指公安机关、人民检察院、人民法院在办理黑恶势力犯罪案件时，在查明黑恶势力组织违法犯罪事实并对黑恶势力成员依法定罪量刑的同时，要全面调查黑恶势力组织及其成员的财产状况。三司法层面关联性原则，是指人民检察院、人民法院要从实体的违法性、目的的违法性、手段的违法性等方面对黑恶势力涉及的财产进行全方位的认定，凡涉黑涉恶的个人、组织、单位、财产、利益、收益都要予以收缴。

（三）涉案财产的调查

公安机关对黑恶势力涉案财产的调查主要围绕以下方面：

（1）全面性调查涉及的内容。全面调查黑恶案件涉案财产包括黑恶组织名下，犯罪嫌疑人名下、实际控制、出资购买、转移至他人名下、涉嫌洗钱、掩饰、隐瞒犯罪所得、犯罪所得收益以及其他有证据证明与黑恶势力组织及其违法犯罪有关的资产，包括但不限于房产、店面、汽车、股票、基金、期货、股份、股权等。主要调查大类，一是查金融资产，二是查房屋等不动产，三是查车辆等特殊动产，四是查股份期权。通过调查上述四个方面资产，分析资金来源、资金流向、登记时间、实际使用等因素，并结合外围调查情况综合判断资产性质和用途，为扣押、查封和冻结做好准备。

（2）调查的程序性、合法性。在对黑恶案件涉案财产的调查取证中，难免会涉及公民个人隐私信息。为此，要在“无权利则无救济”的基础上，切实保障各类信息的安全，明确法律后果，对调查程序违规、违法的相关责任人应当追究行政乃至刑事责任，对被侵害人而言，还有权提起申诉、控告以及取得赔偿的请求。

（3）司法手段和行政手段的运用。司法手段方面：黑恶案件集中收网期间，安排专门力量对可能与黑恶组织或黑恶组织头目、骨干成员及其直系亲属以及密切关系人等重点对象有关的涉案资产进行扣押、查封、冻结。行政手段方面：针对公司型涉黑组织或其他具有较强经济实力的黑恶势力，积极协调推动税务部门介入开展涉税调查，对相关涉税违法行为进行查处。

（4）大数据的运用及问题。现代科学技术的发展为侦查措施、手段的丰富提供更多的可能，就黑恶案件涉案财产调查而言，大数据的运用显得格外重要。目前大数据运用方面存在的不足和问题，主要是数据来源的广泛性不够，大量新型数据尚未采集全面；

数据使用的有效性不够充分，关系分析疏于表；数据的共享存在局限，在采集、整合、应用等方面存在脱节。

（二）涉案财产的保管

（1）涉案财物保管在实践中存在的主要问题。一是公检法三机关多头保管中保管人员和保管场所重复设置，耗费司法资源；保管信息内部垄断，缺乏外部监督，滋生权力滥用；缺乏保管的专业性，易导致涉案财物贬值折损。二是涉案财产保管流转及移送过程失控，移送标准不一导致应当随案移送的涉案财产不及时移送，挪作他用，现行返现等移送过程失控；涉案实物多环节移送，效率低下，加剧了涉案财物在流转中毁损灭失的风险。三是涉案财产处置程序不规范，其中涉案财物被肆意拍卖、贱卖的情况严重。

（2）代管和托管制度。作为扣押的后置性程序，托管权是侦查权的延伸。根据我国学界的现有主张，财产托管机构有以下几种设立模式："公安机关主管模式""办案机关共同管理模式""党委领导、公安为主、部门协同模式""司法行政机关主管模式""地方财政机关主管模式"等。其中，前三种模式属于依附型模式下的法律执行模式，后两种属于独立模式。也有学者提出"办案机关共同管理模式"，主张设立独立于公安机关、检察院和法院的财产托管机构，由三机关分别派员入驻，承担各自诉讼阶段的管理职责。几种模式各有利弊，应根据地方实际情况确定一种模式予以应用。

（3）等值财产的认定。处置等值财产时必须有证据能证明具备财产无法找到、被他人善意取得、价值灭失或者与其他合法财产混合且不可分割的情况，才能启动没收等值财产这种处理方式。同时财产数额的对等性也是特别强调的，没收的财产数额必须是与依法应当追缴、没收的涉案财产对应数额，必须是等值财产，在执行中要注意保护被告人和第三人合法权益。

（4）先行处置的问题。实践中已经出现查封、扣押的涉案豪华车辆等物品因扣押时间过长导致大幅度贬值等现象，造成国家或当事人、案外利害关系人等的财产损失。为了实现涉案财物的保值增值，实现"物尽其用"，维护公民的合法财产权益，在遵循正当程序原则的前提下，建议适当扩大先行处置的涉案财物范围：一是对于势必折旧、贬值且容易毁损、灭失的财物，如机器设备、汽车船舶等动产，可以视为"不易长期保存的物品"，在征得权利人同意的前提下，可以先行变卖、拍卖等；二是对于未必贬值且不易毁损的财物，如公司股份、知识产权、土地房产、金银珠宝等，经权利人本人书面同意或者申请，并经办案机关主要负责人审查、批准后，可以依法先行变卖、拍卖，非经权利人书面同意或者申请，不得先行变卖、拍卖、处理等。

（三）涉案财产的诉讼

（1）涉黑恶案件涉案财物证明标准的分解。我们认为，涉案财物属于待证事实的一部分，其证明标准也应该与刑事证明标准相统一，但出于诉讼经济成本、诉讼效率等考量，对于不直接涉及定罪量刑的财物可以适当放宽证明标准。涉案财物的证明主要审查财物与犯罪行为的关联性和权属性，其认定也应主要从这两个属性的审查入手。关联性，即考察涉案财物是否属于犯罪工具或者违法所得。权属性，应根据财物存在形式的不同，按照财物权属的不同证明标准予以认定。

（2）特殊情形。涉案财物还包括违禁品。在涉黑恶案件中，枪支、管制刀具、毒品等违禁品往往与涉黑恶势力相伴，违禁品的数量、种类和用途也与涉黑恶势力的认定相关，对此类物品进行认定时要区别于一般案件，依据“确实、充分，排除合理怀疑”的标准对关联性、权属性等作出认定。

三、建立和完善相关机制的思路建议

（一）关于运行机制层面的完善建议

（1）提高政治站位。要将“打财断血”作为扫黑除恶专项斗争打击的重点方向和衡量斗争成效的重要标准。要充分认识扫黑除恶、“打财断血”对维护国家安全、社会稳定的重要意义，集中力量依法打击，形成部门联动、行业共治、整体发力、精准打击的良好局面。政法机关作为扫黑除恶专项斗争的主力军，更应当发挥排头兵作用，更新观念，调整工作思路，优化工作方式，进一步提高政治站位，以观念的更新带动行为的优化，推动工作的深化。一要强化整体观念，应当破除单纯司法、就案办案的观念，做到讲法治与讲政治的统一。二要强化沟通会商观念，改变单打独斗的工作方式，建立广泛有效的沟通会商机制，不仅在政法机关内部，还要在金融机构、执法机构等之间加强配合，形成共同的打击合力。

（2）明确涉案财产处置的牵头部门和运行机制。针对实践中相关部门在办理黑恶势力案件中对涉案财产的处置方面的认知分歧和职能分割的实际，建议由扫黑办牵头公检法三机关明确涉案财产处置的运行机制，具体可以通过以座谈会或操作细则的方式，将黑恶势力犯罪案件中的涉案财产的来源、性质、用途及价值大小如何进行审查认定进行明确和细化，确定可操作性的甄别标准，同时结合实践中容易出现的误区、争议，确定解决争议和疑难情况下认定的途径，这样可以有效避免个案协调解决效率不高、前后标准不一的弊端。

（二）关于政法机关层面的完善建议

（1）由市委政法委牵头设立“涉案财产处置协作平台”。涉黑涉恶案件在实践中往往涉及多个办案机关，如在案件同时涉及纵容黑社会性质组织犯罪以及受贿、滥用职权等职务犯罪时，办案机关涉及监察委及公安机关，同时侦查（调查）、审查起诉、审判三个阶段易导致涉案财产的处置出现前后不统一、主观随意性较大、衔接不足等问题。有必要建立由纪检监察部门、扫黑办和政法各机关共同参与的“涉案财产处置协作平台”，统一管理协调涉案财产查处情况，定期召开联席会议，加强对涉案财产部分证据和事实审查的梳理和研判。

（2）建立反向审视涉案财产机制。明确侦查机关、检察机关、纪检监察机关查处涉案财产的责任，侦查机关应将查办的每一起黑恶势力犯罪案件交由专门人员核实涉案财产的排查；检察机关在审查批捕、起诉过程中，注重相关线索收集、查证，还可以通过提前介入、自行补充侦查等方式进一步挖掘“涉案财产”线索；同时在办案中重点针对征地拆迁、涉黄涉赌、黑社会组织犯罪等涉财审查，反向深挖涉案财产线索。

（3）实行涉案财产处置“一案一台账”。建议建立“一案一台账”工作制度，在查办案件的同时，借助各类执法管理智能平台，实现执法信息查询、修改、删除全程留痕，定期生成、通报涉案财产查处日志，实现涉案财产专项大数据自动分析、自动上报，从而形成涉案财产大数据的整合，提升办案质效。

（三）关于行业主管部门协查义务的完善建议

（1）银保监局。银保监局负责组织、协调、督促辖区银行保险机构积极配合政法部门依法查询、冻结涉黑恶组织或个人的银行账户或保单。依据银保监局职能，建议依托反诈骗中心构建查询冻结“绿色通道”，进一步提升扫黑除恶“打财断血”成效。

（2）市不动产登记中心。目前市不动产登记中心与市中级人民法院执行局联合开发的不动产网络司法控制模块已正式上线。该不动产网络执行控制模块，在点对点网络执行查控系统原有的网络查询功能基础上，增加了不动产线上查封、线上续封、线上解封、线上过户等功能，可实现不动产协助执行全流程全在线办理。

（3）市场监管局。一是做好相关企业登记信息共享和推送。对于公安等部门在办案过程中需要查询的登记信息，各级市场监管部门按照规定积极配合，做好协助查询和及时反馈工作。二是协助司法机关做好股权冻结工作。进一步完善市场监督管理部门与人民法院的网络化协助执行机制，不断优化网上司法协助系统，通过网络专线建立互联，协助做好股权冻结。

（四）尝试建立政法机关与各行业主管部门互联共通的黑恶势力黑名单制度

（1）建议将黑恶势力黑名单制度与信用联合惩戒工作相结合。由有权部门向社会信用平台上传黑恶势力黑名单，监管部门推动相关市场主体通过查询黑恶势力黑名单，对相关组织和个人实施限制服务、行业禁入等惩戒措施。

（2）打击整治“套路贷”等非法放贷活动。对涉嫌参与“套路贷”等违法犯罪行为的，依法终止许可，移送司法机关；进一步强化“职业放贷人”黑名单工作，对犯罪情节轻微、尚不构成“套路贷”犯罪的单位和个人，建立黑名单模式，永久禁止进入信贷、投资咨询和地方金融领域。

涉黑涉恶案件的“认罚”问题及其应对

王更儒*

认罪认罚从宽制度适用的前提条件是被告人对指控的犯罪事实没有异议且同意量刑建议，认罚体现了被告人的悔罪态度和悔罪表现。司法实践中，“认罚”是该制度适用的关键点也是困难所在。涉黑涉恶案件因其具有涉案人数多、犯罪事实多、罪名情节多等特殊性，所以在适用认罪认罚从宽制度时存在更多的程序问题及实体争议，特别是“认罚”的实践问题。笔者所在厦门市湖里区检察院在刑事案件认罪认罚从宽制度试点工作期间已经开始探索适用，至今已有多例适用认罪认罚从宽制度的涉黑涉恶案件，下面笔者将结合案件办理过程中发现的“认罚”共性问题，加以分析并寻找应对方案。

一、湖里区检察院涉黑涉恶案件认罪认罚适用的基本情况分析

湖里区检察院 2016 年 12 月至 2019 年 8 月审结起诉的涉黑涉恶案件共计 6 件 55 人，其中涉及黑社会性质组织犯罪的 1 件 24 人，恶势力案件 5 件 31 人。上述涉黑涉恶案件中适用认罪认罚从宽制度的案件共 4 件，适用认罪认罚从宽制度的被告人 41 人，在检察机关审查起诉阶段启动适用认罪认罚从宽制度的仅有 2 件，且适用人数较少，仅有 3 人，另外 38 名被告人均系在法院审理阶段由法院建议后应由检察机关启动适用认罪认罚从宽制度。从上诉情况看，在适用认罪认罚从宽制度的 41 名被告人中上诉的人数为 20 人，认罪认罚被告人上诉比率占到了 48.8%，且这些上诉的被告人中无人主动撤回上诉。

相对来看，湖里区检察院从 2016 年 12 月至 2019 年 4 月 30 日期间审查起诉适用认罪认罚从宽制度的非涉黑涉恶案件被告人共计 1087 人，大部分均由检察机关在审查起诉阶段主动适用，法院审理阶段由法院建议检察机关适用的仅有 71 人，占比 6.5%。另外，非涉黑涉恶案件中认罪认罚被告人上诉率也较低，提出上诉的仅有 70 人，上诉比率仅为 6.4%，且主动撤回上诉的有 47 人，上诉的撤诉率高。

二、涉黑涉恶案件认罪认罚中“认罚”实践问题

（一）“认罚”中的量刑主导权问题

1. 检察机关审查起诉阶段主动适用率低

从上述数据可以看出多数涉黑涉恶案件是到了法院审理阶段由法院建议后检察机关再启动适用认罪认罚从宽制度，在审查起诉阶段主动适用的主要也仅针对案件中的个别认罪认罚、案情较为简单的从犯。对于涉黑涉恶案件，检察机关审查起诉阶段适用认罪认罚从宽制度比率低的主要原因有：一是在审查起诉阶段，被告人自愿适用该制度的意

---

* 王更儒，厦门市湖里区人民检察院。

愿不强，且对于案件个别事实情节经常存在诸多辩解，尚存侥幸心理；二是检察机关承办人具有畏难心理，涉黑涉恶案件涉嫌的犯罪事实多、量刑情节多，又涉及数罪并罚等较为复杂的量刑计算，附加刑更是难以确定；三是涉黑涉恶案件普遍要求从严高效处理，审查起诉的期限短、任务重，承办人很难在审查起诉阶段就将认罪认罚的量刑具结工作同时处理完。

2. 检察机关未能发挥量刑建议的主导作用

涉黑涉恶案件在适用认罪认罚从宽制度时，主要是法院在审理阶段才启动适用，检察机关在确定量刑建议时普遍会同主审法官进行充分沟通，通常都会最大限度采纳法官关于被告人的量刑意见，本应由检察机关主导的量刑建议权及认罪认罚具结书签订工作受到法院较大程度的影响。主要的原因：一是因为法院才有最终的裁判权，二是检察机关量刑建议的刚性不够，三是检察机关的量刑建议能力不足。因此，对于涉黑涉恶案件，检察机关会更加主动征询主审法官的量刑意见并以此为基准来与被告人签订具结书，以免因量刑建议未能被采纳导致无法适用认罪认罚从宽制度，目的都是为了能够及时顺利地处理案件。

（二）被告人认罪认罚后又上诉的比率高

涉黑涉恶案件中的被告人即使认罪认罚，但因其犯罪性质恶劣，主观恶性大，虽然在认罪认罚具结书的量刑优惠幅度内被判刑，但因被判处的刑期普遍比较长，因此上诉率较非涉黑涉恶案件中认罪认罚被告人的上诉率高，将近8倍，而且主动撤回上诉的少。究其原因：一是这些被告人虽然签具认罪认罚具结书，但是大多数是为了享受认罪认罚从宽制度所带来的量刑优惠，在宣判后对于所判处刑罚还是存有较大的意见；二是因涉黑涉恶案件被告人众多，认罪认罚具结时是分别签订，互相不知，而宣判时所有被告人均在场，互相知道彼此的刑罚，部分被告人可能在宣判后认为相对于其他同案犯而言自己的刑期偏重，所以不服而上诉。

（三）认罚“从宽”在数罪并罚时适用顺序问题

不同于一般刑事案件，涉黑涉恶案件涉及的罪名众多，在适用认罪认罚从宽制度的量刑时需要进行数罪并罚，认罚“从宽”适用的顺序会对其宣告刑期造成明显的影响。

（1）对于首要分子及骨干分子，其本身可能判处的刑罚已经达到或者接近最高刑期，因此若先对个罪分别适用认罪认罚从宽幅度，则可能导致总和刑期在35年以下，其并罚后最高刑期仅能判处20年，并罚的刑期为最后的宣告刑，认罚的“从宽”意义实际体现在对最高刑期的限制上；先对个罪量刑并罚，则可能导致总和刑期在35年以上，并罚后最高刑期可以判到25年，并罚之后再给予认罚“从宽”，则认罚的“从宽”意义体现在实际宣告刑上。

因此，对于判处的总和刑期处于35年临界点附近的被告人，先适用认罚“从宽”，可直接降低总和刑期，起到限制最高刑期的作用，直接将最高刑期从25年降为20年；对于判处的总和刑期不处于35年临界点附近的被告人，选择数罪并罚之后再适用认罚“从宽”，则认罚“从宽”的优惠效果更为实际，否则，如果认罚“从宽”后数罪并罚总和刑期还是很高，其还是可能被判处到20年或者25年的最高刑期。

（2）对于涉黑涉恶案件中涉案罪名较少的积极参加者，先适用认罪认罚从宽制度则能够有效降低数罪并罚中的“数刑中最高刑期”，即量刑的下限；后适用认罪认罚从宽制度有可能有效降低“酌情决定执行的刑期”，即宣告刑的减轻。

因此，对于数罪并罚中的认罪认罚从宽的适用顺序亟待明确，以便规范处理司法实践中的不同做法。

三、涉黑涉恶案件中“认罚”问题的应对措施

涉黑涉恶案件若适用认罪认罚从宽制度确实能够节省大量的庭审工作，但这是因为更多的工作系在庭前的认罪认罚具结签订时予以解决，检察机关在庭前的工作远比在庭审中需要付出的精力更多，做好涉黑涉恶案件的认罪认罚工作，必须做到：

（一）坚持检察机关在认罪认罚量刑建议的主导作用

强化检察机关的量刑主导权是以审判为中心的诉讼制度的要求。对于认罪认罚具结工作中的量刑建议，检察机关必须坚持公诉方的意见，可以同法院沟通协商，但不能全面依赖法官，不能拿来就用，这样也是为了避免法院的未审先判。同时，检察机关量刑建议权的刚性不足才导致了辩护人、被告人更愿意在法院审理阶段来启动适用以确保量刑建议的采纳率。因此，涉黑涉恶案件适用认罪认罚从宽制度的启动程序如果在法院审理阶段的情况下，则量刑建议权往往会受到法院较大程度的影响。

认罪认罚制度同坦白制度不同，认罪认罚制度是一项既具有程序性又具有实体性的制度，其程序性主要体现在司法效率性，从侦查阶段、审查起诉阶段、审判阶段三阶段的递进性来区分量刑优惠幅度的大小，例如厦门市检察机关所提出的“321”量刑优惠，不同阶段给的优惠幅度不同。但是要确保该制度的有效实施，需要检察机关牢牢把握量刑的主动权。

1. 必须坚持证据裁判标准，定罪量刑全面准确

只有案件符合证据确实、充分的定罪标准，案件的量刑情节全面、准确认定，量刑建议才具有准确性的基础。检察机关不能因认罪认罚而降低起诉标准，否则就会存在辩诉交易的倾向，量刑建议也就不具有其刚性，更无法主导量刑。

2. 确定不同阶段适用认罪认罚从宽制度享有不同优惠幅度

必须把不同阶段适用认罪认罚制度所能得到的从宽幅度进行区分并确定清楚，同时也可以考虑把检察机关同被告人所商榷的量刑建议情况形成笔录，作为法院审理阶段裁判量刑的参考。在侦查、审查起诉、法庭审理三个阶段应分别告知犯罪嫌疑人适用认罪认罚从宽制度的权利，并明确犯罪嫌疑人的意见，特别是掌握该制度适用主导权及启动权的检察机关，应当在讯问当事人时给出具体的量刑幅度并明确其是否同意适用，如果同意适用则签具《认罪认罚具结书》，不同意亦应形成笔录形式，这样才能区分当事人在审查起诉阶段不同意，而到了法院审判阶段又同意适用认罪认罚从宽制度时在量刑上所给予的优惠幅度。如果在审查起诉阶段不同意，到了法院审理阶段又同意适用认罪认罚从宽制度，则其刑期上的优惠幅度就应少于在审查起诉阶段检察机关承诺给予的刑期优惠幅度，这样才能体现该认罪认罚从宽制度的程序性。

3. 强化量刑规范化建设，探索类案精准量刑

量刑规范化建设是关键，量刑如果没有具体的尺度标准，量刑就无法准确量化，对于犯罪嫌疑人来说也就无可参考、无法预期，检法两家也无法形成统一标准。因此，应

当积极探索类案精准量刑，逐步将精准量刑范围扩大至全部认罪认罚案件，细化量刑标准，最大限度确保同罪同罚。

4. 提高认罪认罚从宽制度在审查起诉阶段的适用比例

检察机关在处理涉黑涉恶案件时应尽量在审查起诉阶段就启动适用认罪认罚从宽制度，量刑上可以同法院协商，但在协商的同时，亦应坚持自己的量刑幅度及不同阶段的不同优惠，否则会存在被法院架空的危险，而检察机关的量刑监督权就无法得到体现。同时对于法院存在的未采纳量刑建议且存在较为严重的畸轻畸重问题，应当坚决予以抗诉，以此提高法院针对检察机关量刑建议的严肃性，提升量刑建议的刚性。

（二）对“认罚”从宽后又上诉的行为予以积极应对

认罪认罚从宽制度不仅是实体上的量刑从宽，更是程序上的优化从简，既具有实体价值，又具有程序意义。因此，对于适用认罪认罚从宽制度的涉黑涉恶案件，如若被告人在裁判后又上诉的，则应当考量其上诉理由，特别是重点审查被告人是否真实自愿适用认罪认罚从宽制度。若是假意自愿获取量刑优惠，则法院审理阶段适用该制度便存在程序问题，二审检察机关应当建议发回重审，取消该制度优惠。当然，对于涉黑涉恶案件本身就有对应的形势政策从严高效打击，但是我们也应当看到被告人的司法不诚信问题及刻意浪费司法资源的行为，其主观上根本没有主观悔改的表现，恶性更大，在公平价值与效率价值的取舍中，司法机关理应以公平价值为主，发回重审，取消量刑优惠，从严打击，以儆效尤。

另外，检察机关亦可以积极在认罪认罚被告人上诉的同时提出抗诉，以此在二审中对恶意获取认罪认罚从宽制度量刑优惠的被告人加刑，即撤销原来的量刑优惠。

同时，我们更应该在规范认罪认罚从宽制度的适用机制，加强程序设计，优化并减少法官或者检察官在办案过程中可能给予犯罪嫌疑人的压力，让其在毫无外界环境心理干预的情形下作出自由、真实的具结表示。同时加强释法说理，使被告人充分理解认罪认罚的性质、认知了解自己所犯行为的罪责刑，对罪名适用、刑期长短、刑罚方式等均应予以告知，以保障被告人对认罪认罚可能产生的法律后果有最充分的理解，减少心理预期的落差。

（三）认罚“从宽”适用顺序选择应能体现该制度的优惠效果

笔者认为，对于认罪认罚从宽制度的量刑从宽情节应当在数罪并罚之后综合适用。类似于立功情节或者全案自首的情节，如若不综合适用，则对于罪名众多、量刑期限长，综合刑期基本已经达到四五十年的组织、领导者，其立功与否、自首与否可能对最终判决的宣告刑期影响甚微，而此时犯罪嫌疑人所具有的立功、自首等体现人身危险性和社会危害性的情节均无法在最终刑期上得到明显的体现。这样就不利于鼓励犯罪嫌疑人立功自首，同时，也无法将其与不具有该些情节的犯罪嫌疑人从量刑上予以区分。

特别是在涉黑涉恶案件处理中，对于首要分子及骨干分子数罪并罚总和刑期已经到达五六十年，对其采用先个罪适用再并罚的处理方式显然无法在最终的宣告刑期上体现该制度给予当事人的量刑优惠，也就不具有制度适用的激励性，因此在宣告刑期已经基本达到25年的情况下，对其数罪并罚后再结合认罪认罚从宽制度予以综合优惠，有利于鼓励犯罪嫌疑人认罪认罚并对案件处理起到及时有效的推进作用。

黑恶势力实施的强迫交易罪探讨

林 沙*

强迫交易罪始设立于1997年《刑法》，并经《刑法修正案〈八〉》修改、完善。该罪名规定了五种入罪方式、两个法定刑幅度，其存在为惩治以严重的暴力、威胁方式扰乱自愿、平等交易的市场秩序，侵害交易相对人的人身、财产安全的行为提供了有力的法律依据。强迫交易犯罪虽然不是常见犯罪，但却多伴生于黑恶势力犯罪，成为黑恶势力攫取不法利益的重要手段。随着扫黑除恶专项斗争的深入开展，笔者拟借此契机，对黑恶势力实施的强迫交易犯罪特点及应对措施进行初步探讨。

一、黑恶势力实施强迫交易罪的特点

近几年来，随着社会经济的发展，部分黑恶势力不再通过抢劫、敲诈勒索、开设赌场等传统犯罪谋取非法利益，而是使用滋扰、纠缠、哄闹、聚众造势等软暴力手段，通过强迫交易犯罪获取大量非法利益。黑恶势力实施的强迫交易犯罪，不但严重破坏了正常的市场交易秩序，侵害了其他市场交易主体的合法权益，而且还为其发展壮大提供了强大的经济来源，为滋生其他相关犯罪提供了经济基础。黑恶势力实施的强迫交易犯罪，主要具有以下特点：

（一）发案率高

第一，强迫交易罪的犯罪“性价比”高。强迫交易罪的法定最高刑仅为七年有期徒刑，但通过该犯罪却往往能够获得高额的经济利益，相比敲诈勒索、抢劫之类动辄十年以上有期徒刑，强迫交易罪的成本低、获利高，为黑恶势力组织所“青睐”；第二，强迫交易罪契合黑恶组织的暴力特征。强迫交易犯罪以暴力、威胁为犯罪手段，对被害人产生足够的心理强制，以此攫取经济利益，并在一定区域、行业内形成垄断。而黑恶势力本身就以人多势众为组织特征、以暴力、威胁为行为特征，以获取经济利益为经济特征，其各项特征与强迫交易罪有着先天的契合，典型例子就是黑恶势力往往是区域或者行业内的“市霸”“行霸”。

（二）行为具有非典型性。

伴随着我国对暴力犯罪的高压打击态势，黑恶势力很少直接系取殴打交易对象、打砸财物等典型的暴力、威胁方式，而是以各种软暴力作为迫使被害人就范的手段。“其中，立法机关高度关注的重点问题是，黑恶势力攫取利益的手段，逐渐由以往的暴力方

* 林沙，厦门市集美区人民检察院。

式演变为更多地使用“软暴力”手段”。[①] 在笔者办理的部分黑恶势力实施的强迫交易犯罪中，出现了诸如驾车堵路、聚众滋扰、驱赶施工人员、显露纹身推销、匿名威胁、破坏无人值守设备等暴力、威胁色彩不明显，但以组织势力为依托的软暴力行为，更有甚者，通过恶意举报方式，迫使交易对象停工停业。被害人在因上述行为受到心理强制的同时，往往因自认为危害程度不够、报警无效等，不愿为此陷入与黑恶势力的长期纠缠，被迫同意与黑恶势力进行市场交易。

（三）容易滋生相关犯罪

黑恶势力实施的强迫交易犯罪，往往因行为过限或者犯意转化等，滋生出其他犯罪。如虽原本采用软暴力实施威胁，但在具体实施过程中失控，演变为故意伤害、绑架等犯罪；多次实施滋扰、纠缠，虽未达成交易但符合非法侵入住宅、寻衅滋事等犯罪构成；强迫交易未遂，但为了获取更多利益，以好处费、管理费、咨询费等名义进行敲诈勒索；为了争抢交易地盘，不同黑恶势力之间聚众斗殴等。上述伴生犯罪虽然在动机上与强迫交易具有一致性，即为了通过暴力、威胁方式获取市场交易机会，但因侵害不同法益，构成不同犯罪，因此会造成罪数认定的困难。

（四）取证困难

在刑事案件中，公安机关如果能够在案发后越短时间内进行调查取证，越能够及时、准确的查证案情。但黑恶势力实施的强迫交易犯罪，因被害人忌惮于黑恶势力的恶行，往往在事发后选择沉默，以花钱消灾的方式避免二次伤害。而被害人的沉默，不仅使黑恶势力在实施强迫交易犯罪中更加肆无忌惮，也使公安机关无法在第一时间发现犯罪事实，无法及时取证。等黑恶势力因其他案件事发，公安机关开始对强迫交易犯罪调查取证时，往往面临着因为时过境迁导致客观证据灭失，重要证人无法寻获或记忆模糊等尴尬局面，这限制了犯罪的有效查处、审查及审判。

二、惩处黑恶势力实施的强迫交易犯罪的几点对策

（一）严厉打击以软暴力实施的强迫交易犯罪

强迫交易罪的暴力、威胁需要达到何种程度才构成犯罪，以往在学界及实务界无统一观点，导致该罪在认定时存在争议，也为黑恶势力通过非典型的暴力、威胁行为实施犯罪提供可乘之机，“由于无法实现基本的司法共识，对黑恶势力‘软暴力’行为的规模化入罪明显受阻，对黑恶势力‘软暴力’不法行为的惩治出现了盲区，惩治黑恶势力犯罪的刑事法律效果受到负面影响”。扫黑除恶专项斗争开展以来，《关于办理黑恶势力犯罪案件若干问题的指导意见》（以下简称《指导意见》）、《关于办理实施“软暴力”的刑事案件若干问题的意见》（以下简称《意见》）等重要文件相继发布，并对软暴力可成为强迫交易的犯罪手段以及软暴力的内涵、外延作出了明确规定，为打击黑恶势力通过软暴力实施强迫交易犯罪提供了有力依据。在具体司法认定中，应结合上述文件审查是否存在诸

① 黄京平《黑恶势力利用“软暴力”犯罪的若干问题》，载《北京联合大学学报（人文社会科学版）》2018年第2期。

如堵路阻工、聚众滋扰、摆场示威等软暴力行为，并通过证据固定行为人犯意、被害人的心理强制后果以及造成的强迫交易结果等，明确软暴力的存在及其与交易结果之间的因果关系，以此准确认定黑恶势力实施的强迫交易犯罪。

（二）严格区分罪数，贯彻罪刑相适应原则

黑恶势力实施的强迫交易犯罪，可能滋生故意伤害、故意毁坏财物、聚众斗殴、寻衅滋事、敲诈勒索等犯罪。在具体认定罪数时，一般来说通过强迫交易罪以及其他犯罪的犯罪构成，可以明显作出区分、认定。但在涉及牵连犯、犯意转化及另起犯意的场合，是认定一罪还是数罪会有争议。如用多次滋扰、纠缠、哄闹、聚众造势的方式实施强迫交易行为，在交易最后未达成的情况下，因无具体的交易金额等原因，可能无法认定构成强迫交易罪。但笔者认为，上述行为符合《指导意见》规定的寻衅滋事罪中的“恐吓”的行为特征，类似于想象竞和论，可以考虑以寻衅滋事罪定罪。又比如在实施强迫行为但交易未果之后，在无任何对价付出的情况下，转而直接以好处费、管理费、抽头费等名义勒索钱款的，该情况属于典型的犯意转化，应当考虑认定为敲诈勒索罪，而不是割裂强迫行为与后续的索财行为之间的联系。再比如为争抢工程而与竞争对手进行聚众斗殴的，在认定聚众斗殴犯罪的同时，不能忽略了该聚众斗殴行为给工程发包方带来的心理强制，从而忽略强迫交易罪的认定，因而应当数罪并罚。总之，对于黑恶势力实施的强迫交易罪及相关犯罪的罪数认定，在遵循刑法法理的前提下，应具体依照《指导意见》等规范性文件作出判断，保障罚当其罪。

（三）准确认定犯罪形态，避免重罪轻判

犯罪的既遂、未遂，直接涉及到刑罚的轻重。为了提高执法效能，依法、准确、有力惩处黑恶势力犯罪，在认定黑恶势力实施的强迫交易犯罪的既未遂形态时，需要结合《刑法》的规定与法理进行缜密分析，避免重罪轻判。根据《刑法》规定，强迫交易罪的罪状有以下五种：（一）强买强卖商品的；（二）强迫他人提供或者接受服务的；（三）强迫他人参与或者退出投标、拍卖的；（四）强迫他人转让或者收购公司、企业的股份 、债券 或者其他资产的；（五）强迫他人参与或者退出特定的经营活动的。在具体认定既遂标准时，可结合《最高人民检察院、公安部关于公安机关管辖的刑事案件立案追诉标准的规定（一）的补充规定》（以下简称《补充规定》）的相关内容。从《补充规定》中规定的以次数、金额、严重后果作为立案标准的内容上看，交易罪应当认定为是结果犯，不同罪状对应不同的危害结果。具体而言，罪状（一）（二）属于典型的市场交易行为，类似于盗窃、抢劫等侵财类犯罪，应当以《补充规定》中的强迫次数、钱款交付、伤害后果出现作为既遂标准；而罪状（三）（四）中在叙述行为方式的同时，实际上也明示了行为的后果，因此可以直接以参与、退出投标、拍卖以及转让、收购结果的出现作为既遂的标准。对于罪状（五）中强迫他人参与或退出特定经营活动的行为方式，有部分观点认为应当通过该行为实际获取钱款方可认定既遂。但笔者认为，本部分罪状带有明显的短缩二行为犯的特点，虽然参与、退出行为与之后获取经济利益是两个行为，后行为是前行为的犯罪目的，但根据短缩二行为犯的法理，后行为即是否实际获取经济利益，并非犯罪既遂的条件。而《补充规定》中也只是规定了“多次实施、手段恶劣、造成严重后果或者恶劣社会影响”为立案标准，并没有要求实际获利作为该罪状的立案条件。因此，只要是迫

使他人实际参与或者退出特定经营活动，并达到上述立案标准的，即可宣告既遂，而无须有实际获取经济利益。

（四）情节特别严重的认定

黑恶势力实施的强迫交易中，尤其是在工程建设领域，交易金额动辄上千万甚至上亿元。在具体适用法定刑时，因为没有司法解释的规定，往往导致适用争议。“在当下的我国，如果没有司法解释，下级司法机关几乎不会办案。”[①] 不可否认司法解释对于明确法律适用具有极为重大的意义，但并不代表在没有司法解释规定的情况下，就应当一味地采取保守立场，对于刑法已经有明确规定的法定刑拒绝适用。尤其在扫黑除恶的大背景之下，对上述司法解释依赖的心理不但容易宽纵犯罪，也会阻碍扫黑除恶专项斗争的顺利开展。“对刑法分则相关条文就法定刑升格条件的详细规定进行归纳整理，就可以使情节严重、情节特别严重的判断明确化。”[②] 依照上述观点，从体系解释的角度出发，考察现行刑法及相关司法解释的规定，法定刑的升格条件无非是犯罪金额、违法所得、犯罪次数、社会影响等犯罪情节的升级。譬如盗窃罪、诈骗罪、敲诈勒索罪等相关侵财类犯罪司法解释中，法定刑幅度的升格有明显的金额倍数特点；又如贩卖毒品罪、容留卖淫罪、寻衅滋事罪等犯罪中，法定刑幅度的升格有明显的次数倍数特点。因此，笔者认为具体到强迫交易罪中，可以根据《补充规定》中立案标准的犯罪金额、违法所得、犯罪次数的倍数等内容确定法定刑的升格条件。实际倍数已经超过上述立案标准数十倍、数百倍的情况足以彰显行为对法益侵害的严重性，应当认定为情节特别严重。而对于实际超过倍数不多的场合，则可以从强迫交易时间跨度、垄断交易的地域范围、在当地造成的恶劣影响等角度综合评判是否认定为情节特别严重。而黑恶势力实施的犯罪本身就是刑法打击的重点，对于黑恶势力实施的强迫交易犯罪，在认定情节特别严重时应当从严把握，避免宽纵犯罪。

（五）有力应对取证困难问题

首先，公检法机关应当形成共识，针对黑恶势力实施的强迫交易犯罪依照犯罪构成，确定对应的证据体系，编订相应的证据指引，以此指导取证；其次，建立引导侦查机制，检察机关在侦查过程中可提前介入指导取证，推动侦查取证准确、及时、有效开展，尽早对出现的疑难问题予以解决；再次，要营造良好的舆论氛围，宣传国家对扫黑除恶的决心、成果，消除被害人、证人对控告、举报的心理顾虑，为惩治黑恶势力实施的强迫交易犯罪提供更多的证据及线索，避免时过境迁导致的取证困难及重要证据缺失。

综上所述，强迫交易犯罪因犯罪成本低、收益高，为黑恶势力能够坐大成势、顺利运转提供了强大的经济基础，成为黑恶势力常见的犯罪手段。现今，除了《补充规定》中的立案标准之外，强迫交易罪缺乏相应的司法解释，但并不代表解决强迫交易罪的疑难问题无法解决。笔者认为，在司法实务中应当紧扣强迫交易罪的犯罪构成，严格以刑法法理作为理论指导，以刑法及相关规范性文件作为依据，摆脱对司法解释的依赖，准确认定黑恶势力实施的强迫交易犯罪，摧毁其存在的经济基础，铲除黑恶势力滋生蔓延的土壤。

---

① 张明楷：《简评近年来的刑事司法解释》，载《清华法学》2014年第1期。

② 张明楷：《刑法分则的解释远离（下）》，中国人民大学出版社2016年版，第597页。

论基层组织建设与“扫黑除恶”专项的有机统一

许文华*

黑恶势力在基层组织的蔓延引发社会各界关注，也正是在这一形势下党中央、国务院发布《关于开展扫黑除恶专项斗争的通知》，指出扫黑除恶与基层组织建设同时进行的必要性。本文根据本人多年在辖区基层乡镇挂职交流的实践与体会，结合基层开展扫黑除恶专项行动背景，探讨基建与扫黑除恶如何有机统一，分析两者有机统一的原因，提出实现两者有机统一的对策。

一、扫黑除恶专项行动的开展背景

2018 年 3 月，福建省厦门市委巡察组进驻仅 5 天，社区书记吕某某、主任吕某涉黑双双落马，翔安区公安分局局长杨某某涉黑恶势力“保护伞”被查处。此外，2017 年 11 月，山东省通报的七个扫黑除恶的典型案例中，济南耿某等人黑恶势力案件有 3 名村支书、2 名村主任涉黑，引起了巨大的社会反响。2018 年 1 月，中共中央、国务院发布了《关于开展扫黑除恶专项斗争的通知》(以下简称《通知》),《通知》指出黑恶势力蔓延到基层组织的严峻形势，强调了在扫黑除恶中加强基层组织建设的关键作用。人民日报、中纪委机关报等媒体也纷纷发文指出要将基层组织建设和“扫黑除恶”专项统一起来，彻底去除基层黑恶势力这一毒瘤。从 2017 年各省公布的数据来看，基层的黑恶势力正在侵蚀着基层组织的治理结构，基层人民群众深受其害，不夸张的说，基层的黑恶势力正在动摇我国社会秩序的根基。

二、基建与扫黑除恶有机统一的原因

党的十八大以来，党中央强力反腐败，查处了大量的“大老虎”，老百姓无不拍手称快，但是老百姓对身边的“蝇贪”“村霸”更为深恶痛绝。随着各地打击黑恶势力的力度不断增强，黑恶势力逐渐将活动范围转移到了社会基层。由于历史原因，以及许多基层官员由于懒政、怠政或利益驱使，基层的黑恶势力大肆实施违法行为。从破获的涉黑案件来看，在社会基层发生的涉黑案件中，基层组织的官员往往不能逃脱干系。

(一)“村霸”出现的历史探究

回顾历史我们可以发现，改革开放、分田到户之后，二十世纪八九十年代的村庄治理工作主要有两件“大事”：收农业税、计划生育。这两件事都不容易。尤其是计划生育，在南方一些宗族势力强大的地区很难开展，经常遭到反抗，有时候村庄、乡镇会默许甚至借助村里面比较强势的人，以完成任务。

* 许文华，集美区人民检察院。

2003年之后农业税取消，2016年“二孩”全面放开，计生工作到现在也慢慢软化、开放，村干部的分内之事少了很多。但之后的另一个趋势是征地拆迁兴起，很多城郊村利益变得很大。征地拆迁这件事当然也不好做，由此，管理者不容易搞定事情，一些灰色甚至黑色的势力就崛起了。比如拆迁公司中就混进了很多这样的势力。坦白讲，这股风气到现在也没有完全根除。但我们很容易看到，这种表面“秩序”的维持，其背后并不意味着良性秩序的出现，反而侵蚀了基层的合法秩序和执政基础，因此中央必须“痛下杀手”。

那么，为什么面对治理问题，合法的力量反而无法奏效呢？这就涉及另一个层面的问题：基层法治力量，尤其是警力布局的严重不足。我们知道传统的中国乡村主要依靠一些乡土规范，所谓的村民自治组织原则常常缺乏民事法律的支撑，随着基层原子化，乡土结构能起的作用式微，即使村子里有混混、恶霸出现，曾经有威望、管事儿的老人不管，也管不了了。与此同时，合法的暴力体系（如警察），也没有足够的力量介入、难以及时有效地渗入农村进行管控。

本人于2012年曾经到镇政府挂职锻炼，主要的工作就是拆迁工作。亲身经历告诉我们一个铁定的事实就是：拆迁，就是要依靠村庄里有实力的村支书、村主任的强硬支撑配合，否则就事倍功半，进度缓慢。工作中经常接触基层派出所有民警，知道他们严重缺乏人手、完全忙不过来。很多地方一个乡镇只有一个派出所，但人口可能有五六万甚至十万之多，派出所的正式编制甚至都不到5个人。乡村结构又不像城市紧凑，人口分布非常广，有时候一个山头就住几户人家，日常出警怎么覆盖得到？跟其他国家相比，我们人均正规警力相当少。因此，法律的力量、合法的暴力不足，也是黑恶势力兴起的一个现实原因。

但说到底，无论是治理能力的弱化、还是基层法治力量的缺乏，其背后的深层次原因都是社会结构的变迁。社会结构在趋于松散、原子化、趋利化的同时，地方自我规范的能力并没有跟上。在传统良性约束力量缺乏的条件下，向“权钱”看齐就成了通行规则，一旦有利益出现，就很容易出现抢夺。这也就是出现前述的“村霸”，以及“村霸”如何寻找保护伞的逻辑。

所以，“村霸”不一定是每一个村庄都存在的具体现象，但以小见大，其背后折射出的问题却是耐人寻味的：基层治理到底为何面临困境、为何失效？为何基层政权建设不够完善？

从学理上看，基层政权建设包含两个方面：一是基本基本社区（农村或城市）实现自我管理，也就是真正实现基层民主；二是建成一个高效、廉洁、有力的官僚行政体系。前者可以保证民众参与和监督公共事务的执行，然后与后者相结合，才能构成比较成熟的、既体现在地声音和利益诉求又可以上下贯通的成熟基层政权体系。拿这个标准来看，现存的基层民主显然是不令人满意的。我们看到许多地方的基层选举在走过场，要么是大家漠不关心，要么是资源被强势势力甚至黑恶势力垄断，选谁不选谁，人民做不了主。

还有一些村，少数乡村新富走上政治前台，凭借较强的致富能力影响选民的投票意向，甚至还以承诺和捐赠的形式赢得多数选民的支持而当选，形成令人警惕的“富人治村”现象，“基层民主”变成了“基层选主”——普通村民只需要选一个主人，而无法进入基层治理，使得基层村庄的权力结构固化。

在某种意义上，“富人治村”跟“恶人治村”的逻辑是相似的。富人可以以金钱手段代替一些强制手段，甚至可能富人以前是恶人，但现在不需要暴力手段了，可以用金钱收买群众了。这种现象之所以值得警惕，是因为其表现出一种基层局部失控状态。我们的基层党组织不能只吸引能赚钱的人、强势的人，让他们在经济上“带后富”，因为实际上根本带不起来，基层党员的政治性反而被过度的经济性稀释掉了。

（二）基层官员与和黑恶势力利益勾结

近年来，随着我国城市化进程快速发展，传统的农村经济也发生了天翻地覆的变化，城市发展不仅需要大量的征用土地，一些基层官员工作需要（主要是征地拆迁）长期和村干部接触，时间久了自然成为熟人，成为朋友，在经济利益面前也成了贪腐分子，在收受黑恶势力的贿赂后，不顾广大人民群众的利益，充当黑恶势力的“保护伞”，帮助其掩盖欺压群众、控制基层重要经济来源、开设黄赌毒场所等罪行。正是由于基层官员的保护，广大人民群众备受欺凌却只能忍气吞声，不仅让基层组织自治成为空谈，也挫伤了人民群众对党组织的信任，如果不及时进行打击，不仅会伤害广大人民的根本利益，也会有损中国共产党的政治威信。例如刚刚查处的山西闻喜县侯氏四兄弟黑恶势力，无恶不作，暴力敛财致人死亡，其背后“保护伞”竟然是该县公安局副局长景益民等 17 名民警，事件一曝光，引起轩然大波。

由于基层党组织建设涣散，党的领导力被弱化，许多基层官员不仅与黑恶势力进行利益交换，甚至直接参与到黑恶组织当中，并借此插手村支书、村主任的竞选，掌控基层组织“两委”，使得合法组织黑化，非法组织合法化。由于基层组织的自治性，基层官员本身就掌控着巨大的权力，如果基层官员同时掌握着黑恶势力组织，则会让基层成为其“独裁”的土壤。如果不打击基层黑恶势力，建立完善的基层治理体系，就必然会影响到社会的公平、正义。

（三）基层官员消极对待扫黑与除恶

虽然一些官员并未参与黑恶势力的组织活动，也未进行权力寻租，但是因为畏惧黑恶势力的寻衅滋事或者畏惧充当“保护伞”的上层官员的施压，消极对待扫黑除恶行动，任由其对人民群众巧取豪夺，任由其窃取集体或者国家的财产。因此而怠政的基层官员不在少数，身为共产党员却将个人安危看得重于人民群众的根本利益，身为基层组织的官员却不能让百姓安居乐业，致使黑恶势力在被迫转移到偏远地区后还能坐大，这样消极对待的危害不亚于主动利益勾结或参与黑社会活动。

三、基建与扫黑除恶有机统一的对策

扫黑“拍苍蝇”，除恶也反腐，从实践来看，发生在基层的涉黑案件往往牵扯到地方官员，在长期宽松的自治环境中，基层组织治理结构松散、党组织的存在形式化严重，若不及时重新建设基层组织而只进行扫黑除恶，则只能治标，无法治本。

（一）紧抓基层组织贪腐，打掉“保护伞”

基层组织尤其是农村地区官员的腐败收入主要依赖于控制该地区的主要经济来源，而实现控制的过程往往要依赖非法行为强行获取，因此，基层反腐与扫黑除恶关系密切，只有严厉打击基层的官员贪腐能够让基层的黑恶势力暴露在阳光下。所以，打黑先打“伞”，需要纪检、监察委首先紧抓基层反腐工作，避免腐败官员的姑息养奸。当肃清基层贪腐问题时，公安部门才能够将涉黑人员绳之于法，还基层人民群众一片蓝天白云。虽然在扫黑除恶中强调打黑先打“伞”，但并不是必须先反腐才能扫黑。公安部门应当积极打击黑恶势力，破获案件要深挖背后的保护势力，让反腐为扫黑铺路，也让扫黑为反腐出力。

（二）强化基层党建工作，团结人民群众

基层党组织建设的落后让权力集中在基层组织官员手中，村主任的自治权力几乎让其掌控着全村的一切资源，缺少党组织管控的自治权力让基层官员难以自我约束，尤其是政治觉悟不高的基层官员，很容易被利益驱使，成为黑恶势力的“保护伞”甚至是黑恶势力的成员、组织者。中共中央的一贯宗旨都是依赖群众、深入群众，但是被架空的党组织很难给予人民群众公平、正义的社会环境，在黑恶势力猖獗的地区甚至使得人民群众失去对党组织的信任。因此，在进行扫黑除恶专项活动中，建设基层组织首要工作就是强化基层党组织建设工作，对党员进行严格要求，让基层自治的权力处于党组织的控制范围内，将解决涉黑腐败问题作为落实全面从严治党责任的重要内容，对产生的腐败、涉黑等苗头绝不姑息。只有这样能够让党组织真正深入群众当中，服务人民群众，团结人民群众。

（三）完善基层治理模式，建立长效机制

不仅要完善基层党组织建设，还要完善基层的治理模式，避免基层公权力成为基层官员牟取非法利益的工具。完善基层治理模式，简单来说就是权力应当被分散和监督，充分激发人民群众参与公共事务热情，让人民群众成为权力制约的监督者，以防权力被滥用；建立更合理的官员评价体系，在该体系下赋予基层党组织监督基层官员的权利，对于涉黑、贪腐的官员严惩不贷，并且定期对官员的评价考核。由于基建与扫黑除恶的有机统一性，不断完善基层治理结构也就是完善长效机制的过程。基层组织缺少同等级人民代表大会的监督，让扫黑除恶长效机制缺少监督者与执行者。因此，需要基层党组织参与到完善基层治理模式的工作当中，承担起监督、评价、执行等职责，确保反贪扫黑长效机制的长期稳定。

黑社会组织犯罪案件中财产处置的域外法律制度研究

江雅雯 *

2019年4月9日，最高人民法院、最高人民检察院、公安部、司法部发布《关于办理黑恶势力刑事案件中财产处置若干问题的意见》，完善细化了我国对于黑社会组织性质犯罪案件中财产处置的法律制度，也引起了实务部门和理论界的关注。国际社会中，著名的黑社会组织有意大利的黑手党、日本的暴力团，另与大陆地区同根同源、具有借鉴意义的台湾、香港地区也有较为突出的黑社会组织问题。故考察这些国家、地区黑社会组织犯罪案件中财产处置的相关制度及刑事政策，对大陆地区的扫黑立法与实践有一定的借鉴作用。本文主要有以下五个方面：一是关于高额罚金、财产托管等制度；二是举证责任的倒置；三是洗钱、清洗黑钱相关犯罪；四是被害人财产返还；五是关联犯罪的处理等。

一、台湾地区黑社会组织犯罪中财产处置概述及可借鉴经验

在我国台湾地区，黑社会犯罪历来严重。台湾地区的刑事立法没有采取“黑社会”的表述，而是使用“犯罪组织”的概念。台湾地区关于惩治黑社会犯罪方面的法律依据主要有：台湾地区“刑法”第154条、“检肃流氓条例”和“组织犯罪防制条例”，三者在时间上先后出台，其中1996年通过的“组织犯罪防制条例”① 是针对前二者的缺陷而制定的一部较为完备的扫黑刑事立法，且通过多次修正而日趋完善。

台湾地区与大陆相同的是对于组织、领导、参与犯罪组织的，均予以定罪处罚，并设置罚金与没收的财产刑。其不同或独特之处在于：

（一）没收普遍适用于组织、领导、参加犯罪组织者

大陆仅对组织、领导者规定应当并处没收财产，对骨干成员或者为该组织转移、隐匿资产的积极参加者为可以并处罚金或没收财产；而台湾地区对组织者、领导者、参与者、利用犯罪组织胁迫他人者均应当并处没收财产，处罚更为严厉。

（二）没收财产之特别规定——举证责任倒置

大陆对于应当没收的涉案财产使用列举式规定，由公诉机关承担举证责任。根据《全国部分法院审理黑社会性质组织犯罪案件工作座谈会纪要》关于财产刑的适用问题的内容，黑社会性质组织敛财数额特别巨大，但因犯罪分子转移、隐匿、毁灭证据或者拒不交代涉案财产来源、性质，导致违法所得以及其他应当追缴的财产难以准确查清和追缴

* 江雅雯，福建天衡联合律师事务所律师。

① 条例原文载于：https://zh.wikisource.org/wiki/组织犯罪防制条例_(2017).

的，对于组织者、领导者以及为该组织转移、隐匿资产的积极参加者可以并处没收个人全部财产。以此来解决公诉机关举证难的问题。

而台湾地区采取了特有的证据认定制度。根据“组织犯罪防制条例”第7条规定，对组织、领导、参加犯罪组织或利用犯罪组织胁迫他人的，对其参加之组织所有之财产，除应发还被害人者外，应予没收。对于参加组织后取得之财产，未能证明合法来源者，亦同。也就是说，没收财产的范围不仅包括犯罪组织的财产，还包括犯罪组织成员在参加犯罪组织之后所取得的财产。在财产性质的认定上，采取举证责任倒置的方式，即被告承担举证证明其参加犯罪组织后所取得的财产是合法所得，否则就推定该财产为犯罪所得之财产，予以没收。相对应地，我国此类罪名仅有针对国家工作人员的巨额财产来源不明罪。

（三）资助犯罪组织行为独立成罪

根据“组织犯罪防制条例”第6条规定，非犯罪组织之成员而资助犯罪组织者，处6个月以上5年以下有期徒刑，得并科新台币1000万元以下罚金。也就是说，台湾地区将资助犯罪组织的行为独立成罪，以此阻断犯罪组织的经济来源。大陆对于资助黑社会性质组织的相关规定，仅将资助、支持的财产纳入没收范围，未独立成罪，如最高人民法院、最高人民检察院、公安部、司法部《关于办理黑社会性质组织犯罪案件若干问题的规定》第20条规定，对于明知是黑社会性质组织而予以资助、支持的，依法没收资助、支持的财产。而我国资助犯罪行为独立成罪的仅有《刑法》第107条所规定的资助危害国家安全活动罪。

诚然，即使没有独立成罪的规定，资助罪犯的行为可以通过共犯理论入罪，但将资助行为独立成罪的立法模式表明了所资助行为的社会危害性极大，提供贷款、资金、物资等经济上的帮助行为亟待受到严惩。资助危害国家安全活动罪的直接责任人员的相应刑罚为五年以下有期徒刑、拘役、管制或者剥夺政治权利，情节严重的处五年以上有期徒刑，其量刑相对于以危害国家安全罪的共犯论处而言是更重的。因此，台湾地区的这一制度对于大陆地区打击黑社会性质组织犯罪的经济基础具有一定的参考价值。

二、香港黑社会组织犯罪中财产处置概述及可借鉴经验

香港政府于1994年颁布了《有组织及严重罪行条例》[①]，历经几次修订，成为香港打击黑社会组织犯罪的主要依据。该条例的主要目的即增设对黑社会组织犯罪案件中的财产处置条款。

其中，香港可供借鉴的经验具体如下：

（一）针对已死亡或潜逃的被告人的没收规定

香港政府通过《有组织及严重罪行条例》第8条、第11条有关没收令规定，授权香港区域法院及高等法院原讼法庭没收被告人直接或间接从实施附表1及附表2所列的“指明罪行”所获包括财产增值的收入及利益。适用情形除应就指明的罪行接受判处刑罚外，还包括“信纳该人已死”或“信纳该人已潜逃”。针对第二、三种情形，法庭应裁定该人

① 条例原文载于：https://www.elegislation.gov.hk/hk/cap455!en@2018-04-20T00:00:00.

的罪行是有组织罪行，从中犯罪所得总计达到港币10万元以上，及曾经从有组织罪行中获利。联想我国新增的缺席审判程序，有类似规定，即对于贪污贿赂犯罪案件，以及需要及时进行审判，经最高人民检察院核准的严重危害国家安全犯罪恐怖活动犯罪案件，犯罪嫌疑人、被告人在境外的，符合条件的可适用缺席审判，并对违法所得及其他涉案财产作出处理。针对依赖经济基础的黑社会性质组织犯罪是否有必要加入缺席审判程序的适用罪名问题，值得参考。

（二）打击处理犯罪得益（清洗黑钱）犯罪

香港《有组织及严重罪行条例》第25条为香港在《刑法》中增订了处理犯罪得益这个打击有组织犯罪运作及扩展的犯罪，规定如有人知道或有合理理由相信任何财产从可公诉罪行的得益而仍处理该财产，即属犯罪。公诉罪是可于区域法院或以上法院提出检控的犯罪。《有组织及严重罪行条例》第2条把“处理”广泛定义为包括：收受或取得；隐藏或掩饰该财产（不论是隐藏或掩饰该财产的性质、来源、所在位置、处置、调动或拥有权或与其有关的任何权利或其他方面的事宜）；处置或转换；将财产运入或调离香港；以该财产做借贷或保证（不论是借押记、按揭或质押或其他方式）。

（三）不披露犯罪得益（黑钱）罪

香港《有组织及严重罪行条例》第25A条规定，任何人已知及怀疑代表可被公诉罪起诉犯罪的财产时，得向香港警察、香港海关及其他获香港律政司授权人员进行披露，而这种犯罪财产亦包括该犯罪的得益及任何曾或拟使用于该可被公诉罪起诉的犯罪的财富，违者即属犯罪，可以公诉罪被起诉处最高的罚金港币50万元及徒刑5年。

三、意大利黑社会组织犯罪中财产处置概述及可借鉴经验

在欧美，黑手党是目前世界上存在时间最长、影响最广、组织最严密、结构最完整的黑社会组织。意大利于1982年9月13日颁布了关于打击黑手党犯罪的第646号法律，直接将黑手党型集团纳入《意大利刑法典》处罚范围，其后通过2005年12月5日第251号法律完善相应刑罚。

《意大利刑法典》[①] 第416-2条、第416-3条规定了黑手党型集团的相关罪名及其处罚。可借鉴的制度与规定有：

（一）关于犯罪所得的特别规定

根据《意大利刑法典》第416-2条第5款的规定，如果集团成员所打算控制的经济活动是完全或部分由犯罪的代价、所得或者收益资助的，以上各款规定的刑罚在三分之一至一半的幅度内增加。即通过认定犯罪所得用于犯罪加重集团成员的刑罚，反向抑制黑社会组织的犯罪所得在其经济活动中的作用。

（二）特别的没收制度

相对于罚金较低，意大利的配套制度是没收财产的举证责任倒置。根据《意大利刑法

① 黄风译注：《最新意大利刑法典》，法律出版社2007年版，第148-149页。

典》第416-2条第6款的规定，对于被判刑人，一律没收用于实施犯罪的物品、作为犯罪代价、所得或收益的物品和构成对犯罪的利用的物品。另意大利在1992年公布《特别法令》以彻底查缉黑手党。《特别法令》第306号令规定：黑手党已经判刑，若无法说明所获金钱、物品、资产之来源，或其对财产之分配与其个人合法收入不成比例的，应予以没收。对财产性质同样适用了举证责任倒置的证据规则。

四、日本黑社会组织犯罪中财产处置概述及可借鉴经验

在日本，黑社会被称为“暴力团”。为了打击暴力团，日本政府出台的、现行有效的法律主要有两部:《暴力团对策法》（全名为《防止暴力团成员的不当行为的法律》，1992年3月1日起实施）与《有组织犯罪处罚法》（全名为《打击和控制有组织犯罪获利法》或《有关有组织犯罪的处罚及犯罪收益的规制等的法律》，1999年8月18日起实施）。日本打击黑社会犯罪的特别之处在于：日本是世界范围内唯一一个承认黑社会组织合法的国家，暴力团本身可以合法存在。可供借鉴的内容主要为《有组织犯罪处罚法》的相关规定，具体如下：

（一）对犯罪收益的没收和追缴程序

《有组织犯罪处罚法》第13条至第21条规定了对犯罪收益的没收和追缴程序。但日本的没收程序与中国的没收程序有所不同，所对应的是其实是特殊没收，即仅限于犯罪相关之物，而不涉及行为人的财物。另按照日本刑法的规定，没收的对象仅限于有体物，但是，《有组织犯罪处罚法》将没收的对象扩大至动产、不动产及金钱债券和无形财产权等具有社会一般观念上所认可的经济价值的利益。①

（二）洗钱罪

《有组织犯罪处罚法》虽规定的洗钱行为不仅包括常见的犯罪收益的隐匿行为以及收受行为，还包括利用不法收益支配法人等组织的正常经营行为。这扩大了传统意义上的洗钱罪的适用范围，有学者提出，这一规定的立法目的在于防止因不法收益被运用于法人等经营活动中，进而造成民众对法人制度的不信赖或是对正常的经济活动造成恶劣影响。② 日本的这一做法可以说顺应了黑社会组织转向利用成立法人等组织将犯罪所得洗白并反向以经营收入支持犯罪的发展作出的改变，从而将规制的范围延伸到黑社会组织所控制的企业，达到斩草除根的效果。

五、高额罚金和财产托管制度的通行做法

大部分国家在重罚组织、领导、参与有组织犯罪者的同时，都设置有高额的罚金甚至没收的财产刑，并且没收财产范围的举证责任倒置，是较为通行的做法。目前，英美法系将民事托管与刑事扣押进行有机组合，确立了被扣押财产托管制度。该制度与我国

---

① 余磊、邓小俊:《中日打击有组织犯罪的法律对策之比较》，载《法学评论》2010第2期（总第160期）。

② 三浦守、松并孝二、八泽健三郎、加藤俊治:《组织的犯罪关联三法的解说》，法曹时报52卷6号，第70—71页。

刑事涉案财产管理制度的改革方向相一致。一方面，英美法系国家普遍在行政体制内设立了专门的财产托管机构，负责管理被扣押财产。财产托管机构作为独立的管理主体，为被扣押财产提供了统一的管理规范和集中的管理场所，有利于促进管理活动的独立化和统一化。另一方面，作为从事财产管理的专业人员，托管人能够运用专业技能保管被扣押财产，并在可能的情况下进行动态经营，确保没收或者返还的最大化实现。

六、结语

比较上述国家、地区在黑社会组织犯罪案件中财产处置的相关制度后，可以看出，黑社会组织犯罪的总体发展态势是趋同的，从暴力性转向非暴力性，牟利目的趋势日益凸显，因此修法重点都集中于摧毁其经济基础。采取的方式较为多样，包括增设罪名、加重刑事责任、扩大犯罪所得及其收益的范围、没收财产范围及举证责任倒置，但是否可予引进借鉴，应分析其立法背景与配套制度，不同国家或地区针对同一问题可能采取不同制度，如殊途同归则无须并行设置。

智慧政法

“智慧法院”下的执行信息公开与被执行人权利保护

沈雪婷*

“大数据是指人类有使用海量数据的能力，并以此发现新知识、创造新价值，从而为社会带来巨大的发展机遇。”① 在国家大数据战略的时代背景下，2016 年 3 月最高人民法院提出“用两到三年时间基本解决执行难问题”②。伴随全国四级法院努力建设符合信息时代前沿的“智慧法院”③，执行信息化水平不断提升，大数据、云计算、人工智能等信息化应用技术广泛融应用于法院执行工作，传统执行模式发生深刻变革，执行案件的质效得到明显提升。

随着执行信息公开力度的不断加强，失信被执行名单制度作为一项惩戒性的联合执行措施，可有效地敦促被执行人在法定期限内履行法律文书确定的义务。但在使用公权力对被执行人进行强制信用惩戒的同时，因长久以来法院执行工作仅注重办案效率且缺乏具体的制度规范，过度行使公权力容易侵害被执行人的权利。因此，及时保护被执行人的权利也同等重要。

一、失信被执行人名单制度实施下的权利冲突

失信被执行人，即俗称“老赖”，是指具有履行能力而不履行生效法律文书确定的义务，或者抗拒执行、规避执行、以各种形式不配合人民法院强制执行的被执行人。近年来，通过与多部门建立失信被执行人联合惩戒机制，将被执行人列入失信被执行人名单已成为全国法院攻坚破解“执行难”的一项重要而高效的执行手段。人民法院的强制执行是通过公权力的行使强制被执行人实现生效法律文书确定的义务，依法保障申请人（债权

* 沈雪婷，厦门市海沧区人民法院。

① 徐子沛：《数据之巅：大数据革命，历史、现实与未来》，中信出版社2014年版，第258页。

② “坚持以人民呼声为第一信号，向执行难全面宣战，深化执行体制改革，提高执行信息化水平，规范执行行为，强化执行措施，加强信用惩戒，让失信被执行人寸步难行、无处逃遁，引导公民尊法学法守法用法，用两到三年时间，基本解决执行难问题，破除实现公平正义的最后一道藩篱。”最高人民法院院长周强：《最高人民法院工作报告》，第十二届全国人民代表大会第四次会议，2016年3月13日。

③ “智慧法院是指依托现代人工智能，围绕司法为民、公正司法，坚持司法规律、体制改革与技术变革相融合，以高度信息化方式支持司法审判、诉讼服务和司法管理，实现全业务网上办理、全流程依法公开、全方位智能服务的人民法院组织、建设、运行和管理形态。”最高人民法院院长、信息化建设工作领导小组组长周强：《最高人民法院院长周强在最高人民法院信息化建设工作领导小组2016年第一次全体会议上的讲话》，2016年1月29日。

人）的权利的实现，但在维护一方利益的同时，也要注意让被执行人的权利不受过度侵犯。“在某些制度中，……当使用某种制度规范能够恰当平衡社会各方面利益时，这些制度就是正义的。”[①]失信被执行人名单制度若要体现法律公平正义的价值，就必须要在申请人和被执行人之间达到双方权利的平衡，要注重维护司法公正公平，做到案件能执、善执，达到事结人和的效果。

（一）失信被执行人名单制度的实施及效果

1. 失信被执行人名单的纳入条件与惩戒范围

最高人民法院于 2013 年 10 月 1 日公布实施《关于公布失信被执行人名单信息的若干规定》（下称《若干规定》），并于 2017 年 5 月 1 日修改后重新公布施行。《若干规定》第 1 条[②]规定了被执行人在未履行生效法律文书确定的义务时，有 6 种应当将其依法列入失信名单的情形。同时，在第 3 条[③]中列举了 4 种不属于有能力而拒不履行生效法律文书确定义务的情形，符合这 4 种情形之一的，就可以排除适用第 1 条第 1 项的纳入条件。在第 4 条[④]还强调不得将未成年人纳入失信被执行人名单，体现了对未成年人的保护。

2015 年最高人民法院修改《最高人民法院关于限制被执行人高消费的若干规定》，重新公布实施《最高人民法院关于限制被执行人高消费及有关消费的若干规定》（下称《限制消费规定》），《限制消费规定》第 3 条[⑤]规定了对被执行人采取限制消费措施后，被执

---

① ［美］约翰·罗尔斯：《正义论》，何怀宏等译，中国社会科学出版社1988年版。

② 《最高人民法院〈关于公布失信被执行人名单信息的若干规定〉》第1条：“被执行人未履行生效法律文书确定的义务，并具有下列情形之一的，人民法院应当将其纳入失信被执行人名单，依法对其进行信用惩戒：（一）有履行能力而拒不履行生效法律文书确定义务的；（二）以伪造证据、暴力、威胁等方法妨碍、抗拒执行的；（三）以虚假诉讼、虚假仲裁或者以隐匿、转移财产等方法规避执行的；（四）违反财产报告制度的；（五）违反限制消费令的；（六）无正当理由拒不履行执行和解协议的。”

③ 《最高人民法院〈关于公布失信被执行人名单信息的若干规定〉》第3条：“具有下列情形之一的，人民法院不得依据本规定第一条第一项的规定将被执行人纳入失信被执行人名单：（一）提供了充分有效担保的；（二）已被采取查封、扣押、冻结等措施的财产足以清偿生效法律文书确定债务的；（三）被执行人履行顺序在后，对其依法不应强制执行的；（四）其他不属于有履行能力而拒不履行生效法律文书确定义务的情形。”

④ 《最高人民法院〈关于公布失信被执行人名单信息的若干规定〉》第4条：“被执行人为未成年人的，人民法院不得将其纳入失信被执行人名单。”

⑤ 《最高人民法院〈关于限制被执行人高消费的若干规定〉》第3条：“被执行人为自然人的，被采取限制消费措施后，不得有以下高消费及非生活和工作必需的消费行为：（一）乘坐交通工具时，选择飞机、列车软卧、轮船二等以上舱位；（二）在星级以上宾馆、酒店、夜总会、高尔夫球场等场所进行高消费；（三）购买不动产或者新建、扩建、高档装修房屋；（四）租赁高档写字楼、宾馆、公寓等场所办公；（五）购买非经营必需车辆；（六）旅游、度假；（七）子女就读高收费私立学校；（八）支付高额保费购买保险理财产品；（九）乘坐G字头动车组列车全部座位、其他动车组列车一等以上座位等其他非生活和工作必需的消费行为。被执行人为单位的，被采取限制消费措施后，被执行人及其法定代表人、主要负责人、影响债务履行的直接责任人员、实际控制人不得实施前款规定的行为。因私消费以个人财产实施前款规定行为的，可以向执行法院提出申请。执行法院审查属实的，应予准许。”

行人不得实施的9种消费行为。并且在第1条第2款[①]中明确，对已纳入失信被执行人名单中的被执行人同时应当对其采取限制消费措施。

2016年国家发展改革委与最高人民法院牵头，联合44家职能部门共同签署《关于对失信被执行人实施联合惩戒的合作备忘录》（下称《备忘录》），其中提出了55项针对被列入失信被执行人名单（包括自然人和法人）的联合惩戒措施，在八个方面对失信被执行人实施限制措施，分别为：（1）限制设立金融类机构方面；（2）限制从事民商事行为方面；（3）限制行业准入方面；（4）限制担任重要职务方面；（5）限制享受优惠政策或荣誉方面；（6）限制消费行为方面；（7）限制出境、定罪处罚等人身自由方面；（8）协助查询和公示失信信息的措施方面。

2. 失信被执行人名单制度的实施原则

我国的失信被执行人名单制度属于带有惩罚性、强制性的制度，其运行需要依靠强大的公权力。对失信被执行人实施具有惩罚性功能的措施时，会相应地消灭其一部分权利。因此笔者认为在进行强制执行时应至少遵循两个原则，才能达到程序正义和实质正义的平衡，进而规范法院执行行为、提升司法作风、体现强制执行的正当性。

第一，将被执行人纳入失信名单要符合程序正当原则，执行正当的程序才会有正当的结果。法院对纳入失信被执行人名单的认定和依法惩戒失信被执行人正当性的基础来源于被执行人自身对失信行为的正确认知与理性判断，即被执行人的知情权。而申辩权则主要保障被执行人对已采取的执行行为发表意见的权利，从而通过异议申诉寻求相应的救济。坚持程序正义的程序正当原则是为了充分保证公权力的行使对个体权利的破坏在正义所能容忍的范围内。因此要充分保证案件各方当事人的程序参与权，即做好及时告知、送达和接受当事人申辩的工作。

第二，将被执行人纳入失信名单要符合比例原则。在依法采取各类惩戒措施促使被执行人履行义务的情况下，法院必须要选择对被执行人权利侵犯最轻的措施。因此要合理适用执行惩戒措施，原则就是以准确选择措施为主、及时调整措施为辅，适时变更惩戒措施。在采取上述失信惩戒措施中遵循比例原则，在强制执行的过程中，既要敦促被执行人在期限内履行应当履行的义务，又要在过程中注重保护被执行人的权利。

3. 失信被执行人名单制度的运行效果

作为执行信息化的重要一环，失信被执行人名单制度不仅规范了法院的执行行为，极大地提升了法院司法公信力，而且有力地推动了社会信用体系建设。通过人民法院与各职能部门对信息数据进行高效共享，不断加大对失信被执行人的曝光和惩戒力度，构建出了失信人员“一处失信，处处受限”的信用监督、警示和惩戒工作机制，全方位地对其进行“围剿”，有效促使被执行人自觉履行生效法律文书确定的义务。据最高人民法院在2019年4月的统计，全国法院累计发布失信被执行人名单1332万人，有366万人迫于惩戒压力自动履行了法律义务。[②] 运用失信被执行人名单制度对失信被执行人进行联合信用惩戒，成为法院解决“执行难”的重要措施，丰富完善了执行信息公开方式，有效规

① 《最高人民法院〈关于限制被执行人高消费的若干规定〉》第1条：“被执行人未按执行通知书指定的期间履行生效法律文书确定的给付义务的，人民法院可以采取限制消费措施，限制其高消费及非生活或者经营必需的有关消费。纳入失信被执行人名单的被执行人，人民法院应当对其采取限制消费措施。”

② 最高人民法院院长周强，《最高人民法院〈关于研究处理对解决执行难工作情况报告审议意见的报告〉》，第十三届全国人民代表大会常务委员会第十次会议，2019年4月21日。

范了执行行为，切实提高了司法公信力，有力维护了法律权威，为宣告如期实现“基本解决执行难”这一阶段性目标作出了极大贡献。

（二）失信惩戒与权利冲突的表现形式

根据失信被执行人名单制度的设计，上失信名单的被执行人信息会由最高人民法院统一录入被执行人名单库，并将名单库统一向社会公布，各级法院也可以在各类媒体或在法院公告栏予以公示。名单库信息统一向联合惩戒单位发送，各单位依据职能及《备忘录》中规定的措施对失信被执行人进行全方面限制。其中主要有以下两种冲突的表现形式：

1. 失信惩戒与人身自由权的冲突

第一，根据我国《民事诉讼法》和《刑法》规定，在被执行人构成特定的失信行为时，人民法院可以对其依法处理。如果被执行人存在有能力履行而拒不履行，且有抗拒执行或转移、隐匿财产等严重失信情形的，甚至可以拒不履行判决裁定罪追究其刑事责任。这是剥夺被执行人人身自由权的措施。第二，根据我国《民事诉讼法》《出入境管理法》以及最高法司法解释规定，对失信被执行人可以采取限制出境、限制消费的惩戒措施。这是限制被执行人人身自由权的措施。

2. 失信惩戒与人格尊严权的冲突

这主要表现法院公布失信信息损害被执行人的名誉权、隐私权。第一，在名誉权方面。通过向社会公布失信名单，银行等征信机构会下调对名单人员的信用评级，社会会降低对其评价，对被执行人的名誉产生消极的影响，最终导致被执行人在行业准入、交易资格、子女教育等方面与常人待遇不平等。第二，在隐私权方面。公布失信名单影响到被执行人的个人信息权。[①] 失信被执行人名单信息属于个人信息的部分包括姓名、年龄、性别、部分身份证号码、具体失信情形及案件信息，向社会公布这些信息实质上增加了被执行人因信息泄露而导致的各类风险。

我国《民法总则》中确认了自然人享有人身自由权、隐私权，但也规定了其在享有上述权利的同时不得滥用民事权利损害国家利益、社会公共利益或者他人合法权益。且根据隐私权让渡[②]的理论，当被执行人构成了严重失信行为，侵犯了申请人（债权人）的合法权益，损害了社会公平与司法公信时，通过曝光被执行人的部分隐私信息，限制或剥夺严重失信被执行人的人身自由，可以有力维护社会诚信体系与公平交易秩序。因此依法对失信被执行人进行合理惩戒，将权利的冲突控制在实现正义容忍的范围内，那么即使冲突造成一方损失，也是维护社会公正公平秩序的应有之义。

---

① “个人信息是指与特定个人相关联、反映个体特征的具有可识别性的符号系统，它包括个人身份、工作、家庭、财产、健康等各方的信息。”王利明：《隐私权概念的再界定》，载《法学家》2012年第1期。

② “当对隐私权的保护侵犯到社会公共利益和公共道德时，对其价值的保护应让渡于公共利益的保护。”王其生：《失信被执行人信息公开的依据和限度》，载《人民法院报》第8版，2016年6月22日。

二、失信被执行人名单制度实施中的缺漏与风险

（一）失信被执行人名单制度的适用标准不明确

《若干规定》第1条中明确规定了6种应纳入失信名单的情形，除了5种有具体表现情形的可以明确适用以外，符合第1项[①]情形的认定条件不明确。在具体案件的执行过程中，认定被执行人具有履行能力需要由申请人提供证据或者由法院依职权调查来确认。且《若干规定》第3条第4项[②]实质上又属于兜底性条款，关于在实际办案中如何适用这一排除条款，则完全取决于执行法官的自由裁量权。认定标准本身不明确，再加上执行案件周期较长、数量庞大、信息繁杂，导致在实践中执行法官无法对案件被执行人一一详实地甄别，出现符合条件的被执行人并没有被纳入失信名单或者被执行人被错误纳入失信名单等现象，大大增加了案件风险。同时也反映了执行信访问题多发于误入失信名单事件的现象。

（二）错误上失信名单的救济惩戒机制不完善

随着失信被执行人名单制度的运行及推广，笔者根据相关信访投诉数据发现，由于执行信息化水平不断提高，多项失信惩戒措施在线上的统一平台上进行操作。但是在制度运行中，纠错救济机制却不够完善，一旦错误公布失信信息，会对第三人会带来不可估计的损失。例如某法院在执行立案环节就错将申请人与被执行人信息颠倒录入，随着案件在办案系统不断流转，最终引发对申请执行人限制消费甚至将其列入失信被执行人名单的严重错误。在这个极典型的信访案例中，办案人员在执行实施阶段看到的基础信息都是系统自动生成后流转的，失信审批流程的界面也只是基础信息的再现。况且，在依据电子化卷宗办案的情况下，很难做到人工将案件信息逐一核对。该信访事件最终的处理结果是撤销不当案件主体的失信记录并对承办人员进行诫勉谈话。也就是说，在目前的失信被执行人名单制度中，被错上失信的公民或法人除了可以通过申辩将自己的失信记录撤销，很难得到后续的救济补偿，甚至该制度中也没有对相应责任人具体的惩戒措施。

（三）失信名单的撤销程序设计过于简单

作为一项长期解决执行难的有效制度，其下失信退出机制仍不健全。《若干规定》中规定了7种删除失信信息的情形，限定删除失信信息期限为3个工作日内，但是对删除失信信息后的效力问题没有作出更具体的规定。例如，如何及时撤销对已下失信名单被执行人的联合惩戒措施及下失信名单是否向社会主动公布等。笔者在从事执行工作中也经常遇到被执行人已从名单中撤销，但其他惩戒单位却仍未及时撤销对被执行人的惩戒

---

① 《最高人民法院〈关于公布失信被执行人名单信息的若干规定〉》第1条："被执行人未履行生效法律文书确定的义务，并具有下列情形之一的，人民法院应当将其纳入失信被执行人名单，依法对其进行信用惩戒：（一）有履行能力而拒不履行生效法律文书确定义务的……"

② 《最高人民法院〈关于公布失信被执行人名单信息的若干规定〉》第3条："具有下列情形之一的，人民法院不得依据本规定第一条第一项的规定将被执行人纳入失信被执行人名单……（四）其他不属于有履行能力而拒不履行生效法律文书确定义务的情形。"

措施的情况。失信名单撤销程序设计不够完善，会使失信被执行人名单制度的运行失去平衡，容易过度侵犯被执行人的权利。

三、失信被执行人名单制度实施后的改进思路

（一）加快推进《强制执行法》的立法及制度细化工作

目前，《若干规定》以司法解释的形式对失信被执行名单制度作出了具体的规定。虽然司法解释也属于“法律”的范畴，但是根据司法解释的性质，《若干规定》只能起到完善制度的作用，本质上是不能创设制度的，并且该制度在实施中还涉及多项对公民人身自由权、人格尊严权的惩罚性措施，不利于法院在执行过程中据此对涉案各方进行权益分配。因此，目前急需将失信名单制度纳入法律的范畴进行固定。

第一，要加快推进《强制执行法》的相关立法工作。将失信被执行人名单制度纳入其中，以立法的形式予以固定，再依据《若干规定》指导具体实务操作，使法院在使用涉失信的强制执行措施时更具有正当性、合法性、稳定性。第二，要更加明确纳入失信的条件。各级法院可根据当地司法实践，对《若干规定》进行细化，在法定的大框架下制定实施细则，从不同地区的实践情况给被执行人“是否具有履行能力”制定认定标准，同时遵循比例原则，有针对性地对不同类型的被执行人分别适用惩戒措施、适时调整惩戒措施、及时撤销惩戒措施。

（二）完善错误纳入失信名单的救济惩戒措施

要按《若干规定》的要求，规定具体的办理期限，在期限内撤销误上失信人员名单的信息，同时对后续产生的关于个人信用不利影响进行经济补偿，并对办案失误人员采取惩戒机制。

一是设计失误信息撤销程序。增设撤销失信原因类型，在规定的期限内将失误登记公布类的人员信息及时通知各联合惩戒单位。同时设定具体撤销期限，使得符合该类型的被撤销失信人员的各项权利得到完全恢复，联合惩戒的成员单位各自负责消除该人员的失信记录，恢复其名誉，消除对其的影响。

二是在联合惩戒机制中建立救济补偿预备金。可从本地区财政中划拨一笔综治资金作为救济补偿预备金，根据各地区的经济情况，参考《国家赔偿法》的标准，制定具有可操作性的补偿标准。在各联合单位对误上失信人解除惩戒、恢复名誉、消除影响后，对其仍造成直接经济损失的，误上失信人应当根据具体损失情况向法院提供有效证据，本地区各成员单位组成补偿小组，给予其救济补偿。但是，在如何认定损失等具体操作层面还需要进行进一步的探讨求证。

三是加强和规范失信被执行人名单基础数据采集、录入、筛选工作。严格保证符合条件的被执行人依法纳入、信息内容准确，杜绝出现数据错误、信息缺漏等问题。在执行信息化建设不断发展的趋势下，执行实施阶段会对各类办案平台的数据进行整合，将案件数据采集工作与AI人工智能高度融合，利用大数据技术分析抓取，自动筛选准确有效的案件信息，不仅能提高信息采集效率，还可以减少发生数据错误的可能性。

四是在失信被执行人名单制度中引入内外监督机制。检察机关要调整重刑轻民的工

作思路，主动加强对法院民事执行工作的监督，定期针对法院民刑案件的瑕疵发出检察建议书。法院内部监察部门要加强对执行部门的监督，定期对执行过程中的重大风险进行排查。对于误上失信名单的行为，应将造成重大损失、重大影响的直接责任人移送法院监察部门调查，按照损失、影响程度不同对责任人进行诫勉谈话、效能问责或移交法官惩戒委员会进行处理，若发现有违纪违法行为，则对其进行纪律审查和监察调查。

（三）改进失信名单撤销程序的设计

作为能够进行良性循环而行之有效的制度，制定合理的退出机制同样重要。笔者认为既然为保护申请人（债权人）权益而建立失信被执行人名单制度，即“黑名单”，那么在被执行人履行了生效法律文书确定的义务后，就要建立“白名单”制度及时保护被执行人的权利。通过同步公示“白名单”来弥补目前被执行人失信名单制度在名单撤销程序中的漏洞。

互联网时代中，数据信息的传播速度之快、传播领域之广已是不言而喻之事。失信“黑名单”由人民法院统一发布，经过互联网、报纸、新闻等多种媒介传播，对“老赖”们造成强力震慑。但是，被曝光的信息却并没有随着债务的清偿而得到消除。互联网社会中，信息一旦公布便具有不可撤回性，建立“白名单”制度的目的是重新赋予被执行人对自身个人信息的处分权。通过将“白名单”与“黑名单”进行同步公示，既能够及时通知联合惩戒单位更新失信名单库，解除对已履责被执行人的惩戒措施，又可以方便群众及各类媒体进行查询、转载、传播，从而最大限度地减少各类媒体因不及时撤销已传播的“黑名单”对已履责被执行人的权利的持续性侵害，减轻对被执行人的不利影响。

法院审理视角下电子证据认定规则问题研究

——以网络犯罪治理为分析视角

吴成杰 *

引 言

近年来，随着信息技术与应用的快速发展，我国网络犯罪活动日益增多且手段不断翻新，除了公众普遍熟悉的电信网络诈骗案件①外，通过银行资金归集业务②的信息技术漏洞、利用黑客技术非法入侵并控制他人账户③、注册淘宝店铺以虚假交易方式套现他人信用卡、骗他人使用支付宝扫描虚假二维码付款等方式实施犯罪的新类型案件日渐增多，已严重危及社会的安全和稳定。目前，我国虽然在网络犯罪治理上出台了一系列法律法规或规范性文件，如针对危害计算机信息系统安全、侵犯公民个人信息、电信网络诈骗等犯罪出台司法解释或指导性意见，为有效打击网络犯罪提供了法律依据。但从司法实践来看，网络犯罪治理的突出难点在于电子数据的审查认定上，其关系到案件定罪量刑、法律评价的打击实效问题。为此，有必要结合司法工作实际，总结分析相关实践难题并提出对策建议，以期为新时期下网络犯罪治理提供帮助。

一、司法实践案例与相关解释性规定

案例一：2007 年至 2009 年 3 月间，被告单位广州顺亨公司为谋取不法利益，经总经理被告人李 ×× 决定，指使该公司职员被告人李 ×× 具体操作将被告单位广州顺泰昌公司、广州宏璟公司以及香港鸿益贸易公司、广州鸿星汽配经营部委托该公司包税进口的汽车配件和其自购的进口汽车配件，以明显低于正常报关进口应缴税款的价格，转委托被告单位深圳创竞达公司、深圳天芝柏公司、广州瀚盛公司及广东新联公司等公司包税进口事宜，从中赚取包税差价。经海关关税部门核定，广州顺亨公司走私进口汽车配件 277 个货柜，偷逃应缴税额人民币 108094 245.41 元。本案的被告单位和被告人，从老

---

* 吴成杰，厦门市中级人民法院。

① 电信网络诈骗案件是指不法分子利用电信、互联网等技术，通过发送短信、拨打电话、植入木马等手段，诱骗（盗取）被害人资金汇（存）入其控制的银行账户，实施的违法犯罪案件。参见中国银监会、公安部联合下发的《电信网络新型违法犯罪案件冻结资金返还若干规定》（银监发〔2016〕41 号）第 2 条的规定。

② 银行根据客户的约定，即时或定期将一个或多个指定账户的资金全部或部分转入另一个指定账户的业务。

③ 恶意代码即服务（malware-as-service）、勒索软件即服务（ronsomware-as-service）、DDoS 即服务等新的“黑产”形态出现，使得网络犯罪分子通过支付即可“享受”网络攻击服务，进一步降低了网络犯罪的门槛。

板到经办文员，从签订合同、单证往来，到付汇、收款等，均用电子邮件、MSN、QQ 等进行。对于这些电子书证、物证，如何运用证据裁判原则审查其是否具有证据资格，将直接影响案件事实的认定。

启示：本案中，证据方面最具争议的是对关于电子数据的证据资格认定问题，而判断本案电子邮件、QQ 聊天记录、电子账单和报关材料等电子数据是否具备证据能力，主要从证据的“三性”入手。（1）真实性，即电子数据所表达的内容或者证据事实是真实的，不是想象、臆测或者虚构的。（2）合法性，即电子数据的收集主体、方法和程序应当符合法律规定。（3）关联性，即电子数据与待证案件事实有关，具有证明案件待证事实的属性。结合上述审查判断标准，合议庭认定案件中的电子证据材料真实、合法，且与本案具有关联性，达到了证据的认定标准，可以作为定案证据使用。①

案例二：2015 年 4 月至 5 月，被告人林 ×× 与“阿成”“曹大哥”（均另案处理）等人合谋，共同租用海南省三亚市南边海路海外小区 B 栋 204 室后，购买电脑、手机、银行卡、QQ 号等作案工具，通过向被害单位电脑植入木马程序的方式监控被害单位电脑，获取被害单位的网络账户资金账号和密码等信息，使用伪造的《申请函》等方式更改密码或更改被害单位账户的捆绑手机号码、邮箱，伺机盗取被害单位账号内的资金共计人民币 1400001 元。

一审法院认为，《司法鉴定检验报告书》证明从扣缴电脑中检获被害单位相关信息文件，且相关文件在电脑上修改时间为 2015 年 3 月 27 日至 5 月 11 日，足以证明林 ×× 在 3 月 27 日始就开始窃取被害单位公司信息，被告人林 ×× 的行为已构成盗窃罪。宣判后，被告人提出上诉，认为原判认定其伙同他人窃取被害单位款项的依据不足，从提取在案的三台电脑中均未检测出通过 xiejian@szhhr.cn 邮箱登录的信息，不能认定其伙同他人窃取被害单位公司款项。二审法院经审理认为，扣押在案的台式电脑主机、笔记本电脑中，均检测出有多次登录被害单位公司网站的记录；从林 ×× 的供述及登录记录看，林 ×× 与同伙是通过植入木马病毒方式侵入被害单位网站的，并非通过在《申请函》内载明的邮箱登录，故从缴获的电脑主机中未检测出通过该邮箱登录，并不能反证林 ×× 等人未侵入被害单位的网络账户。相反，该《申请函》体现的绑定手机号码正是盗取被害单位资金所使用的捆绑电话，而该手机号码及手机均已扣押在案，林 ×× 也确认该手机号码系其及同伙在使用。据此，二审法院认为原判符合法律规定，裁定驳回上诉，维持原判。②

启示：实践中，受案件实际情况以及现有侦查技术所限，难以将案件中所有涉及的电子数据进行提取和收集。因此，在判断电子数据时，应当结合作案方式并调取在案的其他证据进行综合分析和评判认定，即电子数据的内容与被告人供述、被害人陈述、证人证言、书证等证据是否能够相互印证、是否存在合理怀疑、能否形成完整的证据链条。

实际上，电子数据作为一种新型的证据类型，在我国刑事法律及其司法解释、各类解释性文件中，关于电子数据的法律规定呈现一个逐步立法完善的过程并逐步建立起电子数据取证规则体系。2012 年《刑事诉讼法》修改时，电子数据作为一种证据类型被明确规定下来，从根本上确立了电子数据的独立证据地位。2014 年，最高人民法院、最高

① 案例：广州顺亨汽车配件贸易有限公司等走私普通货物案，详见《刑事审判参考》2013年第4集·总第93集。

② 详见厦门市中级人民法院审理的（2016）闽02刑终242号被告人林腾师盗窃一案判决书。

人民检察院、公安部制定出台《关于办理网络犯罪案件适用刑事诉讼程序若干问题的意见》，其中专设一章对电子数据的收集以及专门性问题的认定若干原则进行了明确。2016年著名的“快播案”在舆论界、法学行业内掀起了轩然大波，引发了学术界、实务界关于电子数据审查认定的大讨论。同年10月，为规范电子数据的收集提取和审查判断，提高刑事案件办理质量，最高人民法院、最高人民检察院、公安部制定了《关于办理刑事案件收集提取和审查判断电子数据若干问题的规定》（以下简称《电子数据规定》）。2018年12月13日，公安部印发《公安机关办理刑事案件电子数据取证规则》，进一步规范公安机关办理刑事案件电子数据取证工作。上述相关法律和解释规定的出台，在我国刑事证据制度发展中具有重要的里程碑意义。

有观点提出，传统刑事诉讼规则中调整证据收集使用、审查认定的相关制度并不能完全适用于电子数据这一新型证据种类。[①] 对于一些未完全遵守法定程序收集的电子数据，究竟是应当认定为非法证据，还是应当认定为瑕疵证据，在司法实践中仍有进一步明确的必要。在进行合法性审查的同时，如何审查电子数据的证明力也是实践中的一个难题。[②] 即审查判断包括电子数据在内的所有证据均应基于证据能力和证明力规则，这也是证据裁判主义的应有之义。[③] 而从目前司法实践来看，在我国刑事诉讼过程当中，电子证据的审查还没有统一明确的标准，没有形成规范化的电子证据审查体系。[④] 可见，结合当前的司法工作实际，在电子数据所起的作用日益凸显的背景下，探析人民法院对电子数据的审查认定规则，显得尤为重要。

二、网络犯罪中电子数据审查认定难题窥探

从网络犯罪案件来看，层出不穷的新型互联网犯罪自身具有的网络身份难以查清、证据变动性强、证据评价标准高、取证技术要求复杂等特点，也给电子数据证据评价、采信工作带来了极大的困难。[⑤] 比如，电信网络诈骗囿于取证工作量大、证据种类较多且被害人众多核实工作量大，加上《电子数据规定》的立法较为前沿，有的地方的侦查机关受主客观条件限制[⑥]，尚未能严格依法对网络犯罪中有关CDR数据查询、SKYPE记录数据、磁盘、通信记录等电子数据进行取证，使得实践中有的电子数据是以司法鉴定中心电子数据检验报告等形式呈现，有的电子数据是以电子截图（如支付宝转账截图、存证云合同截图、微信微博聊天截图、电子借贷合同截图）等打印件形式呈现。[⑦] 有观点提出，

① 谢登科：《论电子数据与刑事诉讼变革：以“快播案”为视角》，载《东方法学》2018年第5期。

② 李睿懿、韩景慧：《电子数据的证据资格和证明力的审查与判断》，载《中国检察官》2017年第8期。

③ 占善刚、王超：《电子数据证据能力的审查判断》，载《人民检察》2018年第8期。

④ 陈思：《刑事诉讼电子数据审查探讨》，载《中国检察官》2018年第3期。

⑤ 罗文华、孙道宁、赵力：《电子数据证据评价问题研究》，载《河北法学》2017年第12期。

⑥ 正常来讲，公安机关内部通常由网络安全保卫部门负责收集、提取电子数据，但在越来越多类型的案件涉及电子数据的情况下，经侦、治安、刑侦、禁毒等警种甚至派出所都需要承担相应的电子数据收集、提取任务，电子数据取证呈现普及化趋势，容易造成电子数据取证过程中存在程序不规范或存在瑕疵等情形。参见：周加海、喻海松：《〈关于办理刑事案件收集提取和审查判断电子数据若干问题的规定〉的理解与适用》，载《人民司法》2017年第28期。

⑦ 经统计，A市法院的审理数据，有高达60%网络诈骗案件中的电子数据最后是以检控方书面材料的形式呈现，而不能提供电子数据的原始介质或者完整备份。

电子数据收集主体的理想状态就是收集电子数据的侦查人员具有相应专业知识，但在司法实践中，经常会出现收集电子数据的侦查人员不具有相关专业技术，或者具有相关专业技术的电子数据取证人员不是侦查人员的两种情形。[①] 甚至有学者明确指出，《电子数据规定》中关于取证主体的规定，未充分反映现实情况与工作需要，亦可能与相关制度相冲突。[②]

实践中，对于以司法鉴定中心电子数据检验报告等形式呈现的电子数据，辩护人主要从电子数据的证据能力角度或者电子数据提取的完整性等角度提出辩护，如果侦查机关的收集取证程序符合电子数据规定且取证完整，控辩审三方一般不持异议。对于以电子截图等打印件形式呈现的电子数据，辩护人往往以证据形式不符合规则等为由，提出其不具有证据能力的辩护意见。例如，在一起诈骗案件中，由于被害人的 QQ 聊天记录已经灭失且不能恢复，侦查机关就将被害人自行整理并打印的聊天记录作为证据使用，聊天记录本是证明被告人虚构事实、隐瞒真相进行诈骗的关键性证据，但是由于侦查机关收集取证的过程不规范致使此证据的效力大大减弱。[③] 在此情况下，对于网络犯罪案件中涉及的电子数据，在司法实践中如何审查认定，关系到案件罪与非罪、犯罪数额多与少等定性和事实的认定，迫切要求司法机关对其证据资格作出审慎认定。

毋庸置疑，刑事案件“事实清楚，证据确实充分”的法定证明标准，任何时候都不能动摇，但这更多的是强调从证据印证规则角度来看待问题，而非针对某一单项证据是否具有证明能力的判断，毕竟以“孤证”认定犯罪事实是证据裁判原则中最大的忌讳之一。对于电子数据来讲，其作为一种独特属性的证据种类，往往只是网络犯罪事实认定的较多证据种类之一，其与传统证据相比较存在较大差异，如果只要以其不符合《电子数据规定》的要求，就意味着要一律认定不作为证据使用，这并不符合当前司法实践的现状和需求。事实上，我国特定历史时期及特定社会治安环境下产生的“两个基本原则”，即“基本事实清楚，基本证据确凿”[④]，也进一步阐释了犯罪事实的认定并非仅仅依靠单一证据，更多的是审判人员运用印证证明方法[⑤]进行单个证据的证明力判断和全案证据的综合判断。可见，随着网络时代带来法治范式的变革，对于涉及互联网犯罪的刑事证据证明标准的实践应用，尤其是如何运用印证证明方法对证据采信证明标准作出准确认定，已经呈现出一个不断更新和演变的态势。

三、回归“排除合理怀疑”证明标准本位，正确运用电子证据采信规则

长期以来，印证证明模式在认定案件事实，规范证据证明力审查判断标准等方面具

① 谢登科：《电子数据的取证主体：合法性与合技术性之间》，载《环球法律评论》2018 年第 1 期。

② 龙宗智：《寻求有效取证与保证权利的平衡——评“两高一部”电子数据证据规定》，载《法学》2016 年第 11 期。

③ 陈耀武、彭辉：《电子数据类证据司法适用的困惑及应对措施》，载《中国检察官》2017 年第 4 期。

④ 其核心是要求不纠结细枝末节，从重从快惩治犯罪。只是实践中有的将其异化为“事实基本清楚、证据基本充分”，这种异化后的司法理念是要坚决杜绝的，容易把内心确认与法定证明标准混为一谈。

⑤ 印证规则主要是通过两个以上不同来源的证据内容相互证实或者指向同一证明方向来实现的。参见王祺国、王晓霞、周迪：《网络犯罪中的印证证明》，载《人民检察》2018 年第 3 期。

有一定积极作用，对我国刑事实践产生了较为深远的影响。[①] 即它强调证实犯罪证据的充分性、体系性，也有利于分析、论证是否“排除合理怀疑”。[②] 具体到网络犯罪，审判机关要不断更新司法理念，结合电子证据属性，正确运用证据印证规则，对性质和种类不同的电子数据适用不同的证据采信标准。

（一）关于以司法鉴定中心电子数据检验报告等形式呈现的电子数据的审查认定

实践中，以司法鉴定中心电子数据检验报告等形式呈现的电子数据，是认定案件犯罪事实的关键或核心证据，即便有其他建立关联的直接证据或能够形成锁链的间接证据，只要该电子数据的证据形式不符合《电子数据规定》就不能采信。以通过办理资金归集业务实施网络诈骗为例，资金归集业务可通过 U 盾在网上办理，资金归集业务签约后，收款方可以随时从付款方账户转款，不再需要付款方的 U 盾或密码或口令即可完成。如果行为人辩解其未通过网上办理资金归集业务且 U 盾可能存在病毒感染或登录中存在黑客非法入侵而被动办理资金归集业务，且该辩解得到一定客观证据的印证，如监控录像显示相关资金归集业务办理成功的时点是在网吧电脑上操作完成等。那么对于起诉指控行为人通过向他人借款转入行为人银行卡的合法资金，因行为人辩解不知该卡存在资金归集业务而被他人转走钱款并非法占有的，如何认定行为人是否以借款为名实施诈骗之实呢？在此情况下，对于侦查机关调取的行为人在某个时点使用电脑访问网上银行办理资金归集业务及登录 IP 地址等证实系行为人办理资金归集业务的电子数据，如果侦查机关取证存在不符合《电子数据规定》的情形，比如对扣押的电脑、U 盾没有进行封存或未对电子数据进行证据固定并计算出电子数据的完整校验值，无法排除在侦查过程中存在电子数据被毁坏、篡改或者伪造的可能，且侦查机关不能补正或作出合理解释等情况，即该证据不据有适格性而不具备证据能力，那么即便有其他证人证言、监控录像等关联证据证实行为人在那个时点上网办理过银行业务，因在案证据不能排除在行为人不知情的情况下，被他人截取信息、入侵银行账户并办理资金归集业务的合理怀疑，故相关电子数据不能作为定案依据。

（二）关于以电子截图等打印件形式呈现的电子数据的审查认定

实践中，如果以电子截图等打印件形式呈现的电子数据，不是定案的关键或核心证据，且能够查明其来源合法，又能够与在案查明的其他证据相互印证、形成完整证据链条，那么相关电子数据可以采信。2019 年 2 月 1 日起试行的《公安机关办理刑事案件电子数据取证规则》，也在一定程度上肯定了该观点。正如有学者提出，我国正步入电子数据时代，电子数据不可避免地成为了主要的证据载体，其表现出的新特征需要建立完善的证据规则体系进行规范，只有法律层面的完善和制度层面的改变，方可使得电子证据合法、合理、充分地被运用，从而实现电子证据应有的功能和作用。[③] 以电信网络诈骗为例，实践中有关诈骗事实的认定并非仅仅依靠电子截图等电子数据，而是还有被害人陈

① 展中华：《“印证”刑事证明模式的实践考察与反思》，载《中国检察官》2018年第1期。

② 左卫民：《“印证”证明模式反思与重塑：基于中国刑事错案的反思》，载《中国法学》2016年第1期。

③ 樊崇义、李思远：《论电子证据时代的到来》，载《苏州大学学报（哲学社会科学版）》2016 年第 2 期。

述、被告人供述、银行卡转账记录等其他证据予以印证，如果侦查机关能够补充相关电子截图均有邮寄单据以证明系由被害人直接邮寄给公安机关，取证程序合法性得以确认，且被害人陈述的内容及电子截图反映的情况均经被告人确认，《电子数据检验报告》证明被害人提供的电子借款合同截图与被告人使用账户的借款合同内容亦一致，从证据印证规则和全案综合判断角度来看，有关电子截图等电子数据的真实性足以确认，可以作为定案依据。有观点提出，办案机关违反有关规定提取的证据存在形式上的瑕疵，属于瑕疵证据，司法实践中对其排除要持慎重态度，对电子数据取证程序的瑕疵，也要予以补正或者作出合理的解释。[①] 对于瑕疵证据可以通过情况说明或者提交其他证据予以补正，补正之后的电子数据能够与其它证据相互印证的，则可以作为定案根据，[②] 对于双方均认可的电子数据，根据自认规则，对一方当事人自认的事实，原则上法院可将其作为裁判的依据。[③] 因此，要准确适用这种证据分析方法或者证据审查判断方法，[④] 通过不同证据之间相互印证能够提高单个证据的可靠性，特别是可靠性较高的证据与可靠性较低的证据相互印证时，可以使可靠性较低的证据的真实性得到较大的提升。[⑤] 如此操作，也更加符合电子数据取证的现实合理性和打击网络犯罪的实际需要。

结语

当前，网络犯罪中涉及电子数据的案件非常普遍，而电子数据作为技术与法律高度结合的产物，若不能在技术和法律两个层面实现融合，并在司法审判时运用正确的证据采信规则，那么很难做到实体公正与程序合法的有机统一。为此，应当在掌握情况、发现问题、剖析原因、总结经验的基础上，及时对一些好的经验做法和需要修订的条文规定进行整合调整，以立法或出台司法解释的方式固定下来，为进一步规范此类案件处理提供法律依据，确保网络犯罪治理取得政治效果、法律效果和社会效果的高度统一。

---

① 李睿懿、韩景慧：《电子数据的证据资格和证明力的审查与判断》，载《中国检察官》2017年第8期。

② 刘品新：《印证与概率：电子证据的客观化采信》，载《环球法律评论》2017 年第 4 期。

③ 娄琳莉：《论电子数据的可采性和证明力认证规则》，载《广西政法管理干部学院学报》2018年第1期。

④ 王星译：《“印证理论”的表象与实质——以事实认定为视角》，载《环球法律评论》2018年第5期。

⑤ 王祺国、王晓霞、周迪：《网络犯罪中的印证证明》，载《人民检察》2018年第3期。

柔性定制与风险预警

——智慧法院时代家事纠纷诉前分流引导路径的重构

王嘉汉 *

一、现实：当前家事纠纷多元纠纷化解司法实践中的困境

（一）现状的考察

作为各地法院尤其是基层法院的几大主要案由之一，如何有效实现家事纠纷分流化解是当前多元纠纷解决机制司法实践的重要课题，以往传统的家事纠纷采用立案后法官根据案件情况由法官自行调解或者委派人民调解员调解的方式。

当前笔者所在省份正在全面推进“分调裁”多元纠纷解决机制改革，将诉前调解程序全面铺开。开展诉前多元纠纷解决机制改革的基层法院的纠纷解决路径如下：

A 法院：也即笔者所在法院，目前正在开展的诉前分流路径如图 1 所示，即对于所有起诉至法院的民事案件引导当事人进入诉前程序，先行送达诉状等案件相关材料，先行进行诉前调解，对于调解成功的案件出具调解书或撤诉，对于调解不成的当场正式立案，移送民事审判庭审理。B 法院（系笔者所在基层院的兄弟法院，目前也在开展分调裁改革）：其诉前分流路径采用先行筛选案情可能适宜调解的案件，并进行电联调解，并且引入类案模板的方式。

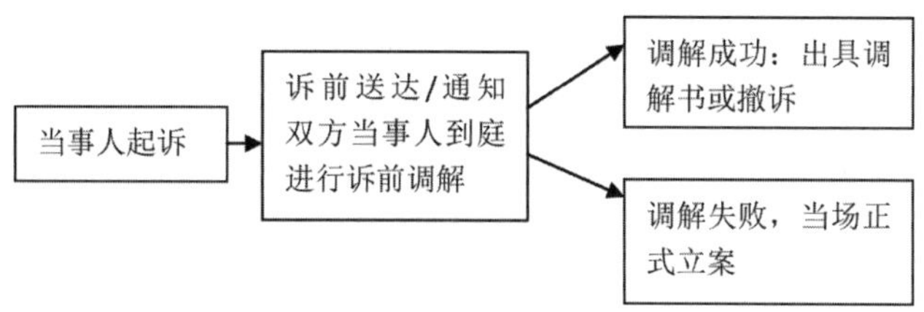

图1　A法院（笔者所在法院）诉前分流路径图示（简略版）

（二）现实图景：基于现状的分析

1. 交互的特殊性：家事纠纷的特殊性使互联网技术难以介入其中

多元纠纷解决机制的构建离不开互联网技术的深度融合，但是家事纠纷的特殊性使得互联网技术难以介入其中。主要原因如下：现阶段真正解决家事纠纷的主力多为年龄

---

*　王嘉汉，厦门市翔安区人民法院。

较大的人民调解员[①]（详见图2），对于属于新兴事物的互联网相关技术较为陌生，调解家事纠纷的方式多为长时间的当面交流和沟通，采用在线纠纷解决的比例较低（现有各地法院推出的在线纠纷解决平台对于家事纠纷的解决也在不同程度上存在形式主义的问题，笔者将在下文阐述）。

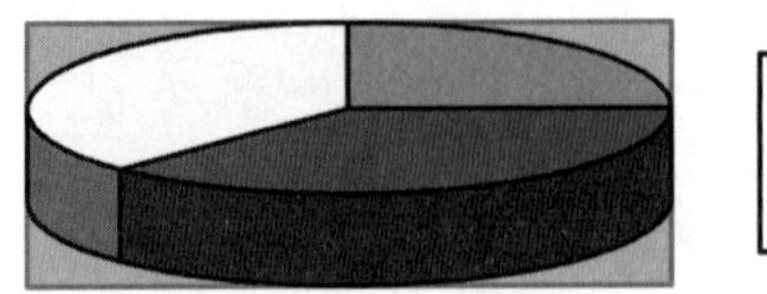

图2 笔者所在地区A基层法院调解员年龄构成

2. 案情的复杂性：大量家事纠纷涉及夫妻共同债权债务与财产分割

家事纠纷尤其是离婚纠纷通常会涉及夫妻共同财产、共同债务的分割，子女的抚养问题，特别是笔者所在地区（有较多农村地区，存在较大量缺乏规制的民间借贷情况）的离婚纠纷案件呈现年轻化倾向，离婚原因也不仅仅是因为感情问题，更多的离婚纠纷涉及骗婚、大额民间借贷等情况，在离婚纠纷处理之后可能存在大量的关联案件出现。

目前包括笔者所在地区在内的各地法院无论是诉前调解分流机制还是相关配套技术平台都缺乏此方面的考虑，如果未能在家事纠纷中做好相关纠纷的前期风险预估、案情查明以及关联案件的脉络厘清，则很有可能会给后续埋下隐患。

3. 程序的笨拙性：缺乏弹性的现有调解——审判程序

首先，家事纠纷尤其是离婚纠纷的调解乃至以非诉方式解决通常需要较为充足的时间，《民事诉讼法》规定的民事简易程序审理期限为3个月，这实际上与司法实践中家事纠纷妥善处理的客观规律不相符。

其次，律师服务中心、当事人所在地的司法局、人民调解委员会相关组织介入深度不足、介入时机不好，虽然各地法院开展多部门协同处理家事纠纷已有不少年头，但是很多时候联动部门分配的案件数量很少或者分配到的案件并不适合这些部门进行处理，使得多部门联动解决家事纠纷成为浮于表面的形象工程，本应是“法院牵头，多部门协作”的多元纠纷解决机制异化成法院主导、其他部门看戏，偶尔配合个别案件做宣传。另外因为审理期限的限制也使相关组织没有充足的时间介入纠纷的分流化解工作，时间的缺乏使得纠纷化解和心理干预等工作难以开展。

再次，笔者所在地区正在开展试点的“分调裁”改革通过将诉前调解全面铺开，部分解决了审理时间被压得太紧导致的问题，但是依然存在多部门联动介入缺乏有效协调、诉前、诉讼中前后割裂的问题，如与法院联动的多部门未能广泛发挥其擅长的作用、诉前调解掌握的关键信息未能有效传导到后续的审理信息中。

① 巫若枝：《30年来我国家事纠纷解决机制的变迁及其启示：基于广东省某县及厦门市五显镇实践的分析》，载《法商研究》2010年第2期。

二、溯源：家事纠纷分流引导路径现状原因之厘清

（一）理念——不同主体之间未能融合的价值目标冲突

如同所有的多元纠纷解决机制的最高价值一样，家事纠纷分流解决途径的最终目标在于诉讼与非诉讼机制的协调[①]，家事纠纷的分流引导路径中包含三大主体：当事人、法院、协同法院解决纠纷的各部门、组织。简而言之，对当事人来说，就是追求实体利益与程序利益的平衡，司法裁判作为社会矛盾的最终解决机制，固然能够尽可能多的保证当事人的程序利益，但是并不一定能实现时间成本的最小化、经济效益的最大化；对法院来说，如何在正义与效率之间抉择也是难题；对于社会组织，妇联，司法局等协作部门，也应在实现部门效能的最大化与实现社会共治的最大化之间找到一个平衡点。

总而言之，各个主体之间的价值目标也正如在实体利益与程序间摇摆的钟摆，而笔者所构想（笔者所在法院已经有相应的雏形在试行）的分流引导路径，也即在各个主体摇摆的价值钟摆之间寻找到一个共同的交叉点，接下来笔者也将从“交互”“体系”“效率”三个不同维度解析，寻找共同交叉点。

（二）交互——不同主体间信息“单向透明”困境

信息是关键，家事纠纷不同主体间信息“单向透明”困境是困扰纠纷分流化解的主要原因之一。笔者在此有必要先简要解释一下“信息流”定义：信息流最初是通信领域使用的概念，代表传输中所使用的信息的数字编码信号序列。这个概念最初在 1998 年由 Thomas A. Henzinger 在《Embedded Software》中提出，信息流有广义和狭义两种解释。广义上指在空间和时间上向同一方向运动过程中的一组信息，它们有共同的信息源和信息的接收者，即由一个信息源向另一个单位传递的全部信息的集合。狭义上指信息的传递运动。

总而言之，以我们法律人的法律思维解释就是，正如我们判决案件的前提是对案情有尽可能清晰的了解，同样的，各个主体作出自己的选择的前提也是尽可能清晰地了解自己应当知晓的信息，才不会形成“猜疑链”，从而有助于家事纠纷的化解。

信息流的核心是信息的获取、固定、共享 ，所有问题的根源在于信息的不对等。对于当事人而言，其自身最了解自身涉及案件的真实情况，但是当事人作为一张“法律白纸”（家事纠纷中依然有相当比例的当事人未聘请律师），不清楚纠纷能有什么样的解决路径，自己的权益应当如何保障，实体权益和程序权益应当如何平衡，自身涉及的纠纷的争议关键点是什么。同样，法院及协同化解纠纷的部门、组织同样存在信息不对等的情况，在诉前分流的入口处，法院仅能从当事人的一张诉状了解案情，对于家事纠纷的具体情况、可能的突破口、可能涉及关联的民间借贷等案情并不知晓。所以，打破信息单向透明的思路是信息的获取、固定、共享 ，使单纯的信息成为“信息流”。如何实现信息的获取、固定、共享，笔者将在本文第三部分就解决方案进行论述。

---

① 齐树洁：《国外 ADR 制度新发展》，厦门大学出版社 2017 年第 2 版，第 7 页。

（三）体系——“工业时代”运作模式与“信息化时代”硬件的脱节

很多法院构建的诉前分流解纷平台都存在以下问题：试图通过统一的模板解决所有问题。这一思路是典型的“工业时代”思维，哪怕细分成为类案模板，本质上也无法适应本文涉及的解决家事纠纷这类千头万绪的案件矛盾纠纷的需求：案情的复杂性使得统一的模板难以抓住家事纠纷可能涉及的夫妻共同债务等风险，可能为后续纠纷的解决埋下隐患；程序的笨拙性使得现有调解—审判程序缺乏弹性，没办法根据案情及时调整解纷方式，协同解纷的部门没有介入；因家事纠纷的特殊性使得互联网技术介入深度不足。

信息化时代为工业制造带来的变化是出现了“柔性制造”（相关概念笔者将在下文阐述）这一新兴模式，接下来在本文第三部分笔者将这一思路引入到家事纠纷诉前解纷模式的建构之中。

（四）效率——前后断裂的诉前解纷程序与庭审程序

现有的前后断裂的诉前解决与庭审，带来的弊端包括如下几点：（1）信息资源未能有效共享：对于已经过诉前调解但调解失败的家事纠纷，进行诉前调解的调解员可能已经掌握了案件的详细信息，但是这些信息未能有效传达到庭后负责该案审理的法官的手上，导致事实调查的重复；（2）庭前调解与庭审程序的机械不可调整性：对于家事纠纷的解决，在司法实践中很多时候需要通过正式开庭起到“震慑”敦促当事人尽快解决纠纷或者通过庭审让双方明确问题来促成调解，但是现有的机制（无论是笔者所在的 A 法院还是兄弟法院 B 法院）都无法使得诉前调解力量重新介入诉讼中，以分解消化员额法官的案件压力。

三、破解：分流引导路径的重构

（一）构建目标——基于价值目标论的逻辑起点

1. 两大目标之一：柔性定制理念，依据每个案件的特性提供“个性化”分流引导路径

在“中国制造 2025”中广泛提及的柔性制造理念有其应用到司法实践领域的价值。“柔性制造（flexible manufacturing technology）是一个工业生产领域的名词，也即生产模式、供应链的敏捷和精准的反应能力，1967 年，英国莫林斯公司首次根据威廉森提出的 FMT 基本概念进行实践[①]

柔性定制的两个原则：一是柔性反应能力，也即可以根据案情为当事人提供非诉解决途径，为法院处理关联案件提供信息支撑，将割裂的诉前调解与诉讼阶段弥合；二是敏捷性，也就是能够根据案件的案情、进展情况在程序上作出灵活规划与调整，不至于再出现诉前调解与立案后审理相割裂，无法根据案件情况灵活调整的情况。

2. 两大目标之二：风险预警理念——案件风险系数自动抓取相关数据并与大数据同步

在我国金融风险增加、民间杠杆风险剧增的当下，家事纠纷有其特殊性，家事纠纷，

---

① 刘延林：《柔性制造自动化概论》，华中科技大学出版社 2017 年第 3 版，第 29 页。

特别是离婚纠纷与民间借贷纠纷存在较大的相关性，尤其是笔者所在地区（有较多农村地区，存在较大量缺乏规制的民间借贷情况）的离婚纠纷案件呈现年轻化倾向，离婚原因也不仅仅是因为感情问题，更多的离婚纠纷涉及骗婚、大额民间借贷等情况，甚至可能有涉及套路贷等涉嫌刑事犯罪的相关情况，在离婚纠纷处理之后可能存在大量的关联案件出现。今年年初最高院出台的《关于审理夫妻共同债务案件的司法解释》已经体现出这类案件的重要性，而笔者纵观全国各地法院的诉前调解、分流机制，罕见有关风险预警的相关机制设计，所以在笔者设想的制度构建上，有必要着重强调风险预警，风险预警既包括针对法院为主体的关联案件风险预警，也包括针对当事人的自身权益保护的风险提示。

总而言之，两大目标是环环相扣的，柔性定制理念的诉前纠纷化解调查给出纠纷解决“路标”，同时对案情的调查也给出风险预警，提供大数据，为处理其他关联案件提供信息基础。而如何实现以上两大目标，笔者将在下面从核心和模型两大方面阐述。

（二）家事纠纷分流引导路径构建的核心——诉前调查 / 中立评估制度

正如笔者在上文所述，信息的获取，固定，共享是家事纠纷诉前分流引导路径的原点，而传统的分流引导路径恰恰忽视了此方面：

（1）纠纷分流化解的起点应当是了解案情，而了解案情的方式就是在分流引导的“入口”处加入诉前调查 / 中立评估制度。诉前调查也可称为诉前证据开示制度。所谓证据开示制度是来源于英美法系的一个概念，一般认为，证据开示是指“民事诉讼的当事人相互获取对方或者案外第三人所持有的与案件有关的信息和证据的方法[①]，而“早期中立评估”制度也是最早出现于美国加利福尼亚州北部法院，即在纠纷的早期阶段将案件案情交由征得当事人双方同意的一个共同的中立人或者中立小组，对案件可能的诉讼结果进行预估[②]。在司法实务中（笔者所在法院已经开始试行此项制度），根据主导诉前调查的主体不同对其有不同叫法，如果是以非员额法官、法官助理为主体，可称为诉前调查报告，若是以律师调解中心、司法局委派调解员、妇联等相关组织为主体，则可称为早期中立评估报告。对于家事纠纷，以离婚纠纷为例，报告调查的主要内容如表1所示，可根据不同案情灵活调整报告内容，为发挥诉前调查（证据开示制度）早期中立评估制度的作用，以此为基石取得案件详细信息，为进一步分流做好准备。

（2）以多层分流为躯干：通过送达程序—法官助理或调解员诉前调查—专岗分流统筹员进行多层分流：在进行集约送达时，根据送达情况实行第一层分流；对于双方当事人均能送达，且均表示同意调解的，分流送达后交由调解统筹员进行第二层分流；对于未能送达或当事人表示不同意调解的，送达并排期后交由法官助理启动诉前调查及调解程序。

（3）针对诉前调查结果和分流情况，进行纠纷化解路径柔性定制。家事纠纷可按以下案件类型分流至各调解工作室：①较简单的家事案件交由人民调解工作室进行调解；②对于涉及婚姻存续期间财产存证等的，可联动公证调解室与人民调解工作室共同进行

① 齐树洁：《民事审前程序新论》，厦门大学出版社2011年版，第124页。

② 齐树洁：《民事审前程序新论》，厦门大学出版社2011年版，第303页。

调解；③若涉及对家庭情况进行调查的，则启动特邀调解律师或妇联、基层组织介入进行家事调查并出具家事调查报告；④若涉及婚姻关系存续期间财产分割的，则应启动诉前财产价值评估程序介入，由法官助理组织诉前鉴定评估，对婚姻关系存续期间的财产价值进行先行评估，减少进入审判程序后重复鉴定评估导致审限拖延的问题；⑤案件调解不成的，各调解工作室应立即将案件材料交回调解统筹员，调解统筹员将案件材料交回由系统分配的法官助理，法官助理根据排期启动诉前调查程序；⑥法官助理启动诉前调查程序时，进行第三层分流，经诉前调查程序后，纠纷仍未能调解的，法官助理应在诉前调查结束之日起 3 日内将卷宗整理移送立案；⑦对于无法调解的案件，进入诉讼程序：根据案件性质、标的大小、难易程度等因素，对立案后的民商事案件进行第四层分流，即繁简分流，对于争议较小、案情简单的案件进入速裁程序，对于案情较复杂的案件则由诉前经手该案的调解组织和法官助理全程跟进，提供多元调解协助和风险评估。（上述流程示意见表 1）

表 1　离婚诉前调查报告 /xx 组织早期中立评估报告范例

诉前调查报告 / ×× 组织早期中立评估报告	
案号：	
当事人信息（确认当事人年龄，住所地，为大数据风险预警提供数据参考）	原告：（确认送达地址） 被告：（确认送达地址）
原告诉讼请求与事实理由	
被告答辩意见	
是否涉及夫妻共同财产分割财产具体情况（为大数据风险预警提供参考）	
是否涉及夫妻共同债权债务？具体情况（为大数据风险预警提供参考）	
原告举证	
被告质证	
被告举证	
原告质证	
争议焦点	
双方是否同意本报告内容作为立案后庭审时双方的答辩意见？ 原告：（签名确认） 被告：（签名确认）	

（三）模型建立——以互联网设计用户体验“5E”原则建立面向用户的分流引导模型

因为家事纠纷调解的主力多为年龄较大的人民调解员，而且也需考虑主体的多元性，因此笔者在此引入互联网设计用户体验“5E”原则作为建立面向用户的分流引导模型构建的原则。所谓互联网设计用户体验“5E”原则，即有效性（effective）、效率（efficient）、吸引（engaging）、容错（error tolerant）、易学（easy to learn）。

1. 主体——用户多元性的确立

用户包括当事人，调解员，法官，家事纠纷多元分流解纷模型的使用者既有当事人、法官、调解员，也有律师，也即体现了多元的当事人主体特性。因此，流程模式就应当考虑面向不同主体提供不同的操作流程与引导路径 。

2. 框架——信息流从单向传导向网络化流动的转变

这是应对家事纠纷中潜藏诉讼风险 / 关联案件风险的，简而言之就是参考入互联网设计用户体验“5E”原则构建家事纠纷潜藏审判风险 / 关联案件风险预警防控的流程框架。

图 3 是笔者在笔者所在法院现有“分调裁”多元纠纷化解机制实践基础上构想的家事纠纷分流解纷流程模型，多元纠纷解决机制不仅要作为分流器，更应当作为定风珠。基于笔者上文阐述的柔性定制 / 风险预警两大目标，此分流解纷模型要点如下：

（1）信息流动的连续性，共享性，以实现“5E”原则中效率（efficient）特性的最大化。如图 3 所示，每一根单向箭头表示信息的流动，从原告到法院起诉开始，原告就进入一个信息“输出”过程，向法院输出案件基本信息，确认当事人送达地址等案件基本信息，而后进入信息要素的反向流动，法院 / 协同纠纷化解组织在获得原告提供的基本信息之后，通过大数据系统向当事人推送类案判决结果，同时法官助理介入案件进行诉前调查或律师服务中心、当事人所在地的司法局、人民调解委员会等组织纠纷化解和心理干预，并提供处理子女问题、财产分割、债权、债务等方面的法律咨询，为当事人提供诉讼或非诉解决路径。以上所有步骤中所形成的数据都利用大数据技术在各个部门之间流转并进行关联案件提取和风险预警（包括笔者所在法院在内的不少法院已经在推行网上立案改革，实现笔者所述目标不存在技术门槛）。

（2）核心在于信息的获取，也即笔者上文所述的诉前调查 / 早期中立评估制度。只有通过此项步骤，法院才能获悉具体的案情，为个案“量身定制”诉讼及非诉解决途径及案件风险预警提供依据。

（3）交互性，通过大数据形成案件风险图景，以实现“5E”原则中有效性（effective）、容错（error tolerant）特性的最大化。通过上文所述获取的信息构建风险预警框架，风险预警框架主要考虑以下几方面设置：一是当事人生理与心理因素评估，对于生理上特殊的当事人，如老弱病残、孕妇、儿童，涉及这些案件当事人的案件，风险级别定性为高级。而心理上因素则更为复杂，若是涉及信访户的案件风险级别也应定性为高级。二是案件本身的复杂程度风险评估系数。此类风险评估主要根据诉前程序所收集获取的案件事实与案件本身的法律关系复杂程度进行判定，对于案情复杂的，可以定位为高级风险级别，对于家事纠纷中涉及套路贷或是群体性纠纷的，也应定为高级风险。三是法与情、道德交叉的情形风险评估系数。此类风险评估系数主要考虑家事纠纷本身情与法，德与律交织的特性，对于家事纠纷，仅从法律程度考量自然有失偏颇，如果出现此类法与道德交叉情形严重的案件，可定为高级风险。如果出现三者激烈冲突的案件，就应该将其定位为风险级别最高级。当然，风险评估系数不能是唯一的、固定的，只能采取列举加概括的评估系数体系。在综合考量以上各评估系数后依据上述思路框架构建家事纠纷审判风险 / 关联案件风险大数据预警体系，可按高、中、低确立风险预警阈值与风险防范等级。

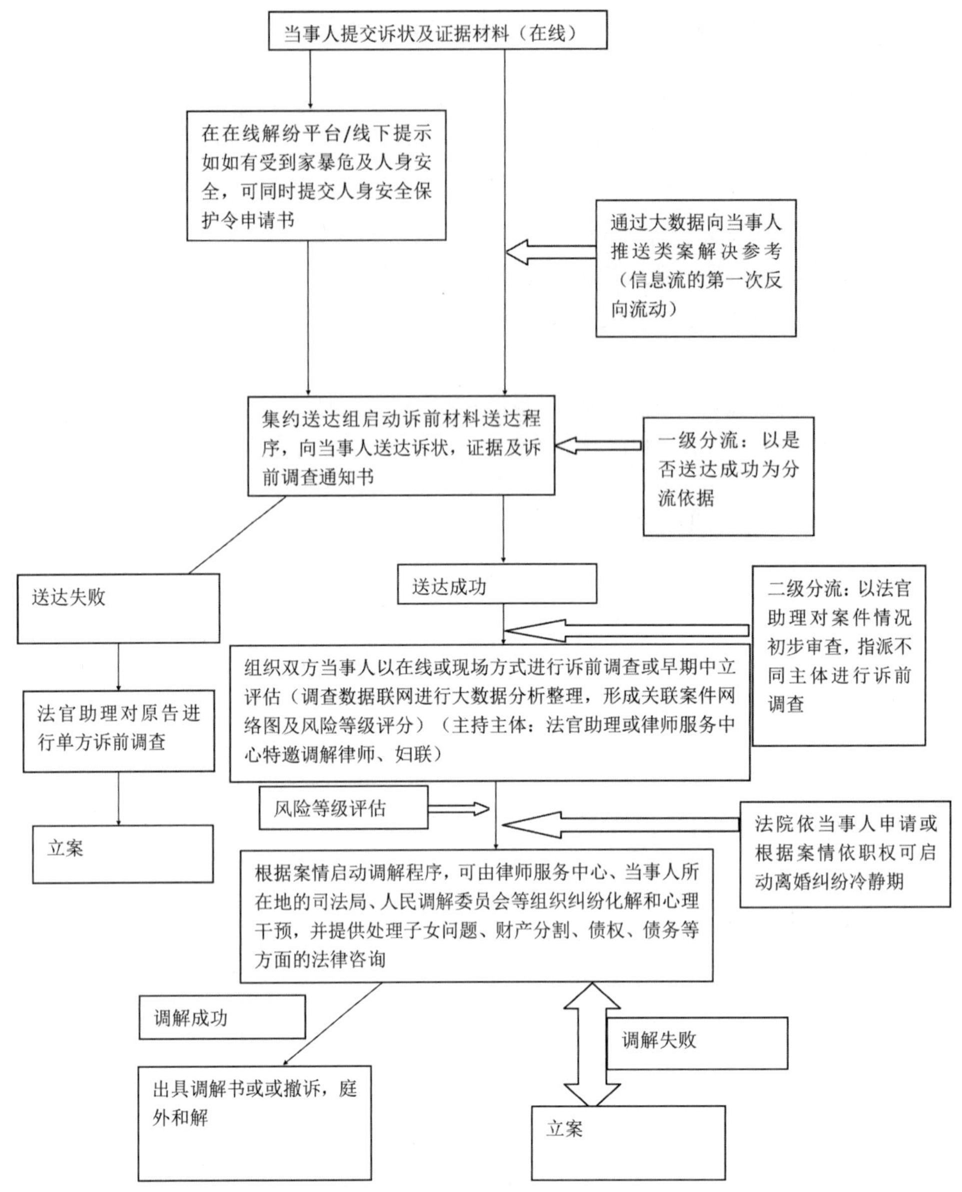

图3　笔者构想的家事纠纷分流解纷流程模型

3. 体验——“5E”因素的兼备

所谓互联网设计用户体验“5E”原则，即有效性（effective）、效率（efficient）、吸引（engaging）、容错（error tolerant）、易学（easy to learn），所以应当考虑为不同用户（正式审理案件设立不同的用户界面、接入端口和解决方案。对于从事诉前调查的法官助理、应提供联通案件全景和各多元纠纷解决部门的全景视图；对于协同化解家事纠纷的律师服务中心特邀调解律师、调解员，提供心理干预的妇联等基层组织提供不同的用户界面与流程导图和、案情全景和类案调解模板；对于当事人，则应提供适合案情的个性化“柔性定制”纠纷解决方案；对于信访部门及员额法官，则应开通案情风险预警端口：设立风险预警阈值，对于触发风险预警阈值的家事纠纷，根据风险登记自动推送不同层级的审判人员、合议庭成员、庭长及分管院长、院长进行风险评估与防控；对于高级风险，还应设立端口联系向政法委等相关部门争取联动支持 。

四、远景展望

多元纠纷解决机制不仅要作为分流器，更应当作为定风珠，笔者所在基层法院已经在诉前分流解纷领域迈出第一步，笔者以家事纠纷为例提出构建诉前解纷分流机制的建构方案。从互联网理论回归司法实践的本源应当是智慧法院建设的要义，在将来，可以将以上分流解纷机制向更多类型的案由推广，实现多元纠纷解决机制的效能的更大提升。

智慧法院生态圈准入标准与退出机制初探

——以H区法院信息化建设现状为切入点

黄章聘 *

一、智慧法院生态圈概述与要件

（一）智慧法院生态圈概述

生态圈的概念源于生态学，指的是特定区域内的有机体与其生存环境构成的共同体。各有机体之间相互依存、相互作用，为各自的生存与发展营造一个良性的动态平衡体系。自然万物都有自己赖以生存的生态圈，大自然如此，社会亦然。在信息交互来越密切的网络时代，行业间高度交融，它们既相互竞争又协同发展，使整个现代社会呈现出生态圈之特征。不仅如此，为了获得最大发展空间，行业内部在长期的密切联系和相互作用过程中，通过分工、合作也形成了具有一定结构特征、执行一定功能作用的动态平衡系统，这就是行业生态圈。

2016年，最高人民法院信息化建设工作领导小组首次提出建设立足于时代发展前沿的"智慧法院"的战略任务。① 据最高人民法院的定义，智慧法院是依托现代人工智能，围绕司法为民、公正司法，坚持司法规律、体制改革与技术变革相融合，以高度信息化方式支持司法审判、诉讼服务和司法管理，实现全业务网上办理、全流程依法公开、全方位智能服务的人民法院组织、建设、运行和管理形态。② 可见，作为完全区别于传统法院的新形态，智慧法院实际上是一个涵盖了法院审判执行工作及各项社会职能，并借助技术变革实现各项职能全方位协同高效运转的有机体。因此，笔者大胆引入生态圈的概念，从整体的角度解读智慧法院，探索建立智慧法院建设标准化流程的可行性。笔者认为，智慧法院生态圈是以信息技术为核心，围绕着司法为民、审判执行、司法管理和国家治理等方面，旨在服务司法、公正司法的由各类信息系统所组成的有机共同体（参见图1）。

---

* 黄章聘：厦门市海沧区人民法院。

① 徐欣：《大数据时代法院执行措施创新刍议》，《兰州大学硕士论文》，2018年10月。

② 李林、田禾：《中国法院信息化发展报告No.2》（2018），第5页。

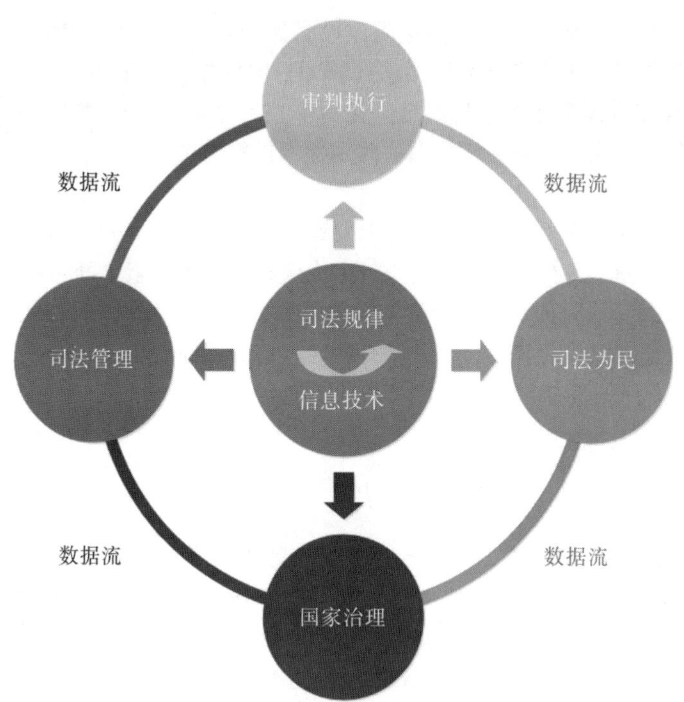

图1 智慧法院生态圈示意图

（二）智慧法院生态圈特点

从系统论的角度看，一个理想和谐的智慧法院生态圈，必然是一个充满生机活力，生态圈内各子系统联系紧密、和谐共存、良性互动、高效运作，共同推进法院信息化全面建设的动态平衡系统。因此，它既有生态圈的天然属性，又符合智慧法院的内涵标准，具备以下特点：

1. 以信息技术为核心

在浙江召开的互联网大会智慧法院暨网络法制论坛上，周强院长表示：信息技术推动了司法现代化，信息技术的快速发展为中国法院确保司法公开、提升审判质效、更好维护社会公平正义提供了有力的科技支撑。[①] 可见，旨在服务公正司法的智慧法院建设，必然以信息技术为核心，主要依靠大数据、云计算、人工智能、物联网等新兴技术，对传统法院审判活动进行研析、诊断，促进审判效率与质量双提升，带动司法审判理念的革新。

2. 以司法规律为依据

司法规律是指司法活动发展过程中的本质属性及其内在联系，是司法运行过程中的一种带有客观性的法则。[②] 法院审判权是一种国家权力，除具有强制性与正当性以外，还必须与自身存在和运行规律即司法规律相一致。习近平总书记在 2015 年就明确指出，推进司法改革要“坚持符合国情和遵循司法规律相结合”。[③] 智慧法院虽是新形态的法院，

① 罗霄悍，叶倩青：《借力信息化建设智慧法院》，载《人民法院报》，2016年11月22日。
② 王新清、张瀚文：《司法规律的三个基本问题》，载《烟台大学学报》，2017年3月。
③ 于静：《对司法规律的认识论思考》，《华东政法大学硕士论文》，2016年4月14日。

但并未改变审判权的本质属性。智慧法院建设必然与其他司法改革措施一起服从于司法规律。因此，智慧法院生态圈必须以司法规律为科学依据，尊重司法工作流程的客观性，防止主观臆造脱离审判实际的信息系统，在追求技术创新和建设速度的同时，做到系统建设技术、业务不分家，真正为深化司法改革保驾护航。

3. 以数据交换为桥梁

每一种生态圈的动态平衡，都依靠各个要素之间的因果博弈来实现。以信息技术为核心的智慧法院生态圈，各类信息系统就是其组成要素。这些要素之间通过数据共享与交互产生联系，数据交换成为他们因果博弈的桥梁。因此，一个良性循环的智慧法院生态圈，绝不是孤岛式信息系统的简单集合，必然有四通八达、迅捷安全的数据流作为桥梁，通过数据交换实现各系统间的协同运作，最终形成一个竞争与合作并存的有机整体。

（三）智慧法院生态圈的运行要件

1. 准入标准要件

此为智慧法院生态圈核心要件，旨在控制信息化系统参与法院活动的程度。该要件既规定了法院信息系统的建设标准，也为法院信息系统的价值评判提供了方向。

实际上，并不是所有和法院工作相关的信息系统建设都属于智慧法院范畴，只有切实解决司法运转困难和提高司法工作效率的系统才真正属于智慧法院。所以，法院信息系统在建设前期，必须对建设目的、功能需求及迭代成本进行多维度调研和开放式研讨，从而寻求最高性价比和最优匹配度的建设方案，这是所有信息系统建设的充要条件。

2. 应用管理要件

此为智慧法院生态圈生存要件，旨在制定运行规则、监测运行情况、建立运行档案，对信息化系统建成后的应用情况进行全方位评估与管控。

任何信息系统最终要靠管理落地。紧密贴合法院工作流程和需求，又兼顾信息系统推广运行的管理制度，是智慧法院生态圈得以生存并正常运转的重要保障。尤以建立自上而下的需求采集和自下而上的应用反馈通路最为重要。

3. 退出机制要件

此为智慧法院生态圈发展要件，旨在促进智慧法院生态圈新陈代谢。该要件不仅改善智慧法院生态环境，也为新系统提供实践经验和开发基础。

任何项目的建设都有一定时效性，必须应势利导作出适当改变才能维持系统活力。法院信息系统建设亦不例外。但长期以来，法院信息化建设的退出机制完全被忽视，这也是智慧法院生态圈未能形成的主要原因。目前法院信息化建设发展的速度，系统的更新和迭代将越来越快，因此，急需建立一套信息系统价值评估体系，从功能性、技术性、实用性、可继承性等多方面对在用系统进行评估，确定系统的退出时机和方式，取其精华，去其糟粕。避免盲目退出①和颠覆式退出②，为新系统的建设提供宝贵经验。

① 盲目退出指系统退出时仍能符合功能需求，还具备使用条件和能力的退出。

② 颠覆式退出指系统退出时未进行任何分析与总结，全盘否定该系统，未留下任何可供替代系统借鉴之处。

二、智慧法院生态圈视角下法院信息化系统建设现状与问题分析

（一）法院信息化系统建设现状与问题

据不完全统计，自 2014 年以来，H 区法院共建设了 35 个信息化系统。系统应用情况因实用性和推广力度不同呈现出中间大两头小的“橄核形”特征，强制使用或实用性较强的系统使用频率高，反之则几乎无人使用。（如表 1 所示）笔者通过和不同角色使用者的交流获知，大多数使用者对信息系统规范司法程序、提高司法公正的作用持认可态度，但对系统应用现状持批判态度者居多。批评集中体现在以下三点：一是系统数量之多让人疲于应付，甚至难以将功能和系统名称对号入座；二是功能不全、数据不通造成线上、线下操作频繁切换，徒增工作量；三是功能分散让他们一项工作需多系统共同操作才能完成。

表 1　H 区法院信息系统现状分析表

<table>
<tr><th colspan="2">系统分类</th><th>系统举例</th><th>目的</th><th>使用情况</th><th>存在问题</th></tr>
<tr><td rowspan="3">智慧审判</td><td>程序管控</td><td>新法标系统（取代原先的司法管理信息系统）</td><td>规范审判流程；减轻程序性工作量</td><td>必须且愿意使用</td><td>新系统没有流程节点管理，没有保留原先系统实用功能（如审限提醒等）</td></tr>
<tr><td>文书辅助</td><td>智能辅助文书系统</td><td>让法律文书生成更加高效与公正</td><td>愿意但无法使用</td><td>系统智能程度差，不能实现法规自动推送等功能；功能不全，只对部分案由适用；系统无人维护升级，导致文书纠错功能无法使用</td></tr>
<tr><td>庭审辅助</td><td>科技法庭系统；语音识别；庭审直播</td><td>提高庭审效率，保障庭审公开</td><td>必须但不愿使用</td><td>庭审辅助系统相互独立，系统不稳定，书记员庭前准备工作多，容易遗漏</td></tr>
<tr><td>智慧执行</td><td>程序管控</td><td>执行案件管理系统</td><td>加大执行力度和提高执行效率</td><td>必须且愿意使用</td><td>执行款在系统没有形成一案一账户，还需人工核对</td></tr>
<tr><td rowspan="2">智慧管理</td><td>数据分析</td><td>司法大数据管理与服务平台</td><td>助力审判态势精准研判，提升审判管理水平和能力</td><td>愿意但不好用</td><td>统计方式和实际管理需求脱节，无多维度统计分析方式，且没有自定义数据查询分析</td></tr>
<tr><td>内部管理</td><td>警务信息系统；派车系统；OA 系统；人事系统</td><td>提高法院内部流转效率</td><td>愿意但不好用</td><td>系统不稳定，操作烦琐；系统相互独立，法院干警使用不便</td></tr>
<tr><td>智慧诉讼服务</td><td>诉讼服务</td><td>跨域立案；律师服务平台（网上立案）；远程接访；远程调解</td><td>降低诉讼当事人的往返奔波成本</td><td>几乎无人使用</td><td>网上立案没有实现身份认证，立案当事人还得跑一趟；系统种类多，实现同一功能的系统有多个</td></tr>
</table>

（二）智慧法院生态圈视角下的原因分析

从传统法院的角度来看，上述系统之间关系错综复杂，应用问题层出不穷，难以厘清解决的关键点，从而导致问题久拖不决、系统日渐荒废、信息化建设陷入瓶颈。但在

智慧法院生态圈视角下，这些问题均可归因为智慧法院生态圈运行要件缺失，即没有形成系统建设流程闭环：一是没有准入控制。系统建设前没有按照准入标准进行方案论证，导致系统功能与实际工作需求脱节，如司法大数据管理与服务平台。二是缺乏系统应用管理制度。系统建成后没有同步解决“谁来用、如何用”和“谁来管、怎么管”的问题，没有制度保障导致系统无人使用、无人维护，如智能辅助文书系统、律师服务平台。三是系统退出机制空白。新旧系统交替没有实现继承和优化，使生态圈无法进行“新陈代谢”，使用者产生“新不如旧”的预期偏差，如新法标系统。要件缺失、无法形成良性生态圈，正是当前法院信息化系统建设数量和实际效果之间不平衡发展的根本原因。

司改背景下，法院人员的角色分类和定位越来越清晰，管理也越来越标准化。不同法院之间的管理模式和制度具有较强的可参考性和可复制性。建立科学的准入标准和退出机制，成为构建智慧法院生态圈的关键，也是智慧法院建设从破局迈向发展的关键。

三、智慧法院生态圈准入标准的体系构建

（一）法院信息化建设准入的实践

随着我国法院信息化建设从 1.0 到 3.0 的飞跃，科学准入在提高智慧法院建设门槛、指明系统方案论证方向和判断已建信息系统价值方面的积极意义已获共识。对准入的应用，也从最初的被动匹配[①]向主动控制[②]转变。但由于缺少深入的理论研究和论证，对智慧法院准入的理解还停留在“设置门槛”的简单层次，至今没有形成体系化的准入标准，导致实践中存在准入应用机械单一、标准控制参差不齐、主观倾向性明显等问题。

（二）智慧法院生态圈准入标准的“FII”原则

智慧法院生态圈准入是以使用主体、工作模式、场景应用等多维度需求为导向而构建的体系，复杂、多样且具有很高的前瞻性。因此，要建立符合我国司法规律和法院信息化现状的准入体系，须创造性的确立“FII”原则。

1. 功能性原则（function）

信息化建设是司法改革成功的重要保障，[③]所以首先应考虑司改大环境下法律参与者在不同的工作环境和工作模式下所产生的实际困难，以及司改带来的新运转模式与现有工作情况冲突产生的矛盾，这些困难和矛盾限制着法院的工作运转效率，更影响了司法深度改革的进程。所以生态圈准入标准第一原则就是功能性原则，即只有促进解决法院工作困境、突破管理瓶颈功能的系统方符合引入或建设条件。

2. 智能化原则（intelligence）

所谓智能，包含“智慧”与“能力”两层含义。故智能化系统应在人工参与度最小化的前提下，具备信息识别、数据分析、决策预判、结果推送的功能。反观 H 区现有的信息系统，其即使能够满足工作需求，但在数据分析和决策预判方面基本无法实现智能化。

---

① 被动匹配是技术公司通过自身对法院工作和政策的了解进行系统研发，并在法院进行推广应用的方式。

② 主动控制是法院根据自身需要提出系统开发需求，由技术公司通过竞争获得系统开发权，并加以推广应用的方式。

③ 李林，田禾：《中国法院信息化发展报告 No.2》（2018），第56页。

一方面是由于现有系统功能分散，需要使用者切换多个系统才能完成一项工作任务，但更多的是由于缺乏智能化的系统设计理念导致。为此，笔者提出以智能化原则指导信息系统的准入论证，从源头直指降低人工参与度的终极目标。

3. 集成化原则（integration）

智慧法院主要围绕司法为民、审判执行、司法管理和国家治理等四方面进行建设。近年来，法院建设了为数不少的信息系统，但普遍存在系统功能单一化的问题，造成一个工作流程需要操作多个系统才能完成。如庭审系统，同时存在科技法庭（不同厂家不同系统）、语音转换、庭审直播、电子质证等多套系统，书记员开庭疲于应付，建成统一庭审系统融合平台已是众望所归。集成化原则，旨在打造一站式服务的信息系统大平台，让用户获得良好的使用感。

（三）准入标准构建“FII”原则之实证模型（见图2）

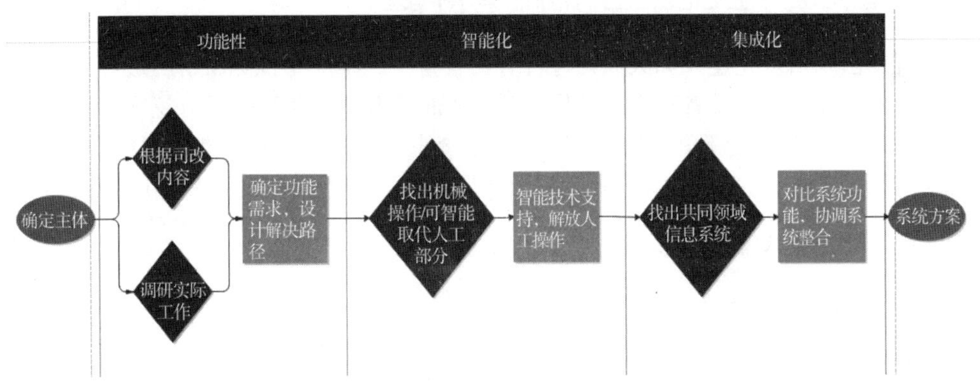

图2 准入标准“FII”原则实现路径图

笔者以F省法院正在建设的电子送达平台为模型对准入标准构建“FII”原则进行论证。

1. 从功能性原则出发——定位痛点

我国《民事诉讼法》第87条规定“经受送达人同意，人民法院可以采用传真、电子邮件等能够确认其收悉的方式送达诉讼文书，但判决书、调解书、裁定书除外。”理论上，法院的送达工作效率将大大提高。但实践中，电子送达平台的电子送达功能仅适用于新法标系统（司法管理系统）生成并加盖电子签章的文书材料，无法对电子扫描材料如电子证据等进行电子送达，也无法将电子盖章后的文书完整送达到诉讼当事人。与此同时，电子送达平台在电子送达留痕及联系方式认证等方面也鲜有突破，与传统的司法专邮相比局限性较大，没有发挥电子送达之功效，送达工作人员不愿尝试。故拟建的电子送达平台应以解决送达内容范围、送达留痕和联系方式认证等问题为标准进行功能性核定。

2. 从智能化原则出发——减少人工

传统送达作为与电子送达相对应的人工送达方式，其操作流程可以作为电子送达平台系统流程的参考模型。在设计过程中，电子送达平台应借助信息技术对送达流程进行一键式、智能化处理，减少电子送达平台人工操作步骤。按照送达流程，电子送达平台可设立集电子签章、身份确认、联系方式核实、发起送达等为一体的一键送达按钮，整个流程都借助与其他信息系统的数据交互，进行自动填写、自动核实等智能化操作，并将送达结果自动反馈给操作人员做最后确认，帮助操作人员作出下一步决策。对操作人员来说，只要选定送达内容，其他所有电子送达流程均由系统后台自动完成，从而实现人工参与度最小化的目标。符合这个标准的电子送达平台，方具备准入条件。

3. 从集成化原则出发——整合系统

电子送达平台理想状态是前端数据采集和识别功能可由在用的电子卷宗随案生成系统完成，文书生成和电子签章由案件管理系统完成，推送的结果应反馈到案件管理系统，并与其他流程节点状态一起组成完整的案件信息。但现状是三大系统未做系统集成或功能整合，电子送达平台部分功能尚未与案件管理系统进行对接而“瘫痪”。故新系统准入论证阶段在符合功能性和智能化两大原则的前提下，还应考察其对在用系统的兼容性和功能的融合度，以免造成系统沉积和功能失效，最终影响新建平台甚至整个智慧法院的高效运转。

四、智慧法院生态圈退出机制的体系构建

在智慧法院信息化建设如火如荼进行着的背景下，本应是推陈出新的最好时机。但信息系统的设计者、建设者和使用者几乎都把全部精力倾注在“出新”，忽视了对在用和曾经在用的系统进行重新审视和妥善处理，系统重复建设、资源浪费的案例屡见不鲜。因此，对于智慧法院生态圈退出机制的探究与思考，是一个非常现实而迫切的课题。

（一）引入退出机制的现实困境

1. 理论困境——认知盲区

智慧法院是一个全新的概念，虽然最高院对智慧法院的定义和标准已经有所规定，但更像是一种愿景描述而非理论指导。智慧法院尚缺少理论支撑，作为智慧法院生态圈运行要件之一的退出机制更是论证研究的“蛮荒之地”。笔者试图在中国知网等期刊网上以“智慧法院生态圈”和“退出机制”为题名进行索引，不仅未发现一篇相关的专文论述，甚至看到有零星涉猎这些理论的也是凤毛麟角。这除了让笔者感叹本文的写作历程无异于一次“拓荒”之旅，也反映出智慧法院生态圈退出机制在认知领域仍属空白。

2. 实践困境——操作盲区

在缺少理论指导的前提下，智慧法院生态圈退出机制必然是一个操作盲区。主要表现在：一是尚未建立系统评价标准。目前法院信息系统没有评分标准和体系，系统评价带有明显的主观色彩。二是评价反馈渠道不通畅。对于系统的使用情况，缺少集中平台进行收集和反馈，顶层设计者和系统建设者无法获得系统实际应用情况的第一手客观资料。三是与建设厂商权利义务约定不明。系统的合并或退出，涉及各建设方的切身利益，如果未对系统知识产权和数据的归属权、处置权作出明确的约定，必然引发建设方的抵触，导致系统退出的后续工作无法进行。四是新旧系统过渡衔接困难。系统更替是一项庞大的工程，如未做好细致充分的应急预案，容易形成迭代断层，导致工作瘫痪。

（二）退出机制构建原则

1. 正当性原则

智慧法院生态圈以司法规律为依据，其内部联系及运行规律具有客观性和科学性。

作为智慧法院生态圈组成要素的法院信息系统，不论是在整个生态圈中的地位还是功能，也都因符合司法规律而具有正当性。因此，法院信息系统的退出，应符合正当性原则，绝不是“想退就退”，也绝不能“为建而退”。只有当使用者或管理者对信息系统的功能性、操作性等方面提出有根据的疑义，经过体系化的评估后，确定符合退出触发条件的，方能启动退出程序。

2. 全局性原则

智慧法院生态圈是各个组成要素密切联系、协同合作的有机整体。所谓“牵一发而动全身”，任何一个要素的变化都会对整个生态圈造成影响。这就需要我们站在全局和整体的角度处理各组成要素之间的关系，尤其是进入退出程序的法院信息系统，更要从全局的角度考察其地位和作用，以及对其他信息系统的影响，做好应急预案，做到“全身而退”。

3. 完整性原则

如前所述，智慧法院生态圈是一个有机整体，其完整性包含两层涵义。一是从智慧法院生态圈的定义出发，各信息系统协同合作构成一个有机整体；二是作为智慧法院生态圈组成要素的各个信息系统本身，从建成、应用到退出也应形成一个完整的体系。因此，信息系统退出后，仍需对其使用期间的情况进行分析，提炼出有价值的经验，供后续建设时参考借鉴。这既是一个信息系统的完整使命，也是智慧法院建设实践的宝贵财富。

（三）退出机制程序设定

1. 退出机制触发条件

一是技术触发。信息技术是智慧法院生态圈的核心，随着物联网、人工智能、云数据、云计算等新兴技术的发展，必能带来工作模式的改变和工作效率的提高，也会触发法院信息化建设对新技术的引入与应用。二是政策触发。信息化建设是司法改革的保障，随着司法改革的深入，法院相关规范制度必然发生变化，从而触发与之匹配的信息系统更新迭代。三是竞争触发。智慧法院生态圈是各信息系统相互依赖、相互竞争的有机体。在系统应用过程中，必然根据法院工作的实际情况和需求对其进行整合，导致一些功能单一或不符合现状的系统退出。具备以上三种条件之一即可启动系统退出程序。

2. 退出机制流程设定

（1）意见收集：通过意见反馈渠道的使用意见收集或对系统使用情况的实地调研进行问题意见收集。

（2）价值评估：根据意见反馈，对系统从使用价值、功能价值、操作性能和集成程度等多个角度进行系统价值评估，并从技术层面去考虑分析是否可以通过改造或升级系统来改变现状。

（3）淘汰程序：第一步，制定预案，并在系统退出前实施；第二步，发布停用通告，做好系统停用工作准备；第三步，系统总结，对退出系统进行数据整理、迁移和经验总结，为新系统建设提供参考；第四步，系统下架，释放服务器与储存空间，避免资源浪费。

退出机制的设立使智慧法院生态圈建设形成流程闭环，故其流程设计需配合准入标准和应用管理这两要件，才能最大限度的发挥其功效，促进智慧法院生态圈良性循环。结合三要件，智慧法院生态圈整体流程设计如图 3 所示。

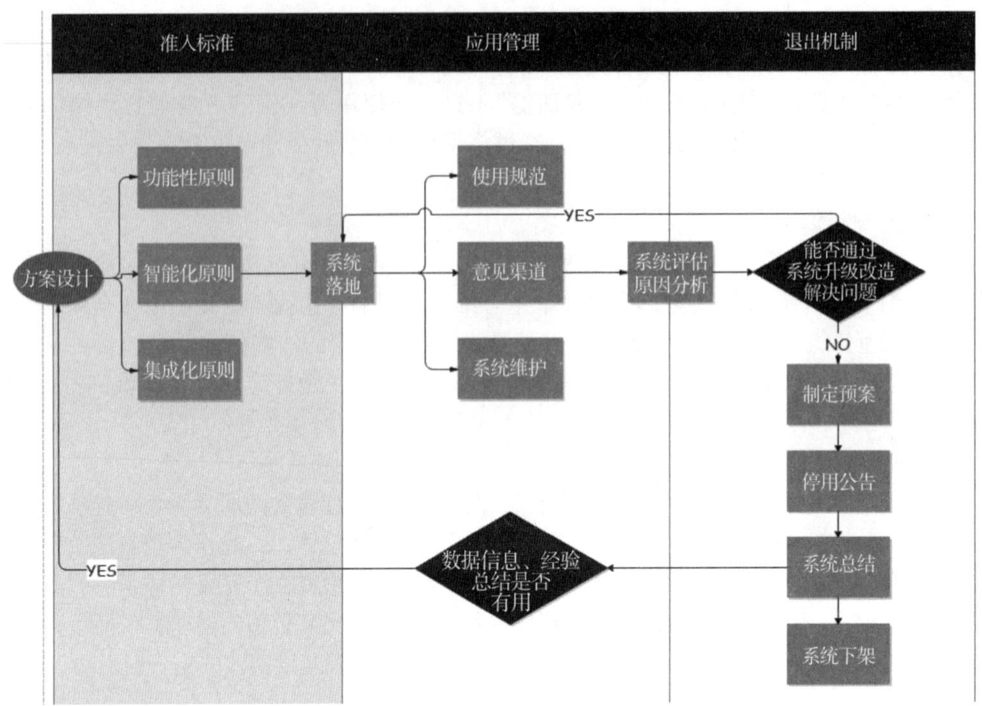

图3　智慧法院生态圈运行流程示意图

五、展望总结

席勒说过："新事物是旧事物的敌人，因此，新时代总被旧时代视作犯罪。"幸运的是，对智慧法院这个新事物，法院人并未以"上帝视角"进行"审判"，而是表现出了足够的热情和勇气。但创造一项新事物，除了热情与勇气，更需要不断深入的思考与总结。本文对智慧法院生态圈仅是初探，然"博观而约取，厚积而薄发"，只要我们保持对新事物正确的态度和深度的思考，智慧法院未来可期。

司法责任制改革背景下审判管理信息化的成效评估与问题探讨

郭顺强 *

最高人民法院院长周强指出："全面深化司法改革、全面推进信息化建设，是人民法院两场深刻的自我革命，是实现审判体系和审判能力现代化的必由之路，是人民司法工作发展的车之两轮、鸟之双翼。" ①

公正和效率是人民法院永恒的工作主题，人民法院司法改革的终极目标是提升司法公信力，人民法院的所有改革应该服从、服务于这一主题与目标。新一轮的司法体制改革以司法责任制改革为"牛鼻子"，核心在于落实"让审理者裁判，由裁判者负责"，让法官拥有独立裁判权，让法官承担裁判责任，努力让人民群众更加信赖司法。这一核心改革完全改变了过去"人盯人"、粗放式、事后性、行政化的审判管理模式。与此同时，信息技术日新月异，在最高人民法院的强力推动下，人工智能、云计算、大数据等技术被引入司法改革领域，为审判管理提供了新的思路和路径选择。

一、司法责任制改革对审判管理信息化的需求

（一）解决人案矛盾

司法责任制改革中最举足轻重的一项是实行法官员额制，该制度重新界定了法官的职业要求，通过严格选任把审判权重新赋予不高于法院政法编制数 39% 的人员。这项改革客观上减少了办案法官的数量，使案多人少的问题变得更加突出。在增加人员的老路已经走不通的情况下，借助信息化的手段处理审判辅助性事务以减轻法官的事务性工作负担，已然十分必要且迫切。

（二）监督服务裁判

司法责任制改革取消院长、庭长的案件审批权，法官可以独立自主地根据事实和法律作出裁判，其他意见不再"堂而皇之"地进入裁判意见系统，审判权集中于法官身上，因此必须采取有力的监督手段以避免法官恣意任性造成司法腐败，同时也要避免改革陷入"一管就死，一放就乱"的怪圈。同时，少了院长、庭长对案件的"把关"，为确保法官所作的裁判是公正的，则需要为法官裁判提供必要的支持。在运用信息化手段监督审判流程各个环节，通过大数据分析技术建立类案检索系统为法官裁判提供参考，从而使

---

* 郭顺强，厦门市湖里区人民法院。

① 周强：《牢固树立五大发展理念，大力弘扬改革创新精神，为实现"十三五"规划营造良好法治环境》载《人民法院报》，2016-01-24.

法官裁判更加公正合理。

（三）深化司法公开

阳光是最好的“防腐剂”。拓宽司法公开渠道，让公众更加了解司法运行状况，以此督促法官更加审慎行使权力，这是司法责任制改革十分重要的内容。另外，案件审理过程中形成的审判信息实际上是由法院和诉讼参与人共同提供的，诉讼参与人参与、影响审判管理既是司法公开的要求，也是“最有效监督审判管理的方式”。[①]因此，必须借助信息化手段建立更加便捷、高效的通道，在诉讼参与人与审判信息管理者之间建立起通畅的渠道，促进审判权在更加公开透明的空间中行使，以公众的参与和监督来提升司法公信力。

（四）提升管理水平

司法责任制在弱化院长、庭长的微观管理的同时，要求强化法院的宏观审判管理。传统的审判管理所沿用的案件信息“情况生成—分析因果—提出策略”的模式具有事后性，已经很难适应新的审判管理需要。审判管理必须按照数据的“收集—存储—分析—输出”的轨迹进行流程管理[②]，将数据收集的对象从静态数据变成动态数据，这样才能及时发现并解决审判管理中出现的各种倾向性、苗头性的问题，让审判管理更加精准、科学。

二、当前审判管理信息化建设情况

近年来，在最高人民法院的统一部署和强力推动下，各地法院以问题和需求为导向进行了广泛实践，在推动司法责任制落实、提升司法公信力方面作出了积极探索。具体来说，大概有以下几类：

（一）诉讼服务类

传统的审判管理模式下，法院是审判信息的“供给方”，法院与当事人及诉讼参与人的信息不对称、沟通不及时，法院对公众的需求回应不够，难以使公众接受和理解司法裁判。在司法责任制改革背景下，法院管理从传统的科层制管理模式变成了扁平化的管理模式，法官与当事人及诉讼参与人之间要建立基本的信赖，信息沟通及时、准确变得更加重要。因此必须调整理念，建立起以公众需求为导向，诉讼参与人与审判管理者之间“上下互动，彼此协商”[③]的新型关系，使得审判管理更加人性化。“互联网 +”理念的推广普及，不仅为提升法院的诉讼服务水平提供了技术支持，而且提高了公众参与诉讼活动的效率。近年来，各地法院积极探索建立“互联网 +”诉讼服务模式，线上诉讼服务平台可以通过互联网、移动通信、手机 App 为当事人提供立案咨询、诉讼指导、在线缴费、诉前调解等服务，可以向当事人及其他诉讼参与人推送案件开庭时间及地点、合

---

① 江必新：《国家权力科学管理视阈下的审判管理》，载《法律适用》，2017 年第 5 期 .

② 刘越男等：《大数据情境下政府治理研究进展与理论框架构建》，载《图书与情报》2017 年第 1 期。

③ 刘强强、石乾新：《大数据背景下的治理现代化：何以可能可以可为》. 载《大数据》2016 年第 2 期。

议庭组成人员、诉讼权利义务告知书等案件相关信息，可以向当事人及诉讼参与人推送案件审理进度、案件审结情况以及相关的法律解释等等。在传统的诉讼服务模式下，当事人及其他诉讼参与人几乎都是被动参加诉讼，对于诉讼活动的预知程度不高，容易产生“不可预期”的诉讼焦虑。而在互联网模式下，当事人及其他诉讼参与人通过便捷的途径可以学习到诉讼法律知识、接受诉讼辅导、了解诉讼过程，从而更加积极地参与诉讼。同时，围绕互联网+诉讼服务所搭建的数据交换平台可以帮助实现各类业务数据进行汇总、交换、共享、传输、校验，完成数据的统计建模、辅助决策、集中展示，为网上自动生成司法统计打下基础，为领导决策提供数据服务。①

（二）审判辅助类

审判工作的主体是法官，为法官裁判提供更加智能、便捷的服务，以缓解司法责任制带来的审判责任和法官员额制、立案登记制改革带来的案件增长“双重压力”，是审判管理重要目标之一。近年来，各地审判管理信息化建设在辅助、保障法官行使审判权方面做了积极的努力，具体包括以下几个方面：

1. 送达排期辅助系统

司法实践中，“送达难”始终是制约审判质效的一大难题。传统送达方式难度大、效率低、成本高，越来越难以适应快节奏的办案要求。为此，有些地方法院总结了传统送达方式的弊端，在符合诉讼文书送达相关法律规定的前提下，结合当事人、法官及法院管理部门的需求，自主开发诉讼文书送达辅助系统，以提高送达的效率和准确率。送达辅助系统不仅提供了完善的电子送达方式，最重要的是它有效融合了各种数据，结合电子地图、数据关联、数据跟踪等技术，既节约了送达成本，还提高了送达的成功率。此外，随着案件越来越多，更加科学有效地排期开庭，也成为法院管理的一项重要内容。有些法院将文书送达和排期开庭结合起来，将排期开庭纳入信息化范围，为避免排期冲突、合理安排法官的开庭与请休假、培训等工作提供了帮助，提高了法庭的使用效率。

2. 庭审语音识别系统

庭审记录是庭审重要组成部分。在传统法庭配置中，书记员负责庭审记录。庭审记录要求书记员熟悉案件、注意力集中、打字速度快而且记录要准确，庭审记录影响着庭审的流畅度和庭审的效率。司法责任制改革以来，随着政法编制的书记员逐步转为法官助理，各地通过购买社会服务聘任的书记员进行法庭记录，由于其素质参差不齐，有的书记员记录不熟练、不准确，严重影响了庭审的效率。确保准确且快速地记录庭审的整个过程成为了提高庭审效率的关键。在这种背景下，苏州中院在科技法庭的基础上，引入了语音识别技术。“经过庭审应用，庭审笔录的完整度达到 100%，个案学习后疑难复杂案件识别正确率达 95% 以上，庭审暂停现象基本消除，法庭调查、法庭辩论等环节流畅度显著提升，庭审时间平均缩短 20%~30%，复杂庭审时间缩短超过 50%。”②

3. 文书写作辅助系统

文书写作是法官的核心工作，甚至可以说整个法院工作的核心，需要投入大量的时间和精力。在司法责任制改革背景下，法官人均办案量越来越高，法官有限的精力必须集中于裁判这个核心事务，否则难以应对那么多的案件。而实际上，文书写作最为核心

① 卢文丽：《信息化引领改革，促进“四提升”》，载《中国审判》2015年第8期.

② 林子彬：《审判如何“智慧”苏州这样装“科技大脑”》载《人民法院报》，2016-12-25.

的部分是事实认定和释法说理两个部分，除了这两个部分以外，其余部分文书的写作实际上尚有减少法官工作量的空间。为此有些地方法院开发了撰写裁判文书的辅助系统，一是推进电子卷宗建设，利用 OCR 识别技术实现系统自动生成“本院认为”以外的文书内容，据统计，80% 的文书里面 80% 的内容由办案系统一键生成，减少法官案头的工作量达到 30% 以上；[①] 二是搭建法院文书自动生成系统，按照法律规定和最高人民法院的诉讼文书制作标准，为立案、审判、执行法官分类预置了上万份文书模板，方便法官、审判辅助人员在简单修改后形成正式法律文书，大大减少法官工作量。

4. 智能裁判辅助系统

确保所作的判决合法、合情、合理是法官最重要的工作，也是衡量一个法官司法能力最重要的依据。如何既保障法官能够充分独立行使审判权，又避免同案异判，是司法责任制改革的一项配套机制改革。有些地方法院通过整合分析不同层级、不同类别的案例，具体包括最高人民法院指导性案例、法官本人承办过的历史案例、上级法院相似案例、同级法院相似案例、下级法院相似案例等，运用大数据技术模拟法官办案思维，采用体系化检索的方式，为法官提供检索服务，以便法官快速找到目标案例。同时法官也可以根据本人的工作习惯对案例分类进行个性化设置，系统根据法官设置的优先等级调整推送结果，确保检索出的案例符合法官的办案需要。有些法院开发“同案不同判预警系统”，通过数据分析得出综合偏离度、同判度等数据，为审判人员提供预警服务，确保裁判公正。

（三）司法公开类

司法公开是监督和制约法官独立行使审判权的有效方式，主动公开司法运行过程及结果并接受群众监督，实现以公开促公正的改革目的。在最高人民法院的强力主导下，中国裁判文书公开网、中国执行信息公开网、中国审判流程信息公开网和中国庭审直播公开网（简称“四大司法公开平台”）相继开通，不仅可以让当事人及其他诉讼参与人及时了解案件的审判执行状况，也可以让社会公众更加便捷高效地接近司法、了解司法，从而发挥司法的示范、指引、教育功能。

1. 裁判文书公开

裁判文书是法院审判工作的最终产品，是法官展示其认定事实、适用法律、裁判过程的载体，也是当事人及其他诉讼参与人参加诉讼活动、陈述意见的载体，还是法官接受社会公众监督的“靶子”。裁判文书公开一方面便于人民群众查阅与研究，另一方面则通过对法官形成责任倒逼机制，迫使法官努力提高文书的质量和司法水平。

2. 审判流程公开

审判流程公开是保障当事人对审判活动知情权的重要手段，有助于当事人参与诉讼，有利于提升司法公信力。因此，审判流程公开是法院司法公开的关键，也是审判管理的重要手段之一。审判流程公开一方面使当事人可以查询案件的进展，另一方面可以最大限度地促进法官勤勉工作、高效办案。

3. 庭审公开

近年来各地法院将其审理的具有重大社会影响的案件通过微博或其他途径，以图文同步或视频方式予以公开，取得了良好的社会效果。最高法院不断推进网络庭审直播，公众

① 蔡春华：《人民法院彻底告别人工统计时代》，载《法制日报》，2017-03-07.

坐在互联网终端设备前就犹如亲临现场一样观看庭审，迫使法官提高庭审的规范化水平和驾驭庭审的能力。同时，以杭州互联网法院为代表的互联网审判新模式则将狭义物理空间的法庭搬到了互联网空间，进一步实现了案件审理与司法公开的同步推进。

（四）审判管理类

审判信息的数据化为审判管理的精细化和分析决策的科学化提供了基础和可能。随着大量审判信息的数据化，这些静态的、分散的数据经过分析形成了具有意义的科学依据，能够为管理决策提供帮助。

1. 审判流程管理

审判管理的重点在于审判流程节点的跟踪、记录、反馈和监督。审判流程节点管理，是根据案件审理程序，对案件的立案、移交、排期、审理、签发、归档等环节进行科学、规范、有序的系统化管理。在传统审判方式中，院长、庭长无法全程跟踪、实时知晓案件的进展情况，更无法掌握每个法官的工作动态以及每个案件的裁判结果，审判管理完全处于粗放状态，不利于院长、庭长审判管理职能的发挥。而信息化手段的运用能大幅度提升管理的精细化程度，使审判质效的分析评估预测更加科学准确。各地法院出台了一系列通过信息化加强审判流程节点控制的措施和方法，例如：四川法院在办案系统设置办案时限明确的流程节点，对案件在审判、执行各个环节的运行情况进行动态跟踪、监控和管理；浙江法院依靠信息化技术建立了浙江省高级人民法院审判、执行两个质量效率评估体系，评估系统具备灵活的信息数据跟踪检测、预警、检索、统计等功能，能自动提示并防止案件信息的遗漏、错录等问题，追溯至具体案件每一个办案节点的流程信息，实现对各个法院、每名法官直至每个案件的科学量化管理，增强评估工作的针对性、客观性和权威性。①

2. 审判数据分析

大数据技术在法院内的运用主要在于司法统计、智能搜索和分析预测等方面，其不仅能为法院提供审判执行态势分析支持，而且能为党委政府的政策决策提供信息服务。对于法院而言，最高人民法院开发的大数据分析应用系统可以通过大数据分析发现审判管理过程中存在的问题和漏洞，特别是优化审判资源配置，改进内部管理机制，最大限度地发挥管理的效能作用；对于各级党委、政府而言，一段时期内某地区司法判决的统计分析能够呈现该地区矛盾纠纷、违法犯罪情况的整体面貌，从而为制定和修改政策提供数据支持。2016 年，最高人民法院利用该系统形成了 40 份专题研究报告，为有关方面的决策提供数据基础。

三、审判管理信息化对推动落实司法责任制效果评估

审判管理信息化建设，构建了网络化、阳光化、智能化的审判权运行机制，为法院管理、法官、审判辅助人员、诉讼参与人甚至社会公众提供了更加高效、透明、便民的服务。

---

① 中国社会科学院法院研究所国家法治指数中心研究中心：《中国法院信息化第三方评估报告》，中国社会科学出版社2016年版，第44-45页.

（一）拓宽了公众参与渠道，审判权运行更加公开透明

当前，人民法院运用互联网技术，通过诉讼服务网、12368诉讼服务热线、律师服务平台等系统，为当事人提供了便捷高效的诉讼服务，在推动“让信息多跑路，群众少跑腿”上取得了良好社会效果。庭审直播和裁判文书上网让法院最重要的案件审理过程和司法产品全面、客观、完整地呈现在公众面前，最大限度地摈弃了司法的神秘色彩，让公众得以充分了解司法运行的状况、诉讼运行的原理，同时也强化了公众对司法的监督，使法院提高其司法水平。而审判流程公开、执行信息公开等平台则面向当事人，提供案件进度和相关信息的查询服务，这不仅有助于当事人参与诉讼，保障当事人的知情权，而且通过主动公开，自觉接受当事人的监督，避免使当事人形成“暗箱操作”的观感，增进当事人对司法的信赖。

（二）构建审判辅助系统，有效提升了审判执行质效

审判辅助系统的研发，特别是送达排期、文书自动生成、庭审语音自动识别等非裁判核心业务系统的开发，有效地提高了送达、文书打印、庭审记录等工作效率，减轻了法官的事务性工作负担，为解决“案多人少”的矛盾提供了信息化的解决方案。智能辅助办案系统的研发，主要是利用大数据分析技术提供法律法规、参考案例、关联案件等信息搜索和推送服务，从而帮助法官更加科学合理地裁判，提升裁判的公正性，提升审判的质效。裁判文书智能分析系统通过对文书要素的解构和大数据分析，帮助法官发现通过肉眼检查容易忽略的文书撰写错误、遗漏诉讼请求等问题，帮助法官进行修正，提高文书修改效率。信息技术在裁判领域的运用，能够有效提高司法裁判和司法决策的确定性，完善裁判规则，保证裁判标准的统一。

（三）发挥信息技术的作用，审判管理更加科学规范

审判流程节点的信息化，是对审判执行流程的再造，实现了对案件信息的同步采集。在信息技术的运用下，审判执行流程中产生的诉讼材料都要被第一时间扫描入系统，实现电子卷宗随案同步生成、庭审实时监控、全程同步录音录像等，为审判管理提供了基础数据。审判流程信息自动同步公开，生效文书一键上网，流程审批、审限管控、绩效考核等，基本上能在平台上完成并同步上传到办案平台，从而形成案件网上流转、网上审批、同步监控、全程留痕的新机制。审判数据同步生成，审判流程全程留痕，法院领导和管理部门便可以实时监控电子卷宗和档案数据，在法院内部实现全过程、全节点监督。同时全流程数据实时生成为司法统计、司法决策提供了有效的数据基础，对案件收结存、审判质效、热点案件、特定类型案件等进行动态分析，更好地服务于司法决策和审判管理。

四、审判管理信息化存在的问题与不足

在看到这些初步效果的同时，也必须正视目前审判管理信息化还存在的一些问题和不足：

（一）建设规划不一，未来数据融合问题多

信息化建设、智慧法院建设是最高人民法院统筹、地方各级法院参与的重大项目，必须在司法权属于中央事权的整体理念指导下，坚持全国法院“一盘棋”发展。但是总体上看，由于缺乏顶层统一设计规划，除了统一部署的四大公开平台，其他项目基本由各地自行研发，有的法院审判管理信息化建设起步较早、发展较快、创新较多，已经实现了从立案登记、送达排期、案件审理、结案归档的流程化管理，能够进行全方位、全流程的网络监督；而一些法院信息化基础设施相对薄弱，信息化尚处于起步阶段，所需的软硬件设施配置较低。从项目规划来看，最高人民法院侧重于对外公开的项目建设，对于四级法院审判数据上下联通、审判辅助项目、审判管理项目几乎没有制定统一的规划，或者说没有出台相应的建设标准，由各地各自创新，但是审判辅助项目、审判管理项目涉及审判数据的采集、融合、分析、运用，对于审判质效、案件评估、法官考核、审判监督等急需顶层给出建设标准，便于今后全国“一盘棋”融合推进。因此，必须解决各地法院信息化管理水平参差不齐的问题，加强顶层规划设计，制定信息化建设的技术标准，甚至要配合信息化的推进，不断推动法院内部管理、审判执行的流程再造。

（二）实用性不强，问题需求调研不够

虽然审判管理包含了服务和监管两个部分，但总体上审判管理的目的不是为了限制法官的审判权，而是为了充分发挥法官的能动作用，使审判权在法定的范围内发挥最大的功效。因此，帮助法官减少工作负担是信息化建设必须始终坚持的工作原则。目前法院各自与外包科技研发团队合作，有些科技研发团队没有深入进行调研，对审判执行工作中存在的可通过信息化加以解决的问题不了解，对法院的工作需求摸不透，不理解法院的需求，研发出来的软件、系统、平台不仅没有减轻负担，反而增加了信息录入等新的工作负担，有些法官认为不好用、不管用，也就不爱用、不善用，系统的实用性打了折扣。

（三）数据无法互联互通，信息孤岛问题突出

就法院内部而言，四级法院的信息还未真正实现互联互通，审判、政务、人事、流程、监察等信息系统各自独立，彼此数据隔离，这既增加了系统用户的工作量，也无法充分进行数据关联。就法院与外部关系而言，全国绝大多数法院无法通过内网访问、检索公安户籍信息系统、企业信用信息公示系统、商标查询系统、国家知识产权专利检索系统[①]，这需要工作人员单独配置外网电脑或前往办公场所查询，信息数据内外联络不通对审判管理信息化造成了很大的障碍。在网络时代，信息技术手段可批量解决的工作任务却只能依照原有方式由一线审判人员人工完成，信息技术的作用未能充分释放。

（四）时刻保持警惕，重视数据安全问题

在信息技术时代，数据安全问题十分重要。目前法院系统内外网隔绝给系统研发造成了极大不便，不同系统需要在内外网之间进行数据导入导出，增加了工作量。但是倘

---

① 简言：《让审判插上翅膀：一线法官需要什么样的智慧法院》，http://www.vccoo.com/v/8bxr15. 访问日期：2018-05-17。

若内外网打通，各类数据平台汇聚的个人信息会为不法分子寻找特定的作案对象提供帮助，数据平台主要外包给数据服务商建设与运营，数据存在泄露风险。因此，在整体推进信息化建设的过程中，必须时刻警惕信息安全问题。

五、完善审判管理信息化建设的几点建议

尽管全国法院的信息化建设已取得了一定成效，各地的探索实践为下一步改革提供了不少有益的样本，但必须充分认识到，司法权是中央事权，必须在这个制度框架下坚持全国“一盘棋”思路，信息化建设必须紧扣标准统一、严格建设的要求，努力使诉讼的过程和结果不因地区不同而标准各异，真正起到提升司法公信力的作用。同时，信息化建设必须坚持以当事人、法官需求和提升司法公信力为导向，最大限度地发挥信息化的工具价值，为提升审判质效、司法公信做最积极的贡献。为此，建议在以下四个方面完善审判管理信息化建设：

（一）加强顶层设计，完善数据融合

信息化的基础是信息和数据，目前全国各省都有自己独立的审判管理信息系统，尽管各信息系统的功能大致相似，但技术标准存在较大差距，难以实现数据的融合衔接，各省以及各省与最高人民法院之间无法实现技术对接和信息融合。这个问题如果无法尽早解决，随着叠加的数据越来越多，今后要实现互联互通的难度将更大。因此建议最高人民法院进一步加强顶层设计，一方面确定全国统一的数据采集标准，尽快建立电子卷宗制作标准、文书制作标准、庭审录音录像标准、电子送达标准等，以便全国四级法院适用统一标准；另一方面要推动实现全国四级法院间的审判执行信息的互联互通，加强信息的融合运用。

（二）加强立法研究，强化制度保障

司法责任制改革和审判管理信息化建设给法院工作带来了革命性的变化，原有的“人盯人”、审批式、微观的审判管理模式必须作出改变，但现行的诉讼法律和司法解释针对的仍然是传统“人对人”的审判管理模式，对于“点对点”“键对键”新型审判管理模式反应比较滞后，部分法律及司法解释甚至限制了法院信息化建设，如《最高人民法院关于适用〈中华人民共和国民事诉讼法〉的解释》第259条规定简易程序“经当事人双方同意，可以采用视听传输技术等方式开庭”。可见，以互联网方式开庭的前提是要征得当事人双方同意，倘若被告保持沉默，对是否同意采用互联网开庭未予回应，那么按照该解释法院就无法采取视听传输技术方式进行开庭。司法实践中，特别是像杭州互联网法院审理的案件，很多权利义务关系明确的案件，所涉证据多为电子证据，适合在线庭审。但上述司法解释将互联网审判限于简易程序案件，使得适合采用互联网审判的案件数量十分有限。因此，建议最高人民法院将信息化推进审判方式改革作为一项单独的课题，全方位收集各地信息化建设引起的各类法律、制度问题，组织深度分析研究，将研究成果及时转化为司法解释，或者形成法律修改意见提交给全国人大常委会，巩固法院信息化建设成果，增强法院信息化建设的合法性。

（三）加强安全保障，确保信息安全

审判数据大体可分为两类：一类是法院主动向社会公开的数据；另一类是涉及到国家安全、个人隐私、商业秘密，法律规定不得向社会公开的案件数据。对于不得向社会公开的审判数据的安全问题，各地法院在研发系统时都会强化数据安全保护，目前也未发生数据泄露的重大事故。但随着信息化程度的不断提高，各类系统数据交互、汇聚、提取、使用的广度和深度将不断增加，外包服务团队接触审判数据越来越频繁，甚至可能打破内外网隔断，数据安全将十分重要。因此，建议最高人民法院出台信息化建设的安全标准，强化各级法院安全技术防护手段，加强信息安全管理。

（四）加强数据分析，辅助科学决策

审判管理的信息化除了能够提升法院自身审判能力、提升司法公信力外，还可以为党委、政府的决策提供参考依据。目前最高人民法院和各地法院都建立了数据分析系统和数据统计平台，但这些系统和平台多停留于司法统计层面，真正通过大数据分析技术对审判数据进行深度挖掘，比如说通过审判数据分析案件背后深层次的社会、经济、文化问题等仍然做得不够，也鲜见通过大数据分析为立法、制定司法解释、推动改革的事例。因此，建议加强对司法大数据的应用，充分发挥司法大数据的作用，为立法、司法解释以及政治决策提供科学依据。

六、结语

司法责任制改革在当前诉讼服务、审判管理、法官能力等整体转型的背景下进行，信息化为其提供了解决方案和改进思路，也确实推动着我国法院审判体系和审判能力的现代化。但是，“自动化的资讯处理过程可以取代行政人员的裁量与判断是错误的观点”[①]，在审判过程中，信息化建设始终处于辅助地位，法官才是审判工作的核心。“让审理者裁判，由裁判者负责”让审判人员不可能放心心地将审判权让渡给“机器人”。智慧审判的未来，事务性工作归人工智能，事关经验与良知运用的实体裁判归法官，法官应始终居于主导地位。[②]

---

① 江明修、曾德宜：《资讯科技与政府转型：社会建构的观点》，载《研考双月刊》2003年第3期。

② 简言：《让审判插上翅膀：一线法官需要什么样的智慧法院》，http://www.vccoo.com/v/8bxr15.访问日期：2018-05-17。

大数据下的智慧社区警务工作的实践与思考

陈源在 *

当前，伴随着人、财、物大流动和社会经济快速发展，社区警务管控的“人、地、物、事、网、组织”等基本治安要素频繁变化，“维稳”处突任务日益繁重，科学技术飞速发展，新型犯罪层出不穷，给社区走访调查、宣传防范打击增加难度，社区民警出现了本领恐慌，社区警务工作存在着被动应付、靠天吃饭的不足。重塑构建以标准地址为基础的社区警务基础工作，通过“党政统领、警务牵引、科技支撑、情报主导、社会协同”为路径，实现警务流程再造，将基础信息采集模式由粗略单一变为精准协同，宣传发动工作模式由大水漫灌变为精确预警，防范打击模式由粗放用警变为精细用警，基础考评模式由硬性考核变为智能考核，服务群众的方式由被动应对变为主动全面，具有很强的迫切性和现实意义。

一、问题与困境

2006 年公安部出台《关于实施社区和农村警务战略的决定》，各地根据公安部统一部署，开展的多种形式的城乡社区警务工作，已成为联系服务群众、开展治安防控、采集治安要素、掌握社情民意、构建治安防控体系、维护公共安全和社会稳定的一项基础性工作。然而，伴随着人、财、物大流动和经济社会事业快速发展，社区警务面临的问题和挑战也日益增多。以我市为例，在人口规模不断扩大，在社会加速转型、挑战压力不断增多、矛盾风险点层出不穷的形势下，传统城乡社区警务走访调查、宣传发动、巡逻守护、实地检查、警情通报的工作方式发生根本变化，难于适应当前形势的需要，社会治理中基础工作存在着底数不清、情况不明，社区警务工作存在着被动应付、靠天吃饭的不足。

（一）治安要素频繁变化，给社区走访调查增加难度

社会经济发展，社区警务管控“人、地、物、事、网、组织”等基本治安要素的频繁变化，特别是流动人口增多、新业态兴起发展，给社区民警开展走访调查、信息采集、案件调查增加难度。如流动人口来源广，成分复杂，工作生活均不稳定，流动快、频率高，给传统社区警务工作增加了很大难度。社区民警、辅警、网格员等采集人员，难以实时掌握人员入住、离开情况，难以实时跟进维护变动的数据，往往出现辖区的实有人口信息尚未完全采集一遍，前面已采人员信息已有很大一部分发生变化，成为过期数据的情况。数据“保质期”太短，登记在册的人口数据不能反映实际情况，既严重影响采集人员的工作积极性和获得感，也严重影响数据的准确性和生命力，进而影响了政府部门决策的精准性和实效性。

* 陈源在，厦门市公安局人口管理处 。

（二）“维稳”处突任务日益繁重，给警务工作带来严峻挑战

在社会加速转型、挑战压力不断增多的形势下，一方面国际上中美贸易摩擦长期化、复杂化，从单边主义到多边主义的发展变化，国内经济下行压力、市场风险积累会导致基层矛盾纠纷明显增长，使其呈现出多元化、复杂化、群体化、疑难化等特点，这给社区警务“维稳”处突工作带来更加严峻挑战。另一方面随着国家大型庆典活动和重要会议日益增多，基层派出所“维稳”压力不断增大。据统计，今年以来我市基层派出所参加等级响应的天数就达到 129 天，为了应对“维稳”处突，社区警务基础工作被严重挤压，社区民警无暇顾及社区基础工作，社区这块“黑土地”处于半荒废状态。

（三）新型犯罪层出不穷，给宣传防范打击增加难度

新型违法犯罪特别是近几年来网络类的诈骗犯罪、P2P 网贷类违法犯罪给传统社区警务防范打击增加了难度。一方面是犯罪分子异地作案、跨境作案、网上作案，给社区警务防范和打击工作带来极大难度。另一方面是犯罪手段和手法不断翻新花样，给宣传防范带来挑战，社区警务工作还没有找到应对办法，诈骗类警情高发已经占到每日全市刑事警情 70% 以上。

（四）科学技术飞速发展，给社区民警带来本领恐慌

随着科学技术的日新月异飞速发展，5G、人工智能、大数据、AI、云计算等技术发展变化，社区警务工作的方式方法也随之改变，社区民警传统工作方式难以适应。据统计，我国 7 亿青年都是在改革开放大环境下成长起来的，他们的主体意识、批判思维、生活方式基本与世界同步，这对我们的意识形态、政府管理、“数字治理”带来了新冲击。随着互联网特别是移动互联网的发展，社会治理模式正在从单向管理转向双向互动，从线下转向线上线下融合，从单纯的政府监管向更加注重社会协同治理转变。这些新兴变化，社区民警如果不及时加强学习，往往跟不上时代变化，如何给社区民警开展工作带来本领恐慌。

（五）人民向往美好生活，给服务群众方式带来考验

随着人民群众对美好生活要求越来越高，方便群众生产、生活方式也在不断改变。一方面科学技术进步发展促使社交方式产生变化，微信、抖音等社交软件发展改变了人民群众生活习惯，群众对我们社区警务服务工作的各项要求也越来越高，他们办理相关公安业务不再按照传统方式到派出所去办理，而是希望能得到更加高效便捷的服务。另一方面以人民为中心的服务理念得到树立，国家层面不断出台放管服优化服务的政策，随着服务人次增大和质量要求越来越高，“服务群众一公里”问题不断倒逼考验社区警务工作，促使社区警务工作要改变传统方式，创新服务理念，否则将影响群众对公安机关的满意率。

二、如何寻突破

近年来，基层基础工作的内容和形式出现了新的特点，社区警务基础工作方向在哪里？是把它放弃还是重塑？大数据战略下，开展以标准地址的社区警务基础工作，使单

个标准地址关联起实有人口、实有单位、实有房屋、案事件、民生服务，以“跳出公安看社区，跳出警务抓治理”思路，为我们社区警务基础工作找到了方向，“党政统领、警务牵引、科技支撑、情报主导、社会协同”路径使大数据战略下智慧社区警务工作成为一种可能。

（一）党政统领的网格机制得到全面落实

以全市主动创稳综治考核为抓手，倒逼市、区、街（镇）三级党政部门以标准地址为基础，依托街办（镇）、居委会，助推基层组织建设，扩大党组织有效覆盖，形成完备的组织领导体系，推动社区治理工作纵深发展，科学测算划分配备网格力量，落实网格责任机制，不断完善政策支撑、资源保障、工作机制，推动社区警务基础工作常态化、制度化。一是科学规划。对全市以标准地址分布情况开展精确测算，合理划分网格，统筹调配网格员、专职辅警力量，目前已根据评估测算结果，精确部署近万名专职网格辅警和网格员。同时，建立市、区、街（镇）三级专班运作，以清单制方式逐一落实责任单位、任务目标等，全面压实责任。二是政策支撑。推动以市政府名义制定下发《关于进一步推进实施标准二维码地址换发及管理的工作方案》（厦府办〔2018〕5号），联合市民政局等18个部门下发《全市标准地址二维码管理应用规范》，建立健全门牌地址编制、安装维护、源头引用机制及统一的标准地址应用体系，并推动以市委政法委、市公安局、市民政局名义出台《全市标准地址、实有人口、实有房屋、实有单位精准访查、分类访查管理办法》，明确将全市所有标准地址归为一般类由社区网格员等力量承担全量访查核实，在一般地址基础上根据工作需要设定关注类、重点类，由派出所民警、辅警等力量承担加密访查核实的任务。设定差异化访查标准，建立滚动式核查排查机制，做到面上采集、重点采集、协同采集相结合，避免重复采集、无效采集。三是督导考核。推动市委市政府将网格员以标准地址为基础协同核实职责作为专项工作职责，并配套每年专项经费给予保障。将网格员采集核实基础信息工作纳入市、区、街（镇）三级综治考评，建立部门联合督查、街镇交叉检查等督导机制，推动工作落实。

（二）警务牵引的大数据汇聚逐显成效

全市公安机关近三年时间努力构建了以标准地址为基础的大数据汇聚。一是标准体系基本建立。统一全行业地址标准，建成全市统一、集中的标准地址库，采集汇聚标准地址覆盖所有实有房屋；安装、换发带有二维码的新式门牌，全市大中小门牌、梯位牌安装全部完成，为标准地址公众化、智能化应用提供实物载体；推动市政府明确将标准地址作为全市社会管理、公共服务的“应用根”，已有全市18个市直部门和电力、电信等行业部门及众多企业单位主动要求对接标准地址应用，并建立“一标”长效配套机制，房屋地址“一号管理、一码覆盖、一源应用”的标准化应用体系逐步建立。二是基础底数有效澄清。通过列入公安改革和社会治理创新项目，充分借力厦门金砖会晤、十九大等大型活动安保及各重要节点保卫，广泛发动各类基层力量，持续开展基础信息采集。三是数据智慧汇聚逐渐形成。依托城市公共安全平台，整合部门系统、互联网平台及公安业务系统，实现“一次采集、全网通用”。建成公安网、政务网、互联网“三网合一”的地址信息服务平台，订立基于标准地址、各类网络的通用数据接口规范，鼓励各地自主开展本地化应用，主动在城市公共安全平台上发布“一标三实”数据，通过公共安全“资源池”将数据共享至全市 83 个部门 65 个业务系统，汇聚以标准地址为基础全市 300 多亿条基础数据，进一步推动工商登记、企事业单位登记、房产登记、寄递登记、房屋租赁登记、水电气用户登记等业务使用同一基础数据，实现各部门间数据同步更新、协同采集。

（三）科技支撑的智慧感知采集全面推开

构建以标准地址为基础的点、线、面、圈相结合的智慧感知网，智能采集建设逐渐形成，逐步建立覆盖“吃、住、行、游、购、娱、健”生活七大要素各个领域的标准地址应用生态圈，通过应用汇集群众各类触网信息为我所用，推进智能化、社会化采集。一是“触网”汇聚数据资源。以全市标准地址为点，打造全市“标准地址＋”管理服务升级版，充分发挥标准地址二维码门牌定位精准、救助及时、方便快捷、安全可靠等智慧优势，最大限度宣传推广群众应用二维码智慧门牌，让群众有更多获得感和便利，通过群众应用标准地址汇聚数据为我所用。二是“接网”整合数据资源。以线为连接，一方面架线采，是以“雪亮工程”建设为契机，以标准地址为基础，在全市主要路段、卡口、码头、车站、地铁等人员密集场所架设人脸识别、车辆识别设备，统一连接到公安大数据中心，实现人员和车辆时时采集和比对。另一方面接线采，整合辖区内政府各部门在工商登记、事业单位登记、房产登记、寄递登记等统一引用全市标准地址，从源头上统一信息登记地址根，指导派出所发动辖区内快递、物业、人脸识别、智能门禁等企业与标准地址的对接应用，通过标准端口广泛汇聚企业从各种渠道获取的人员动态信息，并入公安大数据体系，通过大数据自动碰撞，比对预警，精准推送，实现全天候智能采集、智能分析，有效破解入户采集碰到“闭门羹”“进门难”等问题，实现惠民利警新模式。三是“架网”智能采集数据资源。以“雪亮工程”建设为契机，把智慧安防小区、智慧校园、智慧工业园区设定为“面和圈”，充分借力科技手段，推动视频监控、人像云平台、智慧围楼围村在工业园区、校园、封闭小区、半封闭小区、城中村、老旧小区改造等智慧安防建设，最大化以机器换人力。通过监控、探头、门禁 Wi-Fi 等非接触式设备，自动抓拍上传、识别比对、智能分析后，精准推送常住漏登人员、重点人员、布控人员等定制信息给社区民警开展精准核查，实现基础信息采集方式由“被动式”向“主动式”转变，入户访查对象由“普遍性”向“针对性”转变。

（四）情报主导的基础防控成效日益凸显

通过夯实以标准地址为基础的社区警务工作，在实现情报主导全市整体化基础防控提升的前提下，成效逐渐凸显出来。一是服务防控成效更加明显。据统计，2017 年以来全市开展“一标三实”等基础信息排查，结果显示全市刑事警情连续三年大幅下降。二是重点部位监测预警更加精准。针对重点人员动态管控难等问题，将人脸识别、智能门禁系统和 Wi-Fi 采集设备等与公安大数据系统对接，打造集自动采集、智能研判、精确推送于一体的“智能监测网”，实现人员进出记录与登记居住人员信息即时比对、线上登记地址与标准地址智能关联，实时向社区民警、网格员精准推送预警信息，实现动态管控、精确访查。三是风险隐患排查化解更加彻底。2017 年 1 月份以来，以标准地址为基础，依托全市公共安全平台汇聚大数据，精准指导全市共开展各类风险隐患排查一万多起，清理率 99.1%；开展矛盾纠纷排查五万多起，化解率 97.3%，隐患逐步得到全面清理，矛盾纠纷排查化解更加全面彻底。

（五）社会协同的治理格局逐渐形成

以标准地址为基础的多元化、主动型的共治共享社会治理格局体系逐渐形成，引领各类社会组织力量积极参与社区治理工作，大力培育公益性、服务性、互助性社会组织，促进全市基层治理体系逐渐完善。一是基础信息"一端口"共建。将"厦门百姓"App、微信小程序作为信息采集主入口，建立互联网、公安网、政务网实时交互通道，打破公安、民政、计生等部门系统终端限制，实现网格员"一点采集、全网更新"，避免重复采集、费时费力。同时，依托"厦门百姓"App、微信小程序，建立出租房自主备案、用工单位自主申报机制，加强"点对点"采集，做到信息汇聚更高效、服务实战更直接。二是社会治理"一地址"共治。积极推动市监、房管、民政、司法、住建等主要部门依托全市公共安全平台，协作处理社区事务、社区警务。对公安机关来说，可利用标准地址汇聚起来的大数据，精确掌握辖区风险要素情况，为预警研判、治安态势分析，警力的精准布防、重点人员动态管控等工作提供有力支撑，全面加强治安管控力和风险掌控力。对政府其他部门来说，可利用翔实的大数据辅助决策、改进工作，为广大群众提供更加优质的行政服务。如精确的房屋、房东、房客信息在土房局开展"租售同权"试点等工作中发挥了重要作用；民政等部门针对排查出的"空巢老人"留守儿童、精神障碍患者等特殊群体，在系统内予以标记，强化视频巡查、上门探访等工作，提升服务效能。三是民生服务"一个码"共享。房东、企业主使用标准地址二维码共享房屋信息、推销产品营销、地址招聘人员、收缴房租等，方便生活生产。同时，群众可通过标准地址二维码进行精准定位，在城中村等复杂区域搜寻路线、进行一键报警等。

三、警务流程再造

大数据战略是社区警务工作发展的制高点，将以标准地址为基础汇聚起来的大数据，转化为可用情报并反哺到社区警务基础工作中，才能形成良性循环，最终实现社区警务工作的转型升级，从而推动以情报主导社区警务基础工作，实现社区警务手段、模式、效果全面升级，打造出"情报主导 + 协同共治 + 流程再造"的社区警务升级版。

（一）基础信息采集模式由粗略单一变为精准协同

通过标准地址的拓展应用，一方面，逐步实现绝大多数基础信息依靠社会化、大数据的方式自动汇聚采集；通过异源数据的交叉比对、研判分析，逐步实现绝大多数的要素动态、差错数据依靠大数据平台预警发现。按照"重点、关注、一般"分类访查标准，将基础信息精准推送给社区民警、网格辅警、网格员，协同动态采集。另一方面，新采集数据又有效反哺基础，查缺补漏，实现了信息采集良性循环、动态鲜活，从而实现惠警便民。

（二）宣传发动工作模式由大水漫灌变为精确预警

社区民警可以充分利用标准地址汇聚起来的大数据分析研判和数据建模方式，分析辖区人员在自己辖区分布情况、发案类型特征、受害群体特征、案件高发的重点区域，在充分了解掌握自己管辖辖区警情发案情况后，组织社区辅警、网格员精准沉入社区、深入群众，改变以往“大水漫灌”式粗放型宣传活动，实行“灌滴式”精准“面对面、点对点”宣传。通过数据建模研判辖区警情、案件，精准性开展居民座谈、宣传发动等方式，提前向辖区群众通报预警，拉近与辖区居民的距离，提升群众安全感和满意度，增强群众对本地公安机关的信任感，提高宣传有效性和精准性，在居民群众中筑牢心理防线、增强群众自我防范意识。

（三）防范打击模式由粗放用警变为精细用警

改变以往警力投放方式，充分发挥标准地址为基础的源头防范作用，实施覆盖全面、突出重点、科学灵动的安全防范策略。第一层面，大数据形成情报信息倒逼社区民警开展以标准地址为基础采集工作载体，无盲区、常态化落实辖区地址的实地走访，提高辖区见警率、管事率，有效挤压违法犯罪空间，实施常态震慑；第二层面，依托标准地址汇聚大数据形成精准情报资源，根据已发案件的案发位置、案件类型、发生时间、涉案人员叠加“三防”情况、地理建筑情况、人口密度、人员构成、人员流动、近期热点等，通过特征选择、模型建立，分析预测重点区域，强化防范措施，实施重点巡防；第三层面，对新流入的高危、重点人员，新开业的高治安风险行业场所，以及现实表现、经营状况、社会活动发生异常变动的对象，及时落实社区民警“威慑警务”，实施“面对面敲打”，最大限度压发案，止于未发，降察情。

（四）基础考评模式由硬性考核变为智能考核

改变以往硬性指标考评方式，不再下发定量式、无差别的基础工作指标，而是分别建立以公民身份号码、单位社会信用代码、地址编号为信任根的人员、单位、房屋要素管控模型。一是精准考核勤务指令。通过基于标准地址汇聚大数据的智能化、动态化分析，实施各类要素的分级分类管控，设定不同勤务时限和勤务重点，下达行动性、落地式的勤务指令。二是精准考核基础工作。通过情报精准指引社区民警针对性地开展基础工作。依托警务通、厦门百姓 App、二维码门牌的应用，最大限度地倒逼社区民警沉入社区开展工作，既要用大数据、智能化的手段尽可能减轻民警采集压力、提高工作针对性，又不能唯科技论，脱离“脚板”敲“键盘”、脱离“群众”干“基础”。三是精准考核要素管控。在要素管控方面，逐步减少自报结果、自填报表或采用自有数据验证等自证式考评，更多采用大数据分析印证结合实地核查的方式进行评价，如实有人口登记率探索采用寄递业、水、电、煤大数据评估，重点人口在控率重点对照人员在本地和外地的活动轨迹信息等。

（五）服务群众方式由被动应对变为主动全面

依托科技手段持续深化“放管服”改革，创新服务群众方式，提高服务群众效率，从群众跑腿到信息跑路、从单一审批到业务协同，服务群众由管理主导变为民意主导转变，以满足人民群众对美好生活向往追求。一是开发优化“指尖办”。依托福建省公安公众服务网办事大厅、福建省交通罚没平台、“i 厦门”平台和“闽政通”，进一步完善“互联网 + 公安服务”，通过全市公安派出所服务窗口的软硬件升级改造，最大限度实现“网上办”“指尖办”，从而进一步减轻基层窗口负担。二是方便群众就近办。加大“e 政务”便民服务站在社区的投放量和覆盖面，进一步完善服务功能，拓展服务审批事项，方便群众“就近办”。三是探索智能自助办。积极探索在有条件的派出所设立 24 小时综合自助办理服务区，打造全天候的“自助办”窗口。（参见图 1）

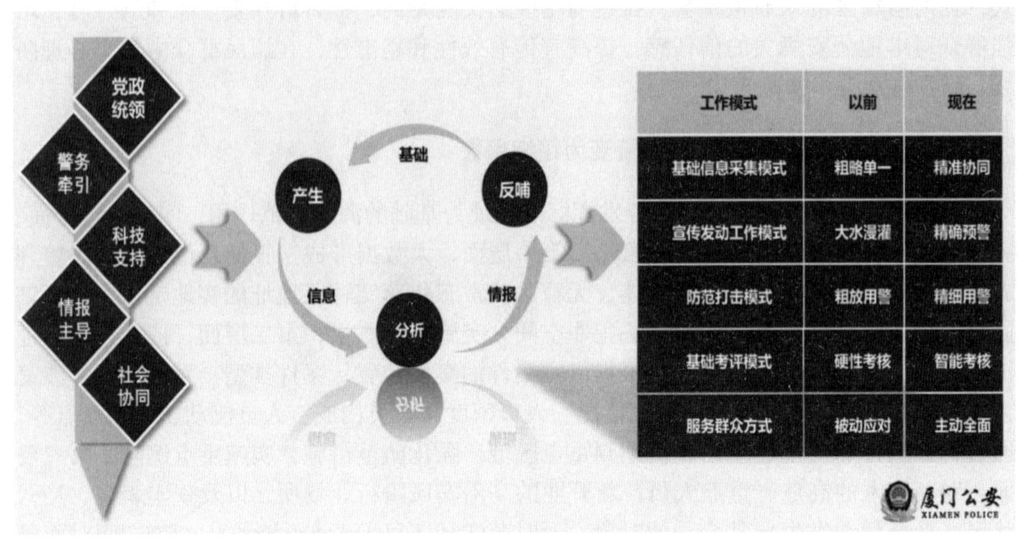

工作模式	以前	现在
基础信息采集模式	粗略单一	精准协同
宣传发动工作模式	大水漫灌	精确预警
防范打击模式	粗放用警	精细用警
基础考评模式	硬性考核	智能考核
服务群众方式	被动应对	主动全面

图1　警务流程再造框架图

大数据背景下“云公证”文书的法律效力问题研究

孙洪良　张哲畅[*]

引　言

大数据产业的兴起带动了市场各行各业的变革，也带动了公证服务的提升。如今，“云公证”服务正成为传统公证自我变革的重要标志。然而，当“云公证”服务被认为是提高公证机构服务效率的有效途径时，众多市场参与者却并未意识到“云公证”服务所制成的公证文书并不当然具备完整的法律效力。因此，研究“云公证”文书的法律效力，对于市场参与者经营活动的预期判断、法院相关案件的有效审理乃至营商环境的进一步优化具有重要的意义。

一、“云公证”文书基本概况

（一）“云公证”文书的实质

当前对于何为“云公证”并未有较为权威的定义。这一概念最早是由公证员提出，他们认为公证机构根据当事人的要求利用互联网技术将拟公证的内容上传至网上储存，在必要的情况下根据被保管的数据为当事人提供公证文书的综合解决平台。[①] 在2015年李克强总理在政府报告中首次提出“互联网+”的概念之后，“云公证”迅速成为各地公证机构和商业机构新的发展方向——多地公证机构与第三方商业技术公司合作，搭建并推广线上公证申请平台，苏州的“云公证”服务覆盖率甚至达到70%。[②] 可以说，“云公证”服务本身是公证机构便民利民的举措，是贯彻司法部“当事人办证最多跑一次”的落脚点。从这一角度而言，“云公证”文书实质上是公证信息化进程的产物，是公证机构根据当事人之申请的内容与目的，利用线上公证平台或“公证云”系统，依据已经上传保存的证明材料所作出的公证文书。

（二）“云公证”文书的运用现状

“云公证”服务的广泛开展体现在两个方面。一是公证机构利用线上公证平台或“公

*　孙洪良、张哲畅，福建旭丰律师事务所。

①　郑建军、李宗勇：《“云公证”理念及其在网上商业数据保护中的应用》，载《中国公证》2010年第10期。

②　《苏州市“云公证”覆盖率达70%》，http://www.suzhou.gov.cn/news/bmdt_991/201708/t20170817_899233.shtml，访问日期：2019-07-08。

证云”系统已经作出了大量的“云公证”文书。第三方商业技术公司之一的法信公证云（厦门）科技有限公司的官网上显示其已经与全国26个省（市、自治区）超过1100家公证机构建立合作关系，其电子数据公证服务平台已经完成58.7万次的公证服务。2018年3月份广州司法局上线全国首创的“智慧公证”小程序，提供全流程线上办理和综合智能服务，并在服务开展之后先后投放了8000多个预约号。[①] 同年11月，杭州成立了中国第一家互联网公证处，并且在电子取证存证平台开通后的三个月内受理保全证据公证数量9000件。[②] 可以说，“云公证”服务得到了社会公众的广泛认可和接受，通过线上公证获得的公证文书被认为同样具有法律效力。二是“云公证”文书作为证据材料已经大量出现在法院的案件审理中。利用关键词汇“公证云”“在线公证”在Alpha案例数据库中分别检索出案例数量达到111件、51件，同时出现这两类关键词的案件达29件；另外，包含“公证云”（图一）和包含“在线公证”（图二）等关键词的案件涉及的相关行业分布如下图所示。由此可见，“云公证”文书已经逐渐适用于不同行业，并且在多个行业领域中成为维护自身合法权利的有效证据，事实上已经成为促进营商环境优化的推动力之一，为权益保护发挥着越来越重要的作用。

二、“云公证”文书的适用问题：法律效力的不完整

正如前文所言，“云公证”文书随着市场环境的需要成为市场参与者默认的权益保障工具，但是这一通过线上公证所做之文书是否一定具有法律效力却值得深究。从形式上而言，“云公证”文书同线下公证文书一样具有法律效力。首先，“云公证”文书的形成和出具流程依然包含当事人申请、相关材料的提交、公证员审查、公证文书的出具五个主要环节，既体现了当事人的意思表示，又表明了公证机构在公证过程中对证明材料的真实性、合法性审查。其次，“云公证”文书的文本内容与线下公证的文本内容并无实质的差别，公证机构对其承担着与线下公证所开具的文书一样的法律责任。最后，“云公证”服务的推出符合我国推动公证便民的需要。当前，公证机构正在利用大数据手段推进“放管服”改革，提倡减少群众跑腿的服务方式，因而在此大环境下“云公证”文书合法性得到进一步增强。

然而，具有合法的外观并不意味着“云公证”文书具有合法的实质内核。细究其中可以发现，“云公证”文书实质上存在三种欠缺法律效力的表现。其一，“云公证”文书的形成过程直接弱化了公证过程的现场性。“云公证”服务的目的在于让当事人少跑甚至只跑一次公证机构，但这也意味着公证机构的公证过程是根据当事人线上提交之材料进行审核与判断，实际上违反了证据取证需要公证员现场监督、证明材料需要公证员现场审核的规定。其二，“云公证”的法律关系带有商业色彩。在传统公证方式下，当事人根据自身需要提请公证申请，公证机构根据当事人申请现场作出公证与否的决定。但是在“云公证”服务方式下，当事人可以将申请事项的相关证明材料“暂存”于第三方商业技术公司所提供的系统当中，只有在当事人明确申请意思表示时公证机构再根据系统上的材料予以审核。简而言之，原先单一的“当事人——公证机构”法律关系，已经转变为“当事

① 《广州全面启用“智慧公证”平台——“零跑腿”办公证》，http://sft.gd.gov.cn/sfw/news/workSt/content/post_1164121.html，访问日期：2019-07-08.

② 《公证掌上——办杭州互联网公证处3个月受理网上公证9千件》，http://js.zjol.com.cn/ycxw_zxtf/201903/t20190326_9762777.shtml，访问日期：2019-07-08.

人——第三方商业技术公司——公证机构”的多方法律关系，商业色彩显现。其三，公证机构所依赖的第三方电子取证、存证的标准并不统一。除了法信“公证云”的电子证据保管之外，还有诸如“存证云”“移动公证”等多种平台，各个平台对于证据的线上取证、线上保存和线上公证的标准不尽相同，而且各平台合作的公证机构各不相同，无疑在事实上削弱了“云公证”文书的权威性和公信力，也增加了法院对“云公证”文书的审查难度。

综上所述，尽管“云公证”文书在从外观上看似具有一定的法律效力，但是从影响其真实法律效力的内核上看，“云公证”文书存在制作过程非现场化、法律关系复杂化和证据电子存取的标准非统一化等问题，因而“云公证”文书并非具有完整的法律效力。

三、“云公证”文书法律效力欠缺的缘由分析

当前，“云公证”文书的广泛适用与其自身法律效力欠缺之间存在着明显的矛盾，因而从根源上把握造成“云公证”文书法律效力不完备的原因，必然成为破解这一困境的突破口。

（一）线上公证的账号使用具有不确定性

其一，线上公证账号使用者的不确定性。一般而言，公证机构并不掌握“云公证”服务的相关信息技术，线上公证平台均通过与第三方商业技术公司合作搭建，当事人在使用平台时必须先要进行用户注册。尽管各平台在用户注册时基本都会要求当事人完善个人基本信息，又有《电子签名法》保障电子签名与手写签名或者盖章具有同等的法律效力——然而这些只能适用于账号使用者与本人之间的一一对应，并未能解决账号使用者与本人之间不相对应的问题。[①] 同时，根据《公证法》第 23 条的规定，公证员不得为本人、近亲属提供公证办理或是为由利害关系的公证。由于线上公证并未能向当事人明确公证员的具体信息，无法对其是否具有利害关系作出判断。即便当事人通过某种手段知晓了业务办理的公证员，并且确认了双方具有利害关系，公证员完全可以通过同一机构内的其他公证员账号作出公证或拒绝公证的决定。同理，公证员也无从知晓申请人账号使用的具体情况，无法排除申请人是否存在将账号私借他人的情况。

其二，上传的证明材料未必真实有效。以电子证据保全为例，在传统公证中公证员监督当事人操作电脑，登录目标网站，并由公证员对这一过程进行证据固定。但是在“云公证”的过程中，当事人操作的电脑是否经过清洁性检查，所登录的网站是否经过伪造或篡改均不得而知。简而言之，在互联网的环境下，公证员由于自身的专业限制在线上平台所看到电子证据存证过程存在被伪造或篡改的可能性。[②] 同样，当事人所上传的其他材料必然经过上传、编辑的阶段，如何保证公证员所依据的是客观发生的事实而非经过伪造、篡改的材料或是错误的材料，当前尚未有较为有效的防范措施。尤其是在互联网环境下，公证机构的服务范围无形之中已经超越了《公证法》第 25 条、《公证程序规则》第 13 条、《公证机构执业管理办法》第 10 条规定的执业区域限制——当“云公证”文书

① 苏国强、刘志云：《公证信息化：理论前沿与技术规范》，厦门大学出版社2018年版，第16-50页.

② 凌崧、凌宗亮：《网络证据保全公证的现实困境与完善建议》.载《重庆邮电大学学报（社会科学版）》2012年第3期。

的适用超越上述限制时是否还具有法律效力将决定了其在法院的案件审理中是否具备定案的证据能力。

（二）第三方技术商业公司缺少权威的认证

与第三方技术商业公司的合作是公证机构开展“云公证”服务开展的主流模式。然而，正是由于第三方技术商业公司成为线上公证流程的一个环节，使得“云公证”文书的法律效力大打折扣。

一方面，我国第三方商业技术公司更多倾向于通过用户协议把自己置于公证申请人与公正机构的法律关系之外，并将自己定位成平台运维方，试图减轻自己的法律责任。“云公证”文书的产生实际上由三重法律关系组成——当事人与公证机构之间的公证法律关系、当事人与第三方商业技术公司之间的服务合同关系、公证机构与第三方商业技术公司之间的服务合同关系。在这三重法律关系中，第三方商业技术公司凭借自身的技术优势，使得证明材料以数据的形式在第三方商业技术公司的平台上穿梭于当事人和公证机构之间，将数据的上传、保存、抛弃包装成当事人与公证机构之间的约定（法律关系）。而实际上这三重法律关系同时具有相对独立性。以当事人逾期未交费续存证明材料为例，当事人逾期未续费以至于证明材料被视为抛弃，实际上是从公证机构的角度终止了公证法律关系，当事人无法通过原先的证明材料继续申请公证文书，但是并不意味着当事人作为平台用户与第三方商业技术公司之间服务合同因此终止——即便公证机构不再予以公证的证明材料，第三方商业技术公司在当事人没有明确意思表示的情况下不可以随意抛弃当事人的数据或将数据占为已有。

另一方面，当事人在申办“云公证”文书时必然通过注册成为第三方商业技术公司的用户，其个人的用户数据均被第三方商业技术公司收集、储存和整理，同时相关的资料也上传至线上平台储存，换句话说，包含个人信息的用户数据大规模地集中在一个商业技术公司手中，并且这一类商业技术公司目前又缺乏外部的技术监督和直接的法律规制。以法信“公证云”所提供的《在线受理服务使用规则》为例，规则中第5条“数据保管规则及服务费用”中第1项中明确指出，保管期限届满且逾期未续费，则视为用户对提交保管数据的抛弃；第8条“协议终止”第3项中明确指出服务终止后用户的数据将不再为公证处保存——可以说，一旦用户停止申请公证文书，则其在平台上的所有数据均有可能为第三方商业技术公司所抓取，并形成新的大数据内容，甚至存在数据泄露的风险。

一言蔽之，我国当前对于大数据的保护较为欠缺，存在对第三方商业技术公司大数据的监管空白，对于第三方技术商业公司是否可以涉足公证服务并未有明确的规定。在公证服务这一体现国家权威的司法制度体系下，允许一个毫无资质的普通市场主体参与，并将证明法律关系的相关数据存储其中，无疑是对“云公证”文书公信力的冲击，也直接导致了其法律效力的残缺。

（三）法院未对“云公证”文书法律效力问题作出有力阐述

根据我国《民事诉讼法》第69条的规定，人民法院应当将经过法定程序公证的法律事实与文书作为事实认定的依据，除非有明显的、能够推翻公证文书结论的证据。公证制度作为我国特有制度，公证文书具有高层次和高效的证据能力。[①] 因而在法律规定的约

① 詹爱萍，《公证书之法定证据效力研究》，西南政法大学2015年。

束下，法院对于“云公证”文书的认定程度并未降低，其固守公证文书的法律外观，只要与被证明的事实具有直接关系均能被作为案件审理的依据。

在“广州市好媳妇日用品有限公司与清远市塑兴塑料制品有限公司擅自使用知名商品特有名称、包装、装潢纠纷一案”中，好媳妇日用品有限公司通过“公证云”收集App注册并登录江苏省南京市南京公证处的“在线公证平台”，并将其用手机对被告厂房所拍照取得的证据材料上传至该公证处的数据服务器中。南京公证处根据上述保全证据公证过程出具宁《南证民内字第46619号公证书》（以下简称《公证书》），并将手机拍摄的照片、电子数据保管函等附在该《公证书》中，最后法院在裁判中认可这一公证文书。然而，法院对于超越执业区域的公证文书的法律效力并未深入地探讨——位于南京的南京公证处是如何对原告对位于清远市的被告厂房所取得的手机照片作出真实性、合法性的认定——换句话说，南京公证处在未委托异地公证机构代为核实的情况下制成的公证文书实际上可以被认定为不具法律效力。同样，在“郑秀红与东莞市兆佳特钢有限公司侵害商标权纠纷一案”中，原告郑秀红的委托代理人黄金宇利用厦门鹭江公证处的“公证云”App客户端的手机拍照、手机录像功能对位于广东省东莞市凤岗镇雁田石蚧村红泥岭路1号的侵权现场及相关物品进行拍照、录像，厦门鹭江公证处据此制成《（2018）厦鹭证内字第23390号公证书》（以下简称《公证书》）。法院认为《公证书》程序合法，形式完整，且被告未提交证据推翻公证行为所公证的事实，对公证书记载的事实予以确认——但是该法院也并不知晓位于厦门的公证机构是如何在未委托异地公证机构代为核实的情况下确认原告所提交的、位于广东省的侵权现场照片是否具有真实性、完整性的。

不可否认的是，当前“云公证”文书在程序上、形式上都具有较为完整的法律外观，法院并无直接否定其法律效力的依据。但是，在大数据的背景下任何一家公证机构都可能为本执业区域外的当事人做公证，并且公证机构常常只依据线上平台的材料而无现场核实，使得“云公证”文书本身的法律效力问题成为法院裁判的重大瑕疵。如果法院在审判之时仍然只固守公证文书的法律外观，忽视自身可以依职权考察“云公证”文书的实质要件，可能会因此无法查明案件本身，甚至导致错误裁判的现象。

（四）申请材料真实性、合法性无法及时查实

根据《公证法》第2条规定，“公证是对民事法律行为、有法律意义的事实和文书的真实性、合法性予以证明的活动”。“云公证”服务的开通本意上是减少当事人需要多次前往公证机构才能办理好公证文书的麻烦。但是，当第三方商业技术公司介入其中，使得用户想要实现线上公证必须在制定平台上取证、存证。然而，凡是有人为编辑之痕迹必然存在信息流失之可能，公证机构办理“云公证”文书时也无法从法律风险和技术风险上有效防范和排除用户材料上传时自主编辑所引起的证明材料真实性、合法性的疑点，也丧失了现场告知当事人相关法律风险的机会——这可能引发公众对于公证的真实性质疑，导致公证公信力的丧失。

此外，根据《公证程序规则》第26条之规定，公证机构在审查中，对申请公证的事项以及当事人提供的证明材料，按照有关办证规则需要核实或者对其有疑义的，应当进行核实，或者委托异地公证机构代为核实。有关单位或者个人应当依法予以协助。但是在“云公证”文书形成的过程中，公证机构并不能及时有效地查实当事人提交的申请材

料，也无法保证线上存储的申请材料与材料原件相符合。在当前“云公证”服务的模式下，当事人只有在公证机构制成公证文书之后才会根据要求携带材料原件到场接受审核，即便是公证员在审核过程中发现申请材料真实性、合法性存疑，抑或是对当事人申请公证的目的存在疑虑，也可能被当事人精心准备的“话术”蒙蔽。

因此，“云公证”文书产生的过程是申请材料内容或多或少遗失的过程，是材料完整性、有效性无法及时核实、校验的过程，在此基础上所产生的公证文书，法律效力已经存在较为明显的缺陷。

四、“云公证”文书法律效力的补正路径

任何规范和制度的安排内在地存在符合生活的逻辑，不仅法律规制的对象应当是现实存在的，而且其规制的结果也应当能为生活所接受。[①]“云公证”服务在大数据技术的加持下已然成为公证机构信息化的必然选择，并且“云公证”文书也得到了较为广泛的适用，因而其法律效力亟需得到有效的补正。

（一）加强第三方商业技术公司的规范

在大数据背景下，具有技术优势的第三方公司是线上公证平台的重要支持和环节，在社会分工越来越细致的前提下不可能要求公证机构配备专门的技术部门以实现“云公证”服务的顺利开展，规范第三方商业技术公司成为必然的选择。

一方面，规范第三方商业技术公司的准入和退出机制。当前我国对于进入公证服务领域的第三方商业技术公司缺乏长效的规制，凸显了准入门槛较低、退出机制缺乏等特点。公证机构的服务过程是维护国家司法秩序的过程，是维护当事人合法权益、预防纠纷、减少诉讼的过程，其技术提供者应当是为社会公众所认可和接受的。规范公证服务技术市场参与者的准入机制，尤其是加强对第三方商业公司的资质认证，不仅有利于提高线上公证平台的专业性和权威性，更有利于增强“云公证”文书法律效力。“云公证”服务本身强调的是国家公信力对所证明事项的认定，一旦第三方商业技术公司存在违反法律法规、商业伦理道德的行为，应当坚决予以清退，将其排除在公证服务市场之外。

另一方面，加强对第三方商业技术公司大数据的监管。“云公证”服务的构建避免不了大量用户数据汇集在第三方商业技术公司所提供的平台上，这无疑要求加强对平台大数据的保护和监管。尽管当前我国有《电信和互联网用户个人信息保护规定》《中华人民共和国网络安全法》和《规范互联网信息服务市场秩序若干规定》等相关法律规范，但尚未有直接明确大数据法律性质和保护路径的法律法规。同时，司法审判实践中法院对于大数据的认定存在着立场的不确定性。在“淘宝（中国）软件有限公司诉安徽美景信息科技有限公司不正当竞争纠纷案”中，一审法院认为淘宝对自身产品的大数据具有财产性权益，但是同时也根据“物权法定”的原则否认了网络运营者对网络大数据具有所有权。因而，加强相关平台数据的外部监管，不仅能保护当事人的合法权益，更能避免第三方商业技术公司从中谋取不当利益，有效维护公证机构的权威性和“云公证”文书的公信力。

① 郑智航：《互惠、宽容与法律的生活立场》，载《社会科学动态》2017年第6期。

（二）合理放松公证机构的执业区域限制

根据《公证程序规则》第 13 条规定，公证机构应当在核定的执业区域内受理公证业务。但在 2017 年，全国公证机构完成改制、实现了与行政体系的脱钩，这也意味着公证机构需要通过自身的盈利实现机构的收支，各公证机构之间竞争性不断增强。如今，在大数据的背景下，公证机构试图依托大数据扩大业务地域范围和种类范围的愿望也更加强烈。当前，由于《公证程序规则》第 13 条的限制，异地制成的“云公证”文书在法律效力上存在公证文书符合有效之外观标准而在程序上却存在重大瑕疵的情形。

事实上，放松公证机构的执业区域限制不仅是公证改革的需要，也是营商环境提升的需要。一方面，通过执业区域限制的合理松绑，各地区公证机构之间的竞争程度逐渐增强，促使发展较为缓慢的公证机构在竞争中认识差距，倒逼机构改革以提升服务水平，增强自身竞争力。[①] 另一方面，大数据技术的加持本身使得公证机构打破了物理上的地区限制，在电子证据越来越多的情形下存在跨区域公证的可能性。2018 年杭州互联网法院在一次案件审理中认可了区块链技术对电子数据取证的法律效力[②]，这无疑是对公证机构利用互联网技术、实现线上公证的指引。放松执业区域的限制有助于市场经济参与者寻求更具权威性、服务更优质的公证机构，也有助于市场参与者在利用互联网盈利的同时也能及时、有效地维护自身的合法权益，更加充分地满足当事人多样化的公证需求，体现对市场参与者权利选择的尊重。因此，合理地为公证机构松绑区域限制，将进一步刺激市场经济参与者对于公证服务的需求。

（三）加强证明材料真实性和合法性审查

“云公证”文书法律效力的欠缺，原因并非其文书是否符合传统公证文书的效力特征，而是其形成程序是否符合法律规定的程序和要求。当前，公证机构依据当事人上传的资料决定是否进行公证，实际上违反了《公证程序规则》第 26 条的核实义务和第 21 条的告知义务，因而对于证明材料的真实性和合法性审查尤为重要。

其实，公证机构可以改变直接以“云公证”平台上的数据作为公证文书制作的标准，取而代之的是将这一环节作为“云公证”文书制作依据的预先审查和判断。不可否认的是司法部对于公证改革的期望是“力争让群众‘最多跑一次’”，但“最多跑一次”并不意味着只能要求当事人在取得证书时去一次公证机构。对于群众而言，尤其是对营商环境的提升而言，多次去公证机构甚至重复提交材料的确烦琐，但更为重要的是公证文书的质量优劣将直接影响权利的实现程度和维护力度。当前“云公证”服务中的对当事人的身份验证、证明材料的真实性与合法性验证仍然存在一定的局限，出于“云公证”文书法律效力的考量，应当将司法部的“最多跑一次”落实为身份验证、材料验证的“最多跑一次”。通过现场的材料审核、身份校对、法律风险告知等途径，公证机构可以在符合现有《公证程序规则》上结合“云公证”服务平台的优势，使“云公证”文书的法定程序得以有效的履行——毕竟，公证文书完全可以通过邮寄送达当事人手里。

---

① 潘潇:《互联网视野下公证发展的困境及出路》.载《中国公证》2018年第11期.

② 周祺、张照余:《关于电子文件法律证据价值可行性的研究——以互联网法院的实践为例》.载《档案与建设》2019年第5期.

五、结语

与传统公证相比，“云公证”服务在大数据背景下确实能够满足提升公证机构服务水平和质量的要求，本文对于“云公证”文书的法律效力分析可能是在杞人忧天。但是，营商环境的优化无形之中推动着我们所处的社会追求更为完善的法律制度和法律体系，因而对于“云公证”文书法律效力的吹毛求疵显得尤为重要。只有当作为法院案件审理重要依据的公证文书具有完整的法律效力，法院的每一次裁判才不会被推翻；只有当作为预防纠纷重要依据的公证文书具有完整的法律效力，营商环境建设得到应有的保障，市场参与者才能更加放心地投入市场经营当中去。

区块链：助力完善立审执工作机制

方　向*

2018 年 5 月 28 日，最高人民法院印发了《关于人民法院立案、审判与执行工作协调运行的意见》，从立案、审判、执行、保全、机制运行五个方面出发，在注重程序衔接的同时强调建立法院各部门之间的信息共享机制，大致上确立了立审执工作机制的框架。

一、审执分离背景下的立审执机制

（一）从审执合一到审执分离

由于建国之初民事执行理论知识与实践经验的缺失，执行实施权曾长期被作为审判权的延伸而非独立行使的一项司法权能，直至 1982 年《中华人民共和国民事诉讼法（试行）》（以下简称《民事诉讼法（试行）》）才对执行权的实施作出了规定。但《民事诉讼法（试行）》的诞生仍未改变各级法院执行权的运行方式，其虽规定了执行权由执行员实施，但并未对执行机构与审判机构的关系予以明确，因此司法中审执合一的惯例也未能得到打破。直到 1991 年颁布的《民事诉讼法》首次规定“基层人民法院、中级人民法院根据需要，可以设立执行机构”，从庭室管理上确定了审执分离的基本运行模式①，全国各地才真正开始寻求民事执行机构的改革。

2014 年党的十八届四中全会通过了《中共中央关于全面推进依法治国若干重大问题的决定》，提出了“推动实行审判权和执行权相分离的体制改革试点”的改革任务，审执分离成为了法院司法机制改革的重点之一。

（二）现行审执分离下立审执机制中存在的问题

1. 重审轻执，缺乏立审执联动意识

尽管最高人民法院要求各级法院设置专门的执行机构并推行执行权“深化内分”，将执行权分为执行实施权与执行裁判权，然而受制于过去将执行权作为审判权延伸的局限，再加之强制执行法的缺位，执行员多是由法院审判员担任，受到长期从事审判工作的影响，“重审轻执”的观念不可避免地在各级人民法院之间泛滥。

而“重审轻执”带来的问题无疑是显而易见的，业务庭在立案、审判过程中缺少大局观念，往往难以考虑到案件后续执行时可能面临的问题，颇有“各人自扫门前雪”的意味，审判法官只专注案件审理本身，不考虑实际执行效果，导致生效法律文书的可执性、案件信息的准确性得不到充分保障，于是作为司法工作最后一环的执行人员不得不耗费

*　方向，厦门市海沧区人民法院。

① 戴俊：《点面衔接：执行权运行中审执关系问题研究》，“强制执行的理论与制度创新”：“中国执行论坛”优秀论文集，第58—71页。

大量时间对案件信息重新进行梳理、核实，加剧了审执矛盾，严重影响司法程序解决纠纷的实际效果[①]。

2. 立审执部门相互独立，审批、移送程序烦琐，浪费司法资源

审执分离的办案模式虽然规范了法院执行权的行使，使执行人员能更好地发挥主观能动性，在一定程度上有利于“执行乱”的治理，但也不可否认其弊端的存在。审执分离代表的法院内部分工细化的改革方向，带来的同时还有诉讼、执行环节过多的问题，加之在改革初期，许多法院尚未建立起统一的立审执协调平台，办案人员在日常工作中被迫面对烦琐的审批、移送程序，虽然在形式上实现规范化，但这样的办案模式却容易导致忙中出错，更延长了案件审执周期，浪费了宝贵的司法资源，影响法院办案质效。

3. 缺乏常态化沟通交流机制，当事人诉讼成本过高，部门之间合力不足

由于立、审、执分离的办案模式，当事人不得不在多个部门之间来回奔波，复杂的司法程序大大地提高了当事人的诉讼成本。此外，由于立、审、执分离的办案模式目前仍处于探索阶段，大部分法院并未建立庭室之间成熟的常态化沟通交流机制，案件各阶段的承办法官之间难以就案件情况进行交流，各部门之间的办案合力有限，审判法官在案件审结后便退出了案件处理程序，后续承办人在面对部分裁判文书可执性不佳等问题时不但无法及时沟通解决，且在阅读案件信息时还有可能会对案件的认知产生偏差[②]。

事实上，许多案件中“执行难”的现象正是由于常态化沟通交流机制的缺位所导致的，立审执部门无法齐心协力，当事人的合法权益便难以实现，法律的公平公正亦无从谈起，最终必将对法院的司法公信力造成损害。

4. 部门之间责任不清，难以溯源追责

受到司法改革进程的制约，立、审、执分离的办案模式现在仍在探索之中，责任划分尚未完全明确，而立审执三部门相互独立的办案模式，又决定了一旦“立—审—执”中的任一流程流转进入下一阶段，后续流程的承办部门便会由于信息断层而无力对案件信息进行溯源，监督部门也无法就案件中的瑕疵追责，流程上下游之间容易相互推诿，难以建立起有效的监督程序。

二、区块链的技术特点

自2008年11月，中本聪（Satoshi Nakamoto）提出“比特币”的概念以来，区块链作为比特币的底层技术逐渐走进群众视野。此后的十年间，比特币依靠区块链技术不可篡改、高保密度及其本身有限的发行量等特点获得了许多投资者的青睐。截至2018年1月8日，数字货币市场达到了8138.7亿美元的市值巅峰[③]，这一数字甚至已经接近荷兰2017年全年GDP总量，数字货币的走红向世界宣告了区块链的巨大潜力。

为规范区块链信息服务活动，维护国家安全和社会公共利益，保护公民、法人和其他组织的合法权益。2019年1月10日，国家互联网信息办公室发布了《区块链信息服务管理规定》，同年1月29日，区块链信息服务备案管理系统上线运行，区块链终于得以走到阳光下，作为一项新兴技术被市场所承认。

---

① 冯雪、徐冉：《我国现行审执模式困境及制度变革》，载《法制与社会》2015年21期。

② 王立新：《论执行团队理念下立审执一体化的制度探索——以我国民事执行配置权演化进路为视角》，载《政法学刊》第36卷第2期。

③ Coinmarketcap，https://coinmarketcap.com/zh/charts/，访问日期：2019年6月5日。

（一）链式结构

链式结构是区块链的基本机构。区块链的特色之一在于其按一定顺序方式将数据区块相互连接形成一条完整的链条的数据存储结构，在链上的每一个区块都同时包含有上一区块的哈希值，这就像给存储在区块链中的数据加盖了一个“骑缝章”，当任一数据节点试图对链上的任一区块数据进行修改，其便会因无法通过与相邻区块之间的哈希校验而被发现，同时这一修改行为会被广播至全链上的其他数据节点，这种机制有效保护了链上数据的准确性。

此外，链式结构还具有可溯源性的特点。由于在区块链中数据区块是通过时间顺序的方式链接在一起的，所以天然地具有“日志”的特性，只要确认区块链上的数据准确无误，便可以随时进行溯源，对存在问题的数据节点进行查询。

（二）分布存储

分布式存储反映着区块链技术“去中心化”的核心思想。所谓分布式存储，就是将过去存储在单一节点的数据同时记录在多个节点之中，任一数据节点均储存有完整的数据，避免了传统存储方式中因某一节点出现异常导致的数据丢失或损坏。

在分布式存储的区块链中，每一个新加入这一网络的节点都会获得一个完整的区块链副本，这一副本在网络的后续发展过程中会不断写入来自各数据节点发送的新信息，同时也可以作为验证区块链数据的参照。在这一机制下，除非有人能够同时对网络中的大多数节点进行“污染”，否则将无法修改区块链上的任何资料，如此便大大提高了恶意窜改数据的成本，很好地增强了数据库的抗风险能力。

（三）共识认证

共识认证是区块链技术实现防伪特性的核心技术。共识认证，是指对于写入区块的数据，同步备份至网络中的所有数据节点，在某一节点进行数据验证时由其对全网或某几个超级节点进行广播，当一定数目以上的节点对广播内容真实性予以认可时，即验证通过。

共识认证机制利用了哈希值具有唯一性的特点，由于哈希值的本质为一组唯一的随机数密码，虽然通过哈希值反向计算明文内容几乎不可能实现，但如果同步广播明文与密码内容便可在极短时间内完成验证，在当前技术水平下甚至能够实现秒级的共识速度。

（四）激励机制

激励机制是维持区块链正常运营的基础。区块链的基本结构与运行机制决定了一个完整的区块链生态，必须要有足够多活跃的数据节点来进行支撑，所以为了用户能够积极参与区块链的建设，充分运用代币（token）的激励机制也就必不可少，其中最典型的代表便是以比特币为首的数字货币。

如今区块链的激励机制大体上分为 POW（工作量证明）、POS（权益证明）、DPOS（委托权益证明）三种。POW 是将区块的写入权寄托于随机数的计算竞赛中，由比赛的胜者来写入区块；POS 则是根据全网节点 token 的持有份额及时间来随机选择下一个区块的写入者。这二者并没有明确的高下之分，POW 的优势在于安全性更高，而 POS 的优点则在于资源浪费较少，达成共识速度更快。

而 DPOS（委托权益证明）则是作为 POW 与 POS 的折中方案存在的。DPOS 算法作为 POS 算法的变种，是通过定期选举或指定的方式来确认一定数量的超级节点作为区块的随机写入者，这种方案既避免了 POW 浪费节点算力资源的问题，也减轻了 POS 算法中中心化程度过高的问题，在一定程度上兼顾了效率与公平，是一种半中心化的共识算法。

三、运用区块链完善立审执机制

2016 年 7 月，中共中央办公厅、国务院办公厅印发《国家信息化发展战略纲要》以来，各地法院在最高人民法院指导下积极按照《"十三五"国家信息化规划》开展智慧法院建设，成绩斐然。根据《智慧法院建设评价报告（2017 年）》，2017 年度全国法院智慧法院建设平均指数为 72，而智慧法院建设指数在 80~90 区间的法院已达到 847 家，全国智慧法院已初步形成。

而在智慧法院建设的新阶段，作为信息时代新兴技术代表的区块链技术或将助力破解当下法院内设机构改革初期立审执衔接机制中存在的不足，为进一步提高法院办案质效提供一个突破口。

下文将对案件信息共享、立审执全程留痕、电子卷宗保存与公开、办案质效考核四个方面进行论述。

（一）案件信息共享

区块链作为分布式数据库的一种，数据存储是其必不可少的功能之一。在司法实践中，保证案件信息真实有效是维护司法权威的重要前提。在现行立审执机制中，由于立案、审判、执行三部门相互割裂，缺少信息交流，案件信息在部门之间流转的过程中容易出现错漏的现象，且在这一过程中不排除由于立审执使用的办案系统之间存在差异导致的系统数据不同步甚至丢失的可能。

将区块链运用在案件信息节点录入管理中，可以发挥区块链本身的特性，将代表立案人员的数据节点设置于整个"立—审—执"工作链的上游，由立案人在收案时将当事人身份信息、住所地、联系方式等案件关键的关键信息节点录入到系统之中，再由系统通过数据节点将上述内容储存至区块链中并向全网广播形成备份，后续审执过程中便可随时从区块链中提取并引用这些信息。通过这种方式，只需保证初始数据的真实性便可以轻松地在三部门之间搭建一个案件信息共享平台，由技术本身对数据准确性作出保证，降低了人工处理的风险，同时也为办案人员提供了信息交流途径，减少了目前因各阶段承办人之间因沟通不畅而对同一信息反复进行核对导致的司法资源浪费的现象。

（二）立审执全过程留痕

目前区块链在实践中落地较多的领域便是供应链溯源。得益于链式结构的特殊性与不可篡改数据的可靠性，区块链正在被广泛运用于零售业与物流行业之中，在供应链上的每一个节点通过 RFID（射频识别）技术将货物信息写入商品对应的区块之中，零售商或消费者在收到货物后通过对区块内容进行校验就可以了解到手中的货物由生产到销售的全部信息，一旦发现商品存在瑕疵便可以通过区块链上的数据与时间戳进行溯源，准确追踪到责任人。

与此类似，法院“立审执”衔接的过程事实上也是一个链式的分段集约的运行机制，位于这一“司法链条”最上游的当事人将立案材料递交到法院立案庭，立案庭登记立案后移交审判庭审理，而裁判文书生效后案件又会流转至执行局强制执行，整个过程中程序分明，工作流程具有相当的稳定性。因此，可在立审执案件流转的过程中尝试引入区块链全程留痕，由数据节点将案件立审执中每个流程都如实记录到区块链中，一旦发现案件具有瑕疵随时可通过查询区块数据进行溯源寻找责任人，不但有利于发现工作流程中的不足并加以改进，必要时更可根据区块记录对直接责任人进行追责。

（三）电子卷宗保存与司法公开

自从推行“智慧法院”建设以来，各级法院都在积极探索数字办公与传统司法活动的结合，其中的重要成果之一便是电子卷宗。在电子卷宗诞生之前，法院普遍采取统一归档的方式保存纸质卷宗，这种保存方式不但占用空间，而且更需要消耗大量的人力、物力来制作、整理纸质档案，如此中心化的储存方式不但存在案卷灭失的隐患，更是与法院推行司法公开、司法透明的方向相违背。

互联网时代，区块链的崛起带来了“去中心化”的概念，作为依托于互联网的数据存储方式，区块链分布式存储、不可窜改、高度加密的特性为规范司法程序与促进司法公开提供了一个全新的思路。得益于信息技术的发展，当前的区块链单个区块已拥有最高128MB 以上的储存空间，如此容量已经可以基本满足储存单册卷宗的需求。相较于传统的纸质卷宗或电子卷宗中心化的存储方式，构建区块链网络上的电子卷宗库不但可以将建设档案中心的成本分散到各个数据节点上，而且分布式存储还可以有效避免大量数据节点同时访问中心数据库时导致的网络拥堵，完美规避了因网络中部分节点瘫痪而可能导致的数据丢失或访问延迟，提高了电子卷宗的实用性，提高了立审执工作的后续程序效率，减少了办案人员尤其是书记员的工作量，便于法院优化司法资源分配，缓解各地法院普遍存在的“案多人少”的矛盾。

此外，区块链的共识机制还决定了其具有数据共享网络的天然性质。任何一个链接至区块链网络的数据节点都将获得一个完整的区块链备份，只需特定的私钥便可访问区块链上的数据，大大降低了数据共享平台的建设成本。借由区块链的这一特点，不但可构建全国法院电子卷宗与案件信息共享平台，而且如果将中国裁判文书网等司法公开平台接入区块链网络，再配置好相应的访问权限与私钥，社会公众便可以随时通过平台端进行查询，有利于进一步深化司法公开。

（四）工作量证明助力质效考核

为兼顾案件办理的质量与速度，如何提高司法人员的工作积极性一直都是司法改革的重点研究方向。由于在司法实践中，个案情况往往存在较大差异，办案人员的工作无法简单的以办案数、文书数量来进行量化，这无疑给法院的质效考核工作带来了极大的困难。

考虑到案件难易程度与案件数据量一般呈现为正相关，因此可在法院办案质效考评中尝试引入区块链的 token 奖励机制，将每个办案人员的办公电脑接入网络作为数据节点，由整个法院网络通过 DPOS（delegated proof of stake，委托权益证明）共识认证的方式对办案人员上传至网络中的数据量进行记录与认证，并根据其活跃度与工作量发放相应数量的 token 至对应的数据节点中作为个人、部门乃至法院质效考核的依据。

以区块链辅助质效考核，其优势在于减少了考评过程中的主观因素的影响，且通过区块链中对办案流程的记录可随时对具体案件进行评查，不但能有效倒逼办案人员严格遵守办案规定，也有利于法院司法公信力的提升。

四、结语

随着互联网时代到来，大数据与区块链的大潮已经不可阻挡。不同于人工智能、虚拟世界等未来概念，区块链作为一项成熟的技术已经逐渐在各行各业落地并投入实用。2018 年 9 月 3 日，最高人民法院审判委员会通过了《最高人民法院关于互联网法院审理案件若干问题的规定》，其中第 11 条首次对以区块链形式保存的电子数据的证据效力予以认可。这意味着区块链这一新兴技术正式进入司法领域之中，以往复杂的证据保存、公证等流程现如今都可以被区块链技术本身代替，不但降低了当事人的举证压力，同时也减少了法官核实证据的工作量。

在这个大数据、区块链、物联网等新兴技术蓬勃发展的时代，人民法院作为司法机关正如同许多传统行业一般遭受着剧烈的冲击，为了在新时代中更好地去维护社会的公平与正义，人民法院还需以信息化技术铸造法的天平，主动适应时代，融入时代，将新兴技术运用到立审执工作的方方面面。

社会治理

加快提升厦门市域社会治理智能化水平研究

市域社会治理智能化课题组 *

根据2019年度重点课题调研安排，市领导李伟华、张毅恭牵头成立课题组，结合国家治理体系和治理能力现代化以及市域社会治理现代化要求，通过外出考察、基层调研、专题研讨等形式开展调查研究，形成以下调研报告：

一、厦门加快市域社会治理智能化建设的重要意义

加快市域社会治理智能化建设是完善市域社会治理体制机制的重要内容，对提升市域社会治理水平具有重要意义。

一是具有重要政治意义。党的十八届三中全会要求“推进国家治理体系和治理能力现代化”，党的十九大要求“提高社会治理社会化、法治化、智能化、专业化水平”。习近平总书记在2019年中央政法工作会议上要求推动大数据、人工智能等科技创新成果同司法工作深度融合；要求政法机关提供普惠均等、便捷高效、智能精准的公共服务。为深化市域社会治理智能化建设指明了方向。市域治理是国家治理在市域范围内的具体实施，是国家治理的重要基石，在国家治理体系中具有承上启下的枢纽作用。厦门抓好这项工作，有利于国家治理体系治理能力现代化在市域层面真正落实落地。

二是具有重要社会意义。国家治理现代化包含经济、政治、文化、社会、生态文明和党的建设等各个方面。社会治理现代化是国家治理现代化的重要内容，智能化是社会治理现代化的重要支撑。当前，我国社会主要矛盾已经发生变化，人民群众不仅对物质文化生活提出了更高要求，在民主法治、公平正义、环境安全等方面的需求也日益增长，社会治理面临诸多全新挑战，迫切需要通过智能化手段予以破解。

三是具有重要时代意义。当今时代，互联网、大数据和智能化科技突飞猛进，应用新技术，应对新形势，是新形势下加强和创新社会治理的必然选择。加快推进市域社会治理智能化建设符合时代需要，能为厦门坚持高质量发展，加快建设高素质高颜值现代化国际化城市，提供更加强劲的智能支撑和“智治”动力。

二、厦门市域社会治理智能化的探索和实践

一是建立健全市域社会治理智能化统筹协调机制。市委、市政府对信息化、智能化工作高度重视，成立社会治理体制改革工作领导小组，作为推进社会治理领域深化改革的创新引。2018年委托中央政法委大数据与基层社会治理课题组，为社会治理智能化建设的顶

* 课题指导：李伟华、张毅恭；课题负责：刘炳泉、余小明、詹艳清；课题组成员：林连城、唐文峰、罗炳辉、翁程贵、谢森福、吴旭阳。

层设计、实务应用和配套机制提供论证支持。2019 年按照“平台联通、数据融通”的理念搭建社会治理协同平台，支撑市直部门和各区的社会治理智能化实务应用。先后成功举办了新时代市域社会治理智能应用交流展、中国人工智能峰会、人工智能大赛，成立了市域社会治理智能化研究会，推动社会治理智能化领域“政、产、研、用”融合发展。

二是大力推进市域社会治理智能化数据共享。在金砖厦门会晤期间，厦门开展了基础数据采集攻坚战，实现全市门牌地址二维码标准化更新，掌握了全市实有房屋、实有人口、实有单位、实有重点物品底数情况，建立了厦门市“一标三实”基础数据库。目前已汇聚各类数据 340 亿余条，实现政府部门内部按需共享。为保障社会治理基础数据的鲜活准确，建设“基础数据精准采集”模块，通过共享公安、卫计、人社、建设、国土等部门业务数据，以及门禁等社会化采集数据，有效提升公共服务供给、重点人员管控、灾害应急救援等社会治理工作的智能化、精细化水平。2018 年，厦门市集美区在省公安厅流口采集率抽查中排名全省第一，在国家卫健委流动人口动态监测中排名全国 1349 个县（区）中第一。

三是积极拓展市域社会治理智能化实务应用。在政务服务方面。研发推广自助终端“e 政务”平台，累计办理惠民服务 44 万余件，省审改办、省公安厅联合下发《关于复制推广厦门“e 政务”便民服务模式的通知》（闽审改办〔2019〕9 号）。建设“i 厦门”一站式惠民服务平台，整合公安、市政、规划、卫生等政府部门 35 个业务系统共 249 项应用，覆盖政务、健康、社保、教育、交通等各个领域惠民服务。第一，在综治“维稳”方面。落实市委“主动创稳”工作部署，建设政法信息共享平台，加强“雪亮工程”建设，开展重大事项稳定风险评估、高危矛盾纠纷预警、重点人员动态预警、涉众金融风险分析等工作。“大数据 + 扫黑除恶”模式得到中央扫黑督导组充分肯定，在全国政法工作创新会议上做典型经验发言。第二，在公共安全方面。在全国率先建设城市公共安全管理平台，实现了公共安全风险大数据分析、公共安全资源一张图展示、公共安全问题协同化治理和公共安全事件应急处置全流程数字化。平台运行以来完成公共安全管理协同任务 33 万余件，特别是在厦门会晤安保工作中发挥了重要作用，得到了中央领导的充分肯定。第三，在信用建设方面。建成具有厦门特色的“三网、两库”信用信息平台，入选全国首批社会信用建设示范城市。第四，在基层治理方面。以网格化平台为基础，不断拓展消防网格、食药监网格、环保网格等功能应用。开发“厦门百姓”App，市民群众可以通过在线“抢单”参与群防群治。开发“家住厦门”智慧小区平台，探索创新党建引领、平安筑底、科技支撑、多元共治的城市小区治理新模式。在智慧养老方面。积极推进“互联网 +”养老服务，建设“12349”养老信息化平台，通过线上订单管理方式，联合开展家政服务、生活照料、医疗康复、紧急救援、健康管理 5 大类 30 余项为老服务。

三、厦门市域社会治理智能化的困难和不足

一是理念更新不够到位。有的部门和同志对信息共享的观念还不够开放，对本部门数据不愿共享、不敢共享；有的未能理解新时代信息科技对社会治理的重要赋能作用，仍然停留在传统的治理观念和工作模式；有的未树立治理与服务相融合的新理念，对服务治理、服务群众的新型应用主动探索不够。

二是顶层设计有待加强。以部门需求为导向的智能化建设存在缺乏整体规划、分散建设的问题，迫切需要加强智能化建设的顶层设计，形成科学合理的整体架构，增强市

域社会治理智能化的系统性、整体性、联动性。

三是实战应用仍需拓展。新时代对维护稳定、治安防控、社会治理、民生服务等各方面工作提出了全新需求，厦门迫切需要进一步拓展智能化在社会治理各个领域的应用模块和功能，不断改进原有的防控方式、打击方式、服务方式。

四、推进厦门市域社会治理智能化的对策和建议

厦门应当深入学习贯彻党的十八大、十九大和十九届四中全会精神，以及党中央、国务院、中央政法委、福建省委的各项部署要求，加强市域社会治理智能化建设。同时应不断探索市域社会治理智能化理论体系、制度体系、技术体系，创新社会治理的新模式、新方法、新工具，构建具有系统性、标准性、专业性、未来性的市域社会治理智能化平台，打造市域社会治理智能化的“厦门模式”，进一步提升厦门市域社会治理水平，不断增强人民群众获得感幸福感安全感。

（一）加强顶层设计，统筹推进市域社会治理智能化平台建设

在运行机制方面。结合社会治理机制改革工作，建立“1个联动中心+N个应用分中心”的社会治理运行模式，构建起统一基础数据库支撑、统一流转处置、多个领域分中心协同运作的社会治理智能化体系。在平台建设方面，对标全国市域社会治理现代化试点城市评价指标体系强化顶层设计，分领域推进主动创稳、公共安全、政务服务、应急处置、城市管理、生态环保、信用管理、基层自治等方面智能化建设，统筹建成适应“两高两化”市域社会治理智能化支撑平台。在保障机制方面，加大经费投入，加强组织和保障，以充分的经费、规范的制度保障智能化建设。在数据安全方面，建立安全评估、监测预警、事故处置等安全保护制度，防止数据泄露，维护系统安全。

（二）夯实基础工作，规范市域社会治理智能化数据开放共享

一是加强数据整合。结合全市政务数据中心整合工作，进一步推动政务数据和公共服务企事业单位数据汇聚。按照数据“可用不可见”的模式，升级全市统一共享的社会治理基础数据库。按照数据“共享是常态、不共享是例外”和数据安全“谁使用、谁负责”的原则，建立健全数据汇聚、质量跟踪、安全管理通报机制。二是提升数据精度。充分运用视频分析、语音语义识别等技术，提高数据的结构化水平。在全市推广“一标三实”基础数据精准采集，推动一次采集、跨网共享，保证人、地、事、物、组织等反映“最基本市情”数据的鲜活准确。三是深化数据分析。进一步提升对城市运行状况的感知能力，深入推进“雪亮工程”建设，对视频图片资源进行结构化解析，持续拓展智能门禁等各类物联网设备应用，将相关业务数据汇聚进入社会治理基础数据库，实现跨部门共享。

（三）坚持问题导向，持续拓展市域社会治理智能化应用场景

一是拓展涉稳风险预测预警预防场景。落实市委“主动创稳”新理念，充分利用大数据等新技术手段，积极探索利用大数据、物联网等先进技术研发智能化应用模块，重点提升高危矛盾纠纷和群体性事件发现预警能力、非正常群体访的管控预警能力、扬言极端暴力人员的行动性预警能力、涉稳问题突出行业领域等问题的综合治理能力。

二是拓展政务服务智能化场景。通过视觉AI对海量的资质证件和文档进行审核，提升群众办事效率，减少人工审核投入；通过智能外呼机器人，实现自动调查和回访，推进机器代替人工；基于“12345”热线、政府网站咨询与留言、办事服务大厅、市民评价（互联网）等信息，通过智能问答机器人，借助政策法规的知识图谱自动服务市民；通过刷脸实现市民部分业务办理身份认证，等等。通过智能化应用推动政务服务流程再造，提供更加智能化、人性化的政务服务，实现市民“一趟不用跑、最多跑一趟”。

三是拓展雪亮资源应用场景。探索“雪亮资源库”建设，以时空快照为基础数据单元，按照分门别类、功能作用、权限等级等标准，开放给相关职能部门、社会机构、市民百姓，推动“雪亮工程”视频资源从公安为主用到部门共同用转变；从事后调取监控到事前事中分析预防转变，从维护社会治安拓展到服务食品安全、校园安全、环境保护、城市管理等更广的社会治理领域。

四是拓展社会治理协同应用场景。依托社会治理智能化研究会等平台，对于具有未来成长性的物联网、5G等感知数据建设进行研究、论证、规划、布局。通过研究会组织政府、企业、专家等各方力量，把社会治理需求与公共管理研究、企业产品研发对接起来，以厦门为创新“试验田”，针对初访信访化解、涉众型经济案件处置、消防安全隐患排查、热点区域人流量监测、交通安全综合治理、食药品安全监管、舆情监测分析等需求，进行智能化应用功能研发，协同破解社会治理痛点难点问题。

（四）坚持以人民为中心，不断提升基层社会治理智能化水平

贯彻落实习近平总书记“坚持社会治理为了人民”的重要指示精神，把改进和提升基层治理作为推进市域社会治理智能化的突破点。

一是提升基层网格服务管理水平。充分利用我市网格化服务管理平台建设成果，根据各部门的权责清单，探索对各部门的“职责、权力、利益、实效”等内容要素进行整理，并以此为依据进行权责清单的功能模块研发。积极推动各级各部门在平台上，根据权责清单中的“职责、权力、利益、实效”等要素进行系统工具研发、数据联通、流程再造，确保各项工作责任、运行机制明确到网格、落实到干部，确保在线工作流程高效、数据共享、智能辅助，提高社区服务管理的透明度和精准度。

二是破解城市小区治理难题。针对网格员日常工作，进行移动终端工具研发，从机制、业务、技术三个层面进行条块融合，破解基层工作人员因条块分割带来的多头管理、重复采集、任务交叉、重重考核等问题，切实为基层减负。充分运用微信的广泛性、易用性，完善“家住厦门”微信公众号，稳步推广“家住厦门”智慧小区综合治理模式，通过技术创新、资源整合和制度规范，解决城市小区治理主体缺位、机制缺失等共性问题，从强化党建引领、深化“家安工程”、推广“家住厦门”微信平台、探索社会化服务等方面，破解小区治理各类矛盾问题。

三是创新基层“诉源”治理机制。推动“多元化纠纷解决”（ADR）的在线化（ORD）、智能化模式开发和推广；推动“纠纷”关联数据的汇集和碰撞，研发智能化工具，为矛盾纠纷综合解决提供备选方案；充分利用厦门市信用立法推出的有利时机，将信用体系建设落地为各类具体应用场景，发挥道德约束和诚信激励作用，从源头上减少纠纷和司法诉讼。

市域社会治理法治化若干问题研究

陈瑞建*

“坚持全面依法治国”是习近平新时代中国特色社会主义思想的重要组成部分，全面依法治国是坚持和发展中国特色社会主义的内在要求和重要保障，是国家治理的一场深刻革命。市域社会治理则是国家治理在市域范围内的具体实施和浓缩反映，在国家治理体系中具有承上启下的枢纽作用。加快市域社会治理法治化进程，也是实现国家治理体系和治理能力现代化的坚实基础。

一、市域社会治理法治化中的地方性立法

在推进市域社会治理法治化的过程中，要正确把握国家权力与地方权力、政府权力与人民权利的平衡点，坚持以人民的需求为根本，来确定发展目标和引导发展共识，以人民满意度为导向，来确定市域社会治理各项重点任务①。改革开放以来，许多设区的市经济规模、人口数量不断扩大，社会治理的问题日益复杂，需要进一步通过法治途径加强社会治理。在那些没有地方立法权的城市，地方政府出台的各类政策和规范性文件在推动地方的经济社会发展中起到了举足轻重的作用。但是随着城镇化的不断推进和城市的快速发展，各地级市所面临和承担的深化改革和持续发展任务也随之迅速增多。国家的法律法规不可能延伸到社会管理的方方面面，这就与经济社会的迅速发展变化形成了一定的矛盾。修订后的《立法法》及《宪法修正案》全面赋予了设区的市立法权，因此各地可以根据本地实际情况，针对地方改革发展过程中出现的新情况和新问题，选择性地制定地方性法规或政府规章，更好地保持经济社会的持续健康有序发展。赋予设区的市地方立法权，是实现社会治理现代化的重要手段之一，通过地方立法的规范，也可在一定程度上促使地方政府转变职能和责任，将以更加科学、民主的途径制定社会治理领域的决策，推进地方社会治理的法治化和规范化。赋予设区市立法权，是我国立法体制的重大调整，对于完善国家立法体制，增强法规调整社会利益关系的及时性、有效性、针对性，具有十分重要的现实意义，有助于地方社会治理的法治化转型②。

随着社会法治进程的推进，人民群众的法律意识不断加强，利益诉求和利益冲突日趋多元化和复杂化，法治则是协调社会矛盾的最有效也是最关键的手段。无论再怎么强大的中央立法都不可能圆满的解决所有地方性事务，其对解决不同地方的具体事务来说还是缺乏足够的操作性和针对性，经常会因为缺乏法律依据而导致社会治理效率的低下，

---

*　陈瑞建，福建重宇合众律师事务所。

① 秦丛丛：《设区的市行使地方立法权研究：以滨州市为例》，载《大连海事大学学报》2017年第4期。

② 李敏：《设区的市承接立法权面临的法律问题及对策》，载《盐城师范学院学报》2016年第6期。

影响了社会改革的进度。因此市域社会治理迫切需要地方立法发挥对社会关系的调节作用。因此出现了“红头文件”。但是，对“红头文件”的出台程序没有严格控制、权利义务的规定缺乏有效约束，使得这种带有变相立法性质的行为乱象频出，缺乏相应的法治准则，为随意决策提供了条件，成为地方社会公共治理过程中的顽疾，对公民所享有的权利和需要承担的义务带来实质性的影响。在推进依法治国的大背景下，如果还不有效控制地方治理决策的随意和人为决定因素，继续让带有立法性质的“红头文件”大行其道，明显与法治国家建设的要求相违背[①]。

全面赋予设区的市立法权，其最重要的目标便在于如何通过地方立法，坚决杜绝地方公共决策的任性和随意，促使地方社会治理迈向法治化。必须严格按照法律规定的权限范围和程序来制定，出台的法规规章还必须接受监督和备案审查。而且设区的市地方性法规并非制定即生效，在表决通过后还需要报请省级人大常委会批准。正是有了这些约束和监督，地方在立法行为中，就会更加注意和警惕相关的规定是否与上位法相抵触，确保出台的地方性法规合法有效，否则就难以获得省级人大常委会的批准。

随着市域社会治理向法治化模式的转变，作为社会上层建筑的法律规范更是需要在这个背景之下转变理念，从而为市域社会治理法治化提供制度保障。而设区的市地方立法正是位于在国家整个立法体系的底层，适用于地方各种各样的具体社会治理的具体事务，因此社会治理法治化对设区的市地方立法的新要求将更为明显、直接。

在依法治国的战略背景下，地方公共决策最主要的方式毫无疑问是立法。地方立法有着严格的程序规定和民主要求。社会治理法治化的模式以法治思维和法律制度为基础，通过思维的更新、方式的转变和体制的改善，来实现地方治理从依托地方政治权威向“法治型”的现代转型，这也是地方立法在推进国家治理体系现代化中所应承担的意义所在。[②]即通过立法过程的民主要求来凝聚社会共识，科学合理地分配社会资源，实现权利与权力的有机统一，政府依法治理与民众参与治理的有机统一，畅通利益诉求渠道与社会矛盾有效化解的有机统一，社会“维稳”和公民维权的有机统一，进而达到地方治理现代化和法治化的目标。因此在地方治理的实践中，要充分认识地方立法在推动地方社会治理结构转型中的重要作用，为创新社会治理模式提供更有借鉴意义的尝试与法治保障。

要坚持“不抵触、有特色、可操作”原则，充分发挥市域立法的实施性、补充性、探索性功能，围绕城市管理、生态环境、社会民生等重点领域，积极开展自主性、创制性立法，把解决市域社会治理难题纳入法治轨道。

二、市域社会治理法治化中的社会协同机制

所谓的社会协同机制，就是在政府治理能力较高而社会发育程度较低的现实情形下，政府在社会治理中发挥主导作用，但出于有效治理的需要，政府同时保护并尊重社会的主体地位以及社会自身的运作机制和规律，并通过建立健全各种制度化的沟通渠道和参与平台，推动落实各项相应的制度建设和政策措施，直至将其纳入已有法律体系，从而充分发挥社会力量在社会治理中的作用。

在国家治理、政府治理、社会治理的关系中，政府无疑是国家治理的主导方面，所

① 秦小建：《立法赋权、决策控制与地方治理的法治转型》，载《法学》2017年第9期。

② 莫于川、曹飞：《贯彻四中全会精神　提高地方立法质量》，载《南都学坛（人文社会科学学报）》2015年第1期。

以政府主导下的社会治理，是从实现和维护最广大人民群众的根本利益出发，通过发挥多元治理主体的作用，在平等、合作和共治中推动社会和谐有序、良性互动的发展过程。政府作为市域社会治理的重要主体，必须优化机构设置、职能配置、人员编制，提高社会治理能力和水平。要着眼于优化市县两级政府机构，加大机构整合归并力度，形成更灵活更有效的政府治理体制机制。要着眼于转变市县两级政府职能，深入推进简政放权，把不该政府管理的事项交给市场、社会，把该由政府管理的事项管住管好[①]。要着眼于提高市县乡政府运行效率，精干设置政府部门及其内设机构，简化中间层次，推行扁平化管理，形成内部贯通、执行有力的组织体系。要着眼于完善市域公共服务管理体系，推动教育、文化、法律、卫生、体育、健康、养老等公共服务提供主体多元化、提供方式多样化，推进市域基本公共服务均等化、普惠化、便捷化。政府要明确自己的社会治理职能，政府发挥主导作用的主要方式是充当支持者、组织者、倡导者的角色，政府无权强制性命令其他社会协同主体服从自己。社会协同治理强调责任共担，政府在其中扮演的是监管者、规制者的角色。这就要求政府要避免承担无限责任，建立社会各协同主体合理分担的有限责任机制，即社会协同各主体履行政府的部分职能并同时承担相应责任。政府只有明确各个协同主体的主要职责范围，才能有效促成各主体之间的良性互动。基层自治组织旨在构建和畅通公民参与和利益诉求表达的渠道；社会组织着力解决区域内的诸多社会管理问题，包括提供治安、卫生、应急等公共物品以及必要的公共服务；企事业单位负责区域内的安全生产和劳动保障等经济相关方面的事务。

为了保障社会协同主体的有序发展，政府应该建立合理的成本分担机制和收益分配机制，使其能够获得维持自身发展的资金支持。从国外发达国家的情况来看，支持型社会组织的收人主要来自服务收费、基金会赞助、企业和个人的捐款几方面，其中服务收费占相当大的比重。与之相比，我国支持型社会组织的服务收费比例较低，这直接导致其发展缓慢。政府应该更多地将公益性项目委托给支持型社会组织，政府支付服务费用，支持型社会组织负责承办和管理工作；政府应该加大对于公益性项目的投人资金，把它们与社区建设、社区服务有机结合在一起；政府应该鼓励和引导民间资金参与到城市混合物品的供给；为了解决公益服务类社会组织人力资源匮乏的问题，政府应该允许公益服务类社会组织将一定比例的服务收费用于提高从业者的薪酬待遇，优化社工的激励机制，为社会治理培养、储备优秀人才，提高社会组织的社会治理能力。

政府治理和社会自我调节、居民自治的良性互动，为加快国家治理体系和治理能力现代化建设，提供一个上下结合、多层次、立体化、网络化治理社会的架构。理念是制度建设的灵魂，党的治国执政观念的这一重大变革，为不断完善社会主义制度提供了基础，同时也为推进社会体制改革指明了方向。用社会治理代替社会管理，不是概念转换而是方式的根本变革。它在处理国家与社会的关系上，要比以往更加注重通过激发社会组织的活力、鼓励和支持社会各方参与来 推动社会治理的协同创新。它在治理社会的方式上，把社会治理视为由多元主体构成的系统，不同主体在社会治理系统中扮演不同的角色、承担不同的责任、发挥不同的作用，通过政府有效的治理、社会组织有效的自我调节、公民有效的自治的协同创新，来达到对社会的有效治理。治理社会方式的转变，为上下互动、多元共治的社会治理系统的建构提供了基础，为加快形成科学有效社会治理体制创造了条件。

① 周伟:《论我国地方立法存在的问题及其解决》，载《河南财经政法大学学报》2013年第2期。

在社会协同意义上的社会工作，是与社会治理体制建构与创新相契合的。在理念认同上，二者有共同的价值基础，都是为了保障民生、增进福祉、促进社会公平正义。在这一前提下，社会工作在协同社会治理创新中，所从事的也是一种社会治理工作。尤其在传递社会政策、提供社会服务、解决社会问题、化解社会矛盾等方面，具有政府和其他社会力量所不具备的专业优势和特长，同时也为它协同社会治理创新的系统建构提供了便利和条件。

三、市域社会治理法治化中的互联网金融风险防控

进入信息时代，互联网技术和计算机已经开始广泛应用于社会发展的各个领域中。在这一时代大背景之下，作为社会经济发展支柱性产业的金融业也获得了前所未有的发展机遇，正逐步取代传统金融业的发展模式。但在网络环境下，金融业发展的机遇和风险并存。互联网金融风险防控成为了市域社会治理法治化进程中迫待解决的一项工作任务[①]。

互联网金融风险可以分为技术风险和业务风险两大类。互联网金融的技术风险表现在两方面：一是面临计算机病毒带来的风险，二是面临黑客入侵的风险。互联网金融中的业务风险主要有信用风险、结算支付风险和制度风险[②]。

世界各国为了保障网络金融的健康发展，都加强了相关立法工作。为了解决电子签名和电子支付的合法性，美国出台了《数字签名法》《统一电子交易法》，英国施行了《电子通信法案》。我国在此方面运用法律保护的意识还不够强，出台的法规操作性较差且不能完全覆盖网络金融业务。金融企业在运用法律手段保护自身网络金融发展方面也与外国企业有较大差距。我国无论政府还是金融企业在此方面的意识均比较淡薄。除了立法滞后，安全措施也存在不足。各金融机构在硬件采购、网络建设缺乏统一的协调和规划，信息、技术、资金等方面的各行其道、互不兼容，相互设防，造成的资金浪费和管理困难，为金融业带来了新的风险因素，也给金融监管带来了诸多困难，为国家金融安全带来了风险。此外，我国金融机构对网络金融的应用水平还处于一个初级水平，金融创新深入挖掘不够，网络金融业务之间的发展不平衡，银行、证券类业务的网络化程度大大高于保险、信托业务，对网络金融业务的整体推进和稳定带来了一定的影响。

防范互联网金融风险，需要进一步加强互联网金融系统的基础建设。我国金融业使用的计算机的设备相对落后，不利于防范互联网金融风险，因此促进我国信息技术的进步和发展势在必行[③]。首先，要强化金融安全意识，加快自主知识产权信息技术的研究和开发，加强并完善金融系统的基础建设，有效控制软硬件设施产生的金融风险，增强计算机低于风险的能力。其次，建立健全金融系统计算机的安全管理办法。从法律、技术等方面设立对应机构，配备专业人员，防范网络犯罪。要建立健全金融网络管理制度。要有完善业务的操作规程、内部互相制约机制、重点岗位管理规章等为了从根本上杜绝互联网金融风险的发生，就需要从源头着手，具体的做法包括：（1）加强金融机构的内部控制，鼓励进行科技创新，加大科技研发力度，完善内部计算机的安全管理方法，建立健全的风险预警和防范机制。（2）不断完善金融相关机构的计算机安全管理工作。（3）积极引

① 杨健：《关于国家金融风险防范体系的思考》，载《宏观经济研究》2002年第6期。

② 付刚：《宏观审慎管理与系统性金融风险防范思考》，载《金融发展研究》2010年第10期。

③ 朴明根：《我国金融风险防范问题研究》，载《财经问题研究》2004年第6期。

进专业的计算机安全人才，并加强内部相关人才的培养。最后，也要进一步完善市场准入的管理办法，完善互联网金融机构的监管制度，调整互联网金融机构的监管策略。

网络金融的发展，实质上是现代信息技术和互联网对传统金融产业的重新塑造。随着我国金融市场的逐步开放，研究好、设计好、使用好与我国相适应的网络金融模式，对我国金融产业健康全面发展，提升现代化水平、增强国际竞争力有着重要作用，也是促进市域社会治理法治化的必经途径。

四、市域社会治理法治化中的保障体系构建

社会治理是国家治理的基础，依法治理是最可靠、最稳定的治理方式。完成从传统一元社会管理到现代多元社会治理的转型升级，需要我们更多地运用法治思维和法治方式构建社会治理法治规则体系来保障。

构建科学完备的市域社会治理法治规则保障体系要求我们首先健全地方立法保障体系，要坚持“不抵触、有特色、可操作”原则，充分发挥市域立法的实施性、补充性、探索性功能，围绕城市管理、生态环境、社会民生等重点领域，积极开展自主性、创制性立法，把解决市域社会治理难题纳入法治轨道。其次，健全制度机制保障体系。这要求我们要进一步完善矛盾化解、实名登记、信用管理、网格治理、重点人群管控等基础性制度，建立有效的群众参与、责任约束、齐抓共管、多元投入等保障性机制，推动市域社会治理制度化、规范化，同时要系统总结市县镇村社会治理创新好经验、好做法，及时上升为制度机制，从制度上解决社会治理创新的动力问题，推动市域社会治理创新从“盆景”到“花园”的转变。健全社会规范保障体系在市域社会治理法治化进程中也必不可少[①]。在现代社会治理中，既要坚持以法律为准绳，也要发挥好社会规范的指引约束；既要引导城乡基层组织、社会组织制定完善市民公约、村规民约、行业规章、团体章程、职业准则等自治规范，也要积极推动行之有效的道德规范上升为制度规范，构建起多层次、多样化的社会规范体系，形成刚性与柔性、他律与自律相统一和法治、德治、自治相融合的社会治理新局面。

构建严格公正的市域社会治理法治实施保障体系要求我们要坚持依法民主决策。市域各级党委、政府和领导干部必须带头厉行法治，习惯在法治轨道上、监督环境下用权做事，严格按照法定权限、程序履行职责、行使权力，确保用权为民不偏向，用权依法不出格。特别是对涉及群众切身利益的重大决策、重大项目，要严格执行合法性审查、专家论证、公众参与、风险评估等法定程序，有效防止损害群众利益和引发社会矛盾。要坚持严格依法行政。要突出权力规范和约束这个核心环节，善于运用健全的法治管住任性的权力，让法治思维入脑、行政权力入笼，做到法定职责必须为、法无授权不可为。要加强行政监督、司法监督、巡察监督、舆论监督，严格落实行政执法责任追究制度，下大气力整治行政执法领域突出问题，做到有权必有责、用权受监督、违法必追究。要坚持公正廉洁司法。司法不公对社会公正具有致命的破坏作用。要深入推进司法责任制、以审判为中心的刑事诉讼制度等改革，不断提高司法质量和效率，让人民群众在每一个司法案件中都感受到公平正义。要进一步创新拓展司法公开、司法监督途径，杜绝暗箱操作，严惩司法腐败，以群众看得见的方式实现公平正义。

① 李迎生：《探索中国社会保障体系的城乡整合之路》，载《浙江学刊》2001年第5期。

构建崇法向善的市域社会治理法治文化保障体系，要求我们要推动法治意识融入血脉、成为信仰，推动法治文化浸润人心、蔚然成风，推动法治德治相辅相成、相得益彰。坚持普法教育从娃娃抓起，落实“谁执法、谁普法”、以案释法等制度，通过案件依法处理确立是非对错标准，通过组织旁听法院庭审上好全民法治教育公开课，让尊法学法守法用法成为全体公民的共同遵循和自觉行动。要结合地域文化，创作更多“接地气”的法治文化作品，组织丰富多彩的法治文化活动，讲好法治故事，撒播法治种子，为人民群众提供更加丰盛的法治文化精神食粮。法律是成文的道德，道德是内心的法律。法律有效实施有赖于道德支撑，道德践行也离不开法律约束，要加强社会公德、职业道德、家庭美德、个人品德教育，以柔性的道德提升人们的思想境界和价值追求。

构建优质高效的市域社会治理法治服务保障体系要求我们在法治轨道上化解社会矛盾纠纷，在法治轨道上保障人民安居乐业，在法治轨道上打造一流营商环境。要强化法律在维护群众权益、化解社会矛盾中的权威地位，建立健全社会矛盾预警、利益表达、协商沟通、救济救助等机制，畅通群众利益协调、权益保障法律渠道，保障合理合法诉求依照法律规定和程序就能得到合理合法的结果。持续开展执行攻坚行动，健全执行联动工作机制，依法保障胜诉当事人合法权益。要加大产权司法保护力度，严厉打击恶意骗贷、制假售假、非法集资等犯罪活动，依法保护各类市场主体平等使用生产要素，公平参与市场竞争[①]。

构建强劲有力市域社会治理法治推进保障体系要求我们要完善落实党的领导工作机制，完善落实法治责任工作机制，完善落实督查问责工作机制。只有坚持党的领导，人民当家作主才能充分实现；只有坚持党的领导，法治工作才能有序推进，实现市域社会治理法治化才有坚实保障。市域各级党委、政府主要领导要认真履行职责，坚持在法治轨道上推进社会治理，督促各级领导干部在法治之下，而不是法治之外，更不是法治之上想问题、做决策、办事情。要进一步完善市域社会治理法治化督查督导机制，定期对各级领导干部责任落实情况、重要任务完成情况进行督查，确保各项工作任务得到高标准地落实。

新时代市域社会治理法治化，是当前和今后一个时期亟待我们研究和探索的重要理论课题和实践命题。市域社会治理做得怎么样，事关顶层设计落实落地，事关市域社会和谐稳定，事关党和国家长治久安，意义重大、影响深远，任务艰巨、使命光荣。市域层面具有较为完备的社会治理体系，具有解决社会治理中重大矛盾问题的资源能力，是将风险隐患化解在萌芽、解决在基层的最直接、最有效力的治理层级，是推进基层治理法治化的前线指挥部。要按照加强党的全面领导、提高政府治理效能、形成社会治理合力的原则，以即将开展的地方党政机构改革为契机，加快构建优化协同高效的市域政治体系，切实把党的领导优势和我国社会主义制度优势转化为治理优势。

市域社会治理既要贯彻落实好中央关于国家治理的大政方针、制度安排、决策部署和省委的任务要求，又要对本市域社会治理统筹谋划、周密部署、推动实践。深化市域社会治理，必须充分发扬社会主义民主，调动城乡群众、企事业单位、社会组织 自主自治的积极性，实现民事民议、民事民办、民事民管。要从实际出发，加快构建民主、开放、包容的市域自治体系，打造人人有责、人人尽责的社会治理共同体，提高市域社会

① 沈昌祥：《关于加强信息安全保障体系的思考》，全国计算机安全学术交流会暨电子政务安全研讨会2002年。

治理法治化水平。要推进市域社会治理系统化，坚持在党委的全面领导下，统筹整合政府、社会、市场等各种力量，统筹把握社会治理各项任务的整体关联性，增强市域社会治理的系统性、整体性、协同性。要推进市域社会治理科学化、法治化，深化对市域社会运行规律的认识，更加注重运用协商、契约、道德、习俗等社会内生机制，更加注重运用专业精神、专业素养解决复杂社会矛盾，更加注重把精细化、数据化贯穿社会治理全过程，从而促进社会治理向更专业、更集约、更高效的水平迈进。

法治化视阈下社会组织治理的功能实现与发展走向

王　昕*

社会组织作为最活跃的社会主体，在治理活动中享有自我管理与自我服务的自治资格，并对政府管理和公共活动实施监督。社会组织所具备的自我调控秩序和民主政治建设的法治功能，体现了法治伦理的实质内容和法治工具的外在特征，在个体与国家之间构筑有效的缓冲地带，从而建立起社会组织自治与国家法治的回应互动与伙伴合作关系。当代中国逐步实现从“社会管理”到“社会治理”的话语体系创新，创新社会治理所具有管理的面向与社会管控不同，但也并非放任不管，其强调自律自主、社会协同以及多元治理的理念，倡导形成独立、自治的结构性社会领域，在一定程度上体现了国家与社会的交互建构和关系变迁，国家与社会各归其位、各尽其能、各负其责，有效化解社会矛盾、维护社会和谐稳定，真正走出用国家诠释社会的思维定式。

一、社会组织治理的“力”与“法”

（一）社会组织是参与共治的重要力量

党的十九大报告提出打造共建共治共享的社会治理格局，社会是“共治”的有机主体，社会治理所包含的各个社会主体的内在治理与协同治理，具有区别于国家治理之外的独立价值[①]，社会治理的发展也有助于我国走出传统文化长期以来对于“社会性”的认同困境[②]。以最活跃的社会治理主体——社会组织为例，社会组织是指不掌握公权力的自治组织，主要由企业、商会等市场主体，社区、社团、慈善机构等社群组织，文化、科技、体育协会等行业组织这三大部分构成，通过广泛团结原子化的民众个体，社会组织提供参与社会服务、社会协作的平台，畅通利益表达与协调机制，发挥着维护社会各方权益、满足社会公共需求的能动作用。与此同时，社会组织参与社会治理的范围、途径也在不断扩大与精细化，并具有自我治理的主动性与积极性，已成为社会多元共治中的一股重要力量。西方马克思主义学者哈贝马斯所重构的理想市民社会，即由丰富的社会组织组成，具有利益、理性、自治等诉求，有利于实现社会与国家的互动沟通并形成对国家的制约。[③]

从参与共治的内容上，社会组织治理是对政府管理的协作治理活动，依法有序参与

---

*　王昕，厦门市思明区人民法院。

①　范如国：《复杂网络结构范型下的社会治理协同创新》，载《中国社会科学》2014年第4期。

②　沈东、杜玉华：《“社会治理”的三维向度及其当代实践：基于价值理念、制度设计与行动策略的分析》，载《湖南师范大学社会科学学报》2016年第1期。

③　张翠、王友刚：《重建国家与社会的良性互动：哈贝马斯的市民社会理论探析》，载《学术论坛》2008年第8期。

和履行相关义务，以及通过行政合同等方式接受政府委托，针对特定社会事务进行相应社会管理与服务，满足公众的社会需求，体现了自身组织优势的生机活力。从参与共治的形式上，社会组织在治理活动中依法享有自我教育、自我管理、自我服务的自治资格，同时对政府管理和公共活动实施监督，通过批评、建议、检举、控告等方式督促政府依法正确履行社会治理的职责。[①] 从参与共治的关系上，包括互不相属的社会组织之间的交往关系，例如某学校接受非政府组织的捐助；个人与所属社会组织之间的交往关系，例如某人到自己居住的社区居委会办事；共同隶属于某个组织的社会组织之间的交往关系，例如两个俱乐部在某个联赛中的比赛。[②] 从参与共治的地位上，当前，仍有相当多民众欠缺主人翁意识，对于眼前利益锱铢必较、对于他人缺乏同情、对于社会与国家利益漠不关心。社会组织通过对成员的行为引导、规则约束和权益维护，以集体形式争取权利和自由[③]，使其成员对所在组织产生身份认同，能够以公民和市民的身份参与社会政治生活，为公共秩序的构建积蓄一定能量[④]，从而在个体与国家之间建构起有效的缓冲地带。换句话说，社会组织及其行动原则是对马克思所洞见的市民社会中个人主义的当代消解。

（二）社会组织治理是现代法治的重要组成

十八届四中全会提出了法治国家、法治政府、法治社会一体建设的目标，就其中关于增强全民法治观念，推进法治社会建设的命题[⑤]，体现了法治建设逐侧重于社会并回归社会的趋势。法治是社会控制的工具和公民参与国家治理的结果[⑥]，美国法学家埃利希指出，无论是现在或是其他任何时候，法律发展的重心不在立法，不在法学，也不在司法判决，而在社会本身，现在也必须从社会中去寻找。[⑦] 可见，法治建设的根本动力内源于社会的自主自治，应当充分调动和发挥社会组织的法治功能。社会组织是在法治发达国家陷入无力推动包括法治发展在内的社会全面发展之尴尬境地时再度兴起的，其作为一股社会自组织力量，实际上分担了国家法治建设的沉重负担，显现出了法治的社会维度。具体而言，社会组织具备秩序自我调控和民主政治建设的两大法治功能，前者以政治参与和权力制约为内容，是社会组织以民众个体与政治国家的中间层面，自下而上地发挥结构性回应功能；后者以协调、整合个体利益，维护、满足公共利益和集体利益为基本任务，是社会组织以“公”的身份，自上而下地实现社会的自觉、自治、自足的秩序化状态。

从社会组织的实质法治功能上，要求法治体现政治伦理的实质内容，推进实质正义的实现。首先，参与公共决策。社会组织所内含的民主沟通机制，使得包括立法在内的公共决策尽可能地包容各种不同而又正当的利益诉求，这也是平等的市场交换机制在法治层面的必然反映与要求。其次，维护社会公益。社会组织更多地担负起平衡个体权利与社会公益之关系的重任。当代社会法治目标的实现要倚赖发于斯的社会主体力量，社

① 徐汉明：《习近平社会治理法治思想研究》，载《法学杂志》2017年第10期。

② 程金华：《也论法治社会》，载《中国法律评论》2017年第6期。

③ 解永照：《我国基层社会矛盾的展现与演进》，载《齐鲁学刊》2015年第3期。

④ 塞缪尔·亨廷顿：《变革社会中的政治秩序》，李盛平、杨玉生等译，华夏出版社1998年版。

⑤《中共中央关于全面推进依法治国若干重大问题的决定》，人民出版社2014年版。

⑥ 罗斯科·庞德：《通过法律的社会控制》，黑龙江大学出版社2010年版。

⑦ 沈宗灵：《现代西方法理学》北京大学出版社1992年版。

会组织对社会公益的确证、实现与维护功能便是不可或缺的组成部分。最后，监督政府权力。社会组织凭借多元化的信息渠道与监督途径，通过其社会影响力对公权力的各类不当行为进行揭露、批评与建议，避免公权力行使的任意性。在法治社会建设的大环境下，国家应当自觉接受监督，认可并支持社会组织的发展壮大，只有这样公权力才能借由社会组织这一载体向社会进行转移。[①]

社会组织的形式法治功能要求法治具备工具性的内容，强调法治的外在性与程序性。[②]首先，“软法”得到普遍遵循与认同。在国家制定法的“硬法”出现之前，社会组织就拥有集合体秩序化的愿望和能力，并转化为自治规则或非正式制度。作为建立在契约基础之上的“软法”，自治规则通常与道德观念、风俗习惯等具有高度一致性，其生成的秩序能够获得公众认同与普遍遵循，继而能为法治秩序的构建所适用。其次，自治规则与经验转化为“硬法”。现代法治的目的是为满足公民对法治的需要，而非闭门造车的法律统治。给予“软法”以国家承认，凭借其本土适应性、公众接受度的优势，将其上升为“硬法”，自下而上地弥补国家立法的缺失，支撑社会的良性运行。[③]例如，立法者通过对社会组织自治性质的纠纷解决机制的合理吸收，使其成为制定《人民调解法》的重要依据。

二、社会组织治理的“阻”与“寻”

（一）现实困局：定位、要素与规范

首先，一些社会组织的角色定位带有依附性。改革开放以来，我国的社会组织取得长足发展，但具有重大影响力的社会组织几乎仍由政府主导。一方面，政府通过“挂靠制”对社会组织进行影响，对其负政治领导责任。另一方面，不少社会组织直接来源于机构改革中裁并或者缩编的行政机构，变形而来的组织与原政府部门联系紧密[④]，不仅无法真正促进社会的发展、优化政府的权力运行，最初的依附性还决定了依附的连续性，甚至最终沦落为政府的附庸。再一方面，例如工会组织，在组织性质和作用方式上隶属于党群系统，组织职工群体的同时也将职工团结到党的周围。但从法治建设的视阈看，工会的运作模式压抑了自治功能的发挥，削弱了职工群体的代表性，难以践行独立的法治精神。与此同时，还有若干社会组织完全由民众自发组建，具有极高的自主性和自愿性，既不愿进行合法登记，也不可能接受政府的主导，这类社会组织极容易走向另一种失范的极端。

其次，一些社会组织的治理要素相对短缺。一方面，社会组织还没有被真正纳入国家福利体系，资金问题严重影响了其组织功能和作用的发挥，甚至存在社会组织从事违法活动以维持生存发展的现象。例如，通过举办会议、评比、表彰等活动向参与人员收取费用；通过成立分支机构或者出卖相关职位而谋利；通过假借官方的旗号违规强制收

---

① 姜明安：《论法治国家、法治政府、法治社会建设的相互关系》，载《法学杂志》2013年第6期。

② 史海泉：《形式法治和实质法治：中国社会主义法治建设的类型取向》，载《石河子大学学报（哲学社会科学版）》2008年第4期。

③ 黄舒芃：《变迁社会中的法学方法》，元照出版有限公司2009年版。

④ 张小劲：《中国新兴民间组织的发展图景》，载《中国科学报》2012年第8期。

取费用；通过挂名方式与营利性机构合作举办项目收取相应利润分成等。[①] 另一方面，公益性社会组织的存在和发展还离不开志愿者的奉献，志愿精神目前也尚未在我国民众中普及，参与志愿服务的人数过少，使得公益性社会组织无法持续稳定发展。此外，一些社会组织因较强的专业性而极少出现在公众视野中，对公众的影响力不大导致存在感较低，无法获得进一步发展所必需的群众基础。

最后，社会组织管理与自治规范水平较低。一方面，当前，在社会组织管理的法治化方面还存在立法死角与盲区，现行依据的《基金会管理条例》《民办非企业单位登记管理暂行条例》《社会团体登记管理条例》，属于针对特定社会关系所制定的行政法规，立法内容与权威性不足。同时，法规的实施还不可避免地存在不够灵活、形式主义等问题。另一方面，国家主义传统在我国社会的深刻烙印，抑制了自治规范的需求。社会组织中管理与自律的关系、社会组织和行政主管部门的关系仍未完全理顺，导致行业自我约束水平不高，响应社会需求和分担社会责任仍存在消极现象，公众满意度较低。例如，保险业所制定的程序、制度和标准，均侧重于保护行业自身利益，未能对投保人利益进行相应的保护。

（二）探索借鉴：发达国家与先进地区经验

纵观发达国家、先进地区的社会治理与法治建设实践，除了内容的丰富性外，社会组织治理的先进、成功经验也具有一定普适性，值得我们参考与探索。美国具有健全的社会组织体系，无论组织数量、组织类型、法律规则都处于世界领先地位，在提供公共服务、开展政策倡导、推动社会创新等方面发挥了巨大作用。在社会组织治理过程中，美国积极鼓励民众个人通过民主方式参与社会治理和公共事务、自行解决问题，以最低成本、最有效地满足民众大多数的公共需求。德国的社会组织治理建立在结社权和公共利益平衡的基础上，遵循登记和管理分离的社会组织管理原则。在社会组织自我管理过程中，只有在违反核心原则的情况下，国家才对社会组织进行干预，这样就在放任和监管中找到了平衡点。这也是德国社会虽有新纳粹主义、种族主义的团体，却无法真正形成对社会的威胁的原因——德国的社会组织管理实践发挥了重要作用。同时，德国并不只是单纯地移植外来模式，其现在对社会组织的管理很大程度上是对历史管理方式的现代化变形，使得社会组织可以在现代社会中继续发挥积极作用。

近年来，我国广东省在探索培育和健全社会组织治理方面，走出了一条新的法治建设之路，开启了社会治理的新篇章，借助社会力量治理社会本身，开发社会资源，合理调动社会成员的主动性与能动力，使法治深深扎根于社会，不断完善社会自治、国家与社会良性互动的法治理念，为国家与地方的法治机制提供新的样板。广东省出台了《关于加强社会建设的决定》，明确提出社会组织是社会治理的主体；国家不得侵犯社会组织的权利边界；工商类、公益类和社会服务类社会组织进一步“去行政化”；简化社会组织登记流程，对公益类、社会服务类等社会组织进行直接登记；鼓励政府购买社会组织的公益服务；赋予优质良好的社会组织享受公共服务的优先权。政府的公共服务职能大量转移至社会组织，呈现出多元化、多层次发展的态势。社会组织已经成为公民与政府沟通的桥梁，弥补了政府公共服务的欠缺，拓宽了社会发展的生长空间。从具体的实践方式看，基层组织、社区以及纠纷调处单位积极配合政府部门参与社区共治、共同化解社会

① 黄晓勇：《中国民间组织报告(2011—2012)》，社会科学文献出版社2012年版。

矛盾；行业协会积极开展行业自律、统一行业标准。为此，广东省还率先推进行业协会管理体制改革，将行业协会的登记、管理工作统一集中于民政部门，取消了多头的业务主管单位。为了使行业协会进一步剥离级别、编制的行政属性，要求行业协会应当自愿发起、自筹资金，并且不得由在职公务员兼任协会重要职务，将行业协会的民间属性真正落到实处。

三、社会组织治理的“实”与“形”

（一）实质法治的功能实现：自主自治

首先，提升社会组织的自主管理水平。自我管理避免了国家的过分介入，并在国家与社会组织之间划分了一条安全线，使社会组织得以更好地推行公共政策，这有利于社会秩序的维护，也降低了国家管理的成本。[①] 在自主自治状态下，社会组织需要把实现全体组织成员的自由和全面发展当作自身存在的首要目的，必须拥有完备的管理制度来保证整个组织能够健康发展。随着社会化大市场的不断深化，削减的政府职能一部分重归社会，由公民进行自治，另一部分转移至社会组织中，由社会组织来完成社会管理工作。社会组织逐步成为国家转移管理职能的主要承接者，其自身职能也会随着政治体制改革的深化而变得健全，并在组织成立的宗旨、内部管理机制、决策机制、准入和准出机制、财务管理制度等方面，建立完备的社会组织管理制度，解决成员纠纷、加强与政府沟通。

其次，坚持社会组织的自主决策。自主决策制度为社会组织成员提供了行使言论自由权、参政议政权和结社权等宪法权利的平台。组织成员可以利用社会组织培养自我的自治意识、对自身权利的保护意识、对违法行为的防范意识。社会组织发挥自主决策的作用，不仅能够向政府表达组织成员的利益诉求，还能够有效遏制政府对社会组织决策的干涉，保护组织成员的利益。实践中，自主决策制度要与监督机制相结合。社会组织的自主决策权对外是一项权利，对内则具备权力的性质，因为它的作用对象是不特定人，这些不特定的人对社会组织的决策又表现出一定的服从性。况且，社会组织作为一部分政府职能的承接者，起到了分担政府职能的作用，对其决策权进行监督是社会组织自治发展的必然要求。

最后，加强社会组织的双向监督。公众监督机制是当前社会治理法治化最常见的权力监督方式之一，包括公民监督和社会组织监督。社会组织成员根据契约自由取得社会组织成员资格时，就相应地让渡出自身的部分权利交给社会组织，同时也获得了社会组织赋予的监督权。一方面，宪法赋予了社会组织对国家权力的法定监督权。社会组织对公权力的监督是通过政治参与来完成的，监督权的行使也会成为组织成员的选举权、结社权、言论自由权等公民权利行使的媒介，社会组织对公权力的监督机制确保国家公权力在法治道路上稳步行使。另一方面，社会组织本身的监督是良好社会组织运行机制的建立和完善的必要条件。我国现阶段的社会组织更多的是处于政府部门的管控之下，监督工作也往往由政府部门一力承担，时常把监督职能转化为管理职能，阻碍了社会组织的发展。因此，社会组织在实现自主自治的道路上，必须重视自我监督职能的发挥，对有利于自身发展的决策应予以支持，对损害社会组织及其成员利益的决策应坚决否定。

---

① 张静：《法团主义》，中国社会科学出版社1998年版。

（二）形式法治的功能实现：制度保障

首先，确保社会组织自治权利的有效行使。社会组织及其成员的基本权利，包括：独立权，即不受其他个人、组织及政府的非法干涉；平等权，即应当得到国家的同等对待；活动权，即包含社会组织的内部活动、对外活动，以及向社会发表意见的活动；财产权，社会组织的财产来源于捐赠、会员费等，合法独立、免受侵害；名誉权，即不得损害社会组织的名誉；诉权，当社会组织受到侵犯时，有权通过向法院起诉的方式寻求司法救济。[①]这些权利有别于普通公民权和人权，包含着普通法定权利、社会组织成员权利两部分。其中，社会组织成员享有组织事务参与权、发表建议权、表决权等权利，受到社会组织和法律的双重保护。但是，单纯地增加法律对社会组织的保护事项仍然无法从根本上实现社会组织的自主自治发展，法律还应适当地退出社会自治领域，为社会组织成员按照自己的意思自主决定各项事务设计总体思路和框架。法律与社会组织章程之间的关系应当是：前者尊重后者的合法存在并排除不必要干涉，使得后者在自治领域内发挥主要作用。[②]

其次，改变社会组织的双重管理体制。目前，我国采取的社会组织由登记管理部门和业务主管部门双重管理的体制，已不能满足社会组织自治发展的需要。建议采用登记部门一元登记和监管的体制，并且登记部门无权干预社会组织的具体决策和业务工作，仅在宏观层面进行管理。新一轮国务院机构改革方案对社会组织管理制度作出明确安排，对城乡社区服务类、公益慈善类、科技类、行业协会商会类组织，不再需要经过业务主管单位的审查同意，直接由民政部门登记，更好地实现了政社分开、权责明确，有利于形成依法自治的现代社会组织体制。另外，《社会团体登记管理条例》将社会团体分为全国性与地方性社会团体两大类，管理过程中还应实现分级分类管理，可以划分为政治性、法律性、行政性以及社会性社团四种类型[③]，或者采用多种分类标准，如按照行业、目标、功能等进行分类。

最后，助力社会组织的全面法治化构建。社会治理具有开放性、协商性的特征，不再单一使用强制性手段实施管理，充分尊重他方意志、优先选择非强制性的柔性手段。“软法”以其重沟通、非强制性的协商民主精神，更多地关照社会组织内多元的个性化需求，甚至根据特殊情形关注少数人的诉求。“硬法”在社会转型过程中，其普适性容易引起忽视少数人利益的缺憾，受到实质法治精神的挑战和质疑。[④]“软法”触及“硬法”涉及不到的社会治理领域，趋向于实质上的良法，并在个体正义和整体正义的平衡中发挥重要作用，推动形式法治和实质法治的统一，继而实现善治。

---

① 马岭：《社团成员的权利与社团的权利和权力》，载《北方法学》2009年第2期。

② 管瑜珍：《社团自治的法律边界论说：以对社团规章的法律保护和限制为视野》，载《云南行政学院学报》2008年第2期。

③ 高丙中：《社会团体的合法性问题》，载《中国社会科学》2000年第2期。

④ 韩春晖：《软法机制初探：沿袭经验主义的认知方式》，北京大学出版社2006年版。

四、社会组织治理的“互”与“合”

（一）自治与法治的互动发展

我国现代化进程中面临着社会未能形成独立、自治的结构性领域的难题，[①]从国家与社会的关系格局上，一方面，“强国家”是推动法治的重要途径，应当摒弃传统工具主义，使正义精神真正立足于治理而不是统治、立足于权利而不是权力、立足于社会而不是国家，使国家能够回应社会的问题与需要，使法律规则能够适应国家与社会良性互动的需要。一方面，强调国家对社会组织的回应，建构“回应型”法治，要摆脱阶级斗争的极左思想，克服法的压制性，增强法的自治性，秩序由协商而定，而非通过服从获得，[②]以更加积极主动的态度，包容和引导社会组织走向成熟。另一方面，“强社会”要求社会的权利受到尊重、义务得到履行，[③]要求国家有效实施法律以保证社会的必要自由与自主多元，即需要“强国家”通过提供普遍性规则和协调化解方式，对社会组织的发展进行必要的指引、监督。当社会组织出现背离现代法治精神的现象时，国家必须以清醒的意识介入干涉，促使社会组织不偏离正确轨道。例如，社会组织为了个别集团的利益，而非为了社会公共利益或行业集体利益时，便失去其公共性和自主性，国家应该果断采取措施。可见，“强国家”与“强社会”应当是有机契合的。

从法治国家、法治政府、法治社会一体建设的目标上，法治建设主要由国家进行整体运作，但根基却是在社会本身。一方面，社会自治的发展能够保证国家法治发展方向的正确性，尤其是社会组织自治能够培养我国公民的主体意识、权力观念、自治能力和自由精神，提高公民对政治的参与热情，为法治国家、法治政府的建设提供良好的群众基础和制度环境。另一方面，社会组织自治与国家法治的互动发展，也有利于加大对公权力的监督、防止公权力腐败、保证公务员队伍的廉洁性，保证国家与社会在法治化道路上健康、有序发展。此外，社会组织自治与国家法治的互助发展，既能够保证我国法治建设的效率和质量，又能够维持政治领域和私权领域的平衡状态，确保国家与社会在法治化道路上的均衡、平稳发展。总之，社会组织自治与国家法治之间要保持既互动合作又分立自治的状态。法治是自治的基础和保障，表现在国家法律不仅影响着自治规则的制定，也保护了自治组织和个人的的权利。自治是法治的补充和发展，自治弥补了社会治理过程中的不足之处，同时标志着社会发展的方向。

（二）社会组织与国家的伙伴合作

社会组织与国家建立合作关系是促进我国社会发展、加快法治进程的必然选择。在传统委托模式下，为了实现“适度国家”的目标，政府通过合同或协议等形式委托社会组织提供部分公共服务，执行部分公共职能。[④]此模式下社会组织治理功能的发挥过多依靠国家权力和财政支持，可能使社会组织最终沦为政府的附庸。在替代合作模式下，社

① 邓正来：《国家与社会：国市民社会研究》，四川人民出版社1997年版。
② 诺内特、塞尔兹尼克：《转变中的法律与社会》，中国政法大学出版社2004年版。
③ 爱德华·希尔斯：《国家与市民社会》，中央编译出版社2002年版。
④ 吴忠泽：《我国NGO的发展现状及其管理》，清华大学NGO研究中心1999年版。

会组织通过自主独立的活动，事实上起到取代国家部分职能的效果[①]，摒除国家对社会组织自治领域的参与，具备高度的自治性。就现阶段我国社会发展状况，社会组织的自治能力和法律意识尚未达到替代合作的高度，建议采取平等的伙伴式合作模式，即合作双方基于平等地位建立合作关系。在这一新型模式下，社会组织和国家也不再是从属关系，而是在各自服务领域独立完成社会治理职能的平等合作关系，对社会组织自治能力的要求介于委托模式和替代模式之间，有效地防止自治程度与现实相脱节的情况，实现双赢的目的。同时，社会组织和国家建立履约双向评估机制，由过去的单向考核，改为社会组织和国家之间的双向评估，体现了契约平等的原则和双方权利义务的一致，有利于使二者有效衔接、良性互动，践行社会治理中管理与服务相结合、外部约束与自治自理相结合的独特内涵，形成社会化、市场化的治理运行模式。[②]

社会组织与国家的伙伴式合作模式构想，一方面，重新明确社会组织与国家的职能分工，是模式发挥作用的首要要求。社会组织不应将自己的职能仅限于对政府管不到的领域的查缺补漏，而应当充分发挥其在社会自治中的优势，借助国家职能转移的契机，将不适宜政府监管，而自己又能更好实现治理效果的事项争取过来，最大化实现社会组织在伙伴式合作模式下的价值。对于国家不能做或者不愿做的事情，社会组织应当发挥更大作用，国家则通过购买服务等方式给社会组织赋权或者提供支持；对于国家和社会都可以完成的事情，国家仅仅履行市场和社会组织都无法完成的职能，给予社会组织尽可能大的发挥空间。实践经验表明，依靠行业协会的自治管理，凭借其掌握的行业经济发展趋势的第一手资料来进行调控，会更有利于促进行业的发展，也能够在一定程度上有效避免矫枉过正现象。另一方面，应当将社会组织与国家的合作与监督并举。社会组织作为社会治理者，既承担社会服务等减轻政府部门工作负担的职能，也需要获得国家在财政和其他物质资源方面的支持。虽然社会组织与国家之间是互帮互利、相互促进的关系，但无论是社会组织权力还是国家权力，在监督的“真空”环境中都会肆意增长。为了保证权力运用的合法性，二者应当保持既相互合作又相互监督的关系。社会组织的权力的扩张只会不断缩小组织成员的权利边界，社会组织权力同样也需要国家权力的监督，并且要提高自身的透明度和公开性，在自我监督和国家监督中不断完善自身。

综上，社会组织治理的法治化作为国家治理体系和治理能力现代化的重要内容，要求帮助社会个体表达和实现具备个体性的共同利益，而非通过各种手段对社会施加控制。[③]社会组织运用法治思维参与社会治理，强化法律在治理中的作用，形成依法自主自治的良好氛围。同时，国家与社会组织的共同建设、共同享有是全体社会成员的应有责任，国家与社会组织等多方力量的平衡合作和良性互动，保障每个公民都能有机会以法治建设的主体身份，参与法治建设，分享法治成果，获得法治保障。

---

① 徐惠茹、潘敏敏：《中国非政府组织在政府职能转变过程中的角色定位》，载《学习与探索》2005年第2期。

② 侍鹏：《法治建设指标体系解读》，南京师范大学出版社2016年版。

③ 谢志强：《创新社会治理：治什么、谁来治、怎么治》，载《光明日报》2016年第10期。

市域社会治理现代化意境下深化提升治安管理信息化建设的若干思考

曹晓薇*

一、市域社会治理与治安管理

市域社会治理是国家治理在市域范围的具体实施，是国家治理的重要基石。市域社会治理既要贯彻落实好中央关于国家治理的大政方针、制度安排、决策部署和上级的任务要求，又要立足实际对本市域社会治理统筹谋划、周密部署、推动实践，在国家治理中具有承上启下的枢纽作用。① 市域社会治理就是要运用包括法律手段等各种治理手段，协调处理好各种利益分配关系，实现政府治理、社会调节和居民自治良性互动。而社会治安问题就是在各种利益碰撞和行为冲突中所产生的，其核心就是要建立以法治为保障、信息为支撑的社会治安立体防控体系。

2018 年 6 月 4 日，全国新任市地级政法委书记培训示范班开班式上，中央政法委秘书长陈一新提出“新时代市域社会治理现代化”重要概念，他指出：“社会治理做得怎么样，事关顶层设计落实落地，事关市域社会和谐稳定，事关党和国家长治久安。”“新时代市域社会治理现代化，是当前和今后一个时期亟待我们研究和探索的重要理论课题和实践命题。”“市域社会治理是国家治理在市域范围内的具体实施，是国家治理的重要基石，在国家治理体系中具有承上启下的枢纽作用。市域层面具有较为完备的社会治理体系，具有有效解决社会治理中重大矛盾问题的资源能力，是将风险隐患化解在萌芽、解决在基层的最直接、最有效力的治理层级，是推进基层治理现代化的前线指挥部。市域社会治理做得怎么样，事关顶层设计落实落地，事关市域社会和谐稳定，事关党和国家长治久安。”②

由此可见，市域社会治理是当前和今后实现经济社会协调发展的一项重要工作，大力提升新时代市域社会治理现代化能力至关重要。

现如今的治安管理工作已经不能用以往的老旧方式进行，而是要提高站位，从市域社会治理现代化的视角进行审视、思考，以适应日益复杂化的社会环境，和日益多变的社会治安形势，以提高治安管理、打击能力，为现实斗争服务。

---

* 曹晓薇，厦门市公安局治安支队

① 陈一新：《推进新时代市域社会治理现代化》，载《公民与法》2018年第8期。

② 陈一新：《加快推进市域社会治理现代化》，http://www.3g.com，访问日期：2018-06-04.

二、治安管理信息化应用的现状和问题

（一）治安管理工作中信息化运用的必要性

随着大数据时代的到来，治安管理工作不能仅仅停留在传统老式的工作模式，要充分利用信息化资源，提升治安管理能力。因此，提升治安管理工作中的信息化水平势在必行。其原因主要有以下三点：

（1）大数据时代的需求。在全球大数据背景下，治安管理工作中建立大数据，依托大数据进行日常管理工作、情报预警等是时代对我们提出的新要求、新挑战。手记台账，逐家行业场所、逐个重点部位进行人工检查、督促整改的时代已经过去，要适应时代发展，充分利用信息化手段，解放人力，缓解警力严重不足的困境，提升治安管理能力。

（2）现有平台改造、提升的迫切需要。纵观治安部门现使用的各级平台系统，各部门各自为战，无统一端口、统计管理归属，以至于各级数据无法在一个"数据池"中汇总、归集，无法形成实际意义上的大数据。

（3）新时代治安管理工作的需要。金砖国家领导人厦门会晤期间，全市各级公安机关对全市进行基础大排查，采集、更新了全市范围内的治安基础性数据，但这些数据在很大程度上并未被很好地利用起来，给实际工作造成了一定的困难。

（二）治安管理工作中信息化建设面临的问题和挑战

（1）平台数据完整性差。治安各业务口的行业基础数据量较大，但完整性参差不齐。如目前使用的保安员管理系统中的全市保安员数据是每名保安员最初领取保安证时登记的原始数据，仅为该时间该人的基本情况；该系统未对该人领证后变动均进行追踪更新，如若该人发生违法犯罪行为无法及时掌握、若该人变更工作单位也无法追踪更新、若该人离开本地等情况发生时也无法跟踪。以致于该平台基本处于"半瘫痪"状态，更不要说能够为实战服务。

（2）平台优势发挥难。纵观现在使用平台的情况，由于各级各部门均对各块业务管理均有各自的要求，日常信息采集录入管理设置有必填项目和可选填项目，并设置有各时段考核考评指标，以致于各业务大队在警力、人力严重不足的情况下疲于应对。为了在不影响日常管理工作的情况下，能够很好地应对各级各类平台中的考评，仅仅是将数据简单录入系统，并未充分发挥各平台系统的信息化优势，换言之，就是仅仅在一定程度上完成分管业务范围内部分数据信息的收集工作。各业务大队在今后工作中能够有效利用各平台优势，将对支队平台建设工作起到支撑性作用，这也是支队层面平台建设所不可或缺的重要因素。

（3）统一管理难度大。纵观现各治安部门使用平台的情况，由于各业务口使用的平台端口分别归属于部、省、市等各级部门，各级各平台的系统开发、维护公司也各异，以至于无法通过统一端口快速进入并掌握各块业务的实时管理情况，系统平台优势无法很好地为领导层面统一研判、决策工作服务。

（4）工作范围日趋宽广。治安管理工作的涉及面广，涵盖的范围大，目前包揽的工作权责过大，包括行业审批、管理、考评、处罚和案件研判、侦查工作。随着社会治安形势的日趋复杂化，治安口工作内容日益繁杂，这对治安管理工作必将提出更高更新的要求。

（5）各类权限相对有限。由于各治安口所辖业务各异，各级各类平台对各部门民警开通的权限高低不一，这对日常工作也势必产生一定的限制。可以说，其在某种程度上可能限制了民警管理工作能力的充分发挥。

三、深化提升治安管理信息化建设的实践探索

市域社会治理是一项系统工程，把提升治安管理摆到市域社会治理的总盘子统筹规划、整体运作，具有现实必要性和可操作性。随着信息化时代各项系统、平台建设的飞速发展，治安管理工作中信息化含量也必将不断提升。因应新形势新要求，厦门市公安局治安支队为更好地提高工作实效性，为现实斗争服务，着手建设情报研判中心，进行了有益的探索，取得了一定的成效。其搭建的基础构架及延伸提升的思路主要是：

（一）实现信息更新功能

延续厦门会晤安保基础工作及“一标四实三清”成功做法，扎实做好全市治安综合基础信息采集、录入工作，保持市局指挥情报安保大平台治安类数据鲜活真实。在管理汽车租赁、寄递、低慢小、危爆等行业、黄赌毒热点部位、包括涉案人员在内的大数据库系统上，为治安类情报信息的采集、分析、跟踪、数据碰撞提供平台服务保障。按各自职能开展网上数据质量分析或根据对案事件的研判、剖析和查摆治安管理、基础防范、基础信息采集等方面的薄弱环节。治安情报研判中心定期要求支队各大队、分局各大队对各自管理的各行业场所基础数据进行更新、录入，以保持基础数据新鲜性，以应对需要调取相关基础数据的情况，确保数据鲜活性，不至于出现以往数据过时较长时间的问题。此外，要求各部门要在管理中及时发现办案线索并及时更新，以推动各级办案部门开展工作。

（二）实现各平台联席功能

通过分阶段完善功能，以实现各系统预警报警联动功能。如现有的旅馆业管理系统、机修业管理系统一旦登记人为预先录入的敏感身份人员，系统会自动报警，市局指挥中心会根据报警归属地通知属地派出所前往处置，处置结束后属地会将情况反馈支队的管理大队。力争实现各预警平台统一预警，各处置单位将处置情况汇总至此，以便每月形成报告、分析材料，为下一阶段工作提供参考依据。例如针对现有的治安管理系统中针对保安员的管理模块实用性不强的问题，拟在情报研判中心建设过程中针对这方面需求分阶段建设，一步步实现全市保安市场基础数据全面采集、实时更新、跟踪管理和触发预警等功能，对日益繁荣但管理规范尚不完善的保安业市场实行细致化的全链条跟踪、预警管理模式。

（三）实现合成作战功能

在市局情报研判中心，各单位均有一个专门座席，可实现资源共享，合成作战，各自将管理工作中发现的情报线索、管理问题汇总、分析，共同发现案件线索，指导分局大队进行开展工作。一是跟踪处置预警信息。预警信息处置；跟踪红色指令抓获情况；二次合成侦查及倒查督办；分析行业管理工作中存在的问题和不足，提出加强和改进工

作的意见；工作预警发现风险隐患，对涉危、涉枪、涉爆、涉恐、涉稳等因素提前化解、处置；对全市治安热点问题和部位展开研判分析，牵头警种区域协作、强化专项整治工作。二是研判深挖办案线索。推进治安警种三级研判链路连接，治安支队、分局治安大队、协作单位（网安、邮政等部门）形成三位一体的“合成研判链路”，对重大治安类刑事案件的打击开展深度研判，对涉黄、涉赌、制假售假及网络上发布、出售淫秽视频、售卖枪爆违禁品等治安类犯罪线索深挖侦办，以案促管理工作提升。三是坚持情报导侦工作。积极争取市局合成专班支持，定期派人到专班跟班学习，及时掌握最新的研判技巧和技战法。坚持情报导侦，合理利用各类情报资源，为侦查工作服务，提高案件侦破率。

（四）实现视频巡查功能

接入各级治安管理系统，统一放置在如情报研判室等区域，并接入车站、码头、机场、学校门口、银行门口、危爆品仓库等各重点部位的实时视频监控画面，以在该类区域发生重大案事件时可实现即时调取，为领导巡查、研判会商提供支撑。特别是在党政机关等重点部位发生集体上访事件时，除了现场处置外，领导可以远程通过调取事件发生地周边的视频监控图像，从多角度观察分析，以更有效地指挥现场处置工作，以达到预期效果。此外，近年来，除了金砖领导人厦门会晤大型安保任务外，厦门每年定期、不定期举行的会议活动等日益增多，如每年6月份举办的海峡论坛、9月初举办的“9·8”贸易投资洽谈会等，参会人员级别高，数量多，甚至身份敏感等，对安保工作、现场应急处突工作提出了更高的要求。视频监控设备接入后，可远程对会议、活动地周边视频监控图像实现实时调取，以更高效地指导现场安保、应急处突等工作。

（五）实现案件线索研判功能

将全市每日接报的治安案件实时接入并发布在研判室的大屏幕上，并于每周、每月、半年、一年等时间段对案件情况进行梳理、研判、分析，以形成警情分析报告，为打击现行提供有力情报支撑。特别是对涉生涉校、涉重点部位的警情进行重点标注、分析，为日常治安管理工作提供数据支撑等。

（六）实现特殊时间节点会商功能

提升信息化建设，以实现各级领导可在“两节”“两会”等特殊时间节点进行会商研判工作。如实时调取重要部位实时视频监控图像，以辅助决策工作；又如在发生群体性事件等时，实时通过会商、会议系统组织支队各部门、分局各大队进行会商探讨工作，指挥处置突发事件，分析、研判各类不稳定因素处置工作等。在日常的行业管理、群体性事件处置工作中及时总结经验、分析不足，并形成评估报告，为支队甚至全局的决策工作提供情报信息支持和参谋。

四、加强治安管理工作信息化建设的若干措施

（1）加强机构配置保障。治安警种研判平台要依托现有治安支队综合情报研判中心进行扩容建设，包括明确机构编制、人员配置、职责权限等，使之成为一支稳定、精干、强健的治安管理生力军。

（2）加强制度建设。要结合前期建设调研数据、各业务口工作需求等，在全面分析全市治安情报研判工作现状、不足以及今后发展方向的基础上，进一步健全完善相关工作制度机制，确保中心良性高效运作，发挥最大功用。

（3）确保各项保障跟进。治安信息化建设，要确保财力、人力、物力跟进支持，以确保平台运行效能。如在建设前期要向专项经费保障，以保证平台各项系统日常运行需要。

（4）完善纠错更新机制。信息化建设完成投入运行后，民警、工作人员在日常工作中，要及时发现不足和问题，及时上报并提出建议和意见。进驻的专业技术人员在收到以上情况汇总后，在科技通信处民警的指导下，及时对平台的相关功能等进行纠错、更新调整。

（5）完善倒查问责机制。要安排专人在日常工作中对各单位的日常管理工作、案件研判工作进行定期检查和不定期抽查，发现的漏洞和问题若确实系因工作疏忽大意、责任心不强等所致，要立即报告支队分管领导并启动倒查问责机制，对责任单位、责任人开展倒查分析，对存在的问题及时进行通报，并结合各阶段考评工作对相关人员进行扣分处罚等。

重点项目司法行政多元调处中心建设理论基础和路径探索研究

陈锦清　洪淳淳*

重点项目司法行政多元调处中心是指由法院主导，政府和法院良性互动，社会各界共同参与，有效化解行政争议的一种多元化纠纷解决机制。与传统的行政争议调解中心比较，它有两个显著不同的特点：一是通过在调解过程中赋予法院更大的话语权、更多的调解手段，突出法院在调处中心的主导作用。二是强调法院提前介入性。围绕重点项目在实施过程中已经产生和可能产生的行政争议进行调解，工作对象更为集中，诉源治理特征更为明显。目前，已有一些地方建立了这种多元纠纷化解方式，如宁德中院与宁德市政府挂牌成立“上汽宁德基地项目司法行政多元调处中心”①。尽管实践上先行先试，但是对于重点项目司法行政多元调处中心的理论研究、实施路径探索，国内研究尚属空白②。本文期能填补该研究空白，对建立健全该机制有所裨益。

一、司法提前介入重点项目的理论基础

传统的法治思维，司法是社会正义的最后一道防线，它并不具有主动解决矛盾争端的开启权，只有当事人主动将矛盾提交法院，法院才有权对争议进行审查并作出评判，行政争议亦是如此。查明案件事实、准确适用法律，是司法的主责主业。但是，仅仅通过诉讼，并不能完全满足公众日益增长的多元化的司法需求。

法院需要破解案多人少的难题，公众期待的不仅仅是一纸判决，国家治理体系和职能能力的现代化要求法院不应局限于自己的“一亩三分地”，应当在多元化纠纷解决机制中扮演更为重要的角色，要“充分发挥司法在多元化纠纷解决机制建设中的引领、推动和保障作用”③，建设重点项目司法行政多元调解中心就是这样一种实践。该模式直接聚焦于最易引发规模性行政争议的重点项目、设计各方当事人最愿意接受的调解方式、结合人民法院的司法权威等要素，有利于实现“司法引导、诉调对接、社会协同，形成社会多层

* 陈锦清、洪淳淳，福建省厦门市中级人民法院 。

① 《全国首家司法行政多元调处中心在上汽宁德基地成立》，载搜狐网，2018年9月10日信息。

② 在中国知网以“行政争议调解中心”为关键字搜索篇名，共有3篇文章（来源报纸）；以“行政争议和解中心”为关键字搜索篇名，共有0篇文章；以“行政争议调处中心”为关键字搜索篇名，共有1篇文章（来源报纸），搜索时间截止至2019年6月10日。上述搜索方式难以避免遗漏，但可以初步判断目前国内对于行政争议调解（和解、调处）中心的研究较少，且基本为对某地新设立的调解中心进行新闻报道，缺乏系统的理论研究和总结。

③ 《最高人民法院关于人民法院进一步深化多元化纠纷解决机制改革的意见》（法发〔2016〕14号）。

次多领域齐抓共管的解纷合力”[①]。

（一）合法性基础

调解，是人民法院司法工作的优良传统。它是根植于我国历史文化传统并经过长期司法实践证明有效的纠纷解决方式，不仅符合当前社会大众的价值观念和诉讼意识，也体现了中华民族追求自然秩序、社会秩序和谐的理想[②]。司法提前介入行政争议进行调解的合法性依据是2014年11月1日修正的《中华人民共和国行政诉讼法》第1条，该条款将“解决行政争议”作为行政诉讼的主要目标之一，表明行政审判的功能不能仅满足对行政机关与行政相对人之间的行政争议进行公正评判，更要实质性地化解矛盾纠纷，定分止争。建立重点项目司法行政多元调解中心，目的就是为了解决行政争议，减少我国行政诉讼多年来存在“上诉率高、申诉率高、服判息诉率低”的现象[③]。《最高人民法院关于人民法院进一步深化多元化纠纷解决机制改革的意见》（法发〔2016〕14号）进一步提出，“充分发挥司法在多元化纠纷解决机制建设中的引领、推动和保障作用，为促进经济社会持续健康发展、全面建成小康社会提供有力的司法保障”，为人民法院在多元化纠纷解决机制中的定位提供了依循，即人民法院不能仅仅局限于参与，而是要结合自身特点，主动担当作为，多思考如何主导多元化解决解决机制建设。目前国内关于行政争议调解的机构主要有三种模式，第一种是依托各地的民事调解机构，该模式比较常见，但是依托意味着其缺乏相对的独立性及对于化解行政争议的考核机制，选择该模式只是为了完善调解中心的种类，而非着力化解行政争议。第二种是设立行政争议调解中心，该模式是由行政机关主导设立的，解决了第一种模式对行政争议调解缺乏总体布局和考核机制等问题，但是对于行政机关主导设立的调解中心能在多大程度上保持中立，群众存有疑虑。第三种模式则是依托法院的诉调中心，该模式解决了前面两种模式存在的不足，但是存在有诉才有调的问题，案件产生进入到法院才会启动调整程序。重点项目调解中心则是将第三种模式延伸到矛盾纠纷的一线，实现诉源治理。

（二）合理性基础

就基层、中级人民法院受理的行政案件而言，抱团诉讼、群体诉讼、易引发负面舆论影响的案件，基本都是在重点项目实施过程中引发的。这类案件类型相似、原告诉求相似、争议点相似，原告之间容易相互感染，如果成功解决一件，就可以规范、引导一片。法院提前介入重点项目，可以有针对性地进行前期社会矛盾风险排查评估，及时向行政机关发出预警，并组织专业力量协助做好协调化解工作。同时，弥补了通过行政诉讼解决行政争议存在的周期长、成本高、对抗性强、实质化解难等不足[④]。为群众就近提供了权威的调解渠道，让大量矛盾纠纷通过前端防控机制消化在萌芽状态，解决法院“案多

④ 《最高人民法院关于人民法院进一步深化多元化纠纷解决机制改革的意见》（法发〔2016〕14号）。

② 《最高人民法院印〈最高人民法院关于进一步发挥诉讼调解在构建社会主义和谐社会中积极作用的若干意见〉的通知》（法发[2007]9号）。

③ 江必新主编：《中华人民共和国行政诉讼法及司法解释条文理解与适用》，人民法院出版社，2015年8月第1版，p30。

④ 《促进官民纠纷实质化解：杭州市成立行政争议调解中心》，载《浙江法制报》,2018年/12月/17日/第002版。

人少”困境，构建起“共建共治共享矛盾纠纷的预防与化解大格局”[①]。

（三）调解原则

《行政诉讼法》第60条规定，调解应当遵循自愿、合法原则。自愿、合法同样应该成为司法行政多元调处中心的调解原则。

1. 自愿原则

司法调解的核心是对当事人自愿的尊重与保障[②]。在调解的过程中应当充分尊重当事人的意思自治，不得强迫当事人接受调解。虽然在司法行政多元调解中心的调解过程中，法院有主导权，但是主导权主要体现在规则制定、程序引导、监督行政机关等方面。调解应当以当事人的意愿为基础，是否要调解、调解的内容都由当事人双方自己决定[③]。对于调解结果，双方当事人拥有最终的确定权。当双方对案件调解的结果不能形成一致意见的时候，应当及时进入审判阶段。

2. 合法原则

调解应该以法律为准绳，在法律的框架下进行。调解的实质在于各方通过协商、沟通，让渡自己的一部分权益，从而达到定纷止争的结果，这意味着在调解的过程中，双方不可避免地需要作出一定的让步，行政机关也不例外，它可能对原来行政决定进行修正，适当地增加对方的权利或者减少对方的义务，但是这种修正、“让步”应当止于法律的底线。要防止行政机关与行政相对人通过调解，使得原本不符合法律法规强制性或者禁止性规定的结果具有形式上的合法性。有学者建议，可以在行政调解书出具前进行司法评估，避免出现行政机关与当事人通过合法的形式侵犯国家利益、社会公共利益的情况。[④]

二、人民法院在重点项目司法行政多元调解中心中的角色

人民法院在重点项目司法行政多元调解中心中的科学定位是该调处中心能否运行顺畅、能否有效发挥调解作用的基础性问题。人民法院在重点项目司法行政多元调解中心的定位不应局限于多元化纠纷解决机制的参与者，应当积极发挥引领、推动和保障作用，这也是其与一般的行政调解中心最大的不同之处。具体而言：

（一）规则制定者

行政争议调解的本质在于对行政机关与行政相对人之间的行政争议进行协商、沟通和让步，双方在调解过程中应当处于平等的地位。虽然以往的行政调解中心也会强调通过社会第三方力量进行调解，但是调解中心的运行规则、机构设置、调解员选聘都是在政府部门主导下设置的。行政相对人接受调解的时候，心里不免会有疑虑，怀疑行政机关主导下的调解中心能否保持客观中立。由人民法院主导设立的调解中心打消了这个顾虑。人民法院主导的调解中心强调人民法院在中心设立、人员选聘、调解规则制定等方

① 《深化诉源治理　多元聚力解纷》，载《人民法院报》2018年12月21日第004版。
② 郭晓燕：《司法调解的理论探讨与路径选择》，载《法制与社会》2018·12(上)。
③ 《中华人民共和国民事诉讼法解读》(2012年修订版)，法律出版社2012年版，第15-17页。
④ 侯丹华：《“解决行政争议”背景下的诉前调解问题探讨》，载《法律适用》，2017年23期。

面的话语权，是最类似法庭模式的平等两造、第三方（调解员、法院）居中构造，在这种模式下，群众对于调解的公正性会有更多的期待，也更愿意接受调解。

（二）程序指导者

法院负有指导、推进调解程序的职能。在矛盾纠纷萌芽阶段，由于处在矛盾纠纷的第一线，对于行政行为合法性以及引发矛盾纠纷的各种因素具有天然敏感性，法院可以提前研判可能产生的诉讼风险和重大社会隐患，提醒行政机关依法做好相关预防、矛盾化解工作。当矛盾纠纷产生的时候，法院应当积极引导、指导争议双方将矛盾纠纷提交调解中心。矛盾进入调解程序后，区别于一般调解中心的是，不论是对具体案件的法律把关，还是对调解人员的全程指导，抑或对行政机关的及时监督，人民法院的作用将更为直接。对于调解达成协议的，当事人可以申请法院予以确认。法院经过审查，符合相关规定的，可以出具调解书。

（三）结果影响者

要使调解中心真正发挥作用，法院不仅要做规则制定者、程序引导者，还要做结果影响者，法院应当对调解结果有一定的影响，才能确保调处中心真正实现定分止争的作用。特别是，当调解出现僵局的时候，这时候法院应该有所作为，通过一些制度性的设计，使调解能够继续进行下去，推进矛盾纠纷顺利化解。一方面，对于普通的案件，通过调解无法达成协议的，积极引导调转诉，避免久拖不决，影响当事人的诉讼权利；另一方面，对于行政机关的合法性存在问题以及重大敏感的行政争议，要通过提醒、警示的方式，督促行政机关增强调解意愿，避免案件败诉或者引起重大负面舆论。

三、调解中心基本构成设想

重点项目行政争议司法行政多元调解中心可以作为诉调中心的延伸，纳入法院诉调对接中心规划，统一设计，统一管理，作为专业领域的行政争议协调化解平台。

（一）设立调解中心

法院联合当地政府选择重点项目设立重点项目行政争议调解中心，组建团队入驻重点项目，负责因实施重点项目引发的行政争议调解工作。调解中心日常管理可以交由法院诉调对接中心负责，或者通过购买社会服务的形式委托第三方管理。行政机关与行政相对人在调解程序中的地位平等，即争议双方平等说理、第三方居中评判调处、法院全程监督推进。

（二）配强调解团队

借鉴行政审判“专家会审”机制组建若干调解团队，调解团队采用“1+n”模式，即1名法院工作人员，以擅长做群众工作的法官以及员额制改革后分流出来的法官助理为主，“n”为人大代表、政协委员、高校学者、各行各业骨干、乡贤名士、社区工作者等。“1+n”模式充分体现了法院主导、多元参与化解行政争议的工作格局。

（三）涉争议行政机关职责

涉争议行政机关虽然与行政相对人在调解中的地位平等，但根据“谁主管、谁负责”原则，其对自己职责范围内的行政争议承担争议化解主体责任，对于调解中心通知调解的事项应当积极配合支持，行政机关应当强化运用调解方式解决矛盾纠纷的自觉性。通过配合调解中心，打造一批调解成功的案例，增强当事人将矛盾纠纷提交调解中心的信心，从而顺利推进重点项目建设。

（四）启动调解程序

在重点项目正式启动的时候，加大对调解中心的宣传，积极引导当事人选择调解。行政机关在告知当事人提起行政复议或者行政诉讼权利的同时，应当同时告知其可以先行选择调处中心。当地政府相关部门收到行政复议案件、法院立案部门收到起诉材料正式立案前，应当主动告知案涉争议可以先行到司法调解中心进行调处，经征得当事人同意后，将材料移交调解中心办理。因调解耽误的期限，在计算复议期限和诉讼时效的时候予以相应扣除。

四、调解程序的运行规则

一套科学、有效、设计合理的运行规则，是调解中心能否取得实效的关键。按照人民法院在调解进程中不同阶段扮演角色的不同，笔者建议设计普通调解、调解建议函、约谈行政机关负责人三道程序，构建起化解行政争议的三道防线，层层过滤，使得最终诉诸法院的只是极少数，真正实现在源头化解行政争议。

（一）普通调解程序（第一道防线）

普通调解程序与一般行政争议调解中心进行调解的程序并无太大差别，这一阶段主要以调解专家团调解为主。案件移交调解中心后，由调解中心提供专家团名册供行政相对人选择。调解专家团在这个阶段的主要职责是利用自身专业特长、个人威望等因素，组织各方平等协商、查明案件基础性事实，厘清矛盾争议焦点，协调各方在符合法律规定的前提下，尽可能地取得共识、达成调解协议。与一般行政争议调解中心不同的是，该阶段增加了人民法院的专业性指导，突出了法院工作人员的作用，即由人民法院派驻调解中心的工作人员对案涉事实提供专业性的法律意见，提供类似案情的裁判文书供当事人参考。

由于有人民法院对法律问题的指导，行政机关对行政行为是否合法、行政相对人对自身诉求是否合理、是否有依据都会有比较清晰的把握，大多数争议双方不会对不符合法律规定的诉求坚持己见，因为缺乏法律支持的要求不能得到满足是普遍的社会共识。通过第一道防线，可以将大部分矛盾纠纷化解在该阶段。

（二）发送调解建议函（第二道防线）

对通过第一道防线无法化解的行政争议，且行政机关可能承担败诉风险的案件以及重大、敏感、社会关注高等不适合通过诉讼解决的案件，法院派驻重点项目的工作人员应当及时向法院诉调对接中心提交报告，诉调中心可以邀请立案部门、行政审判部门一同对案件的事实、法律适用进行探讨，确认行政机关在行政行为的过程中可能存在违法行为等情形的，或者容易引发重大负面舆情的，应当及时向行政机关发出调解建议函，同时抄送同级政府及上级行政机关、纪检监委部门。调解建议函应当指明行政机关可能存在的违法行为、败诉风险以及对社会风险隐患、负面舆情进行评估，建议行政机关审慎考虑，争取调解。收到调解建议函后，行政机关应当积极配合，主动提交行政机关集体领导讨论决定是否继续接受调解，以及可以接受的调解底线。如果不愿意继续接受调解，应当复函说明理由。

（三）约谈行政机关负责人（第三道防线）

对于通过第二道防线无法化解的行政争议，且该行政争议可能引发群体性事件、形成重大焦点案件、产生重大负面舆情的，诉调中心应当制定调解报告，并附上行政机关对调解建议函的反馈意见，提交人民法院院领导集体讨论研究，经多数表决，认为确有风险的，由法院行政审判部门约谈涉争议行政机关负责人，约谈的时候可以邀请同级纪委监委干部参加，约谈应当形成书面记录，并将约谈情况及时向府院领导、纪委监委、政法委汇报，以促进行政争议及时有效化解。

通过设立行政争议调解的三道防线，相信大部分的行政争议可以消弭在基层，最终进入法院的将是少数。

五、结语

设立重大项目行政争议司法多元调处中心，是司法在多元化纠纷解决机制方面的探索，是司法能动性在化解矛盾纠纷方面的展示。人民法院的调解工作不应当只是裁判工作的补充，更应当成为案件的分流器，这是新时代赋予人民司法的光荣使命。